这么设计能热卖

融入运营思维的电商设计进阶宝典

吴婷 著

清华大学出版社
北京

内 容 简 介

这是一本关于电商设计的专业图书,不仅教你一些具体的设计方法,还会让你了解电商设计的定义和规范、看到行业现状和了解行业未来走向,最重要的是,本书作为一本设计图书,全面、彻底地融入了运营思维。

本书作者是从业8年的专业电商设计师,本书写作历时3年,全书超过1000页,内容涵盖:电商设计概述,Banner设计组成,设计基础知识,营销思维,电商设计方法论,电商设计技法,电商专题设计,详情页设计,节日专题设计,店铺案例分享与访谈,电商设计师从业指南以及电商设计必须了解的其他专业与非专业技能等。

本书不仅仅是一本工具书,它是由纸质书提供专业系统的电商设计相关内容,如果读者在阅读过程遇到问题,可以到公众号"做设计的面条"寻求帮助。

除了适合从事电商设计工作3～5年的设计师阅读,本书同样适合尚未入行的电商设计爱好者、电商运营人员、店铺老板、产品经理、UI设计师、交互设计师等,可以帮助读者打开思维,奠定基础。

本书封面贴有清华大学出版社防伪标签,无标签者不得销售。

版权所有,侵权必究。举报:010-62782989 beiqinquan@tup.tsinghua.edu.cn

图书在版编目(CIP)数据

这么设计能热卖:融入运营思维的电商设计进阶宝典 / 吴婷著. — 北京:清华大学出版社,2018 (2020.10重印)

ISBN 978-7-302-50434-4

Ⅰ.①这… Ⅱ.①吴… Ⅲ.①电子商务—商业经营 Ⅳ.① F713.365.2

中国版本图书馆 CIP 数据核字(2018)第 123076 号

责任编辑:栾大成
封面设计:杨玉芳
版式设计:方加青
责任校对:徐俊伟
责任印制:杨　艳

出版发行:清华大学出版社
　　网　　址:http://www.tup.com.cn, http://www.wqbook.com
　　地　　址:北京清华大学学研大厦 A 座　　　　**邮　编:**100084
　　社 总 机:010-62770175　　　　　　　　　　　　**邮　购:**010-83470235
　　投稿与读者服务:010-62776969, c-service@tup.tsinghua.edu.cn
　　质 量 反 馈:010-62772015, zhiliang@tup.tsinghua.edu.cn
印 装 者:涿州汇美亿浓印刷有限公司
经　　销:全国新华书店
开　　本:170mm×240mm　　**印　张:**69.5　　**插　页:**1　　**字　数:**1302 千字
版　　次:2018 年 8 月第 1 版　　　　　　　　　**印　次:**2020 年 10 月第 6 次印刷
定　　价:298.00 元(上、下册)

产品编号:068778-01

序　言

说起电商设计，我有说不完的话题，但是由于篇幅有限，我长话短说。

2010年，是我刚刚进入电商设计领域的第二年，我和一位做传统行业销售的同学聊电商，我的观点是：电商在未来是消费的重要方式，尤其是在大城市。而他的观点是：电商不可能有多大市场，线下才能提供是真实的消费体验，那个才是王道。那一年，是2010年，电商消费占全国总零售份额3.3%，而2017年，电商消费占比是15%，翻了4倍多，总金额超过了7万亿人民币。

在过去的8年里，有几个行业可以有这样的蓬勃发展？而且是亿万级的市场？找不到。

只有处于行业之内，才可能看得更清楚。经常有一些新人问我，做电商设计有没有前途？相信上面的数据可以告诉你答案。

上面谈论到的是大趋势。

下面说一下作为一名电商设计师，如何获得职业上的优势？

我认为，电商设计师简直就是第一个以数据论英雄的设计职业，可以被第三方看得到自己的设计成就的职业。

在平面设计行业，一个广告投出去，数据好不好看，与设计的关系有多大，是不容易知道的，无论最终产品卖爆了还是没人买，很难说是哪个因素导致的。是投放渠道？还是文案？还是设计？不知道，谁都无法解答这个问题，因为传统广告从投放到消费，中间走了非常非常长的路，所以很难给出科学的结论判断。

但是，电商就很不一样，一个直通车广告，设计得好不好？不需要猜想，直接看点击率就行了，A设计师设计的广告图是2万个点击，B设计师的设计图是4000个点击，在同一个时间段投放，那么谁的设计更加专业，都不需要感性的判断了，数据已经给了你答案。

2011年我从腾讯电商部门离职，什么原因？每次我回答这个问题，都是：因为没有时间上班了。

为何没时间上班？因为太多单子了，做不完，而且单子的收入比工资高太多了。

为何有那么多单子？因为我做的是电商设计。

在2009年之前，我以做网站设计为主，那时候接的单子都是企业站。大家都明白，企业站通常是一个版本用多年，很难等到一个客户二次改版的需求。而我转型做电商之后，才发现这个行业的设计需求如此旺盛，一个客户的店铺设计，光是节日的活动，一年就有十几二十次，日常的上新，也非常多，所以在维护一个客户的时候，那需求量几乎等于十几个网站设计的客户了，所以那一年，我只有5个稳定客户，就足够我辞职单干了。

电商设计，是我在设计这条路上赚的第一桶金。

吴婷，我于2010年左右在设计QQ群里认识，是一个非常勤奋的女生，从完全的新手，到独当一面的电商设计师，她用了5年时间。这些年间我们都保持着工作上的交流，可以感受她对新知识的渴望，并且一一攻克并灵活转化应用到她的作品中。

而在过去的3年里，她产出了非常多的优秀电商设计文章，确确实实地为一众电商设计师提供了设计方面的解决方法与思路。

之所以我会力推这本书，是因为作者前后花了3年多时间去筹备和输出，内容结构上不断优化完善，这个和普通作者几个月就写出一本书的品质，是不可以作比较的。而且我也相信无论你是电商设计的新人还是有三五年工作经验的设计师，都可以从这本书中获得相应的有价值的内容和观点。

最后，希望大家静下心来，翻开这本书，汲取自己想要的知识与收获。

虎门正道公众号——阿门

推荐语

电商设计是眼下最热门的设计职业之一,但电商设计师们很多还是以平面设计甚至艺术创作的思维方式做设计。在产品思维已经基本普及、精细化运营和增长为核心话题的互联网下半场到来时,电商设计应该怎么做?这本以实际工作案例入手,融入运营和产品思维的设计书会是电商设计师们找到和实现自身价值的有效指引。

站酷 CCO/主编——纪晓亮

小婷姐这本书,不仅有很全面的电商设计基础知识和技法总结,还有大量亲自上手的实操改稿案例和模拟练习题,可以帮助新人从零开始尽快入门电商设计。更让我惊喜的是,书里有很多设计师职场的答疑解惑和知名店铺的案例分享,可以让从业者有更清晰的职业规划,非常值得阅读。

优设主编——程远

婷姐写的文章教程,是细致入微的,也是温柔可亲的,就像是一位邻家大姐姐在你身边,给你讲述很多亲身经历的故事和道理,让你不仅喜欢听,还能听得懂,听到心里去。所以,婷姐这本书,必然是学习电商设计的首选,因为你会乖乖坐在那里,认真听下去,学下去。

字体设计师,字体帮创始人——刘兵克

这本书的作者阿婷是一个热爱生活热爱分享的设计师,同时她所创办的"做设计的面条"公众号,也是我看过的最实用的电商类设计公众号之一。如果电商设计路上有什么疑惑,看她的书准没错。

赤云社创始人——灰昼

这是一本行文严谨又充满热情的书。

严谨的部分在于，这本书从设计到运营、理论到实战等多个角度，将电商设计中最常遇到的Banner、详情页、专题设计、节日氛围营造等等都做了详细讲解；热情的部分在于，作者用自己丰富的经验结合通俗易懂的文笔，对大部分电商设计师都会面临的问题进行解惑，读起来不枯燥不乏味。

所以，这本书无论对于想拥有系统电商设计思维以及运营思维的设计从业人员，还是对于想加深设计认知以及增强与设计师沟通能力的运营来说，都有很高的阅读价值。

初语设计经理——叶晖

设计师非常讨厌的一件事情，就是被叫做"美工"。但在实际工作中，很多设计师又不自觉地陷入到了"美工"的思维框架里，觉得自己只要把图片做漂亮就可以了，剩下的事情不需要自己负责。诚然，术业有专攻，但是最终呈现在消费者面前的，是文案、产品、模特等等各种元素组合在一起的视觉整体。消费者能否接收到商家想要传达的信息？能否获得愉悦的购物体验？这一切，最终要通过设计来实现。

我们始终相信，好的设计，可以让人提高一点效率，可以让人获得多一点愉悦，可以让世界好一点点。

希望这套书，能够给困扰于"无限改稿、无限被指挥"的设计师们打开一扇天窗，真正完成从美工到设计师的蜕变。

阿芙CEO——老杨

阿婷多年来专注于电商和品牌视觉设计的实战和思考，她对这个领域的热情和执着感染并收获了大批的粉丝，也为无数进入电商和设计领域的初学者指点了迷津。

在这本书当中，阿婷通过大量生动有趣的案例归纳总结出电商设计的方法论，寓教于乐，一改往日设计类书籍的沉闷和枯燥，让你轻松玩转电商设计。

总结来说，这本书的思想性、趣味性让人耳目一新，大量的干货扑面而来，让人大呼痛快的同时也获益匪浅。我推荐所有希望进入和已经身处电商设计领域的人（包括设计师和运营甚至老板）都读一读这本书，它将开启你的电商设计大门，让你真正开始做有思想懂运营的电商设计师！

武汉艺果互动科技股份有限公司CEO——高明媛

推荐语

　　这套电商设计书籍的特别之处在于，它的知识点不仅系统而且全面，理论、实操、参考、场景、注意事项等等全都有。目前很少有电商设计师能够站在运营和用户的角度去讲解分析设计目的，这本书做到了，而且很彻底。更难能可贵的是，这本专业书籍读起来一点也不枯燥，如果你对电商设计感兴趣的话，一定要看。

天之眼旗舰店设计总监——郭烈颖

前　　言

从业近7年，而我为什么会花近3年的时间来写这本关于电商及设计的书？可能很多人都想知道答案，那我们今天就来谈一谈这个话题吧。

时间退回到2012年，因为机缘巧合，我被电商设计深深地吸引了，于是一头扎进了自学电商设计的海洋里。

在学习和工作的过程中，不知道你们有没有体会过那种感觉，当你喜欢一样东西或者对某一样东西非常着迷的时候，你会发现你可以忍受比平时多得多的痛苦，你能花费比其他事情多得多的时间在上面，而且感觉很快乐。

痛并快乐着，这就是我这些年在电商设计这条路上所体会到的。

每当回想起过往的学习和工作经历，我的脑海里总会闪现出很多词汇，坏的方面比如反复改稿、通宵、被训斥、生病、绝望、争执、打杂、落选、误解等，好的方面比如一稿过、被赏识、成就感、评优、进步、加薪等等。

其实这都是一些很普通的记忆，因为基本每个人都或多或少有过类似的体会，大家都是这么过来的，但对我来说却很珍贵，因为所有这些好的坏的经历才构建了现在这样一个的我。

1. 电商设计的角色绝不止是锦上添花

我曾经也跟很多人的想法一样，梦想着让自己的技术和创意想法达到一定的水平，争取5年后能成为一名顶尖的电商设计师，有着家喻户晓的设计作品，这是我工作了2年后产生的愿望。

带着这种信念，我想我会一直这么做着设计，也许5年，也许10年，或者更久。

直到2015年，我入行电商设计的第5个年头，在做了很多自认为平庸的设计稿后，加了无数个班，改了无数次稿，看到很多同行被一些不懂行却又莫名可以主宰设计该怎么做的人牵着鼻子后，我突然想明白一件事，做出什么样的设计不是设计师一个人能决定的，而是一伙人共同决定的。

我想不能再继续这样下去了，我必须要做些改变了，所以我萌生了辞职以及换一个环境和活法的念头。

我意识到，如果我们的身份永远都只是一个普通的视觉设计师，而与我们接触的需求方如果也将我们定位为一个简单的视觉设计师，他认为自己的权限比我们高人一等，他认为自己所说的任何要求或意见就是权威的话，那我们是不可能真正做出让自己满意的作品的，你也是不太会有机会去接触真正能让你大显身手的作品的，所以，话语权和角色转变很重要。

我也突然意识到不止是我一个人或几个人面临着这种问题，而是整个电商设计行业，基本都是在一种设计被运营牵着鼻子走的环境里苟且偷生着的，对，我用了"苟且偷生"这个词，因为很多人其实确确算不上是设计师，而只是运营们、老板们的工具而已，能照抄照搬他们想要的效果就够了。

也有很多人说设计只是锦上添花，以前我懵懵懂懂的时候也赞成过这个观点，但现在我越来越不赞同它了，因为从甲壳虫汽车再到苹果手机，再到特斯拉纯电动汽车的大受欢迎，这样的例子很多，这些例子都可以说明真正的设计应该是可以驱动品牌创造价值甚至颠覆价值和传统大众认知的。

设计绝对不止是锦上添花而已，它应该是跟科技和销售一样重要的角色存在于我们的商业环节中。

设计也绝对不止是一种视觉上的感受，而是在视觉上和心理感受上都能给用户带来美好体验的一种服务或信念，所以，它怎么可以简简单单地就被人定义为锦上添花了呢？我们不必这么看轻自己的价值的。

2. 我们是电商设计师，不是美工

我承认电商设计这一行里确实鱼龙混杂，大家的水平也确实参差不齐，也有很多误认为这一行是门槛最低的，所以只是简简单单会一点PS就大量涌入了进来，造就了很大一批不专业的人，也就是那些可以被任何人呼来唤去，被称作美工的人。

虽然我从来都不赞成电商设计从业者们将自己定位为美工（即使别人经常这么称呼自己），我们自己也不该这样去定位自己，但我们确实还不够专业，需要学习的东西很多，不过依然要记住，我们是电商设计师，不是美工。

但这都不是最大的问题，在我看来最大的问题是我们目前的电商设计是非常低效率的，大量的时间其实都被耗费在了无意义的沟通和反复改稿上，而且电商设计一年到头都在造节，活动越来越多，同行竞争越来越激烈，这几乎让所有从事电商设计相关的人都感到身心疲惫。

前言

2015年到2016年在深圳的那段时间，很长一段时间里，我除了上班以外几乎都不出门，而是把自己关在出租屋里看书和思考几个问题，我在想，虽然我们爱着设计，爱着这份职业，但：

为什么我们要忍受无意义的沟通和改稿造成的时间和精力的消耗？

为什么互相之间不可以更高效更准确地沟通？

为什么设计师和上下游之间不可以变得更加专业一点？

为什么设计师和上下游之间不能够更加默契和达成共识？

我后来想通了，所有这些问题的症结点就在于大家的目标方向是不一致的，彼此擅长点也不一样，任何一方不理解对方的意思或不够专业都会导致以上问题的发生。

这也是为什么那时候我会开始写电商设计方面的文章，并在站酷上发表，而且我的文章里会涉及运营、策划、文案、用户心理、营销、设计相关方面的知识，我的侧重点不是写软件教程，不是教大家怎么做出一个特效，是致力于科普电商设计相关的知识，提供一种思维和思考方式。

而且我只用非常接地气的语言来阐述我的思想和观点，目的就是为了照顾很多非设计专业的人或其他行业的人，使更多的人能够理解电商设计是什么，该怎么做。

所以我的文章其实不单是给初级设计师看的，也是写给资深设计师、运营、文案策划、销售及老板们看的。

3. 设计师应该去创造更有价值的事情

设计师要懂得的事情其实非常多，这就决定了他必须涉猎广泛，设计师不单单只是考虑排版、色彩搭配、字体设计等等就够了，而是要统筹大局。

我深信往后发展的道路上，电商设计师绝对不能只是视觉设计师而已，也绝对不是单纯只讲求把页面做得好看就可以，而是要有运营和产品思维，懂用户心理；反过来也一样，运营或老板们也需要懂一些设计，也该有审美，这样一来我们才能在项目合作过程中保持统一的目标和方向，理解彼此，从而高效地、准确地做出让彼此满意的设计作品来。

但是设计知识不是那么好掌握的，外行没个5年以上的浸泡是不可能真正懂设计或说出专业的修改见解的，所以需要大量学习，也要有人来科普相关知识。

所以这3年里，我一直在为这个方向努力着，我想通过我的文章来拉近彼此之间的认知差距，为这个行业做一点贡献，从而让每一个小的个体可以更高效、更专注地去工作，把时间花在创造成就感的作品上，为电商们创造更高的收益上，而不是无止境地把时间花费在套版和改稿上。

4. 电商大环境的改善离不开我们每一个人共同的努力

我也很感谢很多不同行业的人对我写的文章的支持，说我打通了他们的任督二脉，除了电商设计师以外，很多还是UI设计师，再或者是销售甚至是我的按摩师，他们这些不同领域的人也都爱看我的电商文章，因为看得懂、看着顺畅，这一点让我很欣慰，让我觉得付出没有白费。

我的想法只有一个，只有整个环境都好了，我们每一个小的个体才会好起来，这是我3年前写过的一句话，今天我依然这么认为，并依然为这句话坚持着。

5. 坚信电商设计是有价值有前途的

我始终坚信电商设计是很有前景的，会越来越好的，它将会成为一种生活必需品一样的存在，因为网购已经成为我们生活中不可或缺的一部分了。我很庆幸我从事的是电商设计，我也依然会继续观察并留在这个行业里，继续着5年，10年，或更久。

为什么我会从事电商设计？一开始我只是为了生计，后来它成了我的兴趣，顺其自然地又变成了我想为这个行业做一点事情，从而帮助我们每一个个体都能更高效有趣地从事电商设计，成为一个有尊严的设计师，而不是别人嘴里的美工和只会照抄不会思考的工具，带着这种信念，也为了便于大家翻阅，我将这3年时间里我所写过的近百篇电商相关的文章集结成了这一本书。

如果这本书能对你产生哪怕一点小小的启发，或让你豁然开朗，那我便觉得足够了，也便是我的荣幸了。

扫码下载本书相关海量
psd源文件及更多设计资源

扫码关注"做设计的面
条"与作者进行互动讨论

致　　谢

历时3年，这本电商设计书籍终于写完了，这期间我也无数次想到过放弃，遇到困难卡壳了我就会陷入自我怀疑当中，但多亏了我的公众号（做设计的面条）读者（也就是面粉们）直接或间接地给了我很多鼓励，让我意识到这本书的意义重大，所以必须坚持下去。

我的编辑大成老师当初联系我是否有写书意愿的时候，我原本是拒绝的，因为我一开始在网上发表电商文章的初衷就是表达自己的观点和思考，我不认为我有资格去写一本书，我也隐约感受到写书是一件非常耗费精力的事情，尤其是我的文章大都长篇大论，里面涉及到了非常多的图片，光是找图片版权以及作图就需要花海量时间。但是我的编辑说了一句话就打消了我所有的顾虑，他说："写书本来就是一件表达自我思想的事情，读者不需要'学术权威'，读者需要的是接地气的、可以应用到实践的干货，而且你的文章多是长篇，更适合编辑成书让读者在台灯下仔细研读。"好吧，我被说服了，于是答应了下来，可令我没想到的是写书花费的时间比我预期的多了近一倍，一晃就是3年。

这其中尤其要感谢我的老朋友，公众号"庞门正道"的创始人阿门，因为我之所以会从事电商设计也是深受他的影响，他让我感受到电商设计是一份非常有趣并值得深耕的职业，很多职业和设计方面的困惑也都是向他请教，可以说，没有他的鼓励、责骂和督促，也就不会有现在的我以及这本书，所以，再次感谢阿门。

另外，我与站酷主编纪晓亮虽然交流不多，但是他的一段话，让我印象深刻，因为最早我在站酷发表的文章从来没有被首推过，纪晓亮看过以后说：你单篇文章的内容量太大了，而且理论内容太多，作为网文来说，读者对着屏幕啃会比较累，如果加上更多实操案例点评或场景对理论进行稀释解读，读者会更有耐性看下去。这番话点醒了我，从那以后我的文章获得的好评反馈确实也越来越多，文章也终于被首推，感谢纪晓亮。

在写书的过程中，我的思维不断发散，产生了很多新的想法，然后我意识到有些部分是需要其他人合作的，我一个人的力量不够，于是我就去联系了很多店铺的设计负责人，希望他们可以分享一些自己的项目经验给到大家。我联系到了卫龙、初语、歪瓜出品、天之眼、阿芙等诸多品牌表达了自己要写一本电商书籍的意愿和想法，最后一拍即合，于是才有了知名店铺专访部分，还有很多书里引用到的优秀设计稿，没有这些店铺、品牌、设计师的支持我恐怕也是完成不了此书的，所以我对他们的感谢也是不言而喻的。

  我的家人在我写书的这几年里也给我提供了最大限度的包容和支持，我有时写书写到头痛欲裂，是我的家人帮我解决了吃饭、卫生等繁琐的事，才得以让我有一个舒适的创作环境。我经常工作到很晚，难免影响到家人的睡眠质量，但他们对此却毫无怨言，无限包容，所以我想说，我爱我的家人，谢谢你们。

  其他还有非常多的需要感谢的人，我都在下面逐一列出来了，谢谢你们不厌其烦地接受我的采访、询问，还跟我交流心得、一次次地回传文件给我，真的非常谢谢你们对我的帮助和信任。

  下面我就把所有需要感谢的人、公司、团队的详细名单（以下排名不分先后）列举出来，衷心感谢。

需要感谢的店铺及品牌（以下排名不分先后）：

- 卫龙食品旗舰店
- 天之眼旗舰店
- 歪瓜出品旗舰店
- WIS旗舰店
- 我的美丽日志旗舰店
- 一叶子旗舰店
- 劲仔旗舰店
- artmi旗舰店
- 百雀羚旗舰店
- 大宝官方旗舰店
- 三生花旗舰店
- 阿芙官方旗舰店
- 初语旗舰店
- 茵曼旗舰店
- 切糕王子旗舰店
- 高端童装品牌MISSOSE

致　谢

- 迪度旗舰店

需要感谢的公司和团队（以下排名不分先后）：

- 杭州昆汀科技股份有限公司，网址：http://www.hzkunting.com
- 武汉艺果互动科技股份有限公司，网址：http://www.egooidea.com
- 广州当下视觉美食摄影工作室，网址：http://www.nowvision.cn
- 杭州壹网壹创科技股份有限公司，网址：https://www.topwinchance.com
- 北京UIDWORKS，网址：http://www.uidworks.com
- 好东西创意，网址：https://haodongxichuangyi.jiyoujia.com

特别需要感谢的人（以下排名不分先后）：

- 清华大学出版社编辑栾大成
- 天之眼设计总监郭烈颖(Leving)
- 阿芙CEO老杨以及设计总监随风
- 初语品牌负责人慷懒及设计经理叶晖
- 茵曼运营总监方泽圳
- 上海上美化妆品有限公司设计总监徐宝芮Nola
- 站酷推荐设计师JACK（前artmi旗舰店艺术总监 卢杰初）
- 歪瓜出品CEO狐狸以及设计总监L君（刘盈莉）
- 妙手回潮（前好东西）创始人吝凯
- 广州当下视觉美食摄影工作室的九木
- 杭州昆汀科技股份有限公司的部门负责人陶十三&大卫（策划）&王雨栀（设计）
- 杭州壹网壹创科技股份有限公司的设计负责人痞老板（花名）
- 武汉艺果互动科技股份有限公司CEO高明媛（媛姐）以及联合创始人刘威（威哥），还有元老级人物李康、卢勇等
- 心翼互联创始人兼高端童装品牌MISSOSE CEO席溪
- 公众号"庞门正道"创始人庞少棠（阿门）
- 优秀网页设计创始人张鹏（优设哥）

◆ 站酷CCO/主编纪晓亮

特别需要感谢的设计师（以下排名不分先后）：
还有这些设计师也是我着重需要感谢的，感谢他们为我提供设计案例以及牵线搭桥。

字体设计师刘兵克、电商设计师白无常、杰视帮创始人杰克、赤云社创始人灰昼、插画师豆哥、《创字录》作者吴剑、《拍出明星范儿：商业人像摄影实战圣经》作者邓熙勋、站酷推荐设计师neuneuneu、站酷网十大人气设计师之一的EdisonWong7（黄智广）、帮我画书本插图的设计师堂妹（叶堂梅）、站酷推荐设计师tczhang、站酷推荐设计师石昌鸿（贵州上行创意品牌设计有限公司设计总监）、站酷推荐设计师amaz1ngwow（前切糕王子旗舰店设计师）、站酷推荐设计师FEITUFEI、站酷推荐设计师清穗、知名插画艺术家王云飞、做了我两个月助手的刘念念以及陈爽、毛笔字写得很好的设计师仝斌等。

另外也需要感谢帮我牵线搭桥的致设计主编金天、巧匠视觉校长远如期、设计师于海鹏、设计师色环（肖威威）、设计师任鸿雪、设计师顺子（林舜萍）等。

最后，再次感谢我的家人，前同事，朋友，模特，可爱的面粉，任劳任怨的电脑，还有我自己，哈！

目　录

上册

PART 1
电商设计概述

第1章　电商与电商设计　/　2
　　1.1　互联网的出现为我们带来了什么？　/　3
　　1.2　电子商务是指什么？　/　3
　　1.3　是什么促进了电子商务的发展？　/　4
　　1.4　电商设计属于什么范畴？　/　4
　　1.5　电商设计的发展趋势是什么？　/　5
　　1.6　电商设计师有哪些藏身地？　/　10
　　1.7　电商设计师需要做哪些内容？　/　10
　　1.8　如何走好电商设计这条路？　/　13
　　1.9　写在最后——一些唠叨的话　/　15

第2章　电商设计师　/　16
　　2.1　服务于平台与服务于店铺的设计师的共同点　/　16
　　2.2　服务于平台与服务于店铺的设计师的不同点　/　18
　　2.3　平台与店铺设计师各自的优缺点　/　43

PART 2
Banner设计组成篇

第3章　Banner释义及组成要素　/　48
　　3.1　Banner的释义和运用范围　/　48

3.2　Banner的组成要素　/　52

3.3　Banner赏析　/　53

第4章　商品图的气质　/　58

4.1　什么是气质　/　58

4.2　体现产品气质的因素　/　60

4.3　药妆品牌　/　67

4.4　总结　/　67

第5章　实战Banner图设计之商品的玩法　/　69

5.1　项目前期准备　/　69

5.2　风格定位关键词　/　70

5.3　Banner图设计实战　/　76

第6章　模特该怎么用　/　91

6.1　为什么会用到模特　/　91

6.2　模特用在什么位置　/　92

6.3　模特该怎么用　/　92

6.4　[实战]模特该怎么用　/　99

第7章　标题该怎么设计　/　107

7.1　从图形设计的角度去理解　/　107

7.2　从质感风格的角度去理解　/　109

7.3　从文字排版的角度去理解　/　114

7.4　从字体气质的角度去理解　/　118

7.5　从色彩搭配的角度去理解　/　120

7.6　文化背景　/　122

第8章　点缀元素怎么玩　/　124

8.1　点缀元素所起到的作用　/　124

8.2　点缀元素的存在形式　/　125

8.3　不同气质Banner中的点缀元素　/　128

8.4　点缀元素的排版形式　/　129

8.5　点缀元素的获取方法　/　130

8.6　运用点缀元素的注意事项　/　133

第9章　背景怎么玩（故事思维做设计）　/　135
　　9.1　大量留白的背景　/　137
　　9.2　点缀物烘托的背景　/　138
　　9.3　纹理图案/商品/模特/LOGO叠加于背景　/　138
　　9.4　实景拍摄　/　141
　　9.5　合成场景　/　142

PART 3
设计基础知识篇

第10章　电商设计中排版的奥秘　/　144
　　10.1　平面构成的含义是什么？　/　144
　　10.2　电商Banner图是由什么组成的？　/　144
　　10.3　如何在Banner设计中运用平面构成　/　145
　　10.4　平面构成之于电商Banner的意义　/　160

第11章　电商Banner设计之色彩的奥秘　/　171
　　11.1　普遍意义上的色彩是指什么？　/　171
　　11.2　Banner设计中影响信息传达的因素　/　173
　　11.3　色彩在Banner设计中所起的作用　/　183
　　11.4　如何在Banner设计中使用色彩　/　188

第12章　玩转电商设计中常用的色彩搭配　/　196
　　12.1　玩转电商设计色彩搭配之红色　/　196
　　12.2　玩转电商设计色彩搭配之黑白灰　/　217

第13章　解读设计中的层次　/　234
　　13.1　动静对比　/　234
　　13.2　明暗对比　/　235
　　13.3　大小对比　/　236
　　13.4　色彩对比　/　237
　　13.5　虚实对比　/　240
　　13.6　远近对比　/　241
　　13.7　繁简对比　/　242

PART 4
营销思维篇

第14章　设计中促销的层次　/　246
　　14.1　马斯洛需求层次　/　246
　　14.2　促销的层次　/　249
　　14.3　聊点别的观点　/　253
　　14.4　促销的层次【实战】　/　254

第15章　设计中促销的定位　/　261
　　15.1　价格引导型促销　/　261
　　15.2　功能引导型促销　/　263
　　15.3　情感引导型促销　/　264
　　15.4　地位引导型促销　/　265
　　15.5　品牌引导型促销　/　266

第16章　设计中促销的火候　/　270
　　16.1　不同风格的Banner设计欣赏（重温）　/　270
　　16.2　促销类Banner设计实例讲解与分析　/　272
　　16.3　决定Banner设计的促销强度的几个因素　/　276

第17章　品牌化与LOGO设计之间的关系　/　279
　　17.1　LOGO到底是干什么用的？　/　279
　　17.2　商家或品牌LOGO在主流电商平台中的常见运用形式　/　281
　　17.3　部分店铺LOGO存在的问题　/　285
　　17.4　到底什么是品牌化？　/　289

第18章　从人性的角度解读Banner设计　/　290
　　18.1　人性的恶　/　290
　　18.2　人性的善　/　296

第19章　电商设计人群定位分析　/　302
　　19.1　品质感中带一点亲切感　/　303
　　19.2　促销中带一点时尚感　/　303

19.3 简洁文艺中带一点形式感 / 304
19.4 现代中带一点怀旧感 / 305
19.5 现代中带一点穿越感或未来科技感 / 306
19.6 可爱中带一点品味感 / 307
19.7 暗色调中带一点色彩斑斓 / 307
19.8 正经中带一点无厘头或幽默感 / 308
19.9 现实中带一点温情 / 309
19.10 性冷淡中带一点个性奔放感 / 310

PART 5
方法解惑篇

第20章 如何辨别一个Banner的好坏 / 312
20.1 Banner设计常见问题分析 / 312
20.2 如何分析和修改一个Banner？/ 314
20.3 我们为什么会点击一个Banner？/ 316
20.4 如何做出能够吸引人点击的Banner？/ 320

第21章 100种方法教你做出满意的Banner设计 / 321
21.1 目前主流的Banner表现形式有哪些？/ 321
21.2 如何在实际需求中运用这些Banner形式？/ 327
21.3 每种形式的Banner都需要掌握哪些知识点？/ 330

第22章 图片排版在电商Banner图设计中的运用 / 337
22.1 摄影与Banner设计之间的联系是什么？/ 337
22.2 如何分析图片在电商Banner中的运用 / 341
22.3 Banner速成实战 / 348

第23章 点线面在电商设计中的运用 / 353
23.1 点线面 / 354
23.2 实战运用 / 356

第24章 拍一张照片，就能设计成一幅海报 / 359
24.1 照片一［夏日的风］/ 359

24.2 照片二［书写色彩，感动常在］ / 360

24.3 照片三［残花］ / 361

24.4 照片四［草莓］ / 362

24.5 照片五［妈妈的爱］ / 363

24.6 照片六［入水的泡腾片］ / 365

第25章 如何分析作品并做出高质量的练习 / 367

25.1 如何去分析别人的作品 / 367

25.2 发现自身不足并有针对性地去攻克 / 369

第26章 揭秘数字在Banner设计中的运用 / 370

26.1 常见的数字元素的设计有哪些？ / 370

26.2 有数字的设计需求可以从哪几个角度去思考？ / 372

26.3 针对有数字元素的排版设计有哪些方向可选？ / 377

第27章 玩转SALE招牌设计新思路 / 382

27.1 圆形聚焦 / 382

27.2 商品组合成形 / 382

27.3 画框聚焦 / 383

27.4 线框环绕聚焦 / 384

27.5 背景材质叠加 / 384

27.6 手绘或插画风格 / 384

27.7 拆解组合 / 385

27.8 模特元素化处理 / 385

27.9 拟物化 / 386

27.10 简洁文字排版 / 386

第28章 Banner设计实战及趣谈 / 388

28.1 求助！需求人要我给他做个Banner / 388

28.2 10个Banner实操改稿案例讲解 / 393

28.3 手把手教你改Banner！[精讲] / 405

28.4 Banner设计练习题模拟及点评 / 413

PART 6
技法篇

第29章　手绘在Banner设计中的运用　/　422

　　29.1　为什么会用到手绘？　/　422

　　29.2　Banner设计中有哪些常用的手绘形式？　/　426

　　29.3　手绘一般用在哪些地方？　/　430

　　29.4　会手绘的设计师有哪些优势？　/　432

　　29.5　不会手绘就做不好设计了吗？　/　432

第30章　手绘在专题页设计中的运用　/　435

　　30.1　手绘的优势是什么？　/　435

　　30.2　什么品类/主题/节日喜欢使用手绘呢？　/　435

　　30.3　手绘常用的元素和场景有哪些？　/　436

　　30.4　手绘在设计中的运用及注意事项　/　440

　　30.5　各国手绘页面欣赏　/　462

第31章　合成在电商设计中的运用　/　471

　　31.1　做设计的正确思路到底是什么样？　/　471

　　31.2　合成　/　472

　　31.3　合成作品都有哪些特点？　/　478

　　31.4　合成在电商设计中该怎么玩？　/　480

　　31.5　玩合成的难点在于什么地方？　/　486

　　31.6　我对合成的看法　/　490

第32章　C4D在电商设计中的运用　/　491

　　32.1　C4D为何会如此受追捧？　/　491

　　32.2　C4D运用在哪些地方？　/　494

　　32.3　C4D适合用在什么类型的电商页面中呢？　/　498

　　32.4　我对C4D的看法以及应对方法　/　506

下册

PART 7
电商专题篇

第33章 从穿搭技巧看专题页设计的奥秘 / 510
    33.1 专题页设计的作用是什么？ / 510
    33.2 专题页由哪些部分组成？ / 513
    33.3 专题一般都有哪些布局形式？ / 514
    33.4 专题页设计的9大法则 / 521

第34章 专题页设计之视觉推导解析 / 540
    34.1 前期沟通思考阶段 / 540
    34.2 中期执行阶段 / 547
    34.3 后期修改阶段 / 550

第35章 电商专题页设计技巧之视觉推导 / 553

第36章 店铺首页与活动专题页的差异 / 560

第37章 两个专题页实战改稿案例 / 567

第38章 专题页设计模拟练习及点评 / 573
    38.1 开学季主题专题页设计练习 / 573
    38.2 五个开学季主题专题页设计练习点评 / 573

PART 8
详情页篇

第39章 浅谈品牌/消费者/详情页设计之间的奥秘 / 592
    39.1 品牌/消费者/详情页设计之间的关系 / 592
    39.2 不同的品牌，不同的宿命，设计亦如此 / 598

第40章 从人性的角度解读详情页设计 / 600
    40.1 详情页的结构 / 600
    40.2 文案的形式 / 602

40.3 以人性的角度解读详情页设计 / 607

40.4 详情页设计注意事项 / 616

第41章 如何打造吸引人的详情页设计 / 621

41.1 头图一定要吸引人 / 621

41.2 整体风格要连贯 / 627

41.3 整体气质要协调 / 629

41.4 整体浏览体验要好 / 632

第42章 一个详情页的诞生思路及心得分享 / 636

第43章 详情页设计练习题模拟及点评 / 640

43.1 详情页设计练习 / 640

43.2 3个情侣表详情页设计练习点评 / 643

PART 9
电商节日篇

第44章 春节主题专题页设计解析 / 656

44.1 目前年货节页面的一些现状 / 656

44.2 我自己做了一个尝试 / 657

44.3 重新认识电商设计 / 660

44.4 换几个角度去思考问题 / 661

第45章 情人节主题专题页设计解析 / 673

45.1 活动定位 / 673

45.2 文案设定 / 679

45.3 设计方向 / 680

第46章 三八主题专题页设计解析 / 707

46.1 你过的是妇女节/女人节/女王节/女神节/女生节？ / 707

46.2 店铺／商品／品牌在3月8日的活动方向 / 709

46.3 这五个节日方向有哪些玩法和设计方向？ / 712

46.4 其他一些比较另类的38节日方向 / 731

第47章 儿童节主题专题页设计解析 / 733

XXIII

47.1 做儿童节活动的最终目的是什么？ / 734
47.2 有哪些儿童节的运营玩法？ / 734
47.3 儿童节文案该如何选定？ / 737
47.4 如何确定合适的儿童节设计方向？ / 739

第48章 中秋节主题专题页设计解析 / 750
48.1 关于中秋节的关键词联想 / 750
48.2 中秋节活动的策划方向有哪些？ / 752
48.3 中秋节文案大合集 / 760
48.4 中秋节页面设计都有哪些表现形式？ / 761

第49章 国庆节主题专题页设计解析 / 772
49.1 国庆节对于不同人群意味着什么？ / 772
49.2 国庆节活动文案大合集 / 773
49.3 如何让自己的国庆节活动页面设计脱颖而出？ / 774

第50章 双11主题专题页设计解析 / 784
50.1 从局部分析是指什么呢？ / 786
50.2 从整体上分析 / 801

第51章 圣诞节主题专题页设计解析 / 808
51.1 如何寻找设计方向？ / 808
51.2 如何做出更具吸引力的圣诞节页面？ / 810

PART 10
知名店铺案例分享及团队专访

第52章 卫龙食品旗舰店 / 832
52.1 关于卫龙2017年双12的一场页面营销 / 832
52.2 卫龙幕后操盘手团队采访 / 842

第53章 初语旗舰店 / 848
53.1 初语2017年双11项目分享及团队专访 / 848
53.2 初语VI（PPT截图） / 855

第54章 阿芙官方旗舰店 / 873

目 录

  54.1 阿芙11周年庆项目分享 / 873
  54.2 阿芙设计团队专访 / 880

第55章 歪瓜出品淘宝店 / 884
第56章 天之眼旗舰店 / 894

PART 11
电商设计师篇

第57章 电商设计师自学指南 / 906
  57.1 如何自学成为一名有点厉害的电商设计师 / 906
  57.2 非科班设计师该如何提高能力和收入？ / 915

第58章 从平面设计转型电商设计该注意些什么 / 921
  58.1 平面设计与电商设计的差异 / 921
  58.2 平面设计如何转型电商设计 / 923

第59章 五个角度解析电商设计师的价值 / 926
  59.1 电商设计师是做什么的？ / 926
  59.2 为什么电商设计师做的页面只上线几天就下线了？ / 926
  59.3 电商设计和其他设计谁更有价值 / 927
  59.4 电商设计师的职业发展方向有哪些？ / 930
  59.5 电商设计师该如何正确认知自己的价值？ / 932

第60章 关于电商设计师的8条趋势分析总结 / 934
  60.1 少数人会驱动多数人的行为和想法 / 934
  60.2 移动互联网的发展带来了更多脱颖而出的机会 / 935
  60.3 用户的时间越来越宝贵，你的设计必须要易懂且吸引人 / 937
  60.4 思维决定行为，养成做练习的习惯很有必要 / 938
  60.5 电商设计师最好能懂一些品牌设计方面的知识 / 938
  60.6 电商设计师应该尽量多接触一些类目或风格的设计 / 939
  60.7 平台电商设计师切勿变成温水里煮的青蛙 / 940
  60.8 电商设计师这个群体的生活现状更像一个"工"字形 / 941

第61章 电商设计师该如何克服迷茫感？ / 943

第62章 电商设计师该如何应对人工智能的威胁 / 947
第63章 关于运营和设计师的那些事儿 / 952
  63.1 运营和电商设计师之间的关系 / 952
  63.2 运营应该如何高效地给设计师提意见？ / 954
第64章 电商设计师求职指南 / 962
  64.1 不同阶段设计师写求职简历的注意事项 / 962
  64.2 辞职的一百种理由 / 967

PART 12
杂谈篇

第65章 揭秘主流电商模式的奥秘 / 974
第66章 网红店铺vs普通店铺的差异 / 977
第67章 主图设计注意事项 / 981

PART 13
设计师成长解惑篇

第68章 迷茫的我们都存在什么问题？ / 990
  68.1 专业技能方面 / 990
  68.2 专业技能以外的 / 993
第69章 设计师该如何正确认知自己的价值 / 997
第70章 设计师应该学会问问题 / 1001
  70.1 求职方面的问题 / 1001
  70.2 技能提升方面的问题 / 1002
  70.3 如何改变现状方面的问题 / 1002
  70.4 为人处事方面的困扰 / 1003
  70.5 职业方向选择方面的问题 / 1004
第71章 新手到高手的蜕变之路 / 1009
第72章 应届毕业设计师如何度过艰难的第一年 / 1012

第73章 哪些性格有助于设计师的成长和提升 / 1015
第74章 什么样的设计师比较吃香 / 1020
第75章 不做美工，做有思想的设计师 / 1026

PART 14
附录

附录A 国内外电商网站及素材网站推荐 / 1032
附录B 全面解读新广告法 / 1039
  B.1 新广告法 / 1039
  B.2 新广告法限制词语汇总 / 1042

01

PART 1
电商设计概述

第1章 电商与电商设计

在讲关于电商设计师的那些事儿之前,我觉得有必要把电商的发展历程给大家过一下,姑且拿目前比较大的几家电商平台的发展历程来向大家解说吧。

为了写这个话题,我在网上翻阅了大量资料,其中包括一些采访稿,并最终把所有的时间节点串联了起来,于是就有了下面这个时间轴(这里只是简略汇总了一下,时间轴两边是一些相关背景事件):

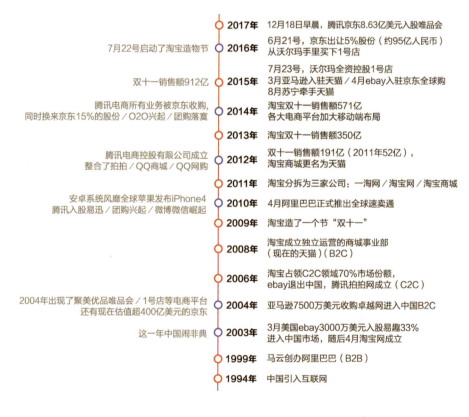

看完上面发生的一些事件后,我们最终看到,历经12年,各大电商平台相爱相杀后基本都是找到自己的归宿了:腾讯电商所有业务被京东收购,苏宁牵手了天猫,亚马逊入驻了天猫,eBay入驻了京东全球购,沃尔玛先是全资控股1号店,后来又以约95亿人民币的价格卖

给了京东。

所以紧接着大家可能会有下面这些疑问。

1.1 互联网的出现为我们带来了什么？

2010年安卓系统风靡全球、iPhone4的发布等等这些都使得我们的手机变得更加智能，上网更加方便，包括微博、微信都是在这个时候崛起的，这些新媒体都对传统的纸媒、传统企业、广告行业造成了巨大的冲击，时代的转变造就了新的就业方向。

1.2 电子商务是指什么？

电子商务是依赖于互联网而产生的一种联接线上线下交易的商业活动，目前电商主要有这样几个模式：B2B、C2C、B2C、O2O、P2P等：

- B2B（Business to Business）：指连接代理商、生产商、零售商之间的线上线下交易的商业模式，比如阿里巴巴。
- C2C（Customers to Customers）：指个人对个人的网上交易模式，比如淘宝、当年的拍拍。
- B2C（Business to Customers）：指商家对消费者个人的网上交易模式，比如天猫、京东、亚马逊。
- O2O（Online to Offline）：指线上下单支付，线下消费的商业模式，比如京东到家、饿了么、淘点点，它跟团购模式的区别仅在于：第一，团购是限时间段的促销，第二，支付情况由团购平台说了算，商家是不知情的，所有消费者的信息资料都掌控在平台那里，商家跟消费者之间在线上没有任何交流。
- P2P金融：也称互联网金融，它是一种需要借助电子商务专业网络平台帮助借贷双方确立借贷关系并完成相关交易手续的小额借贷交易模式。借款者可自行发布借款信息，包括金额、利息、还款方式和时间等，也可以自行决定借出金额实现自助式借款。自2013年起，就不断有新的P2P金融公司出现，又不断地出现P2P金融公司倒闭潮，这是一个持续的现象，一直到现在。

1.3　是什么促进了电子商务的发展？

其实，1994年互联网就已经被引入到国内了，到20世纪末，电子商务虽然在国内有所发展但还远没被大众所熟知，一直到了2003年非典时期出现了契机（记得那时候我还是个准备中考的初中生，每天拼命跑步练习肺活量，由于非典的到来，白跑了，因为不需要做吹气的肺活量测试了），大家都不敢出门，也就是在这样一个环境下，网上购物变得异常火热起来。

2003~2010年也成了电子商务发展最快的时期，因为这个时期安卓系统风靡全球，iPhone4等智能手机相继出现，为信息交换及连接人与人之间的交流进一步创造了条件，唯品会、聚美优品、一号店还有综合类电商平台——京东，也是在那个时候诞生的。

2008年美国次贷引发的全球金融危机，传统行业日子比较难过，也成了电商发展的催化剂，因为网上购物解决了信息不对称的问题，人们可以非常便捷地花更少的钱，搜罗到全中国乃至全球的东西。

1.4　电商设计属于什么范畴？

在解释电商设计的范畴之前，我们可以先看看UI的定义，UI也就是User Interface，它主要是研究人、人和界面、界面这三个方面，所以UI包含了WUI（界面设计）、GUI（图标设计）、交互设计、用户体验研究这几个方面的内容（现在很多人说的UI其实都有点指代不明）。

所以电商设计其实是UI（User Interface）设计的一个分支，它是传统平面设计和网页设计的结合体，也是互联网时代的产物。

举个例子，以前我们看到的超市海报，一些折扣促销信息之类，但是你要买东西还是需要去店里，而电商设计的任务就是，直接在网上把这些商品展示在网页上，你直接点击就可以购买了，这个购买的过程就涉及到了人和设备之间的互动交流。

如下图所示：

1.5 电商设计的发展趋势是什么?

随着科技的发展,互联网、智能手机的逐渐普及,这影响到了我们的生活习惯,人们越来越喜欢大屏幕,越来越离不开手机。

所以对我们设计师来说,也需要做出相应的改变,比如在设计风格、尺寸的设定上,要符合用户的习惯。设计说白了就是为了让大家有更好体验的服务行业嘛!

举个例子,假如我们在PC端的网页上要设计一个商品列表,出于惯性思维都会在列表结尾放一个"查看更多"按钮,用户要用鼠标单击这个按钮才会出现更多商品,而在移动设备上我们却可以省去这个按钮,因为用户在移动设备上的习惯是上下左右划动,往上划的过程中更多商品就刷新出来了,可以自己去体验一下。

还有很多类似的设计思维的转变。从PC端的设计转向移动端的设计，可不只是改改尺寸这么简单，大家都可以多去观察体验。

下面给大家看一些示例。

1. 小屏幕转向大屏幕

随着科技的进步和发展，我们的电脑屏幕是越来越大了，下面是百度统计流量研究院的截图。

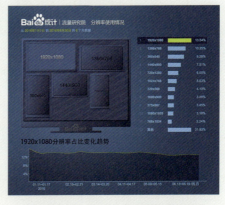

2010年上半年PC分辨率占比情况　　2016年上半年PC分辨率占比情况

1920x1080px 占比1.38% 位居第十　　1920x1080px 占比13.54% 位居第一
1024x768px 占比40.84% 位居第一　　1024x768px 占比5.03% 位居第六

2. PC端转向M端

据统计，现在有80%～90%的订单是由移动端贡献的，甚至很多中小店铺已经完全放弃PC端了，把精力集中用于打理移动端店铺上。下面也是百度统计流量研究院的截图。

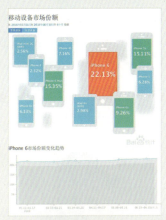
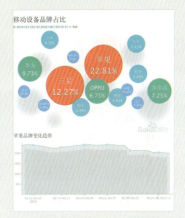

2016年上半年移动设备市场份额
iPhone6占比22.13%,位居第一

2016年上半年移动设备品牌占比
苹果占比22.81%，三星占比12.27%

3. 由低价导向转向品质生活导向的消费观念

　　假设一个20岁的年轻人在2004年电商正处于起步阶段的时候就开始网购了，那么想想现在也已经三十多岁了，一个在2004年就上网网购的人，你觉得这批人以及他们的孩子还会是那群仍然在追求低价商品地摊货的人吗？显然不会，他们在成长，他们对生活的要求和追求也是在增长的。

如下图所示，比如辣条届的网红——卫龙，以及故宫淘宝的那些严肃卖萌照，都给人忍不住想笑并且要分享给朋友的冲动，再比如这几年很火的代购潮，很多大平台推出了全球购，这都是为了满足人们想要买好货并且还比国内便宜的需求。

卫龙食品旗舰店活动页截图　　　　　　故宫淘宝首页

4. 80后/90后成为网购主力军

80后已经普遍成长为具有自主消费能力的一群人，而90后则普遍属于思维活跃/勇于接受新鲜事物/个性明显/享受超前消费的一群人，同时也具有基本消费能力，所以在电商设计的玩法上也是越来越贴近这类人群的消费习惯，2016年在朋友圈被刷屏的"淘宝造物节"其实也是在顺应这些需求，比如这些关键词：新奇/科技感/VR/贱萌/污/脑洞/二次元。

2016年淘宝造物节
关键词：新奇 / VR / 贱萌 / 污 / 脑洞 / 二次元

故宫淘宝

上海世博展览馆

观众现场体验VR技术

歪瓜出品

5. 网红效应/粉丝效应/设计师品牌

当前竞争日益激烈，平台流量有限成本又高，所以品牌及店铺一方面要把自家的产品做出特色，另一方面要能通过自己生产内容玩社交的方式积累粉丝，比如现在在淘宝或京东买完东西，你会在页面里看到加微信领取红包或优惠券的字眼，即便是线下专柜买东西也一样，导购员都会询问是否可以添加私人微信，其目的也就是打入你的社交圈，让你一买东西第一个就能想到他。

而自媒体大咖、网红、行业专家等自带流量的人带货能力更是惊人，粉丝愿意相信他们的推荐，大多数网红为了不辜负粉丝的信任往往也不会乱推荐产品，这种微妙的关系促成的超高转化率也正吸引着越来越多的商家及品牌往这个方向发展。

1.6　电商设计师有哪些藏身地？

电商设计师大致混迹于如下7种地方，而其中，电商平台可以容纳海量店铺，所以店铺里藏的电商设计师应该是最多的：

❶ 店铺，比如裂帛、韩都衣舍这些电商品牌店铺。

❷ 电商平台，比如天猫、京东等等。

❸ 企业的电商部门，比如小米、美的、魅族都有自己的电商部门。

❹ 电商品牌策划公司，主要帮助网店从前期策划、拍摄到店铺首页、详情页设计、页面上线打包完成。

❺ 代运营公司，如果说每一个品牌或者店铺是一个孩子，那么代运营公司就好比养母（负责店铺的各种运营维护和推广等工作），然后那个生母（也就是店铺或者品牌所有者）只需要给抚养费就好，其他的就不管了。

❻ 外包公司，主要是指跟大的电商平台保持长期合作的设计公司，比如武汉艺果。

❼ 最后就是SOHO一族了，自由职业者，不过最终也可能还是会自己创业或者回到其前面讲的几类阵地里面寻求一个职位，不大可能一个人单打独斗一辈子。

这里要说明的一点就是，藏身于这7种地方的设计师可能存在一些重叠，因为有些人可能身兼了数种角色。

1.7　电商设计师需要做哪些内容？

下面从三个方面给大家介绍工作内容：按服务对象划分/按项目类别划分/按载体划分。

1. 按服务对象划分

不管这些电商设计师藏在哪里，他们的服务对象，归根结底就两个，一个是店铺，一个是平台，如下图所示。

第1章 电商与电商设计

平台类（天猫首页截图）　　店铺类（卫龙食品旗舰店首页截图）

2. 按项目类别划分

如下图所示。

平台界面类（天猫首页截图）　　各种尺寸的Banner

11

店铺首页类（卫龙）　　店铺详情页类（卫龙）　　运营专题页（京东海外购）

3. 按载体划分

无非就是PC/手机/pad等移动端设备了，PC端在前面已经介绍过了，移动端相比PC端要丰富许多，比如：H5活动引导页/移动端专题活动/微信手Q活动页设计/App等，如下图所示。

H5活动页／App引导页　　移动端专题活动页　　微信手Q活动页设计　　界面／图标／Banner
（2016淘宝造物节邀请函）　　［聚划算］无所不能聚　　（科颜氏Kiehls订阅号）　　（天猫App）

1.8 如何走好电商设计这条路?

关于这个问题,以下三个方面将予以说明。

1. 软件技能

店铺类的电商设计师可能不仅要会用Ps之类的设计软件,还需要懂一些CSS方面的代码知识,往往设计还要切图,需要用到Dw,而越是大的电商平台,越是优秀设计公司分工都会比较明确一些,设计师可能只需要掌握Ps、Ai或Cdr这些软件就好了,专注于视觉设计和创意这块,不强制要求会切图。

Axure是交互设计要用到的软件,能懂一些的话当然不会有坏处,如果你的合作对象是用Word画交互框架图或者交互稿的,那么也许你还需要懂Word。总之除了视觉设计以外的工具和软件都是因为你可能需要去跟其他人沟通合作,而需要掌握。绘画对设计师来说是非常加分的一项技能,虽然并不是必须要掌握的,如下图所示。

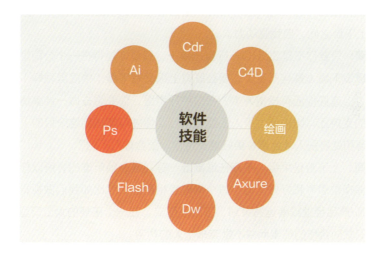

2. 需要了解的知识点

设计需要掌握的知识,包括色彩构成、平面构成、立体构成这三大构成,文案创意、市场营销、用户体验等等这些方面。因为我们的设计活动都是与活动销售额挂钩的,商业设计就需要在确定其活动目的的基础上做合适的设计,要面对需求人、面对消费者,所以会涉及到以上知识点,其他方面还包括沟通能力、理解能力、生活阅历、人际关系等等这些方面,如下图所示。

3. 其他方面

其他方面主要是指沟通技巧、思考方式、是否对自己的职业感兴趣等，分为三个方面：上下级之间、上下游之间、自我驱动力。

上下级之间： 只要你不是SOHO一族自己单干，只要你是待在一个公司里面，肯定就会面临要么有上级没下级（基层员工），要么既有上级又有下级（中高层领导），要么只有下级（你是老板，但或许你还有投资人），在这种环境里，你要想去做一件事情，就必须得到比你高层级人的支持还有比你低层级人的配合执行，你才可能达到这个目的，这时候是不是就需要你会沟通和处事别人才会愿意更好地支持你、配合你对不对？

上下游之间： 上下游是平级，不存在谁高谁一等，谁必须听谁的，所以你要去做成一件事情更需要能够换位思考和好好沟通，每个岗位互相配合，就比如我们做视觉设计，你的上游是交互设计师/产品经理或者运营策划，下游是前端，在一个正规的大公司里，一个页面完整出炉，是他们共同合作的结果而并不是某一个人的功劳。

可能很多人把上游理解为上级了，比如运营只是设计的上游，他并不是设计的上司，他们之间是平级的，有些运营可能误以为自己是上级就可以对设计随意指挥，这就很要不得了。

自我驱动力： 你去做一件事情是自我驱动的，有可能是因为兴趣，有可能是因为觉得自己有这个责任去做。不管怎样，如果是通过自我驱动去做一件事情的话，肯定会比被动去做要高效、要坚持得持久些。

1.9 写在最后——一些唠叨的话

1. 想做设计但是没有任何基础怎么办？

没有基础就去学习、去打基础，如前面提到的。

2. 已经是设计师但是还在考虑要不要转行。

如果是因为对设计不感兴趣，那就趁早转行，设计这行对于不感兴趣的人可能真的是非常痛苦，但对于感兴趣的人，是苦并快乐着的。

如果是因为设计这行工资太低，才想要转行，那么问题就在于自己是否足够努力以及足够有天赋了，任何行业都有拿高工资的和拿低工资的，而正常情况下，排除实力之外因素，拿高薪的那一群人付出的努力、时间精力、耐受的寂寞都要比我们多得多。

3. 一名普通设计师该怎么进入大公司呢？

普通设计师想要进入大公司好公司，前提都是要拿作品说话的，所以好好提升自己的设计能力吧，如果能有些特长，比如画画特别好、摄影很厉害、唱歌很赞，等都可以给自己加分，能够认识愿意推荐自己的前辈拿到录用通知的概率也要大些，但前提始终是自己的设计能力要达标。

第 2 章　电商设计师

设计师到底该如何转型做电商设计？对于这个问题可能还有很多人不清楚，所以本章介绍服务于平台的电商设计师和服务于店铺的电商设计的差别。

在前面我提到过电商设计师有很多藏身地，比如企业的电商部门、外包公司、电商品牌策划公司、店铺、SOHO、代运营公司或者平台等等。

工作内容按照客户端划分有PC端和移动端，按照工作内容继续细分有Banner设计、首页设计、内页设计、店铺承接页设计、专题页设计、详情页设计、H5活动页设计等等。

但归根结底，电商设计师其实可以分为两大类：

一类是服务于平台的电商设计师（比如天猫、京东、唯品会等等平台）。

一类是服务于店铺的电商设计师（店铺就是商家在平台上开店，比如周黑鸭/三只松鼠等）。

为什么这么说呢？因为一般来说设计外包公司和平台的设计师都是服务于平台的，企业电商部门的电商网站也相当于是一个小的平台，店铺/电商品牌策划公司/代运营公司的设计师大部分都是服务于店铺的，而平台或者店铺的单子SOHO设计师都会接，所以归根结底，他们的服务对象就两种：平台和店铺。

那么接下来给大家分析一下，服务于平台的电商设计师和服务于店铺的电商设计师的共同点、不同点以及优缺点。

2.1　服务于平台与服务于店铺的设计师的共同点

1.节假日越多越忙

中国人都应该深有体会的就是，节假日各个繁华街道、热门旅游景点都是人满为患、生意好得不得了，同样地，对电商设计师来说，越是节假日越忙，因为在节假日，用户更有时间和购物欲望，同时这也是各大电商平台都在争相造节的原因——有噱头可以宣传搞活动卖货，激发用户的购物欲望。尤其是自天猫双11取得巨大成功后，激发了一波又一波造节热潮，比如天猫后面又相继推出了双12、天猫新风尚、天猫男人节、天猫女人节等等，其他电商平台也造了很多节，比如京东618、乐蜂桃花节（乐蜂在2014年2月被唯品会收购）、苏宁818（2015年8月苏宁和天猫联姻，而后苏宁天猫一起推出了新节日：418狂欢购物节，广告语是"苏宁天猫一起来电"）。

虽然现在几乎每个月都有电商节，几乎每个类目商品都有属于自己的节日，但是活动力度最大也最受消费者追捧的仍然是天猫双11和京东618。

2. 都是服务于他人的，同时加班、赶稿、改稿是家常便饭

无论什么设计行业，只要你是设计师，加班、赶稿、改稿都是无法避免的，只是说设计师水平的高低、项目难易程度、需求方要求高低、需求方目的明确与否等等很多因素决定了设计师加班的次数多少而已。这其中的根本原因在于设计是服务于他人的，每一个设计项目都涉及到很多人与人之间的复杂关系，所以导致了设计的工作性质——每一个项目都是在考验设计师与他人互相磨合的能力、解决问题的能力，当然服务于平台的电商设计师相比服务于店铺的电商设计师会稍微轻松一些，因为他们往往面对的是更加专业的合作对象，同时设计师的话语权也要高一些（这里是指大多数情况下是这样的，跟专业的人合作会更省心、更高效）。

3. 阅商品无数

由于工作需要，电商设计师每天都在与各种商品打交道（服务于店铺的电商设计师可能操作的商品品类会单一一些，但是服务于平台的电商设计师操作的商品更会更加丰富一些），这就导致很多电商设计师其实已经对购物产生免疫力了，因为逛各种购物网站已经是电商设计师的工作和习惯，看太多了也就没多少感觉了，这就好比一个男性商业摄影师每天被各种美女包围，一样也会麻木，一个道理啊。

4. 终级目的都是为了卖货

不管是服务于平台的电商设计师还是服务于店铺的电商设计师，他们要达到的终级目的都是解决"卖货"这个需求，有人可能会说也有些是为了打造品牌形象啊，好，那么打造品牌形象的终级目的是不是还是为了卖货呢？不管这个货是实物还是虚拟的，不管是贵还是便宜，电商设计师需要做的事情都是按照对应的主题给出合适的设计稿，为促成交易服务。

2.2 服务于平台与服务于店铺的设计师的不同点

2.2.1 服务对象/思考角度/工作内容不同

这里说明一下，服务于平台的电商设计师又可以分为平台类和运营类，平台类设计师主要做的是商城改版、商城新增业务版块设计、Banner设计等（比如天猫、京东、淘宝的商城页，包括PC端和M端），运营类设计师主要负责各种活动运营专题页设计，Banner设计、H5页面设计等（比如天猫双11和京东618这些促销活动页的设计，包括PC端和M端）。而服务于店铺的电商设计师主要做的就是店铺首页设计，详情页设计，活动专题页设计以及各种尺寸Banner设计，那么我们以运营类的专题活动为例来说明服务于平台的电商设计师和服务于店铺的电商设计师的区别：

❶ 服务对象不同

服务于平台的电商设计师的直接对接人一般是针对平台的某些特定运营活动（比如京东618、京东3C购物节、415海外购）的策划人或运营，而店铺电商设计师的直接对接人是店铺的运营或者店铺老板，这两种服务对象是有差别的：前者做的专题页面往往涉及到多品类、多店铺、多品牌、多时段（不同的时间段投放的页面是不一样的，比如一个活动往往会有预热期、品牌期、高潮期，偶尔还会有返场期），而后者做的专题页更多是面对自己店铺里的商品或者自己的品牌，品类较单一。通常，店铺会去参与这些平台的活动。

❷ 工作内容不同

平台做一个比较大型的专题活动往往会有好几个会场（比如下面这个"618PARTY ON"的活动就包含了6个不同的会场，而每一个会场里面又包含了很多个小分会场，一般是以商品类目划分，卖的货成百上千种，会有成百上千的商家店铺参与），下面用时间轴导航给大家示意一下。

第2章 电商设计师

2015年京东618PARTY ON会场活动页底部通用导航设计（17日~20日）

我们再看其中几个会场的页面：

2015年京东618PARTY ON预热期页面截图——深圳JDC运营设计部未知素团队出品

我们会发现，同一个活动在不同会场的页面设计上既要有差别但是风格基调又要保持一致，相当于统一品牌形象。

而店铺的专题页一般是独立的，很少有会场之说，因为店铺往往是依附于平台。我们看下百雀羚的专题页，这些店铺的专题活动一般只是用来卖自己店铺或品牌的商品，如右图所示。

百雀羚旗舰店2017年618理想生活狂欢节活动首页设计

以上是从整体来分析说明的，下面我们再拿一些平台运营专题页的楼层来举例说明平台专题和店铺专题的不同。

平台专题页里的店铺坑位，如下图所示，一般会有：Logo展示＋店铺图＋店铺名称＋利益点信息。

平台专题页里的单品坑位，如下图所示，一般会有：活动Logo＋利益点＋产品描述＋价格等信息。

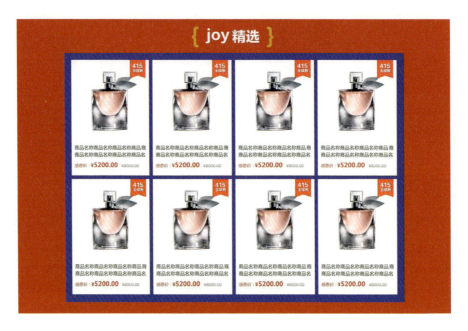

比如下图这种楼层坑位的图片，有些坑位是链接到店铺的，有些坑位是链接到商品详情页的，有些商品坑位设计完直接交给前端拉取SKU就好（比如下面那些白底商品图）；有些商品坑位和店铺图坑位需要由服务于平台的电商设计出模板和规范给到店铺的设计师做图（比如那些带背景的非白底图片）。

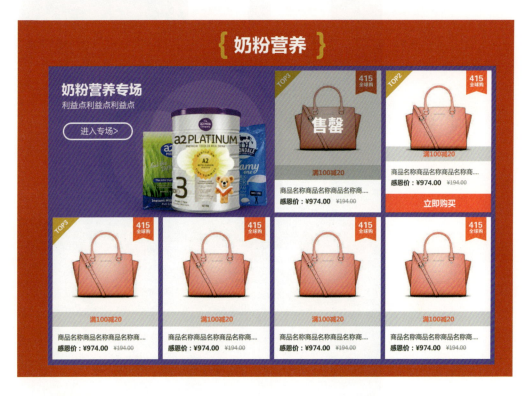

提示：SKU针对电商产品来说，是一个独一无二的编码。更多细节请百度（关键词：SKU电商）。

负责平台活动对接的运营会把这些模板和规范分发给对应的店铺，由店铺里的设计师做好图再由运营收集好给到平台这边的前端工程师调用，给大家看下我平时做的部分模板规范，如下图所示。

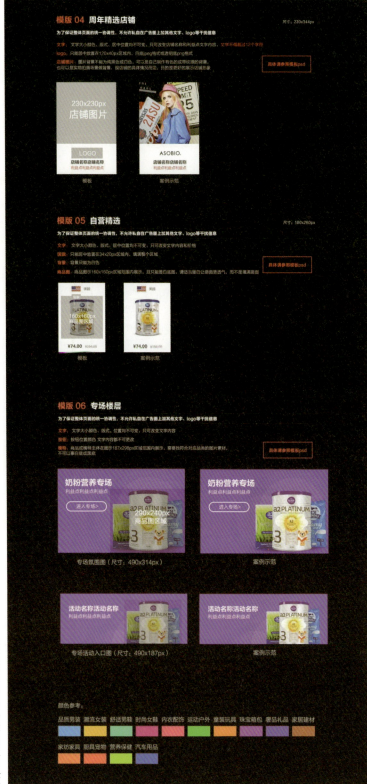

第2章 电商设计师

而像店铺的专题页则往往很少直接像大型平台活动专题页这样做规范的商品坑位，而是喜欢将部分商品做抠图处理，拼素材搭场景玩点创意，如左图所示。

阿芙官方旗舰店2015年双11预售活动首页截图

❸ 思考角度不同

我们会发现平台类的电商设计在做楼层设计的时候，每一个颜色、字号、间距、图形的选取都非常慎重，更多的是追求简洁清晰便于用户浏览，而店铺类的运营活动设计往往看起来会更加天马行空，喜欢搞场景合成，貌似更有创意、脑洞更大一些，而且很多时候他们喜欢每一个商品都抠图，给页面添加非常多的修饰元素。

之所以会有这些差别，是因为大多数店铺反正活动次数和活动商品不是很多，一个首页也许一个月都不会换，好不容易做次活动当然是希望能够借助设计特色吸引消费者，那就大胆地怎么好看怎么做吧，先不去计较规范不规范的问题。而平台运营类的电商专题页设计需要考虑很多综合因素，比如运营维护成本、用户体验、模板要保证对于所有商家都能迅速上手执行等等综合因素，所以需要更加规范便于管理（一个平台的活动往往涉及到不同品类不同品牌成百上千的商品商家，如果你一个个去设计去抠图估计设计师会疯掉，整个项目进度会非常拖沓，这是非常要不得的）。

这就好比大公司和小公司，大公司往往人多事杂，而为了保证企业正常运行就会出很多规范以便于管理，而小公司一共也就那么几个人，他们应对各种人员或突发情况会更加灵活，他们还在发展期所以不可用太多的规范去限制。这跟平台的发展道理一样，当店铺和品牌知名度达到一定规模以后，也势必会走向规范化，需要去考虑运营和维护成本了。

这也是为什么会有人感觉平台的设计不如店铺的设计活泼脑洞大，于是就得出结论说谁谁的设计不行跟那谁谁比差远了。其实很多时候当一个人没有达到某种层次就很容易站在他的认知范围里将其他所看不到的行为归结为无能，因为他看不到那个层所以无法理解，我们经常提倡做合适的设计，我觉得这个是很有必要的，一个人可能拥有很多种技能、很多种能力，但是不是需要每次都全部展示出来呢？

我想那些武林高手之所以是高手，并不是因为他们每次出手都将自己所有的实力和技能展示出来，而是根据当前形势以及对手的实力出手相应的招数去应对，进而打败对手。所以不懂不可怕，关键是不管到了什么层次，时刻保持虚心学习的心态很重要，不要对别人妄下判断。

2.2.2　福利待遇不同

这个话题可以紧接着上面来说，我们可以看到很多店铺设计的作品非常富有创意，天马行空，合成技巧也很厉害，而我们看到的大多数平台的设计作品可能更多的是对于色彩、构图、节奏感、用户体验等细节的把握，前者看起来有震撼力，后者更加耐看、包容性和适用性更强，这也正是由于平台的性质所决定的（平台要讲求调性，要包容很多商品、店铺商家，还有不同阶段的活动上线时间限制），那么你们觉得谁的能力更强？谁能拿的薪资更高？

一般来说，其实都有能力，但是能力的方向不一样，至于福利待遇资源哪个更好？综合起来看应该还是平台类的电商设计师要好些，一个店铺的首席设计师甚至总监可能不如一个大平台的普通电商设计师的收入高，更重要的是在平台里周围都是专业能力非常优秀的人，资源相对丰富，这些是隐形的财富。为什么会这样？原因很多，跟平台规模实力有关，跟设计师本身的能力特点有关，也跟整个公司招聘人才的标准有关，这也是为什么很多人挤着要进入平台，而很多平台的设计师不愿意跑到店铺里做设计的原因。

> 如果要长期共事，整体能力水平相差太大会有问题。以前接触过很多小的店铺老板或店铺设计师，很多人思维方式还需要改变，很多店铺设计师根本没有话语权，都是被老板或者运营牵着鼻子走的，当然也有一些做得非常好的，比如三只松鼠、韩都衣舍、阿芙精油等，还有一些电商品牌策划公司（从项目开始，包括摄影、修图、制定设计方案等所有环节都有参与），这些设计的话语权会高些，所以，遇到真正重视设计的老板或者上司很重要。

2.2.3 入职要求不同

既然平台类的电商设计这么好那为什么还有人继续做服务于店铺的电商设计师呢？一方面并不是每个人都喜欢待在平台规范里，另一方面并不是谁想进平台就能进平台的，你需要符合平台的能力标准，具体有哪些能力标准呢？

❶ 具有一技之长。比如绘画特别厉害，这个绘画能力虽然不是设计师必须具备的，但却是几乎所有公司都喜欢的一项特长。

❷ 作品能反映扎实的设计功底。比如三大构成的运用，对色彩、元素、比例的把控，有良好的用户体验意识。

❸ 沟通能力强和富有创造力。能够顺畅地与同事或者与需求人沟通交流，能理解清楚需求方向，能出合适的、富有创意的稿子。

❹ 没学历就用能力凑，没能力就用学历凑，如果什么都没有，那你还是再等等吧，另外人品比能力更重要。

在店铺里从事电商设计的设计师很多是非专业的，有很多是刚培训完没多久会点设计软件就上岗了，还有很多是应届毕业生找不到工作就去了店铺做设计，再还有很多是工作了多年每天忙忙碌碌，店里什么活都干，不管愿不愿意，经常都是套模板拼素材却因为没有懂设计的人指导，周围也没有激发他们更努力提升自己的环境和动力，从而荒废了。

服务于店铺的设计师大多数基本是单休，常年加班，尤其是遇到大促，通宵都有可能，以上说的是在店铺里从事电商设计的设计师的普遍现状，还有一些是有非常扎实的美术功底的或者自己出来接私单或者创业的，能力薪水条件稍好一些的不在这个队列里。

那么，由此说明进入电商设计的门槛真的非常低，大批的人涌入了进来，但是任何一行想要进入很容易，想要做好却不是那么容易了，每一个职业都需要扎实的根基才走得长远，也就是打基础很重要。好在互联网让信息变得越来越透明，信息不对称逐渐在缩小，爱分享知识的前辈也越来越多，整体设计能力提升变得更加容易（这其实也反过来加大了行业竞争力度，拼的是谁学得更快更好）。

2.2.4 喜好偏好审美不同

除了一些设计师店铺或者国际大牌店铺以外，大部分服务于店铺的电商设计都是偏重于场景合成、开脑洞玩创意拼实景素材，而且一般来说店铺都会有自己的模特，所以会更加灵活，尤其喜欢做复杂的标题再造设计。

而服务于平台的运营类电商设计师大多数情况下是不用模特素材的，而是偏好于用产品图和各种绘画图形元素去玩构图创意，制造卖货氛围，这是因为平台的影响力往往比较大，一旦侵权很容易被发现，而这个侵权责任是要由设计师来承担的，所以平台除了超大型活动可能会请一些明星代言，一般情况下是没有模特拍摄素材可用的（除非有些商家愿意提供），只有很多商品图可用，为了避免侵权所以不轻易使用模特或素材。

后面我专门写了一章"商品图该怎么玩"专门讲解商品构图，平台类的设计师玩得应该是最溜的（你想想一年365天，那些设计师每天都在设法玩各种各样的商品能玩不好吗？）。

第2章　电商设计师

举个例子，同样是年货节，我们看下这几个店铺。

比如Artmi旗舰店，他们家卖包包的，当然有很多模特可以用啦，毕竟包包有模特示范，效果才更直观，如左图所示。

截图来自Artmi旗舰店2017年年货节活动首页

29

再比如初语旗舰店,他们家主要卖衣服,所以可用模特也多,而且服饰这些东西当然还是通过模特试穿展示比较有代入感,如下图所示。

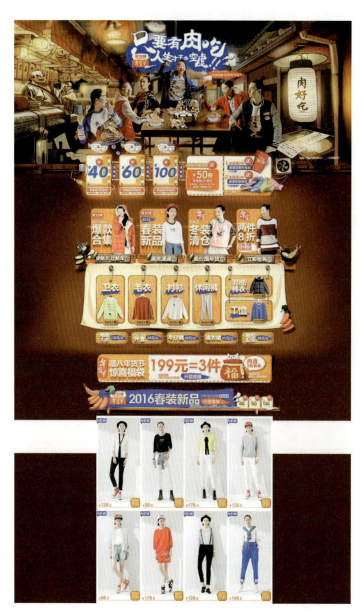

初语旗舰店2016年年货节页面截图

我们再看平台的，比如天猫，近几年基本就是绘画+玩商品构图或者C4D＋商品构图等形式，因为平台往往需要兼容很多商品类目，所以画面中不可或缺的商品既是展示需要，也可以作为促进热闹氛围的元素之一，最重要的是玩商品图比玩人像更保险，没那么容易侵权，也没那么麻烦，如下图所示。

2016年阿里年货节主会场页面设计

这么设计能热卖
融入运营思维的电商设计进阶宝典

2017年天猫年货节预热期主会场页面截图

2018年天猫年货节预热期主会场页面截图

回过头来，我们再看初语、百雀羚和卫龙的一些页面设计，我的感受是店铺品牌达到一定规模后会跟平台的差异化越来越小，无论是设计师实力还是规范制定方面都是如此，同时会有属于自己的个性，也就是店铺拥有区别于他人的品牌特性和差异。

下面是初语、百雀羚的部分页面设计，是不是很有特色？

初语旗舰店2015年双12店铺首页截图

初语旗舰店2017年双11预售页1　　　　初语旗舰店2017年双11预售页2

第2章 电商设计师

2016年百雀羚旗舰店四美专题「开心就好」页面设计

2016年双11全球购物狂欢节百雀羚旗舰店首页设计

下面一组图是卫龙的部分页面，你能想象一款辣条，既能暴走，又走得了时尚路线，还玩得起游戏风吗？

2016年618卫龙食品旗舰店×暴走漫画页面

2017年卫龙618卫龙霸业页面

第2章 电商设计师

卫龙食品旗舰店2017年双碎花新时尚页面

观察这几年电商设计的发展趋势,除去各种传统节日促销活动以外,平台的设计其实是越来越趋于简洁和好玩,而店铺的设计则是越来越讲究有自己的特色,寻求差异化(比如我们上面看到的卫龙、初语、阿芙等),当然还有一些店铺的设计虽然看起来会有一点乱但却非常有创意和特色,这都说明是一种进步。

另外对于投放于平台的Banner设计,现在连标题都很少去做字体变形了,更多的是玩元素、构图、色彩等等,所以,三大构成法力无边,如果大学里没有重视和珍惜,现在大家都应该多补补了,对于设计这个职业来说,打好基础以及培养美感非常重要。

给你们看我从2012~2015年,转到平台做设计后所做的Banner和专题设计的变化:

下面这些是我在2012年底到2013年初做的小部分Banner(那时候没什么限制约束,新广告法也没出来,也基本不考虑版权问题,无论什么模特素材或者字体想用就用了,偶尔还会做一些字体变形,所有的设计看起来都非常燥,促销氛围很浓),如下图所示。

部分2012~2013年间的Banner设计

第2章　电商设计师

2014年京东亲子日活动页

到了2014年，这是我做的一个亲子专题页，那时候思维也非常开阔，就连各个楼层导航我都做成了被虫子咬掉一口的苹果、萌萌的小青蛇，还有小南瓜等各种蔬菜等等形状，还画了很多小东西，所以看起来也有点燥，元素很多，略微有点乱，如左图所示。

到了2015年，同样是儿童专题，我做的设计变成了这样：因为是配合其他同事一起做的一个系列的活动，所以需要风格延续，页面也越来越简洁了，如右图所示。

2015年「五月爱·儿童节」活动页

第2章 电商设计师

再比如我在2015年下半年做的这个海外的手机页面，同样是全手绘，也是越来越简洁扁平化了，如左图所示。

2015年京东海外购自营手机大卖场活动页—俄文版

可以看到，我做的大部分专题页都会适当做一些楼层商品的自由排版，头图注重玩商品构图，能不用模特素材就不用，这个其实是为了避免侵权或者节省购买图片版权的成本，当然有时候其实是可以找商家沟通看能不能使用他们的模特的，有的商家很愿意有的不愿意，这就要看设计师怎么去沟通协调了。

另外，无论是商品楼层还是大背景都追求简洁化，不过根据项目的不同，设计风格是会变化的，我们往往按照需求去做相应的设计，很燥的页面我也做过很多，所以这里只是拿出部分举例说明。

以上就先看这么多，其实我在看到这些年的设计转变有一点很深的感受，要说玩创意我觉得几年前我反而玩得更带感，我也可以天马行空，但是在平台里待久了会发现，越到后面项目设计涉及到的因素越多，更多的时候讲求的是团队配合，分工合作，还要去考虑用户体验、团队协作、运营维护成本等等，所以也需要去做一些妥协，无论是外因还是内因，只有自己经历了你才能体会。

身为一名设计师千万不要只是满足于做完当前分配的项目就完了，还是应该私下多做一些练习，因为做练习的时候你是在为你自己做设计，没有任何东西可以限制你。

2.2.5 项目体量不一样

一般来说平台设计做运营专题活动都会涉及到好几个时间段，项目往往比较庞大，需要一个主设计师和多个其他设计师配合完成，特别强调活动调性的一致以及团队协作（在第1条不同点已经提到这些内容），如果前面一位设计师耽搁了时间进度后面的设计师工作进度就会受到影响（这也是让我得到很大锻炼的原因之一，学会自我时间管理）。

而对于店铺来说，除了首页装饰、商品上架或者下架需要做详情页，或者按照销量修改调整详情页设计以外，有很多小店铺是不怎么参与平台的电商造节运动的，一些大的店铺可能会比较积极一些，有合适品类的活动都会去参加，所以店铺设计师除了前面提到的种种工作以外，往往还需要按照平台设计师提供的psd模板做商品坑位图片或者店铺承接页设计。

所以，也许服务于平台的运营类的电商设计师大部分时间是在做各种会场专题页设计，而服务于店铺的电商设计师大部分时间则是在做各种直通车图片、各种Banner还有很多很多商品详情页的设计，偶尔做一些首页。

2.3 平台与店铺设计师各自的优缺点

2.3.1 服务于店铺的电商设计师的优缺点

1. 接触的商品类目会比较单一

很容易偏科，比如长期做数码类目的店铺设计师，可能让他做女性化的可爱的就比较难适应了，风格相差太大，做单一品类的电商设计除非是你是设计做到非常优秀的地步了或者你对这个类目的行业发展摸得很透了，要不然的话职业发展范围会很狭窄，所以最好还是多接触一些项目以外的东西提升自己（比如你现在是做数码，你也可以尝试去做一些女性化的设计，趁年轻多去尝试一些风格，不要把自己局限起来了，要为竞争日益激烈的以后做打算呀）。

2. 如果从没有离开过店铺去做设计，一般来说对系统的规范认知都会比较缺乏

缺少品牌意识，所做的设计过多的受运营干涉，很难有自己的话语权，大多数作品初看还行甚至一般般，但是细看就比较粗糙和花哨，不精致，除了自身能力的局限性以外，这个跟最终拍板的人的审美和项目时间也有关系。

3. 往往负责的工作内容会比较杂

这也导致他们懂的东西很多，但是不精，比如写代码会一点、当客服会一点、文案会一丢丢、运营开直通车什么的会一点，忙的时候还会去仓库帮忙打包发货~而且基本是单休~最致命的是缺少品牌意识。

4. 服务于店铺的设计有一点很好，那就是不像平台那么受约束

其实完全可以结合自家产品的特点天马行空地发挥创意啊，比如前面我们看到的那些店铺设计稿。

其实不管是店铺还是平台设计师，都各有侧重点和特长，他们之间的实力差异只会越来越小，同时我也看到越来越多的服务于店铺的设计开始走向多元化了，有欧美简洁范儿的、有手绘的、有搭场景搞各种素材合成的，还有玩C4D的，或者是混搭着玩儿的，大家会根据自己的实际需要去做设计，而不是盲目炫技或不注重设计，并且品牌意识也越来越强了，这不管是对于平台、店铺、设计师还是对于网购用户来说都是好事儿啊。

2.3.2 服务于平台的电商设计师的优缺点

1. 优点

① 平台设计师一般来说设计专业能力会强一些，因为大多能进入平台的都是有学历的科班生，受过专业熏陶，当然也有一些非科班也做得蛮好。

② 服务于平台的电商设计师会接触到各种各样的商品类目，无论是高端大牌还是低端大众品牌，国内的亦或是海外的，所以会遇到各种设计风格的挑战，设计风格上会比较多元化。

2. 缺点

① 缺点就是平台里每个岗位都分得非常细，比如用研、交互、设计、前端、文案策划各司其职，大都是专才，强调团队协作，所以综合能力没那么强。所以，平台设计师最大的缺点就是离商家和用户都太远了，这也导致他们的设计很容易陷入自我，只是想追求设计好看，却忽略了商家和用户的需求。他们大都设计专业能力很强，但是却不懂市场也不懂文案，更谈不上策略了，虽然拿着不太低的薪水，但是每个人都是一颗小螺丝钉般的存在。所以平台里待久了要么成为专家要么就废了，职责范围太单一（所以要有危机意识多扩充自己的知识面）。

② 大多时候平台电商设计师做的设计都只是头图出彩，但下面楼层部分基本都是比较简洁的商品列表（其中缘由在前面已经讲过），所以整体看起来相比于那些店铺的设计反而没有那么富于创意，但是却非常便于维护，用户体验也会好很多，便于用户更加顺畅地浏览购物。平台设计师把项目当做作品的话会稍显逊色，所以最好能自己做些创作练习。

总结

我们可以看到服务于平台的电商设计师和服务于店铺的电商设计师各有优缺点,主要在于你怎么去看待以及你需要什么,所以本章能够帮到的主要是以下几类人:

◆ 打算进入电商设计行业的人。
◆ 想从店铺转向平台的电商设计师。
◆ 想从平台转向店铺的电商设计师。
◆ 目前正在从事电商设计但是不知道以后是往服务于平台的电商设计方向发展还是往服务于店铺的电商设计方向发展的设计师们。

就先到这里了,愿你们都能有所启发。

02

PART 2
Banner设计组成篇

第 3 章　Banner 释义及组成要素

为了方便大家理解整本书的内容走向，在这里先做一些基本的科普，首先从一些关于Banner的基础知识说起。

如果你想从事电商设计方面的工作，Banner设计应该作为入门基础来掌握和了解，专题页/首页/详情页/海报设计等其实都可以看作是在Banner设计的基础上衍生而来的。

另外考虑到看这本书的人，可能不都是做电商设计的，也有做网页的、做品牌的、做平面的、做UI的，甚至还有运营和管理者，而Banner的适用范围非常广，同时，确实也有很多人对Banner缺乏正确的认知，把它想得太过简单，又或者把它想得太过复杂，鉴于这些现实存在的问题，我决定借助本章，带大家重新认识以及了解一下Banner。

这样一来，也许在你看完本章后，会在以后做设计的过程中多一些点子，或者在指导需求的时候、跟上下游交流的时候，做到有条理地、有理有据地说出自己的观点，并给出修改意见或解决方案，做个有思想、有见解的人。

3.1　Banner的释义和运用范围

Banner其实就是展示于各种电子屏幕上的利用互联网传播的各种尺寸大小和形状的广告，其作用就是展示/宣传/广而告之。

下面给大家举一些例子，方便大家理解，下面图中框出的位置，以及你能看到的部分图片，其实都可以理解为Banner，如下图所示。

来自优设首页截图

来自百度截图

第3章　Banner释义及组成要素

来自站酷首页截图　　　　　　　　来自花瓣截图

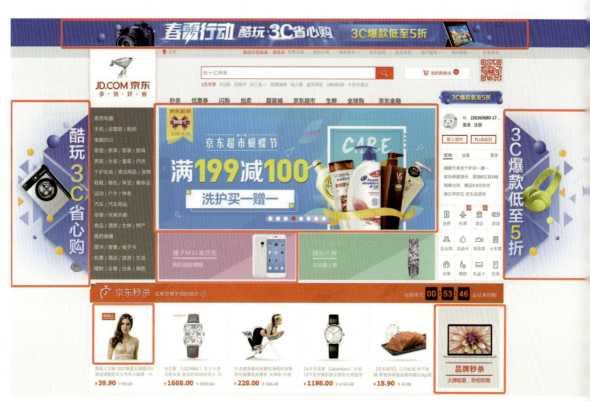

京东首页截图

这么设计能热卖
融入运营思维的电商设计进阶宝典

天猫搜索列表页截图

天猫首页截图一

天猫首页截图二

卫龙食品旗舰店首页截图

第3章　Banner释义及组成要素

所有红框所示的部分其实都可以看作是不同尺寸不同投放位置的Banner，包括其他网站上能看到的可单击的图片，几乎都可以视作是Banner。

还有几乎所有App上的可点击的图片也都可以看作是Banner，比如网易云音乐，如右图所示。

扫码查看H5页面

很多App的广告弹出框或启动引导页，以及开屏广告页也都可以视作是竖版的Banner，如下图所示。

其实就连我们看到的海报和杂志封面都可以理解为竖版的Banner，如下图所示。

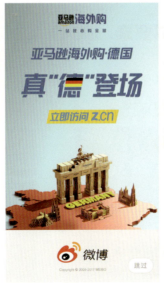

甚至你在公众号封面及底部里看到的那些二维码图片都可以当作是Banner，比如我给自己做了两张，如下图所示。

一个冬天用，看起来温暖　　　　　　　　　　一个夏天用，看起来凉快

其实每次只要做分享或讲座，我自己的演说PPT也都是当作Banner来做的，都会依照相应的主题或当时的氛围情景来做。这样下来，每次带给观众的感受也就会不一样，虽然工作量加大，但是一方面我自己不会感到枯燥，另一方面大家也会觉得新鲜一些。

是不是很神奇？"噢，原来Banner的运用范围这么广啊！"
对，不过更精彩的内容在后面，我们接着往下看。

3.2　Banner的组成要素

一个最常规、最完整的Banner，一般有六个组成部分：文案、模特、商品、背景、点缀元素、LOGO，我给大家简单做了一个示例，如下图所示。

第3章 Banner释义及组成要素

注释：点缀元素的类型有很多种，可以是一些装饰性的文字点缀，也可以是一些图形或非主要产品的相关点缀，甚至是一些光影效果。这个会在后面着重讲解，大家可以先大致了解一下。

需要说明的是，以上是属于组成元素比较完整的Banner，并不是每个Banner都是由所有这些元素组成的，其实只需要包含以上至少一个要素，就可以视作一个Banner了，比如有的Banner可能什么都没有，连背景也没有，只放了一个LOGO而已，有的Banner只放了产品而已，连文案都不需要。

不知道大家理解了没有呢？如果没有完全理解，我们再接着往下看。

3.3 Banner赏析

辨别优劣的前提是先多看，那么应该怎么看呢？这里主要从"定位方向"和"表现手法"两个方面来欣赏Banner。

3.3.1 先说定位方向

高冷大牌，自信到连文案都不需要，如下图所示。

来自CHANEL官网，www.chanel.cn

文艺范Banner，仿佛是活在自己的世界里，注重自我表达，如下图所示。

来自东京Lumine百货，www.lumine.ne.jp

新品首发Banner，可以稍微热情一点。

时尚类Banner，可以稍微酷一点

时尚类Banner，可以稍微酷一点。

小清新Banner，可以可爱一点。

另类型Banner，可以搞怪一点。

低价促销Banner，可以疯狂、活泼一点。

假想同样是卖女装，不同类型定位的Banner传达给人的感受，是不一样的，有的特别冷淡，有的特别热情，它们在视觉上带给我们的差异感受其实就是来源于定位方向的不同。

另外，这里也可以再跟大家分享一些网易云音乐的Banner，先看下图，后面再给大家说感受。

网易云音乐客户端轮播图截图——歌手那英

网易云音乐客户端轮播图截图——歌手曹方

网易云音乐客户端轮播图截图——歌手周子琰

第3章　Banner释义及组成要素

网易云音乐客户端轮播图截图——歌手杨丞琳

便于平台管理的规范而决定的。

网易考拉海购

大家注意到了吗？大概是因为音乐这种东西很多时候都是在抒发一种情感的缘故，或喜或悲或惆怅，同时音乐又是跟艺术相通的，所以这些音乐类的Banner图看起来在排版方面都比较灵活自由，往往字体设计也非常考究，有艺术感，画面多带有一种情绪，可以很抽象，这种Banner非常适用于一些走文艺路线的电商品牌，所以大家也可以参考一下。

像下面这个Banner，从模特打扮和设计风格来看，这些人是玩摇滚的，同时还透露着一股文化底蕴，果不其然，他们确实就是一个民谣摇滚乐队——布衣乐队。

3.3.2　Banner的表现手法

很多设计师可能并没有意识到，其实为了达到某种效果或目的，实现方法是多种多样的，去用自己最擅长或最感兴趣的方式去实现就好，只要能达到目的和效果就行。

比如，做出一个Banner都有哪些表现手法呢？

1. 摄影：Banner可以直接拍出来

当下视觉美食摄影出品

网易云音乐客户端轮播图——布衣乐队

再看看同是网易旗下的产品——网易考拉海购，它有些卖货类的Banner大家可以看下，非常常规，这些不同的视觉感受其实也都是基于Banner目的的不同和遵循一些

55

2. 三维建模：Banner可以直接建模渲染出来

2017年天猫520亲子节主会场头图Banner——白无常出品

3. 插画：Banner可以直接画出来

2017年3月份麓湖、湖岛项目插画，插画师豆哥作品

4. 合成：Banner可以直接合成出来

国庆多拉多7日游——杰视帮出品

5. 手工：Banner可以直接用手工做出来（比如纸雕/软陶/针线活等）

以上所有的表现手法都是可以互相结合运用的（后面会详细讲解的，这里只是大致地让大家了解一下），总之，方法是活的，看大家怎么利用自身的优势去发挥和创造吧。

第4章　商品图的气质

我们经常会听到别人说"哇！这个妹子好有气质！""那个谁看起来好妖媚！""那个谁看起来好清新脱俗哦！"，这都是一个人给别人留下的第一印象，所谓印象，也就是他们身上会散发出某些气质。

当然，接触了一段时间也许你会改变这种印象，比如有些妹子明明看起来特别柔弱、甜美，可一接触才知道其实是个女汉子！再比如有些男人明明看起来特别粗犷，可谁知道居然绣得一手好刺绣啊！

4.1　什么是气质

气质到底是什么呢？以下是百度百科的解释：

气质是人的个性心理特征之一，它是指在人的认识、情感、言语、行动中，心理活动发生时力量的强弱、变化的快慢和均衡程度等稳定的动力特征。主要表现在情绪体验的快慢、强弱、表现的隐显以及动作的灵敏或迟钝方面，因而它为人的全部心理活动表现染上了一层浓厚的色彩。

气质在社会中所表现的形态，是一个人的一种内在的人格魅力。所指的人格魅力有很多，比如修养、品德、举止行为、待人接物、说话的感觉等等，表现为高雅、高洁、恬静、温文尔雅、豪放大气、不拘小节、立竿见影等。气质并不是说出来的，而是长久的内在修养以及文化修养的一种结合，是持之以恒的结果 。

好难懂？我们先来看几组影帝黄渤在不同电影中的剧照，如下图所示。

第4章 商品图的气质

电影《疯狂的赛车》

电影《人再囧途之泰囧》

电影《无人区》

电影《寻龙诀》

好了,图看完了,总结一下:

人靠衣装,衣靠人装,不同的角色有不同的气质,而这个气质就是靠外在的发型/服装造型/表情和内在的心境涵养等来体现的,同时一件衣服要有适合它气质的人穿起来才有味道,而同一件衣服被不同的人穿出来感觉肯定也是不一样的,比如超模和普通人穿同一件衣服,气场肯定会有差别的。

其实每个人都有适合自己的一种或几种气质的造型和服装,而条件比较好(脸蛋啊、身材啊、肤质啊、内在的涵养啊等等)的人往往能够驾驭的造型或服装种类也会多一些,当然这个也并不绝对,还是要看造型能力。

同理,商品图也是有气质的!

我们今天就拿护肤品来说事儿,为什么会拿护肤品来说,主要是因为之前被一个护肤品Banner给折磨了好几个小时。事后我就想,是不是因为我对护肤品相关Banner的设计了解得还不够透彻?是不是有一些注意事项是我不知道的呢?于是我决定一探究竟。

4.2 体现产品气质的因素

首先需要说明的是,我们看一个产品的气质,当然先是从外包装看起,比如外包装的形状、颜色、质感(材质)、体积、纹理图案等,这就好比一个人的身材、身高、发型、肤色、穿着、相貌等。这里要说的是,商品不同于人,商品的包装是人赋予它的,人想要给它一种什么定位,它才有了什么样的形状、颜色、质感、体积、纹理图案这些,也就是包装(VI),我们以一些护肤品为例举例。

4.2.1 颜色带给我们的感知

比如功效、适合年龄段、成分、性别等。

讲到颜色我们要知道以下几个概念:

- 主色:色彩面积占比最大的颜色;
- 点缀色:色彩占比最小、起点缀作用的颜色,可理解为画面中面积小但最突出的颜色;
- 辅助色:色彩占比小于主色大于点缀色的部分。

列举1

如下图所示,颜色上,以浅粉色系为主色,粉色让人联想到花、气球、Hello Kitty等代表年轻、女性化的事物,所以一目了然地就能感知到这是一款针对年轻女性的护肤品。

列举2

如下图所示,颜色上,以中灰色和橙色为主色,中灰色很容易让人联想到石头、钢铁等坚硬的代表男性化的事物,而橙色让人联想到火焰、太阳、橙子等充满激情的事物,两者搭配沉稳而不失活力,一目了然地能感知是男性护肤品。

列举3

如下图所示,颜色上,以青绿色系为主色系,青绿色会让人联想到湖水、翡翠、新鲜的绿叶等事物,给人一种淡雅、脱俗、水灵的感觉,可以向人们传达出一种补水水润的感觉(不过要说明的是,有时候包装颜色是按产品成分来的,而不是按功效,比如葡萄紫色,石榴红色、芦荟绿色,橙子橙色等)。

列举4

如下图所示,颜色上,以深棕和金色为主色,金色让人联想到尊贵的黄金、成熟的金秋季节,深棕色让人联想到泥土和咖啡等事物,给人成熟尊贵的感觉,一般是为成熟女性准备的,因为这个年龄段的女性才会去考虑肌肤的紧致抗皱等方面的问题。

4.2.2 形状体积带给我们的一些感知

比如性别、功能、年龄段、与某些品牌合作等。

不知道大家发现没有,其实所有的商品包装看来看去都跳不出圆柱、方块、圆锥体、长方体这几种基本造型,还有动物造型、仿生造型、软管造型等。

如下图所示,左右造型其实都衍生自水滴形状,但左边结合了青蛙的卡通动物造型后变得圆润可爱,所以一眼就能看出是宝宝护肤产品,而右边水滴造型顺其自然地让人联想到女性和水,所以一眼看出是女性护肤产品。

第4章 商品图的气质

如下图所示，左右造型类似，区别只是左边造型比例更加矮胖，看起来更加粗犷，常用于男性护肤品包装，而右边的比例更加瘦高，看起来更加修长有曲线美感，常代表女性护肤产品包装。

欧莱雅　　　　　　　　　　　　　欧莱雅

欧莱雅　　　　　　　　　　　　　欧莱雅

4.2.3 质感材质带给我们的感知

比如，档次、功能等。目前比较普遍的包装材质包括以下几种：玻璃、塑料、软管、铝箔袋、铝罐。

透明塑料：一般洗面奶、爽肤水、卸妆液会选择这种包装，一方面容量比较大，另一方面这些都是清澈的液体，用质量较好的透明塑料可以很好地展示液体的清澈、透明，或者有色液体的质地，而且相较于玻璃瓶成本也低一些（当然对产品没信心还是不宜尝试透明包装，容易暴露质量问题，毕竟质地色泽看得一清二楚）。

雅漾

非透明硬塑料：特点是安全、成本低，比较适用于儿童护肤品或价位比较亲民的护肤品牌，或者中高档护肤品牌里面比较亲民的护肤品系列。

雅诗兰黛

相宜本草

铝箔袋：常用于片状面膜的包装，方便撕开使用，用完即扔，用这种包装与品牌档次无关，安全、方便。

软管：常用于乳状物的包装，比如洗面奶、润肤乳、护手霜、眼霜、牙膏、药膏，很多大品牌也会用这种包装，主要是因为使用方便、成本低、安全，有透明的也有非透明的。

美即面膜

铝罐：常用于喷雾的包装，容量大，质地轻便，不易被氧化，遮光性好。

雅漾

玻璃：这是大牌护肤品还有香水最喜欢的一种包装材质，一些中档护肤品牌的高端系列有时也会选用玻璃材质包装，比如精油、精华液等，因为这些产品看起来比较贵。

依云

通常我们从这些包装材质上,可以对产品的气质和定位有一定的了解:是高档还是低廉,是适合做比较炫酷高光质感的背景还是适合做扁平简洁的背景……一般来说越大牌的护肤品越喜欢用高光质感的背景,产品修图要炫要酷,而不太喜欢色彩艳丽质感扁平的背景,有一部分原因就是因为这类护肤品大多数是玻璃质感的瓶身。高档酒也是类似的道理。

4.2.4 纹理图案花纹带给我们的感知

成分、品牌定位、功效、性别等。

1. 植物图案

我们拿几个相宜本草的产品看一下,因为包装图案都是一些植物等天然原料,用户一目了然地就知道产品里包含了什么,然后会联想到对应的功效。这类品牌讲求整体统一性(LOGO和颜色的延续),同时又通过不同的图案及配色来阐述不同的产品系列,给人纯天然、草本植物护肤品的印象(需要说明的是,企业往往会通过这种方式给消费者传递一种品牌印象,但具体的功效则只有用过才有发言权)。

另外要说明的是,一般这种画面包装很丰富的护肤品价格都是比较亲民的(大牌都是走高冷路线)。

2. 图形色块

图形可以是根据品牌含义或者品牌故事衍生的，比如依云瓶身的山、气泡这些图形都与水有关，雅漾的瓶身图形像是一滩泉水，欧莱雅男士护肤用的是硬朗的矩形色块图形，搭配男性化的色彩、矮宽的瓶身，从而表明这是男士护肤品。这就是我们经常说的：你所看到的所运用的任何设计元素应该都是有依据的。

依云　　　　　　　　　雅漾　　　　　　　　　欧莱雅男士

3. 品牌LOGO

大牌护肤品瓶身极少使用图形图案，因为他们的LOGO就是最好的图形元素，代表了其优势地位，文字信息很小，能看清内容就行，并且他们只使用适合自己品牌定位的包装材质，总之，大牌给人的感觉就是自信简洁。

海蓝之谜　　　　　　　香奈儿　　　　　　　　SKIN-II

当然也有很多包装看起来像大牌（或者说立志跻身大牌护肤品行列）的护肤品也是这么干的，比如起英文名字、包装也很国际范儿，然后请明星代言等等，不过希望不只是徒有其表，毕竟做好产品本身才是正经事啊，真心祝愿国产品牌也越来越多地被称为大牌。

4.3 药妆品牌

你会发现这些品牌的外包装看起来真的非常像药膏,为什么呢?因为他们或多或少借鉴了药品包装。比如你会发现他们的包装上面会出现很多文字(类似医生开的药方,就像医生叮嘱你要注意什么一样),大多为白色瓶身,很少出现花里胡哨的图形,力求在护肤品和药膏包装之间寻求一种平衡,给人值得信赖的感觉,毕竟这类护肤品其实都是针对皮肤比较敏感的人研制的,成分越干净简单才越让人放心。

科颜氏　　　　　　　　　雅漾　　　　　　　　　理肤泉

4.4 总结

上面分析了这么多,其实就是想说,我们通过分析商品的气质,其实就可以提炼出很多可以发挥的设计方向。

1. 颜色的选取

是偏女性化还是男性化?是针对老人还是小孩?是适合年轻女孩还是成熟女人?……这些不同的气质所对应的颜色当然也不一样,抛开无彩色黑白灰以外,颜色越明亮越艳丽则越给人年轻有活力的感觉,颜色越暗沉给人感觉越沉稳或男性化,颜色越暖给人感觉越活跃躁动,颜色越冷给人感觉越低调安静。

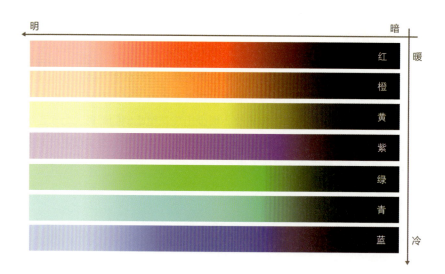

2. 字体的选取

代表女性化的纤细柔美字体还是代表男性化的或促销的粗体？是代表书香气息的书法字体还是代表卡通可爱的少儿字体、手写字体？（关于字体的内容会在后面的章节里单独解说）。

3. 背景表现方式的选取

背景是用炫丽有质感的还是扁平的叠加商品图案？是用表现补水效果好的水珠元素还是表现防晒的阳光元素？亦或是提取包装图案上的色块元素？（关于背景的内容会在后面章节里单独解说）。

4. 画面风格的选取

大量留白国际范儿、还是大量留白文艺范儿，还是热热闹闹搞促销，还是手绘小清新等（关于风格定位的内容会在后面章节里单独解说）。

5. 其他

整体画面的感觉是否准确传达出了品牌的特点或定位，比如简约大牌/纯植物萃取/敏感肌肤专用/补水效果好/防晒/等等功效特点。

关于产品的气质先分享到这里了，希望本章的内容对于大家找到更加适合的设计方向以及搞定需求人方面有所启发。

第 5 章　实战 Banner 图设计之商品的玩法

5.1　项目前期准备

当你接到一个Banner图的设计需求，第一件事情应该是去了解以下几个点：

1. Banner图是针对什么活动、什么目的而设计的

比如是为了某个节日专题活动还是针对某一个单品的预售，是走高端大气上档次路线，还是走促销亲民热闹路线等等，因为这些关系到Banner图设计风格的选择（不妨问一下需求人看他有什么参考图可以提供给你，不要害羞~）

2. 主副标题、利益点等文案信息的确认

一般来说我们可以从文案中寻找灵感确定设计方向，为了避免设计方向错误，需要确认好了再动手，就算只是简单的文字排版，万一后续又有文案的改动或字数的增减，也很麻烦。

3. 这个Banner图要放在哪个位置投放

这个主要是考虑Banner图与周围元素的关系，比如首页Banner图背景色要避免和左侧导航背景同色，如果投放的位置周围都是热闹的图，那这个时候你可以试一下安静的、大面积留白的，与周围形成对比反差。

4. 与需求人沟通，倾听看法或建议

我们作为设计师，在视觉方面可能是要专业些，但也要听取一下运营或需求方的看法或经验，因为点击数据掌握在他们那里，他们可能比我们更了解用户喜欢什么、需要什么，同时他们往往是拍板说OK的人。但不是说完全听他们的，我们自己要有判断能力，对于他们的意见或看法适当引用和取舍（这个过程可以展现设计师的专业素养，互相增加好感，从而比较容易过稿）。

5. 什么时候交稿

这个大家都知道，好的设计是需要时间的，假设有几个设计方向可以选择，如果时间充裕当然选择那个最优方案，如果时间比较赶，那就选那个不出错的、能快速实现的方案。

5.2 风格定位关键词

促销、热闹、大牌、简约、可爱、稳重、时尚、文艺、特定元素（节日、季节）……，其实这些关键词往往是一个或多个同时出现在一个Banner里的，下面我们看些案例。

5.2.1 关键词：大牌、稳重

香奈儿Chanel官网

Apple官网

说到大牌，你会发现它们有以下规律：

- 背景大量留白。
- 色彩单一，常见黑、白、灰作为主色，因为这些是无彩色，只是为了凸显主体而已。
- 商品或模特一定要够大，或者截取部分细节展示（因为就是这么自信）。
- 不需要太多文案描述，有时只需产品名称或LOGO摆在那里就好了（仿佛在说：我很贵，爱买不买）。

需要说明的是，这种高冷的风格比较适用于数码电子产品、奢侈品牌等，彰显自己的高贵。

其实我注意到2年前这些大牌的官网Banner里经常都会放一个大大的品牌LOGO，现在却基本都不会放LOGO了，而是直接放产品或模特图，我想这也是日渐成熟和自信的表现吧，自己网站里的配图确实无需用添加LOGO来强化印象了，因为你的产品本身就已经是品牌形象了。

5.2.2　关键词：时尚、品质感、促销（时尚感大于促销感）

www.wconcept.co.kr

www.bluefly.com

www.dnshop.com

fashion.interpark.com

你们平时是不是经常遇到别人说既要"大牌"又要"促销"的"无理要求"？下次帮他纠正一下，是既"时尚"又"促销"，不是既"大牌"又"促销"，就像你说一个人穿得好时尚啊，时尚不一定非要花大价钱才可以达到，大牌是真的需要很多钱才可以达到的，而促销代表打折、低价、热闹，这与大牌是相违背的。

分析一下这种类型的Banner会发现有以下几点：

◆ 排版考究，文字规整，比如左对齐/右对齐/居中对齐，并且极少去做一些怪异的字体变形，而是放大一个着重突出的文字信息形成一个面，压住全局，适当留白。

◆ 色彩不会太多，至多3种（如果商品本身就是五颜六色的就另当别论了），配色参照商品本身或邻近色来提取，只有需要突出的文字信息才会用对比反差比较大的颜色，比如折扣信息或重要的功能信息。

◆ 商品角度要好看，品质要高（常见商品角度：侧45°角、俯视、平视，个别情况下会采用比较夸张的仰视视角）。

◆ 一般都会有主标题、副标题、利益点这几个文案信息，利益点要大大大。

总之，这种类型的Banner一般比较适用于与时尚相关的美妆护肤、男女鞋箱包、配饰等类目，当然食品母婴等偶尔也会这么做。

5.2.3 关键词：可爱、热闹、亲和力

dnshop，www.dnshop.com

东亚大冢，olatte.donga-otsuka.co.kr

韩国购物网站first look，shop.firstlook.co.kr

分析一下这种类型的Banner会发现有以下特点：

◆ 商品很多，画面比较满，会有很多小色块、手绘图形之类的点缀。
◆ 色彩丰富、配色柔和、偏暖，给人"热情"的感觉。
◆ 会有某一个特别突出的信息，但是整体画面又注重比例的和谐（后面会具体讲到这一点）。

第5章 实战Banner图设计之商品的玩法

总之，整体画面感觉是不会有攻击性的，是友好热情的，比较适合食品、可爱服饰，母婴品类,因为这些属性跟这些品类的特点是相符的，要给人可爱、可口、甜美、亲和力的感觉。

5.2.4 关键词：素雅、安静、大面积留白、文艺、简约

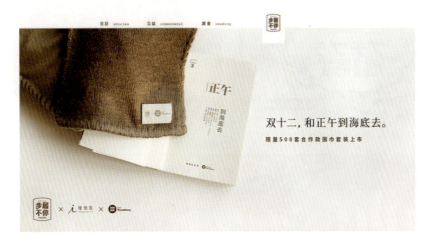

淘品牌［步履不停］，walk1978.taobao.com

这种风格分析一下会发现有以下特点：
- 超级大面积留白，元素都小小的（这一点跟前面讲的大牌截然相反，虽然都是大面积留白）。
- 色彩单一，以浅灰、淡蓝白、米白、棕色、饱和度和纯度低的绿色等色彩居多。
- 文案要么很少，要么很多，但都是打动人的一些文字，并且小小地放置在画面里。

总之，这种风格比较适合家居、茶艺、布艺、棉麻森女系、文艺、日系服饰鞋包。

在这个浮躁的社会就是需要有人去做那个安静的女子，来保证社会的和谐和多样性，你说是不是？如果你身边有这样的女子，观察一下她你就知道了，就是这样的安静素雅，不爱说话但又很特别，淡淡的，犹如一阵清风吹过……

5.2.5 关键词：促销、形式感佳

日本购物网站，www.felissimo.co.jp

韩国购物网站cledor，www.cledor.co.kr

美国购物网站Bluefly，www.bluefly.com

韩国购物网站dnshop，www.dnshop.com

分析一下会发现有以下特点：
- 要么文案超级多，要么商品种类超级多，要么文案和品类都超级多。
- 色彩多样、留白较少，注重排版，选品需要注意颜色和形状的选择（稍后会提到）。
- 醒目的sale或价格优惠信息，就是要告诉天下人："我现在很便宜啊！快来买我啊！就是这么热情咧！"

总之，这种比较适合尾货大清仓、综合卖场促销活动，适合任何品类（那种常见的路边摊设计我就不举例了，大家有兴趣可以自己去找，一大堆哦）

它就像一个热情的促销员，同时打扮的很nice，拿着喇叭喊：全场清仓大甩卖啦，快来看快来瞧啊，你买了不吃亏，你买了不上当啊！）

5.2.6 关键词：高冷简洁的促销

这种形式比较适合商家店铺Banner图或者实体店促销招牌，因为Banner图上没有任何商品，要不是因为本身就处在这个店铺里面，没人会知道你要卖什么。分析一下会发现有以下特点：

注重简洁形式感，大大的SALE和大红背景仿佛在告诉你："嗯，我今天是来搞促销的！但是，我就不告诉你我要促销什么，你来点我我才告诉答案！"

总之，这种形式要么是为了吸引有点好奇心的消费者，要么是吸引已经是老顾客的消费者，运用在实体店比较常见。

5.3　Banner图设计实战

关于商品图的玩法，前面给大家做了一些讲解，下面我做了一个图表，我们一起来看看（下图中的利益点有时是跟副标题重复的，即利益点即是副标题）。

主副标题	利益点	商品	模特	背景	点缀	LOGO	活动类型
✓	✓	✓	✓	✓	✓	✓	大型综合促销专题活动
✓	✓	✓	○	✓	✓	○	促销为主的一般活动或预售
✓	○	○	○	✓	○	○	时尚要求多于促销的活动
✓	✓	✓	○	✓	✓	○	促销要求多于时尚的活动
○	—	○	○	✓	○	○	大牌或文艺调调的活动
✓	—	○	○	✓	○	○	时尚新品发布或预售
✓	○	✓	✓	✓	○	—	大牌或店铺内部普通活动
✓	✓	○	○	✓	✓	✓	好玩有趣氛围多于促销的活动

注释：✓ 有　　— 无　　○ 可有可无

看到商品或模特还有文案信息在一个Banner图里的重要性了吧？前面其实是相当于是给大家介绍了一些"比赛规则"，接下来才是具体讲解这场"比赛"该怎么玩。

根据观察总结，我们会发现，商品的摆放和玩法无非就是这些类型：

❶ 背景叠加。
❷ 模拟货架摆放。

③ 平面构成图形化。

④ 产品图局部细节展示。

⑤ 商品飘散。

⑥ 三角形堆放。

⑦ 商品虚实结合法（商品与手绘/C4D/合成/摄影的结合）。

⑧ 打造空间层次。

⑨ 模特展示。

而往往以上玩法会以一种或多种方式同时出现在一个Banner里，下面我们看些实践案例。

5.3.1 切边构图+截取部分商品展示+大量商品

将商品按一定的构图规律沿着Banner图四周环绕，这就跟给一幅画加一个框再把它裱起来是一个道理，既美观又能聚焦视觉到画面中心，只不过这里是将视觉聚焦到中间文案，这也是为什么这种构图文案信息都是居中放置在画布中间的原因，该手法在摄影构图中也很常见，如下图所示。

分析及注意事项：

◆ 这种构图往往要求所选商品形状要尽量规整，比如矩形、圆形，摆放位置和大小要形成一定规律，有大有小，有高有低，切勿乱摆。

◆ 这里的商品既可以直接摆放于背景之上也可以选择通过叠加模式融入到背景中，区别是，通过叠加将商品融进背景的处理手法尤其适合那些卖相或品质不太好的商品，并且产品图颜色花哨一点都没关系。

◆ 这种类型常运用于服饰鞋包、美妆护肤等活动Banner的设计。

还有其他类似手法我们一起看一下，下次遇到适合这样处理的Banner不妨一试，时尚感立即提升，如下图所示。

韩国购物网站FLmall，www.lfmall.co.kr　　　　　美国休闲服饰品牌Madewell，www.madewell.com

5.3.2　模拟商品真实摆放场景+三件以上商品

这种手法试图营造一种真实的购物场景体验，一定程度上增加网购信任感和亲和力，比如用衣架挂着或者放在展柜上展示的视觉效果。

韩国购物网站FLmall，www.lfmall.co.kr　　　　　意大利奢侈品牌Fendi，www.fendi.cn

这种手法对于商品的拍摄角度有较高要求，看上去要真实，如果透视阴影光线都不对，就尴尬了。

另外，如果有条件，把场景搭建好直接拍摄，作图的时候直接拿来用就好了。

5.3.3 商品堆放+三件以上商品

我们这里仅看商品部分的玩法。

无论Banner是左右构图还是上下构图抑或是居中构图，商品堆放的形式都是中间放最大的商品，然后在它的周围放置比他小的商品，这样才能形成稳定的三角构图，如下图所示。

还有一种堆放形式，比如横向或纵向往一个轴线堆放，类似堆积木、做汉堡包，唯一要注意的是，商品角度上有点变化可以让画面更灵活，如下图模板所示。

虽然都是堆放的形式，但是变化也是可以很多样的，前面几种三角堆放商品的形式在食品、服饰鞋包或综合类目活动中应用较多，后面几种比较适合同类商品的堆放，要求商品形状是比较规则的立方体或扁平的物体，想象一下堆积木或叠衣服就知道了。

5.3.4 远景近景的对比+两件以上物品

这种形式不需要太多商品，比较适合推单品的活动，要求商品拍摄角度要好看，45°角最佳，这样透视感比较容易出来，近大远小，商品为主角，一般充当近景或中景，模板举例，如下图所示。

韩国INTERPARK，www.interpark.com

杰视帮出品

5.3.5 穿在模特身上展示+大小对比+1件以上物品

左右布局，商品和模特三角构图式堆放在画面右边，文案在左边，左右占比相当，画面稳定，模板和案例如下图所示。

韩国电商网站COORDI，coordi.com

文案作为前景层主体信息，商品图充当远景层背景，信息层级分明，模板如下图所示。

左右都为模特局部效果展示，但是文案信息在右边，所以为了画面平衡增大了左边模特的面积，这里涉及到两方面的对比，一个是背景颜色深和浅的对比，一个是模特大和小的对比，总之最后画面平衡了，模板如下图所示。

这种形式需要一个姿势好看或动感的模特试穿效果，若是左右的布局，则适合"近大远小"的形式，若为左中右布局，则适合大小相当的对称式构图，颜色的选取和形态塑造都应该遵循产品本身的特点来，这是比较有依据的做法。

5.3.6 商品飘散+大小对比+虚实对比+3件以上商品

1. 远景、中景、近景3个层面

最清晰的商品主体在中间，近景的点缀物和远景的点缀物遵循"近大远小"的原理，但是近景或远景的模糊程度就要看设计师自己去处理把握了，可以是近景比远景模糊一点，也可以是远景比近景模糊一点，让画面更富动感和层次感，但最终的注意力还是集中在画面中间的商品上，模板和案例如下图所示。

2. 左中右对称布局

文案信息作为主体在中间,近景的商品大,远景的商品小,画面富有动感和活力,一看就是带有促销性质的Banner,模板和案例如下图所示。

www.wconcept.co.kr

3. sale为主体

商品以一定的节奏围绕,有前有后、有上有下、有大有小。在这里商品可以看作是氛围点缀物,热闹促销的同时不失趣味,模板和案例如下图所示。

采集自坚果杂货zakka品牌,www.zakka.net

小结

这种形式要求有一个中心主体在正中间,比如文案信息,然后商品作为配角,或环形围绕着(想象一下宇宙银河系)或左右对称漂浮着(想象一下对称构图,比如左边放一个大的物体,右边也放一个大的物体;左边你放一个小的物体,右边也放一个小的物体),或像生长在主体周围一样(想想大树上的叶子、树枝的生长),所以说,设计真的是有很多可以向大自然学习的规律。

5.3.7 按某种规律平铺商品+4件以上商品

1. 左右平衡

商品摆放要规整，错落有致，有大有小，那么怎样做到画面平衡呢？比如左边如果放文案，那么右边就放商品，左边如果是深色背景，那么右边就用浅色背景，像示例这种类型的Banner适用于卖综合商品或成套系商品的促销Banner，同时商品的形状尽量要选择规则一点的，模板和案例如下图所示。

韩国电商网站d＆shop

2. 文案为中心

这种Banner里商品的玩法就是，文案作为中心主体放中间，周围商品则平铺围绕，同时要有轻有重，画面错落有致，如下图所示。

采集自韩国BEAN POLE（滨波）休闲服装品牌

3. 上下结构的布局

商品平铺摆放，摆放规整，有大有小，有节奏感，颜色协调，画面紧凑，如下图所示。

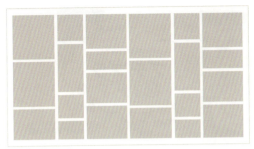

4. 左右结构布局（局部商品）

商品置于整齐排列的圆形里，只展示商品的局部，这种玩法比较适用于种类繁多，但商品形状比较多样化且不规则的促销活动，如下图所示。

小结

这种形式适合任何布局，上下也好，左右也好，居中也好，都无限制，所以你的Banner到底适合哪一种，就要看缘分和心情了（好吧，其实要看你的商品适合哪种布局，具体请对照查看）。

5.3.8 铺满整个画面+前后景+许多商品

将商品堆一堆，铺满整个画面，作为多彩的背景，将文案利益点放置在纯色底上（背景复杂，前景肯定要干净才可以突出文字），如下图所示。

日本购物网站,www.felissimo.co.jp

这种形式与清仓大甩卖这种活动简直是绝配,它往往意味着廉价、超级便宜、商品种类多,往往可以淘到很多物美价廉的商品(所以也不要觉得这种Banner非常俗气)。

有没有感觉自己在做一道类似于火锅大杂烩的黑暗料理?设计跟做菜也是有相通之处,平时多思考观察吧。

5.3.9 手绘+虚实结合+1个以上商品

手绘在电商设计中的运用非常广泛,我们既可以将商品图转化为全手绘稿,也可以采用商品或模特结合手绘的形式,这样一来,画面的趣味感或艺术气息立即就提升几个台阶,如下图所示。

来自韩国的药妆品牌Dr.Jart　　　　　采集自coordi.com

采集自www.nike.com

第5章 实战Banner图设计之商品的玩法

因为这三种构图前面都讲过了,在这里就不再多说了。我要说的是,如果你有手绘功底,并且你的活动类型是可爱或者炫酷,或者脑洞大开的,你就可以发挥自己的特长,加点想象力,在实物图上手绘几笔,虚实结合,会使得画面非常有吸引力,不妨试试!

这种玩法需要有以下几个硬性指标:

◆ 会手绘,有想象力,或者会照葫芦画瓢也行;
◆ 活动定位允许你这么做,毕竟不是每个类目都适合这种手绘形式,比如国际高端路线,这种手法就会太儿戏了,与品牌调性不一致。这种类型比较适用于潮牌服饰鞋包,护肤美妆,母婴,韩系日系可爱风等方向;
◆ 手绘内容应该与商品活动有关或有联系,举个例子,假如你卖的是纯色羊毛呢子大衣,但你在Banner上画只鸭子合适吗?
◆ 时间充裕,因为手绘比较费时(如果你是高手则完全不必在意这一条)。

5.3.10 结合商品特点排版+从文案里找灵感+2件以上商品

1. 玩色彩

右边这个广告一看就是想表达"多彩"主题,这里就是以产品本身的色彩特点去联想发挥的,其实往往这种特质比较明显的商品是最容易让设计师发挥创作的,设计师可以结合商品本身的特点和文案去发挥想象力。

因为一个好的设计其实就是要想办法让画面与商品产生关联,比如商品的质感、颜色、纹理、图案、形状都是可以提取的设计元素。

2. 玩构图

玩构图的形式就要看个人功力了，往往会遵循一些规律，比如运用平行线，注重切割比例，同时也可以应用前面提到的一点，从产品图身上吸取颜色和质感纹理用在背景上，并且如果产品本身的形状或身上的图案本就很容易玩出构图来，尤其是圆形/矩形/三角形，千万不要放过它们，因为这几个基本图形很容易就玩出构图来了，如右图所示。

3. 拟人手法

比如右图这个Banner，雨伞和雨鞋的这种搭配非常像一个胖嘟嘟的小孩打着一把雨伞，形象可爱刚好又很有场景代入感，让人忍不住想要点击看看。

所以说，有些类似的、比较讨巧的商品其实可以摆成这样去卖萌，获取用户好感，然后让人忍不住想要买买买。

采集自LFmall服饰购物网www.lfmall.co.kr

5.3.11　超大产品图局部细节展示+1件商品

这种形式适用于奢侈品彰显大牌的活动，数码电子产品也喜欢走这种高冷路线，因为冷酷，让人觉得拥有它很有面子，那种一般的商品，比如衣服有线头、褶皱、产品用料又不高档、做工不精细的就不要尝试这种形式了，因为本来你是想要装大牌感来着，却把瑕疵缺点展示出了，就起反作用了。

Apple官网

◆ 超大局部细节展示（大牌就是这么自信，我细节棒，做工好用料好，不怕你拿放大镜看我），但是有些天天喊着设计师要做出大牌感的广告，但是提供的商品图拍摄质量很糟糕，或者做工很一般，那其实就非常难为设计师，即便做出来也是欺骗消费者。

◆ 大面积留白，画面干净无杂质，商品就是唯一的主角。

◆ 品牌LOGO稍微醒目一些，文案信息字体多比较纤细，并且字号很小，处在配角的位置，但是因为往往这种广告大面积留白，即使字体很小很纤细可视度也很高，也不影响阅读。

◆ 背景色多为黑、白、灰，色彩也比较单一，总之，就是看上去比较有距离感，高冷。

5.3.12 背景叠加

这种形式有一个特点就是，既能让用户看到你要展示什么，但是又看不太清晰和真切，同时感觉是比较简洁时尚的，无论你有没有高质量的模特或商品都可以这么去玩，尤其适合不需要去体现商品或模特细节的情况。

与上面的细节展示玩法刚好相反，它是一种非常百搭的玩法，而且无论是模特、商品还是标题都可以叠加，如右图所示。

同时，以上所列举的玩法其实是可以结合起来使用的，比如背景叠加可以跟任何玩法相结合，依照具体目的来选择就好。

总结

到这里，关于商品该怎么玩就都讲完了，一个Banner里除了文案、点缀物、背景等组成部分以外，商品或模特往往是最不可或缺的部分，而玩商品是最保险的，"玩"模特一方面要找到合适的人比较费时，另一方面模特往往涉及到肖像权问题会有很多限制，尤其是大品牌或大的电商平台更加谨慎，万一被告就麻烦了，所以还是多想想怎么玩商品图吧！

第 6 章　模特该怎么用

6.1　为什么会用到模特

其实我们的一切行为活动或交易行为都是围绕着人的需求出发的,电商设计也是如此,在讲电商设计中模特该怎么用之前我们先看一张日常穿搭图,如下图所示。

模特来自artmi旗舰店

还有很多东西,比如食品保健、家电数码、母婴宠物用品、各种虚拟物品等,所有这些东西都与人相关,所以在设计中如果条件允许的话用到模特就非常理所当然了。

因为模特可以起到示范、使画面丰富、更具有代入感和代言人的作用,从而增加广告宣传说服力,所以挑选合适的模特就显得尤为重要。那么我们该怎么用模特呢?什么时候用到模特呢?且听下文慢慢道来。

6.2 模特用在什么位置

写到这里,我们先来看看之前总结的一个关于组成一个Banner的几大要素的表格,如下图所示。

主副标题	利益点	商品	模特	背景	点缀	LOGO	活动类型
✓	✓	✓	✓	✓	✓	✓	大型综合促销专题活动
✓	✓	✓	○	✓	✓	○	促销为主的一般活动或预售
✓	○	○	○	✓	○	○	时尚要求多于促销的活动
✓	✓	✓	○	✓	✓	○	促销要求多于时尚的活动
○	—	○	○	✓	○	○	大牌或文艺调调的活动
✓	—	○	○	✓	○	○	时尚新品发布或预售
✓	○	✓	✓	✓	○	—	大牌或店铺内部普通活动
✓	✓	○	○	✓	✓	✓	好玩有趣氛围多于促销的活动

注释:✓ 有　　— 无　　○ 可有可无

其实若不是因为涉及到肖像权或者合适的模特不好找,我是更倾向于用模特而不是孤零零的商品图。

6.3 模特该怎么用

首先以活动类型的维度来分析。

6.3.1 大型综合促销专题活动

首先，模特的着装、气质、妆容等要符合活动定位的要求，比如我这儿搞京东618周年庆呢，模特当然是充满活力、搞怪、有激情的年轻人比较合适，你要是弄些穿着职业装的销售人员或者穿着旗袍的风情女子作为模特，我敢保证，你的需求人看到你的设计稿后心里会是火冒三丈的："搞错没啊！重做吧！"

其次，表情动作要有张力，或很夸张，或笑得很开心，或活力四射，而不是安安静静的美女或文艺青年，因为画面需要非常足的亲和力和爆发力，仿佛在对所有人喊着：过来瞧瞧过来看看啊，这儿有你想要的，快把我买走啊！很多商场或售楼处门口都喜欢搭个台子，请一些能说会唱会跳的表演者给大家暖场子，就是这个道理。

比如天猫双十一、京东618、苏宁易购818、乐蜂桃花节，还有各种周年庆、女人节、男装节、春节这些比较大的活动，主会场如果要用模特，一般都是看起来非常有感染力、肢体动作很有张力的，如右图所示。

苏宁易购2015年818发烧节活动页

2015年的苏宁818发烧节做的活动页面整体氛围看起来特别热闹，画面中演员邓超的肢体和表情比较贴合活动主题的，满足了年轻人、有活力、适当夸张动作和表情的这些要求，给人热闹有感染力的感觉，从而吸引了大众眼球。

6.3.2 促销为主的一般活动

单个类目或商家的促销活动，所选模特的着装、气质、妆容等要符合活动定位所需的要求，表情动作也应该要有张力。

什么是张力呢？张力就是模特看起来要有精神、有激情（毕竟搞促销嘛，促销员精神面貌要好），人的全身或局部是处于拉伸或收缩状态的（大家自己试着对着镜子摆摆动作，做做夸张表情，再对比下毫无表情着装邋遢的，哪个更有感染力？）。

这种类型的活动力度没有上面那么轰轰烈烈了，如果前面的大型促销活动是放鞭炮敲锣打鼓，那这种就属于拿个小喇叭喊喊而已了（不过不代表我们不可以放鞭炮敲锣打鼓，只要有足够的人力和时间，因为小项目和大项目排期、耗时、人力各方面都是不一样的），我们看一下下图示例。

韩国电商网站11st，www.11st.co.kr

其实和大型促销活动模特要求差不多，区别只是整体活动的影响力有差别而已。

6.3.3 非促销为主的活动

这种活动仍然还是要体现促销感的，因为不是低价诉求为主的活动，所以根据活动主题和定位尽情发挥就好啦，大胆地跟代表热闹促销的大红大紫大黄，或飘来飘去的商品以及点缀物，还有拥挤不堪的画面说再见吧！模特数量和摆放位置基本同理，下面我们一个个分析。

1. 时尚感

模特穿着打扮要时尚、表情动作要有张力（身体全身或局部处于拉伸或收缩状态，表情及肢体动作不用太夸张，要自信）。

模特可以居中，也可以居左或居右，而且因为并不是促销为主要目的的Banner设计，所以模特不需要有太夸张的表情或动作，甚至可以不用露脸，仅出现局部或背影即可（这种方式还有一个好处就是制造神秘感、突出产品、避免侵犯模特肖像权）。如下图所示。

1个模特的情况（无商品图）：

1个模特结合商品的情况：

2个模特（左右对称相同大小全身照或左右一大一小都可以）：

2个模特结合商品的情况：

3个以上模特（多个模特居中依次排列）：

日本彩妆品牌SECRET THE COCOMAGIC

超多模特（将模特叠加到背景里）：

2. 文艺情绪感

模特表情多为淡淡的忧伤或浅浅的一笑，心事重重或与世无争的模样，穿着打扮追求舒适随性，身体动作也会比较内敛一些，不会特别夸张（模特使用方法跟前面是一个道理），如下图所示。

蜷川实花与日本LUMINE百货公司合作的摄影Banner图，网址http://www.lumine.nel.jp

3. 可爱小清新

这类模特表情、动作、穿着打扮都非常可爱甜美，必杀技就是嘟嘴卖萌，都说爱笑的人运气不会太差，如果你们看到Banner上使用的是这种小可爱萌妹子模特的话，应该也会被他们的笑容所吸引吧（模特使用方法和数量与前同），不过特别大牌高档的产品一般不会这么使用模特哦！如下图所示。

日本婚纱摄影机构，www.watabe-wedding.co.jp

4. 新品发布

新品发布基本包含了非促销的各种类型活动，模特可活泼也可面无表情，主要依据产品气质和风格来定，如下图所示。

小结

其实以上活动模特的数量、排版等都是一个道理，只是根据模特本身气质装扮、动作的不同，整体画面传达出的信息和感觉会有所不同，而模特的气质和装扮表情又是依据活动性质和产品特点来的，你的商品是什么气质，就应该用什么类型的模特。

6.3.4 "耍大牌"

这种类型的模特都是气场十足的，往往比较高贵或冷艳，动作干练自然而不浮夸，表情优雅冷静而不俗套，给人只可远观不敢轻易靠近的感觉（例如超模），画面多留白，如下图所示。

www.dnshop.com   www.Dior.cn

需要说明的是，不止是大牌奢侈品才会使用这种类型的模特，一些非大牌的品牌有时为了给消费者输出一种大牌的时尚印象，也会这么做，如下图所示。

我们会发现，这类模特给人感觉就是比较有距离感的（感觉就是她们身上穿的用的看起来挺贵的，一般人消费不起）。

你会发现，这类模特大多有以下特点：

- 妆容精致，不花哨；
- 永远都是一副自信的、不苟言笑的脸；
- 肢体上不会特别夸张，很克制；
- 服装选择上也会比较简洁干练。

而时尚类活动用到的模特则具有以下特点：

- 同样是看起来特别自信，但是表情会更丰富张扬；
- 玩得很投入，整个人跟打了鸡血一样；
- 头发飘逸有动感；
- 身体重心偏移；
- 身体或局部拉伸或收缩状态，给人一种紧张感，俗称的看起来"带感霸气"。

这种模特就比较适用于时尚带点促销，大牌感又带点促销的这类活动，跟纯大牌类型的活动稍有区别，她们没有那么高冷、遥不可及了，尤其大家注意肢体、表情、妆容、着装，会是比较动感和有张力的，如下图所示。

电商促销类的设计很多时候就是喜欢给人传达一种紧迫感（觉得整个人要跟着页面和模特舞动起来一样），目的就是要让你抓紧时间开心心地买买买啊！不管你是设计师还是摄影师，私下也可以对着镜子找找感觉练一下哦，毕竟工作中确实经常会涉及到找模特或拍摄的工作，如果气质没找对，对整个页面设计也是会有很大影响的。

前面内容总结一下，模特该怎么用，其实无非就是挑选气质合适的模特，表现出合适的表情和动作，加上合适的服装颜色，确定使用模特数量和摆放位置，是全身还是半身还是局部以及该怎么去跟整体画面协调搭配，就这么简单！下面进入实战！

6.4 [实战]模特该怎么用

前面以促销的层次这个维度来分析了模特该怎么用，估计有人会觉得不过瘾，下面以五个案例来给大家讲解。

先看下不同类型气质的模特吧（以下列举电商常用模特类型，不包括丝袜、鞋子腿部特写之类的模特）。

好了，看完这些不同气质的模特，她们给你传达出的印象大概都有所感受了吧，比如有亲和力、有距离感、有感染力等，如果我是要卖一款比较可爱的儿童玩具，你肯定不会想到要找冷酷类型的模特做代言，因为太有距离感了，会吓哭小朋友的，而如果要卖一款比较性感的内衣，你应该也会想到要找那种身材性感一些的模特做代言，而不是找裹得严严实实的性冷淡画风模特做代言对不对？

好，有了这个大致的感觉之后，我们接下来用实例讲解不同项目定位应该如何挑选模特吧！

甜美、可爱　　时尚、冷酷　　动感、活力

性感、妩媚　　肃静、端庄　　小清新、阳光

大牌、气场　　森女、文艺　　优雅、女人味

6.4.1 价格引导型

文案一般是这种：清仓大甩卖、全场低至XX元、周年庆大放送、买一送一等等。

利益点突出，活动氛围热闹，给人有亲和力买得起的感觉，那么想象一下如果是给这种活动配模特应该是什么类型的呢？

假设需求人给到我的文案是这个：最后一批夏季美衣，低至29元起。

拿到这种文案，第一感受就是这种活动是走低价促销型定位的，再根据前面的模特气质分析，脑海里会闪现出有亲和力、活泼、热闹这种印象感受，那么下面几个模特你们感觉哪个更合适？

活泼有亲和力　　　有文艺气息但无活力　　　太过肃静有距离感

我们根据设计定位挑选相应的模特，并相应地做出一版Banner，如下图所示。

不同定位的Banner设计在设计形式/颜色选择/模特选择上都是不一样的，而基于这种价格引导型的低价促销定位以及模特的特质和妆容着装，在这里选用了比较亮丽多彩的配色以及比较不规则的设计形式，总之画面里所有的元素都是为这个定位方向服务的。

另外还要说明的是，我这里主要讲的是分析方法，而其实针对这样一种低价促销型活动，根据它的热闹程度、时尚程度以及不同的排版样式，其实是可以做出很多种效果的（具体可以参照本书中与排版相关的章节）。

6.4.2　功能引导型

文案一般是这种：真牛皮XX、透气舒适XXX、清凉一夏、你好色彩、纯天然无添加、肌肤水嫩嫩滑滑的等等。

观察发现，这些文案几乎都是围绕着产品或活动的功能特点或功效来做文章，那么想象一下如果是给这种活动配模特应该是什么样的呢?

假设需求人给到我的文案是这个:

新品首发,舒适棉质长袖T恤,植物染料、纯棉、不变形

拿到文案,第一感受这是功能引导型活动,并且是针对某个单品的新品推广活动,不是综合品类的促销活动,所以模特挑选应该按照需要强调的功能需要来,"舒适棉质"我会想到居家、安静这种气质,不要那么闹腾,那么下面几个模特你们感觉哪个更合适?

太有女人味不够朴实　安静,随和,有亲和力　妩媚,抢了产品的风头

我们根据设计定位挑选相应的模特,并相应地做出一版Banner,如下图所示。

不同定位的Banner在设计形式、颜色选择、模特选择上都是不一样的,而基于本案这种功能引导型的设计定位以及模特的特质和妆容着装,在这选用了比较安静简洁的配色以及比较常规的设计形式,并且只是选取模特局部,因为我们要突出产品,而且因为带有新品首发的意味所以并不需要太过于拘泥于氛围或模特露不露脸,总之整体画面都是围绕着这里提到的产品功能定位方向服务的。

跟前面一样，这里重点是分析方法，而其实在这样一种功能促销型定位活动里，根据不同的功能特点所呈现的画面气质是不一样的，比如如果针对"你好色彩"这个以"多彩"为主的功能特点呈现出来的可能又会是非常青春活力的类型，因为这里的功能关键词又变成了"色彩"，而且不同的排版也可以做出很多种效果（可以参照后面关于排版方面的章节）。

6.4.3　情感引导型

这种类型适合于各种节日促销活动、从众心理、社交形象这几种情况（欢迎补充），那么文案一般是这种：

- 节日促销：孝敬爸妈不二之选、送礼佳品、快乐儿童节、爱ta就给ta最好的、春节不打烊等；
- 从众心理：隔壁老王也买了XX、一分钟卖出一万盒的面膜；
- 社交形象：拥有它让你更加闪耀夺目、牙齿美白让你笑起来自信。

观察会发现，这些文案几乎都是围绕着亲情、爱情、友情等等方面去做文章，也就是人与人之间的情感，那么想象一下如果是给这种活动配模特应该是什么样的呢？

假设需求人给到我的文案是这个：约惠七夕，我要挑件美衣去见你。

拿到这种文案，第一感受就是这是情感引导型活动，并且是七夕节相关的、带有一点低价促销的活动，依据文案会联想到浪漫、怦然心动的气质（我觉得自己编的这句文案好有场景代入感，哈哈），那么下面几个模特你们感觉哪个更合适？

有一种不屑约会的感觉

略带挑逗的女人味

太高冷了，有距离感

根据设计定位挑选相应的模特,并相应地做出一版Banner,如下图所示。

基于这种情感引导型的设计定位以及模特的气质动作,在这里选用了比较浪漫的粉紫色以及繁花盛开的设计形式。文案里有"惠"这个"通假"字,所以画面也尽量不要太冷清,可以丰富一点,总之整体画面围绕着"七夕约会"相关的情感元素。

跟前面一样,这里重点是分析方法,而其实在这样一种功能促销型定位活动里,根据不同的情感特点和节日特点它所呈现出来的画面气质是不一样的。

比如我们换一个可爱有活力的模特也是可以的,因为一想到要见到恋人了,应该是高兴雀跃的,如下图所示,换个活泼气质的模特的另一个版本。

6.4.4 地位引导型

文案一般是:全球仅此一双、高级限量定制版、璀璨尊贵会员专属、你值得拥有……

观察发现,这些文案几乎都是围绕着"彰显消费者尊贵身份地位",让人觉得有面子、受尊重,那么想象一下如果是给这种活动配模特应该是什么样的呢?

假设需求人给到我的文案是这个:

XX,2017经典红唇系列(XX代表某奢侈品牌)

拿到这种文案,第一感受这是大牌奢侈品的地位引导型Banner,要给人大牌、有距离感的感觉,不是一般屌丝能买得起的,那么下面几个模特你们感觉哪个更合适?

高冷但略带挑逗　　　　表情动作太过于活跃　　　　不苟言笑有气场

根据设计定位挑选相应的模特,并相应做出一版Banner,如下图所示。

基于这种地位引导型的设计定位以及模特的着装和气质，在这里选用了大量留白的设计形式，同时降低画面的色彩饱和度，模特人物占比非常大，而文字信息小小的，能看清就好了，不需要很大很突出，总之整体画面给人的感觉是不能太热情、主动，因为你是有身份地位的人啊！

大量留白是营造画面高不可攀感觉的常用手法之一，其实，以上仅为其中一种，其实大牌不一定都是这样"你瞅啥呢？"的形象，也不一定是只能用黑白灰，要根据产品或模特的特点来商定。

6.4.5 品牌共鸣型

这类文案一般都会表达出自己特定的风格和思想主张，活出自我，或高兴或感人或失落，但都能抓住人心引起目标用户情感共鸣，比如坚果手机海报文案"漂亮得不像实力派"。

观察发现，这种类型的活动定位特点就是以能够引起品牌的目标用户的共鸣为主要目的，使得用户和品牌之间产生情感共鸣和依赖性，主要表现为以讲故事的方式，来传达自己的理念。文案、模特、故事场景都是围绕这个来，而且这种方向是没有固定风格的，任何品牌都可以走这种路线（森女系、文艺范儿、大牌、年轻活力、自我个性等等都可以），那么想象一下如果是给这种活动配模特应该是什么样的呢？

假设需求人给到我的文案是这个：

我。一个人的生活，也可以好好过，习惯了几件懂我的衣裳，无需伪装。

拿到这种文案，第一感受这是为了某一部分特定人群，那些可能受过伤的、可能看淡了现实的、想回归到做自己的一类有追求有品位的女性更有可能产生共鸣，买几件喜欢的衣裳好过喜欢一个人，至少衣裳是自己选的，合适自己，并且不会离开自己。

太妩媚，不够个性　　　　有女人味但缺少情绪　　　　有情绪的笃定

根据设计定位挑选相应的模特，并相应地做出一版Banner，如下图所示。

基于这种追求自我的带有文艺情绪类型的Banner设计，文案一般会比较多，仿佛在娓娓道来自己的一些心事，所以在排版上尽量也简单一点，不要被其他元素打断了一个正在诉说心事的人，如果大家是同道中人，估计也会有同感："与人相处太累，不如买件喜欢的衣裳，它懂你，把你衬托得美极了，愉悦自己就够，最重要的是品牌愿意充当那个最懂你的人，陪在你左右。"

前面说过，人的情感世界如此丰富，有喜怒哀乐各种情绪，你能不能把这些情绪拿捏准以及通过设计准确地传达给目标用户，就要靠长期观察和积累了，其实，做设计何尝不是一种对人性和人心的揣摩和体会呢？情感共鸣型的文案和设计更是如此。

第 7 章　标题该怎么设计

在之前的Banner科普文章里提到，一个最完整、最常规的Banner主要由下面这些部分组成：文案、模特或商品、背景、点缀元素、LOGO，如下图所示。

前面我们已经讲了商品和模特，那么接下来我们讲一讲文案，也就是标题怎么设计！

以前我觉得标题部分的设计比较复杂，涉及到图形设计、质感风格、文字排版、字体的气质、色彩搭配、文化背景等很多方面的内容，其实相当于一个独立的设计范畴了，我即使是写的话也只能是皮毛，远不及那些专业的字体设计师专业，所以就暂时搁浅了，总想等到某个时机成熟的时候再来写。

不过经过一段时间的沉淀，我对标题部分的设计有了一些自己的理解，接下来跟我一起看看标题设计在电商设计里的运用吧！

为了方便大家的理解，这里把标题部分的设计总结归纳为这几个方面：图形设计、质感风格、文字排版、字体的气质、色彩搭配、文化背景。

7.1　从图形设计的角度去理解

因为字体其实可以理解为是一种图形符号，对于不同品类的电商活动设计，我们可以在标题部分融入一些图形或实物进行搭配，这种形式不仅可以帮助用户更好地理解活动主题，也能给人耳目一新的感觉，非常适用于一些要体现产品功能卖点的文案，先给大家举几个例子：

比如我们可以用实物摆出相关的文字,像下面这个"笔"字。

之前还看到设计师用床上用品拼出了"晚安"两个字,也是非常巧妙,所以这种标题设计的方式适用的类目还挺多的。

2017年天猫3.8女王节也是用产品堆成了一只猫头的形状。

2017年天猫3.8女王节

我们也可以只是将部分实物融入到字体里面,搭配组合成一个完整的标题。

网易云音乐

也可以完全抛弃实物,而是运用字体+相关图形绘制的配合,如下图所示。

站酷推荐设计师刘兵克字体作品

或者完全由绘制的图形来拼接成标题文字,如下图所示。

站酷推荐设计师刘兵克字体作品

当然,最简单高效和偷懒的标题设计,就是直接打字,用字库里的现成字体就好,这种情况最为普遍,不过往往也会让人感觉缺乏新意,同时直接使用原生字体还会有侵权的风险,因为往往那些好看的、有型的字库都是有版权的(这个内容我们后面再讲)。

7.2 从质感风格的角度去理解

为了保持页面的统一性,标题部分的质感最好与页面保持一致,要不然会感觉突兀,比如页面是科技质感带高光的,那么标题部分也可以带一些质感或高光,这样才协调。而页面形式多种多样,标题部分的质感当然也就多种多样了,下面举例。

❶ 科技、数码、家电、游戏类的Banner或专题页设计经常会用到这种高光金属质感的字体效果,如下图所示。

天之眼旗舰店"入驻6周年生日大狂欢活动首页"

2017年腾讯互娱 – DNF – 终末之光活动页

❷ 页面需要体现个性/张扬/放纵/爆发力的时候，经常会用到这种毛笔字和字体飞溅的效果，如下图所示。

2015年华为畅想5首发活动Banner

❸ 要体现年代感或一些带情绪氛围主题的时候，字体可以有一些做旧的效果，如下图所示。

摘取自《创字录》，人民邮电出版社
作者：站酷推荐设计师吴剑

❹ 通过对字体阴影的运用，我们可以做出很多不同质感风格的字体，如下图所示。

丝带或折叠纸的效果

第7章　标题该怎么设计

镂空剪纸效果

打造前后关系层次感

卡片效果美国购物网站
www.jcrew.com

甚至可以直接通过剪纸来得到你要的质感样式，比如在花瓣搜索关键词"剪纸艺术"，如下图所示。请注意版权问题！

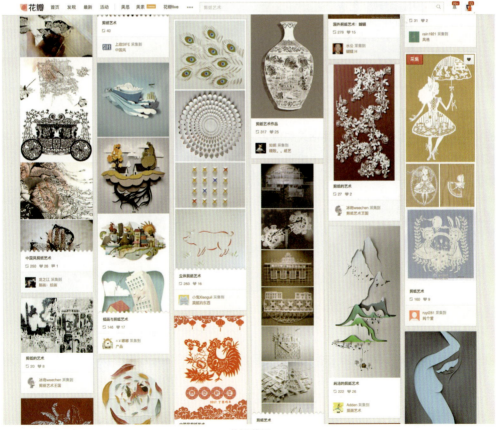
花瓣截图

❺ 很多页面活动针对的人群都是比较年轻可爱有活力的一类人，比如学生或儿童等，那么标题设计也会跟进相应的气质。

比如，一些走可爱路线的页面标题，常用一些卡通手绘风格的字体设计效果，如下图所示。

一些粉笔画效果的手绘标题常用于学院类型的主题Banner或页面设计，比如教育培训、开学季之类的主题活动，如下图所示。

卫龙新店试营活动Banner

还有一些轻质感的、比较圆润的、萌萌的字体效果，常用于儿童母婴等相关类目，比如玩具之类的（这些都要用到手绘啦），如下图所示。

或者是直接通过调整字体的大小和摆放秩序，将韵律感打造出来，然后用多彩色块填充字怀，如下图所示。

❻ 其他字体效果，基本也是依据相应的主题氛围，比如想要打造舞台或夜场氛围，可以用霓虹灯效果，如下图所示。

第7章 标题该怎么设计

2016年京东网厅517运营商活动

再或者字体叠照片的形式，比较适用于文艺小清新的风格，这种样式看似非常简单，其实可以非常有设计感，不过对照片的要求比较高，最好是选用与文案内容相关的照片，如下图所示。

当然了，同样是字体叠加照片，但是选择不同气质的字体和背景，得到的结果也会是不一样的，比如下图这种就比较时尚简洁，如下图所示。

还有一些故障效果的处理形式，也比较适合偏时尚潮流的方向，如下图所示。

⑦ 有一些质感可以直接依据主题而设定，比如花、水、云朵、草、木头之类的质感等，总之，世间万物都可以成为标题文字的素材，前提是跟主题风格相吻合。下图就是用针织用品的质感和形式，也很巧妙。

韩服官方网站ava.pmang.com

当然了，其实以上所有质感形式都是可以通过手工/PS/三维建模来实现的，所以其他一些需要借助三维建模等方法去实现的质感就不一一举例了，反正方法都是活的。

7.3　从文字排版的角度去理解

其实除了页面和Banner涉及到排版以外，标题部分也是有很多不同的排版样式的，最常见的比如左对齐/居中对齐/居右对齐，如下图所示。

第7章 标题该怎么设计

❶ 将文字作为背景或拆分为笔划有节奏的排列,每一个笔划就是一种元素:

《汉字设计与应用》封面设计
华中科技大学出版社

电影《黄金时代》宣传海报
设计师黄海作品

❷ 文字也可以竖排，比如文艺类的、古色古香的、潮流时尚的设计都可以尝试竖排文字，如下图所示。

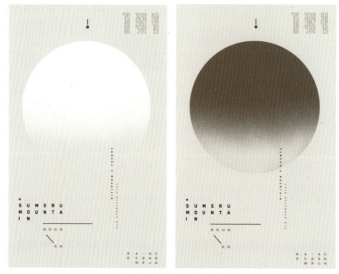

赤云社创始人灰昼作品

还有几种形式如下图所示。

环绕型

四周对称型

❸ 有节奏有韵律的自由排列，常用于一些时尚类的排版或者一些文艺类的Banner，对于这类Banner来说，文字可以看作是画面里的一种元素，是配合表达画面意境的，可以增加美感也可以营造一种随意感，如下图所示。

三个长图来自东京Lumine百货www.lumine.ne.jp

❹ 文字也可以作为一种背景和氛围点缀，铺满整个画面，如下图所示。

手机淘宝2015年情人节引导页设计——Goodzilla意类广告出品

⑤ 将文字按一定的形状规律拼凑成要表达的实物，这种形式跟前面提到的用实物拼成文字的想法刚好相反，如右图所示。

7.4 从字体气质的角度去理解

标题部分的设计样式往往需要跟页面设计的基调吻合，比如你的页面是比较卡通可爱的偏手绘的形式，你的标题设计最好也能偏卡通一点，而不要突然变成了很尖锐或粗犷的画风了。

这就好比我们的页面根据运营活动定位方向的不同，会有高冷大牌、文艺、低价促销、时尚简洁、活泼可爱、多彩炫酷等等各种不同的促销层次，文字作为体现这种层次的一部分也是有相对应的气质的，比如你的字形是纤细的女性化字体、古典儒雅、简洁时尚厚实的、尖锐的、速度感的、个性张扬的、体现文化底蕴的毛笔字、卡通的手写字等气质。

① 高冷大牌或时尚类的标题，往往比较简洁，很少做字体变形，字体比较纤细规整，如下图所示。

来自韩国综合性购物网站www.dnshop.com

❷ 文艺气息的标题，字体往往用手写体或者比较细瘦的衬线字体，同时会配合文字信息或意境去做一些字体变形，排版也可以比较自由，如下图所示。

图片来自网易云音乐客户端轮播图截图

更多好看有艺术气息的文案可以去网易云音乐客户端搜集查看，如下图所示。

再比如像下图这个文案"瞬间失忆"，设计师将每个文字都删去了一个笔划，营造了一种残缺美感，同时又跟文案意境相吻合，还有"回归"二字的设计也跟文案本身的意境有关，是不是很有意思？

站酷推荐设计师刘兵克作品

❸ 低价促销的标题，字体往往比较粗犷或字体变形得比较夸张或扭曲（在不影响文字阅读的情况下），而且适用于促销氛围的字体字形非常多，除了纤细、古典儒雅等以外的字形都可以表现出促销氛围，比如厚实的、尖锐的、速度感的、个性张扬的、潇洒的毛笔字、卡通的手写字，如下图所示。

以上活动页Banner均出自卫龙食品旗舰店

其实去花瓣搜索Banner后，大部分都是这种类型的，有很多不同形式的低价促销气质的字体设计，跟带不带质感、是立体还是扁平效果都没有太多关系，主要是字形的气质先要对，然后再选择对应的质感样式，如下图所示。

花瓣截图

7.5 从色彩搭配的角度去理解

色彩搭配其实要分两个部分来说：从气质跟页面保持一致的角度，从信息识别的角度。

7.5.1 气质跟页面保持一致

标题设计选用或设计的字体在气质上要与页面气质保持一致，比如体现活泼可爱，除了造型和表现形式可爱一些外，也可以通过字体的色彩来表现。

在字形一样的情况下，彩色肯定比黑白要活泼热烈得多，高明度高纯度的色彩肯定比低明度低纯度的色彩视觉感受上要活泼，如下图所示。

站酷推荐设计师刘兵克

7.5.2 从信息识别的角度

在电商设计里，文字常常作为最直接的展示信息的元素，所以一定要能在一堆文字或背景里脱颖而出，这一点通过选用合适的颜色就可以做到，比如背景如果多彩复杂，那么文字颜色就尽量素一点，背景暗色文字就用亮色，反之亦然，如下图所示。

卫龙食品旗舰店"校够了没"活动页Banner

7.6 文化背景

要想做出一个优秀的设计，往往要去考虑项目背景和文化背景等方面的因素，而字体设计作为版面的一项重要组成部分，自然而然地也会涉及到文化背景。

旅游、留学或住宿相关的Banner设计，常常需要一些能够体现当地特色文化（如景点）的设计，这时作为设计师的你肯定要对相关文化要有所了解才行。

比如设计师石昌鸿为中国各大旅游城市创作的一组标志就是结合了城市特色和文化，让人一目了然又印象深刻，如右图所示。

一些比较文艺或者需要体现文化底蕴的设计，比如茶艺、琴棋书画等与中国艺术沾边的，常会用到毛笔字，这个对设计师就有些要求了，要么苦练毛笔字，要么学会使用毛笔字体进行二次创作，同样要注意版权问题！毛笔字不同的笔触带给人的感受也是不一样的，如右图所示。

节选自《设计与修心Ⅲ/魅力中国》城市旅游标志创作——设计师石昌鸿作品

站酷推荐设计师吴剑作品

一些节气和民俗文化节日相关的字体设计,也需要去了解其文化背景,要不然容易闹笑话,如下图所示。

站酷推荐设计师刘兵克字体作品

搞自《魅力中国24节气字体设计》——设计师石昌鸿作品

标题部分的设计说完了,大家看完以后,实际执行起来还需要多看多练。

第 8 章　点缀元素怎么玩

前面我们讲到，一个最常规、最完整的Banner，一般有这六个组成部分：文案、模特商品、背景、点缀元素、LOGO。

文案、商品、模特的玩法前文都已经介绍了，今天我们来讲一讲点缀元素在Banner设计中的运用和玩法，点缀元素虽然只是起到点缀作用，但也是大家经常要用却又经常被忽略或用不好的一个知识点。

为了便于大家理解，本章将从以下6个方面为大家讲解。

8.1　点缀元素所起到的作用

我们先来看几个案例，大家对比一下，如下图所示。

有点缀　　　　　　　　　　　无点缀

第8章 点缀元素怎么玩

看出差异了吗？所以点缀元素主要有这些作用：
- 从视觉上丰富画面，使画面不再单调或看起来更加协调。
- 从营销的角度来说，可以活跃画面的热闹氛围，给人愉悦或刺激感，增加消费者的购买欲望。

8.2 点缀元素的存在形式

一般来说，点缀元素的存在形式其实是多种多样的，比如光束、光斑、水花等等各种客观事物还有各种形式的图案，世间所有的物体其实都可以想象成是点、线、面，简而言之，所有点缀元素的运用都可以视作平面构成里的点或线或面的运用。

下面举例说明一下点缀元素的存在形式。

1. 商品本身既是主体也是点缀元素

韩国购物平台www.wconcept.co.kr

2. 手绘图形作为点缀元素

韩国快时尚品牌8seconds

3. 光斑或者光束作为点缀元素

假想下图这支花就是产品：这种用光斑来作为点缀元素的手法在人像摄影和产品摄影里运用非常广泛，巧妙利用光影可以给人神秘感。

光束常常在暗色背景里可以起到很好的氛围渲染作用，提升画面热闹度，如下图所示。

2015年京东618手机活动页头图

4. 色块作为点缀元素

5. 各种液体作为点缀元素（比如喷溅的墨/奶/水/啤酒/溶液等等）

兰蔻中国官网

雅诗兰黛中国官网

milk life，milklife.com

6. 烟雾作为点缀元素（烟雾通常会伴随着光出现）

7. 各种纹理图案作为点缀元素

赤云社创始人灰昼作品

2015年华为畅想5京东平台首发

8. 商品+其他形式配合作为点缀元素使用

9. 人物作为点缀元素

我们看到很多影视作品或者涉及到场景构建的动画、绘画作品里都会用到这种手法，让主角突出，其他的人则是作背景陪衬，也可以说是点缀元素，这可以使剧情画面更饱满，主角人物更立体，如下图所示。

电影《泰坦尼克号》剧照

10. LOGO或文字作为点缀元素

淘宝2015年情人节手机引导页，Goodzilla意类广告出品

总之，Banner组成要素里的任何元素其实都可以作为点缀元素使用，就看你怎么去灵活运用了。

8.3 不同气质Banner中的点缀元素

我一直坚持的理念就是，既然人与人之间是有差异的，那么跟人相关的各种营销活动和设计形式也便同样会存在差异，所以我将点缀元素的用法也按照不同的定位气质来区分。

一般来说，点缀元素数量越多、形式越多样、越动感、色彩越多、明度越高、纯度越高、饱和度越高、越不规则，则画面越活泼热闹，反之越高冷大牌。以下我们来看一些示例。

高冷到极点的时候，往往画面多留白（留白是指画面很空旷很干净，不是指画面就必须是白色的），你可以理解为点缀元素数量为0，如右图所示。

Apple官网

我们再看一个简洁的童装Banner，饱和度低、高质感、多留白，如左下图所示。

假如在上面稍微加入一些相关的点缀元素，比如相关的简笔画，然后就会发现画面会变得稍微灵动一点了，但因为产品或模特服装有质感以及色彩低调的缘故，这个Banner依然会感觉是有品质的，如右下图所示。

小清新可爱类型的Banner，一般会选择气质相近的模特，点缀元素自然而然也会往这个气质走，如右图所示。

但像右图这种就是带一点派对性质的Banner，而派对就是要有庆祝的感觉，所以点缀元素可以从派对相关的物件去联想，比如彩带、金粉、万花筒、气球之类的等等。

2015年京东POP圣诞轰趴活动Banner

而走热闹低价促销风格的Banner，画面就要给人感觉非常闹、非常刺激眼球的感觉，所以它的点缀元素往往是多彩的/动感的/不规则的，就像一群喋喋不休的推销员一样："看一看瞧一瞧！买了不会吃亏买了不会上当！"，如右图所示。

忍不住想借用我以前写过的一段话：假想以上同样是卖女装的话，不同类型定位的Banner传达给人的感受也是不一样的，有的特别冷淡，有的特别热情，而点缀元素就像是在一旁给画面里的主体添油加醋用的，如果主体是花，那么点缀元素就是绿叶，至于画面里有没有"油盐酱醋茶"以及"绿叶"都是可以的，主要看你的Banner设计的定位方向。

8.4 点缀元素的排版形式

看到这里，道理大家应该差不多都懂了吧，那么最头疼的问题来了，点缀元素该以怎么样一种姿态出现，又该怎么排版呢？别急，下面给大家总结出了一些方向，大家可以参考。

看完上图是不是一目了然了？其实点缀元素的排列运用无非也是平面构成的运用，以上仅总结了一小部分，其他排版和形式在后面章节会看到一些。

8.5 点缀元素的获取方法

以上讲了这么多点缀元素的运用玩法，那么点缀元素是凭空捏造出来的吗？当然不是，这里总结了两个非常好用的获取点缀元素的方法。

8.5.1 元素提取法

举例1：模特头戴的花环，与背景那些花是相互呼应的，和服的颜色跟背景那些花的颜色也相互呼应，如下图所示。

举例2：产品本身是编织棉麻制品，所以可以提取这些跟产品材质相关的元素作为点缀元素运用在画面，如下图所示。

日本婚纱摄影机构WATABE WEDDING，www.watabe-wedding.co.jp

韩服官方网站，ava.pmang.com

8.5.2 联想发散法

从标题/意境/风格/产品等方面去联想发挥

举例1：从标题的字面含义或者深层含义去联想，比如下面的彩色线条跟标题的"书写色彩"文案还有多彩的产品和背景都是相呼应的，如下图所示。

举例2：从风格统一性去联想，比如下面这个Banner，标题部分是镂空剪纸风格的形式，所以背景那些点缀心形元素也是剪纸风的，而不是其他样式的心型，如下图所示。

举例3： 从意境方面去联想，从产品身上找切入点，比如下面这款包包身上的花图案就可以拿来做点缀元素，如左下图所示。

再比如卖雨具的Banner，自然而然会联想到跟产品相关的雨滴对不对？所以刚好可以把雨滴作为点缀元素，如右下图所示。

韩国快时尚品牌8seconds

其他很多可爱类型的Banner也常常会运用到手绘简笔画等点缀元素，至于画什么内容，就完全凭自己的想象力啦！

我们常看到一些果汁饮料、护肤品、化妆品、香水等这些跟人的嗅觉味觉相关的产品，需要依据产品的特点和功能去联想发挥，比如把产品的原材料或者产品本身作为点缀元素来渲染氛围，因为味觉嗅觉都是比较虚的东西，但是转化到视觉层面就可以给消费者很直观的感受，给人一种身临其境的感觉。

比如左下图这个护肤品Banner，虽然韩文我们看不懂，但是因为周围的蜂蜜点缀，一看就明白了其组成成分里含有蜂蜜，于是你就会联想到蜂蜜那种甜甜的、天然的、清香的感觉了对不对？这样一来，瞬间会激发蜂蜜护肤爱好者的购买欲望。

再比如右下图这款LANEIGE口红，这么多色彩艳丽的口红融化了摆在一起，爱美的妹子一看就感觉想涂在嘴唇上试一试对不对？

第8章　点缀元素怎么玩

韩国美妆品牌芭妮兰banilacowww.banilaco.com

韩国高档化妆品品牌兰芝LANEIGEwww.laneige.com

8.6　运用点缀元素的注意事项

既然是点缀元素，那当然只能做配角啦，既要衬托主体又不能抢了主体的风头，那么我们这次就简单从色彩/数量多少/大小比例3个角度来解析这个知识点。

为了方便大家理解，我简单画了几个示意图，主要有以下几条重点。

1. 点缀元素的数量要适中

图1是一张没有点缀元素或者点缀元素跟背景相似的Banner，图2是加了跟主体相近或相关联的适量的点缀元素，对比发现，图1比较单调，图2更加饱满。

2. 同量同色的点缀元素利用不同的处理手法带来的视觉感受是不一样的

图2至图4的点缀元素数量是一样的，但是在对点缀元素运用了高斯模糊或者动感模糊等处理手法后，画面开始变得有空间层次感，也更加灵动了。

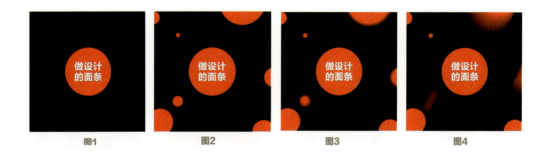

图1　　　　　图2　　　　　图3　　　　　图4

3. 某一点缀元素的占比很小但颜色不同，那么它也会非常抢镜

图5和图6对比，看到那一点绿了吗？是不是很耀眼？它很小但却已经盖过了主体的风头。

4. 点缀元素和主体之间要么相互陪衬要么形成对比关系

观察图7和图8我们会发现，虽然点缀元素跟主体相差很大会对主体造成一定的视觉干扰，但当这种差异数量达到一定程度以后，主体又会变为完全的主角。因为图7的点缀元素虽然会对主体信息造成一定的干扰，但是看起来还算和谐，至少不会那么单调了，但是如果变成图8的话，点缀元素虽然跟主体有很大差异，但是却使得主体更加突出了。

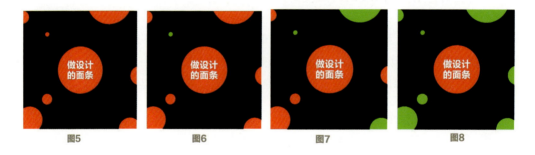

图5　　　　　图6　　　　　图7　　　　　图8

上面总结的这几点知识，无论是对于专题页设计/Banner设计还是海报设计都会给你很大的启发，因为这些就是我们平时做的商业设计的基本原理。

第9章 背景怎么玩（故事思维做设计）

一直有人问Banner背景怎么做，所以就写一章吧。

我们先回顾一下Banner由哪些部分组成：

我们的主体其实主要是文案或商品模特，背景始终是个配角，它是用来烘托主题、渲染气氛、突出主体用的。

在讲Banner的背景制作之前，我们先看几段小场景：

描述1

LS是一名电商设计师，今天他发工资了，因为约好了要请几个哥们儿晚上一起吃饭，所以忙完手上的事情后他匆忙收拾东西进了电梯，不巧碰到了一位打扮靓丽手提prada最新款包包的年轻女士，定睛一看，没想到就是他的前女友，"几年不见变化这么大？"他心想，看着电梯按键面板已经亮着的按键"-2"，他默默按下了"1"，简单交谈几句之后，电梯门开了，他礼貌性地跟前女友点头告别，便匆忙走出了电梯，此时电话突然响了，他从两年前在京东上花了100元买的格纹PU包包里掏出了他心爱的小米1，是他哥们儿催他了"怎么还没到啊？"，"快了快了……"他一边小跑着一边气喘吁吁地说道。此时，眼看天也黑了，街上什么人都没有，一阵寒风吹得他打了一个寒战，看了看时间：22时22分，"又要迟到了。"他悻悻地说道……

好，看完这段话有什么感触呢？这里用到了对比和烘托的手法，将主人公写得挺落魄的（貌似有好几家公司无辜躺枪）。我也可以直接像下面这样描述。

描述2

LS是一名电商设计师，他非常勤俭节约，工资也不高，并且还是个经常加班的单身男。

这种描述虽然直截了当，但是非常平淡无趣，你们感受一下，哪个更有场景代入感更让你感（同）兴（情）趣（他）？我还可以在原来的基础上给他加上更多的描述。

描述3

我可以在"描述1"的基础上把他每天干啥，七大姑八大姨全加进来，但是你肯定会觉得我非常啰嗦，修饰过多就分不清主次了，这样会起到相反的效果，所以我们对环境和细节的描述要克制（做设计何尝不是呢？）。

现在你们对比下哪个描述让你有更进一步了解这个男主人公的欲望呢？哪个主人公形象更生动突出呢？我想答案应该是描述1吧。

如果用简单的图形来表现这三个描述的，如右图所示：红色区域代表主人公，其他颜色区域代表他人或者与他相关的介绍，哪个更合理？主人公突出同时整体有氛围？是不是描述1？

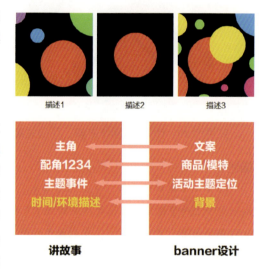

举完这个例子，我们不难发现，通过有节制的对比、烘托的手法可以让主体更加突出，整体感染力更强。如右图所示，同样的，在设计当中，尤其是电商设计中，假设文案是一个故事里面的主人公，商品或模特是配角，那么背景就相当于这个主人公所处的环境，我们需要迅速快捷地给消费者传达出某种信息，引导和激发购买欲望，所以我们也会用到故事里的这些手法：对比和烘托。

那么Banner设计中的背景有哪几种呢？（主要手法就是对比、呼应、烘托）

- ◆ 大量留白的背景
- ◆ 点缀物烘托的背景（元素或颜色取之于商品或模特）
- ◆ 纹理、商品、模特叠加的背景
- ◆ 实景拍摄的背景
- ◆ 软件合成的背景

9.1 大量留白的背景

什么情况下背景应该大量留白呢?

① 为了让主体绝对突出,不需要其他任何干扰,如左下图所示。

② 为了让主体绝对突出,不需要其他任何干扰,同时也为了体现品牌定位偏高端的特性,如右下图所示。

以上两种情况重点在于,你的产品图品质一定要有足够的吸引力,模特表情姿势动作穿着要足够吸引人,不是随便什么低端产品就可以这么处理的(比如上图的模特还有iPhone8看起来是非常有品质感的)。

如果你的产品图是像下面这样几乎没有什么美感和品质的,你也这么处理,如左下图这样,肯定会被老板骂了:"好你个美工,图还没做完你就下班了?"

③ 当你的产品图很多,并且要用到产品图来构图的时候,背景需要尽量简洁干净,以保证产品不被干扰(前景复杂,背景干净才有对比)。

采集自W CONCEPT,www.wconcept.co.kr

9.2 点缀物烘托的背景

这种类型的Banner会在背景里加入一些跟商品模特图或者跟主题有关的元素，元素或颜色取之于商品或模特，可以是手绘图案，也可以是各种图形（某种程度上文字也可以作为图形看待）、光线等元素。

1. 雨滴元素与标题和产品特性相呼应。

采集自COORDI.COM

2. 五颜六色的线条点缀元素跟标题/背景以及产品卖点（多彩）相呼应。

3. 适当加入一些光影可以营造一种空间层次感，使画面更饱满。

4. 利用阴影打造空间层次感，如下图所示的背景圆圈。

9.3 纹理图案/商品/模特/LOGO叠加于背景

适用于将文案作为绝对主体，模特、商品、LOGO等都很多的情况下可以使用这种形式，会看起来很时尚又不失促销氛围。

第9章　背景怎么玩（故事思维做设计）

1. 模特叠加于背景

2. 商品叠加于背景（完全叠加或部分叠加都可以）

2015年京东海外购草莓节活动页面

3. 在不干扰前景文案和商品视觉突出的情况下，背景适当叠加一些相关纹理

可以使画面更加细腻有质感，比如下图，背景就叠加了一些编织物的纹理，跟产品主题相呼应。

韩服官方网站，ava.pmang.com

4. 背景叠加文字或LOGO

这种情况适用于多品牌的卖场活动Banner设计，或者是实在不知道怎么去丰富画面氛围了，可以用主题相关的文字来充当背景元素。

2015年京东手机双11品牌期活动页（飞机稿）

2015年京东企业购"最美采购人"（飞机稿）

当然，以上所有方式方法都不是孤立存在的，而是可以结合运用的，就看你如何把握了，如下图所示，你能找出几种背景制作方法呢？

2015京东618会场活动页底部"更多精彩"楼层板块

9.4 实景拍摄

如果有现成的、不错的实景拍摄照片可以拿来用,那就最好了,不过需要注意,我们把照片拿来直接用的时候,一定要保证文字信息的可阅读性,所以在文字部分会适当加一些半透明蒙版、涂抹颜色或者背景虚化的处理,以保证文字的可阅读性。

如何保证文字信息在这种实景拍摄照片上凸显出来就是我们要着重注意的,这里有一些方法大家可以看看。

1. 背景涂抹+虚化处理　　　　　　　　　　**2. 文字背景添加半透明层**

3. 暗背景搭配亮色文字,或者亮背景搭配深色文字,文字信息才可以得到突出

9.5 合成场景

这类背景的制作要义在于：整体场景的搭建要注意围绕着产品特性或者主题去营造相对应的氛围，要注意对光影、环境色以及透视等的把握，如下图所示。

杰视帮出品

平时作者也会给大家布置设计练习，发现很多人喜欢做场景合成，但是普遍的问题在于很多人并没有很强的绘画基础，甚至对透视、三大构成还有基本的素描三大面、五大调都没有概念就开始动手了，那么可想而知出来的效果当然是不美观、到处都是破绽，所以说动手之前，还是多看多思考，同时先潜心把这些基本功搞扎实吧！

总结

背景该怎么做？总体来说我们只要记住，背景就是个作陪衬的，它不能抢了主角的风头，同时背景又在整个设计中起到了烘托主题、渲染气氛的作用，所以背景应该围绕着设计主题来展开制作，而不是异想天开，就像讲故事一样，我们需要交代故事环境和背景，才能让整个故事情节吸引人和有条理。

PART 3
设计基础知识篇

第 10 章　电商设计中排版的奥秘

我们知道三大构成（色彩构成、平面构成、立体构成）是所有设计从业者都必须掌握的知识，是一切设计的基础，那么专门针对电商设计的平面构成知识有哪些呢？鉴于市面上相关知识介绍的书籍较少，笔者用自己多年的经验、观察、思考、心得，汇总成了本部分内容。

前半部分是基础知识，后半部分运用这些基础知识结合实例讲解，所以建议读者按顺序阅读学习，并需要些时间消化，接下来我们一个一个问题来解剖。

10.1　平面构成的含义是什么？

百度百科的解释是：平面构成是视觉元素在二次元的平面上，按照美的视觉效果，力学的原理，进行编排和组合，它是以理性和逻辑推理来创造形象、研究形象与形象之间的排列的方法，是理性与感性相结合的产物。

而我的理解是：平面构成主要是在二维空间运用点、线、面结合一定的规律所形成的一种视觉语言，它可以是抽象的，也可以是具象的，可以是感性的，也可以是理性的，同时它也不是独立存在的，而是伴随着色彩、肌理、光影等而存在的。基本上世间万物，所有我们接触到的或无法接触到的、看得见的或看不见的事物里都有平面构成的运用和身影。

10.2　电商Banner图是由什么组成的？

一个完整的Banner图的组成要素一般包含6个方面：文案、商品、模特、背景、点缀物、LOGO。

第10章 电商设计中排版的奥秘

但读者也要明白，以上所有元素其实并不是都必须存在，只需存在其中至少一项就够了。另外，Banner图的作用是：宣传、展示、广而告之、准确传达信息。

10.3 如何在Banner设计中运用平面构成

在前面我们提到，平面构成主要是在二维空间运用点、线、面结合一定的规律所形成的一种视觉语言，而Banner图中的所有元素（文案、商品或模特、背景、点缀物）其实都可以看作是平面构成中的点、线、面这些构成元素。

那么，接下来我们就需要了解3个有关平面构成的概念了。

10.3.1 元素与元素之间的排列关系

元素与元素之间的排列有如下几种：分离、相切、结合、透叠、重叠、差叠、减缺、重合。

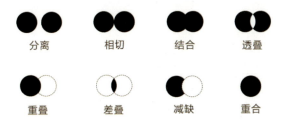

- 分离：形与形之间不接触，有一定距离。
- 相切：形与形之间的边缘正好相切。

- 结合：形与形相互结合成较大的新形状。
- 透叠：形与形有透明性的相互交叠，但不产生上下前后的空间关系。
- 重叠：形与形之间覆叠关系，由此产生上下前后的空间关系。
- 差叠：形与形相互交叠，交叠的部分产生一个新的形。
- 减缺：形与形相互覆叠，覆叠的形状被剪掉。
- 重合：形与形相互重合，变为一体。

而以上的圆形其实可以替换成任何我们能想到的形状元素，我们做的一切设计的排版构图，其实都是这些基本形的变形和延伸，后面我们再举例详述。

10.3.2 所有元素在一起所体现的构成形式

从所有元素（点、线、面）整体看，其构成形式主要有重复、近似、渐变、对比、密集、发射、特异、空间、分割、肌理及错视等。

下面我们分别来举例说明。

1. 重复

指在同一设计中，相同的形象出现过两次以上，重复是设计中比较常用的手法，以加强给人的印象，造成有规律的节奏感，使画面统一。所谓相同，在重复的构成中主要是指形状、颜色、大小等方面的相同。比如形状的重复、骨骼的重复、大小的重复、色彩的重复、肌理的重复、方向的重复。

Banner举例： 模特重复排列叠加到背景中，这既是一种纹理也是一种模特展示的方式。

重复举例：电影《满城尽带黄金甲》剧照

2. 近似

近似指的是在形状、大小、色彩、肌理等方面有着共同特征，它表现了在统一中呈现生动变化的效果。近似的程度可大可小，如果近似的程度大就产生了重复感。近似程度小就会破坏统一，比如形状的近似／骨骼的近似。

近似举例： 双胞胎整体看基本长得一模一样，但是他们又是有细微差别的，所以只是近似。（这里模特其实为同一人，并非双胞胎，只是举例说明）

摄影举例： 如下图所示的碗、餐盘、水壶、水果等其实都可以看作是不同大小和材质的近似圆形。

谷物Grain——当下视觉摄影出品

Banner举例： 不同包装颜色的相同酒瓶，大小不一的波点。

3. 渐变

渐变也是我们平时非常常见的一种效果，在自然界中能亲身体验到，比如在行驶的道路上我们会感到树木由近到远、由大到小的渐变。但是渐变其实是有很多种形式和分类的，比如形状的渐变、方向的渐变、位置的渐变、大小的渐变、色彩的渐变、骨骼的渐变、光影的渐变。

大小的渐变举例:

广告Banner举例:

模特的排列方式:

故宫淘宝

2017苏宁易购11.11购物节户外广告

(模特为苏宁代言人:人气明星杨洋)

商品的排列方式:

背景的纹理形状:

4. 对比

对比有时是形态上的对比,有时是色彩和质感的对比。对比可产生明朗、肯定、强烈的视觉效果,给人深刻的印象。比如形状的对比、大小的对比、色彩的对比、肌理的对比、位置的对比、重心的对比、空间的对比、虚实的对比。

Banner举例：其实很多买家秀vs卖家秀、PS前vs PS后等何尝不是一种对比呢？只不过这是现实与理想中的对比。

密集举例：日本"波点女王"草间弥生的作品。

大小对比举例：iPhone 8 Plus vs iPhone 8。

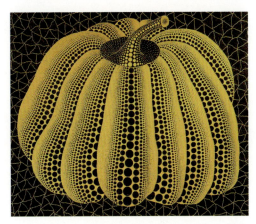

日本"波点女王"草间弥生的作品，南瓜系列——版画《南瓜》

Banner举例：背景花朵的排列，有大有小，有疏有密。

5. 密集

密集在设计中是一种常用的组织图面的手法，基本形在整个构图中可自由散布，有疏有密。最疏或最密的地方常常成为整个设计的视觉焦点，密集其实也是对比的一种情况，越密集的地方给人感觉距离越远，反之越近。比如点的密集、线的密集、面的密集。

日本婚纱摄影机构WATABE WEDDING，www.watabe-wedding.co.jp

Banner举例：标题文字的排列，有大有小，有疏有密。

发射举例：星轨／水波／观世音菩萨背后自带的光环、太阳光发射出的射线等等。

6. 发射

发射是一种常见的自然现象，比如太阳四射的光芒就是发射的。发射具有方向的规律性，发射中心则成为视觉焦点，所有的视线聚集在一起或由中心散开，有时可造成光学动感，会产生爆炸的感觉，有强烈的视觉效果。比如中心点的发射、螺旋式的发射、同心式的发射。

Banner举例：放射线，使得画面聚焦到中间部分内容。

7. 特异

特异是指构成要素在有次序的关系中有意违反次序，使少数个别的要素显得突出，以打破规律性,特异主要分为以下几种类型:形状的特异、大小的特异、色彩的特异、方向的特异、肌理的特异。

特异举例: 其实各种类似于连连看的游戏就是运用了特异手法。

手游《天天爱消除》

Banner举例: 所有的鞋子都是正面放置,但将其中一个侧着放置,整个画面立马就不呆板了,在构图方面,摄影和设计其实是相通的。

另外,之前笔者还看到过一个Banner的画面是一家人站成一排,手里拿着花盘将脸遮起来,唯独个头比较小的那一个小女孩将花盆故意不挡着脸露出灿烂的微笑,整个画面给人一种非常温馨俏皮的感觉,画面就不那么单调了,同时也使得小女孩被突出了,这里也是运用到了特异的手法。

所以,如果你想要突出某一样东西,或者想要画面不那么单调,不妨玩一玩特异吧!

8. 空间

空间也就是三维的,而非平面二维的,给人的感觉更立体,所以在设计中打造空间感也有很多种手法,比如:

- 利用大小:比如近大远小。
- 利用重叠:前后/上下等关系。
- 利用阴影:使物体具有立体感/空间感。
- 利用疏密:比如间隔越小,越密集,间隔越大,感觉就越远。
- 利用透视:平行线由宽到窄。
- 利用色彩:冷色远离,暖色靠近。
- 利用肌理:越粗糙越近,越细腻越远。
- 矛盾空间:真实不存在的空间,假想的。
- 虚实关系:远景/中景/近景。

矛盾空间举例： 一款非常火的游戏《纪念碑谷2》。

手游《纪念碑谷2》

空间感Banner举例： 画面中的元素可以假想为一些有大有小的点，然后按一定透视空间规律摆放（近大远小）。

由阴影营造的空间感： 这里的前后空间层级关系其实是通过阴影的处理打造的。

9. 分割

将整体按一定的规律分割成很多小的块。比如等形分割、自由分割、比例与数量。

分割举例： 来自大自然的梯田。

分割Banner举例： 不同比例大小的色块组成Banner的背景。

商品的排列也可以起到分割画面的作用，如下图所示。

10. 肌理

肌理又称质感，由于物体的材料不同，表面的排列、组织、构造等不同，因而产生粗糙感、光滑、软硬感，几乎我们看到的任何东西都是有纹理的，但是有的比较明显，看得见触摸得到；有的比较浅，所以肉眼很难分辨。肌理一般有以下几种：笔触的变化、凹凸不平的肌理、喷绘/染、自带的纹理效果。

肌理Banner举例： 任何照片或图形其实都可以用来当纹理看待，不同的纹理会体现不同的气质，比如下图的水彩，就感觉比较时尚。

11. 错视

因空间距离或周围环境所造成的视觉差。错视主要有下面几种。

① 缪勒—莱依尔错视

图中两条线是等长的，由于上下线段两端的箭头方向相反，上线段的箭头占据的空间大，所以上面的线段显得较长。

② 垂直线与水平线的错视

大多数人往往把垂直线看得比水平线要长，这是高估的错觉。在水平线长度为8~10mm时，这种错觉最大。

③ 透视错视

图中的两条线是相等的。看起来下面的要短，这是因为透视的错觉。

④ 正方形的错视

标准的正方形左右两条边看上去大于上下两条边。

⑤ 黑白错视

图中黑白线段，由于白线段明度大，具有膨胀的现象，所以看起来比黑线段长。

⑥ 由于图形结构的影响而产生的错视

图中组成三角形、四边形、五边形的边长都相等，但由于周长和面积的不同，产生边长不同的错觉。

⑦ 对比错视

高个子和矮个子在一起，高的会显得更高，矮的会显得更矮。

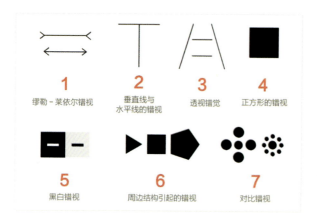

错视举例： 广告设计以及包装设计常用的一种手法。

2015年乐事薯片正逢20周年庆，在泰国推出了全新包装，每一个包装上都会有一个微笑的图案，只要跟产品合照上传Facebook就可以参加活动，因为乐事是在泰国卖得最好的薯片品牌，所以马上就造成了一股泰国乐事炫笑照（Lay's Smile）的风潮

这种错视手法在摄影中同样也被广泛运用，趣味感立马提升，如下图所示我无意间用手机自娱自乐拍的照片。

泰国乐事2015年的包装设计以及Lay's Smile活动

这里要说明的是，错视在一些视差动画的网页页面中运用得会比较多一些，还有一些APP的引导页，比如下图所示的这个画面中的黄色圆点，同样的黄色圆点，在暗色背景上是很突出的，但在同样是黄色的背景上就几乎看不见了，但其实原点是没变的，只是背景的颜色变了，就导致我们看到了不一样的结果。

H5活动页截图，NASA：prospect

10.3.3 常用的平面术语

这些术语在点评设计作品或者在阐述作品的时候可能会用到，比如和谐统一／对比突出、对称、画面平衡、视觉重心、节奏韵律。

1. 和谐统一

元素与元素之间，或所有元素构成的整体是一种协调的关系，比如大小／颜色风格等的协调。

Banner举例： 这里有两方面与文案相呼应，一个是整体明亮欢快的色彩，一个是背景的波点图形与文案相呼应，再加上居中的排版方式使得整体看起来协调统一。

2. 对比突出

即把两个质或者量反差很大的元素放在一起，使人感觉主体鲜明突出，整体又活跃而统一，比如大小、数量、色彩、形状的对比。

Banner举例：大背景是黄色，而标题部分则用紫色和玫红色渐变，这样一来标题部分就通过对比色和互补色突出了，周围再点缀少量彩色块，既不干扰主体视线，也增强了画面促销氛围。

3. 对称

假设在一个图形中间画一条垂直或水平线后，画面的左右或上下两边是可以完全重合的，则我们则称之为对称。

Banner举例：典型的对称构图，比如女性的Bra其实就是一个对称的形状。

4. 画面平衡

即元素与元素之间，元素与整体之间的大小／形状／数量／色彩／材质等的分布与视觉平衡。

Banner举例：左右两边色彩面积上是平衡的，但是色相以及元素的数量和形状上的则略微有些差异，使得平衡的同时又不那么单调。

5. 视觉重心

通过对画面中元素的数量、颜色、位置、大小、材质等进行处理，画面中所出现的视觉焦点。

Banner举例：这张Banner的视觉重心就在红色圆这里，一个是因为圆形本来就处在画面中间，另一方面是因为红色在这里是最显眼的颜色。

海报举例：下图所示的彩笔并不是水平规规矩矩地放一行，而是错落有致的，画面立马就感觉动起来了，不会显得呆板。

6. 节奏韵律

画面中的一种或多种元素按一定的规律排列，会产生音乐一般的旋律感。

Banner举例：鞋子摆放姿势不一样，产生了一种动律感，使画面不单调、不呆板。

结合以上讲的知识点,笔者总结绘制了一些比较实用的Banner排版样式,如下图所示。

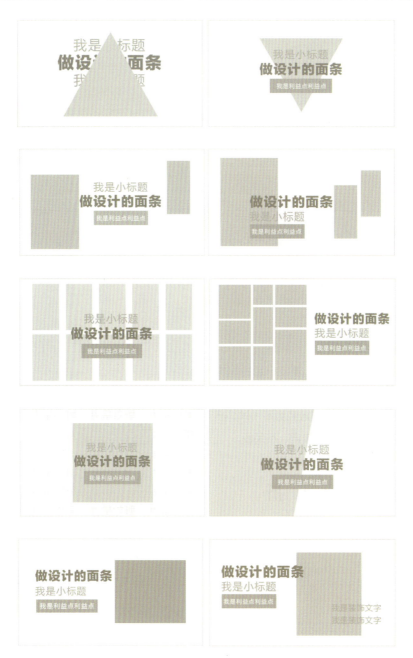

第10章 电商设计中排版的奥秘

　　Banner是由文案、模特或商品、背景、点缀物组成的，而所有这些元素就相当于我们平面构成中的点线面，当我们改变这些元素的角度、距离、大小、数量、样式、颜色等时，新的版式也就产生了，所以，大家不妨也试试看吧。

10.4　平面构成之于电商Banner的意义

Banner中的所有元素其实都相当于平面构成中的点、线、面,而所有元素所组成的Banner画面其实又是一种情绪和信息的表达,所以我们可以从下面4个方面去理解这个问题。

1. 从活动主题的角度

当我们拿到一个设计需求的时候,就需要确定设计风格,而这个风格怎么确定呢？首先要明白定位以及服务的人群是谁,了解他们的兴趣爱好,同时我们脑袋中会出现这样几个关键词：热闹促销／年轻活力／高冷大牌／时尚个性／规矩保守等。

下面我们先看几个Banner实例。

低价热闹促销：画面中会有比较多的点缀物,也喜欢用大面积的暖色,其目的就是为了营造热闹的氛围,给人热情有亲和力的感觉,版式以上下或者居中排版的方式居多,这种方式的视觉也更聚焦一些。

所以热闹促销的页面可以考虑下面这些排版样式：

年轻活力：这种主题的Banner设计其实与热闹促销的方法类似，只是说，这种画面中的点缀元素或者模特样式需要表现得更加俏皮活力一些，色彩上也会比较艳丽或明亮，营造一种青春活力的感觉，排版方式没有什么特别的限制，发挥空间非常大。

所以年轻活力的页面可以考虑下面这些排版样式：

第10章 电商设计中排版的奥秘

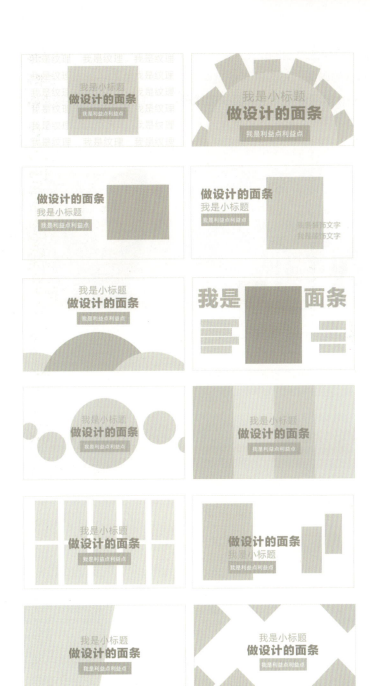

高冷大牌：这种主题的Banner设计重在体现一种一般人买不起，买了之后会显得自己特别有优越感的印象，那么画面中就需要多留白，善用一些简洁的或有棱角的图形设计，切忌用一些比较可爱或太柔美复杂的线条，同时，商品或模特的品质要高，整体排版也是比较简洁而不浮夸，总而言之就是给人一种很贵很高端的感觉，这与低价热闹促销是相反的。

所以高冷大牌的页面可以考虑下面这些排版样式：

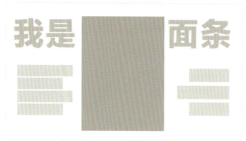 

2. 从信息层级的角度

如果在做一个Banner的时候，没有特别的要求，那么我们就有很多方向可选择了，首先问下自己最想要突出什么信息呢？是突出商品呢？还是突出文字呢？或者是突出整体的氛围呢？还是强调整体的协调感呢？还是说强调品牌呢？

一般来说，一个好的Banner首先要保证信息传达准确，然后需要保证画面的协调感和氛围。

下面来看几个案例。

强调品牌，突出LOGO（模特也属于品牌的一部分）：

CHANEL 香奈儿Banner

强调商品以及SALE：

强调整体的氛围（商品融入在氛围当中了）：

强调利益点信息：

版式方面，基本上文案信息都是比较突出的，其次商品突出或者强调整体氛围：

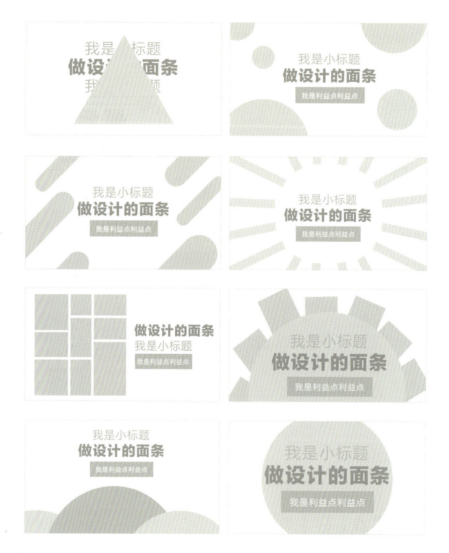

3. 从品牌调性的角度

关于品牌这块，可能是很多小商家目前不太重视，也觉得自己用不上的，但是各大电商平台还有一些比较大的电商品牌都已经开始有这种品牌意识了，所以不管你是在哪种团队里，不防也都了解一下。

我们可以从以下几个方面去看待品牌：品牌统一／风格延续／风格突破。

品牌统一：比如天猫的猫头形象，当它被运用于各个品类和品牌的广告中时，这一创意既统一了品牌形象，又非常巧妙，我们可以看几个品牌2017年推出的天猫双十一海报：

Beats官方旗舰店——2017天猫双11海报

lamy旗舰店——2017天猫双11海报

肯德基会员官方旗舰店——2017天猫双11海报

Nike官方旗舰店——2017天猫双11海报

再比如女装品牌初语：

初语官方旗舰店——模特截图

一直以来，初语的所有模特，在眼睛那里都有一条白线，给人印象特别深刻，形成一个统一的品牌视觉形象，最后大家也看到了初语的新LOGO，就是提取了眼睛那里的形象，新LOGO如左下图所示，而它原来的LOGO是右下图这样的。

对比发现，品牌形象更加统一了，也更有特色了（虽然会让一些没听过这个品牌的人以为它是卖面膜的，不过对于接触过这个服装品牌的人来说还是很好理解的，原版LOGO虽然简洁明了但是特色不突出，改版后的LOGO则气质和特色都有了）。

风格延续：这个在平台的比较大型的活动中运用较多，比如各个分会场的风格延续（排版样式保持一致，只是改变了颜色和品类商品及文案等）。

2017年淘宝新势力周会场Banner

风格突破：关于品牌的风格突破，可能是因为涉及品牌升级或者品牌定位的改变，所以需要在设计上配合这一策略，比如说原先面对的可能是青少年群体，但随着时代的发展，是继续服务这些青少年群体跟着他们一起成长转型为服务于大龄青年呢？还是继续服务新一代的青少年群体呢？这时候用户群体改变了，当然也就意味着风格可能需要作出改变。

比如QQ的LOGO形象的升级：

原图出自 Tencent ISUX Design，版权归腾讯ISUX所有

4. 从视觉美感的角度

当一个Banner在满足了前面几个要求的情况下，如果有能力的话，当然还是要达到视觉美感的要求的，那么从这个角度看，平面构成之于Banner设计的意义是什么呢？我们可以从下面几个关键词入手：平衡画面／视觉冲击力／画面不单调／富有创意等。

平衡画面：左中右排版。　　　　　　**视觉冲击力**：放射线，中心聚焦。

画面不单调：将产品的方向或颜色做一些不规则的排列，避免乏味。

富有创意：虚实相结合的场景打造，既给人一种身临其境的场景感又富有趣味。

初语旗舰店Banner

到此，平面构成之于Banner设计的奥秘就讲完了，内容非常多，估计大家一周也消化不了，而我也没有分为两章来写，因为这些知识点不管从哪里切断我都会感觉不舒服，就像你吃东西吃得正爽，却被别人告知说："另一半要留着下次再吃哦"，你喜欢这种感觉吗？我想还是不要了吧，哈！

第 11 章　电商 Banner 设计之色彩的奥秘

我们常常会说做设计需要知道三大构成（色彩构成／平面构成／立体构成），设计又可以分很多类别，比如网页设计、UI 设计、电商设计、室内设计、工业设计等，那对于电商设计有没有专门的三大构成呢？至少我没有学过，所以借此章我想专门讲解三大构成在电商设计中的运用，我们先从色彩在电商设计中的运用开始讲解。

11.1　普遍意义上的色彩是指什么？

色彩：即颜色，颜色可以分成有彩色和无彩色两大类，看有彩色主要看色相／纯度／明度三个方面的属性，无彩色也就是白色、黑色，各种深浅不同的灰色，也可以说无彩色是饱和度为零的色彩。

色相：即可以明确表示颜色色别的名称，比如红橙黄绿蓝靛紫。

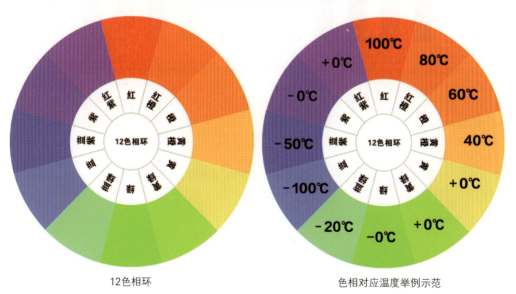

12色相环　　　　　　　　　　　色相对应温度举例示范

色彩有冷暖之分，我大致用温度的概念标注一下，其中"0"是指中性色，"-0"是指中性偏冷，"+0"是指中性偏暖（这里的温度是我自己为了具体化冷暖的概念而标记的，主要是方便大家理解，所以不用去纠结这个数值准不准确，你能明白它们代表很冷／很热、一般冷、一般热就好了！）

明度：指色彩的明亮程度（通俗点讲，在某种色彩中添加的白色越多就越明亮，添加的黑色越多就越暗）。

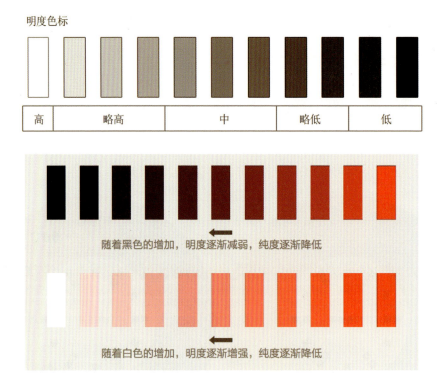

纯度（饱和度）：指色彩的纯净度，以红色举例：

如果大家想了解更加原理性的关于色彩的解说，可以自行去baidu或google哟，在这里大家只需要了解上面几个知识点就好啦。

我一直以来的理念都是，要想做好电商设计，最基础的也是最重要的、学问最大的就是Banner设计了，所以我们还是从Banner设计开始说起吧。

11.2 Banner设计中影响信息传达的因素

Banner的主要作用是为了宣传,展示,广而告之,准确传达某种信息,从而达到某种目的,这个目的有可能是想获得转化,也有可能是单纯地公布通告信息等。

我们可以从以下三个方面来讲解:

11.2.1 整体的画面气质是否对路

这里的画面气质就是指给人传递出一种什么样的感觉,比如说用户看了你这个Banner之后,会有一些类似于很热闹、很素雅、很高冷、很年轻有活力、很潮、很压抑、很恐怖、很高贵等等的这样一些感觉,接下来举几个例子。

Banner举例:很热闹的画面气质(关键词:低价促销/周年庆/节假日促销等搞活动的性质),如左下图所示。

大家可能注意到左下图看起来非常热闹喜庆,是比较常规的热闹促销Banner,除了各种元素形式的动力感给画面增加了热闹感觉以外,最重要的是大面积的暖色给人热血沸腾的感觉。

假如我们将这些Banner改变色相,得到右下图。

总结观察:画面由暖色变为冷色后,会发现热闹的画面气质锐减,所以在表现热闹气质的Banner设计中,除了画面形式比较活泼或者动感以外,我们也常借助大面积的暖色(红、橙及附近区域)来渲染热闹氛围,让人感觉喜庆或者热血沸腾,然后控制不住就买买买!

Banner 举例：很素雅（关键词：森女系、棉麻类、文艺类、性冷淡风）。

除了大面积留白给人素雅的感觉外，画面中的颜色都是比较安静干净的灰色调，给人舒适素雅无欲无求的感觉，使人感到舒心，如左下图所示。假如我给它调整饱和度，使之更加艳丽，如右下图所示。

观察总结：大家感觉有什么变化没？是不是感觉变年轻活力了？不是那么沉稳和素雅了？仿佛一个平和的35岁女人立马变成了锋芒毕露的20岁小姑娘。

下面是几种常见的素雅的／森女系／文艺范色调举例。

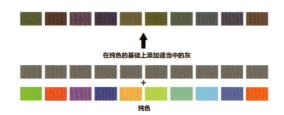

Banner举例：很高冷（关键词：新品发布、国际大牌以及一切渴望表现自己性冷淡和极力想要高冷一回的画面）。

画面中除去大面积留白以外，色彩上也是比较偏向于灰色调，且基本不会出现饱和度非常高或者非常跳跃的颜色，浅灰色调同色系用色居多。

大家可以提取颜色看一下：

Banner举例： 年轻活力（关键词：夏季主题／开学主题／校园主题／针对潮流小年轻的促销活动等等）。

色彩丰富多样，饱和度偏高，用色大胆，在这里，我们就不怕用色超过3个色，只要敢用、想用，多少色都可以。

大家可以提取颜色看一下：

其中橙黄色是主色调，用适量的冷色加上少量的暗色调作点缀，同时保持各个元素摆放方向有秩序不杂乱，才能兼容得下这么多种颜色而使得整个画面看起来不腻歪。

Banner举例：很潮 （关键词：潮牌主题／动漫主题／街头hip-hop主题／年轻爱玩／放荡不羁爱自由主题等等）如上图所示。

在这种类型气质的Banner设计中，除去一些小图形设计使画面看起来比较有设计感以外，很重要的一点就是擅长用大面积的明亮高纯度色彩搭配黑色使用，这样做的目的我猜想是因为这种潮牌针对的是比较年轻但又追求一点特立独行或者耍酷感觉的一个群体，如果全是一些明亮色彩会给人感觉比较幼稚和低龄化，加点黑色后就立马打破了这种印象，仿佛年轻可爱中又带了一点耍酷与放荡不羁爱自由的味道，所谓混搭咯,感兴趣的话可以去了解一下街头文化。

大家可以提取颜色看一下：

Banner举例：华丽 （关键词：上流社会／欧式／浮夸主题／位高权重／颁奖典礼／比较隆重的发布会等）。

体现华丽高贵主要就是黑色与金色／银色等金光闪闪的颜色以及与暗色系颜色的搭配（因为暗色系给人沉稳冷静成熟的感觉，同时为了不那么沉闷，画面中又会带点高光或金光闪闪的感觉的颜色搭配）。

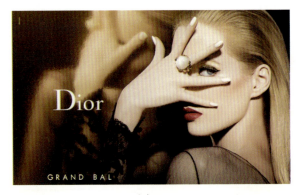

迪奥dior

大家可以提取颜色看一下：

这种Banner气质的画面千万不要把画面堆得太满，一定要记得留白和搭配优雅纤细些的文字（有衬线或者无衬线字体均可），或者比较有文化底蕴的毛笔字，千万不要用五大三粗的文字。

为什么要注意这个？你们可以想象一下丰腴肥臀、满身穿金戴银的暴发户形象就知道了，感觉是一样一样的。

11.2.2 信息的层级关系

我们知道一个Banner包含有好几个部分：文案、模特或商品、背景、点缀物，而最终它们组合成为一个Banner，其层级是存在主次之分的，可以分为下面几种情况：

◆ 以产品或模特为主角（主要突出产品或模特）
◆ 以活动标题为主角
◆ 以利益点为主角

而背景和点缀物永远不可能是主角，它们只能是配角，同时在这里颜色不是作为一个独立的分析要素存在，它应该是伴随着平面的知识点来说，所以这里我也会顺带一点平面方面的知识点，举几个例子：

1. 以产品或模特为主角（主要突出产品或模特）

我们可以有以下三个方向去发挥。

❶ 让商品（模特）的颜色与背景颜色绝对地区分开来，让它成为天空（画面）中最闪亮的一颗星，也就是我们说的色彩对比，色彩对比又包含三种：明度对比／饱和度对比／色相对比，假设下图中的圆就是商品或模特：

明度对比

饱和度（纯度）对比

色相对比

我们再去色看一下对比的效果，如下图（去色是我们常用的一种查看信息是否突出的方法，另外还有一种距离观察法查看对比效果，比如我们也可以站在距离屏幕远一点的地方查看，或者人保持不动缩小画布查看）：

明度对比　　　　　　饱和度（纯度）对比　　　　　　色相对比

这样看，哪个对比效果好些？是不是一目了然了？不过还是要说明一点，明度、饱和度中任何一项要素发生改变，其他要素也是要跟着改变的，比如说增加了一个颜色的明度，代表在这个颜色中增加了白色，那么相对应的这个颜色的纯度、饱和度肯定也就下降了，明白了吗？

还有一点必须要明白，色彩对比不会单独存在，它的运用永远是依附于下面两种方式存在的：增大商品模特面积或者增加商品模特数量。

❷ 通过留白或者大小对比的方式让商品（模特）体积或面积足够大。

❸ 通过一定的摆放规律，让商品（模特）数量足够多，因为数量多了总面积自然也就大了嘛。

2. 以活动标题为主角

与上面的道理类似,可以运用增大标题面积或者同时结合色彩对比的方式使标题突出成为主角:

3. 以利益点为主角

道理同上(有时候我们做Banner会直接用利益点作为大标题,这种就会使Banner的低价促销的气息更浓烈些)。

总结来说，我们讲色彩的时候，其实也是在讲平面构成，当我们讲色彩三要素（明度／纯度／色相）的其中一项的时候，其实也意味着在同时考虑其他要素，因为色彩不会单独存在，色彩要素也不会单独存在。

11.2.3 是否考量了Banner所投放的环境

当我们讲到环境的时候，往往会讲到外部环境和内部环境，也就是站在全局去考虑问题和站在自我的角度去考虑问题，如果你是要在某平台投放 Banner，那么这个平台对你来说就是大环境，具体到你投放的那一小块Banner位置就是小环境。

（1）从平台设计师的角度出发，他肯定是希望你所有的Banner放在这个平台页面中，整体是融合的，不突兀的，比如京东首页的各个楼层部分下方有一排小Banner图，虽然是用不同的色彩来表示不同会场或主题，但是每一个色彩的明度、饱和度是相似的，设计形式／排版布局／字体字号也一样，这就给人整体统一协调的感觉，如下图所示。

京东(JD.com)首页楼层部分截图

第11章 电商Banner设计之色彩的奥秘

（2）从商家的角度出发，商家当然是希望自家的Banner图是最突出的，最亮眼的，最容易被用户发现的，所以设计师需要把自家的图片设计得让人眼前一亮，脱颖而出，这个又要回到前面如何运用对比去突出某个信息的问题了，不清楚的话可以回头看看上面那个关于信息层级的知识点。

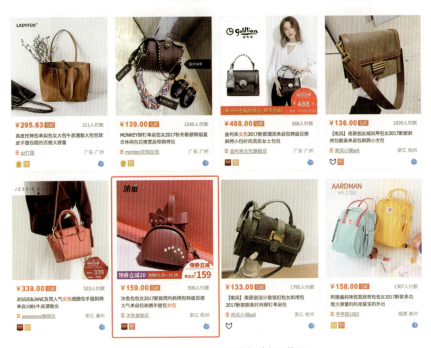

淘宝网(taobao.com)女包搜索列表页截图

比如，上面这些商品图，我用距离观察法，第一眼就看到了第二行第二个红框所示的包包了，为什么呢？因为周围的图片基本是比较素的背景，而只有它使用了大面积有色背景，明暗对比之后，一下子就出来了（当然了，你也可以举一反三去运用，学会了吗？）

其实无论是商家／企业还是个人，都是需要考虑这种Banner投放的外部环境和内部环境的，除非你是在平台工作的设计师，很多时候我们更多的是需要站在个人利益的角度去考虑问题，我们需要让自己的图片更易被人发现。

再举个例子，有时我们会看到很多广告并排放在一起展示，如果大家都是花花绿绿的，争相斗艳，反而都不容易突出，反倒是当别人都花花绿绿的时候，你不用太花枝招展反而更易突出：

站酷ZCOOL首页截图

我们会想到，设计师在发布自己的设计作品到设计论坛或网站的时候，不妨先去看下周围环境都是什么样的，再去做自己的展示Banner图，这样有利于使自己的作品得到更多的展现机会，比如下面这个是我在站酷首页截的图，大家是不是跟我一样第一眼就会看到那个玫红色的Banner图片？而其他的都只会匆匆带过，因为在这个环境里，玫红色是最突出的一种颜色（事实证明，除去dribble这个词比较知名以外，玫红色封面Banner图的阅读数确实也远超其他的作品，你们看到了嘛？）：

站酷ZCOOL首页截图

11.3　色彩在Banner设计中所起的作用

下面从5个方面分别说明色彩在Banner设计中所起的作用。

11.3.1　点缀作用（渲染氛围用）

当你做了一个冷色调或暗色调的页面拿给你的主管或需求人看，他说画面太冷清，而你又懒得改颜色改形式等等，总之你非常懒不想动，这时候不妨试试一试下面这种周围点缀些多彩色的方式（色彩依附的形状和大小面积你自己斟酌咯～只需要记住点缀物是配角，它是烘托气氛用的，永远不要抢了主角的风头。）

当你明明做了一个自认为非常热闹促销的页面后，你的主管或者需求人仍然觉得画面太冷清不够热闹而你又不想大改动的时候怎么办？道理同上。

11.3.2 突出主体（梳理信息层级）

通过色彩对比来突出信息层级的作用，任何有彩色相较于无彩色来说都是突出的，如果是作为主体信息出现，面积也够大，那就是绝对的突出优势了，如下图所示。

11.3.3 平衡画面（渐变色使得整体视觉协调）

讲这个知识点之前，我们有必要先来了解以下几个概念。

◆ 邻接色相对比：色相环上相邻的二至三色对比，色相距离大约30°左右，为弱对比类型。
◆ 类似色对比：色相对比距离约60°左右，为较弱对比类型。
◆ 中差色对比：色相对比距离约90°左右，为中对比类型。
◆ 对比色对比：色相对比距离约120°左右，为强对比类型。
◆ 补色对比：色相对比距离180°，为极端对比类型。

我们有时候会看到一些Banner强调的是整体画面的协调感觉，并不会重点去突出强调什么，整个画面给人感觉特别舒服，那是因为他们往往采用的是类似色对比或者邻近色对比，亦或是采用相似明度和饱和度的不同色相的渐变调和。

Banner举例（如下图Banner给人感觉是整体画面非常柔美协调统一，强调统一感觉）：

当然，以上也可以结合起来运用（运用渐变色＋对比），如下图所示。

2015年天猫618活动"疯狂6月上天猫就够了" 平面广告

11.3.4　延续风格（涉及风格统一调性的时候）

通过色彩来延续风格往往用在平台做一些比较大型的活动，涉及多个不同品类不同分会场的时候会运用到，我看到一些店铺电商品牌也慢慢规范化了之后也会用到这种方式以保持品牌统一调性，也就是保持设计风格一致，色彩的明度纯度接近，只是改变色相，以不同的色相代替不同的品类或者分会场来设计Banner图，如下图所示。

京东(JD.com)首页楼层部分截图

2017年天猫双11全球狂欢节分会场活动页面截图

11.3.5 塑造画面气质（传递恰当的情绪给用户）

比如我们前面提到的很活力、很可爱、很高贵、很素雅等等，我这里也不继续描述了，文章开头都提到过。

1. 华丽高贵

迪奥Dior

2. 高冷大牌

3. 年轻活力

4. 热闹促销

5. 素雅清爽

6. 复古怀旧

11.4 如何在Banner设计中使用色彩

色彩不会独立存在，它必定是依附于其他构成和表现形式而存在的，比如平面构成、立体构成等，所以下面将从以下几个方面来论述，以红色为例（其他颜色的运用道理是一样的）。

11.4.1 当色彩运用于不同的面积

当红色运用于不同的面积，它的视觉感受是很不一样的，当外部背景尺寸不变，红色区域面积越大越让人感觉眼睛发胀，仿佛都要跑到你胸（眼）前一样，这就是近大远小的道理咯。

如下图所示，1/2/3红色区域哪个更吸引你眼球？谁更让你躁动不安？

Banner举例（看下图红色区域）：红色区域越大感觉越躁动。

11.4.2 当色彩运用于不同的形状

当红色运用于不同的形状,哪个形状让你感觉最不稳定?哪个形状让你感觉更活跃?哪个形状让你感觉更时尚?

如下图所示:3最不稳定,1最规矩,5最不规则,1~9都可以很时尚,主要在于如何去搭配其他元素。

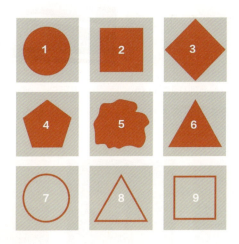

Banner举例(看下图红色区域):

11.4.3 当色彩运用于不同的肌理

当红色运用于不同的肌理,如下图所示,红色色块叠加肌理后和没叠加肌理对比有什么不同？红色色块叠加不同肌理后又有什么不同？（任何你能想到的物体都可以叠加视作肌理，比如人、图片、文字、字母、发丝、各种形状、软硬粗糙或平滑材质等等）

如下图所示：没有叠加任何肌理的红色，显得更加平淡，其他红色色块叠加了肌理后使得画面更加丰富，给红色增加了更多感情色彩，或是活泼或是怪异或是热闹等等，只要你能想到的都可以去尝试。

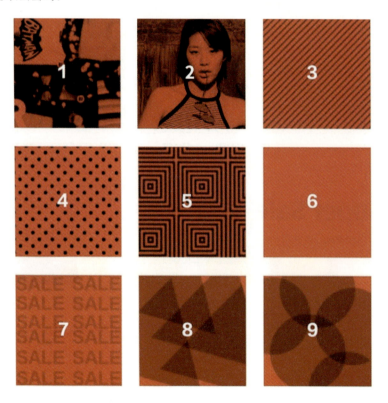

第11章 电商Banner设计之色彩的奥秘

Banner举例（看红色区域）：

Beats 官网

11.4.4 当色彩运用于不同的色彩

当红色运用于不同的色彩，大家会看到相同面积的红色圆放在不同的色彩上出现了大小不一或明暗不一的错觉，因为红色是暖色，所以根据冷暖对比，红色放在冷色或中性色（黄色绿色）上可以比较突出，根据色相对比，红色属于有彩色，有彩色放在无彩色（黑白灰）上也可以比较突出，但是红色放在邻近色（比如偏冷的紫色和偏暖的橙红色）上就显得特别弱，因为色相太接近了。

Banner举例（看红色区域运用在不同颜色的背景上）：

11.4.5 当色彩运用于不同的环境

当红色运用于不同的环境，前面我们讲过，环境分为外部大环境和内部环境，有人所站的角度是要保证平台上所有Banner颜色整体和谐统一，雨露均沾，而有的人所站的角度是要保证自己的Banner图是最突出最吸引眼球的，前者为了和谐统一，后者是为了竞争为了突出自己（讲到环境其实也就是前面几种情况的综合讲解和考虑，即色彩／形状／肌理／面积等的结合使用才构成了所谓的环境），如下图所示。

第11章　电商Banner设计之色彩的奥秘

当红色色块放置在纯度明度相近的不同色相的色块中，它是和谐地融入整体的，如下图所示。

当红色色块放置在邻近色色块中，它与整体环境看起来也是比较和谐统一不突兀的，如下图所示。

当同样是红色，但是它的形状／面积大小和其他的不一样，那么它就会比较突出，也就是所谓的特异，如下图所示。

当同样面积的色块，只有一块是有彩色的红色，其他都为黑白灰无彩色，那么在这个环境中，红色块是最突出的，如左下图所示。

当同样面积的色块，只有一块是暖色红色，其他都为冷色，那么在这个环境中，暖色系的红色块是最突出的，也就是冷暖对比，如右下图所示。

193

Banner举例（看红色区域）：因为明度纯度接近的原因，红色Banner在这个环境中还算比较融入统一的，如下图所示：

而当周围都是冷色调时，即便是色彩明度和饱和度接近，红色Banner在这个环境中也显得非常突出，变为了主角，如下图所示：

第11章 电商Banner设计之色彩的奥秘

更别说提高红色区域的饱和度、纯度、明度了，红色在这个环境中变得更加格格不入了，如下图所示：

以上就是我们本章的所有内容了，我们需要知道，色彩的运用既是一种情绪的表达，也是一种功能需要，你所运用的每一种颜色必然是有其目的性的，而且也要学会举一反三（比如上面我只举了红色的例子，其他颜色可以以此类推）。

另外无论是有彩色还是无彩色它们都不会是独立存在的，它需要一种介质来承载，它也是需要依附于其他表现形式而存在的，比如需要与平面构成、立体构成结合运用，在下一章中，将继续为大家讲解平面构成在电商Banner设计中的运用。

第 12 章　玩转电商设计中常用的色彩搭配

12.1　玩转电商设计色彩搭配之红色

从事电商设计的人应该都知道，红色算得上是国内电商设计中运用得最为广泛的一种颜色，即便是非电商从业者，网购大家都不陌生，我们看一些大众熟悉的电商平台的界面设计就知道，他们的品牌色其实也多是红色系的或暖色系的，如下图所示。

但其实很多人对红色该在什么时候用，或者该怎么用依然缺乏了解，红色用得好则是皆大欢喜，用得不好要么会显得俗气和不干净，要么会显得页面很压抑很腻。

再一个红色寓意红红火火嘛，下面我们来讲一下红色在电商页面设计中的运用。

12.1.1　红色的释义

从性格色彩的层面来说：红色代表热情、热闹、刺激、欲望、奔放、喜庆、血腥等，如下图所示。

从色相、明度、饱和度的层面来说：红色也分为很多种，比如正红、深红、品红、粉红、酒红、绯红、洋红等，如下图所示。

从作用的层面来说：红色代表危险警示／突出强调／错误提醒／性刺激／公布喜讯等等。

12.1.2 红色在电商设计中的运用

正因为红色有以上的感官刺激作用,所以它常运用于一些要体现喜庆、热闹、激发别人欲望或者要体现恐怖情绪的电商或海报设计中,同时红色也常用来作为点缀色出现,以强调某个重要信息。

1. 喜庆节日

红色代表喜庆热闹,所以常用在中国的各种喜庆的节日促销电商页面中,比如国庆、元旦、春节、周年庆等重大节日,基本都是以红色作为大背景主色,如左下图所示。

国外的喜庆节日圣诞节当然也是少不了红色的,而且还是红配绿(不过每年都是红配绿也会视觉疲劳,所以很多设计师会通过加入一些其他颜色,或改变一下它们的明度/饱和度/纯度,或采用不同的质感纹理和表现手法给用户一些新鲜感,比如手绘/合成/手工/三维建模之类的表现形式),如右下图所示。

2016年4.15京东全球购高潮期页面

2. 公布喜讯

一些专门用来发布喜庆消息的专题页也最爱用红色,比如热烈庆祝谁上市了、谁获奖了、谁结婚了、谁喜得贵子了等等(不过结婚之类的也有很多人用浪漫紫色或萝莉粉色,获奖之类的专题页,如果想要时尚震撼一点的话,很多人会用黑金的色彩搭配)。

第12章 玩转电商设计中常用的色彩搭配

百度图片

3. 卖场促销

商场做促销活动/电商平台或店铺做大促的时候,比如双十一、双12/815/618等,如左下图所示。

4. 体现时尚个性

将红色运用在毛笔笔触、撕纸效果上,会给人一种潇洒个性的感觉,当然也要控制好度,毕竟过了就会引起恐怖心理了,如右下图所示。

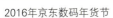
2016年京东数码年货节

5. 突出强调某个重要信息

红色常用来作为辅助色或点缀色,用来突出强调某个重要信息,比如突出强调利益点/购买按钮等信息。

6. 如果产品本身就是红色时

其实任何类目任何产品都有红色系列,比如家电数码、服饰鞋包、美妆护肤等,如果干脆将背景也弄成红色与产品融为一体,会带来非常强的视觉效果,而且不会觉得腻。

苹果手机 iPhone7 官方海报

欧洲涂料公司Dyrup主题为《自然的色彩》系列广告

Target Branding 2015宣传广告Design/ACD: Allan Peters项目部分图片

12.1.3 与红色有关的常用色彩搭配

红色是很热烈的颜色，是暖色，也是一种百搭色，但并不是每个人都玩得好它，可它偏偏又是电商设计中用得最为频繁的一种颜色，接下来给大家列举一些常用的优秀的红色与其他颜色的搭配，如下图所示。

如下图所示，左边是大面积的红色搭配少许相近色或邻近色显得很高档耐看；右边是大面积的大红色+玫红色搭配色彩协调，再点缀少许绿色和白色，简洁又俏皮耐看。

爱马仕2013年圣诞假日版新款限量丝巾

笔者手机摄影作品《草莓》

当红色与这种偏灰的渐变色搭配时,画面立马变得柔和清新脱俗起来。

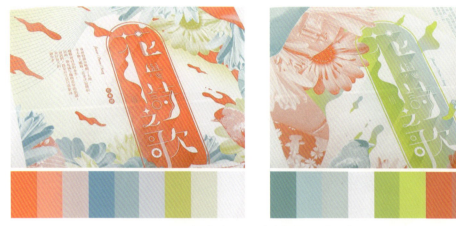

2016年诚品——花伞节画册设计

也只有五彩斑斓的颜色才能压得住红色了。

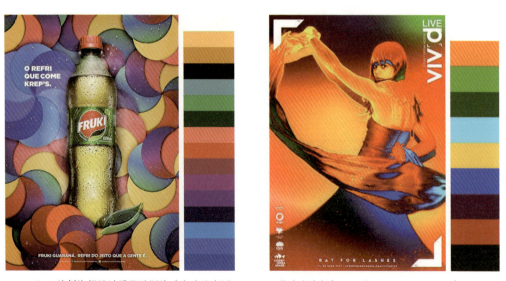

Fruki饮料海报设计悉尼歌剧院《生动的生活2011——艺术家海报》——由Steohen Pavlovic出品

红色与蓝白黑灰永远都是经典搭配,既可以制造一种复古的感觉,也能给人一种冷静与激情相碰撞的感觉。

第12章　玩转电商设计中常用的色彩搭配

设计师Matt Griffin为日本演员小杉正一 Sh Kosugi 在1987年出演的的电影作品《忍者剑传 Rage of Honor》创作的作品

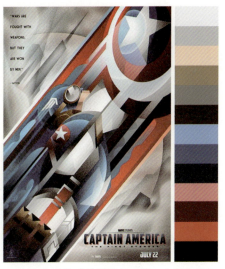

2011年上映的《美国队长：第一个复仇者》宣传海报，由派拉蒙影业公司和漫威工作室出品

红色与青色或与绿色搭配，再加上一些俏皮的构图或点缀，会显得画面非常干净清爽。

儿童节海报

日本STUDIO WONDER工作室作品

红白黑搭配，时尚又经典，不过要注意红色的比例。

203

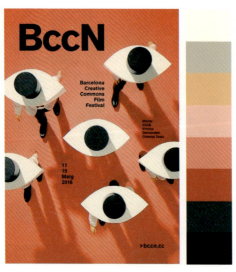

BccN 2016 –Barcelona Creative Commons Film Festival宣传海报,由Estudio Javier Jaén 出品;

笔者摄影作品《泣·哀·燥》

红绿配米黄色,圣诞节常用配色,不过也会显得有一点点年代感或复古的感觉,绝对不是现代时尚类型的配色。

圣诞节海报

电影《王朝的女人——杨贵妃》宣传海报

在大面积的浅灰色里,只需要点缀少许红色,就可以制造出一种静谧又不显单调的感觉了。

第12章 玩转电商设计中常用的色彩搭配

版式练习海报

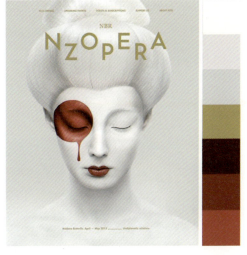

新西兰歌剧院宣传网站

在一些比较俏皮的手绘画面中,红色既可以作为大面积背景色来包容五彩斑斓的多彩色,如下边左图所示;也可以以非常小面积的点缀色出现,用来突出强调某个重要信息,比如价格/利益点/特殊说明文字之类的。

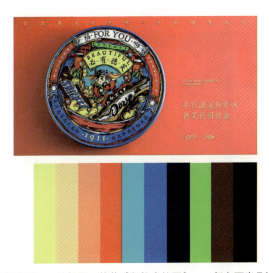

好东西 x 三只松鼠 x 德芙《年礼赤焰军》——好东西出品海

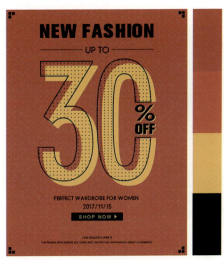

报版式练习

205

无论你的背景是简单还是复杂，当红色块面积足够大时，它依然会成为焦点。

由日兴美术株式会社（Nikko Graphic Arts Co., Ltd），Akiko Oshima摄影，Masaomi Fujita（tegusu）设计的名为*Japanese Tea*一书封面

奥地利shop杂志封面

大红色及深色的结合搭配荧光色会有一种非常诡异个性的感觉。

2001年电影《天使爱美丽》宣传海报

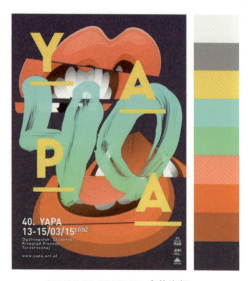

2015YAPA FESTIVAL 宣传海报

番茄炒鸡蛋的红黄搭配容易给人一种复古温暖的感觉,但为了画面不至于太腻歪,最好搭配一点冷色或暗色比较好。

MISSOSE高端童装摄影宣传海报

浪琴手表大师赛Longines Masters, the Grand Slam Indoor of Show Jumping *WE RIDE THE WORLD* 活动宣传作品——Riccardo Guasco出品

当红色运用在一些形状规则排列上时是很容易制造出简洁、时尚感的。

Target Branding 2015宣传广告,Allan Peters出品

Target Branding 2015宣传广告，Allan Peters出品

12.1.4　红色运用在不同的质感纹理或形状环境

虽然同样是红色，但是当它运用于不同的形式载体／纹理材质／周围情境时，所传递的感受是不一样的。

红色的带棱角形状vs红色的圆形，哪一个更硬朗，视觉上更咄咄逼人？

美国杂志V Magazine封面，Sky Ferreira，Grimes，Charli XCX 作为模特。由Carine Roitfeld造型，Sebastian Faena拍摄

Target Branding 2015宣传广告——Allan Peters出品

红色的液体vs红色的烟雾，哪一个更仙？其实红色液体处理不好的话很容易变成恐怖画面……不过如果能处理得好的话，液体和烟雾都能作为氛围渲染元素，使得产品看上去更唯美或更酷炫。

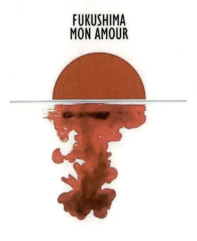

2011年福岛核泄漏事故公益海报 Fukushima Mon Amour（福岛，妈妈的爱）——以色列设计师Yossi 出品

2014年nochevieja（新年夜大派对）SIROCO Club宣传海报

红色的丝绸或丝带vs红色的块状物体，哪一个更女性化？所以丝带或丝绸常用来点缀一些女性化的产品，而色块点缀则更适用于科技数码产品。

2017年唯品会214情人节SK-II店铺页面Banner

iPhone7 官方海报

将红色运用于空间立体感的环境中vs运用于扁平的环境中,哪一个更有代入感?这就是3D和2D的区别。

MISSOSE高端童装摄影宣传海报

2017年唯品会214情人节SK-II店铺页面Banner

红色周围是无彩色vs周围是多彩色,谁更突出?谁更有氛围?

对比之后当然是在无彩色中比较突出,而在多彩环境下比较有氛围(但是也显得杂乱了)。

第12章　玩转电商设计中常用的色彩搭配

那么它们具体运用在电商设计中是什么样的情况呢？我找了一些还不错的红色页面给大家看下：

截图自百雀羚旗舰店2016年双11全球购物狂欢节首页

截图自初语旗舰店2017年双11预售页

截图自一叶子旗舰店2017年货节预售活动首页

截图自大宝官方旗舰店2017年货节大宝会员日活动页

来自2015LOVO X 可口可乐专场 家居家具家装家纺天猫首页活动页面设计

第12章　玩转电商设计中常用的色彩搭配

截图自卫龙食品旗舰店2016年双11预热页

截图自一叶子旗舰店2017年双旦礼遇季《诞愿不留遗憾》活动首页

213

这么设计能热卖
融入运营思维的电商设计进阶宝典

2016年初语旗舰店首页

卫龙食品旗舰店2017年双12碎花新时尚活动页

12.1.5 红色的使用禁忌和注意事项

① 红色作为暖色运用在页面中的时候,画面中切勿全都是暖色系搭配,适当加入一些冷色或无彩色(黑白灰)点缀可以缓解视觉疲劳。

2015李宇春Whyme演唱会海报——站酷推荐设计师neuneuneu作品

爱马仕Hermes2013年圣诞假日版新款限量丝巾

② 无论何种颜色,它在整个画面中的占比都是根据设计需要决定的,而不是随意而为之,你是要弱化某一个信息还是突出某一个信息,都可以根据选择颜色和控制它的比例大小来实现,讲直白点就是要懂得运用对比和衬托的手法。

Fruki饮料宣传海报

❸ 切勿大面积使用太过艳丽或太过暗沉的红色，比如下面这个415京东全球购的页面，原图是这样的：

2016年415京东全球购高潮期页面

这张设计稿如果是用很艳丽的红色，如左下图所示，是不是很刺眼很不舒服无法直视了啊？如果用的是很暗淡的红色，如右下图所示，是不是看起来就很脏毫无继续看的欲望了啊？

所以有的人可以把红色用得很高档，但也有很多人红色用不好，要么太刺眼了，要么太暗太脏显得廉价，其实很大部分原因就是因为明度／饱和度／纯度没有把握好了。

❹ 电商设计中其实很少会用到纯度为百分百的红色，因为会显得很腻很刺眼，这时候不妨将红色向玫红色偏一点，或向橙色偏一点，或者再偏白一点偏暗一点，总之可以自己去尝试，按需选择合适的红色就好，如右图绿色框所示区域：

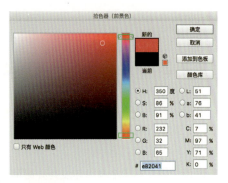

❺ 当红色不得不与对比色或互补色搭配使用时，最好是能加入一些调和色彩（比如黑白灰），就像右面的百事可乐的LOGO的红白蓝搭配，这里的白色就起到了调和的作用了。

以上我们关于电商设计中使用最为频繁的红色的配色技巧和注意事项就给大家就讲到这里啦，大家学到了吗？马上行动起来运用到工作项目当中去吧！

12.2　玩转电商设计色彩搭配之黑白灰

本节我们来讲一下热闹促销型的电商设计最忌讳的颜色"黑色"在电商设计中的运用。

12.2.1　黑色的释义

先看来自百度百科的解释：黑色可以定义为没有任何可见光进入视觉范围，和白色正相反，白色是所有可见光光谱内的光都同时进入视觉范围内。颜料如果吸收光谱内的所有可见光，不反射任何颜色的光，人眼的感觉就是黑色的。如果将三原色的颜料以恰当的比例混合，使其反射的色光降到最低，人眼也会感觉为黑色。所以黑色既可以是缺少光造成的（漆黑的夜晚），也可以是所有的色光被吸收造成的（黑色的瞳孔）。

而我自己的理解是：黑色它不仅是一种百搭色，它很特殊的一点就在于，你会发现几乎所有的书本报纸杂志正文部分以及你平时的书写基本都是黑色的而不是其他颜色的，中国的水墨画毛笔字也基本都是黑色的，所以黑色会给人一种有文化底蕴的感觉。

同时它在气质上还给人一种坚硬、神秘、端庄、静寂的感觉，但在一些文化习俗上黑色又常常意味着不吉利，在功能上比如在服装设计中黑色又往往能起到一种视觉上显瘦的效果。

我将以上这些都统称为黑色的属性。

12.2.2　黑色占比多少与活动定位之间的关系

只要一提到电商页面设计，我相信大多数人在脑海中闪现的应该是彩色的页面而不是黑色的，除非品类需要或产品本身就是黑色，大部分老板也不会同意你把一个电商页面设计成黑色（一些开明的老板除外），但黑色真的这么招人忌讳吗？黑色就真的不太适合应用于电商设计中吗？其实主要是你没有弄懂黑色占比与活动定位之间的关系罢了。

我用两张我在飞机上拍摄的照片举例：

左边是在炎炎烈日的大白天拍的，右边是在夜幕降临的时候拍的

大家看完后是什么感觉呢？左边的天空是不是感觉很敞亮阳光看着就很热？而右边的黑夜感觉很宁静神秘遥不可及？

我们都知道晴朗的白天和静谧的夜晚是对立的，彩色跟黑色是对立的，它们给人传递的感受也是对立的，类比下来，就好比下面这两种页面，它们所传递的定位也是截然对立的：前者活泼热闹促销，后者冷酷高端。

周五会员日Banner案例　　　　　2016年Apple (中国) 苹果官网截图（苹果7代手机）

第12章 玩转电商设计中常用的色彩搭配

这种定位规律在一些产品包装上也适用，比如下图：

百雀羚（官网截图）

POLA（官网截图）

百雀羚水能量焕耀护肤套装在天猫上的价格是488元（原价），价格是比较亲民的，所以在包装设计以及页面设计方面也是比较亲民的，而右边的日本顶级护肤品牌POLA套装则要上万元一套，所以在包装设计和页面设计用色方面都是往简约高端方向走的。

再取一个折中的专题页设计案例，当多彩色vs黑色与多彩颜色相结合的时候，虽然同样很时尚，但是左图更年轻清爽活力，右图因为加入了黑色的缘故显得更炫酷大牌。

219

所以我们不妨可以这么理解：一个页面活泼与否，定位如何，其实关键就在于黑色或暗色在这个页面中的占比有多少。

黑色占比越多，这个页面的黑色属性也就越多，所以会体现出诸如神秘／刚强／高端／高冷甚至是恐怖等气质，让人产生距离感，常用于一些想要体现高端产品定位印象的页面或产品设计中，任何类目都适用：

2016年Apple (中国) 苹果官网截图

2017年锤子科技官网截图

而彩色占比越多，整个画面就越活泼热闹，仿佛是有什么活动表演或者派对，给人一种有亲和力人人都买得起的感觉，常用于一些要体现活泼年轻定位的产品或页面设计中，同样也适用于任何类目，如左下图所示，而白色占比越多，整个页面就越干净、神圣、明亮，给人的感觉就会越空旷、宁静、透气，如右下图所示。

第12章 玩转电商设计中常用的色彩搭配

《壮语中的汉字》——站酷推荐设计师壮家清穗作品

为了方便大家理解，实际上以上我举的例子都是比较极端的，毕竟非常高端的产品是少数，大多数以及大众目前能接受的都是色彩占比不那么极端的，适用于大众的。

同时我们也要注意到一点，一个页面会体现出何种定位调性，除了色彩占比有很大的影响外，元素的形状、密度、纹理、创意风格等也会产生一些影响。

比如这三个页面，同样是黄黑搭配，但因为色彩占比不同、形式不同、风格不同，它们的调性明显是不一样的：左一潮流时尚，左二搞怪活力，左三酷黑简洁。

服装搭配专题页　　2017年京东SQ34105 送礼频道　　包包活动专题页

12.2.3　黑色电商页面的常用色彩搭配技巧

前面我们已经讲过，虽然元素的形状、密度、纹理、创意风格等会对活动定位产生影响，但是对页面是热闹促销还是高冷大牌起决定作用的其实还是黑色或暗色的占比是多少：

第12章 玩转电商设计中常用的色彩搭配

暗色或黑色占比越多页面越冷酷高端，彩色占比越多页面就越热闹促销，而白色的占比多少则决定了页面的透气程度，页面中白色越多越明亮，人就会感觉越空旷透气。

另外，既然是电商页面，它存在的主要目的就是卖货和展示商品用的，而货是要卖给不同人群的，所以我们针对不同的人群要给他们传递的感受就会不一样，或热血沸腾，或性冷淡，或舒心，或故意让你难受，但不管怎样，最终出来的页面情绪肯定是要传递到位的，一般有以下几个规则可要注意。

1. 黑色常作为主色或背景色

一些想走高端时尚路线以及科技大牌的页面往往比较喜欢用大面积的黑色来塑造一种距离感，也就是很多人常说的"有格调"，但这里要注意的是，这种页面往往会对产品的品质或光影细节有非常高的要求，因为对比太强烈的缘故，视觉太聚焦了，就像全世界的眼睛都在暗中盯着你看，你稍微有一点瑕疵都会暴露无遗。

2016年Apple (中国) 苹果官网截图

2. 黑色常与这些颜色搭配使用

而黑色作为一种百搭色，在电商设计中最常搭配的除了白色、金色、大红色以外，还有各种荧光色，比如亮黄、亮绿、亮粉、骚紫以及五颜六色，这些颜色与黑色搭配会形成强烈的色彩对比效果，从而突出想要表达的信息。

223

举例：黑白配

《巴马瑶族自治县 形象设计》——站酷推荐设计师壮家清穗作品

第12章 玩转电商设计中常用的色彩搭配

举例：黑金搭配

京东《企业采购形象大使征集令》活动页

京东海外购sex-and-city2活动页

举例：红黑配

包包专题活动页

2015年京东海外购Cyber-Monday活动页

举例：黄黑配

请参考P222页图。

3. 有黑色的地方就该有亮色

一张有感染力的照片往往少不了光的运用，而有光的地方就会有阴影，一张打动人心的页面设计也有同样的规律在里面：页面中有暗就会有明，这样才不会显得过于压抑，画面才更加耐看。

举例：几乎所有的美国大片或者科技大片的海报都喜欢用这个套路：

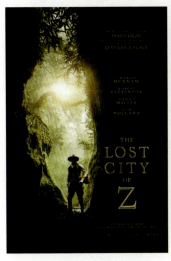

电影《迷失Z城》宣传海报
版权信息：由美国B计划公司出品，由泰国IPA公司发行

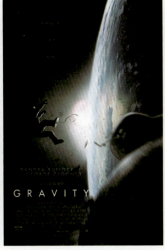

2013年电影《地心引力》宣传海报
版权信息：由华纳兄弟电影公司出品并发行

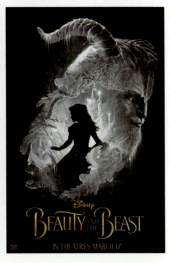

2017年电影《美女与野兽》宣传海报
版权信息：由迪士尼影片公司出品并发行

举例：黑色可以包容任意亮色（荧光色）

2015年华为畅想5京东首发活动专题页

　　还有一些比较男性化的或江湖气息的游戏页面尤其喜欢用黑色或暗色系页面，有一些数码科技类产品的电商页面也可以试试，总之要想体现出很man的感觉，黑色或暗色是必不可少的，如下图所示。

第12章　玩转电商设计中常用的色彩搭配

2017年腾讯互娱御龙在天——三国志城池战玩法

2017年腾讯互娱疾风之刃——公会BOSS专题

2017年腾讯互娱刀锋铁骑——合作活动页

2017年腾讯互娱DNF——冒险者征集令

12.2.4 与黑色有关的节日或事件

提到电商设计，当然就少不了各种电商节，其他的电商节我就不说啦，与"黑色"有关的能作为噱头活动去玩的节日或事件有哪些呢？比如著名的黑色星期五、万圣节、4月14日黑色情人节、暗黑电商等。

1. 黑色星期五

关键词：国际大牌、促销、折扣、黑色等。

百度百科对黑色星期五的释义如下：
美国圣诞节大采购一般是从感恩节之后开始的。感恩节是每年11月的第四个星期四。因此它的第二天，也就是美国人大采购的第一天。在这一天，美国的商场都会推出大量的打折和优惠活动，以在年底进行最后一次大规模的促销。因为美国的商场一般以红笔记录赤字，以黑笔记录盈利，而感恩节后的这个星期五人们疯狂的抢购使得商场利润大增，因此被商家们称作黑色星期五。商家期望通过以这一天开始的圣诞大采购为这一年获得最多的盈利。

黑色星期五是从美国漂洋过海来到中国的一种电商促销活动，几乎每个大一点的电商平台都会掺合一下，尤其是跨境电商尤为重视，如右图所示。

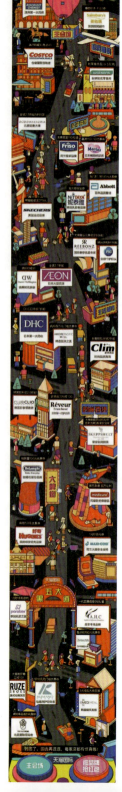

2016年天猫黑色星期五互动城移动端专题页

其实不管是黑色星期五还是其他什么节日活动，在电商设计界来说本质是一样的，就是一个卖货的噱头罢了，不过黑色星期五相关的设计其实都会在画面中加入一些黑色相关的元素，或者即便是走热闹促销路线，也是会偏时尚感一些，而不是单纯搞低价促销，毕竟是从国外引入的节日，给人的固有印象就是不能太低端，如右图所示。

2015年京东海外购Cyber-Monday活动页

2. 万圣节

关键词：南瓜／糖果／黑橙搭配／蝙蝠／幽灵／骷髅头等。

它也是很多人喜爱的一种节日，商家运营们当然也不会错过咯~

2017年（互娱）龙之谷-万圣节舞会

3. 4月14日黑色情人节

关键词：男生／单身狗／促销／情人节等。

我们可以发现一年里面貌似各种颜色的情人节一大堆，无非就是找噱头做活动让你们买买买，我猜商家运营们的逻辑大概就是，反正你是单身的钱也没处花，不如花在我这里买点安慰好了，哈哈哈！

当别人提到"黑色"的时候，你会想到什么呢？也许会想到黑夜／黑头发／乌鸦／神秘／阴森／距离／严肃／沉寂等等，总之它跟阳光／活力这些比较明朗的字眼是几乎挂不上钩的，这也就解释了为什么设计师在喜庆节日／双十一／618等页面设计中几乎不会运用黑色的原因。

但随着我们的购物选择越来越多样化以及人们越来越有自己的主见的缘故，人们开始想要寻求自己的个性和要求，也越来越厌倦千篇一律，这也直接导致了商家们之间的竞争开始变得越来越激烈，也许以前他们随便推出什么产品，即便是页面设计做得很丑都可以卖得很好，但现在却可能无人问津，所以商家以及设计师们都迫切需要找到新的突破点来满足和挖掘不同客户的喜好，而对黑色的合理运用其实就是突破方式之一。

这让我想起了电影《香奈儿》中的一个情节，在那个所有人都追求蕾丝／花里胡哨／雍容复杂的服装设计的年代，可可香奈尔却偏要穿简洁裁剪的男装黑色礼服等带给人一次又一次惊喜，而她在悲痛欲绝的情况下为纪念他的情人鲍勃而设计的一条小黑裙子也成了香奈尔史上最大的成功。

《香奈儿》电影截图

第 13 章　解读设计中的层次

因为经常拍照的缘故，我经常会无意中发现摄影上的一些观察和技巧其实也可以运用在设计当中，并让你的设计作品更加饱满和有层次感，那么如何让自己的作品富有层次？今天给大家分享几个技能。

需要说明的是，增加层次的技巧其实说白了主要就是运用对比或呼应的手法，这一章我就先给大家讲一讲对比在设计当中的运用，并现场手把手演示到底该如何解锁这些技能！

不过需要说明的是，对比其实有很多种，比如动静对比、明暗对比、大小对比、色彩对比、虚实对比、远近对比、繁简对比等。

13.1　动静对比

先来以一张照片举例，比如左下这张照橱窗的照片，这样看原本是安安静静的对不对？这样其实也不是不好看，但总感觉缺少点什么。

后来，我给它加了一个人影并动感模糊了一下，如下图所示，感觉是不是立马变了？画面里面灵动起来了，因为这个人物的动与背景橱窗的静形成了对比，反而使得橱窗里的商品视觉上更加突出了，画面层次感也就出来了。

大家可以再对比看看：

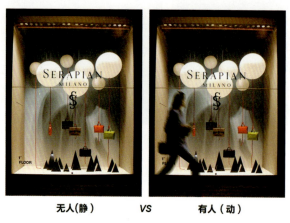

无人（静）　　VS　　有人（动）

（2013年米兰serapian橱窗陈列设计）

而像我这种处理方法其实就运用到了动静对比和远近对比，比如人物既充当了动态的元素，也充当了近景，而橱窗既充当了静态的元素，也充当了远景（当然了，如果是更加广阔的空间，比如是在展览馆里，也许这种对比效果会更加明显一些）。

这种手法在Banner设计、陈列设计、摄影、影视等中都经常会用到。

比如下图，就运用到了很多种对比的手法：

此Banner为非商业作品，仅为了讲解知识点给大家演示用

13.2 明暗对比

有时候总感觉画面太过于平了太空了怎么办？其实只需要利用明暗对比，就可以解决这个问题，如下图所示。

没有明暗对比的时候，画面是比较平的，如下图所示。

而通过将画面中间加亮，四周压暗之后，画面立马聚焦了，层次感也出来了，如下图所示。

将四周压暗，画面就聚焦在中心了，是不是立马感觉空间层次感出来了？上图就运用到了动静对比、明暗对比、远近对比等手法。

13.3 大小对比

同样是拿这个粉色的Banner图做示例，假设画面中所有的元素都是一样大小比例的话，整个画面就会没有重点，也就没有层次，如下图所示。

上图简直乱糟糟对不对？但是有了大小对比之后呢？画面立马层次清晰了，如下图所示。

在电商设计中这种大小对比的玩法是非常普遍的，因为我们既要氛围渲染，也要重点突出，那么主角就该只有一个，让主角最大最清晰最亮眼就是最常用的突出它的方式，其他配角都要比它弱才好，我们接着往下看其他对比方式。

13.4　色彩对比

说到色彩对比，大家应该都会想到对比色吧（假设选定一个颜色为基准色，那么在24色相环上与这个基准色相距120度到150度之间的颜色就与这个基准色互为对比色），如下图所示。

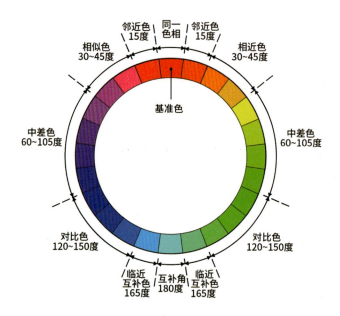

那么再次以我们前面做的这个玫粉色Banner为例,玫粉色就是在玫红色里面添加了白色的颜色,它们都属于红色系的颜色,所以,我们可以在蓝色系和绿色系里选择一种对比色,看在这个画面中加入色彩对比后会有什么不同的感受吧。

因为一个Banner画面是由背景、文案、产品(模特)、点缀元素组成的,所以我在这里分别改变它们的颜色为对比色给大家看看会有什么不同的感受。

假设将某一个点缀元素变为粉蓝色,这样一看是不是不太合适?视觉焦点全都跑到点缀元素身上去了。

假设将背景变为粉蓝色,这样看也不是不可以但总感觉有点生硬对不对?因为背景的颜色跟产品以及点缀元素毫无关联,但是偏偏它又是画面里占比比较大的主色,所以也不太合适。

那么我们协调一下看看呢?比如说背景色换为了粉蓝色,同时把前景的点缀元素做一些颜色修改,这样一来,整个画面就变得协调多了是不是?

但是跟原图对比的话,其实还是要看需求方想要重点体现什么,这两种配色其实都可以,但是明显会感觉画面里出现对比色之后整体画面就活跃了许多,看起来可能就是整体氛围感强过产品信息了,而且如果设计师把握不好的话会让整体显得凌乱,而下图的同色系颜色整体画面就会更安静一些,产品信息也更突出一些,并且也更不容易出错,是比较保险和耐看的选择方向。

所以色彩对比的运用确实可以让画面更有层次和热闹氛围，但是对于基础不太好的设计师来说可能难度就会大一些，同时也要明白你用色彩对比手法的目的是什么，是突出产品呢？还是突出氛围呢？想清楚这个问题才好做出合适的配色和设计。

13.5 虚实对比

依旧是以我们这个玫粉色Banner为例，其实我这里就运用到了虚实对比的手法，目的就是让画面有层次，让主体突出，而如果没有这些虚实对比会怎么样呢？

我们对比来看看，下图是所有元素都是实的情况，整体的重点就有点不明显了对不对，甚至那颗大棒棒糖还抢了香水的风头。

而有虚实对比之后的效果呢？明显画面层次就出来了，如下图所示。

所以这里也有一个技巧可以传授给大家，假设我们不小心让点缀元素过大了，那么我们其实可以通过虚化它来达到弱化它的目的，那些不重要的元素我们都可以通过虚化的方式让它弱化掉。

13.6 远近对比

所谓远近对比，其实就是通过虚实对比和大小对比来体现的，因为根据透视原理，近则大，远则小，近到一定距离物体会变虚，远到一定距离物体也会变虚，所以我们会看到这个粉色Banner里分别有近景、中景、远景几个层，香水作为中景是完全清晰的，而远景的小点缀物和近景的大点缀物分别都被我虚化了，从而也就营造出了画面层次感。

这里还要说明的是，其实所谓近和远其实都是相对的，比如中间的香水相对于我上面标出的近景远景来说是中景，但是相对于FASHION来说则是前景，而FASHION是中景，背景图层是远景，大家只要记住任何对比其实都是相对的就好了。

13.7 繁简对比

所谓繁简对比，其实分为两个方面，一方面是主体周围所在环境和外面环境比有繁简之分，另一方面是主体自己跟外界比有繁简之分。

我依旧拿这个玫粉色Banner举例，说到主体周围所在环境和外面环境比有繁简之分，那么可以看我不断地去掉点缀元素后会有什么感觉变化。

原图：

去掉部分元素后：

继续去掉部分元素后：

将所有点缀元素去掉后：

所以你可以理解为，简就是多留白，画面会更加透气，但是也会让人感觉到高冷或疏远，不敢靠近，常用于大牌产品或性冷淡文艺风里面，而繁就是复杂热闹，越繁越热闹画面氛围越浓烈，越让人感觉可以靠近，很多低价促销风格的设计都是比较繁杂的，但是繁也不意味着都低端，主要在于一个度的问题，主要看你如何去控制这个度了，高手也可以把繁杂的东西做得很高级。

而当我将这个香水放置在背景比较复杂的画面上的时候，你会发现，这张图其实差不多没法看了，也找不到重点，原因就是背景相对于香水来说太过于繁杂了，如下图所示。

可是，当我们将背景虚化后，通过虚实对比，我们将原本繁杂的画面变为了简洁的画面，主体终于又突显出来了。

所以其实很多手法和原理都是相通的，基础牢固了，思维开阔了自然就有方法去补救，并且任意切换这些手法和原理从而达到让你的画面有层次的目的。

04

PART 4
营销思维篇

第 14 章 设计中促销的层次

电商设计的最终目的就是为了带动销量（无论你的设计是为打响品牌知名度还是获取流量而服务的，其最终目的都是为了卖货），所以一个优秀的电商设计师必须是善于将设计与销售目的相结合。

工作以来"既要大牌又促销"这句话是我听得最多的一个设计要求，起初我也经常感到迷茫，不明白如何去理解这种当初在我看来是无理取闹的要求，而当我尝试着将"到底什么是促销"这个问题梳理清楚后，我终于发现了一些奥秘，我们一起来看看。

14.1 马斯洛需求层次

在讲到底什么是促销之前，我们先来看看什么是马斯洛需求层次：生理需求、安全需求、社会需求、尊重需求、自我实现需求，而需求层次不一样，也就意味着消费者所在乎的东西就不一样。

第14章 设计中促销的层次

接下来我们以卖女装为例，来阐述本章的内容，不过需要说明的是，鉴于人类是一个复杂而又简单的生物，所以以下举例并不完全代表实际情况。

1. 生理需求

满足最低需求层次，消费者只要求产品具有一般功能即可。

举个例子：几家店铺卖同一样式的衣服，消费者会选择价格最便宜的那家店铺购买，因为只需满足它是这种样式的衣服就行。

2. 安全需求

满足对"安全"的要求，消费者关注产品对身体的影响。

举个例子：几家店铺卖同一件样式的衣服，这类消费者会去比较哪家店的衣服做工、用料更好，对皮肤会不会造成过敏等等，而不是单看哪家最便宜。

3. 社交需求

满足对"交际"要求，消费者关注产品是否有助提高自己的交际形象。

举个例子：有好几件衣服摆在消费者面前，消费者会想，哪件衣服穿起来回头率更高呢，更适合什么场所穿呢？

4. 尊重需求

满足对产品"与众不同"的要求，消费者关注的是购买这件产品后的象征意义，类似于面子等任何可以拿来炫耀的东西。

举个例子：买了这件衣服就代表我也是个有格调、有态度、有品位的人，所以你光看模特的高冷表情就知道：这衣服贵。

5. 自我实现

满足"对产品有特殊信仰"的需要，消费者拥有自己的追求和信仰，需求层次越高，消费者就越不容易被满足，而一旦被满足他所愿意付出的代价也就越高，这个代价不止是金钱，而是任何大众所认可的珍贵的东西，实物或虚拟的。

举个例子：我买这件衣服其实跟钱并无太大关系，或贵或便宜都无所谓，我就是只想买这家店或品牌的衣服，它的气质和品牌理念简直就是我的代名词，而且我有自己的喜好和追求，我注重品牌与我产生的共鸣感。

但大家也别误会了，以为高层次的需求就是高价买奢侈品，不是这样的，但有一点，一旦你的产品能满足的需求层次越高，也就确实意味着带来的附加值越大，可以卖更高的价格，能满足的需求层次范围越广，那么消费群体也就越广。

以上分析了这么多，其实总结起来就是，不同需求层次的人的需求定位是不一样的，层次越高的人对价格的在意程度越低，而对精神需要的在意程度越高，如果在同类产品里能同时满足顾客更高层次的需求，商家也就能获得更高的溢价空间。

14.2 促销的层次

促销即促进销售，它不应该只是停留在价格层面，因为促销无非就是要吸引消费者购买，而不同层次的人能够打动吸引他的东西以及支付能力是不一样的，所以促销的玩法和层次也不一样。

几年前大家所理解的、看到的促销形式仍旧是以打折或靠低价格吸引用户为主（近一年的状况其实好多了），抛开人性本就爱贪便宜的特性以外，最主要的原因应该还是消费水平有待继续提升，消费观念有待继续改善，以及审美培养不够普及导致的。

关于促销的层次该如何划分，这里做了张表格：

促销的层次	影响促销的因素（橙色代表主要因素）
品牌引导型促销	（价格 / 功能质量 / 社会认可 / 身份地位 / 品牌共鸣）
地位引导型促销	（高价格 / 功能质量 / 社会认可 / 身份地位）
情感引导型促销	（价格 / 功能质量 / 人与人之间的关系）
功能引导型促销	（价格 / 功能质量）
价格引导型促销	（低价格）

14.2.1 促销层次详解

促销活动中，文案其实是最直接反映活动定位的元素，其他一切设计形式和风格其实都只是文案的一种由文字到图形的转达输出，下面我们看一些广告语案例。

1. 价格引导型促销（低端市场）

这种类型的促销，普遍是利用超低价格和折扣信息来吸引消费者眼球，比如"0元抽奖"、免费试用、清仓大甩卖、亏本处理薄利多销、全场一律9.9元包邮等等"，还有最常见的超市宣传单。比如右图这种，一堆颜色和特效堆叠。

2. 功能引导型促销（中端市场）

这种类型的促销，仅仅停留在产品本身，基本就是以"产品的质量如何好，如何安全以及功能如何先进、多样化、创新等等"作为诉求点，博取消费者的眼球和购买欲，常见于母婴用品，吃穿住行等类目，这种定位就比较适合于第二个层次。

我们通过一些广告语来看一下：

雪碧：晶晶亮，透心凉！

大宝：要想皮肤好，早晚用大宝！

龙牡壮骨冲剂：补钙新观念，吸收是关键！

强生：天生的，强生的。

3. 情感引导型促销（中高端市场）

❶ 节日：每年不约而同准时上线的各种节日促销，打的就是情感牌（爱情、亲情、友情、其他）

❷ 从众心理"大多数人的选择应该不会有错吧！"

北极绒：地球人都知道了

某炎洁：用过都说好！

不过国家已经明令禁止这种广告促销语了，因为不客观。

❸ 社交关系：有助于提高自己的交际形象

从第二层次的产品功能层次上升到了第三层次的社交需要层次。

飘柔：飘柔，就是这么自信！

④ 地位引导型促销（高端市场）

这种类型的促销，基本就是以彰显消费者尊贵地位为主要目的，比如设置会员特权、VIP通道、贵宾室，而且同类产品，卖的越贵，买的人越觉得有面子、常见于名车、名表、数码产品、奢侈品服饰箱包等，这类商品定位高端，售价高。

⑤ 品牌引导型促销（来自各个层级市场）

从最低级的价格引导型促销到地位引导型促销（高端），消费者可接受价格逐渐上升，而到了品牌引导型促销层次，其实价格高与低已经不是最重要的了，重要的是消费者愿意无条件信任你，这时的消费观念是发自内心的一种追求和品牌共鸣，类似忠实粉丝。

14.2.2 促销层次案例解析

我们通过一些广告（语）来看一下。

佳能：我们看得见你想表达什么（你最懂我！）。

耐克：Just do it（就你鼓励支持我）

戴比尔斯钻石：钻石恒久远，一颗永流传（品牌层次上升到了传承文化的高度）

这里需要说明的是，有些品牌所售商品由其本质属性决定了售价不可能太高，也不可能越级到高端市场，但是他如果在品牌共鸣这个方面做好了，仍然可以做到行业顶尖的位置，以人为本，这才是最高的需求层次。

正面教材1

以杜蕾斯为例，其产品性质决定了其作用本属于满足生理需求、安全需求的层次，属于中低端的需求层次，而其时不时的卖萌、或是任何当前热门话题都可以被其颇具创意地与自己的产品结合起来，仿佛它已经是一个带有情感的品牌，与消费者之间有情感共鸣，而不只是一个性用品，就简单拿几个图看一下。

下面这些话语还有画面是否反映了你们的心声？

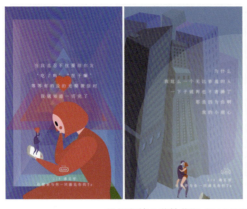

2015年情人节杜蕾斯"214 遇见爱"双机微信互动游戏宣传海报

正面教材2

快客感冒药本是很常见的感冒药,其性质也决定了其作用本属于满足安全需求的层次,属于中低端的需求层次,而此次的广告文案却是选四个不同角色以内心独白的形式,像是在与消费者轻声诉说,图文结合,直击最柔软的心灵深处,与消费者形成共鸣。

2015年快克"快点好起来"平面宣传广告,SocialLab环时互动出品

反面教材

  某卫浴:卫浴出出进进的快感……

  某饮料:看着你那流线的躯体,我欲火焚身,拨开你那尚未开启的封盖……

  某电梯:上上下下的享受!

第14章 设计中促销的层次

以上这些都是拿性方面的点来博取用户眼球，初一看，你可能会会心一笑，有点意思，不过这无疑是自寻死路，性是最底层的需求层次，一个企业如果定位放在这个层面，那么吸引到的会是什么样的消费者群体呢？大众对你的印象会是什么样呢？长远看都是不利的。

14.3 聊点别的观点

1. 同一个人处在不同年龄阶段，他的需求层次也不一样，因而影响促销的因素也不一样

如果儿时喜欢的那包跳跳糖放在现在，你会因为便宜而购买它，还是因为一种对童年的回忆、想念小时候的味道而购买它？

2. 促销的定位往大了说，是随着时代形式的变化而变化的

就拿女性来说，以前可能是宣扬男主外、女主内，那么很多女性用品或家庭相关用品都是往这个方向宣传的，而现在女性在事业和追求独立上越来越得到认可，那么宣扬女权主义便成为时代的需要，如果你的定位还是强调"女人就是男人附属品"之类的，那么肯定是骂声一片。

3. 促销层次越高，受价格因素影响越小

我们看到价格是所有层次都有的一个因素（因为不管你层次多高，你买东西得花钱吧），从最低级的价格引导型促销到地位引导型促销（高端），消费者可接受价格逐渐上升，甚至地位引导型促销价格越高，消费者会越觉得有面子，而到了品牌引导型促销层次，其实价格高与低都无所谓了（但也正因为层次高，所以价格不会太低，这个时候的消费观念是发自内心的一种追求和品牌共鸣，类似忠实粉丝）。

4. 促销层次不同，体现在设计上会有差异

不同的促销层次体现在设计上，应该抓住针对的用户群体最在意什么，你的设计就应该去传达相应的信息。用户最在意低价，你就着重体现低价的信息，整体营造"热情，别人一定买得起这件衣服"那种氛围；用户在意情感需要，你就去打造相对应的情感氛围（如浪漫、感动、忧伤等）；用户想要有格调、高贵的感觉，那画面就多留白走高冷路线。

小结

- 促销是分层次的，促销不只是低价，还有安全需要、社交需要、体现身份的需要、精神的需要这些层面。
- 促销活动的定位决定了Banner的风格氛围定位，而Banner又是由"文案+商品或模特+背景+点缀元素+LOGO"五大元素组成（当然，这里的所有元素其实都是可有可无的，画面里至少出现一个元素就行）。
- 文案是距离活动定位最近的那一层，所有的设计图形都是文字向图形画面的一种转化，好马应该配好鞍，同理，高端的广告定位应该配高质量、高格调的文案，应该配高品质的商品图片或对应气质气场的模特，反之亦然，要不然就会让人迷惑，无法传递正确合适的信息给到消费者。

14.4　促销的层次【实战】

我们首先回顾一下P249页这个表格：

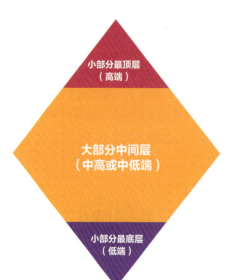

由于活动实施过程中，并不是只受某一个因素的影响，而是各个层级都会涉及，区别只是在于谁的偏重大些，谁的偏重小些，而我们一般常见的活动通常不要太低端，也不要太高端。

第14章 设计中促销的层次

那么什么是高端？什么是低端？到底该怎么做？对于这些问题我想以模拟项目沟通场景和实操的形式来给大家阐述，接下来我们看几则在工作中经常会出现的沟通场景吧。

14.4.1 听故事/看例子/悟道理

需求人：在吗？有个Banner需求麻烦你一下。

设计师：在呢，啥需求？

需求人：这不是夏天要到了嘛，现在要做一个活动把商家去年一批库存处理掉，你给我做个Banner图，清仓大甩卖用的，文案主标题"女装特卖惠"，副标题"全场0利清仓"。

设计师：设计上有什么要求？

需求人：要求就是热闹、促销！

设计师：好的，商品图有没？（看了我的文章你们还把促销简单定义成一个描述设计要求的词吗？）

需求人：我这会儿忙，你先自己找些商品图吧，晚点我再提供给你！

设计师：呵呵，好的（你忙？那我就自己找咯……）

设计师此时的心理活动是这样的： 不就是大清仓促销，对于我这种热爱生活的小朋友是很善于观察生活中的小细节的好嘛，想想前几天经过一条热闹非凡的小街，各种嘈杂的叫卖声不绝于耳，五颜六色的货物堆在一起，大大的红色招牌映入眼帘，OK！我知道该怎么做了！

30分钟后

需求人：hello，Banner图好了吗，商品图还需要我提供嘛？

设计师：做好了！您来过目下！

需求人：……这是啥，这不是我要的效果，还有，谁让你改文案了？（是全场零利清仓，不是清仓大甩卖），我啥时候说过一律9.9元？？？这是要让我亏死么，还有，还有这些特效是怎么回事，你是不是想闪瞎我，好一次性过稿？要不是看在跟你有些交情的份上，我真的想换设计师好么？！

设计师：等等，你不觉得这很"促销"么，五彩斑斓多热闹啊，还有看这商品图，抠得多干净！~

需求人：Banner图这样低档，图抠得干净有毛用？

设计师：……

需求人：我需要档次再高一点的Banner图，虽说是清仓促销，但是我们面对的用户还是有高层次的，辛苦下，再加把劲！

设计师：好的，那我再试试吧，我给你调整一下~

设计师此时的心理活动是这样的： 清仓，整体画面还是要热闹一点，以暖色为主色调，比如橙、红，以冷色为辅助色，比如蓝，冷暖对比画面丰富有层次感，既然是清仓嘛，商品可以放多一点，可以在背景里加入一些小点缀，增加热闹氛围，最后，文案字体可以选用粗体，可适当做文字变形，文字稍作倾斜使排版更活泼，OK！我知道该怎么做了！

又过了20分钟……

设计师：Banner改好了，重新做了一版，你快飞奔过来看下！

需求人：我觉得好多了，要不先这样吧！

看到需求人这么快就回复，**设计师此时的心理活动是这样的：** 人家安排的剧情不是这样的啊，你怎么可以这么快就说OK并想结束我们今天的对话呢？不可以的！嗯，作为一个对自己有严格要求的人，我得再给自己加点戏！

设计师：不过虽说是清仓促销，但是我们可以把促销定位再放高一点点，虽说我们卖的是清仓货，但是我们应该去美化包装它使之看起来层次更高，去吸引更多优质客户啊！

设计师此时的心理活动是这样的： 之前为了表现出低价促销，我在选择商品图的时候基本都是挑一些样式、拍摄质量还有做工都看起来一般的，甚至连衣架都保留了，商品图差、颜色花里胡哨，想不低价促销都难，那么接下来我会替换掉那些看起来比较掉档次的衣服，加入英文，字体选用稍细的无衬线字体，去掉圆形和特效！

需求人：我觉得你说的似乎有些道理，那你再挑战一下吧！
设计师：好的呢！做完给你看（接下来我要进行脑洞大开模式了）。

15分钟后

设计师：Banner做好啦，快过来看下吧，嘻嘻！

需求人：这就是你说的要提高一点档次？我怎么感觉都没有清仓的味道了呢！
设计师：你这么一说好像我也觉得有点太冷清了，貌似整体画风配色等等都离清仓大甩卖的感觉有些差距，不够热闹，好吧要不我再改改，画面再热闹一点？
需求人：行吧，听你的，记住不要太冷清了啊！

设计师：没问题！

又过了30分钟

设计师：您再看看？

需求人：有没有搞错啊....你这是要逼着我换文案？此时已经不像一个清仓货的档次了，最起码也应该是新品尝鲜价这种档次吧！

设计师：你把文案换成新品尝鲜，全场免费送，我也没有意见啊，哈哈哈……

需求人：（嘟嘟~~喂老大，这儿有个设计师做了几稿Banner图，完全不符合我们的清仓促销活动定位，越改越离谱，要不换设计师吧？）

设计师：……别啊！我开玩笑呢！

设计师解读： 为什么会有这种不像清仓货档次的感受？

布局：上下布局，排版中规中矩

字体：干净利落的字体彰显简洁时尚感

色彩：挑选相近色系商品，选用商品颜色作背景色，整体色彩饱和度降低，标题选用白色让画面更和谐。

虽然商品采用堆货的形式会比之前那种平铺排列的方式更有促销感，但因为整体大量留白，画面均衡透气，色彩选用临近色并且饱和度低，蓝色属于冷色，所以整体感觉还是缺少亲和力，风格定位与文案不搭。

需求人：我不懂你说的这些专业知识，我只要我的Banner图，老板等着要呢！（已经脱离愤怒了好嘛！）

设计师：好吧，那我再给你做一版吧，请查收！（我有某种不详的预感……）

第14章　设计中促销的层次

需求人：你明天不用来上班了，已经如实把今天的合作情况汇报给你们老大了！

设计师：息怒息怒，别紧张，我刚发错图了不好意思……你看看这张Banner？

需求人：别闹！！！都看不清我要卖啥了，你以为我卖模特呐？！就这么给你说吧，你也别自由发挥了，你就给我做一版只出现商品不出现模特，画面非常热闹但是又看起来不能太廉价的Banner，就这么简单。

设计师：行吧，我再试试！

又过了20分钟

设计师：OK！这回应该没问题了吧！

259

需求人： 看起来很热闹的样子，但是又不会感觉特别低端，我要的就是这感觉！没问题了，辛苦你了！！！

设计师： 你这么客气搞得我都有点不习惯啦，辛苦倒不辛苦，就是我们这次合作真是一波三折啊，根本原因还是因为我之前没有完全领会你的意思，然后跑错了方向，所以说沟通真的很重要哦！！！

需求人： 是的！！

设计师解读： 为什么这一次的设计通过审核了呢？

布局：放射线+圆形渐变形式，使得中间利益点信息非常突出，同时周围的商品既起到了产品展示的作用，也起到了氛围点缀的作用。

字体：干净利落的字体彰显简洁时尚感，同时字体错落有致再配合阴影打造层级关系，整体不单调。

色彩：丰富多彩的冷暖渐变色使得画面既热闹又不会太腻，饱和度适中则让人浏览起来更舒服。

总结

- 促销分层次，不同层次的促销体现在设计上传达给人的情绪感受是不一样的。
- 促销活动的定位决定了Banner的风格氛围定位，而Banner又是由文案+商品或模特+背景三大元素组成，促销是什么定位就搭配与其相称的文案，做与其相称的设计稿。就像上面的故事，清仓甩卖的文案和活动定位怎么配得上如此大量留白高冷气质的风格呢？这就好比LV这种级别的品牌肯定不会用"全场0元包邮"这种自降身价的文案一样。
- 跟需求人沟通的时候，千万不能像上面这位设计师一样，做设计不能太耍小性子，大家都是为了工作，谁都不要为难谁，可以给需求人提意见但是最终目的还是要做出大家都满意的结果才行。

第 15 章　设计中促销的定位

回顾上一章的这个表格：

促销的层次	影响促销的因素（橙色代表主要因素）
品牌引导型促销	（价格 / 功能质量 / 社会认可 / 身份地位 / 品牌共鸣）
地位引导型促销	（高价格 / 功能质量 / 社会认可 / 身份地位）
情感引导型促销	（价格 / 功能质量 / 人与人之间的关系）
功能引导型促销	（价格 / 功能质量）
价格引导型促销	（低价格）

我们已经知道促销有这么些层次，影响促销有这么些因素，那么拿到一个Banner设计需求，该怎么定位它，该怎么设计呢？

首先当然是从文案出发，因为其他任何图形都是围绕这个文案和活动定位而进行的转化，所以接下来我们将从价格引导型 / 功能引导型 / 情感引导型 / 地位引导型 / 品牌引导型这5个方向来逐步跟大家分析。

15.1　价格引导型促销

价格引导型促销文案一般是这种：

全场0利清仓、全场低至X折、超低价史无前例、0元抢购、吐血大甩卖、周年庆大放送、一口价XX、买一送一、老板娘跑了全场瞎卖、这辈子都没见过这么便宜的鞋子等。

观察会发现，这些文案几乎都是非常直白地把利益点抛出来围绕着折扣和低价去做文章的，这种类型的banner图该怎么做呢？请看下图。

1. 常规堆货或者漫画版低价促销Banner

2. 文案为主角的低价促销Banner

3. 大量商品平铺型低价促销Banner

分析：

- ◆ 最重要的一点就是：文案着重突出折扣、价格信息，文案要大。
- ◆ 色彩丰富，冷暖色搭配，暖色为主色调。
- ◆ 排版无要求，左右排版、上下排版、居中排版任意发挥（可以看"商品图该怎么玩"）。

如何在价格引导型促销设计里玩出时尚感呢？

一般来说，英文和数字比汉字时尚，不做字体变形比做字体变形时尚（选择合适的字体排版，后面会单独讲讲字体），简洁扁平风格比拟物写实风格时尚，商品图卖相越好、模特图表情和肢体动作越有张力越时尚。所以如果要在价格引导型促销里做出时尚感，可以从这几个方面去拿捏。

如下图所示，时尚时尚最时尚低价促销型Banner，可以对比感受一下，上面的Banner图和下面的Banner图哪种最时尚？

第15章 设计中促销的定位

15.2 功能引导型促销

功能引导型促销文案一般是这种：

真牛皮XX、透气舒适XXX、清凉一夏、你好色彩、纯天然无添加、肌肤水嫩嫩滑滑的等等。

观察会发现，这些文案几乎都是围绕着产品或活动的功能特点或功效来做文章，这种类型的Banner图该怎么做呢，请看下图示例：

分析：

- 非常有用的一点就是从文案里提取关键字来做文章。比如，雨鞋的Banner可以在画面中加入雨滴的元素；文案里有色彩，可以在画面里用多种色块元素去贴合主题；文案里有波点，可以在画面中加入波点元素营造氛围。
- 可以按照主题需要来配色或直接吸取商品图或模特的颜色。
- 排版无要求，左右排版、上下排版、居中排版任意发挥。

如何在功能引导型促销设计里玩出时尚感呢？

这里其实是跟上面的价格引导型促销是同理的，只是说这种类型的需求，并没有前者那么过分强调价格或利益点因素，或一定要非常热闹便宜的感觉，而是按照主题需要去联想、去发挥，设计上其实更有理有据，如右图所示，围绕文案发散思维，在选模特、色彩搭配、元素点缀方面都是围绕着黄色和俏皮感去做的。

15.3 情感引导型促销

情感引导型促销文案一般是这样的：

◆ 各种节日促销：孝敬爸妈不二之选、送礼佳品、给宝宝最好的呵护、爱ta就给ta最好的、春节不打烊。

◆ 从众心理：隔壁老王也买了XX、全网销量第一的面膜。

◆ 社交形象：拥有它让你更加闪耀夺目、牙齿美白让你笑起来更自信。

观察会发现，这些文案几乎都是围绕着亲情、爱情、友情等方面去做文章，也就是人与人之间的关系情感这种类型的Banner图要怎么做呢，请看下图示例。

分析：

◆ 这种设计强调整体氛围的营造，比如节日氛围。像母亲节、父亲节、儿童节，常规情况下我们会联想到妈妈慈祥的笑容、爸爸坚强的背影、大手拉小手的场景、儿童节小孩子欢快地被一堆玩具气球糖果包围的场景,情人节会联想到甜蜜浪漫相关的事物(鲜花、花瓣、戒指、彩带、情侣甜蜜的拥抱、手牵手、亲吻等等),非常规情况下我们会联想到:除去这些特定的身份,父亲就是一个男人、小孩子也是独立的一个个体、情人之间不只是浪漫还有争吵和各自的小秘密。社交形象无非就是人的一些状态的表现,比如优雅、自信、欢快等肢体动作表情,而这些就是营造氛围最重要的元素。

◆ 一般来说,节日类型的促销设计都有特定的配色,比如圣诞节的红配绿(色彩纯度明度自己把握),春节的中国红、情人节的浪漫紫色/粉色/优雅金黄色、儿童节的明亮欢快色彩红橙黄绿青蓝紫、端午节的粽子绿等等。

◆ 排版无要求,左右排版、上下排版、居中排版您任意发挥。

15.4　地位引导型促销

这种类型一般是为了满足你的社交需求、受尊重需求。心里想着我要格调要格调,格调越高溢价越高,这种商品往往不能放下身段去迎合大众。文案一般是这种:

全球仅此一双、高级限量定制版、璀璨尊贵会员专属、你值得拥有、新品全球首发等。

观察会发现,这些文案几乎都是围绕着可以彰显消费者尊贵身份做文章,让人觉得有面子、受尊重,这种类型的Banner图可以怎么做呢?请看下图示例。

这里要说一下,特权会员,一般情况是指可以享受比普通人更优质的服务、更高级别的待遇,所以这种设计看起来就很高端,常见于各种奢侈品定制活动、新品发布或者超级俱乐部活动或者任何走高端路线的活动设计等等,如右图所示。

而会员还有另一种情况，就是可以享受普通人享受不到的优惠特权，这种设计走的就是与上面相反的调子，热情、折扣、以低价促销吸引消费者眼球，同时还要凸显是会员专享。那么就把会员专享相关文字放到最大，画面色彩可以是五彩斑斓的，点缀元素可以多一点，商品可以动起来（设计与价格引导型促销的设计同理，可以参照价格引导型促销的方式去设计），如左下图所示。

但是看起来好像看起来有点低端对不对？那么就根据需要再时尚一点嘛，比如背景是不是可以换个优雅紫色试试？商品图换成高档一点的？文字排版和字体选择时尚一点？如果可以的话，放个年轻俏皮的模特？等等，很多方面都可以让画面热闹的同时又时尚起来，如右图所示。

分析：

◆ 这种设计强调高端尊贵的感觉，所以画面色彩、排版都不宜太过热情，因为不是所有人都可以享受到的。

◆ 商品图或模特图品质要高，超大局部细节展示，文案信息很少或干脆没有，只留一个知名LOGO即可，也就是所谓的大牌感。

◆ 排版以左右布局或居中布局较常见，大量留白，画面简洁，总结起来就是要彰显自信和高冷气质。

15.5　品牌引导型促销

品牌引导型促销，则强调共鸣感：

我认为这是最有人情味也是任何层次的企业得以长久发展的一种促销手段——让消费者

第15章 设计中促销的定位

与品牌一起成长,感知彼此,既是粉丝也是亲人朋友,做有温度的品牌。这种促销可以跨越任何层次的人和需求,因为我们是人,人会有失落、孤单、需要鼓励和陪伴,我们会有各种情绪。

我没找到合适的Banner,不过也许我们可以看一组海报,"全联经济美学"系列海报,同样是说省钱,但是它将年轻人所追求的时尚、梦想、人生观点和坚持联系在一起,让你觉得省钱原来是一件不丢脸也很有必要的事情,进而引起共鸣,如下图所示。

2015年台湾全联福利中心【全联经济美学】广告宣传设计

版权信息:Pxmart 全联实业股份有限公司——Ogilvy & Mather Taiwan 出品

发现没有，这类表达共鸣的广告设计，用摄影或插画漫画的表现形式比较适合，因为我们是在讲故事，需要场景代入感，插画或摄影搭配文案更真实并打动人心。

我个人很喜欢"来全联不会让你变时尚，但是省下来的钱可以让你把自己变时尚"这句文案，同样是说便宜，而它说得很有温度，让人感觉省钱是一件很理智、很酷的事情，而不是因为穷所以才省钱，省钱和节约是一种生活态度。

这种就是共鸣型的文案，企业永远把自己放在一个陪你哭陪你笑、感知你的感受的一角度：你没钱，我理解你；你很累，我理解你；你特立独行没朋友，我理解你；你有更高品质的生活追求，我理解你；你有更宏远的人生目标，我也理解你；即便是你心里另有所属了，没关系，我依然等你回来。总之它在各种层次的人群里都游刃有余，永远为你着想（怎么听起来很像暖男备胎这个角色……可是不得不说，如果你是受益的一方你会不喜欢嘛？）

比如一些大牌也有相对平民化定位的产品系列，不都是要让人敬而远之，身段适当放低，多一些人情味，就像一个高傲的女神，偶尔展现一点小可爱和亲切，粉丝必定买账啊，如左下图所示。大牌也可以活泼热情一点的。

再比如虽然很多时候女性相关类目的活动仿佛都是在表达一种"求关爱、求老公买单"的心态，这种类型的页面往往比较女性化或表现出可爱的感觉，没有什么攻击性，如右下图所示。

COACH蔻驰

随着时代的进步，呼喊"女性独立／女性崛起"口号的活动也能抓住广大新时代独立女人的心，她们就是要酷、要与众不同，从而引起共鸣，动手买！如右图所示。

或者"单身狗"这一类群体也会说：反正没人疼，何不爱自己多一点，我要买！，这些都是从共

鸣角度出发去联想的活动方向。

不同层次的人，情绪不一样，有的人，每天为生计发愁，有的人，每天为实现自己的人生价值、社会价值而努力，层次和境界越高的人，他所关注的已经不再是一些表面的生活品质或虚荣带来的满足感，比如Facebook创始人：马克.扎克伯格。

Facebook创始人、现任CEO马克.扎克伯格

可是我们从他平时的穿着、开的车、住的房子来看，简直不能再普通（感兴趣可以自己去搜索），因为他的心思根本不在这些方面啊，他大概觉得关注这些是在浪费自己的时间，因为他的时间还要做更伟大、更有意义的事情——比如慈善事业，思考如何让自己的企业更有社会价值。

很多人喜欢去关注一个人的穿着、开的车、住的房子，并以此为依据去判断他的富有程度或身份地位。其实，很多成功人士的关注点不在这些方面，每个人生活成长的环境不一样，我并不是提倡说我们也该过扎克这种生活，而是说我们应该意识到并不是每个有钱人都追求奢侈的生活，也不是说没钱就不可以追求享受高品质生活，若能意识到这点，将有助于我们找到更多定位方向，找到用户痛点。

总结

好了，以上我们从5个层次解析了"促销设计该怎么做"，其实就是认清定位。在电商设计里其实定位有时候是很模糊的，又想有格调又想有亲和力玩价格战，各个层次互相融合，那么我们就根据需要添油加醋，加些作料，翻炒翻炒。

如果还不明白，不妨返回去翻看这两章"商品图该怎么玩"和"促销的层次"结合起来看，理论和实践相结合，效果最佳！

最后我想说，我们要学会跨界学习，不是说我做电商Banner，我就只看Banner设计，其实我们也可以看看摄影、海报、电影、网页设计等等其他行业美好的东西，在生活中去观察去发现美，获取灵感。

还有最重要的一点，先学会总结规律，然后打破它！！

第 16 章　设计中促销的火候

应运营或老板们的要求,电商设计师们平时接触最多的应该就是带点促销味儿的设计需求了吧?但是促销是不是就意味着一定要红红火火,一定要五颜六色热热闹闹的呢?答案是不一定的。这个我在前文"促销的层次"中就已经给大家详细讲解过了。

虽然红红火火五颜六色是比较刺激感官的,但是太过火的话就会让人感觉不舒服产生视觉疲劳,太弱的话又会感觉没有促销氛围,所以有没有什么方法是能够平衡舒适和促销之间的关系的呢?接下来我们就一起来探讨这个话题:如何掌握Banner设计中促销氛围的"度"。

16.1　不同风格的Banner设计欣赏(重温)

其实高冷大牌简洁留白和低价热闹促销就好比我们所有设计调性的两个极端,不如我们先来看几个示例。

高冷大牌:自信到连文案都不需要。

香奈儿CHANEL官网,www.chanel.cn

文艺范Banner：活在自己的世界里。

东京Lumine百货，www.lumine.ne.jp

新品首发Banner：可以稍微热情一点点或酷一点点。

时尚类Banner：可发挥空间非常大，因为时尚有很多种，不管是酷酷的还是动感的亦或是高冷的、简洁的感觉都可以。

小清新Banner：可以可爱一点。

另类型Banner：可以搞怪一点。　　　　低价促销Banner：可以多彩疯狂活泼一点。

假想以上同样都是卖女装的话，不同类型定位的Banner传达给人的感受也是不一样的，有的特别冷淡，有的特别热情，为什么它们给我们的感官感受会差别这么大呢？这就要从一个Banner的组成部分来看了。

16.2 促销类Banner设计实例讲解与分析

关于Banner，其实包含了看不见的和看得见的两部分：

◆ 看不见的部分：比如活动定位、活动目的、活动背景、创意思路等，这些是不需要让用户和消费者知道的。

◆ 看得见的部分：比如字体、排版、颜色、背景、氛围、产品、模特等等，所有这些看得见的部分都是由上面那些看不见的部分所驱动的，是用户和消费者可以感知到的。

我以前举过一个例子：一个女生如果要去约会，她会先去了解这次的约会地点是什么场合，她想要给男生留下一种什么样的印象，那个男生会喜欢什么样的形象，她对这次约会到底有多看重等等。

根据这几个方面她会去确定自己该化什么样的妆，比如是化小可爱清新一点的妆容呢？还是浓烈一点的妆容呢？是穿可爱短裙还是穿女神长裙呢？如果这个女生特别喜欢那个男生可能会更加卖力地把自己最美的一面展现出来，如果这个女生不是特别喜欢那个男生可能她会稍微随意一点对待这次约会……

下面我们以一个实例来讲解：

- 活动背景：平台女装卖场促销活动
- 活动大标题：尖货疯抢
- 活动小标题：潮流女装低至49元

我们先从看不见的部分说起：

活动定位：针对的是爱便宜又爱漂亮的用户，这类用户多为年轻学生／收入不高或比较节俭的上班一族，再或者是年轻家庭主妇，主打低价策略，所以画面最好亲和力强一点，最好是能传递出便宜买得起的感觉，但是也不能感觉太廉价，毕竟没有谁希望别人在背后说自己穿的是地摊货吧？

活动目的：当然是能吸引大家点击Banner，然后买买买啦！

创意思路：通过模特的肢体语言和表情传递出一种自信乐观的感觉，就像形象代言人一样，好像在说：穿了我们这些衣服，你也会像我一样开心，像我一样美丽成为万人迷的，而且价格超级划算呢！

于是得到了下面的Banner图，大家可以先感受一下：

而如果我们将大标题和小标题互换呢？其实跟上面也是一样的分析方法，依旧是低价促销风格，不过画面中会同时需要体现"潮流"两个字了，当然，每个人对潮流的理解不一样，我们可以做成下面这样，用颜料刷出一张Banner，如下图所示。

以上都是特地为这篇文章做的案例，作为简单的举例展示用，其实我们可以选择放模特或不放模特，可以选择放商品图或不放商品图，按自己的需要来就可以了，当然我们还有很多种创意方向和排版布局，如下图所示。

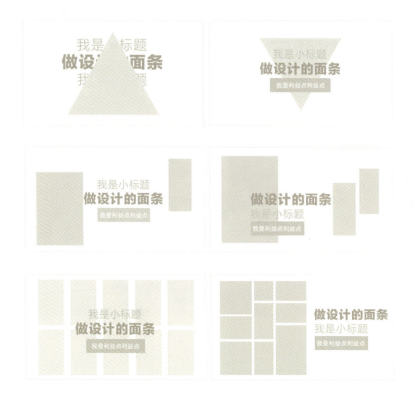

第16章 设计中促销的火候

但如果我们换成下面这样：背景大量留白，细小的字体，单调的颜色，欠她一百万的臭脸模特……感觉就大不一样了，我们并不会感觉这是在卖低至49元钱的衣服，而且还会感觉文案与画面不搭对不对？

16.3　决定Banner设计的促销强度的几个因素

基于以上分析举例，要想把握Banner设计中促销感的那个度的话，我们可以从字体、排版、颜色、背景、点缀、产品、模特等几个方面分别比较来讲解。

字体：字体越细越小越规矩，相较于字体越粗越大越不规矩（变形或倾斜处理），会越显得不那么促销。

 VS

颜色：颜色越冷、饱和度越低、颜色种类越少，相较于颜色越暖、饱和度越高、颜色种类越多，会显得不那么促销。

第16章　设计中促销的火候

 VS

排版：排版越简单越规矩，相较于排版越复杂越不规矩，会显得不那么促销。

背景：背景越简单、颜色越少、留白越多，相较于背景越复杂、颜色越多、留白越少，会显得不那么促销。

 VS

点缀：点缀越简单越少，相较于点缀越复杂越多，会显得不那么促销。

比如我们可以看到很多大牌奢侈品品牌的设计都是非常简洁大量留白的：

香奈儿CHANEL官网，www.chanel.cn

产品：产品品质越高、数量越少、包装越简洁、颜色越单调，相较于产品品质越粗糙、数量越多、包装越花哨、颜色越多样，会显得越不那么促销。

 VS

大家也可以注意观察那些大牌的产品处理方式，基本都是大大的产品图展示就完了。

迪奥Dior，www.dior.cn

产品与模特：放模特展示相较于放产品展示，更能激发人们购买的欲望，显得更加促销；同时模特表情、姿势穿着等越活泼可爱越搞怪越精神，相较于模特越冷酷越忧伤越颓废，会显得更具亲和力从而更加促销。

 VS

第 17 章　品牌化与 LOGO 设计之间的关系

17.1　LOGO到底是干什么用的？

直白点来说，LOGO其实就相当于一个品牌的身份象征，能对品牌或企业起到推广和宣传的作用，让用户认识并记住这个企业或品牌是做什么的。

如果说品牌是你的孩子，LOGO就相当于是你给孩子起的名字，所以不要觉得LOGO（名字和门面）不重要，这将直接影响到你孩子以后在别人心目中的形象，也就是品牌传达给用户的定位信息，是霸道总裁还是回家种菜也许问题就出在这里啦~~

因为在别人不认识你的情况下，第一印象就是从LOGO和slogan来判断你是什么定位，你是做什么的（最惨的就是你出现在我面前而我都分辨不出你或看不见你），比如你是卖衣服的还是卖化妆品的？比如你的LOGO给人的感觉是山寨？可爱？高端？廉价？还是什么感觉？

这也就涉及LOGO要具有独特性，另外还有一点就是LOGO的识别性，识别性包括以下两个方面：

❶ 能让人一眼就看清楚LOGO的含义，而不是含糊不清的。

无论你的LOGO是图形还是文字变形抑或是英文字体变形，你都得让人能辨识它，比如你的LOGO中原本有一个字母B，可你的处理方式使它看起来像13，那么别人就会误解，这到底是B还是13呢？

❷ 要保证在其他场景延展运用的时候依然清晰可见。

比如，有一次我做的专题页面中有一个抢福袋的环节，在这个环节会出现很多商家的品牌LOGO，按照我的设计样式，这些LOGO需要放在一个直径为120px的圆里面比较合适（在当时的情况是圆形样式比较搭配，同时120px这个尺寸已经是能保证LOGO可视的最小尺寸了），可是接下来问题就出现了，抛开很多LOGO样式不太美观不说，最严重的问题就是很多商家提供的LOGO稍微缩小点就完全看不清了。

有些LOGO是由比较长的英文字体或中文字体组成的，以我自己的公众号名称为例，也许这么看还好：

可是如果我将这种LOGO置于直径为120px的圆形中或者长度为80px的长方形或正方形中，几乎就看不清了，如右图所示。

因为各个电商平台一年四季有数不清的活动，而商家或品牌如果报了这些活动，肯定是需要提供LOGO展示的，而这些LOGO通常就是会展示在直径或长度为80px到150px左右的圆形／正方形／长方形／六边形等形状里面，如果你的LOGO是上述这种情况肯定是会非常吃亏的，因为即使展示了也看不清。

所以如果打算进入电商市场，你的品牌LOGO除了要有独特性，让人一眼就记住以外，最好也是便于识别的，这就意味着你的LOGO千万不要设计得太细长或太瘦高，方方正正的反而更有优势。

比如像麦当劳这种比例匀称类型的LOGO，随意怎么放识别性都是非常高的(电商平台的活动一般都是将LOGO放置在长方形／正方形／圆形容器中）。

麦当劳（McDonald's）是全球大型跨国连锁餐厅，麦当劳公司名称"麦当劳（中国）有限公司"已于2017年10月12日正式更名为"金拱门（中国）有限公司"。

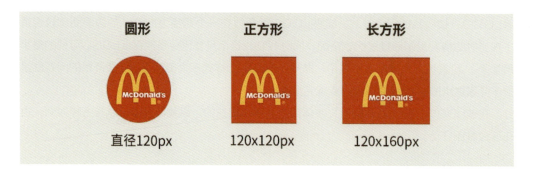

17.2 商家或品牌LOGO在主流电商平台中的常见运用形式

❶ 比如一些大型活动的预热期主会场会展示很多品牌店铺，同时LOGO也会得到展示，这些LOGO通常都是放在圆形／正方形／长方形／六边形等形状里面（一些特殊情况也会使用其他形状，视具体情况而定）。

比如将LOGO放在圆形里面：

截图自2017年网易考拉海淘双11超级洋货节活动页大牌精选楼层板块

有的放在长方形或胶囊形状中,一般是长宽为2:1或3:1的比例居多:

2018年天猫家年华"家具会场楼层"截图

第17章 品牌化与LOGO设计之间的关系

❷ 电商平台首页的品牌墙展示LOGO，一般也是放在2:1或者3:1的长方形中。

截图自天猫商城首页，www.tmall.com

❸ 店铺主页及商品详情页（主图及商品图左上角就是品牌LOGO）。

截图自卫龙食品旗舰店

❹ 还有商品列表页（左上角那些中文汉字就是他们的LOGO）。

截图自淘宝商品搜索列表页面

17.3 部分店铺LOGO存在的问题

17.3.1 设计样式

❶ 样式要么太简单，比如直接找个字体输入几个字就完了，也不管高矮胖瘦，气质符不符合等等。

鉴于直接拿别人的店铺做反例示范不太合适，所以干脆以我自己的名字做个错误示范吧，如下图所示。

❷ 样式要么太复杂，比如各种形状、特效、颜色堆叠，我看到过很多这种店铺LOGO设计，这里还是拿我之前给大家组织过的一场以"做设计的面条"为范本的LOGO设计为例：

其实不是说以上创意不好，而是说效果处理上不太美观和简洁（由于时间过的比较久，我不记得是谁的练习作品了，只知道是我组织的第12期设计练习活动中的作品，感谢所有参与者）。

17.3.2 颜色

颜色这块，很多商家都是没有标志使用规范的，也没有企业标准色，不管放哪，就始终是一种颜色，于是有时候LOGO与背景融在一起了，根本就看不清。

这里还是以我自己的名字做个错误示范吧（商品图左上角为LOGO），如下图所示。

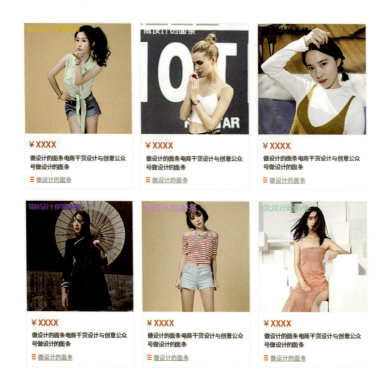

关于标志使用规范，我简单举个例子，依旧是以"做设计的面条"为例：

正常情况下，除了这些颜色使用规范，某些情况还应该有横板LOGO以及竖版LOGO使用规范，一般大型互联网公司的LOGO使用规范都会做得非常详细，其目的是为了满足不同场景的使用。

大家可以看下初语的这一套VI是比较完善的，请参考本书下册第53章。

但反观部分商家以及部分电商设计师其实是毫无品牌LOGO规范意识的，这其实就是造成差距的原因之一了。

17.3.3 识别性

识别性差就是无法让消费者一眼就能认出你或者看你一眼就能记住你，当然LOGO只是品牌形象体系中的某一部分,很多大牌LOGO看起来就只是几个英文字母而已,这个涉及的方面又比较多了,比如早些年品牌竞争不是那么激烈,你先占领了用户心智那就没有所谓你的名字奇不奇怪LOGO丑不丑之类的了,因为随着慢慢发展壮大,基于业务发展需要都会对整个企业进行品牌升级和改造的。

17.3.4 尺寸比例不协调

LOGO太长或者LOGO太高都是不太合适的,这里有个常用规格尺寸,大家可以参考下:

(以上尺寸可按需要等比缩放)

前面讲了这么多关于品牌店铺LOGO方面的问题和注意事项,那么目前很多网店存在的最大问题是什么呢?——没有品牌意识。

很多人都说C2C的日子要到头了,尤其是拍拍网的关闭尤其印证了一些人的猜测。腾讯拍拍网是腾讯旗下的电子商务交易平台,网站于2005年9月12日上线发布,2006年3月13日宣布正式运营,2014年3月10日被京东并购,一年之后的"双11"大战前夕,京东宣布因"C2C模式无法杜绝假货",决定于2015年12月31日停止拍拍网服务,2016年4月1日彻底关闭拍拍网。

但我们要看到这种命运的本质是什么?

除了C2C这种模式假货过多、对商家和消费者利益伤害比较大、也不便于平台管理以外,最重要的一点是因为这种非正规军并不利于交易关系的长远发展,企业想要长期存活下去必须要有一个健康的商业路线:逐渐减少价格战及恶意竞争这种不健康的商业现象,平衡商家及消费者之间的利益,便于平台管理。

所以平台更加提倡商家的品牌化发展,但是只是申请个商标申请个旗舰店就可以称之为品牌了吗?按目前的情况来看也只是表象而已,因为没有体验没有设计可言的品牌店铺是不称职的，这就好比投机取巧而已，以为成为品牌就可以卖高价了，但是服务／设计款式、质量却跟价格不成正比，比如经常会看到一些根本就称不上有品牌形象的店铺卖的衣服动辄好几百上千元，一件普通的饰品如果质量好点儿又是好几百甚至上千元。

这导致其实很多时候我们都是在花同样多的钱甚至更多的钱却在用着非常糟糕的产品非常糟糕的设计却不自知，而意识到这点的人早就已经走在了靠代购、海淘、海外购、全球购发家致富的道路上，只给你留下了一个背影。

17.4 到底什么是品牌化？

品牌化不是把LOGO做精彩了就够了，LOGO只不过是一个口号而已，假设价格相差不大，一个给人感觉很低端的"品牌"产品和一个不是品牌但是设计和做工都非常良心的产品，你是选择那个品牌的呢还是选择这个不是品牌的呢？

抛开能力限制、资金限制、资源限制、找不到人才等因素外，品牌形象中最基本的一个方面其实就是LOGO设计，因为它相当于一个人的姓名。

如果大家都不重视品牌，那么只会让更多本该被市场淘汰的商家们以为消费者的审美水平就是这样了，所以不断制造出一些糟糕质量和糟糕审美的产品供我们消费使用，而因为它是品牌，所以我们消费者就需要支付更多的金钱，这样下去无疑是恶性循环，因为不管我们是老板还是普通职员亦或是国家领导人，其实我们都是消费者。

其实，消费者只是喜欢占便宜而不是喜欢便宜（占便宜是指偶尔提供的一点小优惠），因为我们都知道便宜意味着你提供的服务和质量设计是不会那么尽人意的——一分价钱一分货，而占便宜的意思是什么呢？比如你在我这里买了一只大牌包包，我可以给你一个会员折扣价或者送你一个保养服务或者小礼品，我卖给你的依旧是正品好东西，只是我让你感觉额外受到了优待，大家交个朋友欢迎下次再来这样子，这才是消费者真正喜欢的购物方式。

总结

不管是大牌还是大众品牌，传统品牌还是电商品牌，能称为品牌的其实都有自己的LOGO规范和品牌定位的，再小的个体，也有自己的品牌。

第 18 章　从人性的角度解读 Banner 设计

作为电商设计师的我们，每天面对各种需求，每天看到各种商品，做了这么久的电商Banner设计，我突然问了自己一个问题：当我们在做Banner的时候，我们其实是在做什么？

你们想过这个问题吗？

在回答这个问题之前，我们可以先来了解一下电子商务（简称电商）的定义。

据百度百科的解释：广义上指使用各种电子工具从事商务或活动；狭义上指利用互联网从事商务的活动。

我自己的理解：电子商务就是基于互联网而产生的一种交易形式和手段，其中涉及的环节和角色分别有货物（实物或虚拟的）、商家、物流、货币、消费者。

就拿上网购物这个场景来说，消费者的购买行为一部分是通过主动的"搜索"行为来完成的，另一部分则是被广告Banner吸引了注意而发生的。

作为协助完成线上交易的其中一个环节，电商设计要做的是准确地把信息传达给用户，直白一点讲，就是通过对文字图形的处理去传递某种情绪给消费者，让消费者产生点击购买的欲望，Banner图的受欢迎程度直接关系到图片的点击率和转化率，所以当我们在做Banner图的时候我们在做什么呢？我们其实是在揣摩人性，我们做的Banner归根结底就是对人性的把握和理解。

而人性包括什么呢？它包含两个方面，一方面是人性的恶，另一方面是人性的善，关于人性的恶在《七宗罪》这部电影中就已经提到了，姑且我就从这七宗罪说起，它们分别是傲慢、妒忌、暴怒、懒惰、贪婪、饕餮（暴食）、色欲。

18.1　人性的恶

18.1.1　傲慢

人的傲慢表现在几个方面，比如追求以自我为中心、追求与众不同、享受被追捧和高高在上的感觉，藐视不如自己或与自己气场不合的人，一般那些想展示其高格调的活动或特立

第18章 从人性的角度解读Banner设计

独行的品牌常会利用人性的这个点去表现发挥。

文案一般是这种：独一无二、限量版、量身定制款、VIP专享、无惧批评做自己等等，要么走高冷路线，要么走个性自我的路线。

其实任何品类都可以往这个方面去想（如果你觉得你可以这么做的话），一般来说，奢侈品箱包、大牌美妆护肤、运动健身、房地产、汽车等都喜欢玩这套（仿佛在诉说自己才是最值得拥有的，自己才是高高在上的或与众不同的，你喜欢我说明你有眼光，你不喜欢我也无所谓）。

比如大牌的高冷路线，如左下图所示。比如个性自我路线，总之我最酷，如右下图所示。

香奈儿CHANEL

还可以看看非常自我色彩的一则阿迪达斯的视频广告：《太不凑巧，这就是我》

台词：

他们说："太粉了""太放肆""太浮夸""太假""太快""太呆""太娘""太man""太完美""太幼稚""太狂热""太懒""太怪""太晚"，众说纷纭，而你只需回一句：太不巧，这就是我。

来自腾讯视频——阿迪达斯——太不巧,这就是我

扫码即可查看视频

18.1.2 妒忌

实际上谁都受不了别人比自己强比自己美比自己优秀,谁都希望自己能比别人过得好(一个正常的人就是爱自己多一点的,至于什么爱情亲情友情之类的我后面会提到),所以抓住这个人性的点,很多活动通常都会以对比的方式,告知消费者别人怎么那么美、怎么那么优秀、怎么那么健康、怎么过得那么好,而再看看你,你现在不美、不优秀、不健康等等,让人感到羡慕嫉妒或自卑,然后再说你用了我们这个产品就会改善这种状况,你也会变得很优秀(这让我想起了很多搞培训的广告~通常就是这么干的:来我这儿培训吧,学完马上让你月薪翻番哟),从而达到激发消费者的购买欲望,达到销售的目的。

其实从另一层面讲,利用嫉妒心理和利用恐惧心理本质上是一样的,前者是有个人仿佛在说:"你想变成他一样年轻/漂亮/厉害嘛?想的话,那就赶紧买我的东西吧",后者仿佛是在说:"你想变成他这么老土/又丑又胖/平庸嘛?不想的话,那就赶紧买我的东西吧"。

第18章 从人性的角度解读Banner设计

18.1.3 暴怒

以愤怒或恐惧的口吻斥责现有形式现有行业如何不作为，引发共鸣，激发消费者的愤怒感，然后再把自己夸一遍，说自己的产品多么让人放心，效果怎样好。

比如这种文案："对不起，XXXXX，是我们做得不够好""拒绝造假！！拒绝欺骗！！我们只给你最好的。"，再或者说现有的别人怎么不好，自己怎么好，最后还要说一句："对不起，是我们还不够好"，然后就等着消费者掏腰包咯（不过现在消费者也都变聪明了，共鸣归共鸣，真要他们掏钱的时候可就很理智了，如果你的产品不行或者不是别人需要的或者价格不合适，你吹上天也没用啊！）

18.1.4 懒惰

很多创新产品或商业模式的出现，都是源于抓住了人骨子里都是很懒惰的特点，商业模式比如叫外卖，比如各种上门服务，很多创新产品也是为懒人设计的，主要都是打为消费者节约时间或者为顾客分担烦恼和压力的名义，他们鼓励你去享乐／去消费／去买买。它们的文案一般是这样的：

有温情贴心路线的：

你的时间很宝贵，跑腿的事交给我就好（快递）

你负责貌美如花，我负责洗洗涮涮（家政）

还有恐惧路线的：

20岁不会做梦的人，30岁都在帮别人圆梦（某地产）

三月不减肥，五月徒伤悲／脸大不是病，腿粗要人命（减肥健身）

人性的懒惰为商家创造了很多商机，比如这种懒人切西瓜工具：

其实从众心理算不算也是一种懒惰的体现呢？因为懒于思考，别人都说好那就好咯（说是一种盲目信任也说得通）。

18.1.5 贪婪

这个应该是最好理解的了，梦想不劳而获、一夜暴富也是人的一大天性，也就是贪便

第18章 从人性的角度解读Banner设计

宜,所以现在普遍的活动大部分都是往让利的角度去吸引消费者注意力的,因为这个方式最容易想到,短期内也最有效,至于是不是真的让利也只有老板们自己知道了。

文案通常都是这种:全场低至X折、买X免一、满减、0元抢、疯抢倒计时等等。

18.1.6 饕餮(暴食)

作为每天都需要进食的人类来说,美食总是让人难以拒绝的,所以会看到食品食材相关的Banner设计往往对图片素材的打光质感有比较高的要求,让人看着就觉得特别有食欲,除此之外,很多产品设计或者与儿童母婴/美妆护肤/时尚女装品类相关的Banner设计配色也会做得让人感觉秀色可餐。

当下视觉摄影出品,客户:Olivoila

18.1.7 色欲

古人云,食色性也,好吃和好色都乃人的本性,所以这也是为什么不管什么品类都有人往增加其食欲感或色欲诱惑力方面去想从而吸引关注度,比如以前车展要美女模特站台,比如请明星代言,比如主播热潮的兴起,美女、帅哥、好身材、性这些话题永远都是最吸引大众眼球的,当然有人用得好会让产品大卖,用得不好就会变得色情、变得很低端,从而损害品牌形象,所以用色欲这个点来吸引用户注意需要控制得当,也就是调性要一致。

18.2 人性的善

在电商Banner设计中我们除了会利用人性的恶,也会用到人性的善,以下我总结几点:母爱、爱国、同情心、感恩、认同感。

18.2.1 母爱

母爱也是人的天性,当我们看到可爱的小玩意儿、小宝宝、小动物总是不自觉地产生怜爱的情绪,再比如看到萌妹子、可爱萝莉总是不自觉想要捧在怀里,所以这也是为什么很多品类的商品活动会被设计师表现得很可爱,尤其是母婴相关的品类走可爱路线居多,或者会找一些非常活泼可爱的宝宝或者笑容非常友善的明星做代言,就是为了激发你的母爱情绪，然后才可能产生购买行为。

另外说一点，也正是由于大家都想到了这点，所以又给了我们新的思考和玩法，比如别人都是千篇一律的可爱型，那么你弄的新潮一点，格调高一点，或者是小清新一点就更容易有一种耳目一新的感觉，与他人区分开，也就是利用竞争对手都使用母性这点而你却反其道而行之会有意想不到的效果。

韩国网站Donga Otsuka O-latte（东亚大冢）首页产品宣传图

18.2.2 爱国

人都是群居动物，每个人都有归属感的需求，小到一个家庭或者团队组织，大到一个国家，所以很多时候你会看到有人嘴上把自己的国家骂的狗屁不如，但是当别的国家的人骂自己的国家的时候，绝对是会激发起他的爱国意识和群体荣誉感意识的，所以这也是为什么很多国产品牌会打着类似于"我是国货我骄傲""国货经典"之类的活动主题，其就是利用爱国这个人性的善，以此来激发消费者的购买欲望。

不过话又说回来了，如果你的产品质量不好，价格又很贵，这个仍然是起不到大作用的，因为毕竟人性的意识里还是自私和贪婪的，心理占比较大。

百雀羚81周年庆店铺首页截图

18.2.3 同情心

  我们有时候会听到别人对某人的评价："这个人真的是没有同情心，别人都已经非常可怜了他还是不依不饶"，那么什么是有同情心？我认为是对弱者抱有怜悯心从而会对他伸出援助之手，金钱上或者行动上的帮助都算，所以我们会看到有很多活动会打着公益或义卖的名义卖货，比如XX产品的文案是"每卖出一件，将会捐出1分钱给贫困儿童"，再比如说看到过很多次关于某某水果或蔬菜行情不好，导致某某地区农民所种水果蔬菜滞销，卖不出去都要烂掉，于是就会有人先去大肆报道此事吸引人关注，接着在网上帮其把滞销果蔬卖出去，这些情况都会诱使消费者因为同情心驱使而产生购买行为（当然也有一部分人是因为贪便宜，觉得买这种会比较便宜）。

  这里也有一个问题，如果是被不良商家或卖家利用了人的这种同情心，最后受害的其实是消费者，好心反倒被骗也是屡屡发生的事情，再比如说消费者就算是因为同情心驱使而买了滞销商品，如果中间运输或存储环节出问题，也会让消费者的利益受到损害，比如说拿到手的东西有可能已经过期了或者被损坏了(不过大部分消费者本来也就是抱着捐款的心理购买的，所以可能不会过多在意拿到手的东西是好还是坏）。

腾讯公益——"小朋友"画廊H5活动截图

18.2.4 感恩

对他人或对这个世界心怀感恩也是人性的善，比如感恩父母的养育之恩，感恩爱人的支持和鼓励，感恩友人的陪伴和帮助，感恩老师或上司的教导和培养，感恩为我们服务过的每一个人等等，因为心怀感激之情所以我们会愿意给予其回报，无论是物质上还是精神上，而正好有些活动会利用这点去做活动，比如我们常看到的父亲节、母亲节、教师节、周年庆、感恩节等等各种节主要就是运用了人性的这个感恩心理，节日气氛再一渲染，自然而然就激发了人的购买欲望，只需要花费一些金钱就可以表达我的孝心、我的友善，何乐而不为呢？

当然每个人对待感恩的态度不一样，有人只是言语上会感恩一下，有人愿意在金钱上付出，还有人不觉得应该感恩，所以这个时候最好是能结合运用人贪便宜的心理搞点打折促销活动，会大大提升消费者的购买意愿。

所以知道为什么节日活动往往会伴随着打折促销了吗？知道为什么现在电商节日越来越多了吗？原因就在这里了。如右图所示。

18.2.5 认同感

对真诚、勤奋的人或行为抱有好感，没有人喜欢懒惰的、自私的、傲慢的、冷酷无情的行为，因为这些是不利于人类进化的行为，这也是每个人都需要克服的另一个自己，恰恰有一些人克服了这些令人厌恶的行为，他们诚实聪慧、勇敢、勤奋而专注，所以这让那些做不到这个地步但又想做到这个地步的人或者是同样这么做的一类人感觉找到了同类，我想这也就是匠心精神和所谓的情怀受追捧的原因吧，这也是很多活动会拿情怀和匠心作为文案去拉拢人心的原因，因为他们仿佛看到了自己即将成为或者想要成为的样子，支持这些行为即是在支持自己，自然而然也就愿意掏腰包表示支持了。

比如网红之所以最后可以跟电商结合卖货，粉丝愿意付出金钱支持很大程度上也是因为粉丝信任并喜欢他们，还有就是粉丝从他们身上仿佛看到了自己的影子或者看到了自己想要成为的样子。

不过我也发现了一个现象，原本打着情怀和匠心名义的东西一般来说都代表着高品质、高价位和高品位，但随着越来越多浮躁的商家和生产商的涌入，不排除很多劣质产品也被打上了情怀和匠心的标签，因为他们做不到这样却又看到了这方面的人性需求。

2017年京东618小剧场《我与老爸的日常》活动页

第18章 从人性的角度解读Banner设计

总结

以上我们讲到有人用人性的善去寻找利益点，有人从人性的恶去寻找利益点，而通常人们会把上面几个点有选择性地结合起来运用，总之能把电商的"商"玩得好的人，想必都是对人性善恶了如指掌的人了，只是作为人，有可为而有可不为，玩得恰当则皆大欢喜，玩得不恰当则在买方和卖方之间必定有一方成为受害者，其实与其说我们在从事商业活动，不如说我们是在玩人性之间善与恶的较量。

而我们作为电商从业者，无论是运营、产品经理还是电商设计师若能理解以上关于人性这些方面的秘密也便能更多地站在消费者／老板／运营的角度去思考问题，有利于换位思考从而减少沟通障碍，所以或许此文也能对非电商从业者有所启发。

本章主要是讲人性之于Banner设计的体现，并不是谈Banner设计的美丑，毕竟体现人性与否和设计的美丑某种程度上并无直接关联。

第 19 章　电商设计人群定位分析

有段日子大家应该都被一大波18岁照片给刷屏了吧，因为最后一批90后也成年了，大家纷纷缅怀自己逝去的青春，但缅怀归缅怀，我从这个刷屏事件背后看到的却是我们电商设计师不得不去考虑和面对的东西，我们先看两份数据报告：

"2016年1月12日　21世纪经济研究院联合京东发布《2016中国电商消费行为报告》显示：26～35岁的80后年龄段用户占比近八成。其消费特点是注重商品品质，重视多元的精神和文化体育消费，对国外品牌接受度高，是电商消费的核心主导型用户"。

"2017年12月28日　天猫国际披露的《2017年年度进口消费数据报告》显示：在中国跨境进口零售活跃用户中，90后和95后占比已超过50%，成为进口消费主力"。

综合以上，我们姑且推算无论是国内电商还是跨境电商，消费主力的年龄其实主要集中在23~36岁。虽然正常情况来说（抛开一个人的家庭背景或好吃懒惰的品性等造成的各种贫富分化极端情况），一个人的购买力应该是会随着年龄增长成正比走向的，年龄越大的人购买力应该会更强，更追求品质才对，所以从设计上来说，他们会比较容易被看起来高品质的或美的/时尚的设计所打动。

但其实无论是23岁还是36岁甚至是56岁，其实人都是渴望自己看起来更年轻更有气色更有魅力的，另一方面，人们喜欢的是能够享受优惠或被优待的感觉，而不是喜欢低劣的、便宜的东西，所以从设计上来说，人们要的也不是一味的粗暴低档促销感觉，而是即便是卖便宜的东西你也能感受到品质，即便是卖高档的东西你也能感受到热情氛围或一些折扣卖点，即便是再无趣再成熟再冷漠的人也容易被走心的幽默的东西所打动。

以上这些只想说明一个问题，人虽说是很复杂的生物但也是有共性的，我们在设计上需要意识到这点，尤其是在做一些面向的是主流群体的设计项目的时候，是不能太极端思维地去做设计的。

基于以上分析，如果你想服务好这些主力消费人群，以下的设计方向也许是应该去学习了解的（极其简约、极其高档的设计在我眼里其实都是面向小众群体的，也可以说是在目前的国情下相对于主流人群的喜好来说是小众的，但并不意味着他们没有市场或者不受欢迎，极其粗制滥造的或模板化的设计将来也是必定会被淘汰或被机器取代的）。

19.1　品质感中带一点亲切感

人们喜欢的是占便宜，而不是喜欢便宜，即使你买的是大牌即使你消费得起大牌，但购物的时候有折扣有便宜可以占你怎么会拒绝？（当然少部分人除外，也许他就是不喜欢占便宜或者说他偏就喜欢买贵的，因为死爱面子或者因为不差钱等原因），导购员微笑着给你解说和摆着臭脸给你解说你更喜欢哪一种方式？做设计同理。

这点在设计中的表现就是，即使你的设计风格是比较大牌的，你也可以挑选表情比较亲和力的模特，或者即使做暗色系的页面，也可以有一点亮色点缀。

19.2　促销中带一点时尚感

即便是你只消费得起百元以内的东西，但是有一样明明看起来是千元的品质和档次的东西现在却只需要百元以内就可以买到，我想你应该还是会去选择这个品质看起来高档的，而不是那个看起来粗制滥造做工的百元商品，做设计的时候也是一样的道理。

天猫APP2017年双11启动页

19.3 简洁文艺中带一点形式感

太简洁的东西一般都是自认为自己有品味的人才会去买的,比如文艺工作者,比如有一定艺术修养的人,但是大部分是有这种想提升自己内在修养但是又没钱或看不懂艺术的人,所以针对这些人来做设计你不能太拔高了自己的作品,而是应该通俗易懂一点,或者让人感觉买得起。

另外,简洁不等于简单和空白,如果你身为一名电商设计师却只给人一张白底图设计稿看,还解释说这是一种一切尽在不言中的设计形式,那我想你还是等着喝西北风吧,因为人民群众并不懂你在讲什么,得了,麻烦你还是回到仙境去吸你的仙气过日子吧。

比如网易云音乐的Banner设计是非常文艺有形式感的,花瓣搜索"网易云音乐"会出现非常多的优秀Banner设计,感兴趣的话大家可以去看看:

网易云音乐Banner

再比如无印良品的设计,文艺、极简、有创意又耐人寻味:

无印良品海报

19.4 现代中带一点怀旧感

虽说人都是喜新厌旧的生物，但是很多过往的回忆不是说忘就能忘的，就好比这次刷屏的18岁照片，虽说是给了很多平时想秀照片但又碍于面子不好秀的人一个展示自己的机会，但其实本质上还是因为怀旧啊，谁还不曾有过青春岁月啊，或好的或坏的也都是自己的啊，这个甚至与年龄无关，小到几岁小孩大到百岁老人其实都会怀旧，都会触景生情，小孩子突然看到某个角落里的玩具都会重新拿起来玩几下，嘴里还不忘嘀咕着说"这是谁谁谁买给我的"。

举例：貌似回忆童年或返老还童永远都是一个能够打动人心的设计方向，尤其是在六一儿童节和38女王节时间段：

截图自百雀羚旗舰店2015女王节活动页面

19.5 现代中带一点穿越感或未来科技感

人除了爱怀旧以外，也爱憧憬或幻想，现实中得不到的可以靠幻想得到，现实中的苦难可以通过对美好事物的憧憬而减轻痛苦，现实是枯燥的、乏味的，可以通过想象去逃避、去麻醉自己，你的设计中有这种概念自然也就容易勾起有这类需求的人的购买欲望。

举例：2016年很火的《天猫双11，穿越宇宙的邀请函》，就是一个活生生的例子，大家可以扫码看它的幕后制作视频，另外如果想看更多关于这支H5项目的制作细节可以搜索站酷推荐设计师LaurentJiang的文章《天猫双11，穿越宇宙的邀请函》查看哈）。

还有女装品牌初语的设计也是非常充满想象力：

初语旗舰店Banner

2016年天猫双11项目——《天猫双11，穿越宇宙的邀请函》——VML上海出品

19.6　可爱中带一点品味感

前段时间流行一个词叫"中年少女",虽然我对照了一下基本不太符合,我也还未到中年,但是说实话我确实感受到自己内心的一些稚气和少女心从未因为年龄的增长而减退,以前很抗拒粉粉嫩嫩的东西,现在反而开始喜欢,我也理解了为什么你会看到很多年纪轻轻的女孩子反而特意把自己打扮得特成熟,基本不会去穿花衣裳或大红大紫的衣服,但是你反观那些上了年纪的老奶奶或阿姨,她们反而喜欢穿花衣裳而且确实显得年轻了。

针对这种现象,我们为了满足大部分人的需要,在设计一些可爱类的设计时,不防在色彩上或形式上做一些取舍,可以可爱的但是不要太过低龄化了,因为二十几岁的小姑娘虽然是可爱的但是并不想被当作是小孩子,三四十岁的女性虽说年纪不小了但是少女心依旧,而且她们一般是有点经济实力的,你不能设计得太低龄化了,因为可能不符合她们的经济实力和品味哦(主要表现为采用虚实结合的方式,比如摄影+手绘,摄影+手工或者摄影+C4D的手法去实现)。

19.7　暗色调中带一点色彩斑斓

之前虽然流行过一段时间的丧文化,但是丧的背后其实还是因为渴望温暖渴望被关注而已,我从没见过一个上进的有正业的年近三四十的人依旧还是崇尚丧文化的,因为他们还有一家老小需要养活,他们明白生活的不易,也更加懂得美好生活需要自己去获取而不是祈求而来,但精神上的鼓励很重要。

穿衣服也一样,一身黑固然很酷,但也会显得有点无趣或者冷酷,况且23~36岁左右的人差不多也是经历过一些起起落落的人了,他们内心不说是有多渴望温暖和阳光,但还是希望这个世界能更温暖多彩一些对待他们的吧，尤其是想让他们掏腰包买你的东西，你却还是冷冰冰的样子待他们，那恐怕也是激发不起人家的购买欲望的。

之前很多人可能觉得在暗色调中运用亮色多彩色是为了突出信息，其实心理层面的感受也是很重要的一个因素。

2015年华为畅想5京东首发Banner

19.8　正经中带一点无厘头或幽默感

有趣的方式很多，有趣和长得好看所受到的欢迎程度是不相上下的，而反差感其实就是有趣的一种，什么样的反差呢？比如本来非常高冷多金有内涵的大叔或女强人原来也有非常萌和暖的一面，比如故宫淘宝，比如一些大牌奢侈品，再比如平时一向看起来不太正经或相貌平平的人关键时刻却沉稳而又足智多谋、学识渊博，比如杜蕾斯，比如卫龙，他们总是给人耳目一新的感觉，而这种感觉是会让人上瘾的，尤其是对于成长于互联网时代的这一批人，更容易被吸引到、被刺激到，所以需要长期不间断地保持创新，给人出其不意的感觉。

2016年天猫双11——百雀羚x故宫淘宝承接页

19.9 现实中带一点温情

人都有七情六欲，那些动人的关于亲情的、爱情的、友情的故事其实永远都在重复着但却特别容易引起共鸣，但是又因为每个人本身就是不同的个体，所以这些故事也都有着各自的特点让人百看不厌，当这些故事被通过电影、摄影、漫画、文字等不同的载体方式呈现在大家面前的时候，大家还是容易被触动到的，因为每个人都在渴望被理解但是又没有多少人能够真的理解，以至于当你走温情或悲情路线的时候人们仿佛找到了知己。

当这种情感被融入到你的设计当中，人们也便感觉到了你的设计是有温度的，从而更愿意为你买单。

举例：方太20年《忠于初心》系列广告：

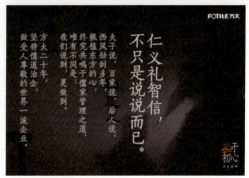

19.10　性冷淡中带一点个性奔放感

之前我经常提到森女系文艺范风格是性冷淡风，但这种风格其实是比较小众的，比如服装，小众的服装只有气质对味的人穿得出来，但若是对服装的版型或细节做一些调整，可能就会适合更多人来穿了，适合大众人群的同时又带有些许与众不同，这是满足数量不断增长的新时代人群日益个性化需要的一个折中办法。

以上所有的设计分析，说白了其实本质上就是指身为一名电商设计师，你的设计要想能抓住主流群体的眼球，就得学会通过视觉语言带给消费者三种类型的感官感受：要么是可以拉近商家消费者的距离感（品质中带有促销感），要么是可以给予消费者超出其的预期期望值，要么是可以将消费者当朋友去对待，做一个懂他的品牌或商家（出其不意展现魅力或者打情感牌）。

总结

说到这个我还想到一点，就是关于两性关系的，有人用是不是秒回信息的方式判断对方爱不爱，有人用舍不舍得花钱的方式判断对方爱不爱，还有人用舍不舍得花时间的方式判断对方爱不爱，但其实理智一点去想，这些判断方式都没有错但也都错了，因为当一个人缺的是钱的时候当然会用钱去衡量爱，当一个人缺的是陪伴的时候当然会用时间去衡量爱，当一个人缺的是安全感和自信的时候，当然会用秒不秒回信息去判断爱，你越是缺什么就越是想从对方那里得到什么，对方愿意给你也不一定就代表真的爱你，对方给不了你也并不代表对方不是真的爱你。

更成熟的方式是什么？是你自己去获取这一切，然后遇到一个你所缺的东西刚好是别人不缺的这么一个人，也许你会感觉更快乐和更知足。

总之，不管我们做什么设计其实都是围绕着人出发的，情感、生活、职场等亦如此。

05

PART 5
方法解惑篇

第20章 如何辨别一个Banner的好坏

说到辨别Banner的好坏，当然主要还是从这几个方面来评判：定位是否准确／氛围有没有／信息层级清不清晰／文字可读性强不强／创意好不好／看起来舒不舒服／细节有没有注意等。

接下来我们先来看下Banner设计中都有哪些常见的误区。

20.1 Banner设计常见问题分析

下面我搜集了几个反面案例，大家以后记得避开这些常见误区（以下反面案例是从我组织的部分设计练习中挑选出来的，感谢参加练习活动的小伙伴们）。

1. 排版杂乱

文案的大小／间距／排版方向比较随意、凌乱、没有规律，从而导致阅读困难，如左下图所示。

2. 字体变形过度

为了让画面更丰富或更有设计感，很多设计师都会尝试一些字体变形的手法，但是字体变形得有个度，一旦过度了可能就会导致文字阅读障碍，如右下图所示（不过这个创意是非常棒的）。

3. 颜色和特效运用过多

有些商家因为没有设计能力或者为了营造促销感经常会要求设计师给Banner设计加很多特效，放很多颜色在画面中，这样一来如果把握不好其实很容易导致画面凌乱而且掉档次，像牛皮癣的感觉了，是不太可取的，如左下图所示。

4. 用错对比

对比用好了可以起到突出信息的作用，但是如果像右下图这样，浅色背景上依然用浅色文字的话，就起不到突出的作用了，在这里原本其实是应该突出"3.8女神"这几个字的，可偏偏这几个字用了白色后在这里变成最弱的文字信息了（谨记：背景复杂前景就要干净，背景浅色前景就用深色，反之亦然，这样才能起到突出对比的作用）。

5. 定位错误

奢侈品基本不会用这种0元包邮的促销文案来掉价，除非是假冒的，如果你本来就是低端产品，做工质量、外观等各个方面也是看起来很廉价却偏偏要走高端简洁路线，那也是自寻死路，只会暴露自己的缺点。

6. 不注重细节

比如产品图抠图不干净、阴影效果看起来很脏、产品未修图等，都会大大降低用户对它的购买欲望，如下图所示。

当然还有一点,缺少创意,虽然规规矩矩没什么过错,但同时也会让自己缺少竞争力,无法脱颖而出。

所以这里有几点关于Banner设计的注意事项要跟大家分享:

- ◆ 抠图要干净;
- ◆ 不要滥用特技;
- ◆ 要保证Banner中文字的清晰阅读和显示;
- ◆ 图文信息最好保持一致;
- ◆ 先保证信息传达准确,再保证好看。

其实,要真正学会辨别一个Banner的好坏,是需要不断地去看好作品并学会分析它们的,在前期,最简单有效的方法就是多看一些Banner点评,然后吸取精华、去其糟粕、勤于思考,最最重要的是,动手实践,去做练习哦!

20.2 如何分析和修改一个Banner?

其实在前面的欣赏部分,我就已经跟大家分析了很多技巧了,所以在这里就不再赘述,而是直接拿出一个Banner设计练习点评给大家看一下。

我们可以从这几个方面来分析一个Banner:定位、氛围、信息层级、可读性、创意、舒适度、细节。

比如我们来分析一下右边这张图:

这张图可能不仔细看看不出什么问题,因为感觉用色挺好看,文字信息也挺突出的,但是它

第20章 如何辨别一个Banner的好坏

确实存在很多问题,接下来我把问题一层一层剥给大家看。

首先看文案信息,我们可以得知这张Banner其实是属于低价热闹促销类型的,画面氛围可以闹腾一点,你可以假想它是放在银行或商城自己官网内部的一个会员积分兑换活动Banner,所以这个Banner在设计方向和用色上问题都不大,但是整体视觉效果比较差。

基于以上分析,我总结出了以下问题:

❶ 因为头部那两片图层的遮盖,导致视觉上感觉中间那个圆形主体在往下掉,整体画面非常不稳定,而且那2片图层的形不好看。

❷ 中间圆形部分看起来像是由3个圆形组成,但是因为部分区块颜色接近,所以图层融在一起了,看起来太暧昧不清。

❸ 所有的商品看起来都是乱摆的,毫无规律可言,并且商品全都是跟蚂蚁一样大小,放在这些大圆里面感觉特别奇怪,就像在甜甜圈上胡乱洒了一些各式各样的不明物体一样,这一部分的问题最大。

❹ 所有以上问题,使得这张Banner画面不平衡,既呆板也凌乱,没有美感。

基于以上4条问题分析,我做了些改动和调整,于是得到了右边这版Banner:

这张Banner我尽量保留了原设计师的想法,然后在细节、比例、节奏、色彩、字体、创意方向上对原稿进行修正和补充:调整了商品的摆放顺序,去掉了部分商品,底部添加相似的一些图层托住这个圆形主体,改变部分图层的前后关系等等,所以对比改稿前和改稿后的效果,会发现一张图在保证信息传达准确的前提下,从无序变成了有序,同时也不再失衡和呆板了。

再比如右图这个Banner:

这个一看文案就知道是定位低价促销方向的Banner了,这就好比一位热情的促销员为了吸引大家过去买买买,所以我用了非常多彩热闹的颜色,用了表情微笑的模特,用了大大的、粗粗的还略带倾斜的文字,并且把价格利益点突出,这所有的做法都只是

315

为了营造一种商家促销人人都买得起的氛围，也就是满足低价促销定位的设计需要。

20.3 我们为什么会点击一个Banner？

在回答这个问题之前，其实我想让你们在脑海中回想一下你对什么类型的长相或气质比较感兴趣，比如看起来文文静静的还是看起来精力充沛的？看起来时尚大方的还是看起来朴素一些的？看起来可爱活力的还是看起来沉稳优雅的？是老实正经的还是看起来就恶搞幽默的？

那么现在你脑海中已经有答案了对不对？所以当我把这些不同类型的美女或帅哥照片放在你眼前你肯定会依照自己脑海中设想的感兴趣的类型去挑选。

同理，Banner设计也要遵循这个原理，也就是投其所好，Banner设计也是有性格色彩及气质的：如果一个Banner正好展示了我们需要的信息，我们就会不假思索地点击它。

如下图所示。

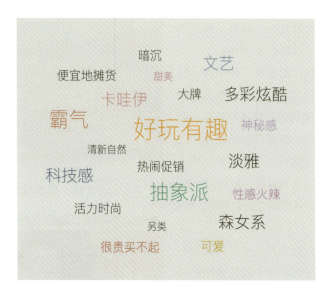

但实际情况是，大多数时候用户是被动地去看一个Banner以及去点击它的，所以这个时候就需要我们能够激发出他的点击欲望，这也就要求我们的Banner能够在视觉上传递出某种气质，去吸引到目标用户。

第20章 如何辨别一个Banner的好坏

下面举几个Banner气质的例子。

1. Banner气质：感觉很贵

来自CHANEL官网，网址http://www.chanel.cn

3. Banner气质：低调淡雅

5. Banner气质：可爱小清新

2. Banner气质：浪漫少女心

4. Banner气质：有趣好玩

（创意\执行：UID WORKS　创意出品：UID WORKS　游戏品牌：勇者大冒险　版权所有：腾讯游戏　项目监制：TGideas）

6. Banner气质：另类搞怪

7. Banner气质：潮流时尚

8. Banner气质：简洁高冷

9. Banner气质：抽象派

10. Banner气质：低价促销

11. Banner气质：简洁好看又促销

12. Banner气质：街头个性

第20章 如何辨别一个Banner的好坏

13. Banner气质：简洁时尚有品

14. Banner气质：品牌创意

2017年Nike官方旗舰店天猫双11宣传海报

15. Banner气质：俏皮活力

16. Banner气质：梦幻多彩

17. Banner气质：复古怀旧

18. Banner气质：科技炫酷

还有很多气质的Banner我就不一一举例了，大家平时可以根据我的思路多思考总结和搜集，就会有自己的理解了。

20.4　如何做出能够吸引人点击的Banner？

学过市场营销的人应该都知道"5个W1个H"的原则，也就是在动手做之前先思考一下这几个问题：

- Why　　为什么要做这个Banner？
- What　　这是一个什么类型的Banner设计？
- Who　　活动定位的人群是谁？
- When　　活动Banner什么时候投放？
- Where　这个Banner要在哪里投放？
- How　　该如何实现满足以上条件的创意？

这里大家先了解清楚这几个问题就好了，具体的方法我们在后面的内容中都会具体讲到。

总结

其实做Banner设计，或者说做设计总结起来就是要记住以下几点：

- 商业设计是为了解决问题而存在的；
- 要以人为本来做设计，按需来做设计；
- 要懂得抓住不同用户的心理需求；
- 先保证好用，再保证好看，不要本末倒置了。

第 21 章　100 种方法教你做出满意的 Banner 设计

很多人表示不知道如何动手开始做一个 Banner，拿到需求脑袋里是懵的，那么归根结底还是看的太少、做的太少了，所以本章我就给大家总结梳理一下目前市面上的 Banner 有哪些品种（表现形式和手法），因为在我看来，电商设计师应该保持一个比较宽的可操控阈值，就比如说你要既做得了小清新！也做的了重口味，玩得起高冷大牌，也受得了特价清仓大甩卖。

21.1　目前主流的 Banner 表现形式有哪些？

下面举例以下几种：合成、3D 建模、手绘、手工 DIY、剪纸、摄影、插花、混搭、模拟、跨界等。

1. 合成

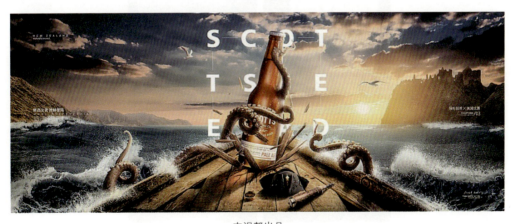

杰视帮出品

2. 3D建模

2017年天猫520亲子节——白无常出品

3. 纯手绘

麓小姐3——插画师豆哥出品

4. 手工DIY（剪纸、捏软陶、拼贴、针线活儿等，并且都需要有拍照协助完成）

第21章 100种方法教你做出满意的Banner设计

扫码查看动态效果

腾讯99公益日项目之919紧急救助——UIDWORKS出品

5. 摄影（自己搭场景）

保温杯 AKS DESIGN STUDIO——当下视觉摄影出品

6. 混搭（两种或两种以上的混搭结合）

◆ 摄影＋绘画 ◆ 摄影＋手工

ZAPPALA食品创意广告

其实前面提到的摄影、手工、绘画、三维建模等都只是一些实现想法的方式而已，我们都可以任意组合起来使用。

7. 模拟

这里的模拟指的是，当我们知道Banner有这么多种表现形式之后，其实我们的思维想法都是不受限制的，比如说前面提到的手工DIY，摄影等形式的Banner我们都可以通过3D建模或者平面软件甚至是手绘来完成。

同样地，我们平时经常都是用一些作图软件、手绘、3D建模去做一些效果的Banner，但其实我们也可以动起手来，通过DIY／摄影搭建场景等方式去实现，比如P324页第5种类型。

第21章　100种方法教你做出满意的Banner设计

不得不说的一点是，看了很多behance上的作品，发现外国人确实特别愿意去动手做实践，现在随着互联网的逐渐普及，我们也有机会看到更多新奇的方法和思维，所以不妨也可以试一试另一种方式去达到我们的目的（不觉得每天就对着电脑玩鼠标有点太单调枯燥了嘛？不想再玩点儿刺激的嘛？）。

以上说的有点跑题了，我们回到正题继续讲怎么做出一个Banner之模拟。

◆ 模拟折纸镂空效果　　　　　　◆ 模拟手工DIY

◆ 模拟实物摆拍效果

像这种是很常见的一种手法，如果没有拍摄条件，但是又有很多种产品可以拿来当素材，那么不妨试下这种方式：围绕着画布框，错落有致地有序摆放好，然后再空白处居中加上自己的文案就好了。

◆ 模拟手工DIY

比如P323页这种捏的软陶小人儿，用3D建模或者平面作图软件甚至手绘都是可以做出来的，重点在于光影和材质的模拟打造。

◆ 模拟插花效果

喜欢插花或者玩花艺的人可能会对这种Banner手法比较感兴趣。

8. 跨界

跨界其实就是指你可能以前是做其他设计行业的，现在开始做电商做Banner了，并不意味着你应该放弃以前所学的知识，而是可以继续利用以前的知识（比如你以前是厨师、电焊工、茶艺师等等职业都可以利用起来啊）。

比如前段时间很火的一位乌克兰建筑师Dinara Kasko，跨界做蛋糕的帖子就刷爆了朋友圈：他的这些蛋糕造型简直就是刷新了我们对蛋糕造型的认知，实在是太像精致的迷你建筑了。

乌克兰建筑师Dinara Kasko的蛋糕作品

21.2　如何在实际需求中运用这些Banner形式？

任何一种形式都不可能适用所有的Banner设计需求，但是我们可以将它们归类，方便以后运用，那要怎么运用呢？我们先问自己以下几个问题：

（1）你最擅长哪种形式？

（2）你处在什么样的条件下？

（3）你的需求适合哪种表现形式？

为什么先要问自己这几个问题呢？因为它们分别代表了自身的能力／外部环境因素／需求定位方向，我们做设计的时候方向方法有很多种，但是最终都是要权衡这三点之间的平衡来找到最佳的一种形式去表现，接下来我们一个一个问题来分析。

1. 你最擅长哪种形式？

这里主要包括软件技能和风格形式两个方面，技能就比如你是擅长PS、Ai、c4d、手绘、手工DIY、摄影、合成、玩构图等等其中的一种还是其中的几种；风格形式就好比你是适合做小清新、可爱型、多彩炫酷、文艺森女系、时尚新潮、高冷大牌等等。

一般来说每个设计师都会有自己最擅长的东西和喜好，全能的、任何工具任何风格都能驾驭的设计师算是凤毛麟角了。

比如我知道自己擅长的是讲故事＋创意＋摄影＋构图，喜欢动手做手工，但是手绘能力比较弱，所以我会优先考虑用讲故事的形式去执行我的设计，手绘虽然我也会一点，但手绘的形式永远都不会是我的首选，比如我以前为京东情人节《爱简单·却不凡》拍的这一组照片，就感动了不少人：

文案：你说过，不喜欢屋里有烟味

2. 你处在什么样的条件下？

这个条件主要是指外部条件，比如你有多少执行时间，经费预算，人员配备等，一般来说，当然是执行时间多，经费预算多，人员配备多，这些条件同时满足的情况下会有更多发挥空间也更容易产出高质量作品了，但现实情况是我们大多数设计师处在一种执行时间短，基本无经费预算，人员配备基本没有的条件下做设计。

第21章 100种方法教你做出满意的Banner设计

3. 你的需求适合哪种表现形式?

我们的需求多种多样,比如我们前面提到的小清新、可爱型、多彩炫酷、文艺森女系、时尚新潮、高冷大牌等等表现形式,简单举个例子:

小清新,可以通过合成、手绘、摄影等形式表现出来。

多彩炫酷,可以通过摄影、玩构图、手绘、3D建模等形式表现出来。

可爱型,可以通过手工DIY、摄影、手绘、3D建模等形式表现出来。

文艺森女系，可以通过摄影／合成／手绘等形式表现出来。

时尚新潮，可以通过手绘、手工DIY、3D建模、摄影等形式表现出来。

高冷大牌，可以通过摄影、玩构图、手工DIY等形式表现出来。

21.3　每种形式的Banner都需要掌握哪些知识点？

21.3.1　合成

① 脑洞大开有创意；

② 会找合适的可用素材（这个比较费事）；

③ 需要懂得一些绘画方面的基础知识，比如三大面五大调；

④ 需要有扎实的软件操作能力。

如果达不到以上几点要求，那么你做出来的合成图估计大多是这种水平的：

第21章 100种方法教你做出满意的Banner设计

案例由设计师Ahiki提供

刚开始我在群里问谁有合成作品可以给我放书中当案例用,因为他不知道我是要拿来当反面教材的,所以起初他给我发的都是看着还可以的作品,然后我说:"我是要拿来当反面教材呀",然后他说:"那我还是找找以前的丑的作品吧",哈哈哈,其实他现在已经进步很大了,不是这个水平了,嗯,我在此说明下咯。

而能达到以上几点要求的,做出来的图则是这个样子的:

杰视帮出品

嗯,没有对比就没有伤害……

21.3.2　3D建模

① 至少要先会用3D建模软件。

② 其次要懂材质会渲染打光。

③ 最重要的是，三大构成（色彩构成、平面构成、立体构成）要懂啊！！！

白无常出品

因为我是学工业设计的，所以3D建模软件我会好几样，比如Solidworks、3ds Max、Rhino，渲染软件我比较擅长的是keyshot，不过因为我毕业后就去做了UI设计师，工作一年后就转做电商设计了，所以这些3D软件我也好几年没碰啦，也忘得差不多了。不过如果我想要捡起来应该也不难，毕竟基础在那里了。

21.3.3 手绘

① 我这里的手绘是指所有需要借助手来画的东西，无论你是用手绘板、用画笔在纸上画还是用鼠标鼠绘等等。

② 一些基础知识比如三大面，五大调是要掌握的，大家可以自行去百度下。

③ 平面构成和色彩构成这方面我在之前的章节里就已经重点讲过。

感兴趣的读者可以参考本书相关内容：
手绘在Banner图设计中可以怎么玩？
五大步骤细说Banner图设计之平面构成的奥秘
六个步骤细说电商Banner图设计之色彩的奥秘

插画师豆哥作品

21.3.4 手工DIY（拼贴 / 剪纸 / 捏软陶 / 针线活儿等）

① 不管是什么类型的手工，首先你要有兴趣去动手做，不同的手工难度不一样，材质和传递的感受也不一样。

② 你得有一些导演策划能力提前把角色什么的都构思好。

③ 手工做好后需要借助拍摄这一步才算最终完成。

④ 不可缺少的三大构成知识（色彩构成、平面构成、立体构成）。
请参考本书P322页图。

21.3.5 摄影

① 你得会用相机。

② 你得有造型搭配能力、策划能力和平面构图等能力。

③ 你得有设备、有时间、有预算去执行。

④ 不可缺少的三大构成知识（色彩构成、平面构成、立体构成）。
比如下面这组十周年庆的monki宣传预告片：

Sharing is caring（分享善意分享爱）

Salute Sisterhood（姐妹万岁）

Monki简介：北欧时尚品牌 Monki 自 2006年成立以来，赋予女性力量始终是 Monki DNA 的一部分。其对时尚零售业的独到定义，成立三年即被H&M收购，与 Weekday 以及 Cheap Monday 互为姐妹品牌，同属于H&M旗下。现已拥有100多间店，遍布瑞典、挪威、芬兰、中国上海、中国香港及德国等地。

Please yo'self（做你自己）

拍摄花絮：

是不是惨绝人寰？一个Banner直接给拍出来了！！

21.3.6　模拟

3D建模／手工／剪纸／摄影等之间的互相模拟。

❶ 至少有一种比较擅长的软件工具能够执行自己的想法。

❷ 有创意脑洞大开。

❸ 对不同的行业都有一定的了解，或者善于学习总结。

❹ 不可缺少的三大构成知识（色彩构成、平面构成、立体构成）。
请参考P326页图。
比如我这里就是模拟了拍摄＋折纸效果。

21.3.7 混搭

将任何你擅长的或知道的手法混合在一起使用。

① 会混搭的前提是以上所有方法你都能上手。

② 了解各种方法的优缺点并能将它们融合在一起。

达达主义，比如像这种剪贴画效果其实也是一种混搭，复古又怪诞。

再比如实物摄影＋插画的混搭手法：

潘雨钒作品

以上我就先举例这么多，其实还有很多可以玩的方向，大家平时也可以多留意。

总结

通过以上讲的内容，也许能让你跳出自己的固有思维模式，如果以前你觉得设计师只能坐在电脑前面，只能通过PS软件才能做出一张Banner或其他设计，那么现在你应该知道，其实通过手绘、3D建模、手工DIY、摄影、插花、模拟、混搭／跨界等等这些方式都是可以达到目的的，而且不同的方法还可以任意组合，按照高等数学里的排列算法是不是不止一百种方法了啊？

所以我说我有一百种方法教你做出满意的Banner没有骗你们对不对？

不管是做Banner设计还是做其他设计，其实主要在于你能了解你擅长的是什么、你的需要定位是什么、你目前所处的环境因素有哪些限制，从而得出最优的执行方案。

你们不觉得现在的Banner都是合成啊、手绘啊、画图啊什么的很单调都视觉疲劳了吗？所以不妨试试其他方式或者将几种方式结合起来用呢？再或者离开自己的办公位置去做手工去拍照片去玩点新花样，一定非常好玩有意思呢！

第 22 章　图片排版在电商 Banner 图设计中的运用

记得以前上大学的时候听一位老师说，做设计千万不要用渐变色，因为非常低端，于是从那之后，我就把这句话当教条一样一直记在心里了："嗯，听老师的话，千万不要用渐变色"，但后来工作了几年才发现，渐变色也可以很好看，也可以很高端，只是要看如何去运用而已。

再到后来在工作过程中，有人对我说："做设计一定不要直接用图片，一定要抠图，不要偷懒，不抠图是做不好设计的"，可是到后来我发现有时候我们不用抠图，也可以做出好看的设计或好的设计。

基于以上种种，于是我开始问自己的内心，是不是其实没有什么是不能做或不能去尝试的？做设计为什么一定要抠图？于是才有了本章内容，因为我在试着去寻找一些答案，看在不抠图的情况下可以怎么玩设计，看能不能给其他人也带来一些启发，当然了，这次我也依旧以Banner设计来举例说明。

22.1　摄影与Banner设计之间的联系是什么？

一般来说，如果摄影师和设计师能配合沟通一起去做设计是最好的，尤其当涉及很多产品或模特拍摄的时候，无论是在电商行业还是在广告行业，前期都需要沟通好策划方向以及构图色调等，因为摄影部分的工作做得越到位，设计部分的工作量就越小，项目也越顺畅，如果摄影部分的工作不到位，到设计那一步就麻烦大了，有可能需要返工重拍或者花费大量时间精力去修改和调整，这样就得不偿失了。

说到这里，也就不得不分别列举一下商业摄影和Banner设计之间的关系了。

1. 商业摄影涉及的工作内容和知识点有哪些？

比如拍摄目的、创意策划、选道具或选模特、构图、配色、修片等。

2. Banner设计涉及的工作内容和知识点有哪些呢？

比如活动目的、文案策划、风格确定、选图或选模特、构图、修图、配色等。

所以对比发现，其实摄影和做Banner设计原则上是没什么区别的，摄影是把一堆东西放置在取景框中,最终出来一张照片,这个照片可以传递某种信息或情感,可以吸引别人的注意或某种欲望和共鸣。

而Banner设计则是将所有的文案信息、产品或模特、背景、点缀物等元素放置在一张画布中,最终出来一张图片,这张图片也是要传递某种信息或情感的,也可以吸引别人的注意或某种欲望和共鸣。之前反复提及的一张图片,如下图所示。

所以,其实我们完全可以将一个Banner视作一张照片+几排文字来看待。

接下来我们先看几个示例:

第22章　图片排版在电商Banner图设计中的运用

再比如在美食摄影方面非常有特色的一家摄影机构——当下视觉摄影,他们拍完一张照片基本就是一张构图／色彩／创意非常棒的Banner了,给人感觉非常有食欲,是一种视觉上的享受:

农禅一味《香椿 Toona sinensis》——当下视觉摄影出品

还有摄影师蜷川实花与广告人尾形真理子合作，为日本 LUMINE 百货公司拍摄的这组广告片也是相当精彩：

大家看完后是不是觉得这种Banner设计超简单？仿佛就是摄影师把图拍好，都不用设计师抠图、调色、修图什么的，设计师打几个字排一下版，一个Banner就这么出来了！

但其实这种类型的Banner工作量都压在摄影师身上了，前期策划和准备工作很重要，比如上面这一组为LUMINE拍摄的作品，从拍摄花絮可以看出摄影师和模特真的很用心，无论是制作道具还是选景和布景方面：

第22章　图片排版在电商Banner图设计中的运用

株式会社LUMINE（日语：ルミネ，LumineCo.,Ltd.）是经营车站大楼型商场的企业，为东日本旅客铁道（JR东日本）连结子公司、JR东日本集团的中核企业之一。商品价格大多在1万日元以下，顾客群以25～30岁女性为主，是日本最大的时装大楼营运企业。

设计师们巴不得每次做个Banner就跟打字那么容易就好了，那么这个其实也不是不可能，所以，我们还是先来看下这类Banner都有些什么共同特点吧，先把这类Banner设计的规则摸透彻，下次我们也就知道该怎么做了。

22.2　如何分析图片在电商Banner中的运用

我们主要从以下几个方面去分析：

22.2.1　照片类型

从上面几个示例可以看出，其实基本上任何色调、任何类型的照片都是可以直接加文字做出一张Banner的，不过这种照片（加上文字后其实就是一张Banner）最好还是能简洁时尚点，讲求构图和留白，允许设计师有加文字的空间，更重要的一点是，照片中能有个主体，无论是产品还是模特。

我们可以将Banner文字去掉看下，如下图所示。

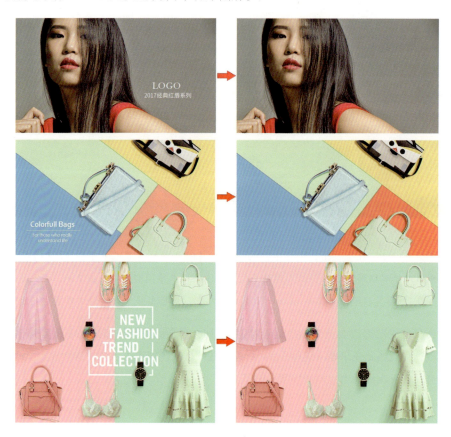

22.2.2 适合的品类

服饰箱包、美妆护肤、珠宝首饰、奢侈品、母婴食品保健等等任何能拍成照片的品类都可以，因为这类Banner往往比较时尚简洁，所以任何允许将Banner做的比较时尚简洁的品类都可以。

22.2.3 适合的活动主题

这种照片类Banner适合很多种活动主题，比如时尚类、森女系、日系、大牌新品上市等等不是特别火热低价促销类型的Banner设计。

不过如果你能将场景搭建得比较有热闹气氛然后直接拍一张照片，最后配合一些俏皮的文字其实也是可以的，比如下面这样的Banner其实都可以通过手工搭场景或3D建模的方式得到：

保温杯——当下视觉摄影出品

比如UIDWORKS为腾讯99公益日做的这个H5页面中的所有元素和场景其实都是用轻土捏出来，搭建场景并拍照得到的（当然，其实用C4D建模也可以实现，主要看你擅长什么，每种方式带来的过程体验和结果肯定也会有略微差别的），图片参考P323页。

22.2.4　排版样式

基本就是左右排版/上下排版或居中排版了（其实不管怎样排版都可以，拍的时候给这张照片足够的留白空间就好了，即使不留白也可以通过加蒙版层或者虚化的方式添加文字），下面我给大家演示下：

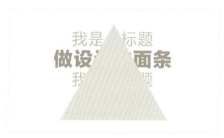

第22章 图片排版在电商Banner图设计中的运用

22.2.5 字体选择

字体是分气质的,字体的选择跟Banner的气质其实也是有关联的,比如女性化的字体会纤细瘦长一点,男性化的会粗犷尖锐一点,中性化的字体适用范围会比较广所以不会有太明显的倾向性等等,大家可以简单看下下方的示例:

气质类型	字体名称	字型示范
简约	方正兰亭超细黑简体	做设计的面条
男性	造字工房力黑	做设计的面条
可爱	汉仪秀英体	做設計的面條
中性	微软雅黑	做设计的面条
文艺	方正清刻本悦宋简体	做设计的面条
古典	方正姚体简体	做设计的面条
大牌	汉仪宋韵朗黑体	做设计的面条
个性	方正剪纸黑体	做设计的面条

当然还有英文手写体在我们的Banner设计中也常常会用到,会让画面更加时尚随性,如下图中的英文字体New Arrive:

不过需要注意的是，很多好看的字体都是有版权的，如果私自商用都是会侵权的，所以要么用免费字体，要么购买字体版权要么就自己设计或自己写了，下面是我汇总的一些免费字体，给大家参考一下（不过具体也要看相关字体官方发布的标准规定），如右图所示。

可商用的免费字体目录（可能稍有偏差，具体以各个字体官方出的实时政策为准）。

关于CC3.0中国台湾的官网释义，参看网址https://creativecommons.org/licenses/by-nc-nd/3.0/tw/；关于GPL2.0的释义，参看网址https://www.gnu.org/licenses/old-licenses/gpl-2.0.en.html；关于GPL3.0的释义，参看网址https://www.gnu.org/licenses/gpl.html

另外，阿里巴巴已经取得华康字型的45款简体字体的全媒体广告授权，此授权包含阿里巴巴旗下平台商家可以使用这45款字体制作网页登载限于阿里巴巴旗下的网站。阿里巴巴集团旗下平台商家可向华康各地业务联系以取得该方案中的45套华康字型，或参阅"华康官网"的信息说明。但请留意，如需要在阿里巴巴集团旗下平台之外使用这些字体，必须另行获取华康字体公司的正式授权。

45款华康字体清单如下：

字体名称	字型展示	可否商用	注意事项
思源黑体	做设计的面条	可	
思源宋体	做设计的面条	可	
思源柔黑体	做設計的麵條	可	
花园明朝体	做设计的面条	可	
装甲明朝体	做設計的面條	可	
源界明朝体	做設計的面條	可	
源样明体	做设计的面条	可	
源流明体	做设计的面条	可	
源云明体	做设计的面条	可	
站酷快乐体	做设计的面条	可	须在站酷登记
站酷高端黑	做设计的面条	可	须在站酷登记
站酷酷黑体	做设计的面条	可	须在站酷登记
庞门正道标题体	做设计的面条	可	
郑庆科黄油体	做设计的面条	可	须在站酷登记
方正书宋简体	做设计的面条	可	须书面授权
方正仿宋简体	做设计的面条	可	须书面授权
方正楷体简体	做设计的面条	可	须书面授权
方正黑体简体	做设计的面条	可	须书面授权
文泉驿微米黑	做设计的面条	可(GPL)	
文泉驿正黑体	做设计的面条	可(GPL)	
文泉驿点阵正黑	做设计的面条	可(GPL)	
文泉驿等宽正黑	做设计的面条	可(GPL)	
FandolFang	做设计的面条	可(GPL)	
FandolHei	做设计的面条	可(GPL)	
FandolKai	做设计的面条	可(GPL)	
FandolSong	做设计的面条	可(GPL)	
刻石录明體	做設計的面条	可 (IPA)	
刻石录钢笔鹤體	做设计的麵條	可(GPL)	
刻石录趙體	做提计的麵條	可(GPL)	
台湾教育部国字隸書	做設計的麵條	可 (CC3.0台湾)	
台湾教育部標準宋體	做設計的麵條	可 (CC3.0台湾)	
台湾教育部標準楷書	做設計的麵條	可 (CC3.0台湾)	
王漢宗中魏碑簡體	做设计的面条	可(GPL)	
王漢宗仿宋標準	做设计的麵條	可(GPL)	
王漢宗楷體空心	做設計的麵條	可(GPL)	
王漢宗波卡體空陰	做設計的麵條	可(GPL)	
王漢宗波浪體	做設計的麵條	可(GPL)	
王漢宗海報體半天水	做設計的麵條	可(GPL)	
王漢宗特明體標準	做設計的麵條	可(GPL)	
王漢宗細黑體	做設計的麵條	可(GPL)	
王漢宗特黑體	做設計的麵條	可(GPL)	
王漢宗粗圓體雙空	做設計的麵條	可(GPL)	
王漢宗粗鋼體標準	做設計的麵條	可(GPL)	
王漢宗粗黑體實陰	做設計的麵條	可(GPL)	
王漢宗細新宋簡體	做设计的面条	可(GPL)	
王漢宗中隸書	做設計的麵條	可(GPL)	
王漢宗細明體	做設計的麵條	可(GPL)	
王漢宗超明體	做設計的麵條	可(GPL)	
王漢宗中明注音體	做設計的面條	可(GPL)	
王漢宗中楷注音體	做設計的面條	可(GPL)	
王漢宗鋼筆行楷	做設計的面條	可(GPL)	
王漢宗顏楷體	做設計的面條	可(GPL)	
王漢宗正海報	做設計的麵條	可(GPL)	
王漢宗酷儷海報	做設計的麵條	可(GPL)	
王漢宗超黑俏皮動物	做設計的麵條	可(GPL)	
851手写杂字体	做设计的面条	可	作者保留著作权
濑户字体	做設計的麵條	可	
Droid Sans Fallback	做设计的面条	可	
cwTeXQ Fangsong Medium	做設計的麵條	可(GPL)	
cwTeX Q Hei Bold	做設計的麵條	可(GPL)	
cwTeX Q Kai Medium	做設計的麵條	可(GPL)	
cwTeX Q Ming Medium	做設計的麵條	可(GPL)	
cwTeX Q Yuan Medium	做設計的麵條	可(GPL)	
站酷意大利体	Design	可	须在站酷登记
全字库正宋體	做设计的面条	可(CC3.0台湾)	
全字库正楷體	做设计的面条	可(CC3.0台湾)	
全字库说文解字	篆书 释楼	可(CC3.0台湾)	部分字形不显示
阿里汉仪智能黑体	做设计的面条	可(GPL)	仅供阿里用户在阿里平台使用

华康布丁体、华康彩带体、华康儿风体、华康方圆体、华康钢笔体、华康海报体、华康宋体 Std W3、华康宋体 Std W5、华康宋体 Std W7、华康正颜楷体 Std W7、华康圆体 Std W7、华康圆体 Std W9、华康新综艺 Std W7、华康新综艺体 Std W9、华康黑体 W5、华康黑体 W7、华康黑体 W9、华康黑体 W12、华康金文体 Std W3、华康楷体 Std W5、华康勘亭流 Std W9、华康俪金黑 Std W8、华康隶书体 Std W7、华康手札体 W5、华康手札体 W7、华康翩翩体 W3、华康翩翩体 W5、华康黑体 W3、华康标题宋 Std W9、华康宋体 Std W12、华康唐风隶 Std W5、华康娃娃体 Std W5、华康龙门石碑 Std W9、华康墨字体 Std W9、华康POP1体 Std W5、华康POP2体 Std W9、华康POP3体 Std W12、华康少女文字 Std W5、华康饰艺体 Std W7、华康瘦金体 Std W3、华康魏碑 Std W7、华康雅宋体 Std W9、华康雅艺体W6、华康圆体 Std W3、华康圆体 Std W5。

22.3　Banner速成实战

以上给大家讲了如何通过打几个字就能用一张照片做出一张Banner。

那么其实我们还可以有更多玩法的，比如同样是不用抠图，但是我们可以将一张照片通过剪裁／模糊处理／旋转或叠加的方式来实现我们的目的，再或者是将多张图片混搭在一起玩等等这些情况其实又可以多出来很多种花样，适合的品类和活动主题就又多了起来。

同样的，我们先看几个实例：

1. 将一张照片通过剪裁，制造时尚感

第22章 图片排版在电商Banner图设计中的运用

将一张照片作为背景图案,文案部分半透明显示:

看完以上示例我们会发现这种照片的玩法有什么规律呢?

◆ 照片要求:照片背景要干净简洁,且照片所占面积要够大,色彩明度等要与背景区分开,形成对比。

◆ 适合的品类:任何适合往时尚方向作图的品类,比如服饰箱包/美妆护肤/进口食品/母婴保健等。

- 适合的活动主题：偏时尚方向的促销／新品上市／时尚大牌／森女系等非低价热闹促销的主题。
- 排版样式：比较注重自由排版，在这里文字已经是画面中的某一种元素，而不止是传达信息的作用。
- 字体选择：比较适合放一些干净利落的规规矩矩的字体（无论是有衬线还是无衬线字体）或者手写体，会显得比较时尚，且气质符合活动或品牌产品自身的调性气质，切忌做一些夸张的字体变形或用一些奇形怪状的字体。

我们可以想象一下明星走红毯或出席活动的各种造型，明明是同一个人，但是服装妆容没选对气质就有可能被网友吐槽说像夜店女郎，但是选对了就会被网友称赞为女神了。

2. 两张照片左右拼接，形成对比

3. 3张照片错落有致

4. 4张照片排排放（同时可以有一些倾斜角度或颜色的变化，避免呆板）

5. 多张照片并排排列

如左下图所示,同样是多张照片并排排列,但是是作为纹理叠加到背景中,如右下图所示。

同样是一张或多张图片作为纹理叠加到背景中,但是会在画面中加入一些图形形状:

6. 用文字来剪裁照片,作为纹理

以上关于如何在不抠图不合成的情况下做出一张高级的Banner的知识点到这里就结束了,这样做出来的Banner往往也比较简洁时尚,但也许有人会问,那没有拍摄条件怎么办啊?不得不抠图或合成怎么办啊?

对于这种情况,首先需要知道一点,没有任何一种药是包治百病的,在本文开头部分我也讲了,我们重点要知道的是,做设计不一定非要大费功夫抠图或者非要搞合成才能达到目的,不抠图不合成也是可以做到的。

那么我上面说的这些方法适合哪些情况使用呢？

下面给大家列举一下：

❶ 你本来就有拍摄条件或者有资源获得这种类型的图片，比如可以买图片版权或者有可以免费使用的照片或素材。

❷ 虽然你有拍摄条件但是照片拍得不好，你就是想模拟以上这些Banner的效果，比如把一些素材的人物或产品抠出来换个干净简洁的背景，再或者换个场景等再重新设计。

其实你也可以忽略我上面所说的内容，因为做Banner的方法成百上千，何必在一棵树上吊死呢？你也可以玩其他的，比如PS合成、手工DIY、剪纸拼接、3D建模、手绘等等，反正只要能达到你要的效果和目的就好，就看你会不会用了（有没有觉得做Banner好容易好有意思？哈哈！）。

第23章　点线面在电商设计中的运用

不知道身为设计师的大家有没有一种感受：越来越觉得设计这行变化太快了，一会儿要学手绘，一会儿又要学C4D，完了还要学修图和合成等等，完全跟不上节奏。

尤其是眼看着身边的同行今天在朋友圈秀一下自己的C4D作品，明天秀一下自己的手绘作品，再想想自己：一个只会耍点PS的人，有一种马上就要被设计这个行业淘汰了一样的感觉，顿时心情跌倒谷底。

但很多人都忽略了，技能工具这些其实都是有可能随着时间的推移慢慢改变和被替代的（比如以前大火的Flash现在基本就被淘汰了），尤其是在你的设计基础都没打好的时候，却盲目地去学习各种工具的使用，那么你的努力方向也就偏了。

地基不稳，何以承受房屋之重？这就是你学了一身技能却依然摸不到设计诀窍的原因。

那设计师到底最需要的是什么？在我看来应该是敏锐的洞察力和扎实的基础功底，比如玩好点线面，然后在工作和实践的过程中学会升级知识和融汇贯通。

关于点线面我的理解总结如下：图形或字体都可以看作是点或线或面，当图形或字体足够小时，它们都可以看作是点；当这些点按照一定规律运动所形成的轨迹则可以看作是线；而当这些点足够大或数量足够多时则可以看作是面。如下图所示。

	点	线	面	
图形	•	————————	点足够大	点足够多
字体	T	﹏﹏﹏﹏﹏﹏	点足够大	点足够多

所以，本章内容我只给大家讲点线面在设计中的玩法和运用，不讲其他的技能，毕竟点线面才是大家最需要掌握的基础知识。

23.1　点线面

那么说到点线面在设计当中的运用，其实归类起来就以下3种情况。

以下这些称谓是我自己定的，你可能不太明白什么意思，但是通过下面的图文解说你可能就明白了。

23.1.1　纯点线面图形元素的运用

也就是说，整个画面中除了文字以外的所有元素都是由点或线或面再或者三者的任意组合而形成的（当然了，这里的文字其实也可以看作是一种点或线或面的元素），举几个例子：

大家看到了吗？这种形式很常见，基本只靠各种图形和文字就能做出一张海报了。

23.1.2 半点线面图形元素的运用

也就是说，整个画面中除了文字和点线面之类的图形元素外，还有实物商品或模特的运用（这里的文字、商品、模特就可以看作是一种点或线或面元素），举几个例子：

这种形式在电商设计中最为常见，有模特有商品还要体现出氛围。

23.1.3 0点线面图形元素的运用

也就是说，整个画面中没有任何点线面之类的图形元素，只有实物商品或模特的运用（这里的文字、商品、模特其实就可以看作是一种点或线或面元素），举几个例子：

杰视帮出品

这种形式在电商设计中也非常常见，以合成或摄影的表现形式居多。

其实大家仔细想想我们所做的所看到的所有设计作品，无论是平面海报还是网页设计还是UI设计，归根结底就这三类，而且抛开其他用户体验、市场营销等方面的因素，回归到视觉的本源上，其实都是点线面的运用。

因为无论是实物商品还是模特，其实都可以抽象为基本图形：圆形、三角形、正方形、长方形等的组合，比如我们平时总是会这样描述我们看到的物品或人：圆形的餐盘，长方形的餐桌，三角形的三明治，倒三角形的身材，椭圆形的脸蛋等等。

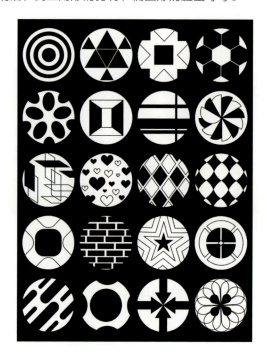

是不是很神奇？当你明白这个道理后，设计其实也就变得容易多了，设计师玩来玩去其实玩的就是不同形态质感颜色的点线面。

23.2 实战运用

那么到底如何将点线面的这些概念运用在（电商）设计中呢？接下来，我来给大家做个示范：

① 把你想用的点线面元素按一定的规律摆放好，至于如何摆放有好几个方法，基础不好的同学可以通过看一些关于图形或平面构成方面的书获取一些构图案例，也可以通过看一

第23章 点线面在电商设计中的运用

些优秀设计师分享的作品获取灵感,基础好的同学直接按照自己脑海中的想法去摆放就好了。

比如我根据看书和自己的理解,做了下面这张以基本图形为元素的海报,也就是我在前文提到的全点线面元素图形的使用:

❷ 我将其中一个或几个图形替换成实物,就变成了半点线面图形元素的使用,这个加点文案基本就可以出街了,如果还想继续发挥的话,可以继续替换商品或在不破坏画面平衡的前提下,继续删减图形元素:

❸ 在原有图形的基础上，我继续将图形元素替换成我想要的实物／模特／文字，一张电商海报就出来了，是不是很神奇？

不过这里有几点是需要注意的：

（1）这种方法有个原则就是，前期你在将原图形替换成你想要放的实物的时候，最好找形状、大小、颜色类似的。

（2）通过这种对基本图形的比例大小位置的训练，把自己的设计感和平衡感训练出来后，你得再试着丢掉这些规则，自己要学会去衍生思考，不要死搬硬套，而是活学活用。

比如从第一步到第二步的时候，因为替换的商品比较少而且形状简单，所以我只是添加了一个圆形来平衡画面，但是到第三步的时候，因为各种元素基本都被替换成了形状更复杂的模特、实物、文字，所以整体都要调整，从而保证整体的视觉平衡。

另外，包括阴影的处理、整体的配色、商品和模特修图等细节搭配上的问题也都是要考虑到的，所以也就相对难一些了，这些都需要长年累月去积累的，不是几天或几个月的事。

（3）为了避免颜色造成的视觉干扰，大家可以在黑白稿下进行排版，再来填色，归根结底，做设计做的就是基本图形点线面的使用。

如果你发现自己学了很久的软件，学了一堆技能，却还是不会做设计，那么就该意识到，也许你该回归到打好点线面的基础上了。

第 24 章　拍一张照片，就能设计成一幅海报

虽然我是一名设计师，但是我很喜欢拍照，以前是用单反拍，现在更多的是用手机拍，因为方便，这几年我也数不清我拍了多少照片，所以我觉得自己更多的是像一个生活记录者，我的眼睛和大脑一旦被触动了，我就会把那一刻记录下来，心血来潮了我就会把拍的照片设计成海报，纯属自娱自乐的设计练习性质，并且我发现这是很好玩的一件事。

经常会有人问我说："婷姐，为啥每次看你拍的照片都很有味道，感觉是有一种情感在里面，还有为什么你会去用那些设计元素？为什么你会那么排版？你到底是怎么去思考的？"

那么在这一章中我就给大家分享一下我所拍摄的每一张普普通通的照片以及被我设计成一幅海报背后的故事和设计思路，也许对你们今后分析欣赏他人作品或者自己做练习都会有一些启发。

废话不多说，直接上图！

24.1　照片一 [夏日的风]

首先说明一下，这张照片是2017年的夏天我在老家院子里拍的，当时的情况是我在武汉这个闷热的地方待得很不舒服，大概也是因为我当时的心态不太好，一种前所未有的压迫感让我想逃离，总之我想换个地方自己一个人待一段时间。

但是突然一下子啥都不管不顾了出远门也不太现实，毕竟我手上还有事情要处理，所以我就给我爸打了一个电话，说我想回老家待一段时间，然后我收拾完行李就回家了。

回家后我发现我们家院子里种的枣树长大了，而且多了很多绿植，整个院子看起来非常有田园气息，坐在院子里闭着眼睛，可以听到鸟叫声，可以感受到有风轻轻吹拂你的头发，空气也很清新，在这种环境下会感觉整个人特别放松，所以我就上楼把相机拿下来拍了这样一张照片。

这张照片看似普通但却让人感觉特别舒服，为什么？因为它是有层次感的，它也是有

情感的，如左下图所示。然后做成海报的样子，我把字体也做了动感模糊效果，跟主题相呼应，整体就比较清爽了，如右下图所示。

24.2　照片二［书写色彩，感动常在］

要是我没记错的话，左下图这张照片应该也是2017年拍的。

因为当时我买了很多水彩笔和彩色卡纸，所以拍这张照片的时候只是单纯想尝试一种构图＋色彩的练习，无关上面那种情感情绪方面的思考，而且我觉得我那时候的心态和思维方面还是不够开阔，也想不到那么深的东西，但是为了让画面不那么单调，我就给每一支笔都换了不同颜色的笔帽，同时让它们前后错落开来。

所以拿这张照片做海报的话，我顺其自然想到的也是与动感和色彩有关，所以在标题的设计处理上也是遵循这个想法，要有动感和节奏，但是因为我的背景是竖条的，为了保持一致我就没做倾斜处理啦，所以就出来了右下面这张海报：

24.3 照片三 [残花]

因为喜欢花的缘故,我在2017年买了近万元的鲜花自学插花玩,不过左下图中的这些只是一些碎花而已哦,是被我剪了不要的,但是扔了也可惜啊,所以我就给它们摆好了姿势拍了一张照片作留念。

我是个喜欢花的人,至于为什么喜欢,其实也跟排解情绪有关。

从前的我其实是非常内向又很自卑的,同时我越来越体会到人是有善恶之分的,所以内心不强大如我这般的人其实是很容易受内伤的,自然心里也就堆积了一大堆坏情绪无处发泄,我曾经试过用摄影的方式排解情绪(我两年前就在站酷上发表了一个《泣·哀·燥》系列的手机摄影作品,比较虚幻迷离,因为那都是我为了排解情绪而创作的,关注我比较久的酷友可能会有印象),坚持了几年慢慢有好转了,摄影的题材和方式也发生了改变,从原来的虚幻迷离变成了踏实写实。

后来我又开始尝试写文字,之后又无意中发现花这东西非常神奇,它们看起来是那么的美好,而且你只要耐心地给它们剪枝、换水、收拾打扮,它们就会以它最美的一面来回报你,这比面对人心可舒服多了,久而久之,原本你只是贪婪地想霸占它们的美艳，最后却发现它们不仅把自己的所有都给你，它们还感化了你，使你更加温柔和坚强地看待这个世界。

2017年那一年我的感慨也颇多，有好的方面也有不好的方面，但整体还是好的多，所以我就想要不就用这即将被人抛弃的花朵做张海报纪念这即将逝去的2017年吧。

然后花嘛，跟彩带丝带之类的搭配起来比较有女人味，所以我的设计效果也是往这个方向去展开的，最后做成海报的样子如中下图所示。

再看下面这张图，是我无意中关闭了几个图层后得到的，画面非常有残缺感，反而让我感觉更真实，就是那些看似美好的事物背后，其实都是你看不到的努力和付出，特别贴切，所以我也保留下来了，成为另一张海报，如右下图所示。

这两张海报刚好是一正一反两面，非常具有现实寓意。

24.4 照片四［草莓］

我记得这是2017年入冬以来我第一次看到有草莓卖，当时是在出门吃饭回家的路上买的，看了下标价：大草莓18元钱一斤，小草莓21元钱一斤，老板说小的是奶油草莓，甜一些，所以我就买了小的。

拿回家后也不知道怎么想的，反正就是觉得小草莓堆在一起很可爱，我就给它们拍了一张全家福，如左下图所示，拍完照后我就全部洗了，一边工作一边吃，吃下第一个就觉得："天哪，好甜！"，这是出乎我意料之外的，我本来没抱太大希望买的，所以吃完后我就觉得特别满足，哈哈哈。

人可真是个奇怪的动物，伤感的时候就会想要表达点什么，开心的时候也想要表达点什么，那我怎么表达呢？我就想要不做张海报吧，并且那会儿朋友圈里都已经在纪念2017年迎接2018年了，所以我也赶着热闹，就做了下面这张海海报。

我给它取了个名字叫*Strawberry's Love Story*，我把这理解为一种外人看起来很糙很苦，但实际尝起来很甜蜜的感觉，也许就像有些人的别样的恋爱感觉吧，所以为了配合意境，我把画面稍微做了些虚化处理得朦胧一点，并且在标题部分，为了呼应迎接2018年，送走2017年 ，所以我将字切碎了，并且让2017掉落下来，最后出来的海报如右下图所示。

24.5　照片五［妈妈的爱］

当时的情况是，大冬天的天很冷，我跟我妈说我想喝豆浆，然后我妈就给我榨了一杯豆浆还给我端到了书房的桌上，我当时感觉特别温暖然后就触景生情了，我回想起小时候，爸妈经常忙于生计没多少时间管我和两个姐姐，真的很少感受到这种细微的关爱。

363

而且在那个90年代，我亲眼看到爸妈即使么辛苦地工作，依然没有让我们家的生活状况得到改善，真的太难了，但现在一切都不一样了，现在的幸福感与小时候的艰苦形成了鲜明的对比，让我很感谢现在的生活和拥有的一切，也很感谢我妈，所以我就做了一张海报，取名叫《妈妈的爱》。

这张照片（左下图）原图拍得非常暗，所以我在手机里调了一下色，如右下图所示。

之所以会用日文，其实是因为我觉得这个照片很日系的感觉，所以就干脆做了一张日系的海报，并且我希望这幅画面是温馨的、可爱的，所以我在元素设计和排版方面都是往这个方向靠的（不过大家不用管这些日文是啥意思，反正我也不知道，我都是瞎打的字，不管什么语言的文字在我眼中其实都是符号而已，所以怎么美就怎么排版就好了），最终海报如下图所示。

不过，别看我在文章中公开感谢我爸妈的养育之恩，但是上次我写文章我妈居然说她看到了，我能明显感受到她非常开心，可是我居然那么一瞬间感觉我的脸红了！！！我都不敢直视我妈的眼睛，因为我觉得非常的害羞和不好意思，哭……

之所以会这样，大概是连我自己都觉得太矫情了吧，所以我也终于能体会，为什么会有那么多子女不好意思当面说妈妈我爱你爸爸我爱你之类的话，但是却会在朋友圈里或通过其他方式勇于表达出来，因为是真的会非常不好意思。

所以呢，大家以后也不要再挖苦那些在朋友圈表达亲情的人了，可以试着去理解一下，毕竟每个人的性格不一样，有时你觉得很容易很简单的一句话，但是当面开口说真的好难啊。

24.6 照片六［入水的泡腾片］

左下图这张照片是我过年前几天拍的，画质不是太高，可能几乎就没人能猜出来我拍的是啥。

其实，这个是我用维生素c泡腾片泡的一杯水，当时觉得颜色特别漂亮，我又很喜欢红色，所以就拍了，一共拍了6张还发了朋友圈。

当时就有人留言说："坐等海报"，我当时心里就想："hey，大家这是中毒了吧，我咋拍个东西，就有人想看我弄出个海报出来呢？"我当时忙着过年没时间弄什么海报，所以就没管，但是这个事情我是一直记得的，如果我有时间的话我还真会整出一张海报出来，毕竟我这人就是爱瞎折腾。

后来前几天晚上我刚好闲了一会儿，灵感也有了，于是立马打开PS就做出来了，我当时的感觉是，这张照片同样也是适合做日系风格的海报，所以，最终效果如右下图所示。

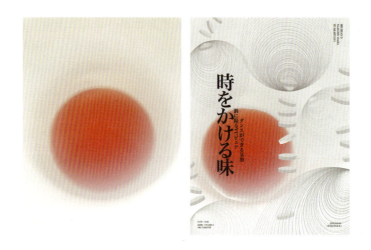

之所以会有这些一圈一圈的,是因为我在泡泡腾片的时候,水杯里一直在冒气泡,然后你会听到噗呲噗呲的声音,我联想到了漩涡、时空等,总之就是天马行空的感觉,于是就随心而作了。

总结

最后,我想告诉大家的是:任何元素其实都是活的,它们并没有固定的位置或大小比例、色彩等等,它们以什么样的形式出现完全取决于你自己要表达什么、整体的感觉如何以及你最终要的结果是什么。

所以从更长远的角度来说,我给你讲述一件设计作品背后的动机和背景是什么,会比单纯地给你画个模板告诉你这个元素应该放这里那个元素应该放那里的方式会更加有意义。

当你明白这个道理之后,就会发现之后再去分析他人作品或做练习的时候会更加有方向,并且能够形成你自己独一无二的思想,这才是你的竞争力所在,而不是只会照葫芦画瓢抄抄抄。

另一方面,其实当你意识到无论是设计还是摄影亦或是其他任何与艺术或设计有关的东西,其实都是来源于生活的时候;当你也掌握了那些看似枯燥的最基础的设计原理的时候;当你也能保持着一颗积极的热爱生活的心的时候;你就也可以做到这样了哦:用自己的双手去创造任何你想要表达的画面。

第 25 章　如何分析作品并做出高质量的练习

很多人都觉得自己过得太安逸 / 也确实没做什么练习 / 缺少与外界沟通交流，存在着各种各样制约自己提高的问题，但对大多数人来说，最棘手的问题其实是不知道如何动手去做练习，因为你可能并不知道自己的问题在哪，也不知道如何去分析那些好作品，所以本章就这两个问题开展讲解。

（1）如何分析别人的作品？
（2）如何发现自己的不足并有针对性地去做练习攻克这些不足？

25.1　如何去分析别人的作品

讲到分析别人的作品，归结起来就是两个方面：内在和外在。

所谓内在，就是指这件作品所产生的背景条件是什么 / 这件作品产生的目的是什么、他所定位的人群是什么，还有他要达到什么样的一个效果，这些是设计师做设计之前需要去分析了解的一些知识点，也是你做设计的创意来源，是不需要让用户和消费者知道的。

所谓外在，就是需要呈现在消费者或者用户面前的一种形象，而这些外在形象的呈现就是要根据上面提到的内在因素的需要来体现的。

就好比一个女生如果要去约会，那么她会先去了解这次的约会地点是什么场合、他想要给男生留下什么样一种印象、那个男生会喜欢什么样的形象、她对这次约会到底有多看重等等，根据这几个方面她会去确定自己该化什么样的妆，是化小可爱清新一点的妆容呢？还是浓烈一点的妆容呢？是穿可爱短裙还是穿女神长裙呢？如果她特别喜欢那个男生可能会更加卖力地去把自己最美的一面展现出来，如果她不是特别喜欢那个男生可能她会稍微随意一点对待这次约会，同理，你给甲方做设计也是一个道理。

了解完上面内在和外在之间的联系后，我拿一个Banner来举例说明：

华为畅享5京东首发Banner

看到这个Banner我们该如何分析它呢？

首先，你应该去看他的文案，文案是最直接地告诉你这个Banner要传达的是什么信息的，也就是它要告知别人什么，它的目的是什么，它的目标人群是什么，比如这个Banner的主标题文案是"华为畅享5，青春玩不停"，其他文案信息是"10月16日10:08分京东开售"等等，那么从字面就可以确定它的几个内在的点，比如：

❶ 这个Banner的项目背景是在为预售一款手机而投放的；

❷ 这个Banner是要传递一种青春好玩活力的感觉；

❸ 这个Banner定位的人群是那些年轻爱玩的人；

❹ 这个Banner希望能吸引到越多年轻人参与越好，所以不能太高冷或太呆板。

那么我们最终看到外在是怎么去体现这些内在的需求的呢？

❶ 配色：以手机机身的黑色为背景色，同时搭配一些红黄蓝绿青紫的五颜六色，运用色彩对比营造一种年轻人追求个性叛逆的感觉。

❷ 字体：字体采用毛笔手写体，体现年轻人洒脱无谓的个性。

❸ 排版布局：排版布局其实没有特定的讲究，在第5章就提到过了，十几种玩法大家可以自己去看，主要一点就是画面中要有一个你要突出表现的主体元素（关于这个就涉及平面构成啦），比如这里它的大标题占面积非常大而且是醒目的柠檬黄色。

❹ 氛围点缀：为了表现热闹好玩的感觉，它除了用五颜六色去表现以外，还用了跟手机相关的音量、电池、无线、线条圈圈等点缀物做氛围渲染元素。

❺ 跟品牌关联：这里的跟品牌关联其实是指在画面中会使用与品牌相关的图形／色彩／形式，比如假设你的品牌色是蓝色，而我在画面中也用了蓝色，再或者你的品牌形象中有圆形，而我也在画面中使用了圆形等等，不过在我们这个Banner中并没有涉及这一块，所以这个其实也是可有可无的，有最好，没有也没关系。

❻ 创意：以上所有这5点就构成了整个Banner的创意。

所以我们会看到，这个Banner最终以这样一种表现形式呈现在了大家面前，内在目的和想法驱动了外在的呈现形式（以上Banner仅作举例使用，并不是说它已经很完美了哈，当然还是有些缺陷的，大家理解意思就好）。

25.2 发现自身不足并有针对性地去攻克

其实讲完上面的内容后，也就已经顺便给大家解决了第2个问题了，知道别人的好方能知道自己的为什么不好，因为当你按照上面这种方法分析完别人的作品为什么好以后，你再对比看看自己的作品，就应该知道它有没有达到内在目的和想法驱动了外在的呈现形式这个要求了。

而在外在表现形式这一点上，我们刚在上面已经把它拆分为了配色／字体／排版布局／氛围点缀／品牌关联／创意这6个方面，那么你就可以有针对性地去把这6个点一个个去做练习攻破了。

当我把这6块内容列举出来，其实你们也就可以去Behance或者站酷看这些细分领域中的牛人，看他们的作品和他们的分享，跟着做练习，多看和动手实践相结合，坚持一段时间应该是会有效果的。

另外送一句话给大家吧："明白自己需要什么就去补什么"相较于"一股脑儿全都想得到"会更容易获得想要的结果。

这也是我的人生信条，分享给大家。

第 26 章　揭秘数字在 Banner 设计中的运用

做电商设计的人都知道，我们的文案中时常会出现类似"满200减100""5折""30%OFF""39元起""4月1号预售"之类的带有数字利益点的文案，而数字比文字也显得更加直观更加吸引眼球，所以对于该如何合理利用这些数字做设计也是很值得研究的。

26.1　常见的数字元素的设计有哪些？

比如我们的很多电商Banner或专题页面中，经常会出现活动日期／抢购时间／商品价格／位数排名／剩余或已售个数／步骤序号／完成进度等与数字有关的元素，而这些数字所要传递的信息重要性和作用都是不一样的，所以在设计上也会有所差异。

26.1.1　在头部Banner部分的数字

像活动日期／价格折扣信息／抢购时间／件数等常出现于头部Banner部分，一般来说这个数字信息如果很重要，那么都会做得特别大特别突出，如果不是那么重要的信息，就会在大小或色彩等上面对其进行弱化处理。举个例子：

QQ飞车十周年盛典之夜活动专题页

第26章 揭秘数字在Banner设计中的运用

还有优惠券的一些设计，基本都是将数额显示得大大的，大家可以在花瓣搜索关键词"优惠券"看看：

来自花瓣截图

26.1.2 出现在楼层部分的数字

像抢购时间／倒计时／位数排名／步骤序号等这些数字往往是出现在专题页的页面楼层中，很少出现在头图Banner部分（专题页主要由头图Banner以及很多楼层组成，在后面的章节会仔细讲解），同时它们的位置／大小／可见度的强弱等也反映了它们在这画面中的重要程度。

举些例子：数字越大越显眼，说明越重要。

2015年京女郎甄选活动专题页

26.2 有数字的设计需求可以从哪几个角度去思考?

26.2.1 从功能的角度出发

无非就是强调这个数字信息的重要性／使整体画面风格统一／增强画面视觉冲击力／引导用户阅读等作用,我们往往会对其做以下处理:

第26章 揭秘数字在Banner设计中的运用

❶ 将利益点数字放大处理:

❷ 将颜色突出:

❸ 将数字作为一个形状容器利用起来（倒计时设计常用手法）:

❹ 将数字铺满整个画面，作为画面主体及支架出现:

偶像剧真人秀《触不到的Ta》预热宣传海报

❺ 起到视觉引导的作用(以我做的简历模板截图为例)：

❻ 保持风格统一的同时，它既是主要信息，也是画面中不可或缺的一个主题元素而存在：

赤云社创始人灰昼作品

❼ 作为骨架出现：

比如双12/双11/618等比较大的电商节日，既要体现出综合卖货的性质，也要重点体现节日时间，所以这种数字常作为骨架出现，以鼠绘或建模的方式用各种商品图来堆砌而成。

2013年万能的淘宝双十二活动预热页面

京东12周年庆618老刘专场活动页面

26.2.2 从表现形式的角度出发

根据不同的设计需要，肯定是会有很多不同的表现形式的，比如3D建模／手绘／手工／摄影／手写毛笔字等，同时它们的质感和排版形式也会大不一样。

① 摄影：将实物拼成数字的形状并摆拍。

nthropologies年末EDM海报

② 手绘：在设计到数字表现的闪屏设计或有利益点的Banner设计中，手绘是非常常用的一种形式。

天天爱消除　　　美团　　　　　　　　　　淘金币

❸ 三维建模C4D的形式：

白无常出品

❹ 手工（软陶泥／针线／剪纸等等）：

手工——我用橡皮泥捏的数字

❺ 合成：用合成的形式打造出一个数字

电影《攻壳机动队》上映倒计时海报

这种手写毛笔字效果，给人感觉非常潇洒有紧迫感，适合促销倒计时活动设计。

而且排版多以居中的形式为主：

偶尔也有左对齐或右对齐的方式：

26.2.3　从装饰的角度出发

很多时候，数字可以作为点缀元素出现，无论是文字还是数字等都只是一种点缀元素而已，最常见的就是在海报设计中的运用，比如像我之前给我拍的那些模特做的一些照片海报，可以说里面的所有元素都只是点缀而已，里面我写的一些日期数字其实都只是点缀而已，对我来说并不太重要，因为我的重点是模特展示以及我对整体画面情绪的表达。

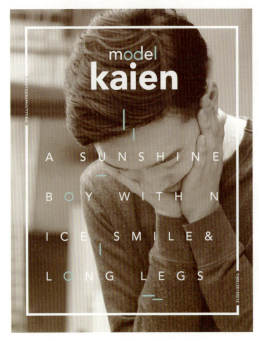

26.3　针对有数字元素的排版设计有哪些方向可选？

关键词一：放大

我们做设计讲求韵律和节奏感，所以画面中的各个元素之间最好有大有小／有疏有密／有深有浅／有明有暗等的变化，画面才会显得比较耐看。

而数字相较于文字来说,由于笔画少/形状优美的缘故,导致它也更具有记忆性更吸引眼球,所以我们常常将文案中的数字提取出来放大处理。

来自韩国电商网站emart,emart.ssg.com

关键词二:切割

我们在做设计的时候也经常会用到一种破图的手法,也就是说故意把完整的一个元素或图形切割开(比如文字或数字等),再按需要或美感重新组合,甚至丢弃一部分(也就是格式塔原理,缺失某一部分并不影响其阅读性)。

如下图所示的数字切割:

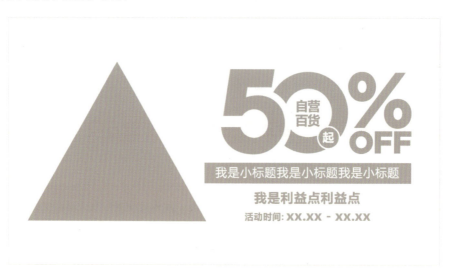

关键词三：切割后再重组

有时候完整的东西会显得过于单调，那么不妨试一下先把它切碎了，再组装起来（其实跟前面用实物组装成一个数字形状是一个道理）。

关键词四：叠加

有时直接打字会显得有点单调，但是做其他效果又比较费时或技术达不到做不出其他效果，这时不妨试下给数字加个与背景相似的图案叠加效果，如左下图所示。也可以叠加黑白照片或彩色照片背景，如中下图所示。或者叠加几何图形和图案，如右下图所示。

关键词五：拼接

在数字上拼接一些花草／液体／粉末等效果，会显得比较有视觉冲击力或有代入感。

关键词六：立体（模拟）

立体效果更有场景代入感，给人感觉是可以囊括更多信息（可以想象一下3D比2D多了一个维度，是不是感觉可展示的东西会更多一些啊）。

OPPO R9 春季新品发布会

京东12周年庆618老刘专场活动页面，网址www.jd.com

关键词七：穿插错叠

将数字与其他元素结合玩出一种前后交错的感觉，可以使画面更加生动和有层次感。

第26章 揭秘数字在Banner设计中的运用

关键词八：变色或加背景色块

想要脱颖而出或与众不同一点的话，就给它换个区别于背景色的互补色或对比色，或者给它加一个区别于背景色的色块也是一种凸显自己的方式。

欢乐球吃球　　　　　　　　　来自日本童装杂志网站HugMug，hugmug.jp

总结

随着各种电商造节越来越丰富，各种活动也就多了起来，所以运营们最喜欢玩一些数字游戏了，这就要求设计师除了学会玩字体设计和文字排版，关于数字的玩法其实也是必须要掌握和了解的。

据我观察，0、1、3、5、6这几个数字是电商活动中出现得最多的几个数字，而我最偏爱的也是这几个数字，为什么呢？你仔细观察这些数字的特点咯：饱满和稳定，这些数字是比较容易出视觉效果的，不信的话你试试看咯！

第 27 章　玩转 SALE 招牌设计新思路

SALE招牌可以怎么玩？记得2014年底跟几个朋友一起去香港逛街，当时逛了一个商场的好几十家店，几乎每一家店里都挂着一个写着SLAE的牌子旨在吸引用户进店购物，我发现每一家SALE招牌的设计样式都不一样，而且每一个SALE招牌的设计风格跟店铺的装修风格以及店里卖的服饰风格都很搭调，所以也是挺感慨的，虽然只是很小的一块招牌，但设计感非常好，我没有拍照，但是我尝试着做了一些案例和模板示范，并概括总结了一些制作方法和心得，希望能对大家的Banner设计排版会有一些灵感启发。

27.1　圆形聚焦

❶ 利用放射线起到视觉聚焦的效果：

❷ 纸张撕裂的设计效果其实也可以看做是圆形聚焦的一种形式：

27.2　商品组合成形

因为本来就是卖货，所以可以用商品或字母等元素堆砌出SALE或折扣数字的形状，既让商品得到了展示，又富有创意地展现了促销信息，一举两得。

27.3 画框聚焦

将背景填充各种图案或者商品，形成一个画框，假想文案部分就是画作，那么视觉焦点自然而然聚焦于中间文案部分。

27.4 线框环绕聚焦

❶ 利用格式塔原理,即使线框不封闭,受众也能自然而然将它脑补成一个闭环。

❷ 类似于线框的任何物体,比如藤蔓/电线/草绳等等,在画面中充当线框,然后环绕于画布周围,此种方式相较画框聚焦的方式更为灵活,画面层次感更丰富。

27.5 背景材质叠加

这种方式只需要找到合适的纹理或材质当做背景就好了,制作起来还算比较方便的,同时要保证文案内容的清晰识别性。

27.6 手绘或插画风格

因为设计风格的需要或者便于表现的需要,我们有时会用到手绘,当然手绘也是有很多种形式的,后面我们会详细讲解。

27.7 拆解组合

因为任何文字、图形都可以视为组成画面的一种元素，所以可以将文字或字幕拆分掉落下来，要是能做成gif动图就更有意思了（假想下图的字母是商品掉落下来其实也是可以的，大家可以试试哦）。

27.8 模特元素化处理

以下几个也是上面几种方法的延伸或者与模特的结合运用，我们将模特视为一种元素、一种纹理或者一种形状，就好理解了。

27.9 拟物化

将SALE作为最大主体出现,并赋予它一种功能形式(比如礼盒、招牌、支架等),模特商品等均可视为配角并与之搭配使用(配角依附于它,这种形式会比较好玩新颖)。

坚果杂货品牌zakka活动Banner, www.zakka.net

27.10 简洁文字排版

① 将SALE或文案部分视为主体,并对它进行塑型,比如组合排版或字体变形等。

❷ 比较潇洒现代的毛笔字越来越受到设计师的青睐，我们知道假如要突出某一个主体，通常可以采用对比和烘托陪衬的手法，而这里就运用到了对比的手法，前景造型丰富背景就简洁，反之亦然，如左下图所示。如果觉得背景太素了，可以在背景中叠加照片、图案、纹理之类的画面就丰富起来了，不过切忌背景太复杂哦，如果复杂了可以通过虚化或蒙版的形式弱化下去。如右下图所示。

总结

上面讲了这么多，其实每一种方式都可以尝试去混搭组合，也许又会产生不一样的效果呢！需要说明的是，这些Banner都还算是稍微时尚一点但又不算那么高冷的案例参考了，比较适用于那些追求热闹促销为主但同时又想要保持点时尚味儿的电商设计需要。

另外可能有的人会说："怎么大部分都是英文的啊，不实用啊"，对此我只能回答："设计无国界，不管是英文还是中文，其实都是画面中的某种组成元素啦！"

第 28 章　Banner 设计实战及趣谈

28.1　求助！需求人要我给他做个 Banner

　　身为一名设计师，下面这种改稿场景应该是大家都体验过的吧？但是我们该如何避免陷入这种反复改稿的困境呢？下面这段我根据真实场景改编的对话经历也许会对你有所启发，我们一起来看看吧！~

　　需求人：设计师大人在么？上次你给我做的一个页面需要一个配套的首焦 Banner，之前事情太多忘了跟你说，这个广告需求挺着急的，你赶紧给我弄弄啊，拜托了！

　　设计师：你怎么不早说啊，我现在都忙成狗了好嘛，行吧，好人（gou）做到底，就按那个页面头部给你改一版广告行不行？

　　需求人：行，没问题，辛苦了！

　　30 分钟后……

　　设计师：汪~广告弄好了，赶紧拿去用，不用谢。

　　需求人：呃，我们的护肤品大都是韩国日本的，可不可以换个亚洲模特？

　　设计师：怎么又不早说？页面就是这样么？

　　需求人：对了，顺便把页面模特也换成亚洲模特！

　　设计师：。。。。。。

　　20 分钟后……

　　设计师：模特给你换好了，赶紧拿去用！

第28章　Banner设计实战及趣谈

需求人：我们这边一致觉得广告还是要多放点商品，这样吧，我给你提供一些商品图，要不你发挥下，不用局限于页面的形式，辛苦了！

设计师：吐血ing，你这是在逗我吗？行吧,看在你允许我发挥的份上，我再给你弄一版（摩拳擦掌中……）

需求人：期待！！

1小时后……

设计师：广告做好了，你再看下喇！~（胸有成竹状……）

那边沉默10分钟后……

需求人：额，我们老板觉得太另类了，接受不了，你可以再把思绪往回拉点么？就这么说吧，给我们来个稍微常规点的形式，但是又要比常规的再突破一点。

设计师：你不是说让我发挥么，现在又要我常规点，常规点又再突破点？你说的是什么鬼要求？

绞尽脑汁苦战1小时后……

设计师：常规的不就是左边文字排版，右边商品堆一堆摆放么，突破一点，我给你把商品布局还有文字布局都改改（哇哈哈，我真是太聪明了），要不您再看看呢？

需求人：我觉得差不多对路了，不过别被分会场style框住了哇，感觉你在平面杂志风里已经走不出来了，这样一整块纯色背景太闷了呢，画面会不会太平了？你再看看怎么把画面弄多一些层次感吧，辛苦，抓紧时间哇~我给你找个广告你看看哈！

设计师：原来你是要这样光感很强的常规布局的广告，那我懂了。不过我突然想起来，你不是说这广告挺着急的么，这都已经过去好几个小时了，这么下去也不是办法，你好好说说你到底要什么？

需求人：也不一定非要质感，我只说我要层次感，要大牌的感觉，还有商品要大大大，就是这些要求！

设计师：大牌？层次感？可是你给的文案明明很促销好嘛（又是一个既要大牌又要促销的需求，哼~对于这种要求我一概认为就是要促销多点，况且他给的这个案例其实不是一回事，一个是卖场促销，一个是新品发布）。

第28章 Banner设计实战及趣谈

大约20分钟后……

需求人：老板快要回来了，广告改的怎么样了？

设计师：你别着急啊，需要时间好嘛……

又过了40分钟……

设计师：你再看下广告咧，有层次了吗？凸了嘛？品牌感来了嘛？

需求人：对对，就是要这样的感觉，越来越对路了，不过会不会看上去颜色好像太沉闷了？

设计师：你提供的参考图不就是这样子的嘛，深色背景、光感很强、商品要大大大，有质感。

需求人：颜色上你再想想办法？用浅浅的颜色你觉得怎么样？

设计师：反正已经改了这么多次稿了，也不在乎多来一次，我想，往死里想！我改，往死里改！作为一名有理想有抱负有智慧有颜值的设计师，挑战算什么？写到这里，我被自己感动的眼泪流了下来……

20分钟后……

设计师：来来来你再看下广告，弄了两个色你选一下吧（我就不信给你弄两个色你不挑一个，嘿嘿嘿）

需求人：辛苦辛苦，差不多就是这样，不过咱们把SALE去掉行不？

设计师：SALE怎么你了呢，是不喜欢嘛（你不晓得加个SALE很有形式感很促销么~你不晓得我很希欢这个SALE么，啊啊啊）

需求人：因为我们希望利益点粗暴一点，要简单粗暴，醒目醒目,麻烦用蓝色那个，然后SALE去掉，试一下吧，拜托咯~

设计师：等等，你又在要我？前面不是说要大牌感？现在居然又要简单粗暴，我晕啊！！（我想既要大牌又要粗暴我是做不到的，不过来一顿简单粗暴的热身运动倒是小case）

10分钟后……

设计师：满足你！

需求人：对对对，我们就是要这样的感觉！！！就它了！~

设计师：……我想静静，不要问我静静是谁……

那么我们来分析下，问题出在哪？

需求人的问题在于：

❶ 需求人对自己的需要其实是模糊的，一会说大牌，一会说要粗暴促销。

❷ 需求人有时候表达出来的词语并不是自己心里所想的，比如在他的理解里，光感很强的画面才有层次感。

设计师的问题在于：

❶ 低估了项目的难度，没有事先了解清楚情况就着手开始设计了。

❷ 没有适当去引导需求方，而是一味听从需求方的意愿，即使他表达出来的并不是心里所想，即使他的要求是有悖于项目定位的。

③ 没有理解需求人所表达的到底是不是他心里想要的，不够专业。

④ 时间把控不太好，这种情况应该求助leader，向leader反映实际情况，免得耽误手头现有的项目。

这个根据真实改稿经历改编的故事就给大家讲完啦，如果大家还是有疑惑，可以在目录中翻看"商品该怎么玩"这章，开篇就讲过项目初始阶段应该先做哪些事情，可以避免反复修改（比如今天这件事儿）。

28.2　10个Banner实操改稿案例讲解

虽然在前面的章节讲了那么多知识点，但是考虑到大家平时在做设计的时候可能经常会没有头绪或者看不出自己的问题在哪里，所以我汇总挑选了几个实操改稿案例给大家看看，相信你们看完改稿对比后，会更加清晰自己平时存在的问题。

28.2.1　改稿案例一

接下来给大家分析一下原图存在的问题，说实话原图如果是给新手看，估计他会觉得没什么问题，因为乍一看，排版也尚可，粉红粉蓝嫩黄的颜色搭配也还行，比较少女系，只是整体比较常规罢了。但是内行人再稍微深入一些去看，就会发现很多问题。

首先，这个Banner看文案便知是情人节主题的，而情人节主题的Banner设计其实有很多种感觉氛围可以去表现，比如浪漫的、小清新的、华丽的、炫酷的等等，那么这里感觉设计师是想往粉嫩可爱的方向去发挥，剪纸风格方向，并且是卖一些女性相关的包包配饰香水之类的产品，整体是想临摹一种商品陈列的感觉。

  基于以上分析，我总结出了以下问题：

① 整体颜色偏灰，给人感觉不太干净，尤其是标题文案部分的颜色和阴影处理。

② 标题字体采用了衬线字体，这种字体用于剪纸风格会显得比较复杂，因为各种小细碎的笔画太多了，所以要么更换一些比较简单的非衬线字体样式，要么是用比较浪漫气质的连体手写体英文，自然流畅，主要看你想表达什么感觉。

③ 商品选择有点问题，比如最中间那款包包的风格明显跟其他商品风格不搭，其他都是比较简洁现代的样式，而这款包包却过于实物化以及复杂，像一件衣服还带有格纹，并且包包四角还带有圆润的圆角，所以为了保持整体风格基调一致应该替换掉。

④ 排版布局方面，除了标题文案部分的排版节奏不太优美以外（长—短—更长的比例节奏可以改为短—长—短或长—更长—长等等节奏样式），商品部分大比例太过于平均，分布有些散乱，所以看不到重点。

⑤ 细节方面，比如那些心形的形状扭曲曲线太多了，看起来就很不现代不简练，画面中所有的阴影看起来都非常假，气球部分的形状看起来也像泄了气，长长的椭圆形看起来不够饱满有精神气儿，而且气球作为一个氛围点缀物，它的大小居然已经赶上商品了，颜色又比较抢眼，所以不太合适。

⑥ 整体背景部分被一条直线切割开来，使得画面过于保守，影响了浪漫氛围的传递，所以应该灵活变通，通过增加其他物件或调整设计形式的方式来打破这种呆板的感觉，让画面动起来。

  基于以上6条问题分析，于是我改出了前面那版Banner。

  我改稿和指导人的原则是，只要原设计师在大的设计方向上没什么问题，那就尽量保留原设计师的想法，然后我会在细节、比例、节奏、色彩、字体、创意方向上对原稿进行修正和补充，从而让画面更加有感染力，所以对比改稿前和改稿后，你们应该可以感受到画面所传递出的情感和信息层级上微妙的变化，因为我让画面更加梦幻了，产品也更加突出了。

  当然这里也需要说明一下，一个小小的Banner设计里面其实蕴涵了大量的方向／维度／信息，你可以选择以突出氛围为主，也可以选择以突出文字为主，还可以选择突出商品为主，甚至如果你觉得自己够厉害可以把它们都突出但是又能做到整体协调，这些都是你自己

第28章 Banner设计实战及趣谈

的选择问题，设计并没有唯一答案，主要看你有什么需求方向。

28.2.2 改稿案例二

接下来我给大家分析一下原图存在的问题，这张图新手也是看不出问题的，因为感觉用色挺好看，文字信息也挺突出的，但是它确实存在很多问题，接下来我把问题一层一层剥给大家看。

首先看文案信息，我们可以得知这张Banner其实是属于低价热闹促销类型的，画面氛围可以闹腾一点，可以假想它是一个放在银行或商城自己官网内部的一个会员积分兑换活动Banner，所以这个Banner在设计方向和用色上问题都不大，但是整体视觉效果比较差。

基于以上分析，我总结出了以下问题：

❶ 因为头部那两片图层的遮盖，导致视觉上感觉中间那个圆形主体在往下掉，整体画面非常不稳定，而且那两片图层的形不好看。

❷ 中间圆形部分看起来像是由三个圆形组成，但是因为部分区块颜色接近，所以图层融在一起了，看起来太暧昧不清。

❸ 所有的商品看起来都是乱摆的，毫无规律可言，并且商品全都是小小的跟蚂蚁一样大小，放在这些大圆里面感觉特别奇怪，就像在甜甜圈上胡乱洒了一些各式各样的不明物体一样，这一部分的问题最大。

❹ 所有以上问题，使得这张Banner画面不平衡，既呆板也凌乱，没有美感。

基于以上4条问题分析，于是我改出了上面这版Banner。

同样的，这一张Banner我也是尽量保留了原设计师的想法，然后在细节、比例、节奏、色彩、字体、创意方向上对原稿进行修正和补充：调整了商品的摆放顺序，去掉了部分商品，底部添加相似的一些图层托住这个圆形主体，改变部分图层的前后关系等等，所以对比改稿前和改稿后的效果，会发现一张图在保证信息传达准确的前提下，从无序变成了有序，同时也不再失衡和呆板了。

28.2.3 改稿案例三

接下来我给大家分析一下原图存在的问题，这张原图，估计即便是个新手也能看出来问题了，那就是感觉看了眼花，都眩晕了，另外还有其他一些问题，我统一给大家列举一下：

❶ 背景的圆太规则，让人感觉眩晕，尤其是红白的颜色搭配非常抢眼，在这种情况下，你在这个画面中放入任何东西，都很难得到突出展示，因为背景的视觉干扰太强烈了。

❷ 模特没选好，在背景很眩晕的情况下，模特的表情又是直勾勾冷冷地盯着你的，给人一种不寒而栗的感觉，观众看了也会感觉浑身不自在，不友好，而且模特抠图比较粗糙，头发部分很假，模特未做任何处理直接bia在了上面，让人感觉很突兀。

❸ 整体场景没有构想好，不知道自己为什么要做这张图，技术不到位，实现不了一些效果也是其中一方面的原因。

基于以上3条问题分析，于是我改出了上面这版Banner。

在这里虽然我依旧保留了圆形这个特色形状元素，但是将后面的圆形位置都打乱了，目的是制造一种不规则的感觉，并且替换了模特和商品，让她置身于这些圆形漩涡里，一层一层的感觉，这样既使得模特和商品突出聚焦了，整体画面也不会太呆板，整体颜色依旧是依据模特和商品来，无非就是同色系或对比色彩的运用，总之，最后对比改稿前和改稿后的设计稿，你就能发现哪个看起来视觉上更舒适，产品谁更突出了。

这张Banner的关键点在于阴影和整体色调的处理，做设计虽说很多时候是需要感性思维的，但其实在执行环节上却需要强大的理性思维和耐心，越复杂的图越是如此，因为图层多了的话你就要有清晰的思维去理顺它们，耐心地做细节，这样出来的画面才会是有序的、耐看的。

28.2.4　改稿案例四

接下来我给大家分析一下原图存在的问题，这张图也是新手并不觉得会有什么问题，无非就是比较常规的左右排版样式而已，但是我认为这张图其实很好发挥创意但是却做得很常规这是我无法接受的，再一个，如果一个人做常规图做久了思维肯定是非常固化的，所以要想进步的话一定要试着去突破自己。

这张Banner图其实可以看作是波点主体的卖场Banner，说到波点，其实我们很容易想到日本的"波点女王"草间弥生，她就是一个将波点玩出了各种花样的一位设计师，脑洞非常大，扯远了，我们继续聊这个Banner存在的问题：

❶ 这个Banner最大的问题在于缺少有趣的感觉，浪费了波点这个可发挥的空间，让人没有购买欲望，在这里突出一种氛围其实比突出商品更为重要。

❷ 商品挑选得不好，毛衣皱巴巴的，尤其是搭配这样的排版看起来非常廉价，这样毫无品味的商品怎么配得上"经典私橱"几个字呢？怎么让人爱得起来呢？所以商品得换。

❸ 背景的波点太多太杂碎了，让人感觉很混乱，很复杂，所以得精简。

基于以上3条问题分析，于是我改出了上面这版Banner。

这张Banner其实改动还是比较大的，因为整个排版和配色都换了，我仅仅只是保留了几个商品图而已，在这里我将标题结合波点这个概念做了一些小改动，将商品弱化到各种圆形里面去成为一种氛围元素，包括爱心图形的加入，所有的这些改动其实只有一个目的：那就是把画面的氛围调动起来，让它看起来有趣好玩一点，将波点这个概念尽可能多地展现出来，因为我就是要让画面可爱一点再可爱一点。

当然这个Banner设计其实也是没有唯一答案的，具体要看你怎么去理解你要表达的方向了，比如我觉得氛围更重要，而有人可能觉得商品或文案更重要，总之，它的可发挥空间的方向是非常多的，不要局限了自己的思维就好。

28.2.5 改稿案例五

接下来我给大家分析一下原图存在的问题，这张Banner其实粗一看大问题是没有的，要求不高的话其实已经可以直接上线使用了，但是仔细看又会找出很多细节方面的问题，比如色彩、大小、比例、氛围等方面其实还可以调整，以达到更佳的视觉效果。

基于以上分析，我总结出了以下问题：

❶ 整体配色没什么大问题，但是Banner下方的波浪色块图层样式太浮夸了显得跟整体不太搭。

❷ 既然文案是"甜蜜之吻"，那么整体的氛围应该更灵动才对啊，所以我们可以从好几个方面着手，比如在文案上可以做一些改动，因为目前的形式可能太规矩了，模特也显得

第28章 Banner设计实战及趣谈

有点僵硬，再一个周围的千纸鹤无秩序地乱飞感觉有点乱。

❸ 利益点信息太弱了，需要更突出一点才好。

❹ 整体的阴影效果做得比较假，所以需要做得更细腻一点，整体才会看起来精致。

基于以上4条问题分析，于是我改出了上面这版Banner。

在这里我将文案部分用一条丝带贯穿起来，同时让千纸鹤不止是作为氛围点缀元素而存在，它们还是有剧情的，比如牵动这根丝带，另一方面，我在画面中加入了心电图，体现心跳的感觉，模特的服装也被我改了颜色，因为模特原来的颜色跟背景色太接近了，包包也是白色的就无法突出了，改了服装颜色之后包包和模特就都跳脱出来了。

其他细节比如将模特倾斜一点角度啊、更改模特眼影颜色啊、重新布局画面啊等等，这些都是为了让整体更精致的同时又不显得呆板，当然了，文案利益点突出也是很有必要的。

总之，做Banner设计最基本的原则就是信息表达要准确，其次就是氛围这块得跟主题相呼应，如果你能做到既有氛围也有趣味或让人会心一笑的感觉那就再好不过啦。

28.2.6 改稿案例六

接下来我给大家分析一下原图存在的问题，这张Banner海报图其实是情人节主题的，而且要体现出可爱的感觉，所以采用了模特＋手绘的表现形式，整体的设计方向没什么问题，颜色也问题不大，问题主要在于以下几点：

❶ 整体画面太散了，所有的元素之间仿佛没什么联系，像一盘散沙，所以需要重新理顺元素之间的关系。

❷ 元素比例存在问题，标题太小，模特也太小，其他元素都差不多大小，所以整体看起来没什么重点。

❸ 模特看起来像是刚挖煤回来，又灰又黄，裙摆太抢眼，模特都是这个样子了，那么谁还有购买欲望呢？所以模特是一定要调色修图的。

❹ 阴影的处理效果太假了，在这里并不适合这样的阴影处理方式，所以得换，尤其是模特感觉没落地，这样整体一看，画面就非常粗糙，完全不想多看几眼，要知道电商设计的要义就是要让顾客有购买欲望要吸引用户的注意力，去点击去看。

基于以上4条问题分析，于是我改出了上面这版Banner海报。

如果仔细对比改稿前和改稿后，你会发现改稿后的画面更加明朗／有秩序／有主体了，因为我重组了画面中的元素，让它们变成了有意义的存在，而不是随便丢到画布中的一种点缀元素而已，比如那些爱心，比如气球的处理方式等，当然最为重要的还是模特修图调色和阴影的处理，在这里起到了至关重要的作用，我想有机会的话，我们有必要讲一讲各种阴影的处理方式，因为我发现这个是很多人的弱项。

28.2.7 改稿案例七

接下来我给大家分析一下原图存在的问题，大家第一眼的感觉可能会说："嗯，看起来挺干净简洁的"，为什么？因为这张图的色彩比较单一，这就不容易出错，但也有一个问题就是画面显得太单调了，尤其文案那里没有层次感，并且整个画面看起来比较零散，画质不高，整体就感觉不精致了，可这是与护肤品相关的海报啊，我们的画面当然还是得精致点才比较吸引人呐。

第28章 Banner设计实战及趣谈

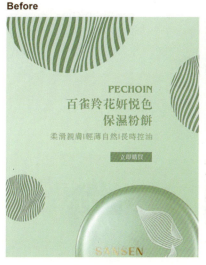

基于以上分析,我总结出了以下问题:

① 我们这个海报设计其实是在玩平面构成中的一些构成手法,比如重复、渐变等形式,但是要是想让画面更加吸引人或灵动一点,还是要适当使用一下特异的手法比较合适。

② 虽然画面中颜色太多了就容易使画面看起来低端,但是如果你的产品包装本身就是有好几种颜色,那么适当用一用也是没关系的,就看你怎么去把握一个度了。

③ 整体画面不够紧凑,文案部分的字体样式太多了,显得不够有档次,所以得更换统一一下。

④ 画面细节需要调整一下,比如阴影、画质等方面。

基于以上4条问题分析,于是我改出了上面这版Banner。

根据我上面分析出的问题,我调整之后的画面是不是看起来紧凑精致多了?至于文案部分,明眼人一眼就能看出来这是从产品本身的烫金字体效果获取的灵感,但是也有人可能会觉得文案有点太弱了看不清,其实这个也是可以按自己的需要去调整的,我这里因为强调的是产品以及整体的感觉,所以文案弱化也就弱化了,你的目的是强调什么那么就去调整什么就好了。

还有这种海报排版方式其实就是玩的一种韵律感,至于这些图形、产品文案之类的放在什么位置都是不固定的,你可以按照自己的喜好和需要来,但是要想让画面看起来协调,通过扎实的平面构成基础知识以及基础练手把美感训练出来是很有必要的哦。

28.2.8 改稿案例八

接下来我给大家分析一下原图存在的问题，这张海报给人的第一感觉就像是个半成品一样，为什么？因为感觉所有元素之间都是毫无关联的，尤其向日葵像是直接抠图就扔了上去，你也感受不到情人节的气氛。

不过这里之所以用向日葵取代玫瑰花做情人节主题元素，是因为想要体现不一样的恋爱味道，谁说恋爱必须只能是玫瑰花？向日葵给人的感觉是阳光的、亲切的、充满力量的，这才是很多人期待的爱情样子啊。

基于以上分析，我总结出了以下问题：

① 整体视觉上有点散乱，无规律和无秩序感，字体搭配也有点不太考究，所以整体感觉就差了一点。

② 粉色搭配米黄色显得太低龄化了，像是少女的恋爱，但我们这里是向日葵主题的，所以色彩上需要调整至相对应的气质，更阳光更有力量感一点。

③ 中间花朵和文案部分看起来不太协调，一个是字体的样式没选好，气质不对，一个花朵颜色与背景颜色在明度上差太多，所以显得太突出。

第28章　Banner设计实战及趣谈

基于以上3条问题分析，于是我改出了上面这版Banner：

我们在修改或调整画面的时候，看的是整体感觉而不是局部效果，所以有时你在这一块调整好了，另一块位置也是需要跟着调整的，比如适当删减一些图形或点缀性文字的同时，也可以适当在其他地方改变一下元素的大小或数量，文案部分也是，有些文案你觉得没用就可以去掉，有些文案你觉得没有也可以但是加上去会更好那就加上去就行了，这都需要我们设计师灵活地去看待。

28.2.9　改稿案例九

接下来我给大家分析一下原图存在的问题，这张海报同样是与恋爱主题相关的包包宣传海报，而且我们的产品主角包包上有心形图案，所以整个海报为了相呼应就提取了心形图案这一元素，所以整体看无论是配色还是形式都还比较协调，但是画面还是太素了缺少点气氛，同样的问题还有细节不到位。

基于以上分析，我总结出了以下问题：

❶ 彩带心形的样式有点偏老旧了不太时尚，所以需要调整一下，具体的方法就是去掉多余的装饰效果，还有减淡高光和阴影效果。

❷ 整体太素了有好几个方面的原因，一个是色彩比较单调，另一方面画面缺少层次和形式感，内容不够饱满，其实既然是卖包包的活动海报，那么包包可以多放几个啊。

❸ 缺少恋爱味道的卖货氛围。

基于以上3条问题分析，于是我改出了上面这版Banner。

其实我们做设计的时候思维可以开阔一点，你就假想自己是一名导演，所有的元素都是你的演员，它们各自有不同的角色，谁是主角谁是配角，哪些是临时演员充当背景用的，这全都取决于你这个导演想表达什么罢了。

28.2.10 改稿案例十

接下来我给大家分析一下原图存在的问题，这张海报给人的第一眼感觉就是"cool！！"，但是看第二眼感觉就是"有点乱噢~"，为什么会有这样的感受呢？因为这个画面中同样缺乏秩序和规律，除了大嘴唇撑场面以外，元素大小也太平均了，当然了，细节也不到位。

基于以上分析，我总结出了以下问题：

① 文案太重复了，没重点又视觉疲劳，所以除去主标题以外其他文案都得换。

② 左右两边的尖头角度让人感觉画面很挤很压抑不够开阔，所以需要调整一下角度让画面更开阔透气一点。

③ 嘴唇的质感显得很饱满与画面整体样式不符，显得比较突兀，所以最好是往扁平化一点的方向靠比较合适。

④ 模特相对于嘴唇来说太小了，而且感觉整个在往下掉不稳定，需要把模特的展示比例加大，位置上移。

⑤ 既然走的是搞怪路线，那么背景现在看就太单调了，需要加一些纹理或点缀才能把那种搞怪的气质展现出来，当然阴影之类的细节也是需要考虑的，这样画面看起来才精致。

基于以上5条问题分析，于是我改出了上面这版Banner。

总结

其实在我的概念里，任何东西都是活的，我从来不会单一地去看待问题，做设计也是如此，所以我才可以做到你给我一张图我就能一眼看出问题所在，并且改出自己想要的效果，并且我发现，设计其实是没有唯一答案的，你处在什么阶段你所表达的就是这个阶段的效果和意义，兴许再过几年我也还能改得更好，看得更远更全面。

毕竟，持续不断地练习和思考才是进步的前提。

28.3 手把手教你改Banner！[精讲]

因为每个人的理解能力还有所处的阶段不一样，单纯只是讲理论无法帮助大家理解透彻，所以本章将会通过实操改Banner的方式带大家认识如何做Banner设计（不过改的方式有很多种，而我只是示范我所想表达的那种画面而已）。

Banner修改案例由我设计群里的小伙伴Z提供

这个Banner初一看，主要存在以下问题：标题部分文字排版杂乱，颜色和字体过多、背景倾斜的海平线以及散落的几颗海心都有点干扰阅读，我还是先给它拆分一下吧。

第一步：文案梳理

目前的文案中重复词汇太多(夏天、清凉一夏、夏日价)，我们梳理一下哪些文案是可以优化或省去的，然后排个优先级（文案在Banner中的地位不可小视）。

为什么我会建议在这里去掉品牌名称？因为这个是在店铺里面投放的Banner而不是投放在其他地方，尤其是LOGO品牌名称若不是非常响亮的话也压根没人会在意你叫什么名字。再一个买玩具一般比较考虑趣味、益智、材质安全、价格这些因素，像"华联 海贝星"这个品牌名称放这里如果起不到吸引顾客注意并起到增加点击率的作用其实是完全没必要放的。

第二步：优化文案

第三步：分析Banner的定位和气质

先提取关键词：蓝天白云，沙细水蓝、夏日、清凉、欢快、低价促销

于是我们可以设想这个Banner其实应该重点突出价格利益点，然后通过整体氛围来营造清凉夏日的感觉。

第四步：找素材

结合刚提取的关键词，我们需要找一些海边沙滩相关的素材，虽然原Banner图背景就是海边沙滩，但是那张背景的视角不是太好，比较杂乱且没有层次，所以我们要重新找些素材才好。

原Banner背景存在的问题在于，画面远景、中景、近景空间层次感没有出来，左边几个海星有点干扰视觉，需要弱化处理，如下图所示。

```
清凉一夏沙滩桶系列   } 清凉一夏系列（主标题）
    夏日价：19元起   } 沙滩桶低至19元（促销利益点）
  让快乐充满整个夏天
                    } 给孩子一个快乐的夏天（辅助文案信息）
  碧海蓝天下 亲子玩沙戏水
```

在原图的基础上修改还是不太方便，所以只能重新找一张啦：

第五步：排版及设计

接下来我们把文案、背景、商品图都丢到画布上吧！像下面这样，先不考虑字体排版什么的：

回到我们之前梳理好的文案，按重要层级将它们排版区分开来，找到适合这个Banner气质的字体，应该欢快可爱一些，圆润字形，所以我在电脑中淘了半天貌似只有方正少儿可爱一点，然后大标题"清凉一夏系列"我决定借用一下"庞门正道"字体做字体变形。

主标题字体变形后，如下图所示（尽量圆润一些，有些歪扭像小朋友写字一样）：

第28章 Banner设计实战及趣谈

到这一步我想到既然是卖沙滩桶，小孩子喜欢堆沙子玩，所以要不干脆把标题部分做成小沙堆吧！文字底部埋在沙堆里面，就这么愉快地决定了！所有形状都是用可以把图抠得很干净的钢笔工具画哒！如下图所示。

接下来就是做字体效果啦，商品图的塑料质感不错，要不我们借鉴下用在标题上吧！如下图所示。

接下来就是整体画面，标题、沙堆、商品图部分光、阴影、埋在沙里的细节等等地方的细化和调整（此处具体步骤我就省略了，大家可以自己研究，毕竟本章主要是给大家讲解改Banner的思维步骤方法的，不是手把手教大家怎么去实现一个Banner软件操作的哦），得到了下面这张图。

到这一步,还没有完事儿,因为这画面还不完整!缺点啥东西~想来想去,原来是缺几把小铲子,为什么呢?因为整个画面缺少点缀物作陪衬,烘托气氛,并且原Banner提供的商品整体橙色面积太大,需要再来点冷色平衡一下画面,还有最重要的一点,画面中缺少前景层,所以少了些层次感,另外我又在背景上增加了些阳光,最后得到下图:

到这一步,其实仍然没有完事儿,因为还有沙粒没画上去呢,有些光没打呢,再一个,大夏天大太阳的,不该给小朋友戴个太阳镜保护眼睛么?所以我们给字体那里配一副眼镜吧!如下图所示。

不过需要说明的是,这个太阳镜戴不戴都属于个人喜好和自由啦,反正我是觉得,小朋友们夏天一定要注意防晒和保护眼睛的(不过戴上眼镜感觉好搞笑,哈哈),去掉眼镜看看是什么样?如下图所示。

第28章 Banner设计实战及趣谈

最终视觉效果对比:

原稿

修改后版本

优化结果分析:

❶ 文案优化（重要）：

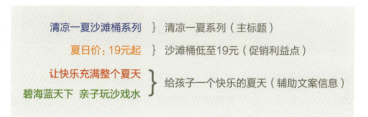

❷ 文字排版及字体颜色效果优化：

❸ 商品图及细节优化（光、阴影、沙粒、商品位置摆放等方面）：

❹ 整体画面更平衡,信息更加明了，添加沙粒使画面更真实：

另外，原商品图橙色面积太大，不太协调，所以我加入了一个蓝色小铲子，一方面起到平衡冷暖色的作用，另一方面与左边文案前面的小铲子有一个呼应，总之就是让画面更加平衡协调（左边文案的小铲子作为近景，文案信息作为中景，背景的海和天空作为远景，营造空间感，画面更有层次，同时可以突出利益点信息），如下图所示。

小结

我们拿到Banner设计需求后,第一件事就应该先将文案优化整理好,因为文案决定了整个画面的视觉走向,我在原稿的基础上所做的文案优化,是基于清晰定位这个活动(低价促销+定位儿童人群)以及传达准确信息为目的的(去掉啰嗦重复信息和不必要信息,减少干扰),另外要说明的一点是"给孩子一个快乐的夏天"这句文案,若是按视觉美观和用户阅读习惯的角度来说,文案信息越简洁越好,可以去掉,但是我仍然保留了它,是因为它可以起到引导消费者购买的作用,谁不想给自己的孩子一个快乐的夏天呢?只需最少19元你就可以做到!

但每增加一句长长的文案,就会增加排版难度,而设计师为了更好的销量适当做出一些妥协我觉得也是值得的,毕竟文案字数也不总是越少就越好~

那么到底该怎么去优化文案和识别文案信息的重要层级关系呢?当然是结合活动定位以及用心去感受生活啦,还有要多读书。

总之,电商设计师需要学习的东西很多。

28.4 Banner设计练习题模拟及点评

这里我将公众号"做设计的面条"组织的第14期主题为"红"的设计练习以及点评合集拿出来给大家做示范,大家如果想练手的话可以先根据要求来做练习,然后再通过看我给出的点评去修改自己的练习作业。

另外需要说明的是,因为这个练习间隔时间比较久而且作品数量比较多,所以有一部分被我点评的面粉的名字我不记得了,只有编号,所以干脆在这里统一感谢第14期的所有参与练习的面粉吧。

下面直接看题:

练习目的:

做练习的目的是为了开拓自己的思维以及提高自己的动手能力,同时通过练习发现自己的不足。

练习主题:红

这次练习的目的其实是希望大家能放开脑洞去联想一切跟"红"有关的东西,并用你认为的视觉语言表达出来，它可以是一个字体设计，也可以是一幅画，另外也可以是一幅c4d／手工／摄影作品，总之只要你能结合自己擅长的表现手法并按自己对于"红"的理解去设计去表达就好了。

而这个"红"不止是代表一种颜色，它还可以代表一种心情，一段时间或一种现象。

练习要求：

（1）方向不限，无论是字体设计／LOGO设计／海报设计／广告设计／插画绘制／摄影／banner设计等都可以，只要能点题"红"就可以。

（2）此次练习不限类型，文案没有限制，自由发挥。

（3）表现形式不限，比如手绘／合成／建模／字体等都可以。

（4）有任何不懂的地方，请关注公众号"做设计的面条"，本书也有一篇专门讲解红色的干货文章大家可以去看下。

关于点评：

编号01

点评：先要表扬的是，这位面粉看过我最新写的那篇关于红色的文章中提到的一个知识点后就立马运用上了，也就是背景采用跟产品相同的色系，使产品融入其中，但我觉得这里的阴影处理得太过生硬了，要么淡化一些要么柔和一些可能更好（之前说过阴影要想自然至少要分三层来做的，不要偷懒一层就完了）。

另外就是最外面的这层文案背景，出现得有点突然，如果是要模拟钱包口袋啊效果就该再细致一点，比如说上下边的处理上不该是直接这么剪切就完事了，可以去看看真实的口袋是怎么处理的，比如那个手表带上的缝线处理正好可以呼应下，还有感觉这个切边角度有点尴尬……干脆不倾斜会不会更好？（一般来说，我们常用的倾斜角度是30°角／45°角／60°角／90°角，会更耐看）。

编号02

点评：这个作品其实也算点题了，因为"红"的英文就是"RED"，其他方面暂时也没什么大问题，整体比较多彩活力，然后用了现在比较火的C4D建模渲染，之所以上榜是因为

第28章 Banner设计实战及趣谈

这种表现形式也不是人人都会用的，在我的往期练习里用到C4D来表现的还几乎没有，所以你在这次练习中还是有一些优势的，值得给你一番鼓励，应该是跟白无常老师学的吧，继续加油咯！（作者：少玲）

编号03

点评：这条鱼大家看了觉得没什么特别的吧，但其实也点题了，这个是一位名字叫子非鱼的面粉采用鱼拓的工艺做出来的，鱼拓是一种将鱼的形象用墨汁或颜料拓印到纸上的技法艺术，我以前在电视里见过，这个工序还蛮复杂的，没想到时隔几年后第一次亲眼见到我们的面粉做了一个，还挺惊喜，最终效果虽然不及我看到的那位大师做出来的细腻，但已经实属难得，鼓励鼓励吧。（作者：子非鱼）

编号04

点评：这个Banner设计，无论是配色还是图形设计都很潮很大胆，画面也确实给人感觉很有激情所以点题了，虽然从笔触及那个外边框的设计看还是略微有些不成熟（总感觉那个边框有点保守，应该再突破一点的，还有黑色和白色叠在一起的时候有点没放开，不应该看起来只是做了随意描边而已啊），但是在面粉里算进步很大的了，这个颜色和style我很喜欢，继续加油吧！

编号05

点评：这个Banner设计的角度还是点题了，元素文案信息这些都是围绕着主题来的，我自己都没有考虑到的角度这位面粉考虑到了，所

以也点个赞。

但是，不足之处我也还是要指出来的，你这里的文案部分文字太多了，字体样式也有三四种，还有好几种字体大小，对齐方式也是好几种，所以综合起来导致整体看起来有点乱。还有字体里红色如果用得太多了就会非常非常腻，造成视觉疲劳，我在之前就提到过这个问题哦，希望再看看我最新的那篇红色主题的文章吧。

再一个就是底部的剪影素材比例不对，目前这个比例高度其实应该放在二分之一这个Banner高度的尺寸里会更协调，目前看文案部分占了三分之二比例，而剪影部分只有三分之一不到的样子，看着头重脚轻的感觉，一般来说无论是放置在Banner底部的是商品还是手绘还是素材等，最高的那个高度占到整个尺寸的二分之一到三分之二这样一个区间看起来是比较舒服的。

编号06

点评：这张海报设计创意是很不错的，一眼就能看出在表达什么，但感觉作者传达的威力还不够，如果你要体现"没有买卖就没有杀害"的主题，为何不把伤害二字在视觉上再体现得淋漓尽致一点呢？让人的恐惧感再强烈一点，比如那个钱的符号可以流几滴献血什么的，既有视觉效果，也能直达人心。

编号07

第28章　Banner设计实战及趣谈

点评：这个全手绘Banner的配色还行（虽然有点粉灰的感觉不干净，但不是太影响整体），目前最大的问题有三个方面：

（1）画面里左边空空的，右边又是大场景和模特，所以显得左右不平衡。

（2）Banner底部那些小半圆形山丘之类的东西画得太细碎了，太小了，不够放开，你该放开膀子画几个大点的啊，刚好放在左边即把空地填充起来了，也使画面看起来更整体更稳，而且你的产品也不够大，同时也缺少一个前景障碍物把它稍微遮挡一下，现在就感觉产品在裸奔一样了。

（3）虽然手绘很受欢迎也很常用，但是你的手绘还需要继续加强练习哦，尤其人物那里感觉只是打了个底稿，高光部分也画得太随意了些，记住尽量不要用同一个笔刷大小和硬度一画到底哦，因为画画的时候是需要按需要不断地调整笔刷大小和硬度的，这样出来的画才细腻，你下次试试吧，不要太偷懒了哦。

编号08

点评：这颜色这纯度这背景真是够大胆的，而且好像是故意要闪瞎我们一样，哈哈！然后看了文案和这位面粉的头像，我好像真的有一点被你吸引了（谁叫你漂亮呢？），好吧你通过色彩／文案／搞怪的三连爆击成功达到了目的，点赞。

但从设计的角度来说，中间这个蓝色云朵貌似太孤立了一点哦，想要别人关注你却又这么高冷孤立不太合适吧，你要不在周围多加一些小云朵或者自画像怎么样？而且还可以更搞怪更夸张我都可以接受的哦zz（比如旋转／倒立／变形处理等）。

编号09

点评：这个Banner字体选择没有大问题，背景的波点图案也与鞋身的图案是相呼应的，颜色也取自鞋身的颜色，大小比例也合适，但唯一不足是你的阴影处理得不太对，你这个背景是扁平的不是空间立体的，只有个面对不对？那这个鞋子的阴影应该在鞋子右鞋邦面那边才对啊，为何会出现在底部呢？这玩的是矛盾空间吗？所以你要考虑清楚啊。

编号10

点评：这是一张带有情绪和情感表达的摄影作品，我第一眼看到就喜欢上了，人的背后是一望无际的黑暗，前面是期盼已久的阳光，怎耐那些欲望的红线挡住了去路，这一条条的红线剪不断理还乱，又好似一张网一面墙，想要逃脱想要挣离，总之，从这样的照片里你可以看到自己的影子也可以看到别人的影子，我是这么理解的，不知道摄影师的想法是不是这样。

编号11

　　点评：这个虽然是一个模仿作品，但是并不是完全照搬，而且用花瓣做的字体看起来像是手绘的一样，整个构图啊颜色什么的也挺美的，我觉得这种学习方式就挺好的，你不要害怕借鉴，但你也不要完全照搬模仿别人，你该加入自己的理解和思考，这样才会慢慢变成你自己的东西，继续加油吧！

编号12

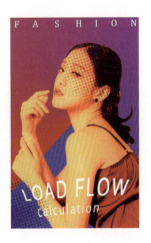

　　点评：这是一个有点复古+拼接风格的海报设计吧，整个色调我都挺喜欢的，但就是感觉还不够大胆，感觉画面里缺了些东西，缺了什么东西呢？我想也许是你背景那个分割线的处理太单调孤立了，很突兀的分割线太吸引人眼球了，可实际那个位置没啥好看的，你的重点该在人物眼睛那里会比较好吧。

再一个，如果你仔细观察那些拼接海报，会发现他们经常把人的某个部位直接粗糙随意地抠下来在放到其他地方，再或者不知从哪又加入一个像是从旧海报上剪下的一段话或一个图案，总之看起来很有趣味脑洞很大，你也可以试下更开放一些玩玩哦。

还有这个文字直接用的PS自带的字体变形加上字体风格不搭感觉太敷衍了事啦～换个更体现年代艺术气息的衬线字体或做旧效果的字体试试吧～

编号13

点评：我们这次的练习题目定得很开放，所以什么形式什么类型的都有，那这个LOGO设计我反正一眼就看出他是做什么的了，是一个跟理发有关的LOGO设计，而且看笔触偏硬朗动感，应该是一个比较年轻有朝气的品牌，但是，这个头发的处理总感觉有点模仿火狐的LOGO设计……像个尾巴不像头发，而且笔触也有好几种，又有好几种颜色，又是渐变色处理……让我感觉这家理发店该不会是专业剪杀马特发型的吧，哈哈哈……比较高端定位的应该不会搞这么花里胡哨额……不知道我理解的对不对，你们也可以发表自己的看法哦～

编号14

点评：整体形式配色什么的都挺好的，把自己所学的C4D技能用上了，要不今年的京东618主会场设计就由你来操刀吧，哈哈哈……

06

PART 6
技法篇

第 29 章　手绘在 Banner 设计中的运用

无论你是从事的电商设计还是UI设计亦或是摄影修图等职业，你会发现手绘在其中的重要性是不言而喻的，那么在此章中，我就以Banner设计为例，来给大家剖析一下手绘在设计当中的运用。

不过需要说明的是，我们这次主要讲手绘在Banner中的运用，也就是那些用到了手绘的一些Banner设计，但关于排版／配色等方面的知识这里就不细讲了，请对照本书目录参考阅读。

29.1　为什么会用到手绘？

1. 因为风格或角色需要

因为风格需要，比如要做一些可爱／搞怪／充满梦幻神秘色彩／内容量特别庞大的超现实的Banner设计，你可能就需要借助手绘来完成了，因为手绘的形式丰富多样，我们可以充分发挥自己的想象力把它用手绘的方式表现出来。

举个例子：腾讯游戏《勇者大冒险》创意KV设计。

第29章　手绘在Banner设计中的运用

创意\执行：UID WORKS 上海（Eversong + Jay潘<插画> + 周觅daisy<摄影> + Sinn）
创意出品：UID WORKS
游戏品牌：勇者大冒险
版权所有：腾讯游戏
项目监制：TGideas（以下展示内容版权归腾讯公司所有）

2. 受版权和经费限制

有时候一个活动主题是有好几个设计方向的，但迫于找素材不方便或版权限制以及经费不允许或者时间不充裕等情况，设计师可能会自己选择手绘图形元素的方式来执行设计。

举个例子：一个数码类目的品牌活动Banner。

2015年京东双11手机通信品牌期Banner

423

因为这个活动涉及预热期／正式期／品牌期／高潮期这几个阶段的活动，它们是一系列的，那么这就会涉及活动会场的风格延续了，比如当时的做法是要求每个时期的活动画面中都会出现一个模特人物，当时是请了拳王邹市明来作为拍摄人物的。

可是因为这个品牌期比较特殊，涉及很多大的品牌，比如苹果和三星、华为等，那双方肯定都不乐意了啊，因为他并没有代言这些品牌，而这些品牌也没有请他代言，所以最后为了不侵权，综合考虑后采用了这种背对着用户＋手绘一个拳手的形式，以避开版权纠纷，有时候手绘是可以起到这种作用的。

所以，当公司没有经费购买素材同时又害怕侵权惹官司的时候，手绘可以解决这个问题。

3. 脑洞太大需要发泄

有的设计师可能就是比较擅长用手绘的形式去表现Banner，他们脑洞无限大，也对大脑洞充满兴趣，所以只要能用手绘的地方，不遗余力地都会去用，这也算是对自己特长的一种充分利用和坚持吧。

举个例子：有时候你可能会发现有些设计喜欢画些奇奇怪怪的图形，一般人理解不了，只会感叹：简直太厉害了！

耐克NIKE

4. 体现产品的创意

这种往往在那种场景合成的Banner中运用得较多，而且这种其实还比较考验技术和功底的，不仅要看起来真实，还要看起来协调。

举些例子：一些场景合成的Banner。

第29章　手绘在Banner设计中的运用

杰视帮出品

5. 网游手游等

因为游戏里都是些虚拟的东西，都是模仿现实世界或者想象出来的，所以都需要靠绘画来完成，不过游戏的种类繁多，风格多样，有CG绘画／插画／漫画／简笔画类的等等，很多游戏类的Banner跟我们平时看到的电商Banner做法也是一个道理，游戏Banner中的游戏角色／道具／场景／文案等就相当于我们的电商Banner的模特／商品／背景和文案。

游戏Banner： 　　　　　　　　　　**电商Banner：**

2017年心悦俱乐部QQ飞车游戏专区活动页

对比以上两个Banner会发现，虽然一个游戏的，一个是电商的，但是它们之间的布局样式还挺像的对不对？而且无论是游戏还是电商，在氛围方面都是需要得到相应的体现的。

6. 产品或模特有缺陷需要重绘

很多时候我们拿到的产品图或模特图是有缺陷的，比如摄影师没拍好，光线角度都有缺陷，那怎么办呢？无法重拍那只有重绘了，为了保证消费者看到你的商品图更有购买欲望，修图是很有必要的，所以不管是什么行业的设计师，都或多或少会接触一些修图的事情，尤其是你想往合成方向发展，或者想专门从事修图工作的话，比如成为一名修图师。

尤其越是大牌越会注重产品修图。

CHANEL奢华精萃系列，官网截图

29.2 Banner设计中有哪些常用的手绘形式？

对于这个问题，我之前请教了几位同行前辈，有的说法是："手绘其实很难划分什么风格，因为实在是太复杂多类了"，而有的说法是这样的："不知道你对类别的理解是什么，手绘有CG手绘跟传统手绘，借助纸笔等材料工具的绘制都是传统手绘，借助电脑软件绘画的都叫CG，电脑手绘普遍有游戏原画／影视概念／CG插画／动画，包括传统绘画表现的类型电脑都可以表现出来。"

第29章 手绘在Banner设计中的运用

反正不管怎么样，简笔画／漫画／商业插画／水彩画／CG也好，不管你借助的是什么工具来画，只要不是特殊情况，应该都是用手画出来的吧，所以为了便于理解，下面的所有Banner我都统一称为运用了手绘形式好了。

其实手绘可以细分为很多类，而且当我们将手绘运用到设计当中的时候，很多时候是会混搭着用的，并没有特别的界限，基于以上各种因素，我们其实很难一一细分开来讲，所以我搜集了一些目前我看到的所有运用到了手绘的Banner样式给大家看下。

基本上所有的手绘型Banner，都善于结合Banner的意境／产品／文案等，绘制相应的图案，一眼就能看懂，比如下面这些简笔画类的Banner：

也可以在背景中直接沿用商品身上的图案和颜色：

游戏类的Banner自不必多说了，基本上全都是手绘的（也有部分会通过结合摄影和三维建模来实现）：

保护萝卜3官网截图

一些电商类的Banner为了营造有趣好玩的效果，往往也采用全手绘的方式，比如把所有的商品都卡通化拟人化：

2015年京东POP圣诞轰趴

其他风格的一些插画形式，基本也是全手绘：

2015年阿芙精油官方旗舰店女生节活动Banner

第29章 手绘在Banner设计中的运用

2016年百雀羚旗舰店"四美陪你寻开心"双11预售页

或者除了模特或商品以外,其他的全靠画,商业插画或者其他的图形绘制,比如:

2017年初语旗舰店PC端双11首页Banner

还有夏日主题的一些Banner也非常偏好各种夏日相关的物体手绘图案，比如冰棍、西瓜、冰淇淋、水珠、浪花等等，给人清新有代入感的感觉。

29.3 手绘一般用在哪些地方？

一般来说，当你做一个Banner的时候，整个画面的基调风格是要保持协调一致的，比如，你是扁平卡通漫画风格，就不要又在画面里融入光炫质感立体写实风格了，会显得很突兀。那么，按照手绘用法和用量的不同，我给它们做了以下划分：

1. 部分运用到手绘

标题： 标题部分采用手绘的形式。

产品： 直接在产品身上或者周围绘制，显得比较有趣。

产品修图： 珠宝首饰或者护肤产品的重绘修图，很多产品精修都是靠画的。

DIOR迪奥五色眼影设计师系列产品图——迪奥官网

背景或场景： 插画形式搭场景，与模特或产品相结合。参考P429页初语旗舰店。

第29章 手绘在Banner设计中的运用

场景合成： 前面我们提到的合成类Banner，某些素材如果找不到可能也会用到手绘，还有各种素材的衔接处往往也要借助一定的手绘来完成。

杰视帮出品

点缀物： 一些年轻活力类型Banner的背景点缀物经常会用到手绘。

2. 全部都用手绘

所谓全手绘是指，在Banner中，从文案／人物／背景等全都是手绘的形式来表达的，无论他用的是什么风格的手绘形式，比如下面这些：

保卫萝卜3官网截图

2015年阿芙精油官方旗舰店女生节活动Banner

431

29.4 会手绘的设计师有哪些优势？

① 会手绘的人，相当于多了一项甚至好几项技能，当一个需求出现在你面前，你会发现人家可能只有两个可行的设计方向，但是你因为会手绘，所以可能就多了好几个设计方向，尤其在时间比较匆忙的情况下，你可以在这些设计方向中挑选出一个最合适的方向去执行。

这就好比，我手里的旅游预算很多，所以我有很多旅游去处可选，而另一个人因为预算不够，只能挑选最经济实惠的去处旅游，也只能用最省钱的方式生活，那当然穷游和富游的体验是不一样的。不过这个比喻也许不是很恰当，因为你要是预算不够可以选择不旅游啊，但是项目在那里给你安排了，你能跟老板说你不想做不会做嘛？不行的吧！

② 会手绘的设计师可以救场，在前面我们提到的，万一需求方要求的设计方案就是要手绘才可以完成或者提供的素材不给力怎么办？这时候就可以发挥你的手绘优势了，要什么形式要什么感觉都可以给它画出来，产品不好就适当重绘下就好了。

③ 有些设计不得不用手绘来完成，比如前段时间的淘宝造物节，既要脑洞又要包容那么宏大的内容量，设计师们通过手绘就全部给表现出来了，这是其他写实的表现方式所达不到的效果。

另外要说明的是，会手绘虽然有这么多优势但它也不是万能的，有的人手绘能力强，有的人手绘能力弱，还有的人擅长的手绘风格多样一些，有的人单一一些，这就导致你做设计的时候花费的精力有多有少，出来的效果也有好有坏了。

我的特长是做Banner和解说Banner，但是手绘比较弱，自己自学过一段时间的手绘，虽然画的不是很好，但是不得不说每一次画画的时候都会让我的内心平静下来，而且特别锻炼一个人的整体把控能力和做事有条理的能力，因为所有的东西都是一层一层色彩图形叠加起来的，前面的每一步都是在为后面做准备的。

29.5 不会手绘就做不好设计了吗？

一般来说都是设计能力强的人手绘不一定强，手绘能力强的人设计能力不一定强，有些

第29章 手绘在Banner设计中的运用

设计师手绘能力不好，但这不影响他们成为优秀的设计师，一方面是因为设计讲求的方方面面是非常多的，比如三大构成／心理学／用户体验／市场营销／沟通理解能力／创意／软件技能等各个方面，手绘只能算是其中一个非常小的部分而已，手绘不足可以用其他方面去弥补；再一个，即使不会手绘，但是却可以照着图片或素材临摹或描啊，像PS中的钢笔工具就是一个非常神奇的工具，只要你敢想的图形或画面，用它都能勾勒出来。

以上，关于手绘之于Banner设计的意义我就讲这么多了，另外，很多设计师都习惯于在花瓣上找灵感找参考图，但是我经常会遇到很多人问我说："为什么你总是能找到那么多好看高水准的作品参考，而我找的明显就很局限或很低端呢？"

对于这种疑问，接下来我打算教大家一个关于用花瓣找图的技能：

比如你打开花瓣，搜索关键词就会出现一堆相关图片对不对？如下图所示，比如我搜索关键词"做设计的面条"：

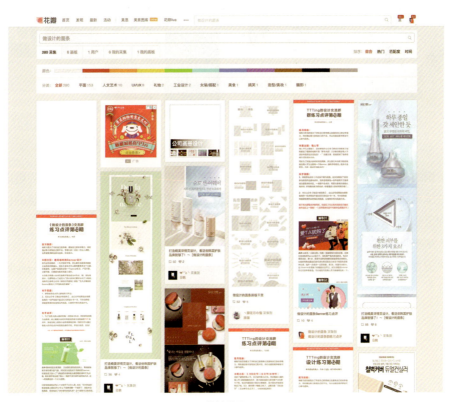

花瓣截图

接着，你再单击一张你感兴趣的图片，于是就会进入到如左下图所示界面，然后拉到页面底部，就会发现出现了一堆花瓣，根据你的兴趣来计算搜索到的相关画板或类似的作品，并推送给你，如右下图所示。

花瓣截图　　　　　　　　　　　　　　花瓣截图

这里的"该采集也在以下画板"和"推荐给你的采集"两个功能非常好用，你可以在这里面继续循环不断地深挖，到最后就会找到越来越多你真正想要的作品以及高质量的作品，只要你足够有耐心。

大家不妨可以去试试看！

大家学到了吗？以上关于手绘在Banner设计中的运用和意义就讲完了，愿你有所收获。

第 30 章　手绘在专题页设计中的运用

不知道大家发现没有，随着技能工具的增多，我们现在的设计形式和需要掌握的技能越来越多元化了，但如果非要我推荐一项最通用的设计技能的话，我想非手绘莫属了，因为无论是修图 / 摄影 / 合成 / 玩C4D / 做设计等，最终都是需要用到一些手绘的，不过我这里所说的手绘并不是指用照片转手绘，而是能够依据不同需要去创造形象 / 搭建场景的手绘。

因为无论何种风格何种形式，你的手绘都需要与创意和需求相结合，最后做出来的设计才是有灵魂的，才能打动人从而获得商业价值，要不然就只是一具空壳而已。

30.1　手绘的优势是什么？

手绘的优势主要有这么几个方面：

- ◆ 富有创意：就是可以创造出任何你想要表达的东西，比如场景 / 人物 / 情节 / 氛围等。
- ◆ 节省时间：别人找个想要的素材需要花很多时间还不一定能找到，即使找到了也有可能会面临版权问题以及风格不匹配的问题。
- ◆ 趣味亲和力：网购大军里年轻女性是占多数的，那这些女孩子们怎么可能拒绝得了萌萌哒或浪漫诱惑呢？所以你才会看到电商设计中时常会运用到手绘，因为手绘常常会给人一种或可爱或梦幻的感觉，用户心情愉悦了掏钱的时候自然会更爽快啦～
- ◆ 救急互补：有些需求方可能会提出一些特殊要求或者现有的素材不太给力或有缺陷但又不得不用怎么办呢？用手绘来搞定呀，比如产品看起来太不美观了，手绘修一下；模特缺胳膊少腿了，用手绘修补一下；运营非要你摘个天上的月亮给他，那你就给他画一个啊对不对？！

30.2　什么品类 / 主题 / 节日喜欢使用手绘呢？

1. 品类

母婴个护 / 美妆护肤 / 服饰鞋包 / 吃喝玩乐等等主要为了笼络女性及儿童用户群体的品

类，都比较喜欢用手绘类型的页面设计，因为它们常常需要体现一种可爱或浪漫的氛围。

说点题外话，不知道大家有没有发现一个现象，就是现在男人女人的特征喜好其实越来越差异不大了，很多男的也爱卖萌／化妆／护肤，长相穿着打扮比女人还好看，比如TFboys、杨洋、鹿晗、林更新、吴亦凡等火的一塌糊涂的当红小鲜肉们（因为涉及肖像权，我就不放照片了）。

反倒是很多女生渐渐开始从发型和穿着方面表现出自己比较潇洒帅气的一面，说话也特别爷们儿，总之，性别已经越来越不是事儿啦，大家都可以按自己的喜好去表达自己。

2. 主题

不管是什么品类，在电商页面设计中，如果主题是走搞怪／可爱可爱／炫酷／颓废／怀旧等路线的话（恐怖画面除外，毕竟电商页面主要是为卖货目的而设计的嘛，要是吓着人家了谁还敢来你这买东西啊），基本都会需要用到手绘了，无论是全手绘还是半手绘（虚实结合的形式）。

3. 节日

运用手绘最多的节日要数儿童节／中秋节／清明节／端午节／春节之类了，儿童节是因为主要群体受众也是儿童和女孩子，而中秋节／清明节／端午节／春节是因为这些节日普遍都是中国古代流传下来的传统节日，这也决定了它会带有一些传说或神话因素情节在里面，而这些放在现代来说是需要想象力去表现的，手绘的形式正好满足了这种需要。

30.3　手绘常用的元素和场景有哪些？

也正是因为手绘的形式常运用于我们前面提到的一些品类／主题／节日里，结合那些品类和节日的特征，所以通过理解文案内容／产品的相关特性／风格选择／当前时间段是否属于节日等综合因素考虑，我们就能够获取到非常多的灵感，下面举例说一下。

1. 以护肤品举例

护肤品是让我们变得更年轻更美的东西，所以我们常常会联想到什么呢？会联想到一切温馨美好的事物和人，比如软绵绵的云朵／五颜六色的花儿／乖巧的小动物／参差不齐的树木／甜甜的美少女／小溪水滴等，因为这些事物构建成的场景画面时常会给我们一种重回少女时代般的感觉（毕竟谁心里还没住着一只小公主呢）。

第30章 手绘在专题页设计中的运用

2016年阿芙旗舰店双11预售页Banner

2017年百雀羚旗舰店 天猫女王节PC端店铺首页

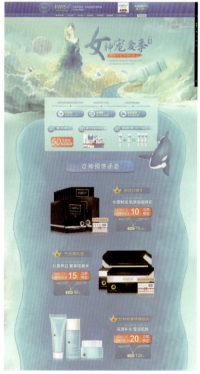

2017年wis旗舰店 天猫女王节PC端店铺首页

2. 以可爱型主题举例

说到卡哇咿，我第一反应就是想到了韩国和日本的设计，你会发现他们特别善于手绘一些小图形小元素制造氛围，瞬间营造出一种萌萌哒的画面感，如下图所示。

日本网站nekop.jp猫投手官网首页

还有一些面向儿童的相关产品设计或走可爱型风格的游戏界面和形象设计，如下图所示。

《保卫萝卜3》官方网站截图

3. 以春节举例

说到春节你会联想到什么呢？也许会联想到一群小孩放鞭炮／贴对联挂红灯笼／一家人热热闹闹吃年夜饭／逛集市采购年货等等各种喜庆热闹温馨的场景，但是，这里面涉及的道具和人物都太多了，你如果去玩合成，估计找到合适角度／风格的素材都很难，玩C4D和摄

第30章 手绘在专题页设计中的运用

影工作量也是相当大,最省力的方式也许还就是手绘了,你想要什么样的场景和人物都能给你迅速画出来(这是指对有绘画功底的人来说)。

2018年阿芙旗舰店年货节PC端店铺首页

2018年百雀羚旗舰店年货节PC端店铺首页

30.4 手绘在设计中的运用及注意事项

1. 全手绘和半手绘

从手绘占比的角度,我们可以将手绘类型的页面设计分为全手绘的和半手绘的,全手绘顾名思义就是整个页面都是手绘的元素,无论是字体还是场景以及点缀元素等等。

2017年我的美丽日志旗舰店PC端店铺首页

2016年我的美丽日志旗舰店双11全球狂欢节活动页

第30章 手绘在专题页设计中的运用

但全手绘也有一些局限性,虽然风格也是多样化的,可复古可现代,可梦幻可可爱等等,但有时也许会显得有点低龄化或风格局限,或者不能更清晰直观地展示产品实物,所以我们也时常会采用半手绘的形式,比如手绘搭配着摄影/DIY/合成/建模等形式来做,这种形式既可以很活泼俏皮,也可以很时尚,基本适用于任何人任何品牌,即便是一些大牌也可以用,而且相对于全手绘来说,它也更省时省力一些,所以运用的范围也更加广泛,如下图所示。

2017年百雀羚旗舰店×海马体照相馆"自然好看大胆撩吧"PC端首页设计

2017年我的美丽日志旗舰店PC端首页设计

比如圣保罗艺术家Ana Strumpf 和英国插画家Hattie Stewart在2014年与*Vogue*杂志合作的系列作品：

圣保罗艺术家Ana Strumpf与时尚杂志VOGUE合作的封面设计

2. 手绘的构图形式

其实无论是不是手绘页面，构图形式无非就是下面这几种基本构图形式以及它们的组合运用：

第30章　手绘在专题页设计中的运用

◆ S形：

2018年元旦节劲仔旗舰店品牌团聚划算页面

◆ 梯子形通栏:

2016年卫龙食品旗舰店×网易新闻1212
天猫年终盛典PC端店铺首页设计

◆ 非通栏（头部Banner与背景为一体，楼层豆腐块状）：

2015年京东自营手机大卖场——俄罗斯版

◆ 非通栏（头部Banner与背景为一体，楼层呈长条状）：

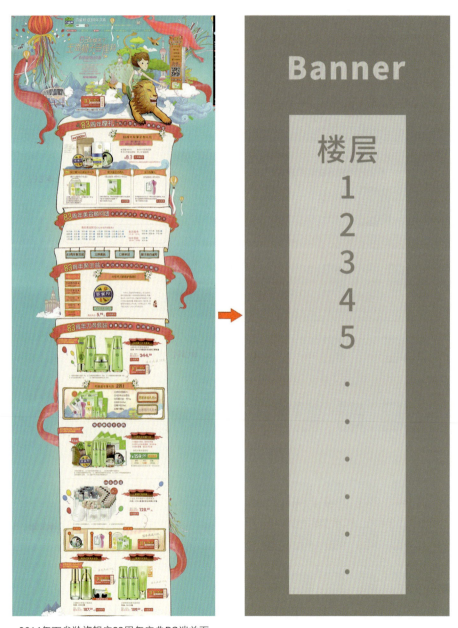

2014年百雀羚旗舰店83周年庆典PC端首页

◆ 分栏形：

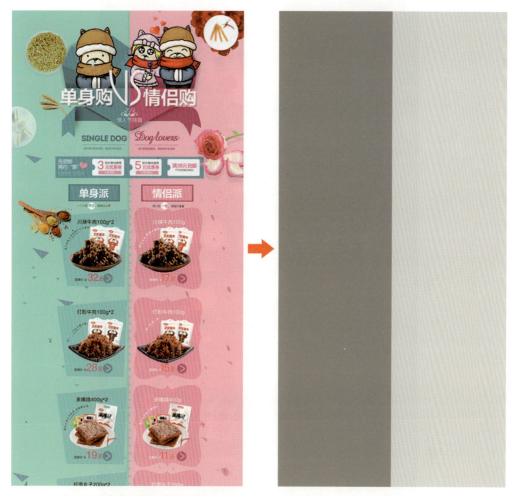

2016年卫龙食品旗舰店情人节
"单身购VS情侣购"PC端专题活动页

但对于手绘的页面来说，以下这些设计方式及特点是只有它才拥有的，比如借助手绘搭建一个场景，场景中有小路／小溪／藤蔓等刚好化作楼层来放置商品，使得头部Banner与楼层部分融为一体，整体看起来非常流畅，案例参见P440页。

即便是不搭建场景，仅仅只是利用页面中的某一个人物或物件的某一个部位，比如树干、树枝树干树根、人的头发、人的裙子、云朵、钱袋、彩带等，也可以放置商品：

2014年阿芙旗舰店七夕活动页

第30章　手绘在专题页设计中的运用

2015年初语童装旗舰店"初语童装约你一起玩"PC端活动页

2014年初语旗舰店双11PC端活动页

另外要说明的是，无论是不是手绘页面，其实构图与我们以前讲的所有类型的页面都没有什么区别，因为你把这些手绘元素当作点缀好啦，关于点缀元素运用的知识可参考"搞定点缀元素的运用"。

3. 手绘的质感风格

看到这里，不知道大家发现没有，其实根据不同的设计需要，不同手法／维度／色彩明度／色彩饱和度等的手绘设计给人的感觉是大不一样的，以辣条界的网红——卫龙的部分设计案例举例给大家看下。

◆ 暴漫风格：简笔画搭配模特或产品，活动氛围足，搞怪又俏皮。

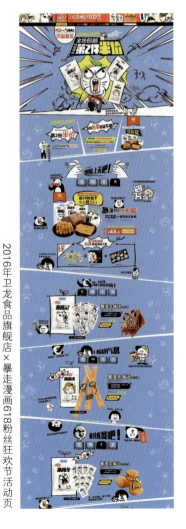

2016年卫龙食品旗舰店×暴走漫画618粉丝狂欢节活动页

2016年卫龙食品旗舰店618暴漫大辣条PC端店铺首页

第30章 手绘在专题页设计中的运用

◆ 怀旧风格：低饱和度＋扁平化＋时代特有的元素点缀。

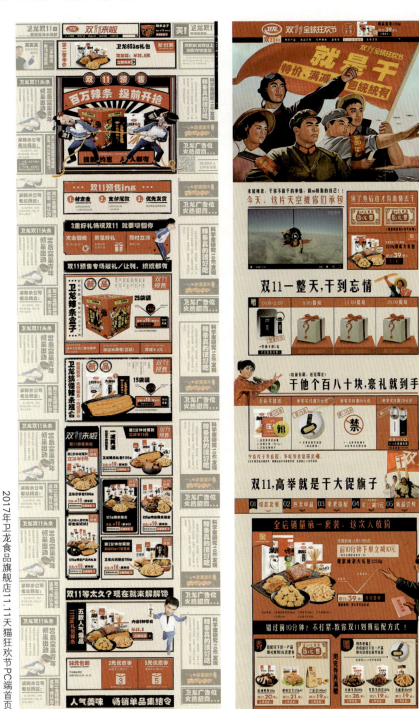

◆ 年味儿：低饱和度＋场景感＋春节过年特有的元素点缀，给人一种温馨而又充满回忆的节日味儿。

另外春节过年特有的元素无非就是那些，但是二维扁平化的和三维空间层次的感觉是不一样的，比如以阿里2016年的年货节设计举例：

2016年阿里赶大集年货节——插画师FEITUFEI作品

第30章 手绘在专题页设计中的运用

但将这些场景三维转化后，代入感其实更强：

2016年年货节卫龙食品旗舰店预热活动页设计　　2016年年货节卫龙食品旗舰店活动页设计——天猫

◆ 风格对比：以38女王节为例，同样是针对女性用户，但因为女性群体也有不同的性格喜好，所以在38女王节这样的活动设计上，也会制定不同的主题方向，从而在设计表现上也是会有很大差异的，如下图所示：一个简笔画体现趣味，黑色主色调与"黑暗料理"主题相呼应，一个多彩柔和质感体现女性的柔美与贴心，与主题"懂你"相吻合。

2017年天猫女王节卫龙食品旗舰店首页设计　　2016年天猫女王节卫龙食品旗舰店首页设计

第30章 手绘在专题页设计中的运用

另外我们可以再欣赏一些其他优秀店铺的手绘风格作品，比如初语旗舰店、百雀羚旗舰店、阿芙旗舰店、我的美丽日志旗舰店、大宝旗舰店、卫龙食品旗舰店等。

2015年阿芙官方旗舰店女生节PC端店铺首页：低饱和度＋扁平质感＋低明度，低调而又温婉，像极了优雅有内涵的女性形象，如左下图所示。2016阿芙官方旗舰店年货节PC端首页：低明度＋低纯度＋低饱和度＋黑色描边＋五颜六色的扁平效果，可以打造出异域民族风情，如右下图所示。

2016年唯品会百雀羚三生花精美化妆品专场页面：轻质感＋低饱和＋高明度，给人一种明媚又复古的感觉，如左下图所示。2016年百雀羚旗舰店双11全球购物狂欢节PC端店铺首页：轻质感＋低明度＋低饱和度，再加上一些现代化的元素，比如灯带／电子设备后，就有一点混搭的感觉了，如右下图所示。

第30章 手绘在专题页设计中的运用

　　2017年百雀羚旗舰店天猫女王节PC端店铺首页设计：光影质感＋柔和线条＋高明度＋多彩高饱和度，显得梦幻又浪漫，如左下图所示。2016年百雀羚旗舰店618年中盛典预热页——仲夏狂欢：扁平多彩＋大面积暗色，活泼而不腻，低调狂欢有内涵，如右下图所示。

2017年百雀羚旗舰店618理想生活狂欢节PC端店铺首页：达达主义＋合成＋手绘＋摄影＋混搭风，有趣又个性，脑洞大开，颇有女性崛起的意味，与主题"放肆撩吧"相呼应。

2017年大宝官方旗舰店618理想生活狂欢节PC端店铺首页：扁平＋硬朗线条＋高明度＋高饱和度，显得年轻又现代：

第30章 手绘在专题页设计中的运用

下图从左至右分别是初语旗舰店2015年、2016年、2018年的天猫年货节页面，可以看到，当手绘元素从二维平面转化到三维空间层面后，显得更加真实有代入感了，同时手绘场景搭配真人出镜也比纯手绘更能突出产品。

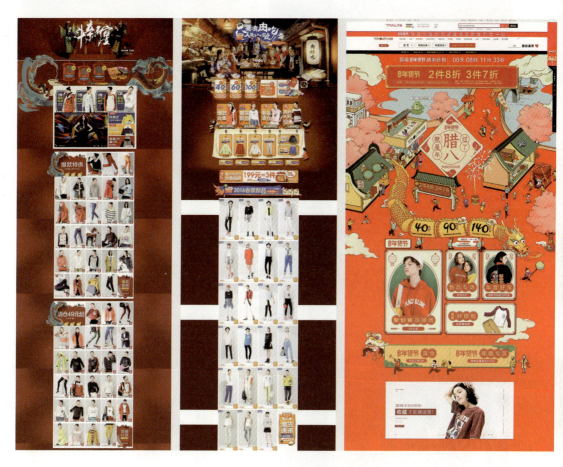

以上先列举这些，其他还有很多对比效果大家可以自行去总结发现，总之，从不同手法／维度／色彩明度／色彩饱和度等方面都可以自由创作出多种不同的效果，从而满足不同的设计需要。

4. 注意事项

首先是整体的手绘风格要与主题要求的气质保持一致，其次，页面的元素与元素之间风格要保持一致。

比如下面这两种手绘页面，无论是色彩明度／饱和度／空间层次／气质／质感等都是完全不一样的，它们之间的元素也就无法互换或混合使用：

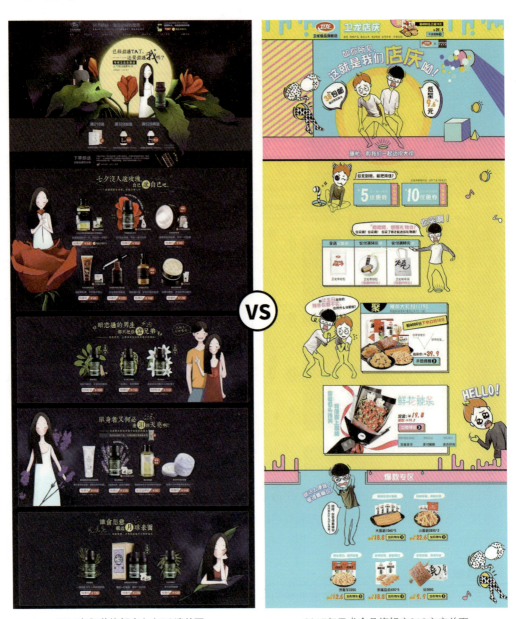

2014年阿芙旗舰店七夕PC端首页　　　　2017年卫龙食品旗舰店818店庆首页

第30章 手绘在专题页设计中的运用

而下面这两种却可以，因为气质相符啊，你们可以感受下：

2017年卫龙食品旗舰店天猫女王节PC端首页　　2017年WIS旗舰店天猫女王节PC端首页

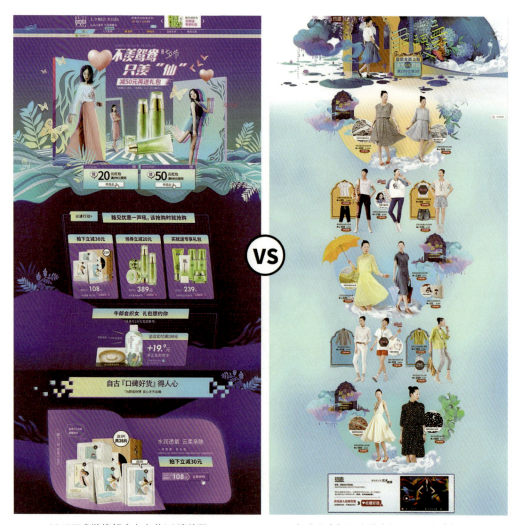

2017百雀羚旗舰店七夕节PC端首页　　　　2015年唯品会初语女装专场——唯品会初语旗舰店

30.5　各国手绘页面欣赏

我们可以一起来看下韩国／日本／中国这些不同国家的手绘页面分别有什么不同点。

第30章 手绘在专题页设计中的运用

韩国的手绘页面,特别善于添加一些用于点缀的手绘元素,显得特别俏皮可爱:

emart mall (ssg.com) 成立21周年烛光活动页面

2014年常青藤俱乐部(www.ivyclub.com)小吃5兄弟宣传报

这么设计能热卖
融入运营思维的电商设计进阶宝典

emart mall (emart. ssg.com) 纪念感恩节活动页面

emart mall (emart. ssg.com)页面

第30章 手绘在专题页设计中的运用

日本的手绘页面，要么非常小清新，要么很重口味热血或搞怪：

2015「午后二时半」2ndhandtoyswap Summer Event Poster & Sticker「我怎么会买了这种鬼东西」二手玩具交换「宣传海报——Ronn Chen & Fisheep Tung出品

女神异闻录5——官方网站（http://persona5.jp/）版权所有：ATLUS SEGA保留所有权利

也可以很可爱：

日本网站nekop.jp猫投手官网首页

非亚洲国家的一些手绘页面，可以去behance看下，要么明亮／简约／时尚：

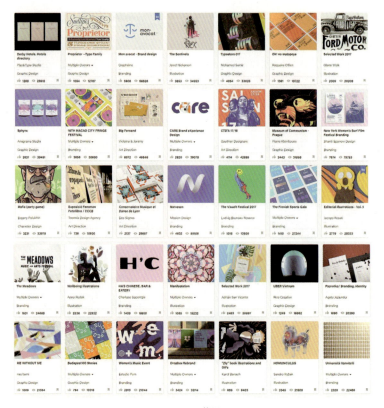

Behance截图

要么带点英伦风的感觉:

FFMM（Frankie Fenner Meat Merchants）每周邮件宣传广告

Gnosh网站（//www.gnosh.co.uk/）页面

当然他们有时也特别脑洞大开，甚至觉得怪异：

至于中国的一些手绘页面设计，我感觉好像有千万种可能，大概是因为中国文化博大精深的缘故吧，吸取了来自世界各地的精华，好像没有什么不可能的：

M ONLINE DEPARTMENT STORE "MODS Gone Mad Sale"活动广告——DRAGON INK 出品

初语旗舰店9周年店庆首页

2016年百雀羚旗舰店《百雀归来 鱼跃棠开》活动页面

第30章　手绘在专题页设计中的运用

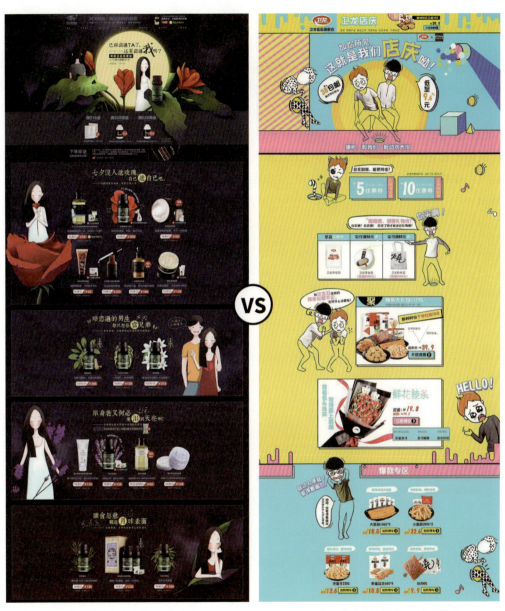

2014年阿芙旗舰店七夕PC端首页　　　　2017年卫龙食品旗舰店818店庆首页

太多太多了，我就不一一举例了，总之没有你想不到手绘风格或形式的就对了，现在不是流行借鉴／跨界／混搭吗，大家也可以试试的。

总结

  其实不知道大家发现没有，随着互联网的普及，这也就方便了人与人之间／文化与文化之间的传播交流，世界各地的设计风格都在互相影响和借鉴着，古代传统与现代的结合，国外和国内的结合等，人与人思想之间的差异也碰撞出了各种火花，从而创造了各种可能，使得我们的设计越来越多元化了，没有那么局限了，而往往局限我们思维的是我们自己而已。

  不管怎么样，一张手绘页面体现的是设计师的文化储备＋想象力＋手绘执行力＋色彩构成＋平面构成＋营销定位等各种知识把握能力的综合体现，还挺考究功力的，总之，学无止境哇！

第 31 章　合成在电商设计中的运用

我在电商设计师中发现一个现象，很多人，尤其是很多店铺新手，拿到一个设计需求后，第一反应不是分析需求适合什么效果和样式，而是直接玩合成，为什么？因为他们觉得合成效果很炫酷，觉得合成是件很容易的事，其实这就有点本末倒置了，在这种思想下产出的成果往往也不是设计，而是炫技。

那做设计的正确思路到底是什么样的？到底什么情况下才适合玩合成效果？合成在设计中到底该怎么玩？针对以上问题，我们开始本章的学习。

31.1　做设计的正确思路到底是什么样？

要想知道合理的设计需求是什么样的，那你就先得知道为什么会有这个设计需求。

先看一个活动的流程：我们一般是先有活动目的，然后根据活动要达到什么目的效果来确定定位方向，再根据定位方向和想达到的效果出策划方案和文案，有了文案以后才有设计需求。

也就是说你的设计结果最终是要传递正确的定位信息和合适的氛围给目标用户的，而设计的形式和创意也都应该围绕着这个文案和活动目的来，比如刚过去的京东618某会场的页面设计。

我们可以来分析一下需求：

- 目的：平台年中去库存／刺激全民消费从而积累资金发力／培养用户忠诚度。
- 定位：所有有购物需求的人。
- 氛围要求：要热闹／要嗨／要给人有档次的感觉的同时又要有亲和力，目的是包容和吸引各种层次群体的购物需要。

我们再来看一些基本的设计规则：

- 排版：无非是居左／居右／居中等等。
- 色彩：无非是单一色／多彩色／无彩色／渐变色／同色系／冷暖色／撞色。
- 形式：无非是错叠／穿插／对称／斜对角／特意／对比／重复／分离／拼接／混合／剪切等。
- 执行：无非就是通过手绘／建模／合成／摄影／手工等等各种技能形式的配合来玩构图。
- 创意要求：无非就是要吸引眼球／要特别体现平台的调性等。

以上所有这些规则任意排列组合也便有了成百上千种设计创意，所以最终跟我们要的活动定位相符的设计结果肯定也就不止一种了，设计师可以结合自己的擅长点／客户的喜好／用户的喜好／项目时间长短来综合评判给出一个设计方向。

所以最后你能看到呈现在你面前的最终设计结果，其实也不一定就代表它是唯一的或最好的，可能它也有很多其他的呈现方式，只是大家最终敲定的是这个创意方向和结果罢了：

2017年京东618全民年中购物节京东超市主会场页面

总之，做设计首先是要有一个正确的思维方向，然后假想你手里有很多种武器，你需要在有限的时间内挑选出你最擅长的一种武器或几种武器配合来使用的，从而达到需求方想要的目的。

接下来，我们回归到这次着重要讲的关于合成的知识点及运用吧！

31.2 合成

一提到合成，你们脑海里肯定都是这种画面：

第31章 合成在电商设计中的运用

杰视帮出品

但百度百科对合成的释义是这样的：合成是指由几个部分合并成一个整体。

所以接下来我举的一些例子，估计会颠覆大家对于合成的认知。因为根据合成的释义，其实右面这种是不是也属于合成（C4D建模＋摄影）？

这种照片是不是也属于合成？（多张摄影照片合成）

白无常出品

473

这种是不是也属于合成？（多素材堆叠成一个形状）

2017天猫双11全球购物狂欢节依云官方旗舰店品牌海报

这种是不是也是合成？（图形元素和商品摄影素材的合成）

这种是不是也是合成？（摄影素材的合成）

2015年京东618品牌期活动页

第31章　合成在电商设计中的运用

这种蒸汽波风格的是不是也属于合成？

2017年淘宝新势力周蒸汽波风格Banner

还有你们平时在QQ群、微信群里发的一些搞怪PS表情，其实也属于合成。因为合成就是指几个部分合并成一个整体。

那为了让大家更好地认知合成，我们接着来欣赏一波国外合成大师的作品。

475

Behance上的牛人Mike Campau的合成作品

我们会发现,合成其实也分种类和实现方式的:

1. 几张摄影图片拼接合成

见P473页图。

2. C4D建模+摄影+素材

(湖南卫视《我是歌手》节目宣传海报——白无常出品。《我是歌手》是中国湖南卫视从韩国MBC引进推出的歌唱真人秀节目)

3. 素材+手绘+摄影

创意\执行：UID WORKS 上海（Eversong + Jay 潘<插画> + 周觅daisy<摄影> + Sinn）
创意出品：UID WORKS
游戏品牌：勇者大冒险
版权所有：腾讯游戏
项目监制：TGideas

4. 图形+素材+摄影

还有一些比如手工＋摄影＋手绘等等，这么看来，其实基本上任何技法或元素的组合拼接运用都可以叫做合成。

31.3 合成作品都有哪些特点？

观察发现，优秀的合成作品都有以下特点，我从功能层面和技术要求方面给大家总结一下：

31.3.1 功能层面的特点

脑洞大开吸引眼球／直观表达意图／场景代入感，比如下面这些：

用了这罐调料，相当于请了一个大厨：

一半身处卧室，一半深处户外，呼应"穿越时空出去嗨"：

2013年Del Monte产品宣传广告——BBDO，Indonesia出品

2015年《爸爸去哪儿3》首款人物宣传海报

还有下面这些，你们自行想象一下：

杰视帮出品

【小猪版纳】22周年庆电商手机端项目——杰视帮出品

31.3.2 技能要求层面的特点

好的合成需要掌握的知识很多，比如构图协调／光影巧妙／透视统一，找到合适角度和主题的素材也是个技术活，然后将不同元素拼接在一起。

很多科幻冒险类的电影海报在光影的运用和构图方面都是运用得比较好的，给人惊险神秘莫测的感觉：

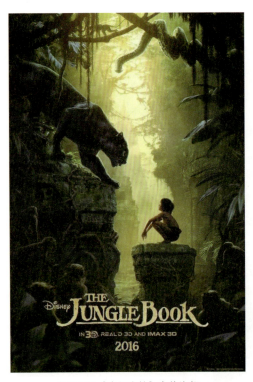 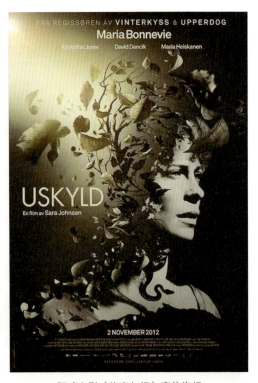

美国电影《奇幻森林》宣传海报　　　　　　　挪威电影《往事如烟》宣传海报

31.4 合成在电商设计中该怎么玩？

首先，电商设计其实涉及的范围非常广，但不管它范围怎么广，从服务对象来看，归根结底就两类，一类是为平台服务的，另一类是为店铺服务的。

- 服务于店铺的：比如详情页／主图／Banner图／首页／活动专题页／店铺承接页／海报等。
- 服务于平台的：分为营销类的页面设计和UI方面的页面设计，我们这里主要讲营销类的页面设计，比如Banner图／活动专题页／主会场页面／分会场页面／H5页面／品牌设计／海报等等。

其次，鉴于合成的特点就是脑洞大开吸引眼球／能直观表达意图／场景代入感强，而且合成的形式也是多种多样的，所以不同的合成形式适用于不同的电商设计需要，以下分别举例说明。

第31章 合成在电商设计中的运用

综合平台大型的电商节，比如双11和618这种，就比较适合这种图形+模特／商品素材（模特素材）的合成方式：

2017年京东618全民年中购物节京东超市主会场页面

原因有二：一方面是方便不同水平的设计师按图形或色彩元素做视觉延展用，另一方面是因为活动的目的需要，看到页面的时候能躁动起来，要让消费者感觉很热闹很时尚很丰富多样，更有购买冲动。

而平台的小型电商活动，不会涉及多个页面视觉延展的问题，所以可选的方案就多得多，基本是任意玩了，能达到活动目的就行。

平台H5活动页面，因为技术越来越成熟，所以也是没有什么限制的，比如2016年的双11H5活动页，也是首次用到了大量的素材合成+手绘做出来的：

2016年天猫11.11全球狂欢节H5活动页《天猫双11，穿越宇宙的邀请函》——VML广告公司出品

平台Banner，也大多是这种比较简洁时尚的图形＋模特＋商品的形式，如下图所示：

2016年天猫新风尚会场Banner

经常看到很多老师会教学生做这种实景素材拼接的合成效果，其实在平台里的设计师真的很少会用到这种比较全写实的合成效果，这种店铺里的设计师做得比较多，培训班也喜欢教学生做这种效果：

杰视帮出品

第31章 合成在电商设计中的运用

而你们仔细观察会发现，平台设计师就算用合成效果也不会是全实景或实物的，而是会在里面加入图形元素或一些色彩渐变之类的，这就比全实景合成效果看起来会更加时尚有调性，而且也像前面说的，更加便于其他设计师修改做视觉延展。

蒸汽波也是一样的，实物＋图形混搭使用。

2017年淘宝新势力周蒸汽波风格Banner

2015年天猫新风尚好像也是首次加入了一些实物在页面里，当时觉得还挺有新意的，因为以前基本只是玩图形元素而已。

2015年天猫新风尚海报

我这里有一个可能不太成熟但又忍不住想说的建议,如果你是店铺设计师想要去平台发展的话,最好不要仅仅只展示实物合成类的作品哦,因为面试官可能一眼就知道你是店铺出身或者从培训班里出来的,可能会有点介意你没有相关平台工作的经验从而不会录用你。

店铺活动首页或专题页,其目的就是要吸引眼球要脱颖而出,而且店铺之间设计师的水平相差挺大的,你的创意很赞就很容易脱颖而出了,至于怎么玩其实也是随意了,比如阿芙的:

2014年阿芙官方旗舰店"9.9周年庆"PC端首页

第31章 合成在电商设计中的运用

而店铺详情页，因为是要介绍产品用的，所以合成在这里用得特别多，而且往往是渲染产品功效／工作原理类或者给消费者场景代入感的合成效果。

比如下面这个画面就给骑单车爱好者传递了一种"用了我们家产品骑单车就会有一种野马奔腾的快感"的意味：

下面这种合成效果在一些食品或护肤品的详情页或首页里也经常用到，仿佛把他的原汁原味给呈现出来了。

zoli运动旗舰店——杰视帮出品

2014年HEINZ亨氏番茄酱广告

当然了，这个其实不管是用合成＋摄影还是用C4D建模渲染都可以做出来的，总之工具不是最重要的。

HEINZ亨氏番茄酱2013年的这一组海报也很直观有创意：

2013年HEINZ亨氏番茄酱广告——埃及Leo Burnett广告公司出品

总之，平台的设计师更多的要考虑兼容性、包容性和平台的品牌调性，所以也就决定了他们即使玩合成效果也不会玩这种大自然风的，而是以抽象一点的设计形式为主。

31.5 玩合成的难点在于什么地方?

玩合成考验的是如下能力:找到合适角度的素材／处理成统一光源／透视统一。
素材之间的衔接要自然／玩构图。

我从一位面粉(专属于公众号"做设计的面条"粉丝的一种称呼)那里要来了一张她的合成作业,可以给大家看看:

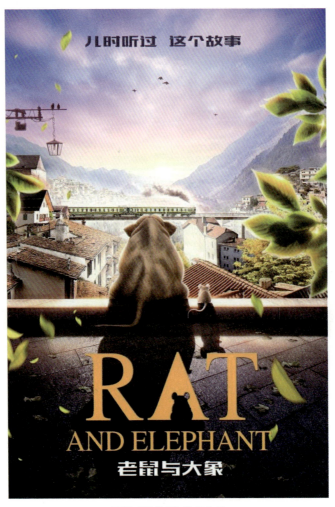

面粉"样佛爷"练习作品

第31章 合成在电商设计中的运用

这个合成作品有哪些问题呢？为了方便指出问题，我把它变为黑白稿看下明度，如左下图所示。你会发现，这个画面的视觉焦点在天空这一块，如右下图所示。

可惜这一块却什么都没有，只有很亮很亮的一块空白，所以观众会不知道这个画面要表达什么。

出现这种情况的根本原因在于：

❶ 整体画面光源不统一，到处都很亮，暗部太少，所以无法将视线聚焦在主角身上。

❷ 画面中缺少一个主体，干扰元素太多，元素之间缺少对比，比如远近对比／大小对比／繁简对比。

❸ 没有想清楚这张海报要表达的意图是什么，是想表达远方？还是表达友谊？还是表达一种温情呢？

针对以上问题，这里有几个解决方案：

方案一： 以表达远方为主，寓意理想，那么可以将大象和老鼠下移，将远景那些房屋缩小继续弱化下去，前景的叶子都可以去掉，让画面保持干净整洁，拉开远景和近景的层次，然后将文字挪到天空那里，再整体统一只要一个前上方的日出或日落时间段的光源，打造逆光效果。

类似下面这样：

电影 Kubo and the Two Strings 宣传海报　　2012年美国电视剧 LONGMIRE（中文译名：西镇警魂）宣传海报

如果你非要加一些树叶或藤蔓，那么也可以这样，四周要暗下去，中间亮起来，达到视觉聚焦的目的，如左下图所示。

方案二： 海报以突出主角和友情为主，那么可以将现有大象和老鼠放大至少一倍，整体下移，同样要将远方的房屋缩小继续弱化处理，然后前景的叶子需要更通透一点更精致一点，即便是阳光比较强烈的逆光效果，叶子的边缘也不该是现有的这样哦，感觉自带外发光了。

找了一个参考案例，比如下面这样的构图／大小比例／光线，也许更合适，如右下图所示。

纪录片 Monkey Kingdom（中文译名：猴子王国）　　美国电影《奇幻森林》（中文译名：奇幻森林）宣传
宣传海报　　　　　　　　　　　　　　　　　　　　　海报

再一个，画面中出现一条贯穿海报的水平线貌似也有点太僵硬和突兀了，造成视觉干扰，如果能换成稍微柔和点的线条就好了，比如这些山石／草地／泥土／不规则木棍。

总结起来就是，玩这种场景合成并没有那么容易，除了要有创意和找合适的素材以外，你的画面中最好是要有近景中景远景／有主体／有故事／抠图要干净／光源要统一／有光有影／有明有暗等。

31.6 我对合成的看法

总体来说，不要盲目陷入到某一种技能里无法自拔，其实你有很多方法达到目的只是你没发觉而已，该不该采用合成的设计形式或者使用何种合成形式应该依据你的设计目的而定，而不该只是因为觉得合成很酷却不去考虑设计目的。

合成并不是新手一下子就玩得来的一种技能，它考验的是你的观察力／想象力／透视原理／光影原理技巧／找图技巧／修图等等方面的综合能力，基本功不扎实的话就很容易显得假或不伦不类。

第 32 章　C4D 在电商设计中的运用

目前设计界主流的一些技能方向无非就是手绘／摄影／合成／C4D／手工等，关于手绘／摄影／合成／手工等技能在设计当中的运用在前面的章节中已经提到了很多，那么本章将会侧重讲C4D在（电商）设计当中的运用。

32.1　C4D为何会如此受追捧？

从我的观察来看，C4D之所以现在这么受追捧，主要有以下3个方面的原因：

1. 头部设计师的推动分享

目前各种C4D作品给我最深的印象就是三维立体／炫酷／灵活，但其实作为一名工业设计出身的电商设计师来说，三维立体效果我是一点都不陌生的，毕竟当年我的Rhino三维建模＋Keyshot渲染玩得也是不错的，只是一毕业我就从事了UI设计所以就弃用了，那时候是2011年。

而我真正接触电商设计是在2012年，记得有一次我特地想利用一下我的三维建模优势做了一个立体效果的字体设计专题页，最后被我的导师批得很惨说立体效果已经过时了很低端，让我不要使用这种效果，从此以后我就再也没用过三维软件，老老实实玩PS玩扁平和轻质感的设计效果去了。

可没想到这两年三维立体效果又火起来了，其实这种现象跟时尚圈是一样的，设计／时尚这些东西永远都是互相借鉴／风水轮流转的，比如在中国标志性的农民工行李袋被国外一些大品牌借鉴去一改造，居然摇身一变成了抢手的时尚宝物了：

中国几元钱一个的搬家袋打包袋

CELINE2013年秋冬款服装，摄影师 Juergen Teller，超模Daria Werbow

Louis Vuitton 2007年春季款手提包

而你现在觉得好看的效果也许突然就过时了,然后过几年稍微改改又成了新流行,比如原本是有些乡土气息的东北大棉花袄,设计师胡社光却把它设计成了明星张馨予走第68届戛纳电影节红毯的礼服,之后意外地在国内外掀起了一股时尚风潮。

而决定一件东西是流行还是不流行的往往就是那些少数有话语权或号召力的人,设计圈跟时尚圈也是一样的情况,越是头部的设计师就越爱逛一些比较尖端的网站或论坛寻找灵感,比如他们很早之前就会去逛behance等国外的网站学习比较前沿的设计知识,然后又会把这些知识分享到国内,所以C4D受追捧绝对少不了站酷/各个设计大神或知名公众号自媒体的宣传传播的,包括各种培训机构也起到了一些推波助澜的作用。

比如先有站酷推荐设计师Edisonwong7的这几个Ai教程:

设计师Edisonwong7的站酷主页截图

第32章 C4D在电商设计中的运用

然后这种效果在设计圈里引起了不小的反响,之后大家纷纷发现用C4D做出类似的效果同样大受欢迎:比如站酷推荐设计师白无常的C4D教程,再之后又有站酷推荐设计师tczhang的C4D教程:

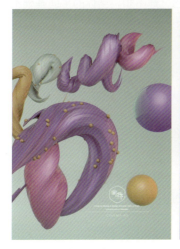
白无常出品

设计师tczhang站酷主页截图

当然还有站酷推荐设计师灰昼前辈的C4D教程影响力也巨大,总之以上所有这些效果又被各大电商平台借鉴应用,这样一来互相影响,它在整个设计圈的影响力和热度也就起来了。

2. 功能确实强大

虽然以前我提到过,同样一个页面我们其实有很多种方式和技能去实现,比如摄影/手工/合成/C4D建模/手绘/PS等等当中的一种或几种都可以,但很现实的是:

对于很多店铺来说,很多小作坊式的店铺往往经费有限,人力也有限,产品要上新就涉及产品拍摄和页面设计,而你要他经常花钱去特地买一些拍照道具或去搭建场景是不太现实的,而C4D几乎能把设计师想到的任何场景或画面都建模渲染出来,这样自然也就节省了成本,当然,前提是设计师会用这个软件。

另一方面,因为这个软件并不是人人都会的,所以如果你会用而别人不会,整个页面的视觉感受就会大不一样,有可能更容易脱颖而出,从而提升页面点击率或销量。

对于很多设计师来说:一部分设计师是真的觉得它好用好玩强大,并去学习运用到自己的工作项目当中，比如你用PS画一个立体效果至少需要画三个面然后还要画好几层阴影，可是人家三维软件拉伸一下再打个光或贴个图，一个逼真的三维立体效果就出来了。

而有一部分设计师其实只是为了跟风或在朋友圈炫耀而已，殊不知，当你的平面基础不打好，你的创意能力不去培养，三维软件用得再溜也救不了你。

32.2　C4D运用在哪些地方？

不管怎么说，事实证明C4D还是有它存在的价值的，那么它的运用范围到底有多广呢？我们可以通过一些实例来看一下。

看到这里，我们先看下一个最完整的Banner设计以及专题页设计所包含的元素有哪些：商品／模特／文案／LOGO／背景／点缀元素（当然了以上所有元素可能只需要包含至少一个就够了）。

接着看一下专题页组成要素：头部Banner + 至少1个楼层模块 + 背景 + 氛围点缀：

弄清楚了这些组成要素后，我们会发现，其实这些组成元素全部都是可以通过C4D来实现的，无论是标题文案／模特商品／背景／点缀元素还是LOGO等，下面举例来说明下。

第32章　C4D在电商设计中的运用

1. 标题（字体或数字的设计都可以运用）

《阿里巴巴"天猫520亲子节"主会场设计》——白无常出品

2. 商品图（其实很多包装设计还有修图都是建模完成的）

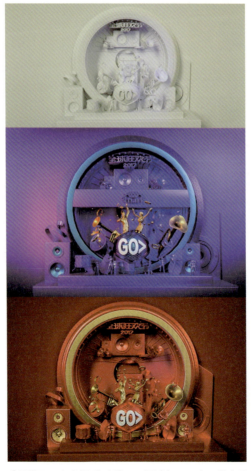

《天猫双11主会场 移动端入口设计》——白无常出品

3. 点缀元素（也就是做氛围渲染和点缀的元素）

下面这种扭曲的围绕着标题缠绕的线条就属于氛围点缀元素，具体的关于点缀元素的讲解和运用可以去目录翻看"Banner点缀元素的运用！"相关章节。

苏宁易购2015年超级吃货节——白无常出品

4. 场景搭建（背景设计）

2017年天猫新风尚artmi旗舰店PC端专题页

不过这里需要说明几点：

❶ 我这里只是给大家讲解和介绍C4D在电商设计中的运用而已，不是手把手教大家学习C4D的，所以我这里没有具体的C4D学习教程提供给大家。

❷ 无论你是用何种方式实现你的页面效果图，基本的平面构成知识以及色彩构成知识等等都是通用的，可以在本书目录查找相关内容。

32.3　C4D适合用在什么类型的电商页面中呢？

前面讲解了C4D能运用在什么设计中，接下来要阐述的是，C4D能实现的一些效果适用于哪些类目哪些类型的电商页面中，而又因为C4D是几乎任何效果都可以实现，比如折纸效果／金属质感／玻璃水晶／毛绒塑料水滴质感等等，所以我将主要从以下两个角度来说明。

1. 平台vs店铺

平台的活动页设计，比如男装节／女人节／618／双十一／双十二／年货节等等，这些比较大型的活动设计往往会分多个阶段或多个分会场，然后整个所有的设计在视觉上要有延续，其目的就是为了保证视觉统一，这些页面加起来估计有好几十个或上百个页面都有可能，所以需要很多人配合完成，这也就要求所有页面都能方便其他设计师去修改，所以你会发现其实这种大型活动设计最多也只是某一个或几个会去使用三维效果，大部分还是一些手绘或玩构成的效果，毕竟所有的设计师基本都会PS，但不一定所有的设计师都会C4D了。

2017年京东618全民年中购物节京东超市主会场页面截图

第32章　C4D在电商设计中的运用

单击头图Banner下方的两个小广告图，品牌狂欢城这个使用了C4D，而另一个没有使用，但是延续了这种类似溅起的水花一样的图形：

2017年京东618全民年中购物节品牌狂欢城活动页

2017年京东618全民年中购物节618血拼攻略——京东全品类专题活动页

但是店铺的话，除了一些发展得比较好的电商品牌也会有这种平台的玩法以外，大部分还是跟着平台活动走的，比如618来了，要做一个店铺的618活动页面，你就不需要去考虑什么风格延续的问题了，只需要按自己店铺的需要设计就可以了，用C4D或其他任何你能实现的效果都可以，但是平台LOGO肯定要出现的，还有618这个关键词肯定也是要出现的，毕竟是相当于蹭热点，可以带流量的。

2017年天猫618理想生活狂欢节天之眼旗舰店PC端首页

2. 类目vs风格

依照目前的情况看,只要你不是走温情或纪实路线(更适合用摄影的方式表现),其实基本任何风格都可以用C4D实现,比如:

第32章　C4D在电商设计中的运用

炫酷科技： 适合数码科技或男性化的产品，比如天之眼旗舰店：

2016年天之眼旗舰店聚划算Banner

霓虹灯效果： 适合想要打造party氛围的活动，其实吃、喝、玩、乐、住、用、行任何品类和品牌都可以玩：

2017年大宝官方旗舰店双11全球狂欢节PC端首页

前卫另类： 适合任何有趣时尚好玩的品类或活动：

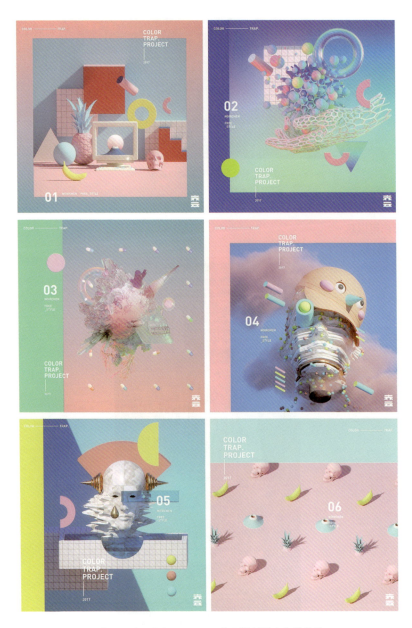

#Freestyle# Color-trap——赤云社创始人灰昼作品

第32章　C4D在电商设计中的运用

卡通Q版：适合母婴零食及生活家居还有任何可爱定位的类目等，而且C4D很便于做动画，使得页面更加灵动不呆板：

2017年5月9日小米官方旗舰店小米天猫超级品牌日首页

小清新： 适合任何外观气质定位比较小清新的产品：

2017年七夕节——叶子官方旗舰店预热二级页

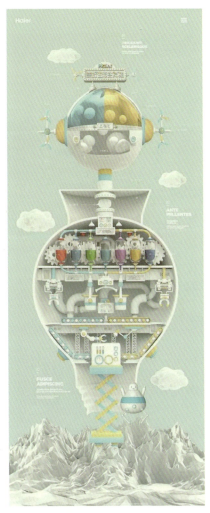

海尔《美好生活实践机》H5页面

虚实结合： 适合服装美妆鞋帽箱包等任何想走时尚路线的类目（比如场景是建模渲染的，人物是真实的）：

第32章 C4D在电商设计中的运用

2016年母亲节百雀羚旗舰店页面设计

还有很多，比如怀旧的／浪漫的／复古的／有趣的等等都可以实现，主要在于材质／贴图还有整体配色构图意境的打造，只有想象不到的，没有它不能实现的。

32.4　我对C4D的看法以及应对方法

时代一直在变化，新的软件一直在出现，也不知道哪一天我们用的某个软件突然就被淘汰或没有用武之处了，就好比曾经是网页三剑客之一的Flash就因为HTML5的出现而基本被淘汰了，再比如电商的出现挤压了线下市场的生存空间，从而导致线下平面设计从业者的生存空间也变窄了，而互联网设计师的机会却变多了，所有这些现象对我们来说都是一种警示，所以我也有以下几点看法和建议可以跟大家分享：

❶ 不盲目跟风

作为一名设计师，要明白自己吃饭用的最基础的软件当然还是PS了（当然也有人在继续使用cdr／Ai等做页面设计），但无论是PS还是手绘或者会C4D，这些都只是工具而已，有的人用PS照样可以实现任何他想要的效果，只是有些花费的时间可能要长点，所以心态要放好，不盲目跟风，重要的是能掌握属于自己的一技之长。

❷ 不能拒绝学习

虽然我们不盲目跟风，但是也不能拒绝学习，因为有几个很现实的问题摆在那里，一方面中国最大的电商平台都是阿里巴巴家族的，某种程度上来说电商设计的风向标是掌握在他们手里的，但是他们并不会拒绝学习，你从历年来他们各种设计方面的尝试和创新就知道了（比如最新的蒸汽波也是他们首次运用于电商设计中），他们一直在学习，如果他们某天也将C4D作为一种重要的工具，而你所在的店铺又是依附于他们的，那么你也就不得不跟进他们了。

❸ 打好基础是关键

平面功底不扎实，三维软件用再溜也枉然，所以如果你发现自己即便是学了C4D，做的东西始终看着不对劲又不知道怎么改的话，不妨还是先把平面构成／色彩构成／立体构成／素描基础中的三大面五大调／透视原理等等理论知识巩固一遍再说吧。

第32章 C4D在电商设计中的运用

我就拿2016年和2017年的618LOGO设计做个举例：

2016年京东618会场页面设计

2017年京东618LOGO

很多人都好奇这效果是怎么做出来的，但其实很多方式都可以实现，比如用Ai或PS画，再或者用笔刷手绘都是可以实现的，用C4D当然也可以实现，但其实这种效果用橡皮泥也能捏出来，不信我给你们示范下：

第一步：先取几根色彩斑斓的软陶泥或橡皮泥：

第二步：完成。

你们看，一个鲜活的2016年京东618就这么捏出来了，接下来我再示范一遍如何用橡皮泥捏出2017年的京东618活动LOGO：

第一步：仍然是取出几块色彩斑斓的软陶泥或橡皮泥：

第二步：把它们放在一起揉搓，于是得到下面这种效果：

于是，一个鲜活的2016年京东618和2017年京东618就出来了～神不神奇？

以上我只是玩了十几分钟的泥巴就玩出来了，所以你们看，工具真不是最重要的！

让创意 发生

创意设计

为设计 发声

/

ZCOOL 站酷
www.zcool.com.cn

扫一扫,下载站酷APP
把站酷和酷友装进手机

超80万设计师关注的

庞门正道
泛设计新媒体

扫 码 关 注 将 获 得 海 量 免 费 教 程

这么设计能**热卖**

吴婷 著

——融入运营思维的电商设计进阶宝典

清华大学出版社
北京

内 容 简 介

这是一本关于电商设计的专业图书，不仅教你一些具体的设计方法，还会让你了解电商设计的定义和规范、看到行业现状和了解行业未来走向，最重要的是，本书作为一本设计图书，全面、彻底地融入了运营思维。

本书作者是从业8年的专业电商设计师，本书写作历时3年，全书超过1000页，内容涵盖：电商设计概述、Banner设计组成、设计基础知识、营销思维、电商设计方法论、电商设计技法、电商专题设计、详情页设计、节日专题设计、店铺案例分享与访谈、电商设计师从业指南以及电商设计必须了解的其他专业与非专业技能等。

本书不仅仅是一本工具书，它是由纸质书提供专业系统的电商设计相关内容，如果读者在阅读过程遇到问题，可以到公众号"做设计的面条"寻求帮助。

除了适合从事电商设计工作3～5年的设计师阅读，本书同样适合尚未入行的电商设计爱好者、电商运营人员、店铺老板、产品经理、UI设计师、交互设计师等，可以帮助读者打开思维，奠定基础。

本书封面贴有清华大学出版社防伪标签，无标签者不得销售。

版权所有，侵权必究。举报：010-62782989 beiqinquan@tup.tsinghua.edu.cn

图书在版编目(CIP)数据

这么设计能热卖：融入运营思维的电商设计进阶宝典 / 吴婷著. — 北京：清华大学出版社，2018 (2020.10重印)

ISBN 978-7-302-50434-4

Ⅰ．①这… Ⅱ．①吴… Ⅲ．①电子商务—商业经营 Ⅳ．① F713.365.2

中国版本图书馆 CIP 数据核字(2018)第 123076 号

责任编辑： 栾大成
封面设计： 杨玉芳
版式设计： 方加青
责任校对： 徐俊伟
责任印制： 杨　艳

出版发行： 清华大学出版社
　　　　　网　　址： http://www.tup.com.cn, http://www.wqbook.com
　　　　　地　　址： 北京清华大学学研大厦A座　　　　　**邮　编：** 100084
　　　　　社 总 机： 010-62770175　　　　　　　　　　　　**邮　购：** 010-83470235
　　　　　投稿与读者服务： 010-62776969, c-service@tup.tsinghua.edu.cn
　　　　　质 量 反 馈： 010-62772015, zhiliang@tup.tsinghua.edu.cn
印 装 者： 涿州汇美亿浓印刷有限公司
经　　销： 全国新华书店
开　　本： 170mm×240mm　　**印　张：** 69.5　　**插　页：** 1　　**字　数：** 1302 千字
版　　次： 2018 年 8 月第 1 版　　　　　　**印　次：** 2020 年 10 月第 6 次印刷
定　　价： 298.00 元（上、下册）

产品编号：068778-01

前　言

从业近7年，而我为什么会花近3年的时间来写这本关于电商及设计的书？可能很多人都想知道答案，那我们今天就来谈一谈这个话题吧。

时间退回到2012年，因为机缘巧合，我被电商设计深深地吸引了，于是一头扎进了自学电商设计的海洋里。

在学习和工作的过程中，不知道你们有没有体会过那种感觉，当你喜欢一样东西或者对某一样东西非常着迷的时候，你会发现你可以忍受比平时多得多的痛苦，你能花费比其他事情多得多的时间在上面，而且感觉很快乐。

痛并快乐着，这就是我这些年在电商设计这条路上所体会到的。

每当回想起过往的学习和工作经历，我的脑海里总会闪现出很多词汇，坏的方面比如反复改稿、通宵、被训斥、生病、绝望、争执、打杂、落选、误解等，好的方面比如一稿过、被赏识、成就感、评优、进步、加薪等等。

其实这都是一些很普通的记忆，因为基本每个人都或多或少有过类似的体会，大家都是这么过来的，但对我来说却很珍贵，因为所有这些好的坏的经历才构建了现在这样一个的我。

1. 电商设计的角色绝不止是锦上添花

我曾经也跟很多人的想法一样，梦想着让自己的技术和创意想法达到一定的水平，争取5年后能成为一名顶尖的电商设计师，有着家喻户晓的设计作品，这是我工作了2年后产生的愿望。

带着这种信念，我想我会一直这么做着设计，也许5年，也许10年，或者更久。

直到2015年，我入行电商设计的第5个年头，在做了很多自认为平庸的设计稿后，加了无数个班，改了无数次稿，看到很多同行被一些不懂行却又莫名可以主宰设计该怎么做的人牵着鼻子后，我突然想明白一件事，做出什么样的设计不是设计师一个人能决定的，而是一伙人共同决定的。

我想不能再继续这样下去了，我必须要做些改变了，所以我萌生了辞职以及换一个环境和活法的念头。

我意识到，如果我们的身份永远都只是一个普通的视觉设计师，而与我们接触的需求方如果也将我们定位为一个简单的视觉设计师，他认为自己的权限比我们高人一等，他认为自己所说的任何要求或意见就是权威的话，那我们是不可能真正做出让自己满意的作品的，你也是不太会有机会去接触真正能让你大显身手的作品的，所以，话语权和角色转变很重要。

我也突然意识到不止是我一个人或几个人面临着这种问题，而是整个电商设计行业，基本都是在一种设计被运营牵着鼻子走的环境里苟且偷生着的，对，我用了"苟且偷生"这个词，因为很多人其实确确实实算不上是设计师，而只是运营们、老板们的工具而已，能照抄照搬他们想要的效果就够了。

也有很多人说设计只是锦上添花，以前我懵懵懂懂的时候也赞成过这个观点，但现在我越来越不赞同它了，因为从甲壳虫汽车再到苹果手机，再到特斯拉纯电动汽车的大受欢迎，这样的例子很多，这些例子都可以说明真正的设计应该是可以驱动品牌创造价值甚至颠覆价值和传统大众认知的。

设计绝对不止是锦上添花而已，它应该是跟科技和销售一样重要的角色存在于我们的商业环节中。

设计也绝对不止是一种视觉上的感受，而是在视觉上和心理感受上都能给用户带来美好体验的一种服务或信念，所以，它怎么可以简简单单地就被人定义为锦上添花了呢？我们不必这么看轻自己的价值的。

2. 我们是电商设计师，不是美工

我承认电商设计这一行里确实鱼龙混杂，大家的水平也确实参差不齐，也有很多误认为这一行是门槛最低的，所以只是简简单单会一点PS就大量涌入了进来，造就了很大一批不专业的人，也就是那些可以被任何人呼来唤去，被称作美工的人。

虽然我从来都不赞成电商设计从业者们将自己定位为美工（即使别人经常这么称呼自己），我们自己也不该这样去定位自己，但我们确实还不够专业，需要学习的东西很多，不过依然要记住，我们是电商设计师，不是美工。

但这都不是最大的问题，在我看来最大的问题是我们目前的电商设计是非常低效率的，大量的时间其实都被耗费在了无意义的沟通和反复改稿上，而且电商设计一年到头都在造节，活动越来越多，同行竞争越来越激烈，这几乎让所有从事电商设计相关的人都感到身心疲惫。

前 言

2015年到2016年在深圳的那段时间,很长一段时间里,我除了上班以外几乎都不出门,而是把自己关在出租屋里看书和思考几个问题,我在想,虽然我们爱着设计,爱着这份职业,但:

为什么我们要忍受无意义的沟通和改稿造成的时间和精力的消耗?

为什么互相之间不可以更高效更准确地沟通?

为什么设计师和上下游之间不可以变得更加专业一点?

为什么设计师和上下游之间不能够更加默契和达成共识?

我后来想通了,所有这些问题的症结点就在于大家的目标方向是不一致的,彼此擅长点也不一样,任何一方不理解对方的意思或不够专业都会导致以上问题的发生。

这也是为什么那时候我会开始写电商设计方面的文章,并在站酷上发表,而且我的文章里会涉及运营、策划、文案、用户心理、营销、设计相关方面的知识,我的侧重点不是写软件教程,不是教大家怎么做出一个特效,是致力于科普电商设计相关的知识,提供一种思维和思考方式。

而且我只用非常接地气的语言来阐述我的思想和观点,目的就是为了照顾很多非设计专业的人或其他行业的人,使更多的人能够理解电商设计是什么,该怎么做。

所以我的文章其实不单是给初级设计师看的,也是写给资深设计师、运营、文案策划、销售及老板们看的。

3. 设计师应该去创造更有价值的事情

设计师要懂得的事情其实非常多,这就决定了他必须涉猎广泛,设计师不单单只是考虑排版、色彩搭配、字体设计等等就够了,而是要统筹大局。

我深信往后发展的道路上,电商设计师绝对不能只是视觉设计师而已,也绝对不是单纯只讲求把页面做得好看就可以,而是要有运营和产品思维,懂用户心理;反过来也一样,运营或老板们也需要懂一些设计,也该有审美,这样一来我们才能在项目合作过程中保持统一的目标和方向,理解彼此,从而高效地、准确地做出让彼此满意的设计作品来。

但是设计知识不是那么好掌握的,外行没个5年以上的浸泡是不可能真正懂设计或说出专业的修改见解的,所以需要大量学习,也要有人来科普相关知识。

所以这3年里,我一直在为这个方向努力着,我想通过我的文章来拉近彼此之间的认知差距,为这个行业做一点贡献,从而让每一个小的个体可以更高效、更专注地去工作,把时间花在创造成就感的作品上,为电商们创造更高的收益上,而不是无止境地把时间花费在套版和改稿上。

4. 电商大环境的改善离不开我们每一个人共同的努力

我也很感谢很多不同行业的人对我写的文章的支持，说我打通了他们的任督二脉，除了电商设计师以外，很多还是UI设计师，再或者是销售甚至是我的按摩师，他们这些不同领域的人也都爱看我的电商文章，因为看得懂、看着顺畅，这一点让我很欣慰，让我觉得付出没有白费。

我的想法只有一个，只有整个环境都好了，我们每一个小的个体才会好起来，这是我3年前写过的一句话，今天我依然这么认为，并依然为这句话坚持着。

5. 坚信电商设计是有价值有前途的

我始终坚信电商设计是很有前景的，会越来越好的，它将会成为一种生活必需品一样的存在，因为网购已经成为我们生活中不可或缺的一部分了。我很庆幸我从事的是电商设计，我也依然会继续观察并留在这个行业里，继续着5年，10年，或更久。

为什么我会从事电商设计？一开始我只是为了生计，后来它成了我的兴趣，顺其自然地又变成了我想为这个行业做一点事情，从而帮助我们每一个个体都能更高效有趣地从事电商设计，成为一个有尊严的设计师，而不是别人嘴里的美工和只会照抄不会思考的工具，带着这种信念，也为了便于大家翻阅，我将这3年时间里我所写过的近百篇电商相关的文章集结成了这一本书。

如果这本书能对你产生哪怕一点小小的启发，或让你豁然开朗，那我便觉得足够了，也便是我的荣幸了。

扫码下载本书相关海量psd源文件及更多设计资源

扫码关注"做设计的面条"与作者进行互动讨论

致　　谢

历时3年，这本电商设计书籍终于写完了，这期间我也无数次想到过放弃，遇到困难卡壳了我就会陷入自我怀疑当中，但多亏了我的公众号（做设计的面条）读者（也就是面粉们）直接或间接地给了我很多鼓励，让我意识到这本书的意义重大，所以必须坚持下去。

我的编辑大成老师当初联系我是否有写书意愿的时候，我原本是拒绝的，因为我一开始在网上发表电商文章的初衷就是表达自己的观点和思考，我不认为我有资格去写一本书，我也隐约感受到写书是一件非常耗费精力的事情，尤其是我的文章大都长篇大论，里面涉及到了非常多的图片，光是找图片版权以及作图就需要花海量时间。但是我的编辑说了一句话就打消了我所有的顾虑，他说："写书本来就是一件表达自我思想的事情，读者不需要'学术权威'，读者需要的是接地气的、可以应用到实践的干货，而且你的文章多是长篇，更适合编辑成书让读者在台灯下仔细研读。"好吧，我被说服了，于是答应了下来，可令我没想到的是写书花费的时间比我预期的多了近一倍，一晃就是3年。

这其中尤其要感谢我的老朋友，公众号"庞门正道"的创始人阿门，因为我之所以会从事电商设计也是深受他的影响，他让我感受到电商设计是一份非常有趣并值得深耕的职业，很多职业和设计方面的困惑也都是向他请教，可以说，没有他的鼓励、责骂和督促，也就不会有现在的我以及这本书，所以，再次感谢阿门。

另外，我与站酷主编纪晓亮虽然交流不多，但是他的一段话，让我印象深刻，因为最早我在站酷发表的文章从来没有被首推过，纪晓亮看过以后说：你单篇文章的内容量太大了，而且理论内容太多，作为网文来说，读者对着屏幕啃会比较累，如果加上更多实操案例点评或场景对理论进行稀释解读，读者会更有耐性看下去。这番话点醒了我，从那以后我的文章获得的好评反馈确实也越来越多，文章也终于被首推，感谢纪晓亮。

在写书的过程中，我的思维不断发散，产生了很多新的想法，然后我意识到有些部分是需要其他人合作的，我一个人的力量不够，于是我就去联系了很多店铺的设计负责人，希望他们可以分享一些自己的项目经验给到大家。我联系到了卫龙、初语、歪瓜出品、天之眼、阿芙等诸多品牌表达了自己要写一本电商书籍的意愿和想法，最后一拍即合，于是才有了知名店铺专访部分，还有很多书里引用到的优秀设计稿，没有这些店铺、品牌、设计师的支持我恐怕也是完成不了此书的，所以我对他们的感谢也是不言而喻的。

  我的家人在我写书的这几年里也给我提供了最大限度的包容和支持，我有时写书写到头痛欲裂，是我的家人帮我解决了吃饭、卫生等繁琐的事，才得以让我有一个舒适的创作环境。我经常工作到很晚，难免影响到家人的睡眠质量，但他们对此却毫无怨言，无限包容，所以我想说，我爱我的家人，谢谢你们。

  其他还有非常多的需要感谢的人，我都在下面逐一列出来了，谢谢你们不厌其烦地接受我的采访、询问，还跟我交流心得、一次次地回传文件给我，真的非常谢谢你们对我的帮助和信任。

  下面我就把所有需要感谢的人、公司、团队的详细名单（以下排名不分先后）列举出来，衷心感谢。

需要感谢的店铺及品牌（以下排名不分先后）：

- 卫龙食品旗舰店
- 天之眼旗舰店
- 歪瓜出品旗舰店
- WIS旗舰店
- 我的美丽日志旗舰店
- 一叶子旗舰店
- 劲仔旗舰店
- artmi旗舰店
- 百雀羚旗舰店
- 大宝官方旗舰店
- 三生花旗舰店
- 阿芙官方旗舰店
- 初语旗舰店
- 茵曼旗舰店
- 切糕王子旗舰店
- 高端童装品牌MISSOSE

致　谢

- 迪度旗舰店

需要感谢的公司和团队（以下排名不分先后）：
- 杭州昆汀科技股份有限公司，网址：http://www.hzkunting.com
- 武汉艺果互动科技股份有限公司，网址：http://www.egooidea.com
- 广州当下视觉美食摄影工作室，网址：http://www.nowvision.cn
- 杭州壹网壹创科技股份有限公司，网址：https://www.topwinchance.com
- 北京UIDWORKS，网址：http://www.uidworks.com
- 好东西创意，网址：https://haodongxichuangyi.jiyoujia.com

特别需要感谢的人（以下排名不分先后）：
- 清华大学出版社编辑栾大成
- 天之眼设计总监郭烈颖(Leving)
- 阿芙CEO老杨以及设计总监随风
- 初语品牌负责人慷懒及设计经理叶晖
- 茵曼运营总监方泽圳
- 上海上美化妆品有限公司设计总监徐宝芮Nola
- 站酷推荐设计师JACK（前artmi旗舰店艺术总监 卢杰初）
- 歪瓜出品CEO狐狸以及设计总监L君（刘盈莉）
- 妙手回潮（前好东西）创始人喜凯
- 广州当下视觉美食摄影工作室的九木
- 杭州昆汀科技股份有限公司的部门负责人陶十三&大卫（策划）&王雨栀（设计）
- 杭州壹网壹创科技股份有限公司的设计负责人痞老板（花名）
- 武汉艺果互动科技股份有限公司CEO高明媛（媛姐）以及联合创始人刘威（威哥），还有元老级人物李康、卢勇等
- 心翼互联创始人兼高端童装品牌MISSOSE CEO席溪
- 公众号"庞门正道"创始人庞少棠（阿门）
- 优秀网页设计创始人张鹏（优设哥）

◆ 站酷CCO/主编纪晓亮

特别需要感谢的设计师（以下排名不分先后）：

还有这些设计师也是我着重需要感谢的，感谢他们为我提供设计案例以及牵线搭桥。

字体设计师刘兵克、电商设计师白无常、杰视帮创始人杰克、赤云社创始人灰昼、插画师豆哥、《创字录》作者吴剑、《拍出明星范儿：商业人像摄影实战圣经》作者邓熙勋、站酷推荐设计师neuneuneu、站酷网十大人气设计师之一的EdisonWong7（黄智广），帮我画书本插图的设计师堂妹（叶堂梅）、站酷推荐设计师tczhang、站酷推荐设计师石昌鸿（贵州上行创意品牌设计有限公司设计总监）、站酷推荐设计师amaz1ngwow（前切糕王子旗舰店设计师）、站酷推荐设计师FEITUFEI、站酷推荐设计师清穗、知名插画艺术家王云飞、做了我两个月助手的刘念念以及陈爽、毛笔字写得很好的设计师仝斌等。

另外也需要感谢帮我牵线搭桥的致设计主编金天、巧匠视觉校长远如期、设计师于海鹏、设计师色环（肖威威）、设计师任鸿雪、设计师顺子（林舜萍）等。

最后，再次感谢我的家人、前同事、朋友、模特、可爱的面粉、任劳任怨的电脑，还有我自己，哈！

目 录

上册

PART1
电商设计概述

第1章　电商与电商设计　/　2

1.1　互联网的出现为我们带来了什么？　/　3
1.2　电子商务是指什么？　/　3
1.3　是什么促进了电子商务的发展？　/　4
1.4　电商设计属于什么范畴？　/　4
1.5　电商设计的发展趋势是什么？　/　5
1.6　电商设计师有哪些藏身地？　/　10
1.7　电商设计师需要做哪些内容？　/　10
1.8　如何走好电商设计这条路？　/　13
1.9　写在最后——一些唠叨的话　/　15

第2章　电商设计师　/　16

2.1　服务于平台与服务于店铺的设计师的共同点　/　16
2.2　服务于平台与服务于店铺的设计师的不同点　/　18
2.3　平台与店铺设计师各自的优缺点　/　43

PART 2
Banner设计组成篇

第3章　Banner释义及组成要素　/　48

3.1　Banner的释义和运用范围　/　48

3.2　Banner的组成要素　/　52
3.3　Banner赏析　/　53

第4章　商品图的气质　/　58
4.1　什么是气质　/　58
4.2　体现产品气质的因素　/　60
4.3　药妆品牌　/　67
4.4　总结　/　67

第5章　实战Banner图设计之商品的玩法　/　69
5.1　项目前期准备　/　69
5.2　风格定位关键词　/　70
5.3　Banner图设计实战　/　76

第6章　模特该怎么用　/　91
6.1　为什么会用到模特　/　91
6.2　模特用在什么位置　/　92
6.3　模特该怎么用　/　92
6.4　[实战]模特该怎么用　/　99

第7章　标题该怎么设计　/　107
7.1　从图形设计的角度去理解　/　107
7.2　从质感风格的角度去理解　/　109
7.3　从文字排版的角度去理解　/　114
7.4　从字体气质的角度去理解　/　118
7.5　从色彩搭配的角度去理解　/　120
7.6　文化背景　/　122

第8章　点缀元素怎么玩　/　124
8.1　点缀元素所起到的作用　/　124
8.2　点缀元素的存在形式　/　125
8.3　不同气质Banner中的点缀元素　/　128
8.4　点缀元素的排版形式　/　129
8.5　点缀元素的获取方法　/　130
8.6　运用点缀元素的注意事项　/　133

第9章 背景怎么玩（故事思维做设计） / 135

9.1 大量留白的背景 / 137

9.2 点缀物烘托的背景 / 138

9.3 纹理图案/商品/模特/LOGO叠加于背景 / 138

9.4 实景拍摄 / 141

9.5 合成场景 / 142

PART 3
设计基础知识篇

第10章 电商设计中排版的奥秘 / 144

10.1 平面构成的含义是什么？ / 144

10.2 电商Banner图是由什么组成的？ / 144

10.3 如何在Banner设计中运用平面构成 / 145

10.4 平面构成之于电商Banner的意义 / 160

第11章 电商Banner设计之色彩的奥秘 / 171

11.1 普遍意义上的色彩是指什么？ / 171

11.2 Banner设计中影响信息传达的因素 / 173

11.3 色彩在Banner设计中所起的作用 / 183

11.4 如何在Banner设计中使用色彩 / 188

第12章 玩转电商设计中常用的色彩搭配 / 196

12.1 玩转电商设计色彩搭配之红色 / 196

12.2 玩转电商设计色彩搭配之黑白灰 / 217

第13章 解读设计中的层次 / 234

13.1 动静对比 / 234

13.2 明暗对比 / 235

13.3 大小对比 / 236

13.4 色彩对比 / 237

13.5 虚实对比 / 240

13.6 远近对比 / 241

13.7 繁简对比 / 242

PART 4
营销思维篇

第14章 设计中促销的层次 / 246
  14.1 马斯洛需求层次 / 246
  14.2 促销的层次 / 249
  14.3 聊点别的观点 / 253
  14.4 促销的层次【实战】/ 254

第15章 设计中促销的定位 / 261
  15.1 价格引导型促销 / 261
  15.2 功能引导型促销 / 263
  15.3 情感引导型促销 / 264
  15.4 地位引导型促销 / 265
  15.5 品牌引导型促销 / 266

第16章 设计中促销的火候 / 270
  16.1 不同风格的Banner设计欣赏（重温）/ 270
  16.2 促销类Banner设计实例讲解与分析 / 272
  16.3 决定Banner设计的促销强度的几个因素 / 276

第17章 品牌化与LOGO设计之间的关系 / 279
  17.1 LOGO到底是干什么用的？/ 279
  17.2 商家或品牌LOGO在主流电商平台中的常见运用形式 / 281
  17.3 部分店铺LOGO存在的问题 / 285
  17.4 到底什么是品牌化？/ 289

第18章 从人性的角度解读Banner设计 / 290
  18.1 人性的恶 / 290
  18.2 人性的善 / 296

第19章 电商设计人群定位分析 / 302
  19.1 品质感中带一点亲切感 / 303
  19.2 促销中带一点时尚感 / 303

19.3 简洁文艺中带一点形式感 / 304

19.4 现代中带一点怀旧感 / 305

19.5 现代中带一点穿越感或未来科技感 / 306

19.6 可爱中带一点品味感 / 307

19.7 暗色调中带一点色彩斑斓 / 307

19.8 正经中带一点无厘头或幽默感 / 308

19.9 现实中带一点温情 / 309

19.10 性冷淡中带一点个性奔放感 / 310

PART 5
方法解惑篇

第20章 如何辨别一个Banner的好坏 / 312

20.1 Banner设计常见问题分析 / 312

20.2 如何分析和修改一个Banner？ / 314

20.3 我们为什么会点击一个Banner？ / 316

20.4 如何做出能够吸引人点击的Banner？ / 320

第21章 100种方法教你做出满意的Banner设计 / 321

21.1 目前主流的Banner表现形式有哪些？ / 321

21.2 如何在实际需求中运用这些Banner形式？ / 327

21.3 每种形式的Banner都需要掌握哪些知识点？ / 330

第22章 图片排版在电商Banner图设计中的运用 / 337

22.1 摄影与Banner设计之间的联系是什么？ / 337

22.2 如何分析图片在电商Banner中的运用 / 341

22.3 Banner速成实战 / 348

第23章 点线面在电商设计中的运用 / 353

23.1 点线面 / 354

23.2 实战运用 / 356

第24章 拍一张照片，就能设计成一幅海报 / 359

24.1 照片一［夏日的风］ / 359

24.2　照片二［书写色彩，感动常在］　/　360
　　24.3　照片三［残花］　/　361
　　24.4　照片四［草莓］　/　362
　　24.5　照片五［妈妈的爱］　/　363
　　24.6　照片六［入水的泡腾片］　/　365

第25章　如何分析作品并做出高质量的练习　/　367
　　25.1　如何去分析别人的作品　/　367
　　25.2　发现自身不足并有针对性地去攻克　/　369

第26章　揭秘数字在Banner设计中的运用　/　370
　　26.1　常见的数字元素的设计有哪些？　/　370
　　26.2　有数字的设计需求可以从哪几个角度去思考？　/　372
　　26.3　针对有数字元素的排版设计有哪些方向可选？　/　377

第27章　玩转SALE招牌设计新思路　/　382
　　27.1　圆形聚焦　/　382
　　27.2　商品组合成形　/　382
　　27.3　画框聚焦　/　383
　　27.4　线框环绕聚焦　/　384
　　27.5　背景材质叠加　/　384
　　27.6　手绘或插画风格　/　384
　　27.7　拆解组合　/　385
　　27.8　模特元素化处理　/　385
　　27.9　拟物化　/　386
　　27.10　简洁文字排版　/　386

第28章　Banner设计实战及趣谈　/　388
　　28.1　求助！需求人要我给他做个Banner　/　388
　　28.2　10个Banner实操改稿案例讲解　/　393
　　28.3　手把手教你改Banner！［精讲］　/　405
　　28.4　Banner设计练习题模拟及点评　/　413

PART 6
技法篇

第29章 手绘在Banner设计中的运用 / 422
- 29.1 为什么会用到手绘? / 422
- 29.2 Banner设计中有哪些常用的手绘形式? / 426
- 29.3 手绘一般用在哪些地方? / 430
- 29.4 会手绘的设计师有哪些优势? / 432
- 29.5 不会手绘就做不好设计了吗? / 432

第30章 手绘在专题页设计中的运用 / 435
- 30.1 手绘的优势是什么? / 435
- 30.2 什么品类／主题／节日喜欢使用手绘呢? / 435
- 30.3 手绘常用的元素和场景有哪些? / 436
- 30.4 手绘在设计中的运用及注意事项 / 440
- 30.5 各国手绘页面欣赏 / 462

第31章 合成在电商设计中的运用 / 471
- 31.1 做设计的正确思路到底是什么样? / 471
- 31.2 合成 / 472
- 31.3 合成作品都有哪些特点? / 478
- 31.4 合成在电商设计中该怎么玩? / 480
- 31.5 玩合成的难点在于什么地方? / 486
- 31.6 我对合成的看法 / 490

第32章 C4D在电商设计中的运用 / 491
- 32.1 C4D为何会如此受追捧? / 491
- 32.2 C4D运用在哪些地方? / 494
- 32.3 C4D适合用在什么类型的电商页面中呢? / 498
- 32.4 我对C4D的看法以及应对方法 / 506

下册

PART 7
电商专题篇

第33章　从穿搭技巧看专题页设计的奥秘　/　510
  33.1　专题页设计的作用是什么？　/　510
  33.2　专题页由哪些部分组成？　/　513
  33.3　专题一般都有哪些布局形式？　/　514
  33.4　专题页设计的9大法则　/　521

第34章　专题页设计之视觉推导解析　/　540
  34.1　前期沟通思考阶段　/　540
  34.2　中期执行阶段　/　547
  34.3　后期修改阶段　/　550

第35章　电商专题页设计技巧之视觉推导　/　553

第36章　店铺首页与活动专题页的差异　/　560

第37章　两个专题页实战改稿案例　/　567

第38章　专题页设计模拟练习及点评　/　573
  38.1　开学季主题专题页设计练习　/　573
  38.2　五个开学季主题专题页设计练习点评　/　573

PART 8
详情页篇

第39章　浅谈品牌/消费者/详情页设计之间的奥秘　/　592
  39.1　品牌/消费者/详情页设计之间的关系　/　592
  39.2　不同的品牌，不同的宿命，设计亦如此　/　598

第40章　从人性的角度解读详情页设计　/　600
  40.1　详情页的结构　/　600
  40.2　文案的形式　/　602

40.3　以人性的角度解读详情页设计　／　607
　　40.4　详情页设计注意事项　／　616
第41章　如何打造吸引人的详情页设计　／　621
　　41.1　头图一定要吸引人　／　621
　　41.2　整体风格要连贯　／　627
　　41.3　整体气质要协调　／　629
　　41.4　整体浏览体验要好　／　632
第42章　一个详情页的诞生思路及心得分享　／　636
第43章　详情页设计练习题模拟及点评　／　640
　　43.1　详情页设计练习　／　640
　　43.2　3个情侣表详情页设计练习点评　／　643

PART 9
电商节日篇

第44章　春节主题专题页设计解析　／　656
　　44.1　目前年货节页面的一些现状　／　656
　　44.2　我自己做了一个尝试　／　657
　　44.3　重新认识电商设计　／　660
　　44.4　换几个角度去思考问题　／　661
第45章　情人节主题专题页设计解析　／　673
　　45.1　活动定位　／　673
　　45.2　文案设定　／　679
　　45.3　设计方向　／　680
第46章　三八主题专题页设计解析　／　707
　　46.1　你过的是妇女节/女人节/女王节/女神节/女生节？　／　707
　　46.2　店铺/商品/品牌在3月8日的活动方向　／　709
　　46.3　这五个节日方向有哪些玩法和设计方向？　／　712
　　46.4　其他一些比较另类的38节日方向　／　731
第47章　儿童节主题专题页设计解析　／　733

XVII

　　　　47.1　做儿童节活动的最终目的是什么？　/　734

　　　　47.2　有哪些儿童节的运营玩法？　/　734

　　　　47.3　儿童节文案该如何选定？　/　737

　　　　47.4　如何确定合适的儿童节设计方向？　/　739

第48章　中秋节主题专题页设计解析　/　750

　　　　48.1　关于中秋节的关键词联想　/　750

　　　　48.2　中秋节活动的策划方向有哪些？　/　752

　　　　48.3　中秋节文案大合集　/　760

　　　　48.4　中秋节页面设计都有哪些表现形式？　/　761

第49章　国庆节主题专题页设计解析　/　772

　　　　49.1　国庆节对于不同人群意味着什么？　/　772

　　　　49.2　国庆节活动文案大合集　/　773

　　　　49.3　如何让自己的国庆节活动页面设计脱颖而出？　/　774

第50章　双11主题专题页设计解析　/　784

　　　　50.1　从局部分析是指什么呢？　/　786

　　　　50.2　从整体上分析　/　801

第51章　圣诞节主题专题页设计解析　/　808

　　　　51.1　如何寻找设计方向？　/　808

　　　　51.2　如何做出更具吸引力的圣诞节页面？　/　810

PART 10
知名店铺案例分享及团队专访

第52章　卫龙食品旗舰店　/　832

　　　　52.1　关于卫龙2017年双12的一场页面营销　/　832

　　　　52.2　卫龙幕后操盘手团队采访　/　842

第53章　初语旗舰店　/　848

　　　　53.1　初语2017年双11项目分享及团队专访　/　848

　　　　53.2　初语VI（PPT截图）　/　855

第54章　阿芙官方旗舰店　/　873

54.1　阿芙11周年庆项目分享　/　873

　　　54.2　阿芙设计团队专访　/　880

第55章　歪瓜出品淘宝店　/　884

第56章　天之眼旗舰店　/　894

PART 11
电商设计师篇

第57章　电商设计师自学指南　/　906

　　　57.1　如何自学成为一名有点厉害的电商设计师　/　906

　　　57.2　非科班设计师该如何提高能力和收入？　/　915

第58章　从平面设计转型电商设计该注意些什么　/　921

　　　58.1　平面设计与电商设计的差异　/　921

　　　58.2　平面设计如何转型电商设计　/　923

第59章　五个角度解析电商设计师的价值　/　926

　　　59.1　电商设计师是做什么的？　/　926

　　　59.2　为什么电商设计师做的页面只上线几天就下线了？　/　926

　　　59.3　电商设计和其他设计谁更有价值　/　927

　　　59.4　电商设计师的职业发展方向有哪些？　/　930

　　　59.5　电商设计师该如何正确认知自己的价值？　/　932

第60章　关于电商设计师的8条趋势分析总结　/　934

　　　60.1　少数人会驱动多数人的行为和想法　/　934

　　　60.2　移动互联网的发展带来了更多脱颖而出的机会　/　935

　　　60.3　用户的时间越来越宝贵，你的设计必须要易懂且吸引人　/　937

　　　60.4　思维决定行为，养成做练习的习惯很有必要　/　938

　　　60.5　电商设计师最好能懂一些品牌设计方面的知识　/　938

　　　60.6　电商设计师应该尽量多接触一些类目或风格的设计　/　939

　　　60.7　平台电商设计师切勿变成温水里煮的青蛙　/　940

　　　60.8　电商设计师这个群体的生活现状更像一个"工"字形　/　941

第61章　电商设计师该如何克服迷茫感？　/　943

第62章　电商设计师该如何应对人工智能的威胁　/　947

第63章　关于运营和设计师的那些事儿　/　952

  63.1　运营和电商设计师之间的关系　/　952

  63.2　运营应该如何高效地给设计师提意见？　/　954

第64章　电商设计师求职指南　/　962

  64.1　不同阶段设计师写求职简历的注意事项　/　962

  64.2　辞职的一百种理由　/　967

PART 12
杂谈篇

第65章　揭秘主流电商模式的奥秘　/　974

第66章　网红店铺vs普通店铺的差异　/　977

第67章　主图设计注意事项　/　981

PART 13
设计师成长解惑篇

第68章　迷茫的我们都存在什么问题？　/　990

  68.1　专业技能方面　/　990

  68.2　专业技能以外的　/　993

第69章　设计师该如何正确认知自己的价值　/　997

第70章　设计师应该学会问问题　/　1001

  70.1　求职方面的问题　/　1001

  70.2　技能提升方面的问题　/　1002

  70.3　如何改变现状方面的问题　/　1002

  70.4　为人处事方面的困扰　/　1003

  70.5　职业方向选择方面的问题　/　1004

第71章　新手到高手的蜕变之路　/　1009

第72章　应届毕业设计师如何度过艰难的第一年　/　1012

第73章　哪些性格有助于设计师的成长和提升　/　1015

第74章　什么样的设计师比较吃香　/　1020

第75章　不做美工，做有思想的设计师　/　1026

PART 14
附录

附录A　国内外电商网站及素材网站推荐　/　1032

附录B　全面解读新广告法　/　1039

　　　B.1　新广告法　/　1039

　　　B.2　新广告法限制词语汇总　/　1042

07

PART 7
电商专题篇

第 33 章　从穿搭技巧看专题页设计的奥秘

本章的侧重点是Banner设计的进阶版——专题页设计，因为做好专题页的前提就是做好Banner设计，并且大量做练习，这也是为什么我会在前面那么大篇幅讲Banner设计的原因。

因为爱美之心人皆有之，单纯讲设计你可能会觉得乏味，但是说到服装穿搭与设计之间的关联和奥秘，估计你就不会觉得无聊了，所以我们本章的主题就选定为"巧用服装搭配9大原则，搞定专题页设计so easy！"

33.1　专题页设计的作用是什么？

专题页一般有3类：纯信息展示类／纯卖货类／信息展示和卖货相结合类。

所谓信息展示类型就是，它只是用来展示信息用的，比如谁获奖了／谁又出什么新鲜事情要公布的，谁又要举办什么大型活动了，并且想要告知大家，所以需要做一个专题页公告天下，比如一些影视、音乐、游戏方面的年度盛典专题页设计：

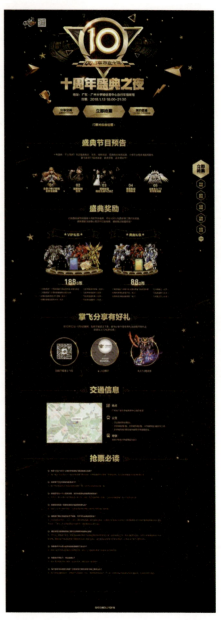

2018年QQ飞车《十周年盛典之夜》专题页

而卖货类型的专题页就比较常见了，比如各大电商平台的活动专题页：

2015年京东海外购Cyber Monday专题页

信息展示和卖货的结合，就是现在比较流行的一种专题页了，相当于一边解说介绍，一边卖货，增加了与用户之间的互动和购买欲望，比如在时尚穿搭／护肤美容／吃喝玩乐等专题里用得较多：

33.2 专题页由哪些部分组成？

虽然我们现在可以看到各种样式的专题页，但是它们脱去那些华丽的外衣后，其实都是很基本的原型图，我拿一个最基础的专题页基本型给大家看一下，大家就知道了。

一般来说，专题页由这几个部分组成：头部Banner＋至少1个楼层模块＋背景＋氛围点缀物，如下图所示。

2015年京东自营手机大卖场——俄罗斯版

其中头部Banner我在前面做过很多讲解了,大家应该都不陌生了吧,然后楼层模块从上至下你想放多少个就放多少个,形式也可以多种多样,最后的背景和氛围点缀物跟Banner设计中是同理的,我在前面也反复提到,这里也不做过多说明了。

33.3 专题一般都有哪些布局形式?

我简单给大家总结了一下:

1. 左右对比形式专题页

常见于需要表现出PK或者VS对决类的专题页设计:

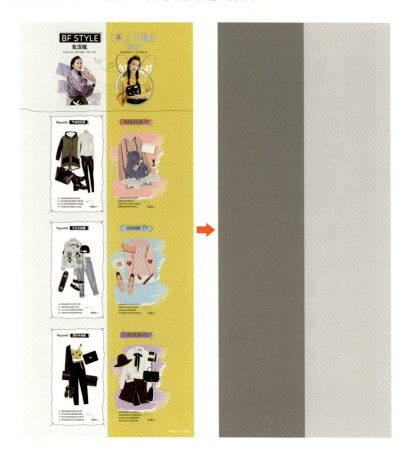

2. S形专题页

这种形式的专题页基本上不管什么需求的设计都可以尝试,因为它相比于平铺直叙的形式既不会显得那么呆板,同时阅读起来也很流畅,举例:

2018年元旦节劲仔旗舰店品牌团聚划算页面

3. Z形专题页

这种形式的专题页其实跟S形的作用是类似的,只是说这种Z形会比S形硬朗,更适合用作一些比较男性化的风格页面或者品类里,比如电子器械／汽车／男士护肤／游戏等,举例:

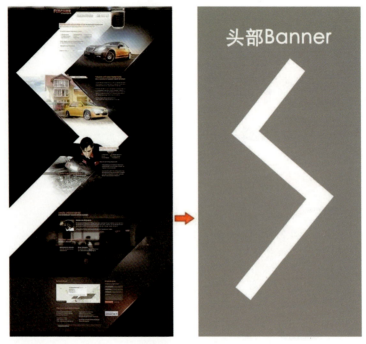

2012年德国汽车工厂FISCHER Kfz-Meisterbetrieb网站页面截图——设计师Sascha Rudolph出品

4. "I"形专题页

有一种潇洒帅气的感觉,这种形式的专题页除非是有如下图所示的这种高质量模特大图或产品图镇楼,一般情况下很少用到,适合运动服装、运动健身、数码科技等相关类目,不过也要控制好色彩比例等问题,尤其是在卖货类型的专题页里,要不然就会显得背景有点抢镜了。

第33章 从穿搭技巧看专题页设计的奥秘

另外需要明白的一点是,"I型"并不就是呆板地指"I",而是可以变通的,这就好比,当我给你说"I"的时候,你的脑海里不能只是联想到字母"I",而是要知道,一个数字"1"、一根异形的棍子、一根黄瓜、一条绳子、一个保温杯、一棵树等等其实本质上都是以字母"I"为基本型去延展的,或者是有相似之处的,反过来想也是一样的道理。

5. 常规楼层专题页

这种页面会显得比较简洁好把控,主要在于背景颜色要有"深-浅-深-浅"或者是多彩拼接的节奏,同时每一个楼层都是单独的模块,有利于信息阅读。

2016年卫龙食品旗舰店×网易新闻1212天猫年终盛典PC端店铺首页设计

第33章 从穿搭技巧看专题页设计的奥秘

　　同理，楼层类型的专题页还可以做一些细微的演变，比如从上至下，背景不做切割，始终是一个整体，只是保证中间的内容在一个安全数值以内就可以了，比如京东的专题活动页中间内容区域宽度一般是990px（平台首页中间内容区域宽度是1200px），背景的宽度一般设置1980px就够了，高度不限（尺寸问题我在后面会详细讲解）。

　　楼层部分其实是一个整体，与背景前后分离，如下图所示。

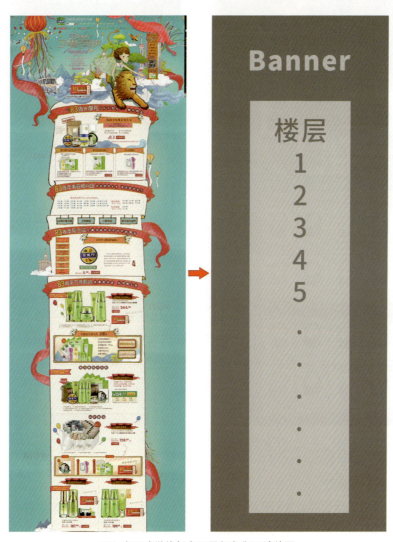

2014年百雀羚旗舰店83周年庆典PC端首页

还有在原来的基础上，在某一块楼层中做一些排版小变化，比如切分成一小块一小块的自由排版：

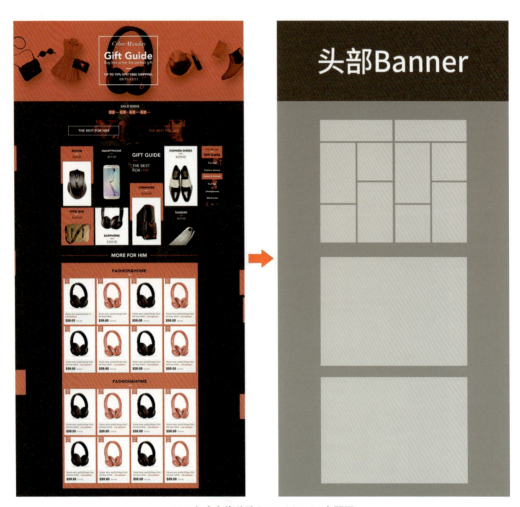

2015年京东海外购Cyber Monday专题页

6. 自由排版形专题页

这种专题页设计比较适合那些想走高格调路线的时尚服饰类目，同时这种设计往往是看着简洁，但是对设计师的排版功力要求比较高，不建议新手尝试：

33.4 专题页设计的9大法则

做专题页设计其实就好比我们穿搭衣服，它们之间是有一些相似的基本规则的，下面总结了9个原则，如果你经常在做专题页设计的时候卡住了，或者不知道该如何将页面优化细化下去，也许下面这9个原则会对你有帮助：

1. 首尾呼应

说到服装搭配，我们打量一个人会从头看到脚，很多人都喜欢戴帽子，如果帽子的某一些装饰或颜色恰巧跟你的鞋子的质感纹理或颜色有一些呼应，那整个一身搭配就会感觉特别整体，甚至起到点睛之笔的作用，举例：

我们做专题页一般都是从上至下，从搭框架到细化细节的顺序，所以当你做完专题页的时候可以检查一下自己是否做到了首尾呼应，如P513页图所示，首图Banner中的插画元素、残缺的圆形元素跟专题页底部的元素都是相呼应的，另外在色彩上也有呼应。

其好处就是，避免页面太过单调，同时可以让页面看起来更整体。

2. 巧用对比（明暗／粗细）

跟服装搭配一样，一方面，如果一个人上下身穿的一样宽松那整个人看起来就会非常矮

第33章　从穿搭技巧看专题页设计的奥秘

胖，也就不美观了，有粗细对比看起来更舒服协调，另一方面，如果一身衣服都是暗色就会显得压抑不透气，如果都是亮色又会显得有点腻，所以有亮色有暗色，有明有暗的搭配会更耐看更舒服，举例：

其实做专题页设计也是一样的，页面中要有对比，比如元素占比大小和纹理质感的对比，再比如色彩明暗的对比，如下图所示，大面积暗色里点缀少量亮色，画面立马就变活泼起来了，也就不那么压抑了，比如背景层次里明暗的对比：

2016年百雀羚旗舰店618年中盛典预热页——"仲夏狂欢"

3. 扬长避短

完美的人或完美的身材很少，大部分人都是有或这或那的缺点的，比如有的人可能上身长下身短，有的人可能上身瘦下身胖等等，有各种各样的小问题，通过穿合适的衣服都可以得到修饰。

比如上身长下身短或者上身瘦下身胖的女孩都比较适合穿长款衣服或裙子，将不完美的地方遮盖起来，同时把脚踝关节和小手臂这些很瘦的地方露出来，整个人就显得纤瘦纤瘦的啦：

那放到专题页设计中是怎么一回事呢？这个要从以下两个方面来讲。

从设计师的角度来说，所谓扬长避短就是，每个设计师都是有自己的擅长点和短板的，如果你是手绘厉害的设计师而在做光彩炫酷方面比较弱，那肯定还是尽量做手绘方面的设计会更得心应手咯。

从需求设计的角度来说，所谓扬长避短就是，找最合适的素材，选用最好的模特或商品角度，选用最合适的风格来执行你的设计，把所有的长处展现出来。

比如在这个专题页设计里,因为没有很高质量的商品图,所以我在Banner头部将这些商品按一定的节奏韵律感摆开后,故意将它们叠加到背景里,大家也就看不出这些商品的粗糙感了:

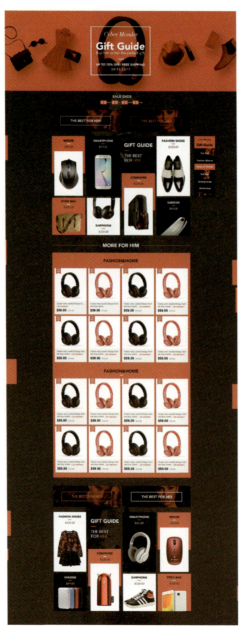

2015年京东海外购Cyber Monday专题页

4. 协调统一

服装搭配的协调统一在我的理解里主要体现在4个方面：色彩／造型／比例／面料（材质）。

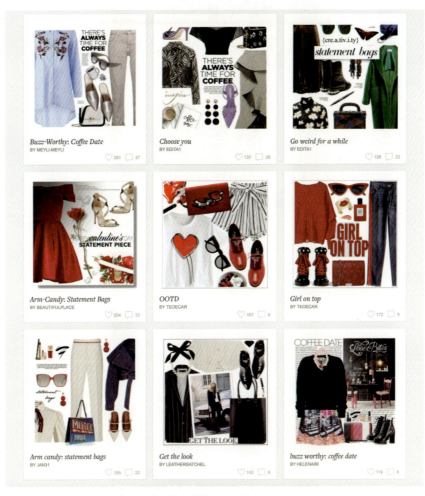

截图来自服装在线搭配的网站Polyvore.com

同样的，在专题页设计里我们也会涉及色彩／风格元素／整体比例／质感光影的协调统一，比如下面百雀羚的页面，周围的场景元素以及色彩质感跟面膜包装的调性是一致的，可爱小清新，一看就知道是面对小年轻群体的产品。

2015年百雀羚旗舰店"小雀幸"活动专题页

5. 打破常规

穿衣打扮保守一点简单一点，可以做到不容易出错，但同时也会给人一种保守呆板的感觉，所以通过一些饰品点缀或者一些颜色小心机就可以打破这种呆板的感觉，立马整个人气质也会不一样了，举例：

一些开叉的长裙，或者露背长裙，就比完整保守的裙子看起来更具诱惑力一些。

而我们在做专题页设计的时候也是一样的道理，可以通过"形"来打破常规，也可以通过"色"来打破常规，再或者"形"和"色"同时打破，让画面更耐看，防止视觉疲劳，增加画面活力。

举例：如果你一直都是做的方方正正的页面效果，那么不妨把它们倾斜试一下：

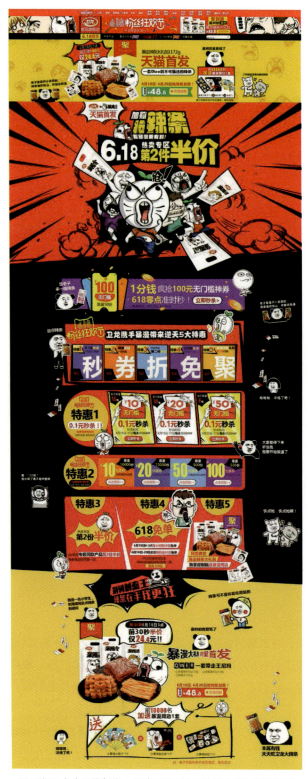

2016年卫龙食品旗舰店×暴走漫画618粉丝狂欢节PC端活动页

第33章 从穿搭技巧看专题页设计的奥秘

像下面这个阿芙的页面，其实也是运用"形"来打破常规，比如那几片冒出头的大叶子，使得整个页面都活了，不那么呆板了。

2014年阿芙旗舰店七夕活动PC端首页

6. 层次分明

我们经常会看到一些特别会混搭的时尚博主，他们能够把很多衣服穿在身上又不觉得乱，一层又一层套在一起，反而觉得特别好看时尚，把人衬托得更加俏皮了，举例：

那么在专题页设计里也是，这里主要涉及两个方面的层次：一个是信息的层次层级有主次之分，另一方面是整个页面的层级节奏，比如空间层次方面的近景中景远景，再比如从头部Banner到楼层内容部分的层次和层级等，举例：

7. 化繁为简

穿衣搭配最忌讳的就是不管什么风格什么颜色的衣服都往身上套，不管多少首饰都往身上戴，会给人一种浮夸暴发户的感觉，我们不看脸也不看性别，只看服装搭配，如下图所示。

右图搭配是不是比左图看起来简洁舒服多了呢？

同理，化繁为简在专题页设计里也是一项很重要的基本原则，尤其是当我们做卖货类的专题页设计的时候，太繁杂的页面会让人非常躁，而且阅读体验不是很好，适可而止的设计最为让人舒服，如下图所示。

第33章 从穿搭技巧看专题页设计的奥秘

卫龙旗舰店—「大面筋106g×5卫龙辣条零食麻辣辣片小吃特产」详情页

8. 气质相投

我们平时常常听到有人说："你怎么无论穿什么衣服都那么有气质呀？""你穿这件衣服显得很有气质"等，那么气质到底是什么呢？在我的理解里它就是你给人传达出的一种感官上和情感上的感受，比如说你是个很有个性的人，你看起来好可爱，你看起来很妩媚动人等等，都是气质。

那么一个人她可能是可以hold住好几种气质的，比如她可以时而可爱，时而妩媚，时而知性等，都是适合她的，但是突然你要她去穿朋克波谱风格的，她估计就穿不来了，整个人的气质也就变味了。

我们的专题页设计中同样也涉及气质相投的问题，也就是你这个页面适合什么风格，你这个卖货页面的品类适合什么风格，你这个品牌是什么调性的，都是有各种适合的气质的，如果气质不匹配，可能最后给人的感觉就很怪异，比如本来是国际大牌，要走高端路线的，最后你设计了一个清仓大甩卖的页面气质出来，那不是掉价吗？

但是相反的，如果你原本就是比较接地气气质的产品，却试着走一下高格调的风格，就可能会达到逆袭反转的效果了，给人的感觉会好很多，比如卫龙辣条首次模仿苹果的高端简洁气质的风格，这种类似于是从普通人到高富帅的逆袭转变和气质反差给他带来了不少话题讨论和曝光量。

总之，这就好比，普通人逆袭成高富帅就很容易被人视作是励志正能量的故事，并赢得口碑，而要是一个高富帅突然一下子自降身价沦落街头则会让人感到唏嘘，就是这么个道理。

535

9. 与众不同

我们很多人是有点忌讳撞衫的，每个人都希望自己穿的衣服是独一无二，全球限量版的，这显得自己多厉害多吸引眼球啊，人性使然。

左下图是电影《时尚先锋香奈儿》的剧照，在那个年代，所有的法国女人都是穿着一身过度修饰花花绿绿的衣服，显得臃肿无比，而女主人公可可却选择自己做了一件清寡的格子衬衣出席了晚宴，与周围环境形成巨大反差，那么当然是她最吸引人注意了。

右下图也是电影剧照，在一次舞会上，所有女人都是穿的白色衣服，蕾丝的，带着头饰，而主人公可可选择自己做了一件黑色简洁V领露背礼服，又一下子与其他人形成了巨大反差，想不脱颖而出都难了。

《时尚先锋香奈儿》的剧照

《时尚先锋香奈儿》的剧照

那么在专题页设计中，每个人都希望自己的设计是与众不同的，比如2015年的双十一预热期，阿里和京东都搞宣传打广告，但一个走好玩有格调的路线，而另一个却选择走打情感牌说温情话路线，也就各自有自己的特点和与众不同了，涉及营销就要有差异化，如果大家都一样还有什么玩头呢？

比如阿里主要是联合了众多大牌一起来站台，将自己的卖货意图展现得很明显，同时也给消费者一种品牌可信赖，物品繁多，双十一可以放心大胆买买买的感觉。

第33章 从穿搭技巧看专题页设计的奥秘

2015年《 New Balance X 天猫 双十一品牌合作插画》——设计师neuneuneu出品

而京东,主要是走温情路线,以快递员为主角讲述他们的吃苦耐劳有责任心,来打动人心。

2016年《京东双十一—Red Story》广告项目——GREY GROUD CHINA出品,设计师一贱N1就笑

总之都是在为双十一做准备,双方也都在极力展现自己的优势和侧重点,差异化出来了,也就都能成功地吸引眼球了。

再比如另一个玩的比较出众的店铺:歪瓜出品旗舰店,它的风格虽然看起来非常不正经,甚至有些随意,但是这恰恰就是它独一无二的风格,并且这种贱萌的风格跟它所卖的产品气质非常相符(后面会展示更多相关的页面,大家看完就知道了):

2018年歪瓜出品旗舰店年货节PC端首页

总结

在我看来，设计师其实一旦掌握了三大构成这些基础的设计知识，再加上善于观察总结，任何行业都是相通的，而本章的意义在于，我看到过很多非常会穿衣搭配的设计师，但是当他们去做设计的时候却不知道如何下手，其实你把自己擅长的穿衣搭配融合到你的设计里，就很容易了。

但是设计做得好看，穿衣搭配一般的设计师也不少，如果你能把做设计的心得体会运用到穿衣搭配上，肯定也是会让自己大放异彩的，没准儿就增加了回头率或者提高了自己的颜值也不一定！

2016年京东415全球购-高潮期活动专题页

第 34 章 专题页设计之视觉推导解析

经常有人问我电商设计的流程是什么样的，但这个问题如何回答好呢？因为电商设计包含的分支内容还挺多的，比如Banner设计／专题页设计／平台界面设计／内页设计／店铺首页设计／详情页设计／引导页设计／H5页面设计等等，那么既然大家想了解这个问题，我就姑且拿出一个专题页设计作为案例跟大家分享一下我的设计流程吧。

旁边这个页面是我在2016年3月份左右做的一个京东平台的专题页活动，大家可以先看一下，然后接下来我会从前期沟通思考—中期执行—后期修改三个阶段大家分析讲解它是怎么做出来的（做案例用图在原项目图上略有改动）。

因为我之前一直都是属于为平台服务的电商设计师，所以我下面要讲的一些内容点可能是大多数服务于店铺的电商设计师所没有接触过的（也可以说是我个人的一些经验总结），如果你们想往平台方向发展或者希望自己的店铺设计流程能规范一点，不防都接触了解一下，下面进入正题。

34.1 前期沟通思考阶段

这个阶段主要包含4个方面：沟通需求／分析定位／视觉推导／风格确定。

第34章　专题页设计之视觉推导解析

1. 沟通需求

做设计的话，沟通肯定是必不可少的，这里分别涉及了跟需求人（运营策划）/交互设计师/前端设计师/领导之间的沟通，很多设计师之所以反复被要求改稿，其实很大程度上就是因为前期沟通这一环节出了问题。

大家可以先看下我们的交互稿（不得不说的是，我们的交互稿其实已经做得很漂亮了，就差上色了）：

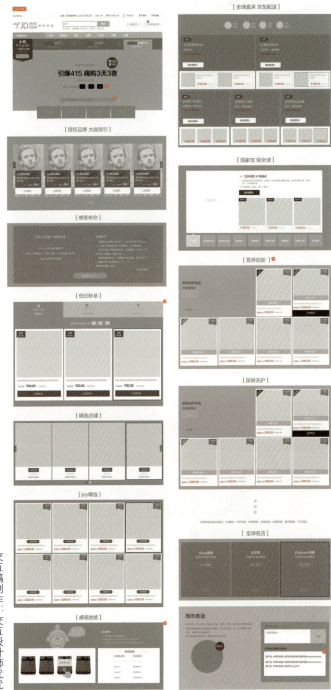

交互稿制作：交互设计师优优

首先，我的习惯是，拿到交互稿后，我会从上到下完整地先过一遍交互稿，一方面是看交互稿的内容是否不完整，是不是还有些内容点忘记做了，另一方面也会咨询一下交互设计师，有哪些地方是需要设计师特别注意的，有没有什么内容是要优先做的等等，如果没有特殊要求的话，我一般都是会从上而下一步步来做。

其次，针对一些楼层板块的内容，一方面我会去跟前端交流沟通，看能不能实现或能不能跟平台兼容，如果不能的话就要协商去掉以免白做了浪费时间，另一方面我会咨询下按照交互稿提供的一些逻辑，前端那边实现起来困不困难，需要设计师做些什么支持等等。

最后，我会去看一下头部Banner图的文案标题这些是否是最后确认了，以免涉及字体变形最后发现文案要改那就麻烦了，不过当我觉得标题不是特别好或者有疑问的时候，我都会去跟运营直接沟通商量，看能不能对文案有一些修改调整（所以这也就导致了有一部分需求人很感激我，认为我比较专业和有责任心，但同时也有小部分需求人会觉得我冒犯了他们，觉得我的这种行为是在质疑他们的专业能力，其实不是这样的，大家都是为了把事情做好而已，大家是同一个战队的）。

以上就是我的一些前期准备工作，算是沟通完了。

2. 分析定位

分析定位的话，我们可以根据活动的标题文案和活动主题来着手，大家不妨先来看下我们这次活动的文案和主题：

主标题：引爆415，嗨购3天3夜

副标题／利益点：满199减100

活动主题：京东全球购1周年感恩回馈

接下来开始分析我们这次活动的定位和目的：

首先，需要说明的是，我们这个活动其实分为三个时间段（国家日／大牌盛宴／引爆415），每个时间段对应一个页面，由于它们在同一个活动主题下面，所以它们之间的视觉风格是类似的，只是说时间段越靠后氛围会越强烈而已。

其次，既然是周年庆主题，也有满199减100这么大的折扣，画面肯定还是得喜庆一点有冲击力一点的，同时文案里也出现了"引爆""嗨购""全球"等字眼，我很自然地就联想到了圆形这种形式（圆形就有环球的意味不是吗？），并且知道通过对圆形和大量商品的排列处理就可以达到我想要的效果。

最后，这个页面作为高潮期应该是最热烈的，但热烈并不意味着这个页面就是要做得花里胡哨／低端劣质，毕竟都是卖一些进口商品，所以也就涉及每个阶段页面之间既要考虑视觉统一，也应该考虑全球购自身的品牌调性这两个方面，这也就决定了本次活动的视觉风格要求是既要热闹，也要略显品质，同时还要便于不同时期页面的视觉延展（比如我这里的延伸元素就是圆形）。

3. 视觉推导

做完以上需求分析，接下来很重要的一件事情就是做视觉推导了，为了避免因为风格方向错误而造成的反复修改，我通常都会出一份视觉推导，一方面是要把我的思考点展现给他看合不合拍，另一方面也是为了让需求人了解下我最后出来的页面大致的样子，如果他确认没问题了，我才会动手做执行。

接下来，我将从形式／排版／配色／布局4个方面来完成我的这份视觉推导：

形式：首先，像我们这种常规卖货的专题页最重要的部分其实就是头部Banner部分的设计了，因为下面楼层的布局和风格都是依据这个头部Banner来延伸执行的。

同时，我在前面提到了会用圆形这个元素来发散思维，一方面是因为圆形寓意着圆满／全球，跟我们的全球购周年庆主题契合，另一方面是因为圆形具有视觉聚焦的效果，通过一定的构成法则来处理，可以产生较强的视觉冲击力，同时也比大面积地堆积素材或弄一些飘来飘去的点缀元素看起来更高级。

再一个，我个人也是比较喜欢简洁扁平一些的设计，如果跟项目需要不冲突，需求人也愿意接受我的坚持的话，我都会尽量按自己的喜好来。

举例，大家可以感受下：

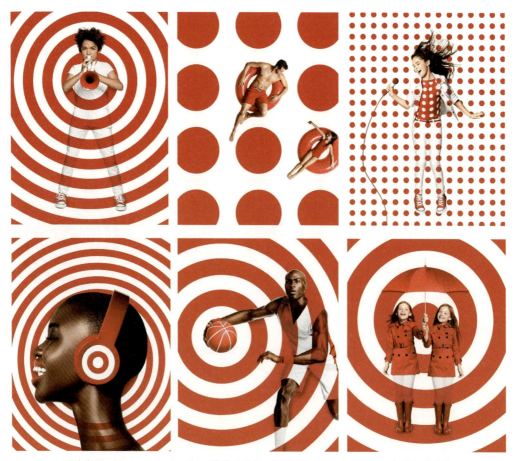

图片来源：Target Branding 2015宣传广告Design/ACD: Allan Peters项目部分图片合集

排版：这里主要是指Banner的排版布局，包含整体排版／标题样式／商品摆放3个方面。

大致就是以圆形为主体（一方面是因为构图稳定，另一方面是因为文字信息部分放圆形中间视觉最为聚焦），标题居中排版的，部分商品围绕着圆形放置，同时考虑到"引爆"这个关键词，所以也想通过商品来营造一种一大堆货品倾泻而出的气势。

第34章　专题页设计之视觉推导解析

配色：关于颜色，冷暖搭配眼睛不累，我最后选择了红色／黄色／紫色的冷暖搭配，其实也是考虑到了中国的一些传统文化和喜好，比如像我们的国旗就是红色＋黄色，无论是国庆节／元旦节／春节等喜庆的节日，始终也都是红色和黄色是最常用的，所以采用红色也是为了大大降低对顾客的引导成本，因为在他们心底里就是看到红色就会联想到喜庆，喜庆往往也意味着会有促销活动，红色也容易让人感觉到热烈和冲动，激发购买欲。

举例：大家只看配色就好，以大红色为主色背景色。

2017年天猫年货节活动页

布局：这里指的是楼层布局，因为这个活动还比较大，需要承载很多商家店铺和商品信息，而且随时都有可能卖断货的情况，为了便于后期维护和替换商品图信息什么的，楼层布局还是常规一点比较好。

其实，这里又不得不提到大型平台专题页活动与一些店铺专题或某一款产品专题页活动在设计上的差别，因为大型平台专题页活动考虑的因素是方方面面的，比如整体的品牌调性 / 后期维护成本 / 包容性和耐看性 / 活动重要层级等等，这些都决定了这种专题页在楼层部分还是需要常规简洁一点比较好，设计师需要考虑更多用户体验和细节方面的问题，而店铺专题或者某一款产品的推广专题往往可以做得看起来更具创意一些，可以天马行空，背景做得非常浮夸。

举例：仅看布局，大型平台专题页活动的楼层都是比较方方正正的商品列表形式。

2015年京东618页面底部"更多精彩"板块

以上我从各个方面给这个活动分析了定位和我要设计的方向，具体就以实际输出为主了，因为各方面原因导致最后的设计稿可能会有些偏差，但方向就是这样的。

同时这里需要说明的一点就是，视觉推导就是把握大方向就好了，千万不要一开始就想的特别细致，想着去找出完全一模一样的案例，如果你要完全一样的案例那就成了抄袭了，设计师一定要有自己的想法才不容易撞车，而且在那么短的时间内你也不可能一下子给出完整的方案稿，只能给个大概。

4. 风格确定

看完前面的分析，大家脑海里也许已经有一个大概的样子模型了吧，但我们也不能够说得太细，只是需要了解方向思路对不对就好了，一方面是因为还没有开始执行你也没法具体到很细致的地方，另一方面是因为，如果一开始就把整个页面的设计全定死了，那往后如果出现突发情况或者被需求人误以为页面就是这样了，后面你想灵活发挥就很难了。

总之，以上是我自己的分析思路和视觉推导的思路，对你们也许有一定的借鉴意义，我自己按这些思路来做设计基本是不会有太大差错了，因为我脑海里的需求类别是不计其数的，另一方面，经验越丰富越见多识广的设计师，分析看待问题也会越全面，出错的风险越低，当然平台类型的活动专题页设计和店铺类的还是会有些许差别的，但分析思路是类似的。

34.2　中期执行阶段

这个阶段按正常情况的话，主要有三个注意事项：先头部再楼层／先排版再标题／先整体再细节。

当然，我们也会遇到一些不正常的情况，比如时间特别紧急，需求人要你先把楼层部分做了，提供模板给商家先拿去做图，有时候确实会有这么样的紧急情况发生，因为可能就是临时决定出一个活动，确实没办法了。

但大多数时候还是可以按正常情况来看的，所以我们一个个点来讲解。

1. 先头部再楼层

首先，头部Banner部分相当于整个页面的门面，用户进入到这个页面第一眼就会从这个头部Banner来感受你这个活动是怎么回事，比如这是卖什么东西的页面啊，有没有什么活动优惠啊，这个页面吸不吸引人要不要分享给朋友啊等等。

其次，头图的风格样式，决定了整个页面的调性，比如楼层标题部分／按钮形式／背景颜色样式等该如何选择，一般来说这些都是可以从头部Banner部分提取元素和颜色的。

2. 先排版再标题

我知道很多人的习惯是先做标题部分，而且不管三七二十一，先做了字体变形再说，但是一般来说我都不太建议大家这么做，还有些人不知道从何下手，干脆先把标题做些字体变形，还加上效果等等，但是这就存在以下几个问题：

- 万一需求人突然要改标题文案怎么办？
- 万一你把字做好后发现其他的商品图或元素怎么排都排不好看了怎么办？
- 万一你光做一个字体设计就花费了项目一大半的时间怎么办？

所以基于种种原因的考虑，我们都是先把文案／商品（如果有的话）先丢在画布里，弄好整体的排版后再去做标题部分，并且有时候标题字体需要设计一下，有时候只是需要打几个字做个排版就好了，要看具体情况，因为不是说做了字体变形就一定好，不做字体变形就一定不好。

3. 先整体再细节

其实无论做什么事情都有这么个原则，画画／做产品／做设计等等，都是先整体把握大感觉，然后再优化各个元素的位置摆放／阴影颜色等细节。

比如,做这个头部的时候,我的做图步骤大致是这样的:

第一步:先把圆框架搭出来。　　　　　　第二步:排版文案部分。

第三步:加一点装饰图形并摆好商品。　　第四步:整体调整一下阴影等细节以及调整商品的位置和数量。

第五步:整体再次检查调整一下阴影等细节是否到位,颜色搭配是否合理,以及调整商品的位置和数量,直到整体该突出的突出,同时视觉上协调为止。

背景部分的商品我是想要营造一种一大堆货品倾泻而出的感觉，但为了不干扰主体，所以特地挑选的都是跟背景类似的红色商品，不过我这里因为对色彩已经有概念的缘故，所以颜色我一开始就搭配好了，但对于不太擅长色彩搭配的人来说，我的建议是先不要管配色的问题，色彩在最后一步再调整搭配比较合适。

再一个就是楼层标题／广告图片／页面底部等部位的细节元素了，都是结合头部的圆形来延伸的，给你们看下：

34.3　后期修改阶段

这个阶段有几个注意事项，比如：先沟通再修改／先紧急再一般等，而且在电商设计中途要修改文案或临时要修改文案都是非常普遍的事情，大家正常看待就好。

1. 先沟通再修改

其实在整个设计过程中都会涉及沟通的问题，前面我们已经提到了，在拿到需求的前期就有很多个沟通环节，同样的在整个页面设计完成后，我们需要给自己的老大或者运营审核对不对？

而通常情况下，他们都会给出一些自己的建议或看法，那么作为设计师当然是既要听取意见，也要有自己的想法了，这个时候的沟通协商就很重要了，比如哪些地方设计师是应该改的，哪些地方是可以说服运营接受的，哪些地方应该继续完善的，所有这些都需要去沟通协商。

2. 先紧急再一般

事情分轻重缓急，修改也一样，也分紧急和不紧急，这个时候就不一定是按照从上而下的顺序来修改了，而是要有优先级，什么事情比较紧急就先做那件事情，所以这就要视具体情况而定了，比如我可能某个地方配色不是很好我想要修改一下，但是这个的紧急程度弱于出一份楼层商品的坑位图模板规范，那我就会先把规范出了，其他的事情先放一边。

总结

一般来说，对于不同阶段的设计师，在前期沟通思考／中期执行／后期修改这三项上所花费的时间比例是不一样的，假设我把设计师粗略分为初级、中级、高级三个级别，做同一个项目都给了10小时的时间，那么他们在每一个项目阶段所投入的精力可能是下面这样分配的，我大致做了一个表给大家感受下：

耗时 \ 阶段 级别	前期沟通思考	中期执行	后期修改
初级设计师	1	5	4
中级设计师	3	4	3
高级设计师	5	3	2

这张表格我只是粗略示意一下不同阶段设计师的工作精力分配，相信已经非常一目了然了吧，不过实际上同一个项目要想达到相同的效果，三个阶段的设计师所花费的时间不可能是一样的，初级设计师花费的时间可能不止10小时，高级设计师花费的时间可能不到10小时。

　　以上，关于设计流程的分享讲解到这里就结束了，在我看来，作为一名设计师，要么是你有能力说服别人听你的，要么是你能做到不被不专业的人牵着鼻子走或者被忽悠，因为在实际项目中，任何一个环节的不专业都是会拖累到其他人的。设计师要想摆脱反复改稿的噩梦，自身就必须要更加专业以及见多识广，要么你能选择去跟一群专业的人共事，要么是你能用你的专业引导或配合别人按你的思路走，毕竟，任何修改或结果都应该是有意义的以及有道理的，别人才会信服。

第 35 章　电商专题页设计技巧之视觉推导

我们知道做电商的一年到头除去常规的节日活动以外，各种上新、自己造节或者改版活动都会涉及要重新做页面，我在前几章"促销的定位"和"促销的层次"中说到过不同的活动类型有不同的定位，而不同的定位方向决定了你要做什么，怎么做。

那么怎么做呢？接下来我拿一个实际案例来讲解和分析：

不过在正式解说之前，先来看看设计师可能会遇到什么样的需求人或运营跟你对接工作。

如果你遇到的是这种需求人或运营：

他们对自己需要什么非常清楚，他们清楚这次的活动定位，他们知道要面向什么人群，他们懂自己的用户需要什么，他们也知道这次活动的目的是什么。

那么恭喜你，接下来你的设计会少走很多弯路，如果恰巧他又有品位有判断力能果断拍板做决定，那就要再次恭喜你了！因为你遇到了一位非常完美的需求人（不过说真的，我还真遇到过！）

以上是比较理想的少数情况，而大多数情况下，我们会遇到的是这种需求人或运营：

"我们这个活动很简单，你就随便弄下就好了。"

"我不限制你的想法，你可以自由发挥。"

"我们想要做这样一个页面，你就照着它做就好了"，结果发过来一看，居然是一个卖内衣的要去参考一个卖手机的页面，原因居然是："领导喜欢"（嗯？我还能说什么？）

"我们想要大牌的感觉，你给我做个高大上点的页面吧"，结果你给的文案是"年底清仓大甩卖""年终大促全场低至9.9元"，好吧，这方向定位不搭啊，这么做不是坑设计师嘛？

还有很多这类的我也不一一举例了，所以如果遇到这种的话，千万不要相信他们这些伪需求，我们需要从头到尾把活动目的、文案等捋一遍，然后给出一个直观可视化的视觉推导出来，给需求方过目一遍，这样才有可能获得一个你好我好大家好的结果，否则指不定要大改反复改。

比如2015年出来了一款"华为畅享5"手机，要在京东推出的一个新品首发活动，需求人当时只给我提供了一个文案：华为畅享5，青春玩不停。

这款手机的产品图如下图所示（一共黑白金3个颜色）：

看文案，华为这款手机应该是想主打年轻人市场的，但是看外形，这款华为手机给人的印象又是比较偏向于传统的、外观不够年轻时尚的，尤其是手机后背的格纹，更是给人一种偏商务略显复杂的感觉，可能年纪稍大的或者经济条件不太好的人群才会使用它，总之，完全无法把它和青春联系在一起。

但当时的情况是，卖的火热的oppo、魅族、苹果、小米等手机无一例外地都在紧抓年轻群体市场，就连充满情怀的老罗当年都推出了坚果手机，华为当然不能痛失这一块市场，所以他会推出专门针对年轻群体的低价手机也不意外。

可我又仔细看了这款手机产品图，依旧不太相信自己的眼睛，你们也可以反问下自己或者身边的年轻朋友们，抛去功能质量不说，你认为他们会喜欢这种款式嘛？我们80后都已经不年轻了，我们都觉得略显保守，更何况年轻的90后呢？

事实上2018年的今天，距离这款手机刚上市已经3年多的时间了，我在京东上看了下大家对这款手机的评价，果不出所料，买这款手机的都是什么人呢？一般是子女买了送给自己的爸爸或公公使用的。

第35章 电商专题页设计技巧之视觉推导

而实际我们能想象的年轻人用的手机是什么样的呢？看下图：

魅族

小米

坚果

苹果

而华为这款手机你能联想到青春吗？事实证明它看起来确实不青春。

归根结底，要改变一个定位和策略不是光文案说我这个手机是卖给年轻人用的就行了，然后就连设计样式和色彩你都不愿意改变，真正的一套定位策略应该是从产品外观到体验到你的文案口号再到你选择的投放方式或平台都是一致的，这样才能给人气质一致的感觉，才有可能将产品精准地卖给目标用户。

这些话我一直没能跟当时的需求人说，因为产品已经定型了又是个大品牌客户，当时只是一名普通设计师的我是无力去改变的，话语权不够我说了也没用，但我也深知这是一个很严肃需要正视和看待的问题，并且现在看我当时的疑问和设想也是对的。

现实往往就是这样，有时明明觉得不合适我们身为设计师仍然需要尽自己所能去达到需求方的要求，所以这也非常考验随机应变的能力。

接下来进入正题，我们先思考以下几个问题。

（1）这是一个什么类型的活动？

（2）这是在哪里投放的活动？

（3）这次活动针对的是什么人群？

（4）这次活动要推的这款智能手机本身主要有哪些特点？

（5）所有智能手机的共性是什么？

（6）我们希望让使用这款手机的人产生什么感觉呢？

那么我们一一对上面的几个问题作答：

（1）这是一个新品首发活动。

（2）这是在京东平台首发的一个卖手机的活动。

（3）这次活动要卖的是华为专门针对年轻群体推出的一款手机。

（4）这款手机本身的主要特点是便宜、双卡双待、超长待机、全网通。

（5）所有智能手机的共性是都可以看视频、听歌、聊天、拍照等。

（6）我们希望让使用这款手机的人产生什么感觉呢？炫耀？有范儿？自信？有品位？物美价廉？用得爽？还是什么呢？

我想会买这款手机的人应该是以注重华为的产品质量口碑以及这款手机的性价比高为主吧，其他我也想不出还有什么购买理由。

分析了解完这些点之后，我们需要知道电商设计师的任务是要把这款手机以专题页的展示方式给推销出去，我们要吸引用户去购买它，永远记住电商设计是需要根据你的活动定位来给出相应的视觉展现的。

所以结合实际情况、结合活动定位、结合我们想要传达给用户的信息，我分析出了以下结论：

◆ 活动目的：华为手机新品首发活动，既要卖货，又要体现一点点新奇和神秘感。

◆ 面向人群：收入中等偏下的追求性价比的年轻群体，所以画面不要过于高冷或呆板。

◆ 视觉表现：要营造青春活力炫酷好玩的氛围效果，同时要符合手机本身的调性。

◆ 基本原则：一切的设计元素都是为活动目的服务的，多余的元素都不要，重要信息需要清晰展示,其他的自由发挥。

接下来我们做个视觉推导。

1. 确定页面整体风格方向

简单概括就是炫酷、好玩、青春活力、给人热闹买得起的感觉，同时要体现手机基本的一些功能特点，比如听音乐、娱乐性等等。

2. 页面头部排版布局

结合上面所讲的定位分析，以及手机本身的电子产品的科技娱乐的特性，我决定采用黑色背景配合多彩的图形元素的设计形式来表现，营造神秘和酷酷的感觉，标题文字居中展示，周围是与主题相关的氛围点缀元素，布局如右图模板所示。

3. 标题排版及样式

采用潇洒不羁的手写毛笔字效果的字体，更加增添画面的帅酷感觉（仅参考字体），标题文字居中排版放置。

4. 楼层布局形式

因为楼层部分的主要作用就是清晰展示手机产品的功能和参数特性等，所以就采用最简单的梯子形布局，如下图所示。

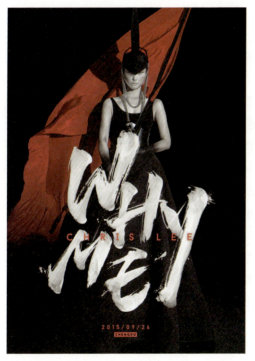

李宇春WhyMe2015成都演唱会海报——设计师neuneuneu出品

5. 页面整体配色倾向

黑色大背景搭配多彩炫酷的颜色，神秘好玩又不失青春活力的感觉（仅仅参考颜色）：

6. 如果可能的话，也给出动效参考

但是我个人更喜欢先把视觉稿做出来后，再与前端设计师沟通合适的动态效果，因为在页面设计过程中你就有可能突然脑袋里蹦出一个好玩的想法，然后可以请教前端设计师是否可以实现，我不喜欢把设计范围限制得过于狭窄，毕竟设计师不是流水线工人啊，已经有活动定位这个范围在了，其他一些小东西不用限定得太死板了。

以上这种设计推导流程其实最主要是帮助自己理清设计思路，不要做漫无目的的设计，同时，这种直观的方式可以比较容易地让需求人或运营看到你页面即将设计出来的样子，他心里有个底了就不会那么死命催你或者问你进度了，再一个，这个视觉推导是双方确认好设计师才继续往下做的，如果事后反悔说这不行那不行，白纸黑字在这里，运营他有什么好说的呢？难不成自己打脸吗？

可能有人会问，他就是自己打脸了怎么办？

那我只能说，如果确实有必要再改，那没办法再改呗，大不了再一起协调沟通下，双方按前面的分析方法，意见达成一致再修改咯，至于修改多少次嘛，就要看自己的造化还有健康状况了，祝好运！

中间的动手执行过程我就不讲了，只是时间问题啦。

最后视觉终稿如下图所示。

第35章 电商专题页设计技巧之视觉推导

第 36 章　店铺首页与活动专题页的差异

我记得很早之前有人问过我一个问题："专题页和首页的区别是什么？"我当时心想："这两者哪有什么区别，活动首页可不就是专题页嘛？"所以对于这个问题也就不了了之了。

但是随着时间的推移，我对它们有了更多的了解，所以还真发现了一些两者之间的不同点和共同点，我们一起来看看吧。

1. 关于专题页

首先，什么是活动专题页？

所谓专题页，就是用来展示或宣传某个活动、事件、主题的一个页面，这个页面里会包含好几个板块内容，根据活动性质和主题的不同，这些板块的内容、数量、顺序等都是不一样的。

其次，活动专题页的作用是什么？

专题页的作用是在特定的时间点集中展示信息或卖货，以吸引用户注意，提高被搜索和成交的概率，同时将用户需要的信息集中展示，可以方便用户浏览与查找所需内容。

最后，活动专题页都有哪些分类？

专题页的分类其实我在前面已经讲了，感兴趣的话可以返回再看看，总之，其实不管是产品促销型专题页面还是招商型专题页面，亦或是产品展示型专题页面，它们统统都可以看作是这三类：纯信息展示类 / 纯卖货类 / 信息展示和卖货相结合类。

2. 关于店铺首页

我们都知道一个完整的线下商店基本都有招牌、店面装修、商品陈列、导购员、收银台等部分，同样的道理，一个店铺首页就相当于一个线下商店的门面，所以它包含了店招、Banner图、优惠券、各个楼层图等部分。

另外，首页既能用来陈列和售卖商品，它同时也是用来展示品牌或店铺格调形象的一个渠道，所以不同的店铺首页形象是不一样的，更新频率也是不一样的。

科普完以上概念后，接下来我主要从以下4个方面给大家做一些对比和总结参考：布局内容 / 平台VS店铺 / 性质作用 / 上线时长。

前面我给大家介绍了专题页的3大类型：纯信息展示类 / 纯卖货类 / 信息展示和卖货相

第36章 店铺首页与活动专题页的差异

结合类，我们不管这些专题页的最终设计形式是什么样的，也不管这些专题页是什么类型，其实它们的布局内容基本类似，我拿一个比较大型完整的活动专题页布局形式给大家看一下就明白了，如下图所示。

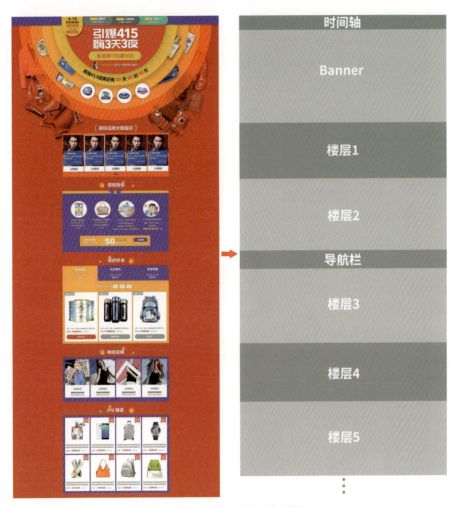

2016年415京东全球购活动专题页

这个页面很长所以我只截取了部分展示，但我们可以看到这里面其实包含了时间轴、Banner、楼层、导航栏等部分，一般只有比较大型的活动专题页才会有时间轴，因为要分时间段展示相对应的活动页；一般当我们的页面要展示的内容比较多的时候，为了让页面不至于

561

看起来太长太累赘，或方便用户切楼层内容，我们可以插入导航栏的形式来展示。

但大多数简单的活动专题页其实是没有时间轴和导航栏的，只有头图Banner和楼层部分，我们以2017年卫龙食品旗舰店双12的页面为例，如下图所示。

卫龙食品旗舰店2017年天猫双12《碎花新时尚》主题页面

第36章 店铺首页与活动专题页的差异

　　而这种简单的活动专题页一旦加上店招和导航板块,其实就是一个店铺首页了,如下图所示。

卫龙食品旗舰店2017年天猫双12《碎花新时尚》主题页面

因为无论是活动专题页还是店铺首页其实都是有不同的风格和主题设定的，它们的内容板块也都是根据主题或运营需要来设定的，所以抛开具体活动或内容来说，活动专题页和店铺首页在框架布局上并没有太大差异，主体框架都是Banner＋楼层。

所以，我们可以这么理解：

假设Banner＋楼层板块内容部分是不变的，至于是在里面加上时间轴还是店招和导航（导航根据具体活动需要又分为头部导航、底部导航、楼层导航），就需要根据你是要做什么类型的专题页活动还是做店铺首页来决定了。

比如说时间轴，时间轴是平台类的活动专题页所特有的，一般是涉及好几个时间段需要展示不同的活动页面和展示内容才会用到，比如说双十一、双12、618等大型电商活动，一般会有预热期、正式期、高潮期、返场等不同的时间段，预热期就上预热期的页面，到了正式期就上正式期的页面，同时预热期页面下线，后面以此类推。

而讲到这个时间轴的概念后，其实你会发现店铺首页也是一样的道理，有的店铺每个星期都会设计新的首页，有的店铺一个月才更换一次首页，而有的店铺则是一年都不会换一次首页，再有一些店铺会紧跟各种电商节日或热点事件来更新首页，其他平常的时间段则是统一使用一个固定的模板页面样式，所以，不同的店铺玩法是不一样的。

而一般来说越是热衷于玩营销或追热点的品牌或店铺，更换首页的速度就越频繁，因为在他们看来，一方面用户会审美疲劳，所以会变着花样给用户营造新鲜感，另一方面设计玩法新颖是很容易被自媒体报道或追捧的，这样一来曝光率和知名度也就跟着提升了，这也不失为一种营销手段啊。

而人力、资源等不足的店铺或者一些比较坚持自己一贯品牌调性的店铺可能就不太热衷于频繁更换自己的首页了，前者是无能为力，后者是有自己的原则。

同时这些比较大型的活动因为涉及非常多分会场页面，所以会有底部导航或头部导航，如下图所示。

第36章 店铺首页与活动专题页的差异

2015年京东618party on 活动底部导航

而店招和店铺导航则是店铺首页所特有的，不同的主题活动就配套相应的招牌和店铺导航样式就好了，至于怎么设计，我在前面的章节已经讲了很多设计方面的知识点，我这里就不再重复咯，另外，花瓣搜索"店招设计"也会有很多参考，还有大家平时看到不错的设计也可以截图保存下来学习啊。

总结

其实你只要掌握了专题页设计的方法和套路，那么店铺首页就肯定也能设计出来，毕竟它们之间的共同点和不同点我已经列举出来了，所以，这篇内容对于想从平台转店铺的设计师或者想从店铺转平台的设计师，以及想接私单的设计师应该会有所帮助。

第37章 两个专题页实战改稿案例

为了更直观地给大家讲解一些关于专题页设计的方法，今天我就列举两个改稿案例给大家分享一些设计思路，也许能带给你们一些思维上的启发，同时帮助大家发现一些你们平时可能注意不到的小细节。

1. 改稿案例一

改稿前后对比图如右图所示。

看下原图：这是一个关于"I型"排版布局的专题页面设计，模特和商品都是庄洛旗舰店友情提供的，但这并不是给庄洛做的项目，你们姑且就当作是别人的练手作品吧。

其实这个店铺里的商品调调都是类似的，你们光看模特的表情、着装、肢体动作等估就可以感受到，这家

店铺的包包都是比较有个性特色的，不走常规路线的，而且所面向的人群估计也是那些有表达个性欲望的一类小年轻群体，即便是平时可爱的或淑女的你，可能也会有张扬的一面。

所以如果你给这种类型的产品做设计，气质和气势上肯定是要表达出来的，而且并不介意暗黑风或鬼魅的感觉。

另外看价格，这些包包并不算太便宜，所以有气势的同时，又不能太地摊货感觉或太小孩子气，这也就得避免页面往低价热闹促销的方向走，也就是页面在看起来带感的同时，又不能看起来太廉价。

基于这种分析，这个页面所存在的问题也就很明显了，我汇总给大家看一下：

❶ 页面整体的气势和气质不对，粉笔字效果的页面设计往往是针对学生群体或者是针对开学季主题的，这种风格在质感上就与我们要的个性、暗黑、鬼魅等不搭，你想一想，你的页面一旦体现出学生气，那就给人感觉个性不起来，毕竟个性的学生或混校外的"坏孩子"基本是不爱呆学校的啊，他们要与众不同要酷。

❷ 字体选择不合适，跟前面一样，秀气的手写字体看起来像走的是可爱小清新路线，但我们这里不是。

❸ 整体内容太松散，头图不像头图，内容不像内容，没有形成一个有效的视觉轨迹，虽然中间的一条竖线算，但是它与模特之间的比例关系不对，杆子太瘦模特太大，像是一群模特围着跳钢管舞一样，各种原因导致页面看起来呆板又空洞。

基于以上问题总结，我给出的解决方案是，以大大的毛笔字来体现气势，以暗黑背景搭配多彩的形式来展现年轻和个性，因为毛笔字和毛笔刷是为数不多的既能体现气势又能给人感觉有底蕴和品位的元素了。

并且我不希望"I型"就是呆板的"I"，而是可以变通的，这就好比，当我给你说"I"的时候，你的脑海里不能只是联想到字母"I"，而是要知道，一个数字"1"、一根异形的棍子、一根黄瓜、一条绳子、一个保温杯、一棵树等等其实本质上都是以字母"I"为基本型去延展的，或者是有相似之处的，反过来想也是一样的道理。

说到这里我想到一点，很多人问我说自己做设计没有灵感没想法怎么办，其实归根结底就是你不知道可以这么去思考，或者思考的太少，没有看清事物的本质那当然思维就不开阔啦。

而当你思维不开阔的时候，当然也就没灵感，做出来的画面就呆板了呀。

至于我的改稿版本，如下图所示。后来我又觉得紫色那块看着有点不合适，于是我又去掉了紫色，感觉也还行：

第37章 两个专题页实战改稿案例

这个页面从形成修改想法再到执行出来,我只花了4个多小时,我的理念是,设计没有唯一答案,设计也永远没有最好只有更好,所以也许过段时间再看,也许再多花一些时间,我还能改得更好。

2. 改稿案例二

改稿前后对比图如下:

第37章 两个专题页实战改稿案例

看下原图： 大家可以把这个页面当作是一份关于自由排版的练手作品。

自由排版类型的页面其实是看起来简单，但实际操作起来却是非常考验设计师功底的，要不然就会显得凌乱或视觉不平衡。

从上面这个页面可以看出这个页面的作用其实主要是推3款红色格子包包，内容不多，但是得想办法撑起整个画面，同时做到将包包的特点和气质展现出来，打造时尚感。

基于以上分析，我们可以一起来看下上面这个页面主要存在什么问题：

❶ 按照浏览顺序，从上往下看，首先是头图Banner部分太空了，文字和模特比例也过小，所以压不住整个页面，再往下看商品图部分都粘在一块了，而且形状既非长方形，也非正方形，这在视觉上就非常模棱两可，另外商品图的布局没有规律和节奏，这样就导致我们看到它的时候视觉上是乱套的，不知道往哪里看，包括下面部分的图片也一样，没有一个很好的视觉引导，所以这是非常需要优化的一点。

❷ 整体的商品布局和排版问题我们讲完了以后，再来看看其他细节方面的问题，比如第二个背景色块那里，原设计师知道提取包包上的格子线做点缀修饰，这是非常棒的一个想法，但是缺点是在提取元素上没有做到取舍，比如那几根白线其实就看着不太舒服，有点随意了，感觉不知道的会以为是页面上有缝隙瑕疵，以为那是辅助线没清理干净，所以这一块我们要么去掉，要么调整一下。

❸ 接下来再说一下配色问题，整体的配色红白黑+米黄色，一看就知道是根据产品本身的颜色提取出来的，但问题是色彩提取也是有技巧的，比如这里的米黄色明显就感觉跟整体酷酷的基调有点不搭，我们也可以调整一下这个颜色的明度和纯度，让页面看起来更和谐更有档次，无论是提取颜色还是提取元素其实都可以在大的基调不变的情况下做细微调整的，没必要完全照搬，这个如果大家做多了就会知道怎么去把握一个度了。

❹ 很多人做专题页设计都是虎头蛇尾的，一开始可能花了很多时间在头图部分，就做得很细致，但是做到下面内容板块时就不知道怎么去衔接了，于是经常草草收尾或者不知道怎么收尾，其实出现这个问题就是在于步骤错了，正确的专题页设计步骤应该是，先确定好页面风格，然后把头图大致弄出来，再之后把页面整体的布局框架搭好，然后再去考虑色彩搭配和细节调整点缀的问题，这个页面其实应该也是犯了这个错误。

基于以上问题总结，我给出的解决方案是：

❶ 调整商品的先后顺序修正视觉浏览路径，让浏览体验更舒服。

❷ 增加头图的比重，同时整个页面在氛围点缀颜色上都会与头图相呼应，让页面看起来更整体。

❸ 原页面整体比较空比较散，缺少比较吸睛的地方，所以我会增加部分英文做点缀，让页面更饱满和更国际范儿，另外页面底部得更稳一些，所以我会增加图片的堆积感。

❹ 将米黄色改成金色，红黑白金的搭配是非常带感的。

所以最终我的改稿版本如上图所示。

以上就是我给大家整理的两个页面改稿案例了，希望你们看完后能有所收获。

总结

其实以前我总提倡思想意识的形成比其他任何东西都重要，因为意识决定行为，但是我后来发现，当你处在不同的阶段，你所欠缺的和你所注重的东西是会不一样的：

第一个阶段：比如我在刚参加工作的时候想法很多但却不成体系，就像一盘散沙，而且有想法也做不出来，因为我的手上功夫不行，技术限制了我的想象力，所以我会去学软件，临摹各种效果的制作。

第二个阶段：在我工作了两年之后，我突然意识到自己所做的东西基本都是基于模仿的，在技术上执行基础的东西没问题了，但是做设计属于野路子，依旧没有自己的方法体系，没参考就做不好设计，所以我选择了去大公司磨炼和学习，这个阶段的我在培养思维方面明显多过学习软件和效果。

第三个阶段：就是我现在的阶段，电商设计方面的知识体系正在逐渐丰富完善，但是却越来越意识到学无止境了，开始变得很开放可以包容很多事物和看法。

但对于学习来说，也是有主次和取舍之分的，就比如技法虽然重要也需要不断学习，但我认定技法和软件这些东西在我眼里始终是服务于我的想法的，所以我的想法一定得超前于我的技法，毕竟技法我可以在需要的时候现学或短期内学会，再或者与其他人配合完成，但是属于自己的独一无二的思维想法却是需要很多很多的时间去积累和感悟的。

而至于第四、第五等等阶段，就需要我继续往前摸索了，懂得学无止境，便能积极面对未知和恐惧。

第 38 章　专题页设计模拟练习及点评

38.1　开学季主题专题页设计练习

练习目的：

做练习的目的是为了开拓自己的思维以及提高自己的动手能力，同时通过练习发现自己的不足，所以也鼓励更多群友可以参与进来。

练习主题： 开学季活动专题设计。

每到开学季，各大品牌商就会以开学的名义搞各种活动；就连一直高冷的苹果都不例外；前面我们都是以Banner练习为主，作为升级玩法，接下来我们也该试一试专题页设计练习了。

练习要求：

① 以开学季为主题方向设计一个活动卖场专题页设计；

② 专题形式没有任何限制，请大胆发挥自己的想法创意，能贴合主题就好；

③ 表现形式不限，比如手绘／合成／建模等都可以；

④ 有任何不懂的地方，请关注公众号"做设计的面条"，往期好文里有很多详细的电商知识分享。

练习交互稿及文案：

本次专题活动页主要由头图Banner＋优惠券＋风格自由搭配区＋常规产品坑位区4个部分组成，大家可以任意发挥，有不懂的地方可以到公众号"做设计的面条"后台留言提问，期待大家的大作。

38.2　五个开学季主题专题页设计练习点评

先看看我们这次的专题页框架图和文案，如下图所示。

这么设计能热卖
融入运营思维的电商设计进阶宝典

最美开学季
就要你好看！
服饰箱包低至5折

———— 先领优惠券呗 ————

满100元减10元　满100元减10元　满100元减10元
点击领取　　　点击领取　　　点击领取

———— 帮你挑好啦 ————

鞋　　T恤　　外套　　　个性

听说你喜欢酷酷的？

包包　　裤子　　墨镜

产品图
（越酷越不呗哦）

产品名称（不超过10个字符）
并享价：¥XXX

做个安静的美女子～

人家是软萌妹子啦～

别低头，皇冠会掉

真是个磨人的小妖精～

没错，你就是万人迷！

穿自己的范儿让别人说去吧！～

———— 再随便看看咯 ————

574

第38章 专题页设计模拟练习及点评

虽然这个是比较偏向于平台活动页设计的框架图,但其实,店铺首页设计、店铺专题页活动设计原理都是一样的,你只要会做其中一个,也就会做其他的。

下面给大家看5份作品点评,希望你会有所收获:

编号1

"做设计的面条"设计练习活动第16期——张佳敏作品

关于字体:"最美开学季,就要你好看"这几个字的字体选择略微保守了一点,仔细体会一下,这几个字的气质应该更加张扬灵动一点才带感,所以在现有字体的基础上能做一些

575

字体变形就好了，比如下面这样：

刘兵克字体作品

再然后，字体的粉笔效果处理得不够自然，字体边缘太过于规则了，稍微残缺一点也许更真实，所以可以去看看实际的粉笔字效果然后临摹处理一下会比较好。

关于配色： 我觉得配色没什么问题，以黑白红为主调，再点缀一些其他颜色也行，但是优惠券那一部分的处理不太协调，大块黑色让画面突然断层了，还有那两条黄线好像也有点抢戏了。

关于构图： 整体构图还行，但依旧是优惠券那一部分的处理不太协调，大块黑色让画面突然断层了，这里应该是起到一个承上启下的作用，它是连接头部Banner和下面楼层内容部分的桥梁，而现在的处理方式是直接一刀切开了，头部和楼层部分被孤立开来了，所以也许换种方式不要直接横向打通页面更好，尽量让头部和楼层部分有一点联系。

比如右图这些处理方式：

优惠券部分不打通页面，在细节点缀上与头尾呼应。

再比如用一种比较灵动的元素将头部和楼层衔接起来，其实你那个页面完全可以把丝带再延伸运用一

截图自2018年货节百雀羚旗舰店页面

下，不要前面没出现丝带，后面楼层部分丝带突然就出现了，如下图所示。

截图自2014年百雀羚旗舰店83周年庆典首页

关于细节：这个专题最大的问题其实就在细节部分了，比如字体效果处理得不够逼真细致，再比如头图背景的黑白线稿处理得比较粗糙，还有楼层背景部分的墙壁处理得也不太精致，可以去找实际的墙面看下效果，把墙面处理得再粗糙一点也许会更好。

整体总结：

整体给我的第一感觉还是非常好的，风格鲜明，然后商品展示部分也是我给的交互稿原本期望的自由排版样式，配色比例大小什么的把握得也不错，唯一比较遗憾的是页面没有做完只做了一部分，然后细节不够深入，仔细看画面略粗糙，继续加油！

"做设计的面条"设计练习活动第16期——小蒋同学作品

编号2

这位面粉说关注我大半年了,自己也不是从事电商设计的,今天是第一次做专题页练习,我看完这个还是挺意外的,因为比我刚接触电商设计那会儿的第一次设计做得好多啦,给你点赞!接下来我就满足你一次,给你的这份处女作点评一下吧。

关于字体: 从你的字体选择看,你没有白看我的文章,至少在字体气质这一块还是有点感觉的,但是还可以继续做得更好,字体的笔划可以有一些长短的节奏,或者字体倾斜处理,亦或是将部分笔画连接起来或切断处理,比如这样:

刘兵克字体作品

关于配色: 我对你的配色没什么意见,红黄蓝+黑白的配色感觉还挺年轻活力的,也算是符合你要的页面气质。

第38章 专题页设计模拟练习及点评

关于构图： 构图这一块就是会感觉有点乱，因为前面的色彩比较丰富了，这里的各种框框点缀又太多了，还有运用了很多打通页面的黑色长条也干扰了视觉，后面那些黑色长条其实都可以去掉的，直接多彩色拼接楼层就好了，比如下面这样：

这样就会给人感觉简洁透气时尚多了。

关于细节： 这个页面最大的问题就是细节太多了，比如头部的各种氛围点缀细节，还有楼层部分的背景手绘图案的点缀细节，要么都去掉，要么就局部用一点，要么就铺满背景（但是这就要求主题内容部分最好是干干净净的了，繁简对比）。

整体总结：

整体给我的第一感觉是色彩用得不错，有点年轻活力的味道，但是细看还是不耐看，就像我前面说的画面太满了，你还没有学会用减法，所以就一直在做加法，不过这是你的第一次，相信下次会更好，继续加油！

编号3

如左图所示。

关于字体： 看了下整体画面是比较梦幻唯美的，而这里的字体看起来却比较尖锐／随意／硬朗，所以在气质上是有点不相符的，或许选用这样线条柔和一点的字型会更好，如下图所示。

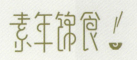 

刘兵克字体作品

关于配色： 我发现大家的色彩感觉其实都还是不错的，这里的蓝紫色系搭配也还不错，但是还是会觉得有一点暗和脏了，不够通透，解决办法是紫色再偏玫红一点会更好，还有这里不要用纯黑色做暗色背景，可以用深蓝色代替（忽略下面的黄色，我只是给大家看下蓝紫色该怎么搭配而已）：

2015年京东618手机品牌期Banner头图

关于构图： 这里的构图存在跟前面类似的问题，就是从头图Banner部分过渡到下面楼层部分的时候，也是没衔接好，断层了所以感觉会有一点牵强，解决办法是善用一些遮盖物，比如这里的叶子其实可以利用上的。

类似阿芙这里叶子的处理方式：

2014年七夕阿芙旗舰店首页设计头图Banner

关于细节： 这里的细节存在的问题我简单举几个例子哈，比如整体画面的光影，还有各个图层之间的关系处理，我是感觉有点混乱的，如下图彩色选框所示：

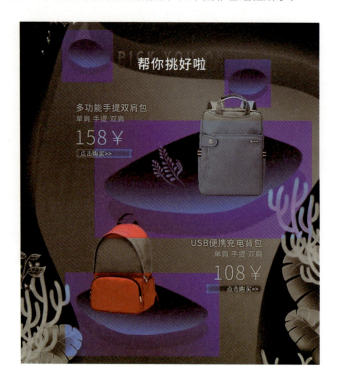

还有按钮设计样式，也是有点随意不太统一的，而且按钮的样式跟整体也不太搭调，如右图彩色选框所示（也许用圆形按钮或不规则图形的按钮更合适，再一个同一个页面里相同的内容部分最好按钮也统一样式）：

还有楼层标题部分，字体选择和处理方式都太随意了，其实可以参考你的头部字体的效果，做外发光效果也许会更好，字体也换个曲线柔和一点的：

整体总结：

整体还是有给我眼前一亮的感觉的，因为对于我给的文案，估计很少会有往你这个方向去设计去考虑的，但是你想到了，这就是区别于别人的地方，更容易脱颖而出，但是就像我前面提的意见一样，不能仔细去看，仔细看会挑出很多问题，所以继续加油吧！

编号4

  关于字体：这位面粉跟第一位一样，用的是黑板报的设计效果，这里的字体效果处理也比第一位好一点，但是也存在同样的问题就是，字体看起来略显生硬，不像是真正的手写黑板报字体，解决办法就是找参考，把字体边缘处理随意一点点就好了，不要硬邦邦的贴在那里，如下图所示。

2016年卫龙食品旗舰店开学季活动店铺首页Banner

  关于配色：这里的配色有点问题，如果大家小时候画过黑板报或观察过粉笔的话，你会发现粉笔的颜色都是纯度不高的，不会出现特别艳丽或纯度特别高的色彩，而是类似玫粉色／米黄色／白色／粉蓝色等等这样的低纯度高明度的色彩，所以你在这里将价格标为这种深红色让人感觉并不像粉笔写的，而且这种红色放在这种黑板上太暗了，并不突出，米黄色和玫粉色也许更合适。

关于构图： 这里的构图存在一个比较严重的问题就是，你会发现整体画面非常散，你一眼看去，只有那几块相距甚远的白色底色块非常抢眼，其他的产品背景全都很暗淡，视觉上退后了，而且楼层部分也缺少区块感，最重要的楼层标题问题被处理得太弱了，根本就撑不起他所在的整个楼层。

解决办法是，要么是用线框划分一些区域，或者画面紧凑一点，楼层标题部分比例要加大，要突出一点，如右图所示。

关于细节： 其实你的页面细节挺多的，但是我感觉你可能一开始做图的顺序搞反了，就是说整体的大的框架你还没搭出来，但是却把过多心思花在画那些手绘图形上了，所以最后发现，整体画面比较散，正确的做图步骤应该是先考虑构图和框架，再去填充颜色和加氛围点缀，优化产品图的光影细节，不要本末倒置了。

整体总结：

整体没啥好总结的了，前面的点评部分我给你指出的一些问题你可能平时工作的时候也没太注意，以后多加注意吧，继续加油！

卫龙食品旗舰店2016年天猫女王节店铺首页

编号5

其实我看到这个页面的时候,还以为你做的是详情页设计,为什么呢?一个是因为这种布局非常满,跟那些韩国护肤品美妆的详情页布局方式很像,再一个当我把这个页面放到PS中我才发现,原来这个页面是1900px多宽度的,不是750px宽度,所以我就发现了你的问题所在了,原来你不是做详情页设计,但是你也没有留安全区域的意识。

那什么叫安全区域呢?

假设页面总宽度是1980px,但是我们的重要信息一般只会放在宽度为1200px的安全区域内,而1200px以外的这个区域部分是不可以放主要内容信息的,因为用户的显示器尺寸有大有小,在兼顾主流的大屏显示器的同时,也需要照顾到部分小屏幕电脑用户,所1200px以外的这个区域主要以空白展示或放一些装饰元素为主。

第38章 专题页设计模拟练习及点评

　　并且在保证安全区域的前提下,你周围的尺寸是不受限定的,按照你的个人习惯来就好,所以就随意怎么处理了,比如有人喜欢做1980px宽度的页面,也有人喜欢做1920px宽度的页面,还有人会做2000px以上宽度的页面。

　　但不同的平台安全区域尺寸不一样,比如天猫的专题页设计安全区域宽度是1200px,但是京东的专题页设计安全区域宽度却是990px,不过这些数据尺寸都是会随着平台改版或用户体验的需要而改变的,所以身为设计师需要多留意平台的最新尺寸规范并及时更新数据,如下图所示。

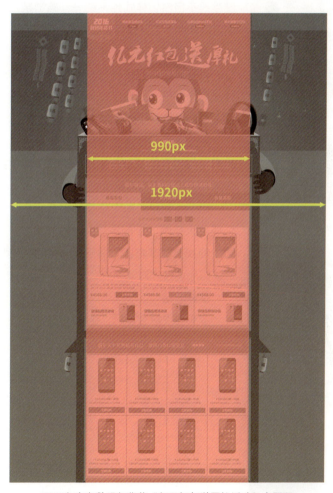

2016年京东数码年货节"亿元红包送厚礼活动"专题页

HERA xHugo & Victor 2017春夏时尚跨界限量彩妆 "LIKE IT" Collection活动页面

关于字体： 按照整体的调性，标题字体选用手写体也没什么毛病，但也许用下面楼层部分的标题字体会更合适些。

关于配色： 整体配色都是比较粉嫩的，我也觉得没什么毛病。

关于构图： 构图上也没什么大问题，但是跟前面存在同样的问题，头图Banner / 优惠券 / 下面楼层部分的衔接过渡很不自然，样式也不统一，感觉是几块内容拼凑的，你可以参考一下这些页面的处理方式：

关于细节： 细节部分也有几点要注意，比如优惠券部分的质感风格看起来是比较硬朗质感的，但是页面其他部分全都是贴纸 / 随意手写体组成的，这样一来画风就不一致了，这也是为什么我会说有点拼凑的感觉。

另一方面，楼层背景部分的米黄色笔记本纸张边缘看起来不是很干净，以及背景的手写字体图案跟各种图形色彩混在一起画面有点乱了。

第三点就是，每个楼层都是有相应的大标题，按理这个楼层大标题才应该是最突出的文字部分，但是在这个页面中的视觉却非常弱，弱于产品名称，这是不太合理的，应该顺序调换才对。

整体总结：

今天先说这么多吧，继续加油！

第38章 专题页设计模拟练习及点评

这里有几点有必要跟大家说明一下：

我鼓励大家做练习的目的是什么？是希望你们收获的知识能够落地执行，而且这对于你自己来说也是一种磨炼。

我希望你们自由发挥的前提是，不跑题，不擅自大改文案主题，不做与活动主题不相干的事情，为什么？因为我们这是在模拟真实的设计项目，试想一下，如果这个不是练习而是真实的设计项目呢？你能够不按需求方的意愿来自己想怎么做就怎么做嘛？不行的，是需要一定的约束的。

最后想告诉大家一个道理：事情要做就好好做，全力以赴去做，不管结果如何，你只要努力了认真对待了，总会在某一个时刻得到相应的回报的，小事日积月累下来就会变成大事，自信心／好运气／好人品／话语权等等，所有的一切都是这么来的。

08

PART 8
详情页篇

第 39 章 浅谈品牌／消费者／详情页设计之间的奥秘

关于详情页，我们先不要谈视觉执行，先把品牌／消费者／详情页设计之间的关系捋清楚，因为你要先知道为谁做为什么做这个设计，而后才知道怎么做（先有what／why／who再有how）。

39.1 品牌／消费者／详情页设计之间的关系

以淘宝天猫京东这类综合类电商网站为例，一个完整的详情页一般由以下部分组成：首图Banner + 产品信息 + 产品功效介绍（比如各种自身的优势）+ 产品外观展示 + 产品细节展示 + 其他（比如某某推荐／各种证书／物流信息／买家秀／售后说明等）。

抛开其他各种流量因素／产品自身好坏／品牌知名度／价格等因素不说，一个产品详情页的好坏则直接决定了产品的卖货转化率，一个详情页就像一个展柜中的一角摆放了一款产品，然后配有一位虚拟的线上推销员，这位推销员对产品的了解程度以及他是否能结合产品自身的特点和顾客喜好将这款产品介绍到位则决定了顾客是否愿意掏腰包购买，总之详情页的作用就是要让顾客看完后有一种"天呐！你太懂我了，这就是我需要的"的感觉。

既然详情页是基于产品的品牌或特性等因素来设计给人看的东西，因为人有不同的喜好，在设计上也就必然会有所区分了，比如：

从品类上来说：有标品和非标品，有为大人设计的有为小孩设计的，有易耗品有耐用品，有室内的有室外的等等。

从风格定位来说：有高冷的有热闹的，有可爱的有耍帅的，有暗黑系的有小清新的等等。

从产品定价上来说：有好几十万的有几块的，有贵的有便宜的。

从卖点上来说：有的强调产品功能，有的强调产品品质和安全，还有的强调自己有多便宜或多划算等等。

因为它针对的人群关注点不一样，那么在设计表现形式上要突出的点当然就不一样了。

比如，对于出身豪门的人，他买东西可能更注重是否正品／是否可以彰显自己的品味和地位，价格不会太在意，因为这种人本来就用惯了这些产品，就跟你平时吃饭喝水一样正常，他不会觉得这是什么虚荣心，只是一种生活需要罢了；而普通工薪阶层，他买东西也会

第39章 浅谈品牌／消费者／详情页设计之间的奥秘

看是否是正品，他可能也在乎品味和地位，但他更在意的可能是价格便不便宜，有没有优惠，甚至有时产品安不安全他都会无所谓（比如一些假冒伪劣的护肤品或食品，价格低廉，安全性肯定是堪忧的，但照样会有很多人买）。

一般来说越贵的产品，在设计上就越高冷或华丽或精致，越廉价的产品在设计上就越花哨越热闹，当然也有特例，比如为了博出位，有时很廉价的产品也会想要尝试高冷风，有时明明很高端的产品也会想要尝试亲民一些的感觉（具体效果怎么样也就不得而知了，有时要看运气）。

既然详情页就相当于在逛线下展柜然后听推销员给你介绍产品，那么我们以线下展柜为例，比如下面这两种门店，你一眼就能看出谁比较高端，谁比较便宜对不对？

 VS

那么下面两位顾客分别会被哪个门店所吸引呢？

A顾客：年入百万元经常使用各种奢侈品包包的企业高管。

B顾客：月入1000元连奢侈品都叫不出几个名字的小公司职员（当然我这里只是举例而已，毕竟月入一两千元但是也爱透支消费买奢侈品的顾客也大有人在）。

答案一目了然，因为生活品质不一样，一般来说A顾客对上面的装修门店更感兴趣并可能会进店消费，对下面的店铺则可能正眼都不会看一眼；而B顾客可能也会被上面的店铺所吸引，但是她只会走进下面的廉价门店消费。

这里要额外说的一点感受就是，关于线上线下的差异：比如我平时在线下逛街的话，当我月入3000元的时候，我根本就不会踏进那些装修高大上的奢侈品店去逛的，因为那些店无论是装修风格还是店员的着装气质就已经把我唬住了，为什么会这样？据说也是有目的的，一方面是为了降低人员沟通成本，如果装修成随便谁都可以进去逛逛的感觉，可是你又买不起，那无疑会增加店员的工作量，另一方面也是为了筛选顾客，总之就是尽可能多地把买不起的或买不起又爱这看看那摸摸的人拒之门外，也一定程度上减少产品被盗的概率。

在线上其实也是一样的道理,为什么有的产品详情页要设计得很高大上,为什么有的产品详情页给人感觉很有亲和力,其实也是在筛选精准客户,我可以通过视觉上的感受来让你靠近我或远离我,因为我只服务合适的客户,节省沟通成本,也提高转化率,你光看不买只会拉低我的转化率。

这就好比这两种详情页,它所针对的目标受众是不同的,所以在设计和内容展示上肯定就会有差异,为了便于大家理解,下面我以高价护肤品和低价护肤品为例,举两个比较极端的例子。

我发现一个现象,奢侈品品牌的产品大多在产品拍摄/精修/模特代言广告视频等方面都下足了工夫,一看就非常高端大牌:

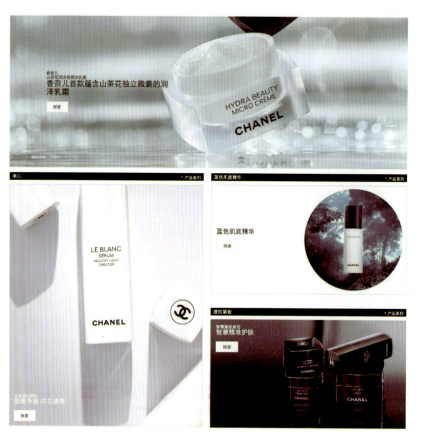

香奈儿官网

第39章　浅谈品牌／消费者／详情页设计之间的奥秘

香奈儿官网

但或许是这些品牌有严格的渠道把控能力／品牌认知度高或者忠于线下实体店的缘故，官网虽然是非常正规的渠道，但它们的详情页居然只是放了几个产品图及简单的文字介绍而已，并没有看到他们像普通店铺或品牌那样很花工夫地去做详情页设计：

香奈儿官网

一些专门卖奢侈品的网站也一样，页面上就几张图和文字，相当简洁：

美西官网

而且正因为这些是大牌的缘故，在国内不太容易买到，而且即使能买到，也比国外要贵很多，所以才会衍生很多代购的，但是我搜索了一些代购店，其实也是差不多的情形，你基本是看不出他们的详情页有设计而言的，大多以随意的场景拍照＋打水印为主（兴许是为了表示真实性吧，表明确实是个人代购的产品，再或者他们认为大牌就是这样吧，无须多解释）：

第39章　浅谈品牌／消费者／详情页设计之间的奥秘

　　然后，我们再看一些不知名品牌，或者是价格比较亲民的知名品牌，它的产品详情页就给人感觉超级花费心思了，生怕你不知道产品有什么功效，生怕你不知道芦荟长什么样，也生怕你不知道使用方法：

大宝水凝保湿精华霜详情页

597

前者chanel智慧紧肤精华乳霜50ml售价1370元，后者大宝水凝保湿精华霜50g售价22.9元，价格一个天上，一个地下，但它们都有人买。

功效怎么样不太好说，但同样是精华霜，克数也差不多，对于消费者而言，其品牌态度和产品详情页给人的视觉感受真的是没有对比就没有伤害。

通过这两种极端案例的比较，你会发现，品牌不同，定位不同，落地到详情页设计这块，它的重要性和玩法是完全不一样的，这些价格亲民的小品牌如果也玩人家这种大牌路线可能早就玩不下去了，所以你不得不绞尽脑汁地去通过突出卖点给用户制造场景代入感，跟用户打情感牌等等方式吸引用户的注意和信赖，但即便是这样，你费尽脑汁做出来的各种花里胡哨的详情页，有时真的还不如别人随便拍拍图卖得容易。

39.2 不同的品牌，不同的宿命，设计亦如此

上面说的是大品牌和小品牌之间的差异，这也不禁让我联想到自带流量的网红店铺和没有流量的普通店铺之间的差异，前者也无需详情页设计得有多厉害多卖力宣传卖点，直接放几张网红照片就够了，而后者无论如何设计反正你不烧钱买流量或者你不折腾些新花样就没人会注意到你，就更别说买你的产品了。

关于网红店铺和普通店铺区别的文章，可以翻看目录查找：搞懂网红店铺vs普通店铺的差异。

总之，无论是大品牌vs小品牌，还是网红店铺vs普通店铺，它们的共同点都在于，前者的目标受众与品牌之间有一种精神支撑上的联系，同时都自带流量和信任感，此话怎讲呢？

比如你买的是大品牌：

一部分人会觉得很有面子或很有优越感，于是不经意间就会去讨论炫耀发朋友圈宣传这个品牌，知道这些品牌的人也就越来越多了，如此便更有了知名度。

一部分人受广告宣传的影响会把它视作是一种代表地位或经济实力的象征，于是会把它视作目标去追求，如此便有了精神上的关联，这样一来品牌和消费者之间的联系就紧密了。

一部分人认为，售价高意味着可以承受更高的造价成本和更精湛的制作工艺，这也就保障了品质，如此用户便会对品牌产生信任感。

再加上长年累月地请大牌明星代言，媒体曝光，也便占领了一批又一批用户的心智，不

断塑造和强化了自己的品牌地位。

　　而且正常来说,一个人如果不是懒得出奇的话,生活都会是越来越好的,那么这就意味着他的消费力会越来越高,这也是为什么10年前你可能觉得有大宝用就不错了,但现在你可能只用chanel或同等级的产品,大品牌从一开始就占据了高的位置,它们一直都在迎接那些往上攀爬的人,而小品牌一开始就占据了较低的位置,这就决定了它们一直在迎接消费力低的人群,而且在不断地被那些向上攀爬成功后的人所抛弃。

　　不同品牌,不同宿命,设计亦如此。

第40章 从人性的角度解读详情页设计

对于大部分服务于平台的设计师来说,可能几乎不会涉及设计详情页,但是对于服务于店铺的设计师来说,详情页几乎是非做不可的,所以跟以前一样,我会从营销／心理／人性／文案／排版等多个角度,用我自己的语言来解说详情页设计里面所蕴藏的奥秘。

40.1 详情页的结构

以淘宝、天猫、京东这类综合类电商网站上的店铺详情页为例,一个完整的产品详情页的作用就是要告诉消费者这几点:我是谁／我长什么样／我能为你做什么／为什么我值得购买／你买我就对了。

详情页一般由以下部分组成:首图Banner＋产品信息＋产品外观展示＋产品细节展示＋产品功效介绍(比如各种自身的优势)＋其他(比如某某推荐／各种证书／物流信息／买家秀／售后说明等等)。

以一款日本大豆冰淇淋详情页为例:

其实如果换做其他人来设计这款产品的详情页的话,中间至少也该插入一些产品各个角度的外包装图展示以及细节展示,如果有真人食用的一些体现好玩美味的场景照片就更好了,可是这里并没有这么做,而是主要强调产品的健康营养。

这其实也说明了一点,同一款产品不同的人去做想要表现的侧重点可能就是不一样的,侧重点不一样能吸引到的消费者群体就不一样,按我那个思路吸引到的可能是喜欢好吃又好玩又好看的买家,而以目前的思路吸

日本じぇらーと屋大豆冰淇淋,www.kurashiki-tabi.jp/buy/9673

第40章 从人性的角度解读详情页设计

引到的可能是注重健康饮食的买家。

反过来,不同品类的产品详情页,因为侧重点不一样,它的展示方式当然也就会不一样了,主要体现在以下两个方面。

1. 板块顺序

以服装类目举例,一个完整的详情页一般都包含首图/衣服资料/尺寸/模特图/白底图/细节图/洗涤说明/买家秀/物流信息等等,这里除了首图必须出现在页面头部这个位置以外,其他几块内容的位置是可以根据需要互换的,比如产品资料和信息既可以放在服装图展示前面也可以放在它后面。

如下图所示。

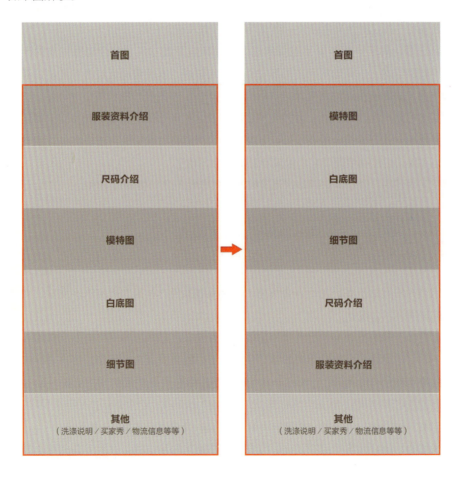

2. 板块内容

除了头图／产品信息／产品展示等板块以外，其他很多内容都是可以去掉的（比如买家秀物流信息等都是可要可不要的），主要看这些内容展示对于消费者来说是不是必需的，对于店家来说有没有优势或必要，没有优势的话还不如不放，比如有些买家秀又不好看你硬要放详情页里不是相当于自黑嘛？（当然有些店铺可能会放一些假的买家秀）

还有不同的品牌的侧重点和营销策略不一样，比如我们前面提到过的，大品牌是代表了一定的身份地位的，并且自带信任度和流量，所以你几乎不会在大品牌产品详情页里看到诸如买家秀等板块内容，他要是这么做了岂不是很掉价嘛？但是一些微商产品或小品牌则可能需要这么做，因为它没有别人的可信度和人气，他得自己想办法为自己吆喝啊。

详情页板块内容最简洁省事的莫过于一些大牌官网或自认为是大牌的旗舰店详情页了，除了白底图和一些说明性文字以外，其他几乎什么都没有。

回到正题，对于一般店铺或品牌来说，整个详情页看下来，一个完整有效的详情页也该是这种套路结构：一开始利用首图抓住消费者的眼球，紧接着再通过各种功能讲解让消费者了解产品／美图展示让消费者深陷其中／危害举例让消费者产生恐惧心理等等，从而让他意识到买你们家产品很有必要，紧接着再趁热打铁给出详细使用说明或专家建议体现贴心服务，最后给出一些口碑推荐或者品牌认证之类的打消消费者最后的信任顾虑，再看看你们家的评价也不错，价格也合适，客户顺其自然地就会下单了。

但说起来容易，道理大家都懂，但是该怎么执行呢？我们接着往下看。

40.2 文案的形式

详情页的文案对于我们设计详情页来说其实是很重要的，因为产品决定文案，文案又决定了你的详情页怎么设计。

文案相当于解说员根据产品气质和功能做的解说，产品气质不一样自然文案给人的气质也就不一样了，比如你卖的产品是非常可爱的，那你的文案语言自然是活泼一点而非严肃一点，你的产品若是非常高档的，那在语言上自然是优雅高贵一点而非自由散漫一点。

根据这些规律和特性，我姑且将详情页文案归纳为这几类（后面有新的发现我再补充）：拟人的／自嗨的／搞笑的／文艺的／耍酷的／平淡的等等，下面我给大家举一些例子。

拟人式的： 就好比将产品拟人化，以产品的口吻来自我推销，适用于任何想走亲和力路

第40章 从人性的角度解读详情页设计

线的品类,类目不限。

以我年初设计的一款零食详情页为例,虽然这款零食的礼盒看起来是这样的红红火火的画风:

但我还是决定将文案拟人化,采用可爱美味亲和力一点的设计风格包装它,最终效果图如右图所示。

2017年奥奇零食大礼包详情页

603

高格调的： 说直白一点就是，这些文案我们常人是不会这么说的，因为会显得太装太端着了，常常是一堆拗口的形容词修饰词语，适用于任何想走高端严谨路线的类目，类目不限，比如数码科技、服饰鞋包、护肤美妆等。

我们可以看看苹果以前的文案：

文案：岂止于大（直白点说就是，大）　　　　文案：轻于时代，先于时代（直白点说就是，轻便又先进）

再比如看看海蓝之谜的文案：

汇聚稀世能量，肌肤焕变奇迹（直白点说就是，能让你的皮肤变好）；匠心凝炼稀世珍萃（直白点说就是，很珍贵的海藻提取物）

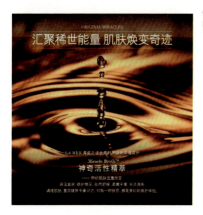

LAMER海蓝之谜官方旗舰店

搞笑的： 这种文案画风往往比较逗逼或者无厘头，让人感觉很不正经但很过瘾，适用于任何可以拿来搞笑或恶搞的类目，比如一些二次元周边产品／成人用品／生活用品等等。

第40章 从人性的角度解读详情页设计

歪瓜出品旗舰店里的产品／文案／设计风格基本都是左图这种搞笑不正经的灵魂画风：

文艺的：这种文案看完给人感觉有一种深入骨髓的文艺气息，适用于任何走文艺路线的类目，比如茶叶家居、服饰鞋包等。

淘宝上有很多文艺的店，比如步履不停集市店：

步履不停集市店PC端首页截图

歪瓜出品旗舰店——歪瓜出品doge神烦狗拼图详情页

耍酷的：这种文案就给人一种你买了我的产品你就是天下第一酷、你最拽你最与众不同的感觉，叛逆期的青少年们最喜欢了，适用于定位是这类人群的类目。

比如2014年阿迪达斯的一支创意广告："太不巧，这就是我"

文案：他们说："太粉了。""太粗放。""太放肆。""太浮夸。""太假。""太快。""太呆。""太娘。""太man。""太完美。""太幼稚。""太狂热。""太懒。""太怪。""太晚。"……众说纷纭，而你只需要回一句：太不巧，这就是我。

2014年adidas Originals #这就是我# 品牌广告活动　　　　扫码可以查看完整视频

后来很多品牌都模仿了这支广告，色彩／形式／创意／文案等等，这不禁让我产生了一个疑问，我发现品牌只要是体现好玩炫酷年轻，基本都喜欢往这个套路走，但随着时间的推移，这种套路是不是一直有效呢？这个问题值得我们一起来探讨。

卖萌的：给人乖巧可爱的感觉，尤其是反差萌文案效果最好，让人忍不住想要多看几眼或分享给朋友，比如故宫淘宝，那些皇帝和娘娘们给人的感觉明明是很高冷的形象，怎么画风会这么萌呢？一下子拉近了与消费者之间的距离：

第40章 从人性的角度解读详情页设计

故宫淘宝 来自故宫的礼物 故宫博物院网店 原创设计店铺详情页截图

平淡的：这种文案就比较直白但又保守，给人中规中矩和呆板无趣的感觉，大部分反响平平的店铺详情页文案基本也都是这类的，这种文案由于太大众化／没创意／没有洞察，所以也就无法与消费者产生任何情感共鸣，但这种好处就是省事不啰嗦，容易想到，产生的是很纯粹的一手交钱一手交货的买卖关系，但这也导致卖家和买家之间很难有强联系。

这种我就不放案例了，因为你在逛超市的时候随处就能看到很多。

除此之外，文案也受具有最高话语权的老板或运营店长的喜好和情操所操控，这就好比一个习惯了大金链子粗手表每天一顿小烧烤的老板是很难去理解以及允许你给他整一堆悲春伤秋郁郁寡欢的文艺气息文案的，因为他们根本就不是一路人嘛。

40.3 以人性的角度解读详情页设计

一款详情页就相当于一个线下展柜的一角配了一名推销员，那既然涉及推销，就肯定会涉及利用人性了，而详情页设计师的作用就是利用这些人性把详情页以文字＋图片结合的形式，设计得让人忍不住想要买买买。

下面我就从以下10个人性的角度来给大家分析下详情页设计的那些套路吧：好色／好吃／贪婪／恐惧／懒惰／从众／自恋／炫耀／好奇心／同情心。

好色：关于人性的这一点是男女通用的，男人看到漂亮或大胸细腰长腿的性感女人往往都不由自主地会多看两眼，女人看到帅气或性感强壮的男人也会犯花痴，这也是为什么你会看到不管什么类目的详情页，只要是可以放模特的地方就会尽量多放美好肉体或脸蛋代言人的原因。

尤其是内衣／成人用品／健身等等，无不都在用美好肉体诱惑人：

花瓣搜索一下内衣详情页设计，基本都是这样的：

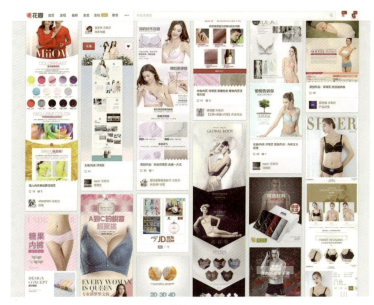

花瓣截图

不过上面这个方向多是让人感觉买了这件产品你也可以拥有如此好的身材去吸引异性关注，但现在很多人的思想都解放了，即便是内衣也可以是为了取悦自己而不是为了取悦异性，所以美观／舒适／健康也可以成为详情页要突出表达的诉求点，而不只是表达性感。

好吃：几乎没人能够拒绝美食的诱惑，而人是怎么判断它好不好吃的呢？当然最先是通过视觉或嗅觉上感觉它好吃，然后才会有真的想吃的冲动，对于详情页设计，它是无法散发出气味的，所以只能通过视觉上去表现，食品类目就无须多说了，比如通透有光泽的三文鱼，色泽丰富表皮附着有水珠的葡萄，热气腾腾颗粒饱满的白米饭，咬一口就流出鲜汁的汤包等等，所有这些光泽感／水珠／热气／流汁／多彩色等等都可以作为氛围点缀元素，激发用户好吃的本性，让他们看到图片就口水直流。

第40章　从人性的角度解读详情页设计

卫龙食品旗舰店——"大面筋106g×5卫龙辣条零食麻辣辣片小吃特产"详情页

劲仔旗舰店——"劲仔小鱼仔40包共600g香辣小鱼干休闲零食品"详情页

不止是食品类目,很多护肤美妆／饰品玩具／服饰鞋包也会跨界利用人的好吃的本性来做设计,主要利用色彩上或产品中某种成分的质感,比如蜂蜜／芦荟／海藻精华:

我的美丽日志旗舰店护手霜详情页

再比如一些马卡龙色／糖果色的服饰鞋包,再比如一些美妆护肤品看起来想要咬一口一样,比如2017年彩妆品牌赫妍HERA与法国知名甜点品牌Hugo & Victor展开跨界合作,给人的整个感觉就很像吃的,看起来很美味,但其实它是彩妆。如右图所示。

贪婪:人都是贪婪的,如果你的产品原来一直都是免费供人使用的,后面突然收费了就会被部分人骂;你给了便宜别人下次只想要更便宜,你这次提供了好的服务,下次别人就会想要更好的服务,因为人的期待值总是越来越高的。

商家抓住人性是贪婪的这一特点后,时不时都会搞一些满减／打折／送礼品／依次涨价的活动,往往能起到不错的转化效果(但不宜太过于频繁,要不然相当于路边的清仓大甩卖,总是说最后三天,然后没准过了三年人家还在那清仓大甩卖呢,那谁信啊)。

这也是为什么有些详情页里会有这些优惠赠送内容,或者是采用大红大黄配色加粗字体的原因,因为给人感觉热闹促销呗。

HERA xHugo & Victor2017春夏时尚跨界限量彩妆「LIKE IT」Collection活动页面

第40章 从人性的角度解读详情页设计

2016年卫龙食品旗舰店618详情页聚划算部分截图

恐惧：一些用于改善人的样貌、身体健康状况、生活质量、人身安全等等方面的类目产品尤其喜欢用人性中恐惧的这一点，比如一些牙齿美白／减肥产品／去死皮／去黑头／治疗腰酸背痛／防脱发／伤疤修复的产品等等，其详情页总会有一块内容是你不忍直视的，有时甚至让人感觉很倒胃口忍不住想要关掉页面：

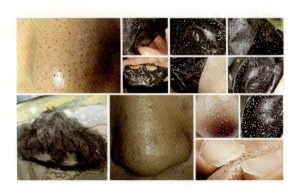

所以利用人的恐惧心理还是要把握好度，要不然人家被你恶心到了谁还愿意继续看下去买你的产品啊，所以这种板块也多是放在详情页尾部，不会放在前面部分，因为这些画面导致消费者关掉页面的风险太大了。

有一次有一位面粉让我给她看一个防脱发的详情页设计，我一打开满屏的秃顶画面，顿时整个人胃口不好了立马关掉了页面，所以我就在想，其实我们利用人的恐惧心理的时候是不是可以稍微收敛一点或者稍微有美感一些呢？

懒惰：举个例子，以前还没有出现风扇和空调的时候，我们在夏天都是手里拿一把扇子扇风的，后来几乎家家都有了风扇和空调，要不是没电或怕费电，谁还会拿扇子在那扇啊，你躺沙发上不动，让风扇或空调自己输送冷气多舒服啊。

某种程度上来说，满足用户懒惰的需求，无非就是节省了他的时间／让他减少运动，从而带给他愉悦或舒服的感受，所以你才会看到很多便携式产品／某某智能扫地机、某某智能冰箱、空调、洗衣机等等的详情页设计几乎都是在竭尽全力地给用户传达这些看起来很温馨或愉悦的感受，结合产品使用场景图给消费者一种代入感，仿佛他买了这款产品也可以像画面中的主人公一样那么舒适那么潇洒，于是忍不住买买买。

小米商城——"米家扫地机器人"页面截图

第40章 从人性的角度解读详情页设计

从众： 以前听过一个笑话，讲的是路上有一个人呆呆地看着天空，后面路过的人也都会不由自主地跟着他一起看天空，最后大家都在看天空，可是呢，其实天空中什么都没有，很多人根本也不知道自己在看啥，只是别人都在看所以自己也跟着看了，这就是从众，也叫跟风。

这种从众的人性特点在详情页设计中也比较常见，比如在详情页中放一些买家秀照片或者买家感言，再或者放些好评，甚至有些卖家会做一些买家刚刚提交订单的信息(当然基本是做的假的啦，只是一张gif图，几个名重复出现而已)，不过大品牌应该很少会这么做，一方面是不需要这么做，另一方面，如果图片做得比较好看也就罢了，如果做得不好看，就会拉低品牌的档次，有损品牌形象，如果你有留意朋友圈的微商广告的话，会发现他们基本都是这么做的。

自恋： 发自内心地讲，几乎没有人会认为自己不漂亮不聪明不可爱不特别不讨人喜欢吧，有时即使是嘴上说自己这不好那不好，但是内心深处应该还是觉得自己不错的，要不然为什么你自己自黑可以但是当别人真评价你不好的时候你为什么会心里不舒服呢？从这个意义上讲，人其实都是自恋的。

既然如此，觉得自己应该配得上更好看的衣服更好的服务更好的生活等等也便顺理成章了，比如你会看到很多美妆护肤服饰鞋包汽车等等详情页的设计都会用到一些皮肤好得不得了／笑起来自信得不得了／造型酷得不得了／身材好得不得了／头发柔顺得不得了等等的人设，目的就是让你产生错觉，若你买了我的产品，你就会跟我一样迷人自信成功。

CHANEL香奈儿官网截图

从这一维度讲，利用自恋的人性特点和利用恐惧的人性特点完全就是两个相反的方向了，前者拔高你恭维你，后者贬低你刺激你，不管是哪一种都该适可而止，要不然会起反作用了,因为前者是通过给予较高的期望,后者是通过给予较低的评价,超过一定界限都会招来差口碑或令人反感,这个界限如何定就看你自己能接受到什么程度了。

炫耀: 人都有炫耀的欲望,比如炫耀自己的品味／财富／地位／人脉／相貌／身材／勤奋／学识等等,只是说性格喜好不一样他所爱炫耀的东西和隐晦程度就不一样。

这个体现在详情页设计里就是,让你的详情页尽可能地特别,要么美出新高度,要么丑到无与伦比,再或者玩法新颖,比如卫龙作为一款辣条,当年居然模仿苹果风,就引起了轩然大波。

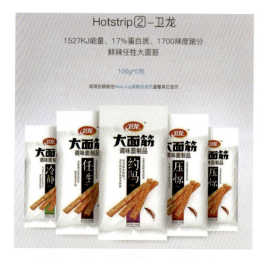

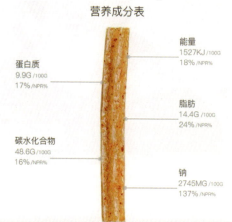

卫龙食品旗舰店——"大面筋106g5 卫龙辣条零食麻辣辣片小吃特产"详情页截图

第40章 从人性的角度解读详情页设计

所以出现了一个很奇怪的现象,以前你会觉得吃辣条是很上不了场面的行为,自己偷偷吃就得了,现在却发现很多人买了卫龙辣条会发到朋友圈秀一番,不得不说这种定位转变真的是挺成功的。

总之不管你怎么整,要想满足别人爱炫耀的心理你就得给别人制造谈资的可能性,这就好比,如果你就连丑都丑的普普通通的那谁会愿意多看你几眼或经常把你挂在嘴边呢?

好奇心: 这个体现在好几个方面,比如详情页的内容结构和文案上,可以不断地抛出疑问,而且是一环扣一环,让人忍不住想要找到答案,想要继续看下去,还有时候我们会看到一些模特图或构图,经常都是只出现一部分脸,我知道这种有时是为了避免侵权,或者是突出局部细节等等,但有时确实让人感觉很好奇,想弄清真面目,看的时间反而更久了。

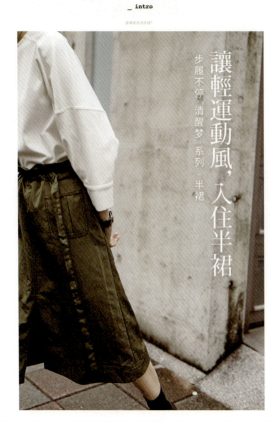

步履不停集市店——"步履不停撞色线抽绳立体腰A型半身裙"详情页截图

同情心：同情弱者也是一种，比如详情页里讲些与个人的朴实悲情或朴实的故事，会让人有一种想要帮他一把，或者觉得他老实憨厚值得信赖的感觉，于是不由自主买买买，比如我发现很多茶叶详情页就是走这种套路：

但同样是卖茶叶，有的人走的就是展现格调和品味的文艺路线，而有的走的又是健康养生或高端送礼的路线。

总之，关于详情页设计，你有很多选择方向和玩法的。

40.4　详情页设计注意事项

详情页设计说简单也简单，说难也难，因为除了要设计得让消费者有购买欲望以外，你还得注意用户体验，防范字体／素材是否侵权了，还得避免使用极限词违反广告法被人抓住把柄投诉了，为了避免以上情况的发生，以下我总结了一些详情页设计注意事项，希望对大家会有一些帮助。

1. 详情页的尺寸

◆　PC端详情页尺寸：

宽度：天猫790px，淘宝750px，京东自营750px，京东第三方790px。

高度：不限。

◆　移动端详情页尺寸：

宽度：750px≤宽度≤1242px（也有人直接拿PC端750px或790px宽度适配，其实都可以）。

第40章 从人性的角度解读详情页设计

高度：不限（为了便于页面加载，后台上传图片的时候，京东详情页每张切图后的高度不能超过1000px，淘宝天猫没有限制）。

> 该模块最多可上传20张图片，图片类型支持png,jpg,jpeg。单个图片建议宽度为750~1242px，高度≤1546px。可以在右侧进行图片排序、删除等操作。

天猫后台页面截图

◆ 移动首页尺寸：

宽度：480px≤宽度≤1242px（不过官方建议宽度在750px以上效果更佳）；

高度：不限（为了便于页面加载，后台上传图片的时候，天猫每张首页切图后的高度不能超过1546px）。

其实天猫淘宝京东等平台每改版一次尺寸就会有相应变化，因为大屏幕尺寸手机的占有率越来越高了，平台的每次改版其实也是在顺应时代的发展需要以及增加了商家和用户的使用体验，所以你会发现，现在PC和移动端的详情页尺寸基本是通用的了。

如果不清楚怎么回事的话，我们可以看下百度统计中显示的移动设备分辨率排名：

2. 竖版思维

根据京东2016年发布的《2016中国电商消费者行为报告》的数据显示，从一线城市到六线城市，移动端订单占比平均已达80%以上，甚至有一些比较极端的案例，比如平时我跟一些店铺老板沟通了解的情况是，因为他们的移动端订单占比高达90%以上，所以PC端详情页设计他们基本已经直接放弃了，而是着重打理移动端详情页(所以现在很多店铺干脆直接以移动端详情页设计为主了)。

百度统计截图

而用户在移动端浏览详情页和在PC端浏览详情页体验是不一样的，比如手机屏幕基本都是竖屏的,而且尺寸偏小,一只手掌即可掌握,而PC屏幕现在普遍都是23英寸往上走了,屏幕越来越大,基本是横屏,这也就衍生了一个移动端详情页设计要遵循竖版思维的概念,也就是文案以及产品图可能更适合上下排版而不是左右排版。

比如这款魅族PRO 6 Plus手机的详情页,在其移动端是这样上下排版的:

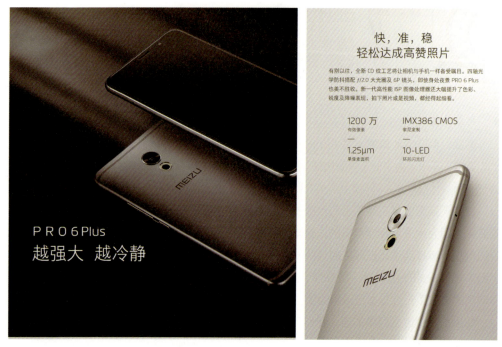

魅族官方旗舰店——魅族PRO 6 Plus手机详情页截图

但在PC端却是这样左右排版的:

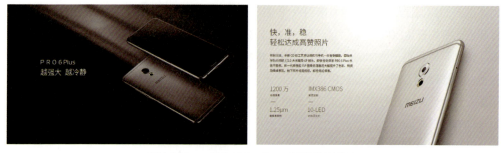

魅族官网——魅族PRO 6 Plus手机详情页截图

第40章 从人性的角度解读详情页设计

字体名称	字型展示	可否商用	注意事项
思源黑体	做设计的面条	可	
思源宋体	做设计的面条	可	
思源柔黑体	做设计的面条	可	
花园明朝体	做设计的面条	可	
装甲明朝体	做设计的面条	可	
源界明朝体	做设计的面条	可	
源样明体	做设计的面条	可	
源流明体	做设计的面条	可	
源云明体	做设计的面条	可	
站酷快乐体	做设计的面条	可	须在站酷登记
站酷高端黑	做设计的面条	可	须在站酷登记
站酷酷黑体	做设计的面条	可	须在站酷登记
庞门正道标题体	做设计的面条	可	
郑庆科黄油体	做设计的面条	可	须在站酷登记
方正书宋简体	做设计的面条	可	须书面授权
方正仿宋简体	做设计的面条	可	须书面授权
方正楷体简体	做设计的面条	可	须书面授权
方正黑体简体	做设计的面条	可	须书面授权
文泉驿微米黑	做设计的面条	可(GPL)	
文泉驿正黑体	做设计的面条	可(GPL)	
文泉驿点阵正黑	做设计的面条	可(GPL)	
文泉驿等宽正黑	做设计的面条	可(GPL)	
FandolFang	做设计的面条	可(GPL)	
FandolHei	做设计的面条	可(GPL)	
FandolKai	做设计的面条	可(GPL)	
FandolSong	做设计的面条	可(GPL)	
刻石錄明體	做設計的麵條	可(IPA)	
刻石錄鋼筆鶴體	做設計的麵條	可	
刻石錄顏體	做設計的麵條	可	
台灣教育部國字隸書	做設計的麵條	可(CC3.0台灣)	
台灣教育部標準宋體	做設計的麵條	可(CC3.0台灣)	
台灣教育部標準楷書	做設計的麵條	可(CC3.0台灣)	
王漢宗中魏碑簡體	做設計的麵條	可(GPL)	
王漢宗仿宋標準	做設計的麵條	可(GPL)	
王漢宗楷體空心	做設計的麵條	可(GPL)	
王漢宗波卡體空陰	做設計的麵條	可(GPL)	
王漢宗海浪體	做設計的麵條	可(GPL)	
王漢宗海報體半天水	做設計的麵條	可(GPL)	
王漢宗特明體標準	做設計的麵條	可(GPL)	
王漢宗細黑體	做設計的麵條	可(GPL)	
王漢宗特黑體	做設計的麵條	可(GPL)	
王漢宗粗圓體雙空	做設計的麵條	可(GPL)	
王漢宗粗圓體標準	做設計的麵條	可(GPL)	
王漢宗粗明體實心	做設計的麵條	可(GPL)	
王漢宗細新宋簡體	做設計的麵條	可(GPL)	
王漢宗中隸書	做設計的麵條	可(GPL)	
王漢宗細明體	做設計的麵條	可(GPL)	
王漢宗超明體	做設計的麵條	可(GPL)	
王漢宗中明注音體	做設計的麵條	可(GPL)	
王漢宗中楷注音體	做設計的麵條	可(GPL)	
王漢宗鋼筆行楷	做設計的麵條	可(GPL)	
王漢宗顏楷體	做設計的麵條	可(GPL)	
王漢宗正海報	做設計的麵條	可(GPL)	
王漢宗酷儷海報	做設計的麵條	可(GPL)	
王漢宗超黑俏皮動物	做設計的麵條	可(GPL)	
851手写杂字体	做设计的面条	可	作者保留著作权
濑户字体	做设计的面条	可	
Droid Sans Fallback	做设计的面条	可	
cwTeXQ Fangsong Medium	做设计的面条	可(GPL)	
cwTeX Q Hei Bold	做设计的面条	可(GPL)	
cwTeX Q Kai Medium	做设计的面条	可(GPL)	
cwTeX Q Ming Medium	做设计的面条	可(GPL)	
cwTeX Q Yuan Medium	做设计的面条	可(GPL)	
站酷意大利体	Design	可	须在站酷登记
全字庫正宋體	做设计的面条	可(CC3.0台灣)	
全字庫正楷體	做设计的面条	可(CC3.0台灣)	
全字庫说文解字	具計 种皂	可(CC3.0台灣)	部分字形不显示
阿里汉仪智能黑体	做设计的面条	可(GPL)	仅供阿里用户在阿里平台使用

而且随着智能手机占有率和使用频率的提升，带来的是移动端订单占比的提高和各大电商平台的改版升级，对于商家来说其实工作量也减少了，因为移动端变成了主战场，PC端的详情页尺寸跟移动端是一样的，可以优先设计移动端，然后PC端干脆直接套用。

不过这种竖版思维的排版方式无疑会增加详情页的高度了，一般来说移动端详情页最多不要超过8～10屏（以iPhone 7 Plus为例，10屏差不多就是22080px高度了），自己做完页面后把图放在手机里感受下，如果你自己都觉得太长了看完很烦躁，那么用户肯定就更加没有耐心继续看了（不过也有特例，比如你的设计很有趣很好玩，那么就算设计的高度再长那也都不是事儿了，只要你能吸引用户一直看下去就行）。

3. 关于字体

很多设计师估计都有遇到过详情页因为使用了非免费字体而被字体设计公司要求做侵权赔偿的消息，我自己也遇到过这个情况，之前本来是抱着侥幸的心理，而且那个字体也确实很好看我就用了，结果没想到时隔半年还是被告知需要赔偿，总之，还是小心为妙，所以这里我总结了一些可以免费使用的字体，仅供大家参考。

4. 新广告法

在新广告法出台之前，基本上所有电商平台和网店想用什么形容词或利益点都以，比如世界第一／全球顶尖／百分百全棉／全场五折／原价多少现价多少等，但新广告法出来之后，大家都老实了，除非你真的是世界第一你才能说这个词，要不然你只能学老罗在前面加几个字"可能是"世界第一这样子了。

大家应该也时不时听说某某网店某某美工因为误用了极限词被职业举报师抓住了把柄要求赔偿的，如果你不想这种事情发生在自己身上那就好好熟悉新广告法，避开极限词，严格遵守相关电商平台所定下的规矩咯。

关于我对新广告法的解读，大家可以在本书附录查看。

5. 图片及素材处理

很多设计师做设计的时候面临的问题就是不知道去哪找灵感创意，去哪找素材，找了素材又怕被告侵权，所以我前面给大家汇总了一些关于免费素材图片参考的网址，大家也可以翻看目录查找相对应的章节，这里就不再展示了。

总结

在现有国民审美参差不齐的阶段，详情页设计是不宜光从美丑的层面来定义它的好坏的，而是要看适不适合，详情页也并不是必须以现有的图文结合的形式存在的，将来很有可能会有其他形式替代它甚至不需要它，因为产品有不同的功能／品牌／气质／定位等等，新的事物也在不断涌现，人性也是多种多样的，结合人性特点找到符合自家详情页的方向比较靠谱。

就好比在公众号和微博出现以前，人们买东西都会非常仔细地看详情页介绍，但是现在呢？那些拥有几十万几百万的公众号博主或微博博主只要发一条微博或一篇推文，货基本都是被粉丝秒光的，他们都是自带流量和信任感的人，详情页设计得好坏作用反而不那么重要。

包括我们看一些比较大牌的产品详情页，其实它们都是非常简单简洁的，还有我之前采访过一些知名度比较高的品牌，发现它们的详情页设计反而看起来并没有很精致或美观，追问其原因，除了因为工作量比较大没法兼顾到以外，还因为这些大品牌、知名品牌其实是将更多的预算和重心投入到产品研发和品牌塑造以及推广上面了，在详情页上的投入反而并没有想象中那么大，当然知名品牌和非品牌的产品本来就不属于同一类，在对待详情页的态度上和玩法上存在差异也是很正常的事情了，大家可以酌情去试错＋调整。

第 41 章　如何打造吸引人的详情页设计

本章依旧是关于详情页设计，涉及了排版／构图／色彩／氛围点缀／字体等多个方面。

41.1　头图一定要吸引人

那么怎样才能吸引人呢？我给大家总结了一些关键词：

1. 关键词：大

头图得有一个占比比较大的作为主体，无论是产品／模特还是文字，可以第一眼就抓住人眼球。

模特作为主体： 画面中大大的模特是主角，其他元素都要让位给他。

产品作为主体： 画面中大大的产品是主角，其他元素都可以弱化。

百雀羚旗舰店——百雀羚面膜水养海藻睡眠面膜200g详情页头图

阿芙精油妆前乳详情页头图

文字作为主体： 画面中大大的文字是主角，其他元素都是给它做陪衬的。

局部放大： 一些想体现材质和做工精细的各种产品都可以通过局部放大产品达到目的，让人感觉更安全可靠，再比如食品类局部放大细节会看起来更有食欲。

劲仔旗舰店——【重辣版21包315g】劲仔小鱼仔详情页头图

卫龙食品旗舰店——卫龙亲嘴豆皮详情页头图

2. 关键词：破

如果你不想画面太过于保守和单调，可以尝试打破它，比如将规矩图形异化，或者让产品放在界限以外。

比如右面这个是我2017年初做的一款茶叶详情页，当时的包装无论是颜色还是样式都是比较普通的，作为设计师的我能做的是尽量让它更具创意一点，于是我就在页面头图部分做了一个打破处理。

枔天茶 100年红茶详情页头图

3. 关键词：美

能用美女或帅哥的地方千万别浪费了，因为当用户在浏览这些页面的时候，会感觉是有一位美女或帅哥在对你解说或者让用户觉得自己也能成为美女或帅哥一样，使人身心愉悦，比单纯放产品图更能打动人（前提是你确实用的是吸引人的美女或帅哥，所以审美真的很重要啊）如果可能的话，尽量用品质好一点的产品图或背景素材，使画面显得更加美观（比如光影质感非常棒的产品图）。

我的美丽日志旗舰店——我的美丽日志多效净化保湿控油卸妆水400ml详情页

WIS旗舰店——WIS护肤品套装详情页头图

4. 关键词：飘

有时在画面中添加一些飘动的元素，可以增加画面的层次感和热闹氛围，如下图所示。

百雀羚小森羚温和净颜卸妆水详情页头图

5. 关键词：虚实结合

有时全部都用实物照片素材表现会显得太过普通了，可以采用实物和手绘相结合的方式来表现，如左图所示。

百雀羚旗舰店——百雀羚三生花娇艳彩滢亮唇膏详情页截图

第41章 如何打造吸引人的详情页设计

6. 关键词：脑洞

这个脑洞，可以是技术方面的也可以创意想法方面的，技术方面的比如合成／手绘／C4D与构图的运用，创意想法方面其实就因人而异了，并没有什么固定的套路，然后你能用你所掌握的技术把这些创意想法表现出来就行。

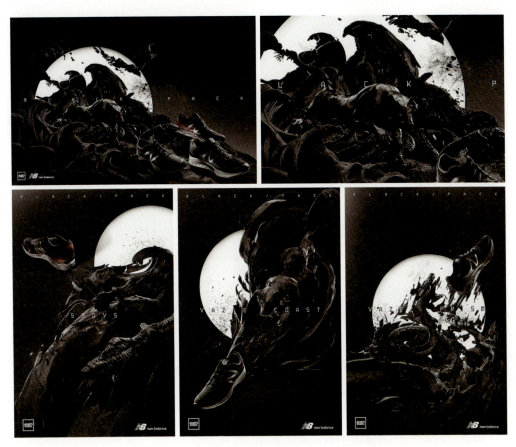

《New Balance – Black Pack 极速黑潮》——UIDWORKS出品

不过但凡是涉及这么多脑洞和技能方面的作品所需要花费的时间和精力都会比平时多很多，而目前大部分详情页设计给的时间一般是2~7天，更有一些设计师一天要套版十几个详情页，所以如果时间不允许的话就自己私下做练习来让自己的作品更具吸引力吧，每天抽出一点时间，一个星期或一个月下来也够了。

7. 关键词：光影

没有光影的画面会显得干瘪瘪的，光影的存在会给画面增加更多真实感和质感，赏心悦目，档次一下就提升了。

WIS旗舰店——WIS护肤品套装详情页头图

相同一款产品，有光影和没光影给人的感觉差别真的很大，如下图所示。

加了光影和背景纹理后，产品整体的气质和档次都提升了，当然光影的形式也是千千万万种的，主要取决于你自己想怎么表现了。

但是，如果你把实物拍成右这样直接展示给消费者，估计就没人会买了对不对？

所以，美真的很重要，并且越是高档高端体现品位的东西，就越要美。

41.2 整体风格要连贯

头图吸引人了,那么怎么让整体页面风格连贯起来呢?

关键词:提取

既然详情页是为介绍产品用的,那么我们在做设计的时候当然就可以用提取法了,比如提取产品包装上的元素或形状,提取产品的色彩或质感,提取产品的成分或功效,然后应用在详情页设计中,例如:

元素: 我们可以从产品包装上提取元素应用在详情页设计中,保证整体风格连贯性。

形状: 我们也可以从产品的形状着手,提取基本型进行构图创作,同样也可以保证统一连贯性。

色彩：如果你想要页面在色彩上保持连贯，也可以从产品本身的颜色出发，比如采用近似色或对比色也可以。

质感：善用产品的质地或包装的质感纹理，并提取出来做详情页背景用。

成分：食品美装护肤品详情页最喜欢用产品的成分来做文章了，比如草本植物／芦荟海藻提取物／蜂蜜牛奶等等。

功效：比如补水功效，就会在页面中用到一些水的特效做氛围点缀。

一叶子植物滋养天才面膜套组详情页头图　　　百雀羚水嫩倍现盈透精华水详情页头图

当然需要说明的是，以上所有创意方向都是可以互相组合配合使用的，并不是只能单独一个存在，就看你如何把握和运用了。

41.3 整体气质要协调

那么详情页怎样才能吸引人呢？

关键词：协调

每一个详情页其实对应的就是一款产品一个主题，主题活动或产品不同，其气质肯定就不一样了，所以这里的协调反映出来的首先其实是气质上的协调，比如：

高冷的大牌的气质： 画面要么很简洁有质感，要么很华丽有光泽。

活泼可爱的气质： 比如可爱的模特／字体／或粉嫩的颜色／手绘元素等。

天之眼旗舰店——T1ST2T3专用胎压监测详情页设计

小清新气质： 色调柔和，画面安静，给人岁月静好的感觉。

热闹促销的气质： 这种类型的页面往往色彩丰富艳丽，而且画面丰富又具有动感。

百雀羚小雀幸净润修护面膜组合详情页头图

文艺素雅的气质： 这种页面色彩不会太艳丽也不会特别多彩，往往质感也比较柔和，给人宁静的感觉。

年轻时尚的气质： 这种气质的页面往往棱角比较分明，色彩上没什么太多要求，主要看怎么搭配，但至少会有一些亮色点缀。

第41章 如何打造吸引人的详情页设计

科技质感的气质: 这类气质的页面主要是会有一些比较男性化的元素／色彩,比如机械零件／暗色蓝色／菱角矩形之类的,如下图所示。

WIS男士水活多效润肤霜详情页头图

不正经搞怪的气质: 这种类型的页面往往比较适用于一些针对思维活跃的年轻人群体的一些类目或产品,比如零食、二次元周边、宠物相关、生活日用品等等,因为他们接受新奇搞怪思想的意愿比较强烈,如右图所示。

歪瓜出品dogs神烦狗拼图详情页

还有很多其他气质大家自行体会吧！

而气质上的协调又基本是由色彩／元素／字体／形状／质感／氛围等方面的协调整体塑造出来的一种感觉。

色彩上： 产品如果是比较女性化的色彩，最好不要使用一些男性化的色彩去包装它，否则会显得很突兀，反之亦然。

如下图所示色彩搭配是非常协调的：

《保温杯 AKS DESIGN STUDIO》——当下视觉摄影出品　　Olivoila月饼《MoonCake》——当下视觉摄影出品

形状上： 如果产品本身的形状是比较柔和的曲线，你却使用太过菱角的图形元素装饰页面就会显得不协调，而用同样比较柔和的曲线会感觉更协调。

元素上： 其实在做设计的时候我们可以从产品的包装或功效上提取元素使用。

不知道大家发现没有，产品的品牌定位或功效往往决定了它的外包装设计，而它的外包装设计或者说vi设计又会决定它的详情页设计，所以电商设计师以后的发展趋势可能不止是要关注线上就够了，有时间的话平时也要留意线下传统平面设计方面的知识，现在很多店铺在品牌视觉统一方面的意识还是比较欠缺的，而这也正好是设计师们可以发挥的机会。

41.4　整体浏览体验要好

关键词：人性化

如果能做到前面几步，你可能会做出一份视觉不错的详情页设计，但只是做到视觉上的美观还不足以打动人去购买你的产品，还得给人更好的浏览体验，具体表现在以下几个方面：

第41章 如何打造吸引人的详情页设计

1. 在排版布局上

形式不能过于浮夸，那么一些比较常用的布局方式有哪些呢？其实跟专题页设计布局排版是类似的，我干脆拿之前总结的专题页的样式给大家看一下，详见33.3节。

2. 在字号大小的选择上

目前移动端详情页的设计才是重中之重，所以为了便于大家手机阅读更舒适，最小字号不能低于20号，最大字号就可以自己按实际需要把控了，大家也可以直接截图各大平台的最小字号做参考：

天猫APP首页　　　　京东APP首页　　　　淘宝APP首页

3. 在字体的选择上

尽量选择便于识别的字体，但这个便不便于识别也是相对的，比如以思源体为例，如果是放在比较简洁的背景上，它其实也是一款便于识别的字体，如标识1处所示，但是如果放在画面比较复杂的背景图片上，那它就不太便于识别了，阅读的体验就会不太好，如下图标识2处所示。

日本化妆品SANA品牌网站Honeyshca系列页面

其实主要记住下面几个对比规律就可以了：

- 背景复杂，字体选粗一点的或笔画规整一点的比较好。
- 背景简单，字体选择就多一些，不过也要考虑气质搭不搭调。
- 背景颜色暗，字体颜色就该亮一点。
- 背景颜色亮，字体颜色就该深一点。
- 不管背景复杂与否或明还是暗，字体越大越便于识别，不过也要考虑美观与否。

4. 在色彩选择上

颜色越深给人感觉就越神秘或压抑或沉稳有质感，颜色越明亮给人感觉就越年轻活力或轻浮或张扬，在用色上其实最忌讳的是一暗到底或者一亮到底，要有明有暗才会比较透气或耐看，让人感觉愉悦。

比如，对比下方的内衣背景颜色看看，黑色背景显得很暗沉，粉色背景显得很少女青春：

第41章 如何打造吸引人的详情页设计

另外建议大家去百度一下色彩构成里的九大调相关的知识，这里我就不科普啦。

最后一点，关于图片质量越高体验越好以及手机详情页页面长度不要超过8~10屏，这在之前就已经提到过了，关于详情页的内容以及有关色彩构成和平面构成的方面的内容大家应该也会需要用到，读者自行查找即可。

总结

详情页虽然跟专题页和首页设计一样，都是很长的图，但是详情页设计只是对某一款产品的介绍和展示，而且大多数时候都是需要拿来做模板使用的（其他产品可以直接套用），而专题页和首页设计则至少会展示两款产品以上，而且主要是以某个活动主题为主线，同时展示各种产品名称／品牌／规格／价格等基本信息用，更详细的产品介绍内容则要在详情页中进行。

这就好比，详情页设计里其实就只有产品这一个主角，而在专题页或首页设计里却可能有好几个主角和一堆配角。前者你只需要对一款产品进行解说，你所有的目的只是为了介绍它，而后者首先要推广一下这家有哪些是主角（重点推荐产品），然后还要把整个商品都解说一遍（商品列表展示）。

所以哪个更难搞定一些？这就仁者见仁智者见智了，其实都可以互相借鉴。

还有，虽然我每章都会给出很多新思路和新方法，但是如果你不去运用不去做练习也是没有用的，所以一定要记得动手实践和做练习哦！

第 42 章　一个详情页的诞生思路及心得分享

电商设计师需要涉及的领域和知识其实是非常多的，比如你现在做的可能是食品类目的设计，下次又可能要做美妆服饰相关的设计，但如果你从来没了解过这方面怎么办呢？这时候有一套可以复用的思考方法和灵感来源就变得尤为重要，这个可以帮助你应对任何可能的设计需求。

另一方面，很多人做设计其实是不知道如何下手的，找灵感找素材也不知道去哪找比较合适，所以接下来就给大家分享一下我的关于做设计的一些思考过程和心得，而且这些思考过程和心得无论用在什么地方都是通用的。

回到2016年的某一天，我接到一个做茶叶详情页的单子，因为我基本不怎么喝茶，我对茶基本也都不了解，放在几年前我是绝对不会接这种单的，因为没把握，但这次因为是客户第二次找我了，而我经过几年的沉淀也坚信做设计是相通的，所以我就接了。

接单后摆在我面前最棘手的问题就是我对茶其实是一窍不通的，我也没有喝茶的习惯和爱好，但是，作为设计师如果你不了解你的产品，是很难做出有情感能打动别人的设计的，所以我就想到我必须要先去了解跟茶相关的知识点。

那位客户是卖古树红茶的，因为红茶属于全发酵茶，所以喝了对身体特别好，尤其是好红茶喝了是可以给身体补水和暖胃的，这也是客户给我特别强调的一点（其他的比如抗氧化／抗衰老／消脂降血压血糖／防辐射抗癌／健齿除口臭等功效虽然它的确是有，但这些词在淘宝应该属于违禁词，是不能写出来的，就算是能写，这些差不多属于常识了写出来也没什么优势）。

那么作为一个对茶叶一窍不通的设计师来说，该从哪几个方面去了解呢？我当时想到了以下几个途径：

❶ 跟客户沟通从而挖掘客户的要求，因为作为店铺老板来说，一般情况下他对自己产品以及对整个行业的了解肯定是多过设计师的。

❷ 从电影中吸取知识及设计灵感，搜索几个有关茶的电影并挑一个中意的看，比如日本或中国台湾的关于茶的电影。

第42章 一个详情页的诞生思路及心得分享

❸ 去花瓣搜索茶叶相关的一些页面设计或海报设计，虽然我要做的是茶叶详情页设计，但我会连茶饮料／护肤品等任何我觉得有用的参考都会去搜索并深挖，这也往往会给我带来意想不到的惊喜，所以不要局限自己，要学会跨界学习。

❹ 去向天猫和淘宝搜索列表页类似定位和定价但销量很好的店铺取经，看他们的详情页是怎么做的，看买家对他们的评价是什么样的，因为从买家评价里可以了解到用户在意的是什么。

❺ 去知乎或其他茶叶公众号搜索茶相关的专业知识分享，我当时搜索到了一篇文章，其作者的父亲本就是当地很厉害的一位制茶师傅，她作为女儿自幼也是耳濡目染，所以作者在那篇文章里讲述了自己二十几年来所有关于父亲／制茶／品茶／喝茶人的喜好／茶文化演变等等见闻，专业知识含金量极高同时读起来也特别有意思。

❻ 去华盖等图库按关键词（茶／茶园／茶农等）搜索找图，那里有很多图可以拿来给摄影师做拍摄参考，以保证摄影师能根据设计师的设计需要去拍摄（华盖的图片质量高而且类别非常广泛，不过大部分图片都要收费才能用，是有版权的，所以不能随意商用）。

❼ 从产品的包装上获取灵感，比如包装的颜色／图案等，都是可以拿来延用的素材。
不过我当时的情况是，产品的包装看起来不太好，而且是天蓝色的包装色，总之不像是比较古朴精良的茶叶包装，当时提供的素材资料也比较有限，如下图所示。

说点题外话，后来他们家的茶叶包装终于改得比较高大上了，但我做这款详情页的时候新包装并没有出来。

总之，基于以上的所有思考和分析以及现有资料，我就做了下面这版详情页（切开展示）：

第42章 一个详情页的诞生思路及心得分享

其实，不同的思考方向就会指导设计师做出不同视觉效果的页面，这个并没有唯一答案，所以我按照我的想法并结合实际情况做出了这么一版页面，同时也感谢客户给予我的信任，让我可以自由发挥。

不过，我这里只是分享了一些我自己的思考方法而已，具体怎么样，还是要根据大家自己的实际情况和喜好来执行哈。

以上这些思路和想法，希望对大家有所启发。

第43章 详情页设计练习题模拟及点评

43.1 详情页设计练习

1. 练习目的

做练习的目的是为了开拓自己的思维以及提高自己的动手能力,同时通过练习发现自己的不足,所以也鼓励更多想学习的设计师参与进来。

2. 练习主题:情侣表详情页设计练习

提到情侣二字,大家很容易想到一些代表"恋爱""甜蜜""浪漫"的元素和颜色,比如彩带、玫瑰、红心等,比如粉色、红色、紫色、黑色等。

再一个因为不同的人对于情侣关系的理解不一样所以设计出来的东西也会有差别,因为爱恋也是有不同滋味的啊,比如苦涩而甜蜜的单恋、暗恋,比如奔放炙热的热恋,再比如心如刀割的失恋,或者是平平淡淡的爱恋等等。

鉴于此,这个主题的发挥空间还是挺大的,所以大家可以动手试试看。

3. 练习要求

(1)以情侣为主题方向设计一个情侣表详情页。

(2)详情页的形式没有任何限制,请大胆发挥自己的想法创意,能贴合主题以及把产品的特点卖点表现出来就好。

(3)表现形式不限,比如手绘/合成/建模等都可以。

(4)有任何不懂的地方,请关注公众号"做设计的面条",往期好文中有很多详细的电商知识分享。

(5)详情页尺寸:宽度750px,高度不限(但最多不宜超过10屏),以竖版思维去排版,便于浏览。

4. 练习交互稿及文案

本次详情页设计练习主要由首图Banner + 创意表现图 + 场景搭配图 + 产品亮点描述图 + 产品参数 + 产品颜色展示 + 礼盒包装展示7个部分组成,大家可以任意发挥,如需提供素材图片或者有任何不懂的地方可以到公众号"做设计的面条"后台留言,期待大家的大作。

第43章 详情页设计练习题模拟及点评

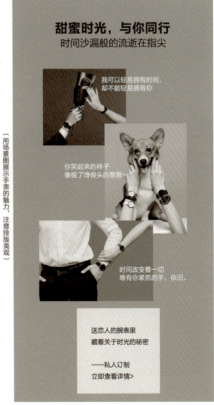

（详情页首图Banner）第一部分

情侣对表
爱没有终点の摩天轮款
Love Ferris wheel

（摩天伦与手表的创意结合）第二部分

摩天轮之上
回忆旋转着幸福の过往
追追赶赶
兜兜转转

有你的每分每秒
日子都在幸福顶端

（用场景图展示手表的魅力，注意排版美观）第三部分

甜蜜时光，与你同行
时间沙漏般的流逝在指尖

我可以轻易拥有时间，
却不能轻易拥有你

你笑起来的样子
像极了馋骨头的憨憨~

时间改变着一切
唯有你紧抓的手，依旧。

送恋人的腕表里
藏着关于时光的秘密
——私人订制
立即查看详情＞

这么设计能热卖
融入运营思维的电商设计进阶宝典

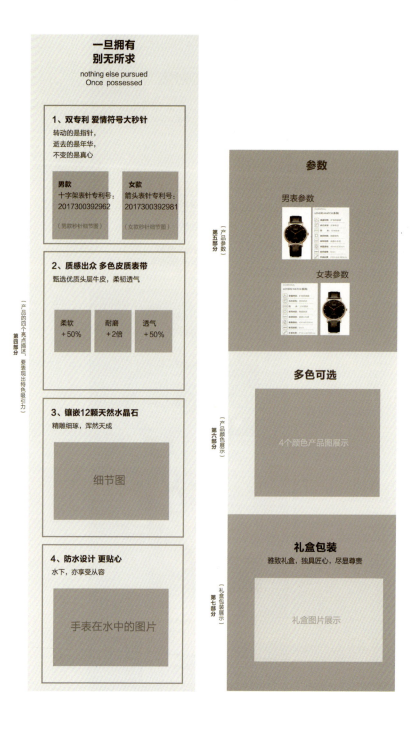

一旦拥有
别无所求

nothing else pursued
Once possessed

1、双专利 爱情符号大秒针
转动的是指针，
逝去的是年华，
不变的是真心

男款
十字架表针专利号：
2017300392962
（男款秒针细节图）

女款
箭头表针专利号：
2017300392981
（女款秒针细节图）

2、质感出众 多色皮质表带
甄选优质头层牛皮，柔韧透气

柔软 +50%
耐磨 +2倍
透气 +50%

3、镶嵌12颗天然水晶石
精雕细琢，浑然天成

细节图

4、防水设计 更贴心
水下，亦享受从容

手表在水中的图片

（第四部分 产品的四个亮点描述，要表现出特色吸引力）

参数

男表参数

女表参数

（第五部分 产品参数）

多色可选

4个颜色产品图展示

（第六部分 产品颜色展示）

礼盒包装
雅致礼盒，独具匠心，尽显尊贵

礼盒图片展示

（第七部分 礼盒包装展示）

43.2　3个情侣表详情页设计练习点评

我发现一个规律，每次只要我布置了练习，虽然我给的时间算是非常充裕了，差不多都有两周时间，但总是会有一些人只花2~3天时间快速做完就交稿了，但是有些人真的会花至少一周的时间去思考和打磨作品，然后在截稿日前提交，这两种情况的结果是截然不同的，前一种情况提交的作品普遍比较粗糙，而后一种情况提交的作品质量明显要高一些。

好的作品一定是需要花费很多时间和心思的。做这种练习其实是对自己的一种锻炼，而不是像上学时期一样应付老师交差而已哦，因为我不是老师，你们也不是学生，我举办练习活动的目的就是促进彼此能力的提高，我们之间不存在师生关系，我们只是一起同行的同行和朋友，只是我会带着你们往前走而已。

需求分析和说明：

因为这次给大家出的详情页设计练习是关于情侣表的，而且文案也是比较甜腻和煽情的，所以大家很容易想到一些代表"恋爱""甜蜜""浪漫"的元素（比如彩带、玫瑰、红心等）和颜色（比如粉色、红色、紫色、黑色等）。

因为不同的人对于情侣关系的理解不一样，所以设计出来的作品会有差别这是正常现象，毕竟爱恋也是有不同滋味的，比如苦涩而甜蜜的单恋暗恋，奔放炙热的热恋，再比如心如刀割的失恋，或者是平平淡淡的爱恋等等。

练习作品1：设计师陈霖达

第43章 详情页设计练习题模拟及点评

针对这个详情页,我的点评主要从头图创意／整体配色／整体结构／细节4个维度来分析,我们一起具体来看下。

头图创意: 作为首屏图片,详情页的头图应该是整个页面中最抓人眼球的一部分才对,这样才会有兴趣继续往下看,但是这个页面的头图部分相对于接下来的第3~5幅画面视觉表现上反而更弱了,头图甚至看起来多余了。

而下面这几张图的处理方式其实做头图Banner会更好看:

其实,不管我们是做练习还是做项目,都是可以灵活变通的,在这里即使不需要前面的两张头图也行,文案也不是不可以换的,不过在实际项目中,但凡涉及变通的问题,最好还是先跟运营或老板好好沟通一下,他们同意就行。

整体配色: 虽然这个详情页的头图部分不太吸引人,但是整体的配色是比较统一的,做的也算比较完整,不过那个防水特点部分的颜色有点太跳戏了,其实大家完全可以对现有素材进行调整或创新处理的,而不是直接拿到图就直接用。

比如下面这个黄色出现在这里就太跳脱了，最好是颜色处理一致比较合适。

给大家看看其他有些面粉是怎么处理的吧，这个黄色其实可以调成粉色或白色，如下图所示。

调色方法如下图所示。在PS的图层面板的曲线里面有个"可选颜色"和"色相/饱和度"选项，如果想把当前的黄色背景调成其他颜色，直接选中黄色去调整参数就可以了。

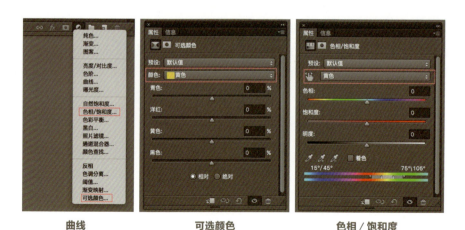

| 曲线 | 可选颜色 | 色相/饱和度 |

或者换一种表现手表防水的形式也可以，如下图所示。

第43章 详情页设计练习题模拟及点评

整体结构： 这里的整体结构就是平铺直叙、方方正正的，问题不大，但是像下面这种形式的标题部分处理就不太妥当了。

因为你现在的画面基本都是带背景叠加的比较复杂的样式，可是你又单独做了几个相同样式的标题，放在一起立马就相冲了，会显得画面过于复杂，这种情况下的标题不仅不够突出，还显得像是页面被分割成了很多块，使得画面不够整体。

其实这几个长条的标题看起来有点多余，不如用纯色或者直接在背景图层上做白色半透明色块类型的标题就够了。

细节： 要说细节有什么问题的话，我想应该就是你的阴影看起来不太自然了，在粉色背景上做阴影其实不太好做的，最好是用同色系的暗色调来做正片叠底去做阴影，然后多做几个阴影图层，慢慢去调整它的透明度和模糊程度。

而且，一般来说，越靠近物体的阴影就越深，越远离物体的阴影就越淡，大家平时可以在现实中观察看看。

另外，黑色手表如果都换成白色也许更合适，毕竟黑色手表在粉色背景上显得太突兀了，还有，重点文字信息如果非要放在这种粉色背景上的话，要么字体形式简单点，要么背景图案简单点，要不然就看不清了哈，这个知识点我在前面就提到了，这里不继续细说了。

总结： 从这个页面可以看出这位设计师做练习还是比较花心思的，比如我前面截图的几张还有最后的颜色展示部分都挺不错的，但是在产品特点描述部分和整体页面的结合方面有点迈不开步子的感觉，这说明你做单个的创意Banner其实是可以的，但是一旦涉及需要把控全局的时候就有点力不从心了，说明是时候多花点时间来训练这种完整流程的页面设计了哈，把自己的大局观打开。

练习作品2：设计师一点一滴

第43章 详情页设计练习题模拟及点评

针对这个详情页，我的点评还是从头图创意／整体配色／整体结构／细节这4个维度来分析，下面一起具体来看下。

头图创意： 与第一个页面一样，下面的黑色调海报部分反而看起来更加吸引人，而头图的样式则是比较常规的情侣场景和排版布局，这种形式虽然不容易出错，但同时也缺少了一点让人眼前一亮的感觉。

造成这种感受的原因之一在于，模特的选择和整体的场景与文案所传递出的感情关联不大，所以难以引发共鸣，这里的模特姿势、动作、表情如果能表现得更亲昵自然也许会更有爱，拍摄的时候就可以选择带摩天轮的场景啊，然后模特手里可以拿一些五彩的气球来渲染浪漫温馨的氛围，不过这也说明我们在制作详情页之前就得沟通好前期拍摄部分。

整体配色： 整体的配色黑白灰基调也还好，但是跟前面那个详情页的问题一样，那个防水特点部分的黄色太跳了，最好不要直接拿现成的素材就放页面里了而是应该稍微处理下，比如调色、修图等等步骤都是需要的。

整体结构： 整个页面给我的感觉是，前面部分花了很多时间去排版构图，但是做到后面部分就有点草草了事了，虎头蛇尾的感觉，而且我发现很多人都是这样的情况。

这反映出了两个方面的问题，一个是自己的时间安排上不合理，一个是不够有恒心，可能前面做得好好的，后面发现时间不够了或者做不下去了，于是就草草收尾得了，其实设计师如果能合理安排好时间，更细心更耐心一些，做出来的页面效果质量是完全不一样的，至于怎么合理安排好时间，主要就在于前期。

细节： 字号都太小了，每一块内容之间的间距都太紧了，其实像这种自由排版样式的页面，讲求的就是元素与元素之间要有大小对比和合理留白，才会更透气更有节奏感，反之则会让人感觉凌乱，比如前面部分的黑色海报其实还不错的，但是到了下面的内容板块就忽略这个原则了，最后导致整体显得不够整体，同时有点碎片化。

所以，做设计一定要记住这些原则，先整体再细节，切忌虎头蛇尾。

第43章 详情页设计练习题模拟及点评

练习作品3：设计师可可

　　针对这个详情页，我的点评依然是从头图创意／整体配色／整体结构／细节这4个维度来分析，下面一起具体来看下。

　　头图创意：这个页面看起来粉粉嫩嫩五彩斑斓的，头图部分的氛围倒也是做出来了，有点小女生那种甜甜的爱恋的感觉，跟前面两个页面设计者对于恋爱的理解是不太一样的，所以一看就知道是女孩子做的（后来得知是一名女大学生做的）。

虽然是手绘风格，整体看起来也还行，但是因为页面中出现了好几种不同的手绘风格，所以初步判断这些手绘可能都是找的素材拼接的，但不是说我们不能找素材，而是说即使我们要找素材，也该风格统一才好，这样才会更加协调。

整体配色： 整体配色没什么大问题，反正就是可爱的甜甜的感觉，大概女生在色彩搭配上确实会更有先天优势一些（我是说大部分，不是说全部）。

整体结构： 整体创意、配色其实都还好，但是结构上还是不够连贯，主要原因在于那些米黄色色块的曲线线条和划分太随意了，其实我们看到的那些同类型的好看的页面设计的线条，它们其实只是看起来随意，但并不是真的随意，而是有规律的和有功能意义的，如右图所示。

有句话怎么说来着？就是你必须要十分努力才能看起来毫不费力，明明在背后用了很多功却给人感觉不动声色很随意的样子，做这种看似随意的设计也是这个道理。

护肤品牌belif活动专题页，页面来自韩国购物网站CJmall.com

细节：除去那些卡片纸效果的框架内容以外，页面中还出现了很多方方正正的色块，跟整体的流畅曲线显得有点格格不入，所以看是不是稍微统一一下比较好，比如下面这几块内容：

整体对于页面的把控能力和大的感觉还是有的，但是到细节执行部分就比较欠缺一些，这说明你有一定的潜力和审美力，但是基础知识比较欠缺，动手练习技能以及看的东西不够多，需要继续积累，因为一个人的基础知识越弱，后劲就越不足。

09

PART 9
电商节日篇

第44章 春节主题专题页设计解析

每到年底的时候,大家应该都无心工作只想回去跟家人团聚吧,只可惜啊,我们的职业是电商设计师,人家现在都忙着打年货过节,而我们却要忙着赶各种节日促销页面设计的稿子。

从业8年,我从这些年的年货节页面也看到了一些现象,所以总结一些自己的看法和思考,希望能对大家有所启发。

44.1 目前年货节页面的一些现状

我们先一起来看几个例子,我直接在花瓣搜索"年货节""春节"等相关词汇,出现的基本都是下面这样的页面:

来自花瓣截图

看完后你们的第一感觉是什么？大家发现什么现象和规律了吗？接下来我们从以下几个方面一起来看下。

- 配色：配色基本都是大面积的红色或黄色。
- 布局：常规布局，头图Banner+楼层的形式。
- 标题：标题惯用毛笔字，或者使用一些体现年代感的衬线字体。
- 表现手法：手绘配合素材搭建场景的方式。
- 氛围点缀：各种代表春节或喜庆相关的元素做氛围点缀，比如说灯笼/红房子/剪纸/生肖/烟花炮竹/红包等等。
- 文化背景：虽然都是用的手绘形式，但是反映不同的年代其手绘风格是不一样的，质感和色调也不一样，年代越久色彩饱和度越低，年代越近色彩饱和度越高，比如阿里2015年的年货节看起来是比较艳丽现代感的。
- 品牌：如果有品牌形象一般都会在页面里加以结合运用或展示，比如阿里的猫头形状，三只松鼠的松鼠形象等都是已经深入人心了，如果是没有品牌形象的店铺，在这方面就会比较随意一些，基本是随便玩自由发挥了。
- 品类：基本都是在头图Banner部分结合自身品类特点去发挥，放一些相关产品做展示。
- 整体：整体看起来红红火火，非常喜庆热闹，一眼就能联想到过年，需要买买买办年货。

看到这里，可能一方面你会觉得："天哪，怎么几乎所有的年货节页面都是红红火火毛笔字，高高兴兴过大年的手绘风格啊？这让我们这些不会写毛笔字也不会手绘的人怎么活？"

另一方面你会发现，过了这么多年，貌似每年只要是关于年货节相关的页面，形式/风格/布局总是就那样，有些只是换了个生肖而已，仿佛年货页面设计样式已经固化了，近乎审美疲劳了。

但是，以上都只是从视觉层面去分析的我们普遍看到的年货节页面而已，如果跳出视觉层面去分析，则可以给设计师更多手绘及毛笔字以外的选择，获得更多新的玩法和新的设计方向，所以我们继续往下看。

44.2 我自己做了一个尝试

记得以前我写过一篇关于各种各样的做Banner的方法的文章，鼓励设计师应该跳出固有思维模式，去做更多尝试。

刚好新年马上要到了，虽然我的目的不是要卖货我也不是要做专题页设计或Banner，但在我看来专题页也好，海报设计或Banner设计也好，其实都是相通的，我想给自己的公众号做出个什么设计出来留个纪念，我需要它特别一点，所以就想，要不做一个立体版本的新年主题的海报吧。

需要说明的是，这个东西从构思—绘图—制作成片—拍摄花了我两天时间，这也是我第一次做这种纸雕作品，所以还比较粗糙。

先给大家看看吧，没有打灯的时候它长这样：

打了灯之后，立马就像变魔术一样，超级神奇！可以自己换灯的颜色和背景布，感觉都会不一样。

第44章　春节主题专题页设计解析

最后看一下细节，虽然还有点粗糙，不过立体空间感都已经出来了，梅花灯笼等所有东西全都是用刻刀雕出来的。

要知道,以前做海报或做专题页设计我基本都是坐在电脑前面,通过操作PS软件去表达自己要的画面,但这次自己尝试动手去做,去触摸纸张的质感,去调试光线明暗和远近来感受阴影的变化,我的感受是,偶尔换一种方式去思考去执行比用电脑软件绘制阴影和各种图层拥有更多乐趣和成就感,这种感觉是非常棒的。

44.3 重新认识电商设计

回到我们这次的话题中来,要想突破思维,首先要明白以下3个概念。

1. 思维决定行为

不管是专题页/Banner还是HTML5活动页面,其实最终目的都是为卖货或宣传品牌形象服务的,这是因为我们先有了一个卖货的主题或需求后,才会有对应的视觉页面被电商设计师设计出来,最终呈现在消费者面前,同时一个页面长什么样是老板、运营、策划、设计师共同协调配合的成果。

也就是说，如果你的运营和策划思维不变，视觉上就很难有太多新花样，页面不好看或者太常规其实不是设计师一个人的事，明白了这个道理后，我们可以再把纬度拉开一些看，也许会更有趣，不要只停留在视觉层面的漩涡里，而是要以结果目的为导向——卖货以及更好地卖货。

2. 只要是卖货就会涉及竞争和对比

想一想你们家今年的年货节页面设计是否比上一次做得更好了？你的年货页面设计是否在其他同类中突出了？这些都决定你可以获得多少曝光量，是否能吸引到买家或用户的注意力，从而对销量造成影响。

3. 突破可以是思维层面上的突破，也可以是执行层面上的突破

比如别人都是直接卖货，你可以加入其他一些互动的玩法，一边玩一边卖货，一边讲感情一边卖货；再比如别人都用手绘的表现形式，那我偏偏不用手绘，我换个方式，做手工或摄影什么的都可以，如果别人也是搞摄影或搞手工画插画什么的，那你就做到比别人有趣比别人做得好，因为要想脱颖而出你就得跟别人区别开来。

那怎么区别开来呢？比别人做得好／成为唯一／比别人好玩有趣／比别人打动人／比别人好看／比别人服务好等等。

44.4　换几个角度去思考问题

我们可以先从以下几个角度去思考新玩法和新设计方向的问题。

44.4.1　结合自己的品牌形象或特点去做设计

从某种意义上来说，有品牌意识的产品或店铺比没有品牌意识的产品或店铺占据更多优势，无论你是做年货节页面还是其他各种活动页面设计，因为你有了自己独一无二的视觉形象或标志也就有了识别性，你需要做的只是比上一次做得更好，而不要在乎其他同类的竞争，因为你的独一无二的东西是别人竞争不走的，别人只能是模仿者，比如天猫的猫头形象，识别性特别高，每年都可以玩出一些新花样。

如2017年的双十一出街海报：

2017年lamy旗舰店天猫双11海报——插画艺术家王云飞出品

几乎每次专题页活动的头图里都有猫头元素，2017的天猫年货节也不例外：

2017年天猫年货节主会场页面截图

所以，如果可以的话，不管你现在有没有品牌，是大店或是小店，都可以试着去慢慢培养自己的品牌意识和视觉形象。

44.4.2 适当追热点或恶搞

有时候偶尔追一下热点或者迎合一下当下潮流也没什么不妥的，只有运用得好不好水平高不高的问题，热点本身并没有对错之分，比如杜蕾斯每次热点都可以用得非常巧妙，一大批网民被他的机智所折服，并不会觉得他讨厌，而是很期待他下次会玩出什么新花样。

比如2016年的圣诞节海报，污力十足又巧妙地让人无法反驳：

再比如卫龙辣条，最擅长干的事情就是制造话题，一个集运营、策划和公关以及演员特质于一身的品牌，时而高大上到吐血，时而又逗比恶搞到骨髓，引得一大帮自媒体自发去报道，连推广费都省了。

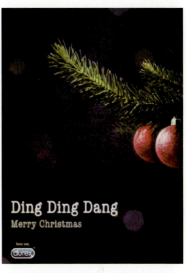

2016年圣诞节杜蕾斯官方微博宣传海报

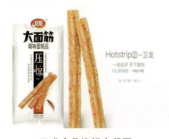

卫龙食品旗舰店截图

2016年卫龙食品旗舰店双11专题页

网易新闻×卫龙——2016年网易有态度人物盛典宣传海报

44.4.3 文案的创新

我们发现每年的年货节页面看来看去都差不多,其实跟文案没有创新有很大关系,文案其实就是对一个活动主题最直观的反映,我们看到每年大部分年货节的主题文案是什么呢?比如:

"抢年货"

"钜惠来袭"

"有礼贺新年"

"贺岁狂欢"

"年货盛典"

"年味中国"

"春节不打烊"

......

这些文案主题一看就是寡然无趣的,走的是低价促销的套路,虽然这招短期内很管用,但是每年都用也就没有什么吸引力了,原因主要体现在以下3个方面。

❶ 每年的物价人力成本都在上涨,商家无论是出于品牌方面的考虑还是出于生存需要都是不可能无限给你让利的,所以你会发现买东西打折什么的力度其实感觉越来越低了,用户也不是察觉不到的。

❷ 人性驱使,人都爱贪便宜,你这次给了便宜,他下次只想要你更便宜,要不然他就会失望甚至离开你,这种靠低价策略吸引到的用户始终是不太忠诚的,除非你有其他方面黏住他,或者你能一直便宜下去(但企业也要生存,一直便宜下去可能吗?不可能的,除非造假)。

❸ 对设计师来说,拿到这些文案确实也是很难做出更有突破性的页面设计了,年年都这样,什么热闹呀氛围啦要有过年的气氛啦,无非换个生肖,比如去年是猴子今年换成鸡,或者把各种平面构成原理利用起来,换一些文化元素之类的,我想你们应该深有体会的!

第44章 春节主题专题页设计解析

2016年阿里年货节主会场头图Banner

而像下面这些文案，因为延伸到了其他纬度，是可以有更多发挥空间的，比如：

◆ "过年送好礼"：这个关键词就是"送好礼"，那设计师就可以想送礼的一些门道了，送给谁的呢？怎么送呢？有什么讲究呢？在一个送礼多半讲求的是面子／趣味／意义，低价倒不是用户最看重的，所以这种主题也可以玩得更加长久一点。

◆ "新年大换新"：这个关键词是"换新"，谁都喜欢新鲜的人新鲜的事物，只是需要一个理由去推动而已，以这个纬度去思考可以发展出很多创新的方向，比如换新意味着换一种心情／换一种状态／换一种活法／换一种身份／意味着蜕变，设计师在设计上面也就可以玩出更多花样了。

◆ "年味回家"：这里的关键词是"回家"，想想那些身在异乡的正常人，每到年底最思念的应该还是家了，家的味道家的温暖都可以勾起他们的回忆，而且回家可以发散出很多画面，比如回家途中的趣事／对家的思念和遐想／回家后的感受／对家的想象／回家前的一些思绪等等，可以发挥的空间太大了，而且通过这个方向切入主题，吸引到的用户也不是最看重低价的，而是愿意为家投入金钱的一类人。

像这种摄影题材的画面看似简单，但却是非常容易戳中泪点的。

总结以上，无非就是多想一些其他纬度的活动主题和文案，要知道人的情感和需要是多种多样的，尤其是亲情／友情／爱情和做自己是恒久不变的也是人最需要的几样东西，你老是走些低价促销的路线，写些不痛不痒的文案，既不能打动人掏腰包，也无法长久下去，再一个对于设计师来说发挥空间也太少，无法有太多创新，作为用户来说当然也就容易审美疲劳了。

665

2015年万科房产广告《我承诺，回家过年》海报

当然，最有效的方式是，配合这些点再适当给一些优惠力度来做，而不要把低价促销当作是最主要的发力点。

44.4.4 新的活动玩法

现在人们使用手机的频率越来越高了，移动端购物占比平均都在80%以上了，所以利用智能手机这块屏幕的优势其实可以获得更多的玩法，而且传播面也会比PC广得多（除了科技的进步以外，公众号和朋友圈等新载体的出现也功不可没）。

我觉得在这一点上，其实阿里和京东今年都是做得不错的，大家可以看下：

下图所示为2017年阿里年货节版本的《清明上河图》，把每个店铺的特点都结合进去了，还做了很多恶搞的小细节，你在逛的时候真的可以听到有人在吆喝，太有场景代入感了。

专题页设计解析

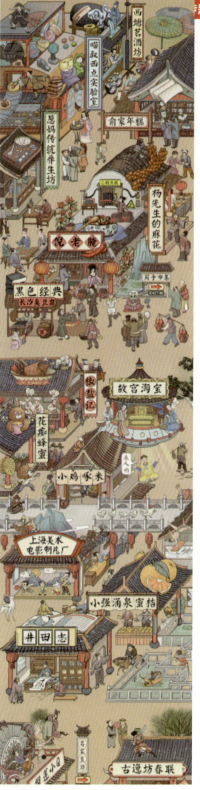

2017年阿里年货节移动端页面——《清明上河图》

这么设计能热卖
融入运营思维的电商设计进阶宝典

2017年阿里年货节移动端页面——《清明上河图》

第44章 春节主题专题页设计解析

另外,大家可能只是看到这个需要设计师花费很多心血去画完这些画面,需要很强的手绘功力,但是背后的运营玩法和创新思路其实也是应该去重点关注的点,无论是什么方法来执行其实都只是技能执行层面的,会手绘的人很多,绘插画的人很多,但想一下这几个问题:

◆ 为什么有的页面能火有的人能火,而有的却无人问津呢?
◆ 你能不能想到这些玩法呢?
◆ 你有没有打动人的故事可讲呢?

虽说都是手绘,但是我看到这些页面里多了一些小细节还是不一样的:

下面这个是2017年的淘宝年货节,将两位原本高大上的英雄人物张飞和关羽卖萌化了,无论是穿着打扮、动作姿势都有点潮,还跟卖货相结合了:

2017年淘宝年货节预热主会场页面截图

还有这些,通假字用得巧,画面还很恶搞,让人会心一笑:

2017年淘宝年货节"淘个新鲜年"活动移动端海报

还有2017年的京东超级品牌日的H5页面,配合着量身订制的说唱背景音乐,整个画面还是挺有意思的,画面节奏衔接得也比较流畅,部分页面截图如下图所示。

扫码查看完整版

2017年京东超级盛典H5活动页面

第44章 春节主题专题页设计解析

还有其他一些有意思的页面设计我就不一一举例啦,你们自己平时可以多搜集。

44.4.5 如果突破太难,不如就做自己

持续突破很难,不如就干脆坚持做自己,比如拥有自己专属的颜色或拥有自己的专属形象并使它们成为一种标志性特色,很多时候拥有自己特定的颜色或标志性图案比不断去尝试新的事物会更容易被消费者记住,这就是重复给人带来的加强记忆效果。

比如著名珠宝商蒂芙尼的御用颜色:蒂芙尼蓝。

2017年12月11日蒂芙尼官网截图

671

还有可口可乐的红色以及瓶身的完美曲线也是它的重要标志:

MashUp Coke 2015年可口可乐玻璃轮廓瓶百人百年庆活动海报——Bolder Creative出品

其实无论突不突破,都要明白电商无非就是为了卖货或更好地卖货,我们做设计写文案搞活动都是为了这个目的服务的,所以你得让别人注意到你的存在,让自己脱颖而出,在这点上还真得跟那些网红或明星们学学,比如当提到papi酱的时候你们第一反应是联想到什么?当提到范冰冰你们又能联想到什么呢?比如前者让我想到搞笑视频,后者让我想到美。

总结

其实中国的传统文化博大精深,光从文化这个角度去想,年货节主题要去发散思维的话可以挖掘的点太多了,更别说从人性/体验/执行等层面上的思考结合运用了,其他节日主题或活动设计也一样。越来越觉得,设计师可不是一个只会用用软件画画图的人,要想做得好,需要懂的东西真的太多了,学无止境啊。

第 45 章　情人节主题专题页设计解析

本章我将带大家一起看看，究竟情人节页面设计可以有哪些玩法以及到底该怎么玩。

首先，电商设计很多时候都是为运营目的服务的，所以要想做好电商设计，就要先弄懂运营方向和活动目的，因为活动定位决定文案设定，而文案设定决定设计方向。

很多人做设计不知道从哪里入手，根本原因就在于没有弄明白这个道理，如果说设计是果的话，那么前期的活动定位和文案设定就是因，先有因才有果，而不是先有果再有因，所以接下来我将从以下三个方向来给大家讲解情人节页面可以怎么玩。

45.1　活动定位

我们做各种运营活动，其实最终目的要么是为了卖货，要么就是为了更好地卖货，而任何一个活动都不可能满足所有人群的喜好，所以最好是能事先选定好某一类人群定位，才有可能精准地找到那些愿意买单的人，从而提高转化率。

那么我们可以从哪几个方向来确定定位方向呢？以情人节活动为例，我们一起来看下。

◆ 从恋爱倾向的角度：有同性恋 / 异性恋 / 双性恋 / 独身主义。

虽然我个人对所有的恋情都持可以理解的态度，但是我们平时看到的活动最常见的依然还针对的是异性恋（一些小众的电商品牌或者产品可能会把人群定位为非异性恋的对象）。

◆ 从年龄角度：小年轻的爱恋 / 中老年人的爱恋 / 老年人的爱恋。

不同的年龄阶段使用的商品是存在差异的，所以虽然都是情人节，都是卖货，却也要分是什么年龄阶段的人过的情人节，比如小年轻的爱恋或疯狂或文艺或内敛，但是中年人的恋爱往往更稳重更强调品质感等，而老年人之间的爱恋更朴实 / 温馨 / 或令人动容等。

◆ 从消费力的角度：朴实的 / 平价的 / 高贵的 / 奢华的。

人群的消费能力决定了他们喜欢什么样的商品，决定了他们对什么样的设计风格更感兴趣：

◆ 热闹低价促销的设计风格往往比较适用于经济比较拮据的人或喜欢节俭持家的一类人。

◆ 文艺小清新的设计风格比较适用于追求一定的生活品质但是消费能力也不是太高的年轻人。

◆ 奢华高贵的设计风格比较适用于虽然没什么消费力但虚荣心强或者有高品质生活追求的人以及经济实力确实丰厚的一类人。

不过我看了很多案例发现，现在的情人节页面普遍还是为年轻群体设计的，比如在花瓣网搜索关键词"情人节"或"情人节专题页"：

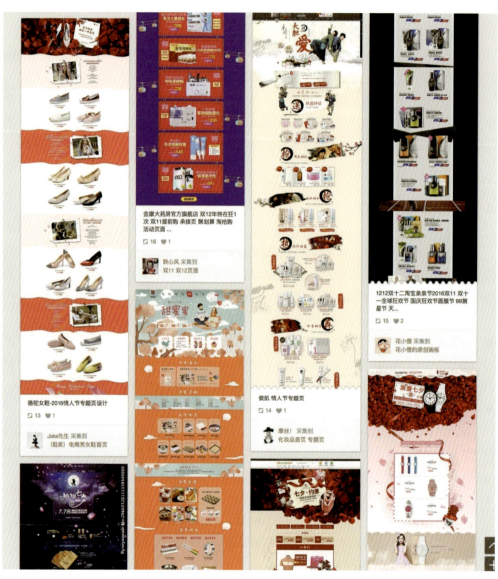

花瓣截图

第45章　情人节主题专题页设计解析

可能你会觉得没什么特色……于是我又去pinterest翻了一下国外的情人节页面都是这么设计的，发现他们的设计基本以简洁小清新居多，也是相对比较偏向年轻群体：

来自pinterest截图

不过虽然都是针对年轻人群体，但可能是淘宝钱多资源多各方面都比较有条件的缘故，玩的花样也会多一些，比如2015年的情人节海报：

手机淘宝2015年情人节引导页设计——Goodzilla出品

◆ 从情感的角度：悲情的／平淡的／甜蜜的／热烈的／温馨的／感动的。

感情有很多种，但不同的情感痛点能打动的人是不一样的，一般来说我们总是更愿意为那些能打动人的瞬间买单，比如当我们对爱人感到愧疚时，希望爱人幸福时，或者自身感到痛苦需要发泄时，往往会比内心平静时，更有买买买的欲望，这也是为什么各种节日或广告都喜欢打情感牌的原因了。

比如我给2015年京东情人节项目《爱简单.却不凡》拍的一系列照片，就是走的悲情路线，打情感牌：

文案一：你是我以后的生活

文案二：每天和你说早安

文案三：对不起宝贝，又惹你生气了

文案四：我要嫁人了，我们分手吧

文案五：你说过，不喜欢屋里有烟味

文案六：爱，让我们更有勇气

文案七：我们有属于自己的浪漫啊

文案八：让我嫁给你吧

第45章 情人节主题专题页设计解析

一共8张照片8个场景，将异地恋、单纯校园恋、同性恋、朴实爱情、情侣吵架、求婚、生离、死别等爱情当中一些动人的瞬间串联成一个故事来呼应爱简单却不凡这个主题："爱情故事每天都在发生，那些爱情里的争吵、距离、离别、感动、异样的眼光你是否能体会？要爱请深爱，请珍惜，请勇敢"，不过因为某些原因我这里仅展示文案五对应的一张照片：

- 从人的恋爱状态角度：恋爱中／异地恋／单身狗中／暗恋中／失恋中／已婚未育／已婚已育等。

针对不同的恋爱状态人群，玩法也是不一样的，比如：

我们的运营方向可以是针对处于幸福恋爱中的人：

那么我们就要想，这些人在这一天可能是要出去约会的，那么这就涉及该怎么打扮，该送什么礼物，该选什么约会场地等方面的问题了，这个活动就可以起到一个帮忙出谋划策的角色，从而达到卖货的目的。

2014年京东帮婚庆主题专题页

我们的运营方向可以是秀幸福或虐狗式的：

那么我们就要想，单身狗在情人节这一天会有什么心理呢？其实大多数或多或少应该是有一点仇视或羡慕那些恋爱中的人的吧，而活动的任务在于，它往往会通过放大他们的这种情绪或者替他们说出自己想说但不敢说的想法的方式，去鼓励他们通过购买东西来发泄这种不满的情绪，再或者让他们意识到之所以自己还单身就是因为不会打扮不美读书少之类的，从而激发他们改变自己的欲望，达到卖货的目的。

麦当劳2016年《一吻送甜心》情人节活动GIF广告

"看完这些画面后，作为单身狗的你，会觉得简直太虐了！！"

接下来我们回到正题，继续聊情人节相关的话题。

我们的运营方向如果是想将这两类人群都一网打尽，同时又想走趣味非浪漫路线的话：

可以搞个单身狗和情侣PK之类的活动，跟前面的道理是一样的，你要让别人买单，就要想方设法给他们制造理由啊，比如单身狗更应该对自己好一点，所以买买买啦，再或者是虽然你现在不是单身狗，但是以防以后变成单身狗，所以还是买买买让自己变得更好，或者多宠爱另一半所以买买买讨好他吧。

不过这种玩法也要看品牌的气质了，恶搞不一定适合每一个品牌或品类，比如卫龙辣条这么玩，就感觉毫无违和感：

卫龙食品旗舰店2016年情人节"单身购VS情侣购"专题活动页

但是如果你让LV这类奢侈品牌这么玩那估计就不合适了，因为不同的品牌有不同的调性，其他的我就不多说啦，道理都是类似的。

45.2 文案设定

根据以上活动定位方向的不同，我们的文案当然也会有所差异了，下面我给大家列举一些文案方向：

- 贴合产品路线的文案，比如：
  给你甜秘密
  让爱有声意更深
  享瘦在一起
  闻香识爱
  为爱吃狂
  花点时间制造浪漫
  甜过初恋
- 低价促销路线的文案，比如：
  约惠2017
  浪漫不打折
  情人节，价给你
- 打情感牌路线的文案，比如：
  再不告白就老了
  爱你一生一世
  愿得一人心，白首不相离
  特别的爱献给特别的你
  陪伴，是最甜蜜的告白
  爱你不止这一天
- 宣扬立场的独立的文案，比如：
  宠爱自己
  做自己的美丽情人
  爱人先爱己
- 出谋划策性质的文案，比如：
  情人节大胆说爱你
  情人节专场
  浪漫情人节约会法则
  单身狗如何度过情人节
  情人节脱单计划
  爱他就购了
  女神表白日
  情人节献礼
  我的爱情宣言
- Pk性质的文案，比如：
  单身购VS情侣购
  独身主义VS恋爱主义
- 文艺调调的文案，比如：
  想念不如相见
  写给你的情书
  情人节的邂逅
- 英文文案，比如：
  I Love U
  Happy Valentine's Day
  We are lovers

以上我就先例举这么多，还有很多其他文案方向大家也可以自己总结一下，毕竟多看多想才可以写出打动人心脱颖而出的文案方向。

45.3 设计方向

当前面的活动定位确定了，文案也确定了，接下来便是确定设计方向了，以情人节活动

第45章　情人节主题专题页设计解析

专题页设计为例,它包含哪些内容呢?

一个完整的活动专题页从结构上包含头部Banner部分以及楼层部分,而从设计的角度又包含整体创意／标题设计／排版布局／背景选择／产品或模特挑选／点缀元素／色彩搭配／风格选定／表现手法等几个方面。

我们先来回顾一下专题页以及Banner的组成构成。

专题页组成结构如下图所示。

2015年京东海外购 *Carrie's dress guide* 活动专题页——英文版

Banner组成要素如下图所示。

所以接下来，我们分别从标题／元素／场景／排版样式／风格方向／表现手法这6个方面来阐述情人节专题页的设计方向。

1. 标题

一般来说，一旦活动的定位方向确定了，标题的气质也就确定了，比如是要柔美浪漫的调调呢，还是文艺小清新的调调呢，再或者是可爱搞怪另类张扬的调调等。这里有一些标题设计得还不错，大家可以参考了解下：

标题采用丝带的造型或质感，既现代又浪漫：

阿芙官方旗舰店2016年情人节活动页截图

第45章 情人节主题专题页设计解析

纤细的衬线字体就像女人优美的曲线,优雅动人:

阿芙官方旗舰店2014年情人节活动首页截图

一些细长的类似藤蔓一样的字体设计可以体现女人的柔美,适用于女性相关的产品品类的页面设计。

阿芙官方旗舰店2015年白色情人节活动页截图

第45章 情人节主题专题页设计解析

而像下面这种比较粗犷的手写体和红白黑配色就会显得比较潮,潮牌电商就非常喜欢这种个性趣味风格,符合自己的调性,也符合受众口味。

手写毛笔字,大气又不浮夸,既有力度又不失韵律感,一些与传统节日或文化相关的活动以及干果零食类就特别喜欢用这种形式。

劲仔旗舰店2017年七夕活动页截图

抛开配色不说,而像这种比较粗大的英文字体排版,则显得比较时尚,适合想走时尚路线的活动方向的任意品类。

685

还有一些关于标题设计的灵感来源大家可以搜索花瓣，如果你想要一些比较唯美小清新的手绘效果的话，可以搜索关键词"花环情人节"等：

如果你想要一些比较复古的感觉，可以搜索关键词"复古情人节"等：

还有很多其他类型气质的标题设计，比如说简笔画、可爱小清新之类的我就不一一举例了，后面大家都会看到的。

2. 元素

说到情人节，我们可以联想到的元素就太多啦，比如巧克力／丝带／蝴蝶结／糖果／鲜花／戒指／爱心／千纸鹤／情书／蜡烛等等。

不过发现大家最常用的元素还是爱心、丝带、花、巧克力：

WIS旗舰店2017年七夕节活动Banner

一叶子官方旗舰店2016年七夕节活动页Banner

3. 场景画面

如果是走故事情节路线的话,情人节活动一般都会有一些比较暖心或动人的场景,比如求婚／手牵手／亲吻／倚靠肩膀／比心／手捧花／骑单车搂腰／表白／穿着婚纱在夕阳下奔跑的样子等。

阿芙官方旗舰店2017情人节活动页Banner

当然也有不走故事情节路线的,比如直接堆产品,以展示产品为主,如下图所示。

百雀羚旗舰店2016年情人节活动页截图

第45章 情人节主题专题页设计解析

4. 色彩

既然是情人节活动，而且主要是让来买东西的，所以氛围一般来说当然是煽情一点、浪漫一点、或甜蜜充满回忆一点更容易激发起购物欲望了，所以常用颜色有代表浪漫的紫色，代表热烈喜庆的红色，代表温馨高雅的金色／棕色，代表可爱甜蜜的粉色，代表青春活力的青色黄色，以及用代表女性的玫红色系pk代表男性的蓝色系颜色。

列举几个店铺案例给大家看看：

珀莱雅官方旗舰店2017年七夕活动首页截图

一叶子官方旗舰店2017年情人节活动首页截图

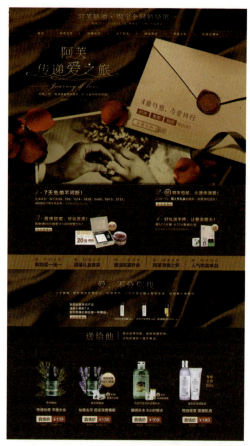

阿芙官方旗舰店2014年情人节活动首页截图

一叶子官方旗舰店2017年七夕预热二级页截图

卫龙食品旗舰店2017年情人节活动页截图

第45章 情人节主题专题页设计解析

当然了，多彩活力的配色，无论是纯手绘还是摄影搭配手绘或剪纸的形式，都会给人可爱又有亲和力的感觉，如右图所示。

还有这种PK形式的配色（常见的有红白PK／黄黑PK／粉蓝PK／红蓝PK等等，一般来说相近色PK比较柔和，而互补色或对比色PK视觉冲击力会更强）。

想了解更多的话，当然还是去pinterest搜索下关键词吧，比如 valentines design poster，得到的答案会比较丰富一些，毕竟是国外的情人节嘛，基本上国外什么颜色都有用，比如黑色啊白色啊什么的，没什么忌讳。

阿芙官方旗舰店2017年白色情人节活动页截图

691

来自pinterest截图

5. 排版样式

在保证设计方向准确以及信息可读的前提下,其实排版方式都是多种多样的,接下来我总结了几个常用的排版样式。

第45章 情人节主题专题页设计解析

① 画面中可以有一个非常大的元素。

大大的红心:

大大的信件:

韩国游戏门户网站Pmang《我在寻找我的队友》专题活动页

大大的嘴唇:

大大的花瓣:

大大的彩带：

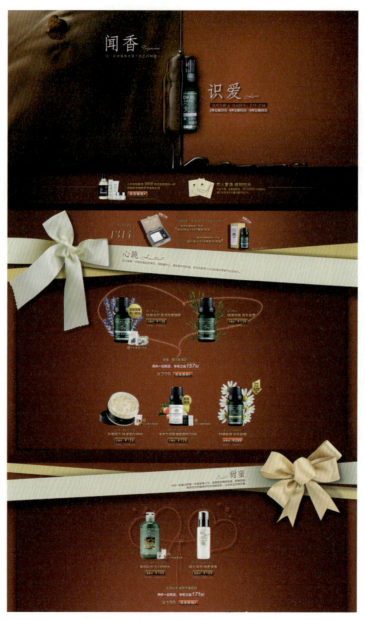

阿芙旗舰店2014年情人节首页设计截图

第45章 情人节主题专题页设计解析

大大的模特：

维多利亚的秘密官网2011年情人节活动专题页截图

大大的礼盒：

第45章　情人节主题专题页设计解析

大大的产品图场景：

697

大大的英文或字体：

如果是七夕的话，一般还会有大大的月亮或船：

第45章　情人节主题专题页设计解析

总之，抛开其他色彩形式方面的问题，如果你想突出什么内容，那么可以让它的占比更大，如果你想画面更加有视觉冲击力和视觉焦点，那么也可以让它的占比更大。

❷ 善用重复排列和特异原理：如果用花、花瓣、巧克力等与情人节相关的元素做背景，那么这些平铺的元素其实就可以看作重复排列的形式，并且假想背景的花或花瓣都替换成产品的话也是可以尝试的玩法。

截图自知名化妆品品牌Mamonde梦妆官网，网址http://www.mamonde.com

❸ 善用英文：根据设计主题选择相对应气质的英文字体，无论是做点缀装饰用还是做大标题使用，都可以增加画面的时尚节奏感。

❹ 合理裁剪：看四周被剪裁的元素，既时尚又可以使视线聚焦在中间文案部分。

善用剪裁，还体现在截取某超大的元素部分当作画面的主体使用，如下图所示。

手机淘宝2015年情人节引导页设计——Goodzilla出品

第45章 情人节主题专题页设计解析

⑤ 左右PK，无论是Banner设计还是专题页设计，只要是涉及对比和PK，都可以采用这种形式，一目了然：

⑥ 打破规则：比如叶子部分故意破出画面，成了前景，整个画面的层次感就出来了，也就不再呆板了。

阿芙旗舰店2014年七夕活动专题页截图

❼ 正负形：这种形式非常巧妙，既可以是平面绘图的，也可以是实物拼接，留白部分刚好打造出与主题相关的图形，比如下图的创意就很赞，两个轻吻的人脸形成的缝隙刚好是一朵花。

其他更多排版样式，可以参考我之前总结的Banner排版示例和专题页排版示范。

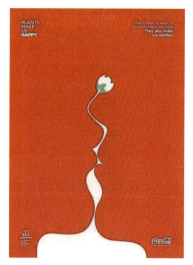

可口可乐2014年宣传海报组 *Plants make us happy.* —Ogilvy & Mather, New York, USA出品

❽ 风格方向：根据前面的分析，运营方向的不同，人群定位的不同，所对应的风格喜好是不一样的，那么我们有哪些风格方向是适用于情人节的呢？以下我简单举例：

简洁时尚，适合有不错的审美品味的一类人：　　**手绘可爱型**，适合萌妹小萝莉：

第45章 情人节主题专题页设计解析

粗犷个性，适合比较追求特立独行的一类人：

可爱搞怪，适合单身狗恶搞或搞怪小情侣：

温馨沉稳，适合有一些生活阅历的人群：

阿芙官方旗舰店2014年情人节活动首页截图

如果是走**性感路线**的话，可以使用一些比较挑逗的模特来烘托气氛，适合成人用品或者一切能勾起欲望有关的品类：

维多利亚的秘密官网2011年情人节活动专题页截图

至于其他风格方向大家平时可以多观察和收集了解,其实一旦你对不同的气质人群有一些基本的了解之后,比如他们的穿着喜好、兴趣喜好、审美喜好等,就很容易做出适合的风格判断了。

❾ 表现手法:比如现在常用的方式有摄影/手工剪纸/三维建模/手绘/创意合成,或者以上至少两种表现手法的结合。

摄影+合成:比如大家可以在花瓣搜索"泰国摄影师Ekkachai Sae低端",会出现很多他的微观婚纱摄影作品,非常有创意且具有借鉴意义(主要原理就是拍几张照片然后合成在一起,人物变成跟那些微观物体一样小,感觉像走入了小人王国一样,特别有趣味性):

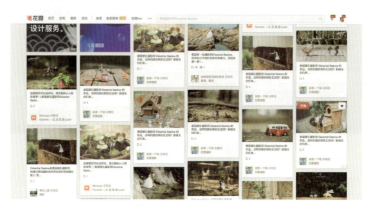

花瓣截图

第45章 情人节主题专题页设计解析

手工剪纸：这种也不必多说啦，去花瓣或者pinterest随便一搜就是一大堆，尤其是心形的发挥空间非常大，无论是从材质入手还是从跨界取材的角度入手，大家可以去看看：

来自pinterest截图

实物摆拍：我在前面就说过，不管是一张海报还是一张Banner图其实都可以通过拍摄一张照片完成，比如情人节我们会想到心形元素，那么我们把要卖的物品堆成一颗爱心或一个love形都是可行的，并且这种平铺摄影的形式往往会显得比较时尚简洁。

除此之外，我们用鲜花或情人节相关物件摆拍出特定的字体、字母、形状也是一样的道理。

三维建模：既可以是部分内容使用三维建模完成，比如标题或场景部分，也可以是全图使用三维建模来完成。

705

手绘：手绘的风格和形式其实有很多种，我在前面的章节也已经写得很清楚了，这里也就不再赘述了。

还有其他一些方式大家可以自己去总结观察，同时以上所有的内容都构成了一个完整的情人节页面的创意方向。

总结

不同的活动噱头，适用的产品或类目是不一样的，比如情人节的话，巧克力／糖果／礼品／饰品／成人用品／鲜花／服饰鞋包／香水／护肤美妆／餐饮／酒店／出行等等一系列与只要与情人节场景相关的产品和类目都是可以沾光的，那么除此以外的商品呢？难道就没法玩了吗？当然不是，但是这个问题不妨留给大家自己去联想吧，期待大家的读书反馈和总结哦。

第46章　三八主题专题页设计解析

3月8号是国际劳动妇女节，又称三八妇女节，是世界各国妇女争取和平／平等／自由／权利的节日，意在鼓励和弘扬女性"自尊／自信／独立／自强"的精神。

但随着新时代的发展，在很长一段时间里，"三八"最后却演变成了一个略带侮辱女性的贬义词汇，越来越多的大学生／年轻女性／白领等具有新思想的独立女性开始倾向于被称作"女生""女王""女人""女神"等更加动听的叫法，因为现在的女性不止希望拥有女性的成熟魅力同时也想保留女生的天真活力。

那么在电商界自然也不会放过任何一种可以买买买的节日了，所以由三八妇女节演变而成的各种女人节／女生节／女王节／女神节也就应运而生了，接下来就来看下这些围绕着妇女节的专题页面可以怎么玩吧。

46.1　你过的是妇女节/女人节/女王节/女神节/女生节？

进入正式话题之前，我们先来看同一个人的不同气质的插画形象，大家可以看下不同的气质和差距：

我想当你们看完这组对比照后，内心应该有一些感官的印象和想法了，接下来，我就站在一个电商人的角度，给大家简单分析一下这5种女性称谓所对应的5种人群的基本特征（这些都是为后面要讲的电商设计做铺垫的）。

妇女：更多的是代指已婚的60岁以下的成年女性，听起来也不是非常时髦和新潮的一类人群，她们可能还肩负着一大堆家务，带孩子之类的琐事，所以自然也就不太精于打扮，经济上可能也不会太富裕（当然也不排除一些家庭主妇也是比较有钱的），所以无论是网购能力还是网购认知也都有限。

女人：更多的是代指28岁以上的新时代女性，这个阶段的她们无论成家与否，心理上都已经趋于成熟了，有自己的小事业也有一定的经济实力，对生活品质拥有更高的追求，舍得为自己心爱的事物投资，也拥有自己的生活见解，不会那么冲动，可能在购物上更趋于理性。

女王：这是对高高在上的女性的一种称谓，无关年龄，关系的是一种霸气外漏的气场和气质，想象一下超模走T台的样子……仿佛全天下的人都是她的子民，男人们都拜倒在她的石榴裙下，符合这种称谓的女人，买买买起来毫不手软，收礼物却通常可以收到手软，这估计也是绝大多数网购女人最想拥有的称谓，你们看天猫每次起的活动名称就知道了，只能说他们的确是善于投其所好了……

女神：女神这个词其实不太有年龄限制，甚至样貌／身材／职业／背景等都没有什么限制，因为每个人对女神的定义是不一样的，比如：一个女人即使不漂亮但是却很有才华也是可能会被当作女神对待的。

现代社会有个现象就是，很多人都倾向于把自己认可的女性称为女神，虽然其他人可能认为不漂亮，或者不认可，但毋庸置疑的是，无论你是什么样的女神，你在那些欣赏你的人眼里都是有魅力的／漂亮的。

女神可以代表一种外貌美，也可以代表一种信仰，一种奋斗的目标，总之它代表的是一种自己想要却又暂时得不到的东西。

女生：姑且指的是14岁到28岁的女性吧（14岁以下那都是女孩子了），这个年龄阶段的她们是最具活力的，外貌和身体都像含苞待放的花朵，心理上不算特别成熟，所以也最容易产生冲动的情绪。

她们接受新鲜事物的能力最强，会产生许多新奇的想法，这个阶段的女生刚刚学会爱美，却苦于没有太多经济实力，所以大多数比较倾向于购买好看新奇但又比较有性价比的事物，同时这个阶段的女生也是男人和家长最宠爱的一个群体，自然也舍得为她们花钱投资等。

46.2 店铺／商品／品牌在3月8日的活动方向

以下，我从品类／定位和行业三个方向简单给大家分析一下。

1. 品类

从品类看：比如服饰鞋包／美妆护肤／母婴辅食／户外健身／家居家电／礼品鲜花／图书音频／生鲜水果／数码家电／食品保健等。

不同的品类适合的节日方向是不一样的，比如母婴辅食等用在"妇女节""女人节"等活动中可能都是可以的，但是用在"女生节"就有点奇怪了。

而像这些服饰鞋包／美妆护肤／家居家电／礼品鲜花／生鲜水果／数码家电／视频保健等等都是比较不受限制的品类，随便用在哪个38节日都是可以的。

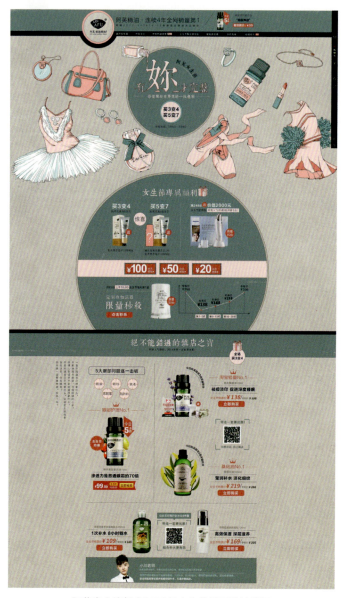

阿芙官方旗舰店2015年女生节首页设计截图

第46章 三八主题专题页设计解析

我的美丽日志旗舰店2017年天猫女王节首页设计

2. 定位

从定位看：比如奢侈／高端／中高端／中低端／低端／平价／地摊。

举个例子，你很难把奢侈／高端等字眼和"妇女"联想在一块，就好比你很难把地摊／平价／低端等字眼跟"女神""女王"联想到一块，所以不同的称谓所对应的品牌定位是不一样的，而"女人"和"女生"算是比较中立的群体，她们既可以富有到能消费奢侈品，也可以节省到消费地摊货，还有一些拥有女王的心却只有普通女人或女生的命的人，也是既可能消费高价商品，也有可能消费低价商品的。

3. 行业

从行业看：比如旅游／房地产／餐饮／制造业／医疗／美容／健身／家政。

先想一想，妇女群体会热衷于旅游吗？女生群体会热衷于关注房地产和制造业吗？女人和女神群体会热衷于关注家政行业吗？

按常理来说，当然不会。

但是从另一个层面来说，去鼓励妇女群体关注自己的形象或打情感牌说她们辛苦了也该给自己放个假看看外面的世界了，也许能勾起她们出去旅游的欲望。

去鼓励女生趁早学会理财学会经济独立从而做新一代的时尚女性掌握自己的人生，房子要自己买，没准也能刺激她们的购房欲望，或者鼓励家长为爱女或鼓励男朋友给心爱的女生趁早准备一个温暖的家，也是可行的方向。

去鼓励女人和女神偶尔地享受独处，放下手里的工作慢下来去享受做家务或做饭的悠闲自得也是一种放空自我的方式，没准也把她们欢喜得不得了。

所以任何事物都是可以辩证地去看待的，一切的运营玩法无非就是建立在对人性的洞察和理解需求的基础之上。

其实，当你清楚了自己所在的位置，也就知道自己想要和适合做这五种女性类别中的哪一种了，从而也就确定了这次活动运营的玩法和设计的调性了。

然后据我分析查看了近100个三八相关的页面后发现，商家最喜欢玩的分别是女王节／女生节／女神节，而妇女节和女人节的活动相对少很多。

那为什么会这样呢？我们接着往下看。

46.3 这五个节日方向有哪些玩法和设计方向？

电商设计师需要明白一点，无论你是要做高大上还是做热闹促销的页面，都应该是从需

第46章 三八主题专题页设计解析

求定位方向出发的,有些页面你觉得看起来很丑或俗气不符合你的审美,却不一定意味着它不优秀,有些页面看起来非常高大上完美无瑕却也不一定意味着它是一个好设计,这就是电商设计区别于其他设计的地方:电商设计其实是需要投受众之所好的,它的终极目的是要在尽可能看着舒服用着也舒服的前提下不惜一切代价地以卖货为目的的。

明白了这个道理之后,我们再来看3月8号的这些节日的不同玩法和设计方向吧(关于设计排版之类的文章不是本章的重点,本章的重点主要是讲运营方向和定位的知识)。

46.3.1 妇女节

一般来说,如果你的活动基调确定是定位妇女节,那么首先你需要明白你的店铺你的商品是不是面向妇女或者跟妇女联系比较紧密的其他人群,比如她们的丈夫、朋友、父母等。

因为根据前面对妇女人群的分析,这个群体大多是不太时尚的,也是不太有高品位的,无论是页面还是广告,一般更适用于投放在一些小城镇或者偏远地区。

实际上花瓣除了找图以外,还有另外一种功能,虽然你不一定能在那里搜索到最好看的页面,却能了解到当前的电商设计趋势,比如在花瓣搜索关键词"38妇女节",你会发现基本都不出现真正的三八妇女节页面了,基本全都被女生节/女神节/女人节替代了:

为什么会出现这种结果呢？根本原因在于花瓣的所有页面都是人为按照喜好或需要采集的，时代在进步，更重要的是那些狂爱网购的女人们谁会愿意被别人称作是妇女啊，运营们也是深知这点的，所以就宠着惯着她们一口一个女生／女神／女王的喊，然后女人们当然也就愿意美滋滋地把钱掏了啊。

如果你真的要看妇女节页面，可以去昵图网搜索看看，你会发现画风完全不一样了：

46.3.2 女人节

其实女人节和妇女节一样，玩的人也不多（不过京东在2016年玩的倒是京东女人节），如果说妇女节是因为称谓不太讨喜而不被大众喜欢的话，那么女人节或多或少也有一点这种因素在里面。

要知道现代主流的网购群体还是以年轻女性居多，更年轻一点的她们喜欢自称或被称为女生／女王，年纪稍大一点的则喜欢被称作女神或女王，也很少有人喜欢自称自己为女人的，因为女人这个词更像是一种性别区分，还略微带一点年代感的书面语气息，如果现在谁自称女人的话还会显得有点矫揉造作的意味，并且缺少一种宣扬精神立场的因素在里面。

所以你会发现，女生／女神／女王这种略带个性宣扬的称谓更符合现代社会网购需要的那种刺激情绪，属于更能激发购买欲望的称谓。

那么结合我们前面对于女人的分析，说到女人两个字，你会联想到什么呢？

我会联想到：鲜花／窈窕的身姿／富有魅力的微笑／美美的裙子／干净的脸庞／清澈的水／红唇等等。

比如右面这种有点年代感的画风搭配着妆容有点复古的摩登女郎，她们看起来自信迷人又有女人味。

阿芙官方旗舰店2013年女人节预热页截图

另外还有一些走时尚杂志排版风格的，或者简约路线的，姑且算是宣扬一种做新女人的态度吧。

阿芙官方旗舰店2014年女生节首页截图

46.3.3 女王节

说实话我也挺佩服电商人的，无论什么都可以造出个节日噱头出来，就好比女王原本是多么高高在上的一种称谓啊，然后被电商人一用就变成全名普及式的狂欢了，无论你是卖什

第46章 三八主题专题页设计解析

么的,无论你的页面设计成什么样,总之就是要体现出一种你要是买了我的产品,保准你也能过一把女王瘾的氛围,钱花得越阔绰,那种女王的尊贵感就越强烈。

所以你会看到但凡那些喜欢玩女王气质的页面,总是会出现这些元素:皇冠／有贵族气质的女人／霸道的女人／俯首称臣的人群／冷峻的色调／对称的画面／华丽的装饰／大红唇等等。

接下来,我们可以来看看这些女王节的页面是怎么玩的:

有受众人服侍的女王:

切糕王子旗舰店2016年天猫女王节首页设计——站酷推荐设计师amaz1ngwow出品

有如出水芙蓉自信优雅的女王：　　**还有爱秀厨艺的女王**（即便是她做出来的可能是黑暗料理）：

2017年天猫女王节欧珀莱官方旗舰店活动首页设计截图

卫龙食品旗舰店2016年天猫女王节首页设计截图

第46章 三八主题专题页设计解析

有把自己宠爱的美得像花儿像仙女一样的女王：

阿芙官方旗舰店2016年38节预热页截图

有被人捧在手心当公主的女王：

卫龙食品旗舰店2017年天猫女王节活动首页截图

百雀羚旗舰店2017年天猫女王节预热页截图

第46章 三八主题专题页设计解析

有即便是在厨房也依然优雅精致的女王： 　　有被男友体贴宠着的女王：

美的官方旗舰店2017年天猫女王节活动页截图

百雀羚旗舰店2016年天猫女王节活动首页截图

还有带着回忆重返18岁的女王：

百雀羚旗舰店2015年女王节页面截图

第46章 三八主题专题页设计解析

或者让吃穿住行都成为围着自己转的**配角的女王**（而且女王一定要居中才显得更霸气）：

而一些数码科技相关的页面，即便是女王节也依然是走**炫酷科技风**：

天之眼旗舰店2017年天猫女王节聚划算活动页截图

当然还有坐拥宝座的女王和管理家务的女王等等，我就不一一举例了，总而言之，你想卖什么东西就得赋予相对应的气质和场景给女王，无论是霸气范儿还是仙女范儿。

46.3.4 女神节

女神是非常特殊的一个称谓,因为任何人其实都可以成为别人心目中的女神,跟女王不同的是,她与颜值无关,而是与个人魅力/气质/才华等任何一样可以称之为优点的因素有关,这也是为什么女神是有很多类别的,比如文艺女神/气质女神/颜值女神/吉他女神/蛋糕女神等等,相信大家从字面就可以理解了吧。

宣扬观点型: 你的优点或特长就是你成为女神的原因所在,从而可以笼络大部分人群,比如时尚女神、辣妈女神、校园女神、文艺女神、独立女神等等,只要你有自己的观点或特点个性就行。

初语旗舰店2017年天猫女王节手机端页面头图

第46章 三八主题专题页设计解析

宣扬立场： 女神要有个女神的态度和样子，比如美貌、自信、从容。

欧珀莱官方旗舰店2016年天猫女王节活动首页截图　　一叶子旗舰店2017年天猫女王节活动首页截图

表白女神： 你可以给你喜欢的女神送礼物。

WIS旗舰店2017年女神节活动首页截图

第46章 三八主题专题页设计解析

逆袭人生： 你可以通过化妆或打扮逆袭为女神啊，所以来买买买吧！

养生达人： 也可以通过吃吃补补，把身体调养好变成女神啊。

切糕王子旗舰店2017年天猫女王节Banner

另外，其实上面的很多女王节页面都可以套用在女神节页面上，因为女王无非就是给人感觉比较霸气一点的女神嘛！

46.3.5 女生节

说到小女生，不自觉地就会联想到可爱／稀奇古怪／缤纷色彩／韩系／日系／卡通手绘／萌物／清纯／害羞／甜甜的笑容等等。

所以画风大多都是萌萌哒，色彩也是比较偏少女系的嫩粉嫩绿或嫩黄，给大家看一些页面：

nature republic旗舰店2016年天猫女王节活动首页

我的美丽日志旗舰店2017年天猫女王节活动首页

第46章 三八主题专题页设计解析

或者是萌萌哒的手绘结合人物来表现,可爱而不腻:

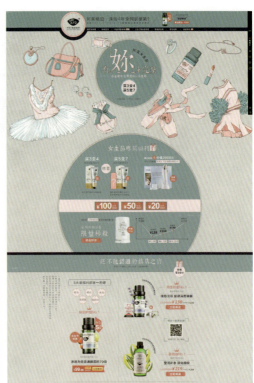

一叶子旗舰店2017年天猫女王节预热活动首页截图　　阿芙官方旗舰店2015年女生节活动首页截图

多彩活力甜美可爱的女生类型也很受欢迎：

当然偶尔也会有体现女生个性而画风张扬一点的，比如户外健身运动类产品或个性服饰箱包之类的产品，如右图所示。

另外,女生也是有自己的独立思想的,所以会宣扬一些观点,比如2014年百度糯米的女生节:

百度糯米2014年主题为"我不是妇女,我不过3.8"的女生节活动宣传海报

46.4 其他一些比较另类的38节日方向

以上我们讲的都是比较大众化的电商平台或者电商节日玩法,但是为了表现得与众不同或者为了吸引一些小众人群的注意力(比如二次元等周边产品),有些商家也会另辟蹊径,创立其他的玩法。

比如从吸引异性注意力的角度:画面会选择比较性感的男模或女模。

腾讯游戏《枪神纪》2016年女生节活动宣传页面——腾讯游戏旗下琳琅天上工作室出品

或者以腐女的角度出发（因为妇女的谐音刚好是腐女）：

百度贴吧2015年妇女节闪屏设计

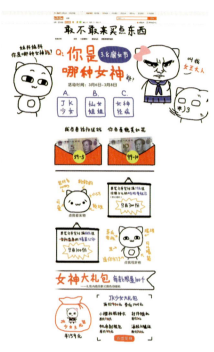

歪瓜出品淘宝店2017年38腐女节活动首页截图

再或者保持中立，你不知道是定位女人还是妇女还是女神，那就直接一个英文Happy Women's Day作为文案就完了吧。

总结

总而言之，无论我们选择哪一个活动方向，其实都是在一定程度上表达一种立场，是关爱女性还是追求独立，是宠爱自己还是享有特权，是宣扬解放自己还是展现女性魅力，都需要结合商品或品牌本身的调性来敲定，从而笼络相对应的受众，而不是随意而为之的。

第 47 章 儿童节主题专题页设计解析

不知道大家有没有发现一个现象,现在几乎所有的节日都变成买买买的电商节日了(连清明节和单身狗的节日也不放过),而且大部分节日最终其实都变成了美少女们的狂欢日,就连儿童节也变成了(大龄)美少女们最喜欢的节日之一,这大概是独生子女越来越多以及男女比例失衡的缘故吧(据人口学者及高级统计师姚美判断,2020年或将爆发光棍危机)。

一些父母甚至在孩子二三十岁的时候依然还会把他们当孩子看,逢年过节会给他们买礼物,很多女孩子也会或希望能在儿童节这一天收到男朋友或闺蜜送的节日礼物等等。

而鉴于这种观念和群体喜好的转变,我们对于相应节日的设计方向肯定也是会跟着变啦。

就以儿童节举例吧,你以为现在一提到儿童节,卖货玩法还只是针对儿童的相关的吃穿住行吗,设计风格还是粉嫩嫩小卡通然后放两个小可爱再加点小手绘就完事了吗?当然不是啦,因为过儿童节的群体已经从真正的未成年儿童蔓延到了更广阔的年龄群体,准确来说,能不能过儿童节已经与是不是儿童无关了。

就拿卖萌来说,它好像已经不是儿童的专属技能了一样,好比我们现在经常能够在网络上看到一些"大龄明星"的卖萌身影,并且确实还挺可爱的。

其实如果有人从几年前就开始玩美图秀秀的话,应该也能看到这种转变,以前看起来非常正经的美图秀秀现在却越来越萌萌哒和多样化了,其实这也是在顺应了女孩子们内心深处都有一颗不想长大的心的需要吧(还有萌拍,小至两三岁的小朋友,大至六七十岁的老爷爷老奶奶我都看到有人在玩,国内外的明星们也都有人在玩)。

回到我们本章中，既然我们这次是说儿童节相关的设计，所以为了便于大家理解，我依然会从活动目的→运营玩法→文案策划→设计执行这种层级及先后顺序来给讲解。

47.1 做儿童节活动的最终目的是什么？

其实不止是儿童节，对电商人来说，我们做任何节日活动无非就是为了达到推销自己／卖货或更好地卖货的目的。

47.2 有哪些儿童节的运营玩法？

虽然目的就是这些，但是商家／品牌／产品却是千差万别的，比如有卖跟儿童用品相关的，也有卖跟儿童用品八竿子打不着的；有知名的有不知名的；有以卖货为目的的，也有以宣传品牌知名度为目的的；有的商家优势在于货源渠道或市场，有的商家优势在于设计或创意，而有的商家什么优势都没有等等。

针对这些不同的情况，运营玩法肯定也就会不一样，我姑且从这四个方面来给大家分析：品类／知名度／目的／优势。

1. 品类

因为我们讲的是儿童节的运营玩法和设计，所以在品类上我会将它们划分为与儿童用品直接相关的和非直接相关的两大类，与儿童用品直接相关的品类比如：儿童玩具／服饰鞋箱包／儿童读物／文具／零食饮品／奶粉纸尿裤等等。

与儿童用品非直接相关的品类，当然就是指实际意义上并非针对儿童群体而设计或生产的一切物品啦，比如大人的服饰箱包／成人用品之类的，从这一点上讲，与其说是品类不同，不如说是相同的品类，只是依据年龄群体的不同所做的不同设计需要。

举个例子：假设是要在六一儿童节这天卖彩笔，我们要给用户传递的信息可能是"给孩子买些彩笔吧，为他的童年世界多一些色彩，带去一份欢乐"这样一个诉求，我们会强调"无毒""环保""便于清洗干净""多色可选"等等这些卖点。

但假设是要卖纸尿裤呢？我们要给用户传递的信息可能就是"买了我们的纸尿裤，妈妈解放双手的同时，再也不用担心孩子会有红屁股啦"，然后我们会强调"超强吸水能力""防漏尿漏屎设计""棉柔保湿对宝宝皮肤无刺激"等等卖点。

所以不同的品类我们的运营方向绝对是不一样的。

截图自初语旗舰店2017年六一儿童节活动首页

而且在儿童节这天卖童装和卖女装也绝对是不一样的,首先无论是不是儿童节,童装都会有人买，但是在儿童节这一天你要给用户传递的信息可能是"给孩子买件新衣裳，美美地过个欢乐的六一儿童节吧"或者"六一儿童节这天搞活动买新衣服会比较便宜"等等，但是卖女装的如果也想蹭儿童节这个热度该怎么办呢？那要给那些大龄女孩子们传递的信息可能就是"我知道你的心里其实一直都藏着一颗孩子般的童心，今天刚好是儿童节，你可要珍惜这一年一次的卖萌还不会被人调侃鄙视的机会哦，所以大胆放心地来买一些可爱女装做最真实的自己吧"等等，也就是给她们一个合理的过节理由。

2. 知名度

其实就算相同的品类，相同的产品和质量，知名度不一样，玩法肯定就不一样了，因为知名度不一样就意味着流量不一样，还有顾客对你的认知成本的多少，而这些最终又会决定你销量的多少，也许有知名度的产品或商家，随便玩一玩跟用户开个玩笑什么的都可以成为热点或卖得很好，但是没有知名度的产品或商家也模仿人家那么玩估计就玩完了，因为人家压根就不认识你，跟你不熟。

所以具体怎么玩还是得视自身的情况而定的。

举个例子（以下纯属虚构）：假如同样是卖辣条，卫龙如果在儿童节这天跟阿尔卑斯合作推出一款特制的棒棒糖辣条或辣条棒棒糖，并在儿童节这一天做一个甜妹子好还是辣妹子好的专题活动，最后亮出自己的产品"棒棒糖辣条"美其名曰甜辣妹子的结合，兴许会有很多人感到好奇然后试一试。

但如果是一个不出名的辣条品牌呢？首先你可能想不到会这么玩，其次就算你想到了这么玩，其他知名品牌不一定会愿意跟你合作，再其次就算真合作了，用户也不一定敢吃，因为人家根本就不认识你不认可你啊。

3. 目的

在开始策划一个活动之前肯定是要明确自己的目的的，是仅仅为了曝光一下品牌提升一下知名度呢？还是单纯只是想卖货呢？亦或是分阶段的，先预热一番曝光一下，下一步再考虑卖货呢？因为目的不一样玩法也就不一样。

举个例子：2017年由局部气候出品的达到刷屏级的百雀羚广告营销活动，虽然达到了预计千万级别的曝光量，但是有人分析说它最终的转化率极其低，但我觉得这个根本就不是产品不好或转化率低的问题，而是他这个活动策划最初的目的明显是品牌及产品曝光优先于直接卖货的，要不然就直接给出更方便用户购买的链接，而不是直接让别人去领取优惠券，并且也不告知价格了。

2017年百雀羚母亲节广告——局部气候出品，详细内容可搜索公众号"局部气候调查组"翻看《一九三一》

4. 优势

其实要想达到活动目的无非就是要脱颖而出，而脱颖而出的本质就是将自己想要表达的优势最大化地展现出来，而不是用自己的弱项去跟别人竞争，比如有的产品它的优势就是价格便宜，有的产品优势就是好看或好用等，那对于这些不同的优势运营玩法肯定也不一样啦。

举个例子：像前段时间我看了一个品牌的手机发布会后，很深的一个感受就是发言人在介绍自己的产品的时候着重就是介绍自己的软件/用户体验/工业设计方面的优势，而我听完后也成功地被打动了买了两部手机，当我拿到手机之后，感觉各个方面也确实没有让我失望，但后来我试了下拍照效果，就比iPhone的效果要弱一些，试想，他在介绍的时候如果不断强调说自己的拍照效果如何如何好，那我估计就不会买了，我买了也很可能会大失所望，毕竟这个品牌的手机一直以来的定位也不是拍照手机。

47.3 儿童节文案该如何选定？

了解完前面不同的运营玩法和活动目的后，我们也就自然而然地需要写出反映不同运营和活动目的的文案啦，下面我总结了一些文案方向可以给大家做参考：

1. 以孩子的视角出发

　　再不陪我玩，我就长大啦

　　不想长大，六一万岁！

　　我的六一，我做主！

　　六一手拉手，还是好朋友

2. 以大龄青年的视角出发

　　大龄儿童也要过节！

　　今天我们都是宝宝！

　　想回到过去！

　　属于我们的童年记忆

　　再过一次儿童节

　　重拾儿时的记忆

　　永远做个大小孩！

3. 以妈妈或长辈的视角出发

　　宝贝么么哒

　　宝贝美美哒

　　宝贝棒棒哒

　　宝贝要强壮哦

　　宝贝，别长大

4. 以一个出谋划策者的角度出发

　　再不陪孩子他就长大啦

　　送给孩子的礼物

　　开启梦幻童年

　　重返童真计划

　　纯真保卫战！

　　寻找梦想家

　　6.1亲子游乐园！

　　给孩子最好的礼物

　　守住孩子的童真梦想

　　大儿童VS小儿童

5. 以促销为主的角度出发

　　6.1狂欢购！

　　六一狂欢日，红包抢不停！

　　潮童服饰任意购！

6. 以传递快乐氛围为主的角度出发

　　六一乐翻天

　　六一欢乐总动员

　　魔法游乐场

　　六一大作战

　　萌宝成长记

　　快乐时光，与你童在

　　小鬼当家

　　儿童节快乐

7. 通假字一语双关

　　找回你的纯真"饰"界

　　欢度六一，有礼"童"享

　　属于你的小"食"代

8. 以"上帝"的视角出发

　　有一个你从未长大

　　懂你的才是最好的

　　致童真的你

　　所以我们会发现什么呢？

其实小孩子的思想是非常单纯的，他们无非就是爱玩／想要新玩具新衣服／想要爸妈的陪伴／不想学习等，而大龄青年们无非就是现实生活有压力需要释放／需要被理解被关爱／想回到小时候无忧无虑的状态等等，爸妈或长辈们无非就是希望自己的孩子健康快乐／或有所成就／自己也顺便追一下童年往事等。

还有很重要的一点：其实无论是站在什么角度出发，而且无论是大人还是小孩，炫耀就是一种刚需，无论他们想炫耀什么，你要能满足他们就行（如果你既能顾及他们的面子又能替他们省钱还能让他们有炫耀的资本，那就更能够俘获人心了）。

所以归根结底，我们的六一文案大致就有下面这么三个方向，然后将自己要卖的产品融合进去，达到卖货的目的：

❶ 替你的受众群体说出他想要表达而又不敢表达的观点，无论是什么视角只需打情感牌煽动之。

❷ 替你的受众群体出谋划策解决他的一些烦恼，帮有困难选择症的人做选择帮助之。

❸ 给爱贪小便宜的人送优惠但是又能顾及他们的面子和感受，以利益诱惑之。

47.4　如何确定合适的儿童节设计方向？

以上所有在设计之前要涉及和了解的内容讲完后，接下来就是设计师们比较关心的设计及执行方面的问题了，而我主要从风格选择／设计执行／喜好把握／沟通协调／时间把控这5个方面来为大家解决困惑。

1. 风格选择

提到儿童节估计很多设计师想到的关键词就是可爱／萌萌哒／粉嫩嫩／手绘／欢乐等，但是同时我们也要清楚，现在过儿童节的人可不止是未成年儿童们了，而是任何年龄尤其是任何年龄的女性们都会过儿童节的。

再一个，即便你卖的产品真的是为14岁以下儿童准备的，但据目前的国情来说，这些孩子们本身大部分是没有购买决定权的（未成年有没有购买自主权往往依据家庭观念和经济实力而定，我所了解的情况是，虽然现在很多未成年人其实都已经会网购了，但是他们没有钱,所以会找大人代付,很多大人也支持这种方式),真正网上购物和买单的是谁?其实是那些掌握经济大权的大宝宝或大人们哇,所以这时候你就该意识到,你做的设计绝对不止是往低龄和可爱方向去表现就够的,你的设计真正要打动的其实不是十几岁或几岁的小宝宝们,而是那些真正有买单决定权的人才对。

这跟线下逛商场不一样,线下一般都是大人带着小孩逛,而且是小孩容易被外界干扰吸引,比如平时电视里播放的广告或动画片电视剧、产品的包装图案和颜色等,于是反向推动大人的购买行为。

比如有一次我带小朋友逛超市,在我买好东西即将付款的时候,他看到了收银台旁边架子上放的一款零食,非常兴奋坚决地要我买给他。

其实我平时很少给他买零食吃,我也从来没提过这款零食,然后我就问他:"为什么要买这个?又是你同学吃的时候你看到了吗?"

他回答说:"我在电视广告里看到过啊,波利海苔点心面!我最最喜欢了!"

说完一把将零食抱在怀里,还充满期待又天真无邪超级可爱地看着我。

我朝他一笑:"得了,买吧。"

要知道他才4岁大根本就不识字,但是他听得到广告词语,分辨得出颜色和图案,小孩子的记性又特别好,所以当他在现实中看到了这个东西他就特别想要,因为看了某部动画片而想要买相关玩具也是一样的道理。

如果你平时去观察小孩的购物行为,会发现基本都是通过同学之间互相推荐、看电视等渠道激发出来的,你会发现那些少儿频道无论是放动画片还是插播广告,洗脑少儿从而迫使大人买单真是太容易了。

另外,超市的货品摆放里也暗藏了各种玄机,虽然我自己也是做这一行的,但还是屡屡中招。

不得不说,渠道布局+广告投放+情感牵动这套组合拳是真厉害。

那么这个到底在设计稿里该如何反映以及风格如何把控呢?本着画面是对文案内容的表达这一理念,下面我挑选了一些风格方向可以给大家做参考。

热闹促销: 给人一种砸开了锅的热闹氛围,这种适合那些以传递快乐和低价促销为主的儿童节活动分享。

第47章 儿童节主题专题页设计解析

截图自2015年天猫儿童节专题页

怀旧风格： 适合打动那些怀念小时候美好时光的人。

2016年锤子科技儿童节H5项目《有一个你,从未长大》——设计师Wang yanchao出品

时尚潮牌路线： 适合打动那些比较先锋时尚的潮爸潮妈们（谁说儿童就只能是可爱可爱路线的？毕竟每个人的喜好都不一样，孩子也是人）。

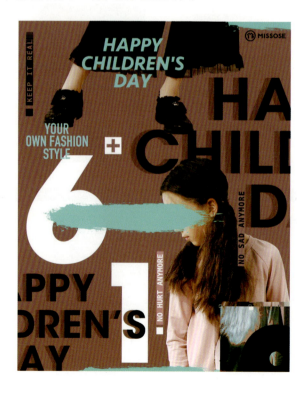

第47章　儿童节主题专题页设计解析

简笔画+实物相结合的路线： 适合打动那些不想长大有颗萌萌哒的内心的大龄宝宝或者年轻爸妈们。

而下面这种扁平手绘风格则是比较小清新的，会显得更加文艺耐看，不过气质上可能就没有前面活跃热闹。

初语童装2016年圣诞节活动页截图

轻质感全手绘风格路线： 适合打动那些孩子年龄尚小或者即便孩子大了也倾向于都把自己的孩子当作小宝宝对待的宝妈宝爸们。

2014年京东亲子日活动专题页

2017年京东陪伴计划《HELLO孕妈咪》大促活动页

743

粉嫩可爱路线： 粉嫩嫩公主梦，适合萝莉控们。

简约路线： 适合那些有一定生活品质追求的人，因为有些家庭并不是很喜欢把孩子打扮得花里胡哨的，而是会从小给他们灌输简约的审美习惯。

第47章 儿童节主题专题页设计解析

与动漫或动画片IP合作的路线：通过与热门经典IP合作，来勾起大龄宝宝们的童年回忆，这个路线的讨巧之处在于，既适用于成年人相关用品的类目，也适合孩童相关的类目，不过这里一般都会选择一些热度比较高比较受欢迎的IP合作。

阿芙官方旗舰店2017年儿童节活动首页

搞怪灵魂画风路线： 适合那些玩心比较大，喜欢搞怪新鲜事物，喜爱二次元三次元世界，同时又游走在互联网前沿的弄潮儿。

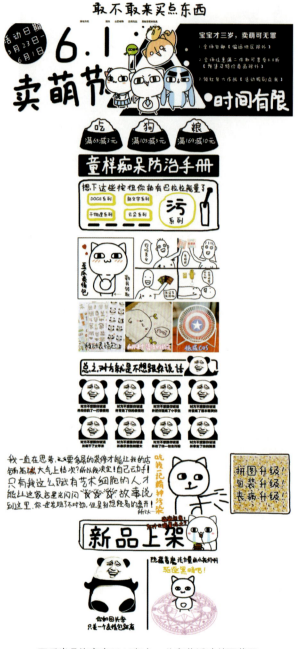

歪瓜出品淘宝店2016年六一儿童节活动首页截图

第47章 儿童节主题专题页设计解析

简洁文艺范儿路线：森女系设计师爸妈们的最爱（这里没有找到合适的儿童节的案例，但是我们可以看下网易严选往期的节日专题，几乎都是中性灰色调）。

截图自网易严选2017年情人节"严选情人节の回礼"活动页

截图自4.11网易严选1周年庆活动"母婴儿童分会场"活动页

截图自网易严选2017年女王节活动页

截图自网易严选2017年母亲节活动页

2. 设计执行

前面文案有了，设计思路也有了，接下来便是设计执行问题了，这个问题其实也是困扰大部分人的，首先要知道脑袋里有想法但是实现不出来，这是很正常的一件事情，毕竟面对多样的设计需求我们每个人其实都是处在学习阶段的，这里有几个解决方法，大家可以试下。

❶ 在确定设计风格的时候就要考虑自己的可执行性，在时间允许的情况下，也许可以尝试下想做但是又做不来的方向，但是在时间不允许的情况下，就尽量以自己擅长的手法或风格方向去执行，总而言之就是要让方案在自己的可控范围内落地。

❷ 就是以结果为导向，无论我们是用摄影／手工／合成／手绘／3D亦或是其他的表现手法，只要能达到我们要的目的就好了，不用局限自己的思维。而且在一个人执行比较吃力的情况下，如果你有能力或资源去找人配合完成也是可以的，很多大型的项目或者大公司里，往往都是摄影师／插画师／设计师等来配合完成一件作品，再不然就是在外部寻找支援。

❸ 我们有时候只是以为自己执行不出来而已，对于只工作了一两年的初级设计师来说，也许要执行任意风格是有点困难的，但是对于工作了五六年甚至七八年的设计师来说，能不能执行出来其实主要在于有没有决心去尝试。

其实一直都觉得儿童创意摄影用在设计里会是非常好的方向，大家在花瓣搜索关键字"儿童创意摄影"可以看到非常多的案例，找到灵感：

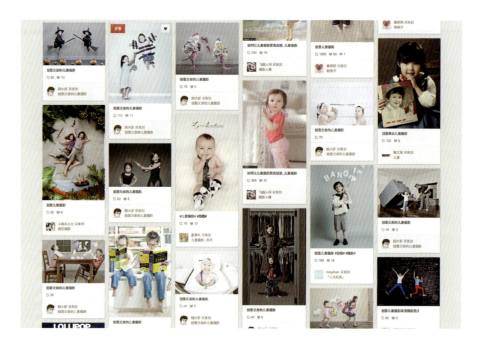

而且这种手法有个好处就是既有趣味，又能很好地展示商品，同时非常有代入感，感觉真实。

3. 喜好把握

除了按需求方向和自己的擅长点来选定设计方向还不够，设计师往往还得考虑需求方的喜好，要是能够利用自己的专业知识去引导需求方往自己期望的方向发展就更好了，但这个就涉及你是否能站在他的角度去思考问题以及专业知识够不够扎实的问题，强行说服别人接受你的创意或观点是没用的。

其他方面，比如沟通协调和时间把控都是一些老生常谈的话题了，这个每个人的说话风格和项目难易程度不一样，也就不好一概而论地给出建议，只能说情商高一点的人沟通起来会比较顺畅一点，专业能力强的人在时间把控上会强一点，话语权高的一方在沟通方面会占据较多优势，而话语权的多少又是取决于你的职位／专业能力以及你们公司在行业里所处的地位的。

总结

总而言之，时代在变，而我们的设计实际上是为人服务的，所以人的习惯或思维一旦发生改变，那么设计肯定也要跟着改变，而不要还是一味地一提到儿童节，你就想到了手绘，就想到了萌萌哒，其实你可以有更多思维方向和玩法。

其实不知道大家发现了没有，当我在说设计的时候，我也是在说一些社会现象／人性／文案／运营／心理和沟通技巧相关的东西，设计和它们之间其实是密不可分的，并不是孤立存在的，希望我们都能有这个意识。

第48章　中秋节主题专题页设计解析

从事电商行业的人应该都知道，有一些品类或产品基本是只做季节生意或在阶段性节日的生意的，比如巧克力在情人节期间卖得最好，月饼一般只在中秋节期间卖得好，粽子基本也只在端午节所在的那一个月有得卖，还有一些单价比较贵的食品或礼品也只有在过节的时候趁机包装成礼品才卖得出去。

所以每到中秋节，商家们自然也不会放过这么好的营销机会咯，本章我就带大家见识下中秋节专题页设计的那些套路和玩法吧。

按照惯例，讲设计之前我们依旧是先搞清楚活动目的和需求方向，再来谈设计本身，因为你只有知道为什么要做这个活动了，才能够以更加合适的方式去执行它，从而得到合适的设计结果。

48.1　关于中秋节的关键词联想

先看下百度百科关于中秋节的介绍：中秋节自古便有祭月、赏月、拜月、吃月饼、赏桂花、饮桂花酒等习俗，流传至今，经久不息。中秋节以月之圆兆人之团圆，为寄托思念故乡，思念亲人之情，祈盼丰收、幸福，成为丰富多彩、弥足珍贵的文化遗产。中秋节与端午节、春节、清明节并称为中国四大传统节日。

所以提到中秋节，我们根据这些习俗／寓意／场景会联想到哪些关键词呢？

比如事物：月亮／嫦娥／桂花／月饼／黑夜／云端／灯笼／玉兔等。

比如场景：赏月／玩灯笼／吃月饼／嫦娥登月／一家人吃团圆饭／亲朋好友相聚戏谈／举头望明月，低头思故乡等等。

为什么要联想这些事物和场景？因为由这些事物所组成的场景往往就是我们设计当中所说的由元素组成的画面。

第48章 中秋节主题专题页设计解析

比如我们在花瓣搜索"中秋节闪屏""天猫美妆中秋节"等关键词，会出现很多类似的中秋节主题的设计：

48.2 中秋节活动的策划方向有哪些？

如果你想策划一场中秋活动，并且最好是能跟自己的产品结合起来，那么你就该明白中秋节对于不同的人来说意义其实是不一样的，目标群体有不同需求和场景则决定了不同的活动玩法，以下来举一些例子。

对于普通上班族来说，中秋节意味着终于要放假了，可以宅家里睡大觉好好休息，也可以回家陪伴父母，或出去游玩。这里的"宅""回家""游玩"这些不同的场景就可以跟我们不同的产品对应联系起来，文案也就可以从这些方面去着手联想。

再比如对于父母来说，中秋节意味着自己的孩子终于有可能会回家陪陪他们二老了，他们最思念的还是自己的孩子能在身边。

对于大部分恋家的人来说，中秋节意味着终于可以回家与家人团聚了，顺便买点补品孝敬爸妈。

这里的"陪伴""思念""团聚"就可以发散出很多场景和活动玩法。

对于平时应酬比较多的人来说，中秋节也意味着可以名正言顺地给上司／朋友／合作伙伴送礼了，以便拉近彼此之间的关系。

对于吃货们来说，中秋节意味着可以吃到很多特色食品或家乡特产，比如不同口味的月饼。

对于爱出门的人来说，中秋节如果要出去玩，就意味着需要买新衣服／新装备／其他会用到的用品等等，一方面是确实需要，另一方面是满足自己爱美爱秀的欲望。

其他还有很多种可能性我就不做过多举例了，总之所有这些不同的需求都对应了不同的消费场景和需要，都可以用来搞活动做宣传，中秋节对他们来说意味着终于有噱头可以搞活动卖货了。

大家可以在花瓣搜索关键词"中秋节专题"：

第48章 中秋节主题专题页设计解析

那么说到底,我们有哪些中秋节活动的策划方向呢?以下我从五个方面来说:

1. 中秋送礼

虽然礼物也有贵重礼物和廉价礼物,但任何产品一旦被包装成礼物的概念后身价立马就上来了,为什么?一方面是因为中国人好面子,当一件产品上升为礼物的概念后,你卖太便宜了他还不干呢,因为显得拿不出手啊~另一方面是因为,一件产品一旦被包装设计过后,也就涉及了人力及其他方面成本的增加,可以带来溢价。

也正因为如此,所以很多平时单价比较高不好卖的产品反而在中秋节期间会卖得比较好,比如顶级保健品／山珍海味／艺术品摆件等等;再比如平时一些散称的零食原本是很便宜的,但是化身为礼盒装后身价可能就翻了一倍不止,主打送礼市场。

所以，这个策划活动方向适合任何可以包装成礼品送人的品类，比如食品保健／服饰鞋包／礼品玩具等，尤其适合那些平时由于价格太高而不好卖的产品，比如顶级药材保健品／山珍海味／艺术品摆件等等。

迪士尼2014年中秋节月饼礼盒宣传海报设计——广州佰司卓食品有限公司（原刚奇食品）出品

2. 低价促销

只要你不是限量版产品／不是一些诸如红事白事相关的产品／不是会涉及违法相关的产品，基本任何品类任何节日都可以玩低价促销路线，而且短期内看这种低价促销路线也是最受大众欢迎的（但长期看，对于大牌来说就有点不妥了，过分降价或促销会稀释品牌在消费者心中的大牌定位印象）。

所以这种低价促销路线运用在中秋节也是再正常不过的事情了，薄利多销。

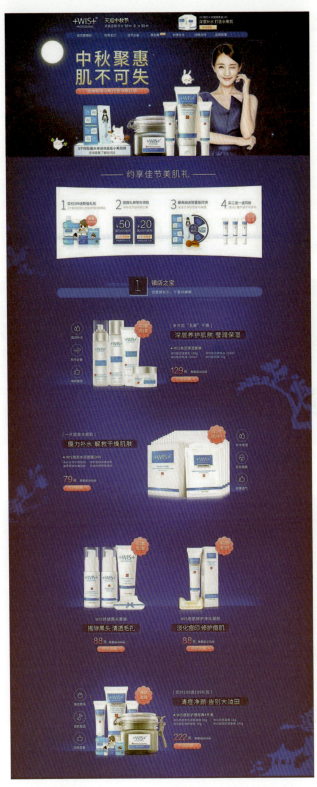

3. 情感寄托

每逢佳节倍思亲，尤其对于异乡的学子／求职者／远嫁他乡的姑娘们来说更是如此。

而人一旦有了牵挂有了情感需求，他就会变得脆弱或不理智，于是他们很容易就会通过买买买或玩玩玩的方式，来缓解自己的思乡之情／对父母的愧疚之情／打发孤独无助感。

这也是为什么在中秋节的时候，搞低价促销的同时，商家们也可以通过打情感牌来达到卖货的目的，而且比单纯的搞低价促销更有诱惑力，因为有时单纯搞低价促销会引起一些坚定"一分钱一分货"消费理念的人群的反感，他们并不相信低价折扣能买到好货。

再一个，消费者喜欢的是"占便宜"，而不是便宜。

卫龙食品旗舰店2017年中秋节 "思念是圆的 也可以是辣的" 活动Banner

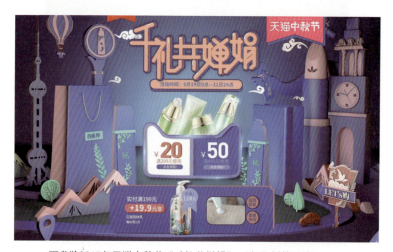

百雀羚2017年天猫中秋节 "千礼共婵娟" 手机聚划算活动Banner

第48章 中秋节主题专题页设计解析

切糕王子旗舰店2017年中秋节"有礼才团 有你更圆"活动店铺首页设计

4. 犒劳自己

试想自己作为一名在外漂泊多年的务工人员，尝过人间冷暖，生病了无人陪，肚子饿了只好叫外卖，工作压力大加班是常有的事，尤其在中秋节这个节骨眼上，看着天上圆圆的完整的月亮，自己却依旧单身缺少另一半的陪伴，孤独的滋味恐怕没有人比自己更清楚了吧。

你承受了这个时代带给你的巨大压力，所以月圆佳节you need cry dear（与"有你的快递"谐音），好好犒劳一下自己吧！

看吧，旧时代的人讲求付出和牺牲，而新时代的人突然都醒悟了，都讲求爱自己做自己，所以犒劳自己是新时代永远都不会过时的话题。

后面还会单独说明这个话题。

百雀羚旗舰店2016年《爱上真实的自己》活动页面

5. 出谋划策

我们现在处于一个什么时代？不是物质匮乏的时代，不是信息匮乏的时代，而是物质丰富而辨别好物质是个难题的时代，是信息过多却缺少信息筛选能力的时代，所以这个时候我们除了在中秋节期间卖货以外，我们还可以扮演一种给消费者出谋划策的角色。

2016年百雀羚旗舰店"四美陪你寻开心"活动店铺首页拆分

比如让他们知道中秋节各个地方各国分别有什么习俗？送礼的话需要注意些什么？如何优雅地度过中秋节？月饼该怎么吃比较时尚或有格调？怎样在中秋节给家人或给自己一个惊喜？

各种出谋划策的主意，只要你能想到能跟自己的产品结合起来，想必也是非常受大家欢迎的，最后再来个节日福利那就完美了。

其他也许还有很多活动策划方向，也欢迎大家发散思维去思考咯，如果能反馈给我就更好啦。

48.3　中秋节文案大合集

经过前文的阐述，我们的中秋节活动方向有了，那么接下来就是确定活动文案咯，以下是我根据活动方向汇总的一些中秋节专题活动文案：

1. 中秋送礼方向的文案

中秋送豪礼

中秋过节有新意，选对礼物不俗套

中秋团圆，好礼送不完

月饼赠佳人，好礼大放送

月满中秋，无礼不欢

一起赏月拿好礼

猜灯谜，拿好礼

中秋佳节，礼尚往来

2. 低价促销类型的文案：

悦度中秋，至享盛惠

无独有偶，中秋佳节你买我就送

中秋钜惠，买三免一

3. 犒劳自己方向的文案

舌尖上的中秋节

祝自己中秋节快乐

中秋佳节，做一个快乐的吃货

这个中秋我最懂你

4. 情感寄托方向的文案

中秋佳节，提枣回家

花好月圆日，一起约会吧

月圆中秋，好想你

有你的地方，四海兼为家

中秋节回家吗？

中秋佳节，无你不团圆

情温中秋节

你的月亮，我的心

心意满，月团圆

乐来何好，是团圆

嗨购中秋，把健康带回家

中秋节快乐

花好月圆，月兔传情

5. 出谋划策方向的文案

中秋佳节最强攻略

今年中秋怎么过？

中秋聚会，轻妆出行

中秋争霸赛

带你寻找家的味道

以上先举例这么多吧，其实中秋节的文案相比于其他活动的文案还是比较普通的，但不管怎么样，优秀的文案大都有以下共性：
- 清晰阐述活动主题；
- 文案能与产品相关联；
- 能用折扣数字的时候就不要用文字；
- 读起来朗朗上口；
- 非文艺路线或情感故事叙述路线的文案不要超过10个字符；
- 给人出其不意的感觉。

如果你们平时又看到什么好的文案也可以记录下来，没准以后用得着哦！

48.4 中秋节页面设计都有哪些表现形式？

前面讲完了关于中秋节的文案策划方向的内容后，接下来就该说一说关于设计执行方面的内容啦。我依旧是从这5个活动方向举例分析：

48.4.1 中秋送礼方向的页面设计该怎么玩？

因为即便是送礼其实也分高端礼品和低端礼品的，这与收礼对象的审美／身份／地位以及与送礼人之间的厉害关系有关，所以还是会有定位之分的，例如：

1. 高端礼品

说到高端礼品，它代表的是身份／地位／名望／权利等，所以一般来说视觉感受上都是比较沉稳有底蕴的，不会是浮夸又花里胡哨的。

所以这种类型的页面往往具有以下特点：
- 氛围把控上：讲求气势但不炫技，讲求质感但不浮夸，讲求沉稳但不沉闷。
- 执行方式上：以摄影／合成／玩构图的执行方式居多。
- 元素想法上：一方面，高端礼品所对应的产品或品牌一般也是属于比较高端的，所以产品或品牌本身的调性就是一种参考方向，另外结合中国的传统文化，我们会想到什么呢？会想到名酒／名画／瓷器古董／金银珠宝等等，我们可以在这些方面提取元素和灵感。
- 字体选择上：以比较有文化底蕴的毛笔字或干净优雅的汉字运用居多。
- 色彩搭配上：黑／金／酒红／深棕／藏蓝等低饱和度低纯度低明度的颜色为主色调居多。

◆ 排版布局上：头图Banner居中／左右／上下排版都行，整体专题页则多采用常规楼层或自由排版的形式，具体可参看前面的知识点。

lamer海蓝之谜官方旗舰店"月满中秋，浓情献礼"中秋节活动页

2. 时尚礼品

说到时尚礼品，当然是送给那些比较有时尚品味的人，他们品味不俗／爱好时尚／乐于接受新鲜事物／会玩儿，脑洞大开又有何不可，所以我们往往会想到漂亮的鲜花／明亮炫酷的色彩／干练的线条或形状／漂亮帅气的帅哥靓女们等等。

所以这种类型的页面往往具有以下特点：

- ◆ 氛围把控上：无论是哪种时尚（另类的或儒雅的或安静的或热烈的），但终究给人感觉是年轻的／舒服的／不俗套的。
- ◆ 执行方式上：摄影／手绘／手工／C4D等相结合的方式都可以。
- ◆ 元素想法上：任何不让人忌讳的元素（比如白事相关的恐怖类的等）。
- ◆ 字体选择上：纤瘦的／简洁的／笔直的／古典的／传统的毛笔字等等，没什么限制。
- ◆ 色彩搭配上：绚丽多彩的高饱和度高纯度颜色／清新淡雅的低饱和度低纯度高明度的颜色／另类炫酷的暗黑色系，没什么限制，因为时尚本就是多种多样的。
- ◆ 排版布局上：头图Banner居中／左右／上下排版都行，整体专题页无任何限制，具体可参看前面的知识点。

百雀羚旗舰店2017年天猫中秋节"千礼共婵娟"手机聚划算活动设计

我的美丽日志旗舰店"5周年庆典"活动首页设计

3. 低端礼品

说到低端礼品，其实没有人愿意送低端礼品，也没有人愿意收低端礼品，但是因为不同的人经济承受能力不一样，审美也不一样，所以这个依旧很有市场，与其说是低端的礼品，不如说是页面要给人一种打折很实惠的感觉，而不是真的说低端礼品，其实大家逛超市的时候可以观察下不同价位的礼品它在包装设计上有什么差异（当然即便它是低端的，但在有些人的认知水平里、审美观念里就是很满意的了）。

比如花瓣搜索关键词"中秋节超市"大家就可以体会是什么感觉，如下图所示。

花瓣截图

但以上我只是列举的比较极端的情况，实际上我们现在即使做低价促销类页面也是可以往时尚方面走的，低价不意味着就不可以美观兼顾，这个在前面的章节里就已经提到过了。因为不管是何种定位，其实都可以融会贯通的，不用搞得太极端，比如太过高端或者太多低端的都是不太可取的，毕竟太极端的人是少数。

48.4.2 低价促销方向的中秋节页面设计该怎么玩?

低价促销往往意味着热闹／薄利多销／热情有亲和力，而低价促销方向的中秋节页面无非就是在画面里可以多使用一些代表中秋节的元素或配色咯，有点类似低端产品的中秋节页面设计套路。

但随着国民审美力的不断提升，低价促销也不可太极端，最好是促销里带点儿时尚的感觉更吸引人，也就是说低价促销路线并不意味着就得丑。

所以这种类型的页面往往具有以下特点：

- ◆ 氛围把控上：要够热闹够促销，画面不能太冷清，留白不宜太多。
- ◆ 执行方式上：各种你能想到的执行方式，比如手绘／摄影／C4D／合成等。
- ◆ 元素想法上：各种相关的元素堆叠。
- ◆ 字体选择上：毛笔字／粗壮的／活泼的字体居多。
- ◆ 色彩搭配上：虽然大红／大紫／金黄等是最为促销的几种颜色，但其实只要不是一黑到底的颜色搭配，任何颜色其实都是可以的，暖色大家都会想到，其实冷色调也可以，冷色的话就多加点氛围点缀元素或者光效质感整体一样可以热闹起来。
- ◆ 排版布局上：头图Banner居中／左右／上下排版都行，整体专题页排版无任何限制，越打破常规越好，具体可参看前面讲的知识点。

如右图所示，虽然是低价促销方向的节日页面，用了大面积红色体现喜庆和热闹，但同时整体页面是比较简洁时尚的，看起来就会有品质一点。

大宝官方旗舰店2017年中秋节页面

第48章 中秋节主题专题页设计解析

露得清官方旗舰店2017年天猫中秋节活动"清圆中秋"店铺首页设计

48.4.3 情感寄托方向的页面设计该怎么玩？

中秋节期间能运用到的情感寄托其实分很多种，比如亲情：父母思念孩子、孩子思念父母；再比如友情，你思念着儿时的玩伴还是想到去年的中秋节你是如何度过的，跟谁度过的等等，想象回家后的情节是平静还是压抑不住地感动落泪，想念父亲或母亲说过的一句话还是做过的一道菜等等。

通过不同的情感联想，我们可以衍生出许多具有情感依托的页面。

所以这种类型的页面往往具有以下特点：

- 氛围把控上：场景化，生活化，主要是把平时那种生活点滴描绘出来，可以是温馨的也可以是伤感的，或浪漫的。
- 执行方式上：手绘／摄影／手工等表现形式最佳。
- 元素想法上：与家／中秋相关的一切元素。
- 字体选择上：选择什么字体要看活动属于什么气质，而人的情感气质是多种多样的，可以对照前面讲的字体设计知识点来选择就可以了。
- 色彩搭配上：主要看你是想表达何种情感了，是高兴的色彩就明快点，是温馨的色彩就暖一点，是忧愁的色彩就黯淡点。
- 排版布局上：头图Banner居中／左右／上下排版都行，整体专题页无任何限制，具体可参看前面的知识点。

如下图所示，可以是边回忆或边讲故事边卖货，色彩的选择依据你的情感氛围来选择：

第48章 中秋节主题专题页设计解析

2013年百雀羚旗舰店三生花露水新品首发聚划算页设计

百雀羚2016年货节走马灯专题页设计

48.4.4 犒劳自己方向的页面设计该怎么玩?

犒劳自己代表的是一种思想上的独立解放，你可以是做自己，比如就是要穿想穿的衣服，玩想玩的游戏，吃想吃的月饼，爱想爱的人，你可以是低调有内涵的，你也可以是浮夸爱炫耀的。

但归根结底，这种页面设计要么给人感觉很酷，要么给人感觉很高级，要么给人感觉很好玩，绝对不是普普通通或低价促销范儿的，毕竟普普通通的廉价感的人生太容易做到了，没什么好值得拿来标榜炫耀的。

所以这种类型的页面往往具有以下特点：

- 氛围把控上：要么特别，要么失败，至于怎么个特别法，就要看你期望的是怎么样的一种人生了。
- 执行方式上：一切新颖吸引人的方式。
- 元素想法上：看你期望的人生是什么样的一种喜好了。
- 字体选择上：要么酷 / 要么可爱 / 要么纤细 / 要么典雅，总之不丑就行。
- 色彩搭配上：不要给人一种廉价感就行。
- 排版布局上：头图Banner居中 / 左右 / 上下排版都行，整体专题页无任何限制，具体可参看前面讲的知识点。

2016年百雀羚旗舰店《爱上真实的自己》活动

48.4.5 出谋划策方向的页面设计该怎么玩？

出谋划策类型的页面往往需要更多的文字解说，所以重点是不要让页面看起来太过枯燥，这也就需要更多有趣的元素或图片来配合文字说明，能用图说话的地方，尽量少用文字。

所以这种类型的页面往往具有以下特点：

- ◆ 氛围把控上：有趣／好玩，内容丰富有料饱满。
- ◆ 执行方式上：手绘／合成／C4D／摄影。
- ◆ 元素想法上：可以增加解说趣味或便于理解的任何元素。
- ◆ 字体选择上：活泼点／有创意点，最好是关键字能自己重新设计一下。
- ◆ 色彩搭配上：任何颜色，一般来说不要太沉闷最好。
- ◆ 排版布局上：条理清晰，便于阅读，S形或Z形构图是不错的选择。

总之，明白自己的优势是什么，明白自己的受众群体的喜好是什么，再制订相对应的活动方向，结合自身情况找准适合的方向去执行，才能做出吸引人的转化率高的页面设计。

天猫美妆xOnlylady "中秋过节要新意"
中秋节专题活动页

第 49 章　国庆节主题专题页设计解析

国庆节是由一个国家制定的用来纪念国家本身的法定假日。而中国的国庆节其实也就是庆祝我们新中国成立的周年纪念日——10月1号。

那么这个节日跟我们电商设计有什么紧密的关系呢？我们该如何利用国庆节来做营销玩设计呢？请听我慢慢道来……

49.1　国庆节对于不同人群意味着什么？

我们平时可能会有一个体会，比如对于我们这些周末休息的人来说，周末是休息日，我们会出去逛街／吃饭／理发，做很多娱乐活动，但是对于这些在理发店、饭店、服装店工作的人来说，周末则是他们最忙的日子了，同理，国庆节对于有的人来说是放假，但对于有的人来说却是加班。

而对于电商来说，它在很大程度上都是要依附于节日来做活动噱头的，结合国庆节在不同人群心中的意义不一样，电商的活动玩法也就相应地不一样了，我们先问下自己，说到国庆节我们会联想到什么呢？比如国内游／出国游／宅家里／商家打折／举国同庆／爱国情怀／吃喝玩乐／买买买等。

从这些角度看，我们也就有很多个角度可以在国庆节活动上发挥了。

◆ 旅游攻略：国庆节期间往往是旅游高峰，既然是旅游，那么当然会涉及到要准备各种防晒用品／行李箱／适合各种场景需要的服饰鞋包／出门必备药品以及其他各种生活用品了，所以我们会发现在国庆节期间各个电商平台都会想到搞一些旅游攻略方面的活动，然后顺便把货卖了，实用又机智，一举两得。

◆ 宅家系列：国庆节期间也有很多人选择宅家打游戏或补觉，所以，针对宅家里这个场景也有很多可以发挥的点，比如在你无聊的时候可能需要解闷的东西陪着你，在你打游戏看剧的时候可能会需要很多零食饮料，而约上三五好友在家举办party也是可以的，在家看书听音乐画画等等也都是不错的生活方式，总之围绕着"宅"来展开联想，我们也可以顺便搞搞活动把相应的货给卖出去。而且"宅"和旅游是两种不同的生活态度，反方向去思考或者来一场PK对决也是不错的玩法。

◆ 爱国情怀：从今年大火的电影《战狼》不断飙升的票房来看，大家估计也感受到了，爱国情怀一旦被调动起来了，它的威力是巨大的，而国庆恰好是祖国的生日，新中国成立的日子，很多年纪大一点的人或者爱国心切的群体可能对这一天的感触会比较深一些，所以针对这些群体会用到的相关产品以及与军用相关的产品都比较适合走爱国情怀这个路线。

◆ 即时享乐：平时上班学习已经那么累了，国庆节放假总该好好放肆休息一下吧？这是很多年轻人喜欢的放松方式，化美美的妆，吃想吃的，玩想玩的等等，其实这个方向跟宅家系列很像，不过这里更多是表达一种生活态度，与之相对的则是"克制学习""严于律己"等等，也就是利用放假时间好好给自己充电和学习，而不是浪费光阴，这些方面都可以衍生出很多相关的产品去卖货。

◆ 打折囤货：中国的消费者已经被商家们培养得非常敏锐了，只要过节就意味着会有打折做活动，大家最喜欢在这个时候囤货了，即使用不完也要囤着，只要你能给出一个合适的理由来打折，没有人会拒绝的，因为正常人都会觉得，在产品质量好又是正品的情况下，东西反正迟早是要买的，那么何不在搞优惠的时候购买呢？

打折是最赤裸裸的活动方式也是短期内清货最有效的方式，任何节日活动都有效（但是长期看是不利的，商家是会亏损的，所以也不宜搞太多，以免损伤了品牌形象）。

这里还要说明的一点是，以上所有活动方向如果能顺便跟一些优惠活动相结合，效果会好很多，毕竟从人性的角度出发，虽然不是人人都爱便宜，但几乎人人都爱占便宜啊！

有了以上人群分析方向，也便有了活动策划方向，我们接着往下看。

49.2 国庆节活动文案大合集

活动方向有了，接下来的活动文案也便有头绪了，我们可以一起看看，关于国庆节活动的文案都有哪些：

1. 以游玩为方向

轻妆出行

带上零食去旅行

护好关节，行遍天下

2. 以庆生爱国为方向
为祖国庆生
为中华之崛起而读书
国庆欢乐购
国庆七天乐
国庆真情回馈

3. 以出行攻略为方向
十一出行新姿势
长假护肤寻宝攻略
国庆去哪玩
出去玩，不如玩出"趣"

4. 以打折促销为方向
10.1集结令，豪礼嗨翻天

国庆提前购
国庆大放价
国庆七天惠不停
聚惠十一，伴你同行
嗨翻十一，提前放价

5. 以宅为方向
国庆宅家放肆吃
告别宅，周边嗨

6. 以犒劳自己或爱的人为方向
放假啦！去玩吧！
给自己一个完美假期
陪Ta一起过假期

还有很多其他的文案就需要大家自己平时看到好的多去记录下来了，这样就会拥有一个属于自己的文案库了，其实不管是设计师、策划、还是运营最好都是能懂一些文案才比较便于沟通和做出好的活动效果的。

49.3 如何让自己的国庆节活动页面设计脱颖而出？

前面我给大家分析了活动方向以及整理了文案集合后，就该到我们的设计执行环节了，虽然我在前面分析了很多方法和方向总有一款是适合你的，但不幸的是，你能想到的方向别人估计也能想得到吧，所以最关键的地方还是在于我们该如何让自己的页面设计在同行里脱颖而出了。

那么如何让自己的页面脱颖而出呢？

从设计上来说，无非就是比别人有趣 / 比别人好看 / 比别人真诚 / 比别人新颖等等。

所以这里我总结了以下几个策略方向。

第49章 国庆节主题专题页设计解析

1. 色彩

一说到国庆节活动页面设计，很多人的第一反应估计是红红火火，红旗飘飘的，可能第一反应会联想到红色，但是电商里有那么多品类的商品，那么多不同价位的品牌，那么多不同的活动方向，基于此现状，我们无论从哪个角度分析，我们的用色肯定不可能都是红色的，而是任何颜色都可以使用，只要你会搭配就行。

尤其是很多品牌会比较注重品牌形象的维护，他们有自己的品牌色和品牌调性，所以在色彩使用上往往也需要考虑这个因素。

2017年三生花官方旗舰店「国庆出游 美丽不停歇」页面设计

截图自阿芙红动官方授权店2017年国庆节活动首页

2. 设计风格和执行方式

观察发现，但凡涉及春节／中秋节／国庆节，几乎所有的设计师都喜欢玩纯手绘风格，手绘的形式不是不可以，并且手绘风格其实也是多种多样的，但是总感觉纯手绘会有一些或年代感或可爱或小清新文艺的感觉，虽然也很吸引人，但时间久了也会感觉有点腻了，千篇一律了，尝试一些其他的玩法或与其他手法相结合的形式也许可以创造出更多惊喜，更加耐看和经得审美的考验，比如：

◆ 手绘与摄影的结合：一个画面里的所有组成元素也就那些，我们可以将产品或模特以及场景等任意部分由摄影完成，其他部分都靠手绘完成，反之也一样。

◆ 合成与摄影的结合：一个画面里的所有组成元素也就那些，产品或模特等任意部分由摄影完成，场景部分都靠合成完成，当然，包括产品和模特其实也都可以通过合成的手法再创造一番。

◆ C4D与摄影的结合：一个画面里的所有组成元素也就那些，产品或模特等任意部分由摄影完成，场景和标题部分都靠C4D完成，当然，包括产品和模特其实也都可以通过C4D来实现。

◆ 摄影形式的作品：自己搭场景，搞创作，一张海报可以通过拍摄直接得到，不过摄影跟设计一样，也是一个可以跨界借鉴的领域，比如你拍食物是体现美味，他拍食物可以是体现好玩，另一个人拍食物可以是当作一幅画来对待等等，这个我在前面的内容里已经提过很多次了，所以这里也就不再细说咯。

截图自美的官方旗舰店2017年国庆节活动首页

第49章　国庆节主题专题页设计解析

截图自2017年大宝旗舰店"国庆价到"活动页面设计

截图自茵曼旗舰店2015年国庆节首页

3. 活动方向

要想脱颖而出，活动方向上也可以跟别的类目不一样，比如对于户外运动品牌，一般人想到的肯定是走旅游方向，而你没准可以走反宅方向啊，别人走反宅方向，你可以走反宅+促销方向啊，别人走反宅+促销方向，你可以走打情感牌的犒劳自己或爱人的方向啊，以此类推，前文提到的方向那么多，其实按照数学排列组合可以得出很多种玩法的。

再或者别人都正经，你可以搞怪啊，别人高冷你可以热情啊，别人无趣你可以有趣啊，总之，我们的目的就是要跟别人玩不一样的，活动方向不一样，做出来的设计稿效果当然也就跟别人不一样啦。

比如卫龙辣条2017年双12的活动页面，你能想象辣条居然可以跟时尚结合在一起吗？

卫龙食品旗舰2017年双12"碎花新时尚"活动首页

第49章 国庆节主题专题页设计解析

4. 其他

如果你的产品在品牌知名度上没别人有优势,那么不妨在设计风格上比别人更另类／更好看,使用体验更好,售前售后服务更好等等;如果你的产品在同品类里已经没有什么可玩了,那不妨跟其他品类合作试试,互相借力,跨界合作咯。

三生花×独立民谣女歌手程璧,2016年三生花旗舰店"听花开了"会员招募页面设计

一叶子×电视剧合作推出定制面膜页面设计

这么设计能热卖
融入运营思维的电商设计进阶宝典

百雀羚×洛天依合作推出定制面膜，2017年百雀羚旗舰店百雀羚×洛天依页面设计

第49章 国庆节主题专题页设计解析

百雀羚×王珮瑜合作推出定制产品,2017年唯品会百雀羚专卖旗舰店"打破常规"页面设计

百雀羚×周杰伦合作推出定制产品,2016年百雀羚旗舰店母亲节"听妈妈的话"页面设计

百雀羚×谭燕玉合作推出定制产品，2017年百雀羚旗舰店百雀羚×谭燕玉"燕遇东方美"页面设计

总结

我已经写了非常多的电商节日主题的设计内容，到头来发现所有的节日目的都是一样的，也就是为了卖货，玩法其实也都类似，唯一不同的是不同的节日有不同的特点和习俗，不同的品牌和产品品类也有不同的诉求，所以要学会去结合和取舍。

基于这个原因，本章中我就没有过多展示设计案例分享，大家可以结合我前面讲的知识点对照着来看会更有帮助。

第 50 章　双 11 主题专题页设计解析

考虑到我们做的设计基本都是为商业服务的，商业的设计肯定就涉及竞争了，所以我们作为设计师不只是要会把页面给设计出来，还应该学会让自己的设计脱颖而出有竞争力，从而被更多人看到或让更多人产生购买或分享行为，而每年的双十一活动的最终目的其实就是要达到这种效果，所以本章内容我想跟大家探讨的问题就是：决战双十一，有哪些技巧可以让我们的专题页设计脱颖而出？

不过在解答这个问题之前，我们先需要了解一下专题页的构成和作用，比如，虽然我们现在可以看到各种样式的专题页，但是它们脱去那些华丽的外衣后，其实都是很基本的原型图，一般来说，专题页一般就是由这几个部分组成的：

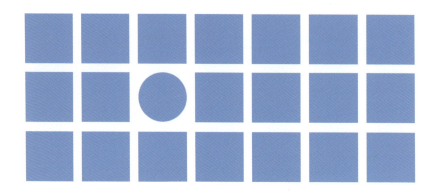

头部Banner + 至少1个楼层模块 + 背景 + 氛围点缀物，其中Banner组成要素包含文案、商品／模特、背景、LOGO、点缀物这几个方面。

而我在之前反复强调过的，Banner的作用是：宣传／展示／广而告之／准确传达信息，而对于双十一这类比较大型的电商活动专题页，其目的当然也就是以卖货为最终目的了。

所以，到底如何让自己的专题页设计脱颖而出？我们先来看几张图：

看下面这张有彩色的图，你第一眼注意到的是什么图形？是不是那个圆形？

第50章 双11主题专题页设计解析

再看下面这张无彩色的图，你第一眼注意到的是不是还是那个圆形？

同样再来看看下面这张多彩色的图，你第一眼注意到的是哪个颜色？是不是玫红色？

同样再来看看下面这张无彩色的图，你第一眼注意到的是哪个颜色？是不是黑色？

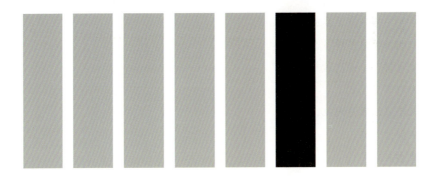

其实之所以你会有这种感受，就是因为这些图形运用到了平面构成和色彩构成里的知识，比如特异和对比，所以，虽然脱颖而出的方式有很多种，但我们常用的方式无非就是围绕着对比和特异来打转的。

接下来我会从以下两个方面来进行分析：局部vs整体。

50.1 从局部分析是指什么呢？

从前面的专题页组成要素我们可以看到，一个专题页里分别包含了下面这些组成部分：文案 / 背景 / 产品或模特 / 点缀物 / 楼层。

所以接下来我们可以来看下，从局部上如何脱颖而出：

50.1.1 文案

不管是做Banner设计还是做专题页设计，文案才是最直观表达活动的定位和运营策略的信息（而设计的作用就是把这个活动定位给传达出来），在我看来也是最重要的组成部分，那么文案有哪些类型呢？我们一起来看下：

◆ 情绪代入型：这种文案一般字数较多，以讲故事的方式俘获人心，激发起你内心的各种情绪，比如伤感、愉悦、同情、恐惧等等，以达到吸引目标受众注意力的目的。

下面是截取的我之前写的一篇文章（文章名称：我害怕情商高的人）里的一小段文字，我觉得拿来当作减肥产品的广告文案也是可以的：

以前有个同事她说要减肥要健身，
我说好啊看你能坚持多久！
因为我也好几次喊过这种话，
最后却都不了了之了。
可是几个月后再看到她，
细腰美臀大长腿，
显得更加自信了，
是啊她总可以做到付诸行动。

第50章 双11主题专题页设计解析

而我只会给自己找借口，

也许再这样下去，

我都配不上和她做朋友了吧！

- 促销型：这种类型的文案往往字数会控制在8~10字以内，并且往往会带有折扣或利益点数字，非常直白地告诉你优惠信息，激发你心底贪便宜的欲望。

  比如：全场5折起／全场买三免一／1元秒杀0元抢购／周年钜惠等等。

- 口号型：这种类型的文案往往也比较简洁，朗朗上口，就好比是企业给自己树立了一个目标形象，但它不止是说给自己听的，它还要把这件事情告诉你，并重复不断地告诉你这件事。

  比如：争做行业领跑者／先赚它1个亿／上天猫就购了／好物低价上京东等等。

- 通告型：这种类型的文案，往往会以"热烈庆祝""欢迎""恭喜""号外"等等词语开头，宣布一件他认为极其重要重大的事情，常用于一些需要严肃对待的事情当中，当然有的品牌或店铺为了恶搞吸引眼球也会偶尔玩一玩这套。

  比如：热烈庆祝XXX成立几周年／欢迎XXX领导莅临我司／恭喜XXX荣获XXX称号。

- 价值观型：这种文案其实跟情绪代入型文案类似，区别只是这种文案通常以非常简洁的语句来表明自己的立场和观点，以吸引有相关价值观和喜好的人，从精神上俘获你。物以类聚，人以群分也许就是对这种文案所要达到目的的最好解释。

  比如：房子是租来的但生活不是／Just Do It／我的青春我做主／你值得拥有。

- 自嗨型：简单来说就是普通人完全不知所云，但是又感觉非常厉害的样子的文案，超级大牌或将自己定位为大牌调性的品牌活动都爱用这种文案，因为他们就是要跟消费者保持距离感，这样才显得自己高贵有身份，也让买得起他们的产品的人感到有身份。

  比如：格调 than 格调／again and again／more and more。

- 恶搞型：这种类型的文案通常以一种戏谑的口吻告知你意见有可能是虚构的事情，它们往往让人觉得非常搞笑同时你也能感受到这不是真实的，只是为了吸引你注意罢了。

  比如：老板跑路了／美工甩手不干了等等。

- 反差型文案：这种类型的文案往往一开始会给你一种吃惊和不可思议的感觉，然后你又会会心一笑，因为这跟你平时给人的感觉大不一样，反差太大了，就好比一个普普通通的人突然发达了，或者一个相貌平平的人怎么突然变美了，再或者一个平时非常高冷的人怎么突然变得很萌很可爱，大家可以这么理解。

比如卫龙：改变食界，条条是道。　　比如故宫淘宝：买了就是朋友。

卫龙食品旗舰店详情页截图　　　　故宫淘宝"来自故宫的礼物"故宫博物院网店原创

◆ 拟人化文案：这种类型的文案通常是站在物品或动物的角度，以他们自己的口吻来描述一件事情或介绍自己，相当于自我推销，让人感觉特别有趣或治愈，有亲和力，让人看了忍不住想掏腰包，这种文案适用于任何想走亲和力路线的品牌或产品。

比如下面是一则日本烤鸡肉串的广告文案：

"那么，我去当香葱烤鸡肉串去了"　　　　"啊！要是把早上下的蛋也带来就好了"

"我可不能在这种地方被吃掉"　　　　"您好，您的食材到了"

2014年日本とりしげ串烧专卖店宣传海报

　　上面这则文案就是通过拟人化的口吻，不仅让人觉得创意非常新颖可爱，同时又让人感受到了其食材的新鲜和安全健康感，一举两得。

◆ 功能描述型：这种文案一般是将产品功能或特点描述直接提取为文案使用，一般我们看到的说明书、详情页等地方的大段文字介绍都属于功能描述型文案，这是为了方便用户更加了解自己的产品，同时也是为了安全需要。

　　比如：保湿护肤一步到位／棉柔舒适超强吸附力／轻松舒适不变形等等，这种文案经常会运用于Banner和详情页设计里。

　　那么了解完以上所有的文案类型后，你会发现，如果想要让自己的设计脱颖而出，要么就要做到在同一个类型（相同定位方向）的文案里比别人写得更出彩／更好玩／更打动人／更与众不同，要么就换一种类型（不同定位方向）的文案去发挥，而相对来说，后者其实才更容易起到脱颖而出的效果，举例：

同一种文案类型，如何在文案写得比别人出彩或者内容更能打动用户而达到脱颖而出的目的呢？举例：

假设都是促销型文案，你写"XXX周年庆特卖惠"肯定不如"XXX周年庆，全场满100减50"这种文案有吸引力。

为什么呢？因为对于这种促销类型的文案你把实惠写得越具体就越能让用户感受到真的是在打折，而不是干瘪瘪的说你在做促销活动，因为这样用户会很疑惑你到底能给他多少优惠，他心里没底就不敢放心大胆地买了，万一你这个折扣很低岂不是浪费表情？

换一种文案类型如何达到脱颖而出的目的呢？举例：

比如辣条在大众眼里原本只是非常廉价的一种零食而已，但同为辣条品牌的卫龙却给自己整了一个简洁高端大气上档次的包装设计和页面设计，向苹果这种高富帅看齐。

你想一想，从来没有一款辣条这么做过吧，但卫龙这么做了，最后的反响也是出奇的好，一个是产品被大众所认可，另一个是让大家开始对它刮目相看并期待着它能整出更多让人眼前一亮的点子出来。

如此一来大众对你有了认知和期待，也就有了持续不断的关注度，那么想不脱颖而出都难呐，如左下图所示。再比如故宫淘宝，居然把那些高高在上的皇帝和娘娘们塑造成一种卖萌的形象，让人感觉出其不意的同时又倍感亲切和好玩儿，如右下图所示。

截图自卫龙官方旗舰店

图片来自微博@故宫淘宝

再比如大家都在宣扬正能量的时候，UCC咖啡却偏走负能量路线：

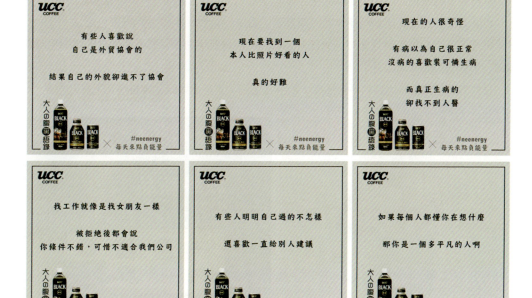

2016年日本UCC咖啡和"每天来点负能量"版主林育圣合作在中国台湾推出的营销活动"大人の腹黑语录"宣传海报

看完之后你觉得哪种更有意思？会更容易引起话题传播呢？

正因为你不可能永远比别人低价，优劣的评判标准也并不是唯一的，所以如果你不能保证在某一个范围或领域里比别人做得更好或比别人更便宜，那么就要保证自己能做到跟别人不一样，这样才更容易脱颖而出，从而让自己成为这个方向这个领域里最特别的存在。

以上关于文案部分，我们就讲到这里了，总之文案体现的是你的活动定位和策略，所以文案的选定必须先于设计执行，并且它很重要（我遇到很多人把这个顺序搞反了，他们会让设计师在没有任何文案的情况下去做设计，让他们先把设计做出来再确定文案，这对于文案比较弱的设计师来说简直就是灾难啊，但对于擅长文案的设计师来说却是非常好的机会，做起来也许会更顺心）。

50.1.2 背景

从背景上的脱颖而出,主要体现在色彩/形式/纹理等上面的一种差异化和对比。

色彩方面的对比: 比如明亮鲜艳vs暗黑系/暖色vs冷色/多彩色vs无彩色等。

举个例子:同样是表达年轻,大部分人想到的应该是活力多彩的,而如果你用的是暗黑系的,那你就脱颖而出了。

形式方面的对比: 比如扁平vs质感/繁杂vs留白/柔美曲线vs刚硬棱角/重复vs变化。

第50章 双11主题专题页设计解析

比如,卫龙作为一个卖辣条的品牌,无论是从产品的辣这个特性,还是它产品本身的出身来看,按固化思维都应该是走红红火火热闹低端路线的风格设计对不对?但突然有一天它居然进军时尚界走高冷风了,于是大家的眼球立马就被它吸引了。

卫龙食品旗舰店×暴走漫画2016年618粉丝狂欢节　　卫龙食品旗舰店2017年天猫双12《碎花新时尚》活动页

纹理方面的对比：比如纹理vs无纹理／无规律vs有规律／重复vs变化。

比如，有些比较可爱或搞怪风格的页面，如果能在背景上有一些相关元素或纹理的点缀，起到相互呼应的作用，就会比空白的背景有吸引力一些。

反之亦然，当然有些背景其实是不适合放纹理的，因为会显得累赘或多余，那么空白背景就会显得更有吸引力更舒服一些。

50.1.3 产品或模特

至于产品或模特的脱颖而出，其实主要体现在品牌效应／产品品质／功能差异等给人的感官感受。

品牌效应：例如大品牌vs小品牌／有品牌vs无品牌／多品牌vs单一品牌／线上品牌／线下品牌／跨品牌合作。

比如，大品牌的产品比小品牌的产品占据更多优势，有品牌的产品比无品牌的产品显得更可信更正规等，所以如果上升到品牌这个层面，仅仅只是设计得好看或突出并不会起到很大的优势作用，只是锦上添花而已，品牌的影响力和口碑才是最主要的因素。

但是，当两个品牌一起联合，跨品牌做活动，就会比单一品牌产生更强的效应，达到1+1大于2的效果，比如家纺品牌LOVO和可口可乐的合作，在设计上也是沿用了可口可乐经典女人曲线般的瓶身形象：

第50章 双11主题专题页设计解析

LOVO家纺官方旗舰店——2016年 LOVO × 可口可乐合作推出的产品活动页面《造梦时代》

产品品质： 例如好品质vs差品质／有特点vs无特点／有后期修饰vs无后期修饰／有人知晓vs无人知晓等等。

比如，同样一款产品，你的产品图看起来更清晰更干净或更有趣好玩更高档肯定就会更容易吸引到相应的人群的注意力和购买欲望，因为前者会让人感觉更可靠，有档次，这些都是决定你的页面设计是好还是坏的因素。

Banner截图自韩国护肤品牌The history of Whoo 后中国官网

功能差异：多功能vs单一功能／有差异vs无差异／有优势vs无优势。

如果都是护肤产品的专题页设计，但是你的这款产品是有别人不具备的功能特性的，那么就可以在你的设计里通过文字排版或图形描绘的方式表现出来，直观地传达给别人你的这些优势和氛围，就比干瘪瘪地将产品往页面上一摆更具吸引力。

不过这种情况更适合单个产品的宣传活动或者是详情页设计。

2017年百雀羚旗舰店《纯美新妆自然漂亮》页面设计　　2017年百雀羚旗舰店《花之容养出如月貌》页面设计

50.1.4 点缀物

例如有点缀物vs没有点缀物／点缀物合适vs点缀物不合适。

这个同上面讲的纹理类似，比如，有些比较可爱风格的页面，如果能在背景上有一些相关元素或纹理的点缀，起到相互呼应的作用，就会比空白的背景有吸引力一些。

50.1.5 楼层

这里其实主要包含楼层内容和楼层形式两个方面。

楼层内容： 例如内容新颖vs内容常规／内容丰富vs内容单调等。

一般来说，在楼层内容里如果插入一些好玩的游戏，或者有一些视频播放，再或者变着花样给用户发红包和购物券，会比常规的商品列表展示的楼层更有让人逛的欲望，不过这个都不止是设计师的事情了，而是运营／交互设计师／产品经理／策划要去做的事情。

第50章 双11主题专题页设计解析

2017年11.11天猫狂欢节天之眼旗舰店预热页面设计　　2016年11.11天猫狂欢节天之眼旗舰店预热页面设计

楼层形式： 形式新颖vs形式常规／形式贴合主题vs不贴合主题。

比如卖服装的专题页楼层设计，有时我们为了便于维护或方便用户浏览会这样直接展示商品图，但是右边这种形式则会让人觉得更有趣好玩，尤其是儿童相关的产品，页面保持趣味性是很重要的一个卖点。

不过这个也要看实际情况和因品牌而异了，毕竟有些品牌或活动的调性并不适合太复杂或另类，而是要简洁点为妙。

这么设计能热卖
融入运营思维的电商设计进阶宝典

初语童装旗舰店2015年双11预售页面楼层部分　　2015年初语童装旗舰店首页

50.2 从整体上分析

整体上我们可以从型／色／意／技4个方面来探讨如何做到脱颖而出这个问题。

50.2.1 型

主要是指整体的形式／风格等方面要与众不同，那么跟前面的文案一样，要想脱颖而出的话，就是在同一个类型里你能做到你是最优秀的；要么是跳出这个类型，或者跨界到不同的领域或定位类型里去表现。

反差型举例： 你能想到一个辣条品牌走了回时尚路线吗？如左下图所示。

搞怪型举例： 你能想象一个看似毫无设计而言的店铺恰巧这就是他独一无二的灵魂画风嘛？如右下图所示。

卫龙旗舰店2017年天猫双12《碎花新时尚》　　歪瓜出品淘宝店2016年双11活动首页截图

独一无二型举例： 你能想象一个猫头形象能有那么多种玩法并且年年都能玩出新意吗？

自从2015年的天猫双十一，第一次将所有的页面都沿用猫头的这个造型，就惊艳了全场，因为这个形象太讨巧了，不仅成功地与天猫的品牌形象挂钩，还非常有利于品牌延伸，这以后，但凡你看到这个猫头造型无论何时何地何处，你就一定会联想到天猫这个品牌，因为这个品牌形象和元素是独一无二的。

而当你拥有了某种独一无二的印象标签，自然而然也就更容易脱颖而出了。

截图自天猫APP2017年双十一启动页

lamy旗舰店 2017天猫双11宣传海报——王飞云作品

Beats官方旗舰店2017天猫双11海报

50.2.2 色

主要是指色彩上的差异化，这个跟前面讲局部的内容类似，比如：明亮鲜艳vs暗黑系／暖色vs冷色／多彩色vs无彩色（试想，当别人家都是明亮色系你可不可以尝试暗黑色系呢？别人家都是暖色系，你可不可以尝试一些冷色系呢？别人家都是夸张多彩绚丽，你能不能尝试低调无彩色系呢？）

举个例子，同样是表达年轻，大部分人想到的应该是活力多彩的，而如果你用的是暗黑系的，从另一个角度去诠释年轻，那你就比较容易脱颖而出了。

50.2.3 意

主要是指品牌特性／理念意义／定位方向等，与众不同。

1. 品牌符号

从品牌这个角度来说，每一个品牌形象都是独一无二的，比如天猫／三只松鼠／初语等都已经形成了自己的形象特征，当你的页面上出现了这些形象特征的时候，也就有了自己的优势。

如下图所示，你不用看任何文字说明，仅仅看这些图形就能知道这是什么品牌：

2. 理念意义

这个是指图形代表的含义，灵感来源等，比如，提到圣诞节，大家都会联想到红配绿，也会联想到圣诞树／雪地／圣诞老人／长筒袜对不对，所以我猜想你们的第一反应应该是搞比较基础的堆叠效果吧？像下面这样：

但有没有想过像下面这样提取一种基本型,然后巧妙地与自己的产品相结合呢?

好乐门圣诞节宣传海报

汰渍圣诞节宣传海报

2008年麦当劳圣诞节宣传海报

2006年Publicis圣诞节海报

3. 定位方向

促销vs趣味vs温情vs苦情vs情怀(比如别人都走促销路线你可以走趣味路线,别人走趣味路线你可以走温情路线,别人走温情路线你可以走苦情路线,别人走苦情路线你就走情怀路线,当别人都走情怀路线了,你走促销路线啊!)

比如,2015年京东情人节那次,别人都走温情路线,我们走了苦情路线,反响很不错:

起做的活动):

再比如,2015年儿童节,别人的设计都是走手绘可爱可爱路线,而我们走了小清新路线(其实也是因为怕侵权不好用模特之类的,再一个我们是儿童节/母亲节/520一

2015年京东《五月爱.儿童节》活动页截图

50.2.4 技

主要是指技术创新／跨界合作／手法创新等让人感到新奇，任何时候，都是因为有了技术的进步才使得我们有了更好的体验和更多的选择。

比如以前没有互联网的时候，大家只能在线下购物，有了互联网之后大家开始在PC上购物，后来移动互联网的发展和智能手机的普及及便利，大家又开始转向移动端购物，现在VR又出来了，以后指不定购物有多便利了。你抢先运用了新技术，没准你就占据了优势（但也不能完全保证这是优势，有时时机也很重要，你来早了或来晚了都会不太幸运）。

举例：2016年很火的《天猫双11，穿越宇宙的邀请函》，就是一个活生生的例子，大家可以扫码看它的幕后制作视频：

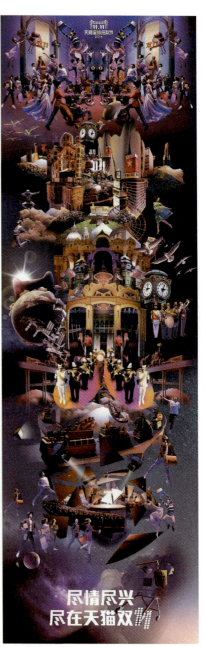

2016年天猫双11项目——《天猫双11，穿越宇宙的邀请函》——VML上海出品

第50章 双11主题专题页设计解析

另外说一下我在这个项目里面看到的内容,它分别涉及了脑爆+前期构思+手绘草图+摄影+后期合成+VR技术+threejs+webGL的组合绘制3D场景+渲染等技术环节,耗时巨大,工作量惊人,最终达到了刷屏的效果,吸引了几乎所有互联网人的注意力。

如果你当时也有这个技术和资源支持,你的作品想不脱颖而出也难了(不过兴许也只有BAT这个级别的大金主才舍得这种大手笔了)。

总结

看完以上所有的分析,你应该有一些头绪知道该怎么让自己的专题页脱颖而出了吧?另外我也看到现在电商设计行业普遍是这么一些现象。

❶ 页面里有视频的比没有视频的厉害。

❷ 动态的比静态的看起来厉害。

❸ 3D的比2D的看起来厉害。

❹ 有场景合成的比简单的商品堆砌的厉害。

❺ 动手做的(比如剪纸、手工、摄影等)比动手画的厉害。

❻ 手绘的比非手绘的看起来厉害。

❼ 有造型变化的比没有造型变化的厉害。

❽ 自由排版的比常规排版的看起来厉害。

❾ 干净留白的比热闹促销的看起来厉害。

❿ 有文化底蕴的比没有文化底蕴的厉害。

⓫ 有故事画面感的比没有故事画面感的看起来厉害。

⓬ 不按套路出牌的比循规蹈矩的厉害。

所以,基于以上现象和思路,大家可以根据自身的情况酌情选择玩法,达到脱颖而出的目的咯!

第 51 章　圣诞节主题专题页设计解析

说到圣诞节相关的设计，估计大部分人想到的都是白茫茫的雪地里，一位和蔼可亲的圣诞老爷爷驾着驯鹿拉的雪橇，背上还有一个大袋子，袋子里面装满了各种各样的礼物，这些礼物会被挨家挨户地送到需要的人手里，这么样一个场景。

之所以我们会有这种固化的思维，是因为圣诞节本来就是国外的节日习俗，我们对它的了解其实还是比较少，那么，能不能多一些开阔思维，让我们的设计更有意思更具吸引力呢？本章节我们就来探讨这个话题。

在开始这个话题之前，我还是要带大家回顾一下拿到需求后，我们如何发散思维，做思维导图，寻找灵感。

51.1　如何寻找设计方向？

我拿以前的一个需求举例，比如，马上圣诞节要来了，有一款不是大品牌的口红需要做活动（你就假想是网红要推出的一款口红好了），文案如下：

- ◆ 活动主题：惊艳圣诞Party
- ◆ 大标题：够红才够女王范儿
- ◆ 小标题：口红新品／限量发售

定位分析，先理解一下这个活动要表达的几个意思：

1. 这是圣诞节活动。
2. 这是卖口红的圣诞节活动。
3. 买这只口红的人是梦想自己在圣诞party上成为最受瞩目的那位女王。
4. 这只口红是新品，谁先买了谁就能抢一步体验当女王的感觉，价格多少是其次。
5. 买这只口红的人应该是爱玩的年轻少女或少妇，内心是渴望放纵渴望变美渴望变时尚的。

基于以上分析和定位，我做了一张思维发散图，大家可以看一下：

第51章 圣诞节主题专题页设计解析

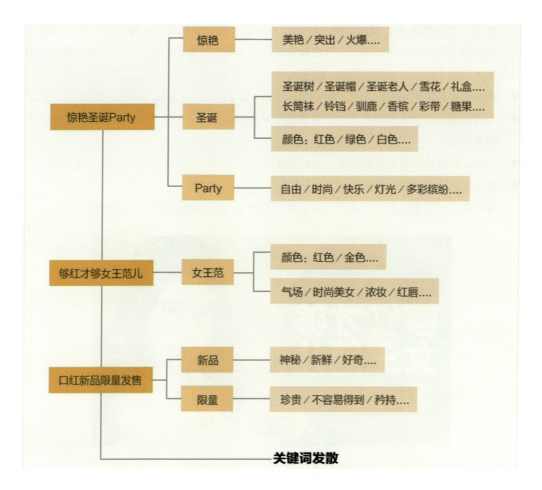

关键词发散

　　根据以上思维发散图，我们不难发现，其实同一个文案或活动主题的设计是有很多种实现方法的，相当于高等数学里的排列组合一样，而我们做设计的时候呢，无非就是要权衡氛围的热闹程度以及我们想突出表现什么信息，比如：

- 你是想要画面热闹一点还是冷清一点？
- 你是想要画面时尚一点还是保守一点？
- 你是想要画面体现氛围多一点还是体现产品本身的功能或样式多一点？
- 你是想以卖货为主还是想以展示效果为主？

　　……

　　总之，根据不同的方向所设计出来的结果是不一样的。

比如，对于我来说，我更想要以体现氛围为主，我想要画面里出现模特代言一样的效果，那么接下来我就可以提取一些符合我要的定位方向的关键词来确定设计方向：我们分别从风格／形式／标题／配色来说明，如下所示：

◆ 风格：时尚镂空折纸。
◆ 形式：模拟打开礼盒的形式，仿佛是礼盒一打开就出现了一位红唇齿白的美女，手里还拿着口红。
◆ 标题：标题采用居左排版样式，加粗字体。
◆ 配色：红／绿／白。

基于以上的思考分析，我花了30多分钟自己做了一版Banner图，如下图所示。

以上，整个从联想元素到最终完成一个Banner设计的过程就完成了，需要说明的是，这只是一个比较常规的圣诞节Banner，谈不上非常有创意，但是思维发散的原理和思路都是大同小异的。

51.2 如何做出更具吸引力的圣诞节页面？

说到吸引力，要么就是在同行业里做到最好了，要么就是能做到合适的同时还能与众不同，给人眼前一亮的感觉，总之就是要有突破，以下，我总结了几个思路和方向，我们一起来看下：

第51章 圣诞节主题专题页设计解析

51.2.1 从表现形式上着手

1. 将元素放大处理

一般来说,这几种元素的放大处理,都可以增加圣诞页面的视觉冲击力。

比如大大的礼盒:　　　　　　　　　大大的长筒袜:

2013年DAKS / HAZZYS ACC 圣诞节活动页　　可口可乐2011年圣诞节《温暖速递》专题活动页

大大的塑料包装:　　　　　　　　　大大的圣诞老人:

2017年杜蕾斯圣诞节宣传海报设计

大大的粗线条：

2012年3C数码圣诞节页面

第51章　圣诞节主题专题页设计解析

大大的圣诞树：

潮牌电商"Yoho!Buy有货"2013年圣诞节专题 X'MAS FUNKY GIFT 活动页截图

大大的房子：

2012年柏卡姿旗舰店圣诞节活动页截图——设计师杰克sean作品

第51章　圣诞节主题专题页设计解析

大大的礼物袋子：

初语童装旗舰店2015年圣诞节《双旦狂欢二重唱》活动页截图

大大的模特:

2017年初语旗舰店圣诞节活动首页Banner

大大的裙子:

横浜最大的温泉复合商业HAMABOWL EAS圣诞节活动页

第51章　圣诞节主题专题页设计解析

总之，这种页面设计的诀窍在于，画面里要有很大的一个元素撑起整个画面，就好比压轴的，撑场面的，所以除了以上这些举例以外，其他的与圣诞节相关的物品都可以用这种处理方式。

2. 让元素破出

比如我很久之前做的这个页面（如左下图所示），需求方提供的产品图非常普通，尺寸也很小，图片质量也很差，但是为了让画面稍微有意思一点，我就将质量特别差的产品图隐到背景里去，质量稍微好一点的图跳到前方来，同时让最大的那一款产品跨出那条分隔Banner和楼层的分界线，会显得更有层次感。

说点题外话，这个页面因为头部Banner高度被限制了，所以看起来有点小气，如果头部高度能够稍微加大一些会显得更开阔大方。

再比如像右下图这个可口可乐的圣诞节页面，也是一样的原理，让所有元素跨出雪地和红色背景的分界线。

2015年京东海外购草莓节活动页——英文版

可口可乐——2011年圣诞节专题《温暖速递》

3. 留白

当别人都在热热闹闹红红火火的时候，你却选择做这种留白效果的处理，其实就会感觉是圣诞节页面中的一股清流了。

51.2.2 结合自身的产品或类目的特性想创意

能够将节日与自身的产品相结合形成创意，比只是简单的场景搭建或产品堆砌要高级得多，大家可以看下面一组创意广告，都不需要什么文案说明，看一眼就懂了，留下会心一笑：

汰渍圣诞节宣传海报

2008年ABInbev圣诞节宣传海报，印度广告公司Draft FCB Ulka出品

第51章 圣诞节主题专题页设计解析

2008年麦当劳圣诞节宣传海报 *Merry Christmas*，荷兰阿姆斯特丹广告公司 TBWANeboko出品

2011年 FedEx宣传海报 *Holiday*，加拿大多伦多广告公司 Rapp出品

2014年 Levis圣诞宣传海报 *Merry Christmas*

或者将产品或标题部分处理成圣诞树的形式：

2017年露得清官方旗舰店《双旦悦享美肤礼》PC端店铺首页设计

珀莱雅官方旗舰店2015年《星语心愿》圣诞节活动页截图

51.2.3 从表现手法上着手

1. 正负形

比如P813页这个有货的圣诞节页面就用到了正负形表现手法，很简洁但也挺有意思的。

2. 手工（剪纸/捏软陶小人）

我们的页面设计其实也可以从圣诞卡片取一些经，这些卡片的制作其实也都涉及到了三大构成相关的知识（色彩构成/平面构成/立体构成），尤其是大家接触比较少一点的立体构成知识。

可以去淘宝或花瓣搜索圣诞贺卡看看，也许会冒出很多灵感哦：

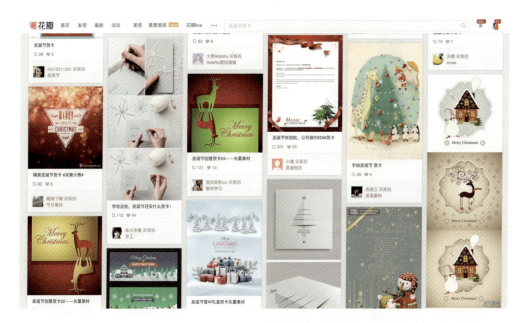

而且我看到幼儿园里的小朋友们就已经开始接触培养很多手工制作课程了，做得特别有意思，而很多工作了几年的设计师不仅没有受过这方面的训练，可能连见都没见过这些有意思的玩意儿，对比起来是不是输在了起跑线上呢？

比如P770页百雀羚的这个页面就有点类似于折纸剪纸的效果：

3. 橱窗设计效果

其实做电商专题页设计或者Banner设计,也可以去橱窗或展柜设计这些领域找下灵感,大家会发现这些橱窗设计非常擅于用灯光营造浪漫和温暖的氛围,营造空间感。

位于美国纽约销售高档女性专卖店Henri Bendel2015年圣诞节橱窗

英国豪华连锁百货商店Harvey Nichols 2015年圣诞节橱窗系列

第51章 圣诞节主题专题页设计解析

施华洛世奇Swarovski 与美国纽约老牌奢侈品百货公司合作推出的以 "brilliant" 为主题的橱窗，为了庆祝施华洛世奇120周年，整体画面像极了闪亮而又复古的party

4. 摄影／玩构图

想要什么效果直接拍一张照片就完了，不过重点在于服装搭配、道具准备、场景搭建、氛围体现等方面。

2017年artmi旗舰店圣诞节活动页Banner

2017年Wis旗舰店《双旦礼遇疯狂打call》活动首页Banner

5. 合成

在没有拍摄条件又想营造出一种实景场景代入感的话，就可以采用合成的方式。

2015年artmi旗舰店《圣诞夜奇幻穿梭》圣诞节活动页截图

第51章 圣诞节主题专题页设计解析

2017年百雀旗舰店双旦礼遇季《"诞"美无妨》活动首页截图

6. 3D建模

想要什么场景和创意,都可以通过三维建模表现出来。

巴西合作金融机构Sicredi 圣诞宣传海报,巴西广告公司Studios Meca出品

7. 手绘

想要什么场景和效果可以自己画出来。

阿芙官方旗舰店2016年圣诞节活动《这个圣诞我们见面吧》页面截图

8. 混合使用

不过需要说明的是，以上所有方式都是可以混合使用的，并不是单一地存在，比如摄影＋合成＋三维建模等：

大宝官方旗舰店2017年双旦礼遇季

2016年大宝官方旗舰店圣诞节活动

9. 做成动态效果

条件允许的情况下，页面做成动态的肯定是更加吸引人，更有圣诞氛围的啦，比如卡地亚每年的圣诞节活动创意都很有意思。

卡地亚官网截图

51.2.4　从配色上着手

打破红配绿的魔咒，圣诞节其实不一定非要用大红配深绿色，而是可以改变色彩的明度纯度以及搭配任意颜色都可以，比如咖啡色＋红色＋白色，再或者青色＋金色＋灰色＋白色，再或者蓝色＋白色等，因为想要表现圣诞氛围的话并不是只有红配绿这一条路啊，除了颜色以外，还可以通过用相关元素点缀什么的来呼应圣诞节日啊，如下图所示。

2016年百雀羚旗舰店《爱上真实的自己》PC端首页

百雀羚旗舰店2014年圣诞节活动页

切糕王子旗舰店2016年圣诞节活动页

当然,如果老板或需求方那边接受度低或者觉得还是更喜欢红配绿,那就不要冒这个险啦。

51.2.5 从标题设计上着手

标题作为头部Banner部分的重要组成部分，标题设计得好看也是会让页面更加吸引人的，无论是材质／颜色／还是形式上的。

珀莱雅官方旗舰店2017年圣诞节活动页

2011年 Heinz 宣传海报，DDB出品

另外，大家也可以在花瓣搜索"圣诞节字体设计"，会出现很多结果参考，如下图所示。

以上我就先总结这么多知识点吧，总而言之，无论是从表现形式／配色／标题设计／产品特性／表现手法等方面着手，都可以在保持页面调性一致的情况下任意组合，所以可发挥的方向和可执行的方法是非常多的。

PART 10
知名店铺案例分享及团队专访

第52章 卫龙食品旗舰店

52.1 关于卫龙2017年双12的一场页面营销

"卫龙又在页面上搞出什么幺蛾子了!"

"这帮人把脑洞开到页面上了!"

"墙都不扶,只服卫龙页面!"

绝大多数混迹在互联网的人对卫龙的第一印象来自不按套路出牌的店铺页面。而作为第三方运营团队的我们,也终于被扣上了"电商圈最不务正业团队"的帽子。以下内容,是我们以一个服务团队的身份做的一次关于双12的页面营销分享。同时也感谢"做设计的面条"给这样一个机会进行交流。

我们将会从以下6个维度来给大家做分享。

52.1.1 我们谈谈页面营销这件事

从店铺自黑和苹果风页面开启的页面营销潮流,到现在的双12大碎花页面,让卫龙成为了线上独树一帜"贩卖创意"的另类店铺。而页面营销,也成了每次活动的招牌套餐。

我们对页面营销的定义就是"页面营销,它是一种减少从站外引流的预算打水漂行为"。

让页面成为传播主阵地,这个时候流量的路径不再是烦琐的站外炒作接着引导入店,而是以页面作为曝光起点和落地终端的一种真正意义上的闭环传播。

简单来说,"既减少了中间商赚差价,又让店铺名声大噪",这就是页面营销最核心的优势。它具备强大的动能,一旦引爆,能释放的威力将超越你的想象!

顺便提下,像这样"懂事"的轻资产营销方式,朋友们,甲方得多喜欢!

"当品牌被标榜上一个健康且有利可图的定位后,认准这条路就对了"。这是卫龙食品旗舰店近年来铁打不动的营销政策。

因为客户是非常健忘的,你永远无法预料何时会被他们遗忘。所以唯有在他们高度认可的口子上继续兴风作浪,持续给他们新鲜感,才能满足人们喜新厌旧的特性。

所以此次的双12的页面我们依然是把力气花在了页面营销上。并且,这一回我们让卖零食的

第52章 卫龙食品旗舰店

卫龙跨界演绎了一回时尚。下面我们一起来感受下卫龙双12的页面视觉吧！如下图所示。

2017年卫龙食品旗舰店双12活动首页——杭州昆汀科技有限公司出品

双12，复刻碎花新时尚，越品味，越有品味！

这次卫龙碎花新时尚的视觉，不仅是一次经典与时尚设计碰撞的差异化视觉，更是一次中国传统文化艺术的继承和发展。"所谓创意，说白了就是旧元素的打乱重组"，事实上，双12也只是在这样的基础上不断拧巴。

52.1.2 为什么选择大碎花？

中国传统文化博大精深、源远流长，是全人类最为珍贵的宝藏。随着时代变迁，人们生活方式和审美的改变，外来文化不断涌入，传统文化逐渐被遗忘。其中最具代表的传统大花布，是许多人小时候的记忆，有着悠久的历史沿革和独特的制作工艺，同时还以独具魅力造型和审美寓意深受民众喜爱，是中华传统宝贵的文化遗产。

而卫龙作为一个典型的国民品牌，自然而然萌生了想要重新检视这份传统美学的想法。同时我们也在深思在当今世界经济逐渐全球化的文化背景下，怎样才能把传统的大花布艺术更合理地运用到我们现在的设计当中，做既符合现代审美趣味又能使大花布这一宝贵的传统民族文化得以更好地继承和发展的设计。

52.1.3 关于大花袄页面的内容执行

1. 关于服装选择和配饰制作

我们在淘宝采购了部分服装和大量的花布匹，纯手工去设计和制作模特所需要的服饰和配饰，虽然这样一来耗费的人力精力会大大增加，但对我们来说这不仅仅意味着一次与传统文化的靠近，还有助于我们切身去体验传统文化的独特魅力。

第52章　卫龙食品旗舰店

2. 妆容与造型

大花布色彩艳丽,搭配同样艳丽的彩妆,让人物更加耀眼夺目。

❶ 首先,一起来看看脸部妆容。

国模的妆容特点:红唇、内勾外翘的丹凤眼,霸气十足。

外模的妆容特点:利用外模本身轮廓分明的特点化欧系妆容,眼妆主要采用大地色系画出神韵和深邃,嘴唇主要是自然和饱满。

❷ 其次,看看模特的造型。

国模造型特点:高马尾、双丸子头等传统的中国发饰造型,搭配艳丽的碎花耳坠、服饰,光彩照人,独具魅力,如下图所示。

第52章　卫龙食品旗舰店

外模造型特点：小麻花辫、碎花头巾，青春和可爱溢出画面，如下图所示。

❸ 最后，看看模特的整体造型搭配。

拍摄之前，我们做了一套完整的服饰造型搭配方案。连体碎花裤装配上黑西服、皮鞋，时尚帅气（左下图所示）。碎花马甲、蕾丝装，搭配不规则碎花裙，时尚性感（右下图所示）。

更多服饰搭配如下图所示。

这样别出心裁的搭配，简直就是一个庞大的视觉盛宴。

52.1.4　关于拍摄

拍摄之前，我们做了一套完整的拍摄方案，其中包括镜头的灯光布景，人物的动作姿态，以及后期需要的人物模特的各种角度，并充分跟摄影师与模特去沟通我们的意图和需求，尽可能让他们也能充分体会到我们要去表现和传达的意图，并且与外模沟通，还要用上专业的英语。

所以这个时候一个聪慧、敏锐的摄影师以及一个镜头表现感十足的专业模特是关键，从而去捕捉最好的镜头画面，呈现最佳的视觉观感，摄影师和模特两者之间的默契和配合至关重要。

到这时候，服装、道具、模特、摄影师、摄影指导人员等一切都准备就绪了，开机！

第52章 卫龙食品旗舰店

下面就一起来看看部分成片吧!

52.1.5 定制礼盒设计

基于碎花的设计元素和新时尚的设计理念,我们配套出了一款经典与时尚碰撞的礼盒,当天与页面同步上线出售。

这是一盒尽显碎花主义的东方美学,复古又时尚的辣条小花盒。

•线上售卖款

52.1.6 页面制作

1. 设计风格

最终我们决定采用精致、极简的画面,以呈现人物和产品为核心,干净清爽的画面与艳丽的碎花形成了鲜明对比,独有一番韵味,美得浑然天成,令人惊叹。

专题活动页面更以杂志的设计形式去呈现,画面时尚而富有设计感。

2. 确定页面色彩

前面我们提到设计风格这块主要是要既体现简洁时尚感,又要与大红碎花相结合,所以整体页面色彩上是不宜太过复杂的,最终还是以红白黑灰为基调色彩去落地执行,色彩选择如下图所示。

创意是工具,不是目的,准确清晰地具象化成视觉,再让观众深刻地把视觉停留在脑海里的才是好创意。

到了这里,相信很多人会蹦出一个想法:"嗨!这个想法,我们也能做!"

对!创意就是这么回事。

大家对于一个创意最好的肯定无非就是一句话:"天呀,这个点子我怎么没想到啊!"

项目需求客户:卫龙食品旗舰店

项目创意/执行团队:杭州昆汀科技股份有限公司

本文编辑:大卫(策划)&王雨栀(设计)

52.2　卫龙幕后操盘手团队采访

1. 要不先介绍一下自己吧

杭州昆汀科技股份有限公司是什么样的一家公司呢?服务过哪些客户呢?卫龙幕后操盘手团队成员是90后为主嘛?

简单来说,昆汀是一家披着电商公司外衣的广告公司。养了一群没什么规矩还没羞没臊的电商狗,打着"义"字为先的口号,在2017年正式招摇"上市"。

"义"文化一直是我司秉承的优良美德，主要蕴含仁义之师的意思，昆汀始终遵循信义、道义、情义、忠义的义文化对待每一位品牌合作伙伴，同样也以此对待每一位昆汀员工。

当然除了卫龙，我们还接手服务过霸王（Duang系洗护品牌）、片仔癀（护肤老字号）、亿滋（全球第二大食品机构）和双汇（前世界500强企业）以及等等。至于团队的年龄嘛，没错，您正在采访的就是一群90后准中年人。

2. 你们一般会提前多久策划一个活动？

比如周年庆，比如双11、618、年货节等等，像这次的2017年双12页面，从前期策划制作道具摄影设计页面等用了多久？

类似双11、618这类天猫的S级大型活动，所涉及的体量大，销售目标高，需要在最初的时候做一个明确的销售拆分，然后提出各个区块需要解决的问题，通过营销计划与产品规划配套来达成目标。

内容包括与去年同场次活动（或正常日）相比我们需要补充多少的流量？如何补充？在高流量引入后如何维持/提升转化率？通过什么样的方式去诱导用户进行更多的购买来维持/提升客单价等等，每一个问题的提出都需要有相应的策略去支撑。

另一方面，我们想要每次的活动都能做到有所突破。因此，大型活动的筹备周期会比较长，我们一般都会提前3个月开始立项。而常规性的活动，我们会尽量控制周期在1个月内。

我们把这次的双12活动也挂上S级活动的头衔，但因为前期都忙于筹备双11的缘故，从方案制订到最终的页面呈现，相对来说时间比较赶，差不多花了一个月的时间来实现它。从最初的确认方案，到联系模特、道具下单、制作道具和拍摄，零零散散下来花了十几二十来天。最后一个星期左右的时间，硬逼着设计赶出了页面。

3. 你们给自己的定位是什么？

作为第三代运营性质的公司，应该用什么样一种心态来对待与品牌方之间的关系和提出的各种要求呢？甘愿做幕后的心态是否有必要呢？

我们一直强调，品牌方和服务方不应该只是单纯意义上的给钱办事关系。如果甲方的要求不合理，会影响品牌，我们也会坚持驳回。因为在做服务的同时，我们更是在建立口碑。

对于"甘为幕后"的说法，我们的理解是：卫龙和昆汀之间，只不过是卫龙的名气更大些，所以我们姑且算作幕后。但幕后只是一种现状，绝不是常态，当我们足够耀眼的时候，就不存在"幕后"这一种说法了。

其实我们更愿意把题目中的这类心态称作"空杯"，时刻保持一种能够吸纳任何东西的心态，反复积蓄，充实自我，说不准哪天，昆汀就突然就火了呢。

4. 品牌自己运营vs第三方代运营，你们是怎么看待的？

很多品牌方会专门成立自己的电商运营团队，但也有很多像卫龙这样的品牌方选择把这一块交给第三方来运营管理，自己则专心做产品，这两种模式你们是如何看待其中利弊的呢？

我相信在很多TP公司里会上演这样一种虐心的剧情：当品牌走上正轨后，多数甲方会选择把品牌从代运营方收回。他们认为已经摸清了电商套路，觉得这事他们也能做了，所以就干脆自己搭建运营团队，肥水不流外人田的道理嘛。

对此我们非常理解，但并不太建议。

一方面甲方与乙方在工种上会有一个本质区别，甲方需要把控全渠道，考虑点在于"大而全"，乙方则需要考虑具体运作，故更注重"精而专"。如此分工才明确干脆。这叫专业的事，交给专业的人办。

另一方面出现这样的原因，是因为大多数的甲方不相信"天赋"这回事。他们认为乙方的工作只是接到命令的系统性执行，才会出现"我也能做"的想法。所以我们一直在做无法被轻易代替的事，让甲方们看到我们的天赋。

5. 卫龙的人群定位分析

卫龙拥有庞大的粉丝群体，这些群体的消费特征、习惯喜好、职业收入等你们了解吗？卫龙是如何看待自己与用户或粉丝之间的关系的呢？引导还是迎合还是各取所需？

和线上人群数据一样，卫龙消费者以学生和职场人群居多，但年龄层会相对低于整个大数据。因为毕竟是零食嘛。

这是一群爱玩，猎奇，追逐热点，活跃在互联网世界中的人，他们的传播价值远远大于其他。

所以我们的维护方式一定是迎合他们，换句话说，就是迎合互联网，然后用卫龙的方式，与用户发生关系。

6. 卫龙是什么样的一个甲方爸爸？

一个好的营销方案，从创意到落地执行，虽然肯定少不了整个团队的付出，但应该也少不了甲方爸爸们的默默支持，那么卫龙到底是什么样的一个甲方呢，才敢于放手让你们发挥各种天马的创意，哈哈。

这道题得坐正了回答，下面要好好夸夸我们的甲方了。

先澄清下，卖辣条的品牌方并不是你们想象中的穿着花衬衫，夹着公文包，露出半个肚脐的土老板。

是！他们兜里是揣着钱，但同样也揣着思想。

过去，我们的一些不着边际的想法，都因为他们的支持而成功落地。一来是因为甲方具备超强的自我迭代能力，能快速适应互联网，抓到关键点。二来是因为他们对我们的足够信任，赋予权利，让我们可劲造！在此谢过。

这让我们感到十分荣幸，幸运地找到一个合拍的甲方是多么重要。当然，他们私底下也是一群很可爱的人，时不时还会被我们黑那么几下……

7. 你们与卫龙之间有什么样的渊源？

卫龙两个字现在俨然已成为一个热点词了，并且定位也发生了翻天覆地的变化，现在能够做到买了包辣条还要发朋友圈秀一下的恐怕也只有卫龙了，这一系列的成果你们有预料过吗？你们最开始接受卫龙食品旗舰店的运营工作的时候是怎么设想的呢？

说卫龙的崛起完全在我们意料之中，那肯定是骗人的。我们也是摸爬滚打，走了很多弯路，才摸索出一条可行的路，接下来就是顺着这条路走下去。只是在接手这样一个具备网红属性的品牌时，我们的打法从来都是脱离正规路线，用非正常思维去运营它。

8. 卫龙走的这条路可复制吗？

除了卫龙以外，你们还服务过其他比较成功的品牌案例嘛？以卫龙为例，你们觉得卫龙走的这条路可复制吗？

除了卫龙之外，大家相对比较有熟悉度的应该就是国民护发品牌"霸王"了。去年双11前因为"育发液"这款奇迹产品大火了一把，让有一阵子一蹶不振的霸王又满血复活了。当然，我们不否认存在一定的投机（严格意义上卫龙也是），但也算是抓住机遇了。

关于第二个问题，其实很多甲方的思考方式会落入"为什么你的竞争对手能做，你不能做？"的胡同中。关于能否复制，我们的回答是：得看品牌。每个品牌有自己的基因，相同属性的品牌自然是可以复制的，但那也只限于操作方式，内容和主张还是得从自我品牌中挖掘，而非生搬硬套。

9. 店铺首页以及详情页设计的意义是什么？

店铺首页设计以及详情页设计对一个店铺来说是否重要？或者哪个更为重要？你觉得电铺首页及详情页设计的好坏对于店铺品牌及销售提升方面分别有什么重要意义吗？有可以分享的数据吗？

还是分品牌，对于一线大牌和刻板的品牌来说，页面永远是要端着的，大家看到的只能是页面与品牌调性极强的统一性，当所有人都这么做的时候，页面本身就不具备太强的销售属性了，只是作为一种产品和数字的呈现手段。

而卫龙算是另类的，因为我们从一开始就没什么架子，大家也乐于看到我们特立独行的一面。那就干脆搞点事呗，所以我们的页面花头一直层出不穷。基于这样的定位和消费者观念，店铺的视觉对销售（流量）才会有较大的帮助。

举一场2016年的618活动作为例子：也是我们最早尝试页面营销的时间段，因为上线了一版不按套路的"店铺被黑"的页面，然后，整个店就炸锅了！页面上线当天的访客数就超过了日常的20倍，冲到行业第一！浏览量达349.9万次！所谓的四两拨千斤也不过如此吧。

当然回到刚刚讲到的定位的事，因为品牌特性的存在，所以用户也不会轻易给自己冠上"被消费"的帽子。

10. 对店铺来说，PC端和M端谁更重要？

PC端的流量相较于移动端大不如前了，那么目前卫龙是否也是更偏重于移动端的设计和维护呢？PC端的设计是什么样一个角色存在呢？PC端和M端目前分别属于什么样一个比重呢？

我们一直很重视M端，但注重M端这件事说穿了就是优化交互体验，这一点常常会与营销创意相悖，我们的创意需要呈现的内容太多，通常情况下M端是没法做到二者兼得，因此最终会依照此次的活动目的来做一个取舍权衡。一旦偏向创意内容的呈现，那M端其实就成为了PC页面的缩减版。这种情况下，我们的首要任务还是回到PC。

所以，对我们而言，无法直接否定PC端的重要性，但这中间的转化，就需要单次活动进行评估的。

当然，上面讲到的只是活动部分。在日常售卖中，其实PC端的作用微乎其微，我们甚至想过放弃日常的PC首页，比如将首页打造成一个类似微博一样的平台，主要做创意的产出，想到什么好玩的点，都可以做成页面的形式，在PC端上展现。每周一更或者每两周一更。喜欢的用户可以一直不定期地关注，把闲置的PC充分利用起来，好像也不错。

11. 如何看待电商设计在整个商业环节中的角色定位呢？

他们是创意的实现者，在内容制作的同时也是二次创意者。

为什么是二次创意者呢？一个合格的电商设计并非只是单纯地把文案框架呈现出来就好了，在呈现的时候，也考验设计的逻辑能力和创造力。比如，如何去加强消费者的阅读体验，如何去避轻就重地展现产品卖点，如何勾起消费者的阅读喜好……这些都需要设计师进行最终加工。

所以我们的设计一定是具备极强的创造能力的。

12. 你们是如何看待运营和设计师之间的关系的？

业内流传着很多关于运营和设计师之间的调侃段子，但调侃归调侃，你们是如何看待运营和设计师之间的关系的，遇到矛盾了是如何化解的呢？从运营的角度来说，设计师该如何避免反复改稿？

同事之间，相处都很和谐。运营和设计，彼此暂时还没烙下什么血海深仇（值得欣慰）。

关于改稿，其实大家的立场和目标永远是一致的，那就是为了品牌和业绩，所以该怎么改还是要怎么改。只是在我司，改稿的时候，好在设计不闹事，好在运营不要脸。

运营要求改稿，说明前期的对接不够。设计，应以大局为重。

第53章 初语旗舰店

53.1 初语2017年双11项目分享及团队专访

1. 品牌介绍

可以简单介绍一下初语这个品牌以及它的发展历程嘛?

广州初语服装设计有限公司的潮牌女装品牌由设计师沈忆于2006年在厦门创立,经过几年的沉淀和发展,已成为网络女装品牌中知名的互联网女装品牌。

初语,以艺术文化作为关注的核心,坚持"艺术潮"作为品牌传播理念,定位面向现代都市女性的艺术潮牌,风格简约、中性、舒适、生动多彩。以独特的活力与热情,走在潮流的前端。

2. 关于设计团队的工作模式

可以分享一下初语设计团队的工作模式吗?比如拿到一个项目是怎么分工合作的呢?PC端和M端会区分设计吗?

初语的设计团队分为设计助理、普通平面设计、高级平面设计等,每次的重点项目都是由设计主管分派,高平搭配普平、助理完成视觉输出。

PC端和移动端是由两组设计师来完成的，但是设计中两组人员会不断沟通，确保移动端和PC端的统一。

3. 你们一般会提前多久策划双十一活动呢？

一般在8月份就会开始着手准备。

4. 初语的人群定位分析

初语拥有庞大的粉丝群体，这些群体的消费特征、习惯喜好、职业收入等你们了解吗？初语是属于迎合用户喜好还是引导喜好的品牌呢？

必须得了解。初语的粉丝，我们的定义是文青，生活在广州、杭州、上海等一二线城市。

我们做的，或者说开创的是艺术潮这个全新的定位，以人文艺术为品牌的载体，注重款式文化内涵的挖掘，让语丝穿着我们衣服的时候，有属于自己的精神世界，有更多的认同和归属感。迎合或者引导这两个说法，我觉得都不是很准确，其实粉丝喜好的，或者认同的，其实都是他自己，我们只是在做一个很有趣的品牌，如果他们喜欢我们，能在我们这里找到认同的，就集聚过来。

5. 初语2017年的双11项目思路分享

初语今年双11为什么会选择这样一个漫画主题的策划方向呢？可以分享一下你们的流程和设计思路吗？

（1）策划主题方向

因为初语和漫威签订年度合作，所以2017年双十一要利用好这个大IP。

经过前期讨论，确定用漫威中几个耳熟能详的英雄（重点做雷神这一角色，因为11月份有雷神3上映），结合初语模特，以拍摄+后期插画的形式呈现。

（2）设计流程分享

不管是PC端还是M端，一般还是先从首焦开始入手，同时根据不同场景和尺寸的浏览习惯，PC端和M端的设计形式并不完全一样，风格一致但是布局和形式均并不相同。

确定风格方向：因为初语与漫威签订年度合作，同时双11是一年一度的大型狂欢活动，并延续初语一贯的霸气风格，所以自然而然会联想到漫威相关的漫画风格。

拍摄素材：

根据策划主题方向出PC端和无线端线稿，同时结合漫威里的英雄形象来确定模特的姿态，然后拍摄挑选最优模特片。

优化调整线稿:根据最终模特调整线稿,确认后开始绘画。
PC端线稿,如下图所示。

M端线稿,如下图所示。

色彩选择：狂欢＋促销类型的页面最终还是以红、黄暖色系为主，而漫画风格也少不了黑色的搭配，再适量点缀少许蓝色，冷暖搭配画面不会太腻。

最后调整细节，确认终稿，如下图所示。

◆ PC端首焦：

◆ M端首焦：

字体设计：字体主要包含描述性文案信息和利益点信息，这里干脆将利益点文字放大做主标题展示，一目了然。

页面布局：活动前期经过设计、策划、运营三方沟通后，确定页面的布局。至于每一块内容放在哪个位置主要是根据流量的分布来确定每个二级页的入口位置的。例如当季最热销的款、参加活动的报名款等，这些相应入口每次活动都是放在流量最集中的位置。

最终页面效果如下图所示。

◆ PC端首页： ◆ M端首页：

6. 在设计过程中遇到棘手的问题怎么办？

初语在这次设计当中有遇到过比较棘手的环节吗？是怎么解决的呢？

很少，大部分设计都能顺畅地进行下去。遇到个别棘手的环节，项目小组的成员（包括设计、策划、文案等）会开个小会，集思广益。

7. 你们认为电铺首页设计的好坏对于店铺品牌及销售提升方面有什么重要意义吗？有可以分享的数据吗，比如这几年初语的排名和销售情况。

一个品牌的形象风格是消费者购买产品前最先能够感知的部分，可以说是实现消费者对品牌情感认同的关键因素，所以平面设计对于品牌的认知和推广是非常重要的。

8. 初语一直以来的设计调性好像都是气势磅礴的，以模特结合手绘的形式，这个是跟产品本身的特性有关吗，还有其他思考的原因呢？有做过其他风格尝试嘛？数据效果怎么样？

手绘、模特相结合和产品本身关系不大，只是为了店铺整体的视觉形象做的一些创意。也有尝试其他的风格，例如街拍、纸艺、纯手绘等。每次活动的效果，受到非常多因素的影响，所以无法从数据上直观反映页面设计对销售的帮助有多大，不过单从视觉上看，手绘和模特相结合，既满足运营的展款需求，也让设计师有充分的发挥空间，且更易于营造整体的活动氛围。

9. 初语的模特妆容非常具有辨识性，并且早期和现在的妆容又有了一些变化，这个是出于什么考虑呢？

早期的妆容是浓重的白眼影，初建品牌时，白眼影是一个非常强的记忆符号，随着品牌的发展，虽然现在还保留白眼影，但是已经做了相当大的弱化。主要原因是服装风格的改变和客群的变化。

10. 你觉得初语区别于其他服装品牌或者是其他电商品牌的地方是什么呢？

我们更注重款式里文化内涵的挖掘，让消费者穿我们的衣服的时候，有属于自己的精神设计，有更多的认同感和归属感。

11. 你觉得女装与其他品类在设计思考或策划思路方面有区别吗？如果没有区别，那是怎么思考的呢？如果有区别，那么最主要的区别是什么呢？

初语会提前一年做好来年的产品企划，比如2018年一季度，我们玩的是一些经典的电影，甜蜜蜜、begin again、朗读者、霸王别姬等，策划和设计会提炼一些经典的元素来完成这些项目。

12. 你们是如何看待电商设计在整个商业环节里的角色定位的呢？

　　电商设计是最后输出的一环，前期经过服装设计、打样、大货、产品上架、活动报名等等各个环节，最终如何展现在消费者眼前，就靠设计师来完成。我认为他更像是一个厨师，所有的材料都已经准备好，服装、文案、策划等，如何能做出一道美味，就看厨师的手艺如何。

13. PC端的流量相较于移动端大不如前了，那么目前初语是否也是更偏重于移动端的设计和维护呢？PC端的设计是什么样一个角色存在呢？

　　是的，电商设计本质还是要为销售服务，90%以上的流量已经转移到移动端，战场发生了变化，相应的设计师也会把主要的精力放到移动端的设计和维护上。之后PC端的设计也会以品宣为主。

创意出品：初语品牌部、白川摄影
项目总监：叶晖
项目营销策略沟通：初语品牌部、运营部
设计指导：苏康文
页面设计：赖茵、郑秀霞

53.2　初语VI（PPT截图）

B-002 基础系统 品牌标志及创意说明
BRAND LOGOS AND CREATIVE INSTRUCTIONS

B-002 基础系统 组合标准化及方格坐标制图
COMBINE STANDARDIZATION AND GRIDTERMINING

第53章　初语旗舰店

初語 TOYOUTH

初語 TOYOUTH　初語 TOYOUTH

B-002 | 品牌字体中文
基础系统 | Brand Chinese
BASED SYSTEM

标志图形基本形态
SYMBOL GRAPHIC BASIC FORM

标志图形黑白
MARK BLACK AND WHITE

TOYOUTH

| B-002 基础系统 BASED SYSTEM | 品牌标准字体 BRAND STANDARD FONT | B-002 基础系统 BASED SYSTEM | 英文文字黑白 BLACK AND WHITE |

| B-002 基础系统 BASED SYSTEM | 标志预留空间与最小比例限定 FLAG RESERVED SPACE IS LIMITED TO THE MINIMUM |

第53章 初语旗舰店

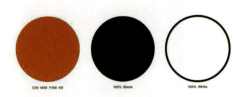

B-002 基础系统	标准色
BASED SYSTEM	STANDARD COLOR

B-002 基础系统	品牌辅助色
BASED SYSTEM	BRAND AUXILIARY COLOR

这么设计能热卖
融入运营思维的电商设计进阶宝典

B-002 基础系统 | BASED SYSTEM
背景色使用规范
BACKGROUND COLOR USAGE SPECIFICATION

B-002 基础系统 | BASED SYSTEM
色彩搭配组合专用表
COLOR COMBINATION SPECIAL WATCH

第53章　初语旗舰店

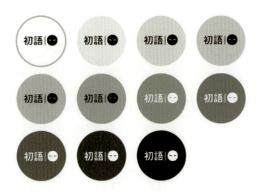

B-002 基础系统 BASED SYSTEM | 背景色色度表、色相 BACKGROUND COLOR TABLE, THE COLOR PHASE

B-002 基础系统 BASED SYSTEM | 背景色色度表、色相 BACKGROUND COLOR TABLE, THE COLOR PHASE

B-002 基础系统 BASED SYSTEM | 标志多种组合 MULTIPLE COMBINATION

B-002 基础系统 BASED SYSTEM | 包装纸 WRAPPING PAPER

第53章　初语旗舰店

A-OTF 見出ゴ PR5 MB31
簡約 中性 舒適 生動
承接東方的精緻和西方的熱烈
結合藝術美學和都市潮流文化

方正兰亭中黑
简约 中性 舒适 生动
承接东方的精致和西方的热烈
结合艺术美学和都市潮流文化

方正兰亭粗黑简体
简约 中性 舒适 生动
承接东方的精致和西方的热烈
结合艺术美学和都市潮流文化

方正兰亭黑简体
简约 中性 舒适 生动
承接东方的精致和西方的热烈
结合艺术美学和都市潮流文化

B-002　| BASED
基础系统 | SYSTEM

品牌专用中文印刷字体
BRAND SPECIAL CHINESE PRINTING FONTS

Gotham Black
ABCDEFGHIJKLMNOPQRSTUVWXYZ
abcdefghijklmnopqrstuvwxyz
[(1234567890)];:'*'-

Gotham Medium
ABCDEFGHIJKLMNOPQRSTUVWXYZ
abcdefghijklmnopqrstuvwxyz
[(1234567890)];:'*'-

Gotham Light
ABCDEFGHIJKLMNOPQRSTUVWXYZ
abcdefghijklmnopqrstuvwxyz
[(1234567890)];:'*'-

B-002　| BASED
基础系统 | SYSTEM

品牌专用英文印刷字体
BRAND SPECIAL ENGLISH PRINTING FONTS

B 应用部分
LICATION PART

B-01. 平台搜索栏

第53章 初语旗舰店

B-02. 旗舰店首页（PC）

B-03. 旗舰店首页（无线）

B-04. 户外广告牌

B-05. 吊牌

第53章 初语旗舰店

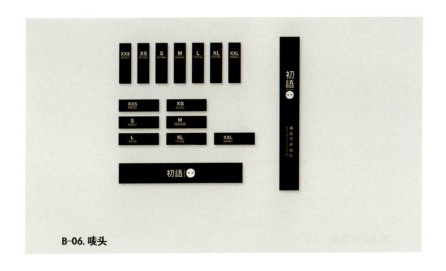

B-06. 唛头

B-07. 防尘袋

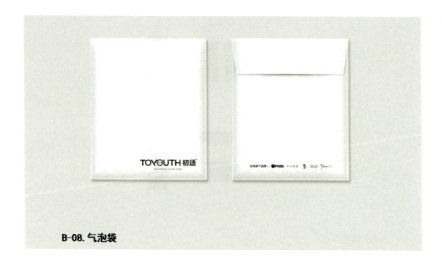

B-08. 气泡袋

B-09. 手挽袋

第53章　初语旗舰店

B-10. 名片

B-11. 工牌

B-12. 日历笔记本

B-13. 折页

第53章 初语旗舰店

B-14. 纸杯

B-15. 信纸、便签、信封、文具、笔记本

B-16. 包装集合

第 54 章　阿芙官方旗舰店

54.1　阿芙11周年庆项目分享

1. 阿芙的诞生

"AFU阿芙"品牌，源自古希腊神话中"爱与美的女神——APHRODITE"之名（到罗马神话时期，即"维纳斯VENUS"），现在化身为中国精油界的领导品牌，亦是护肤品全球合作之典范。

其品牌核心价值，是捍卫精油行业的秘密——得花材者得天下——只和全球著名产地的庄园合作，目前已拥有海外14座契约种植的阿芙专属庄园。阿芙率先将色谱图呈现给顾客，即植物的唯一DNA图谱，以证明阿芙精油从田间种植到入瓶灌装，皆血统清晰，品质纯正。

"AFU阿芙"在中国的推广，以一二线城市高端商场形象专柜为主，到目前已覆盖近百余座城市，全国有超过300家高端商场专柜提供完善的体验及服务。作为领导品牌，阿芙无论专柜拓展速度还是用户口碑，都遥遥领先。

《波提切利》，1485年，意大利，佛罗伦萨，乌菲兹美术馆

2. 阿芙11周年庆项目需求分析

《小王子》里说：仪式感就是使某一天与其他日子不同，使某一个时刻与其他时刻不同。我也一直相信，仪式感对我们而言：

庄重而有意义，它足以让平凡的日子也可以散发出光芒。

美剧《绝望的主妇》里有这样一段话：无论身心多么疲惫，我们都必须保持浪漫的感觉，形式主义虽然不怎么样，但总比懒得走过场要好得多。

好了，过场已走完，现在开始进入正题……

- ◆ 需求描述：品牌视觉传递，促销氛围。
- ◆ 品牌精神：给1亿人传递惊喜与感动。
- ◆ 关键词：周年庆、有情怀、蛋糕、童真的浪漫。
- ◆ 表达方式：手绘、合成。

以手绘为主要表现方式，设计出几版风格侧重点不同的思路，表达促销、庆典、周年庆、柔美、少女、梦幻等来传递品牌精神。

比如这次其实我们出了好几版方案，如下图所示。

方案1

方案2　　　　　　　　　　　　　　　　方案3

最终我们综合考虑选择了方案3。

3. 思路描述

　　视觉的重要核心是传播品牌价值，叠加视觉锤的穿透力。电商设计要在此基础上引起用户关注，提高点击率，延长停留时常，提高转化率。抢占用户心智对品牌来讲尤为重要。

　　本次活动创意点核心是欢乐、庆典、周年感，画面元素表现为童真的浪漫，少女的梦境。多彩的生日蛋糕犹如少女多彩的内心世界，绚丽、充满多种可能、纯粹美好，绽放出精彩的人生。

　　基于以上分析，大家可以看下我们从出线稿demo到网熬的一系列过程和步骤：

❶ 线稿demo

基础线稿对页面结构搭建：

❷ 初步基调配色

按照脑暴思路确定初步色调：

❸ 主体视觉上色

以主元素为核心推进：

❹ 丰富主元素

优化并丰富视觉层次感：

第54章 阿芙官方旗舰店

❺ 丰富视觉层次

把握元素之间的层次关系：

❻ 完稿

细节优化微调完成项目设计：

版本确认后，视觉优化，并且细化出页面要用到的元素，例如标题条、商品爆炸贴、购买按钮等等。

细致一点来说，比如营销元素：

比如视觉元素：

视觉方案定稿后，我们开始进入后期执行阶段。这个阶段表面看似没有太大技术含量，但其实是最考验设计师综合能力的地方。

视觉整体的连贯性,包括重点板块或产品的突出性,产品展示逻辑性清晰,页面的商品板块之间的衔接,购买按钮、爆炸贴标签、辅助元素等等,最终视觉效果如下图所示。

阿芙官方旗舰店11周年庆活动专题页

第54章 阿芙官方旗舰店

还有个问题是资深级别要求：对每件单品的表现力。例如：商品怎么样展示会更有质感，怎么样展示让用户看起来更划算更有加购的欲望，怎么样展示会让产品更有卖点等等。

再上升一层的话，就是你所设计的风格或版式会成为你所在行业的风向标准，就好比我们买车一样，拿一些ABB品牌标杆的车型作为衡量标准，比较出相对的差异化，由此来辅助我们下定决心到底买哪辆车。

所以在设计界流行这样一句话：能制定标准的才是一流的。

最后，展示一下我们设计师的工作台，看着是不是有点乱？这可能就是传说中的乱中有序吧……

本次分享只选出了近期的一个案例和大家分享，希望能给在电商设计这条道路上迷茫的设计师们带来一些灵感和帮助。

备注：Q&A问答环节属个人见解，仅作为设计师交流使用（最终解释权归阿芙所有）。

最后特别鸣谢@做设计的面条，给予阿芙本次分享机会！祝新书大卖！共勉，加油！

项目总监：老杨

品牌定位：老杨

设计指导：@随风

手绘插画：@阿娇

项目营销策略沟通：@豆丁　　　　　页面设计：@阿娇
　　　　　　　　　@大芳　　　　　　　　　　@亚鑫
　　　　　　　　　@极光　　　　　　　　　　@有肉
　　　　　　　　　@一一　　　　　　　　　　@叮当
　　　　　　　　　　　　　　　　　　　　　　@南方

54.2 阿芙设计团队专访

1. 设计团队工作模式

可以分享一下阿芙设计团队的工作模式和人员分配情况吗？比如拿到一个项目是怎么分工合作的呢？PC端和M端会区分设计吗？

设计团队目前人员一共有50+，由电商设计、插画设计、包装设计、产品设计、修片、摄影组成。

拿普通项目举例：项目发起人对接组长进行需求提报，组长进行初步分析判断拆解，分配任务给对应能力的设计师，设计师脑暴出创意后反馈给组长，讨论沟通后执行，组长验收合格后提交给设计经理，通过后提交给需求发起人，需求发起人无问题上线，设计师将源文件归档整理到公司内部服务器存档。

PC端和M端视觉风格统一，用户体验的重点则放在M端，原因大家都懂的，就不多说了。

2. 活动策划时间安排

你们一般会提前多久策划一个活动呢？比如周年庆、双11、618、年货节等等。

重要大型活动一般会提前一个月进行策划，也就是说，设计师从活动开始前一个月就要进行Demo的设计了。

3. 阿芙的人群定位分析

阿芙拥有庞大的粉丝群体，这些群体的消费特征、习惯喜好、职业收入等你们了解吗？阿芙是属于迎合用户喜好还是引导用户喜好的品牌呢？

这个问题问得好，其实不能单一地说阿芙是迎合用户还是引导用户，做电商营销方面的根本是用户导向为中心，做品牌是产品理念为核心，引导用户的消费价值观念，两者相互融合，缺一不可。

人群定位从数据上看是女性81.2%，男性18.8%，最大的年龄段为25~29岁，其次是18~24岁，职业为公司白领，其次为自由职业者和学生。有了目标人群画像，更加便于我们对视觉设计传递品牌精神的把握。

4. 如何避免在项目执行过程中遇到棘手的事情？

在11周年这次项目设计当中有遇到过比较棘手的环节吗？是怎么解决的呢？

周年庆对项目早在活动上线两个月前就开始做规划了，资料的梳理、页面视觉的表现方式、品牌要传达的精神，营销的切入点等。前面做了大量的脑暴碰撞，过程中确实比较辛苦，大的问题几乎没有，小的问题出现也都是在预判范围内的，提前做好备案一直是我对设计师们的要求。尤其是在电商行业这样的快节奏中，很难达到万无一失，那么提前做好备案和判断显得尤为重要。

5. 店铺首页vs详情页设计

你觉得电铺首页及详情页设计的好坏对于店铺品牌及销售提升方面分别有什么重要意义吗？

设计的初衷是提高人类生活质量，例如说设计一把椅子，使用更加舒适，外观上更加美观，这里有个前提是让大部分人所认可的。那么回到电商来讲，我认为店铺首页承担更多的是外观上更有美感，传递品牌的精神，叠加起来的是用户对品牌的认知。详情页则承担更多对产品的介绍和售卖，一张好的单品详情页耗费的精力其实是很大的，从用户点击付费广告或从首页跳转过来后，用户从兴趣点到加入购物车付款这个过程，依靠的是详情页的用户体验是否良好，解析产品自身优势和用户的刚需，建立品牌信任度。

6. 到底该如何定义阿芙的设计呢？

看过很多阿芙的设计，发现风格其实是很多变的，时而前卫时而梦幻时而可爱，手绘或合成样样都行，这个是因为阿芙的定位形象就是百变的吗？不知道我的理解是不是对的呢？

希望可以解说一下。

这个问题以前也有面试者问过我，其实从页面风格来看是存在百变性的，不断的尝试不断的进取一直是阿芙人的共同特质，固守好比是盾，创新好比是矛，没有绝对的正确。要在品牌恰当的时机做合适的事，这是品牌的进化蜕变过程。就好比C4D近期比较流行，但并不一定适合阿芙，这个时候就要做相应的品牌视觉路线判断。改变不一定是对的，但不去尝试，我们将永远无法接近完美。

这里可以引用《爱丽丝漫游奇境》里红桃皇后说过一句让人很费解的话："在我们这个地方，你必须不停地奔跑，才能留在原地。"

7. 如何看待品牌找代言人代言这个决策？

发现阿芙其实极少在设计里面使用模特形象，而是以手绘产品为主，跟其他热衷于找代言注重产品修图的护肤品牌的路线不太一样，这是出于什么考虑呢？

这个问题首先我想说各有利弊，目前行业中很多Banner入口的转化一部分的功劳来自于明星代言，看脸的时代嘛，哈哈。但是手绘少女和手绘产品的形式可以很好地表现出品牌风格的，文艺、童真、有情怀，不受素材的限制，自由切换元素搭配。

我个人认为理想的品牌输出并不应该过多依赖明星效应，当然我承认明星会自带光环、粉丝、话题等等，但这些对品牌来讲只是短期收益。明星热点骤降或飙升很多外界因素会干扰该代言明星对品牌的影响力。任何一个明星都很难让用户在认知中识别出品牌视觉锤，况且目前市场中几乎很少有明星千年不变地只为一个品牌做代言，同时品牌方也很少只签过一个明星。

用户通常看到明星代言的反应：

（1）哇！请这个明星做代言，看来这个品牌有实力，估计代言费没少砸啊。

（2）看到明星后结果导向：喜欢／不喜欢。

然后可能会出现的情况就是喜欢＝买单，不喜欢＝拉黑。

另外还有一种情况，近几年在强大的微博和娱乐圈记者还有北京的朝阳群众们不断的努力下，越来越多的明星不断被各种爆料，导致明星效应的输出越来越不稳定，更像是品牌方选了明星代言后好比赌博一样，担惊受怕。对于被黑过明星代言的品牌方，心疼他们3秒……

品牌视觉的核心应该是视觉锤，明星要选用符合品牌调性的，明星代言人是加分项，但并不是万能的。

8. 阿芙区别于其他护肤品牌或者是其他电商品牌的地方是什么呢？

从设计来讲，原创手绘风格更多些，注重与用户的内心沟通，传递情感，传递温度。坚持做自己，不随波逐流。

9. 护肤品类目与其他类目在设计上最大的区别是什么？

你觉得护肤产品与其他品类在设计思考或策划思路方面有区别吗？如果没有区别，那是怎么思考的呢？如果有区别，那么最主要的区别是什么呢？

美妆类目作为以女性为主导的类目，与其他类目相比共通之处是都具备较高的复购率特性。例如奶粉、零食、服饰、汽车配件、办公用品等。随着产品的使用周期不断地复购，这一点体现出用户对品牌的黏性和忠诚度足够高，要求品牌对目标人群长期持续的用户体验的输出和视觉引导。

不同之处是美妆类目需要非常高的教育成本，从产品成分、使用步骤到肌肤问题、使用环境等一系列的问题需要帮助用户去解决去答疑，让用户真正学会怎样来使用。

10. 如何看待电商设计在整个商业环节中的角色定位呢？

我们国家有着不可复制性，超级大的规模，超级复杂的结构，超级旺盛的生长，这些都是所赋予电商环境的竞争优势。电商作为颠覆用户消费习惯的领航者，可以说是这个时代的一个标志。电商设计在整个商业环节中扮演着非常重要的角色，"心灵捕手"我更喜欢这个名字。

理论上讲最早一批做电商设计比较厉害的设计师几乎都是从广告公司或者网建公司出来的，平面设计和网页设计的共同点都是画面构图、色彩、视觉创意。基于对目标人群的画像，不断地吸引用户浏览和点击转化，帮助品牌完成目标销售额。对品牌的调性传递，用户体验的不断优化迭代，建立了用户与平台之间沟通的桥梁。

我们大胆假设假如没有电商设计这个行业，平台也好品牌店铺也好会是个什么样子？你早上起来，拿出手机或打开电脑，点击某宝某东后，看到满屏都是产品经理画的框架，黑白灰的方块里写着各种文字，商品图的地方画着小叉。

另外补充一点，像双十一这种重大电商活动的节日，当天有几亿人同时在线浏览使用，人们所看到的是一场视觉盛宴，夸张点说，这是人类文明的一个新阶梯。

11. 阿芙是如何看待PC端和M端的呢？

PC端的流量相较于移动端大不如前了，那么目前阿芙是否也是更偏重于移动端的设计和维护呢？PC端的设计是什么样的一个角色存在呢？

目前是这样的，的确PC端的流量远远低于移动端，移动端的流量高达95%以上。偏重于移动端的设计和维护是必然的，在很早之前我们的CEO就明确了这个方向目标。PC端目前的存在角色是配套辅助作用，以展示为主。

第 55 章　歪瓜出品淘宝店

歪瓜出品首页设计思路分享——做最不符合理论的设计。

1. 关于歪瓜出品

歪瓜出品隶属于福州漫猫生活文化传播有限公司，是其旗下自有品牌，曾入选淘宝2016造物节，并获得过淘宝网社群运营创新奖等奖项，成立于2014年，总部位于福建福州，目前拥有自媒体、微淘、微信等累计粉丝150W+。

作为一家专注于为年轻人服务的二次元文化与创意商品的生产开发和运营销售的综合型公司，我们的主要特色就是商品创意设计和营销套路玩法。涉猎范围包括电商代运营／线下动漫展会执行营销／新媒体营销／分销渠道营销／代加工动漫衍生品和初创公司投资孵化布局。

接下来我们将拿出一份歪瓜出品的首页设计思路给大家做分享，感受一下歪瓜出品特有的灵魂画风，哈哈哈！

2. 歪瓜出品店铺设计思路和灵感来源

德国工业设计之父Dieter Rams说过："优秀的设计是简洁的"，伟大的乔布斯也是一个极简主义者。

基于同样的理念，我们认为歪瓜的设计也应该是简约而不简单的。

第55章　歪瓜出品淘宝店

因为生活在这个快节奏的信息时代，人们在获取信息方面也养成了'快狠准'的习惯，所以在设计的时候我们会尽量丢弃一些过分修饰的东西，而是把最重要的内容用简单明了的方式呈现给买家。

但有时候这样做又会显得略粗暴，毕竟我们是有脑洞的歪瓜啊，这时候，生活中随处可见的东西就成了我们重要的灵感来源，比如生活细节，网络热门，卡通漫画等。

我们会把很多生活元素融入到店铺装修设计当中，比如人们看到报纸就会无意识地阅读里面的内容，看到鼠标箭头就会想要去点击，看到盒子就会好奇想知道里面有什么东西，我们通过合理地利用人类的这些思维习惯就能为自己带来不少点击率。

比如我们的歪瓜日报首页轮播图就是从报纸上获取的灵感，其目的就是为了培养买家的阅读习惯，日常定期更新轮播，直接给买家推送有趣的产品，促进老顾客养成定期进店逛逛的习惯。

另一方面，用报纸的图文结合形式来表达可以帮助买家更好地理解产品，利用标题吸引目光，用插图直观地表达产品，用正文体现卖点，所以买家进入我们店铺逛的时候就感觉像是在翻阅一篇篇报道一样，生动又有趣。

3. 店铺形象角色选定以及思考来源

为了拉近与卖家之间的距离,歪瓜出品为自己设定了一个非常独特的形象,它的形象气质可以说是集贱、萌、呆于一身了,非常讨年轻人的喜欢,跟前面的首页设计灵感来源于生活细节一样,这个形象灵感来源主要有两个方面:QQ表情包以及生活中随处可见的一些东西。

来源一:QQ表情包。

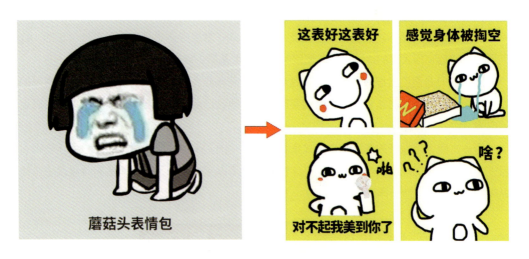

来源二:用生活中随处可见的东西当载体,来呈现产品,这样更能引起买家的共鸣。

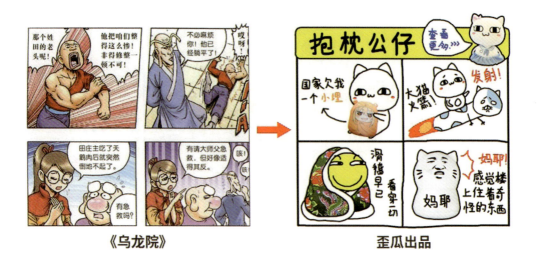

4. 色彩选择

歪瓜一直以来用的都是饱和度最高最鲜艳的颜色,以达到刺激买家视觉的效果。

5. 确认表现形式

我们最终决定以鼠绘+有趣的文案相结合的形式来设计页面,以塑造歪瓜惯有的灵魂画风,我们的原则是:画得丑没关系,但得能简单直白得让买家一眼看得懂看得到。

搭配幽默的文案增加买家的阅读兴趣,结合品牌IP和人设,用简单可爱的动物形象作为歪瓜的IP,符合简单粗暴的设定,做成贱萌的表情,利于形象传播。

6. 页面结构及绘制

（1）关于首页轮播

模仿报纸结构，将产品作为报道形式呈现，每一个轮播就是一篇报道，如左下图所示，配图采用实景搭配歪瓜特有的卡通形象，形式上新颖又有趣，更具有表现力，最终确定歪瓜出品的首页轮播图如右下图所示：

（2）关于福袋设计

灵感来自愚人节礼物——整蛊玩具的盒子，利用福袋和愚人节礼物一样的未知和惊喜，摒弃传统的福袋图案用了礼物盒子的样式来表达，再结合歪瓜的一贯形象气质，最终确定福袋的表现形式，如左下图所示。

（3）关于冬季产品楼层

冬季需要温度，所以利用温度计的图案进行构思，寓意歪瓜的冬季产品既能给人风度，也能给人温度，所以楼层最终设计形象呈现如右下图所示。

（4）关于服饰楼层

我们会同时结合实体店铺以及四格漫画的样式来展示我们的产品，这样多元素的结合会让画面更丰富有趣，四格漫画就可以理解为产品橱窗，所以楼层最终设计形象呈现如下。

最终整体页面效果就出来了，如下图所示。

第55章 歪瓜出品淘宝店

项目名称：歪瓜出品首页设计

创意出品：L君

项目总监：L君

项目营销策略沟通：花菜、王小2

页面设计：L君

看到这里，估计很多人对歪瓜出品的这种风格形成感到好奇，我也感到非常好奇，所以我又补充采访了歪瓜出品几个问题，我们一起来看下吧。

7. 歪瓜出品这种独特的画风是怎样形成的吗？

可以阐述一下为什么会想到做这种风格的页面设计然后一直延续至今吗？
在这个过程中有遇到过什么特别不如意或出乎意料的情况吗？是什么？

一开始是因为不会PS，也不想做随大流的店铺，想做点不一样的东西，就开始用鼠标画东西。后来店铺刚上线就引来了很多小伙伴的围观，发现大家对这种"灵魂画风"还挺喜欢的，就作为一种店铺特色保留至今。

但是在歪瓜渐渐被大众所熟知之后，独特的鼠绘风也开始被越来越多的店铺所模仿，其中不乏各种大店，而我们的老顾客也对歪瓜的鼠绘风格产生视觉疲劳了，后来我们又试着在鼠绘里加入更多有趣的文案，让买家浏览起来更有兴趣，而这种新的运营思维和设计风格的转变也为店铺带来了不少流量，整体店铺的浏览时长等数据都增长了不少。

其实我们也试过其他一些风格的装修，比如下面这种用萝莉大叔做模特（其实是我们的设计师）的女装大佬装修风格：

以及将手机端页面做成手机系统的样子（图片切开展示）等等：

8. 这种独特的画风为歪瓜带来了哪些好处呢？

可以顺便提及一下这种风格类型的设计为店铺整体数据转化带来了什么效果吗？另外可不可以分享一下某一块经过优化或调整处理后带来的转化数据情况？

我们这种独特鼠绘风格除了创意新颖之外，在促进销售上的意义也是重大的，歪瓜的店铺流量在同行中一直是排名较前的，这跟我们的产品气质和所面向的客户群体气质相符合：年轻、搞怪、二次元。

大部分新顾客进入店铺后也会被我们的画风所吸引，从而收藏关注店铺，这样新顾客就很容易发展成老顾客了。

我们鼠绘的详情也引来了很多人的围观，极大地增加了人们的阅读兴趣，大家看详情页的时候更认真了，因为觉得有趣有看下去的欲望，这也大大提升了我们的转化率。

再比如冬季上线的冬季产品楼层，每个热点区域点击率都非常高，这四个冬季产品的销量也随着模块的上线增长到了店铺前几名。

第56章　天之眼旗舰店

下面为天之眼2017年双11项目分享及团队专访。

1. 要不先简单介绍一下天之眼吧?

Teyes天之眼品牌创立于2008年,是一家集智能车载硬件研发、生产和销售的高新技术民营企业,也是智能车机电商领域的领军品牌。据阿里巴巴官方数据魔方统计:2012—2017年12月连续多年蝉联智能车机类目店铺销量第一,成为线上导航第一品牌。我于2014年8月很荣幸加入了天之眼,主要负责品牌形象线上线下设计以及产品开发UI设计。设计团队主要由两人共同负责。

2. 你们一般会提前多久策划双十一活动呢?

双十一活动我们一般会提前一个月左右开始收集素材和商量页面主题。

3. 可以给我们介绍一下天之眼的项目流程和思路吗?

可以啊,要不我就以天之眼2017年的双11项目做一个思路分享吧,然后我会从人群定位、策划主题方向、设计流程等多个方面来给大家做这次分享,希望大家能有所收获。

(1) 天之眼的人群定位

天之眼的人群定位主要在25岁以上50岁以下。主要针对10W元起步~30W元以下车系热卖车系车机导航主要根据每年热销车型开发生产销售。例如大众车系以及丰田、本田、日产、现代等都是我们的主要热卖车系。

（2）策划主题方向

主题方向根据公司领导提供的主题文案而定，一般都是以促销点或者折扣力度作为主题。首先当时给的主题比较概念化，并且是类似双11这种大型活动。所以当时接到主题第一个想法是怎么去营造这个大力度的营销氛围，又要和天猫双11官方主题风格互相应和。

（3）设计流程分享

一般我会先从首焦开始入手，找不同的参考和素材拼凑脑海中想的画面。

◆ 风格选择：

依旧采用场景化设计方向，因为选定这个场景的设计方向，主要还是希望以首焦有官方元素素材以及营造在城市中穿越购买商品礼物的购物情境，传到消费者自身进入一个双11的购物情景状态中。

◆ 色彩选择：

整体页面采用配色比较多样化，红－紫－黄－蓝都会引用到页面当中，颜色多样式的情况下让整个页面更加富有活力以及刺激眼球。同时颜色用得过多或者过深过浅也是让人烦恼的，所以在运用填充颜色时我利用渐变的方式过渡，让每个不同颜色之间过渡得比较和谐。

◆ 字体设计：

主题字体我会先选合适的基础字体，图中选择的是造字工房方黑体，再对主题字笔触笔锋重新整改，调整字体方向角度。

最后再把主题平面字体运用C4D进行渲染增加字体立体感和光感，如下图所示。

◆ 头图布局与创意：

主题字以及颜色搭配确定好再开始设计首焦设计，参考如下：

韩国游戏《BLESS 神佑》活动专题页，bless.pmang.com/event/2016/0618/event_index.nwz

第56章 天之眼旗舰店

最终参考该页面采用木地板发射方式,把两侧城门换成建筑高楼,把游戏人物换成天猫吉祥物,形成天猫开车从城市高楼中间穿越出场。

将木地板发射方式代替成行驶的公路有很多种实现方式,我这里采用的方法是找一张现成方形彩色格子素材然后通过变形工具来调整形状和透视(其实格子素材自己画也是可以的,比较花时间而已,有合理的素材可以利用下就比较节省时间一些),得到下面这张图。

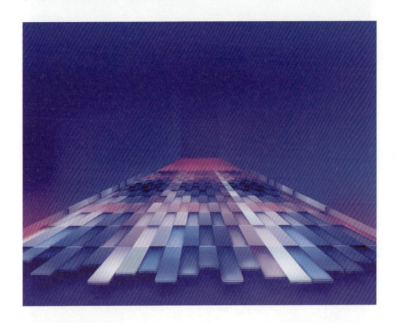

再到C4D软件中单独建模渲染天猫吉祥物以及汽车,在Photoshop中优化C4D输出原始图像,如下图所示。

最后把天猫吉祥物以及汽车和公路融入整个场景增加一些氛围的小元素，例如打光灯以及路面上的半球体，让整个场景看上去更饱满，如下图所示。

最终首焦Banner效果如下图所示。

不过比较可惜的是由于时间紧迫，最后上线的页面效果相较于以前来说，缺失了更多新颖的交互动态效果，最终上线效果如下图所示。

同时我们也做了双11相关规范，可以跟大家分享一下：

4. 在设计的好坏对于店铺品牌及销售提升方面有什么可以分享的数据吗？

天之眼2014—2017年天猫双11销售额数据：

2014年双11销售额597W元；

2015年双11销售额2187W元；

2016年双11销售额2994W元；

2017年双11销售额1793W元。

5. 天之眼一直以来的设计调性好像都是科技质感风，这个除了跟产品本身的特性有关以外，还有其他思考原因吗？有做过其他风格尝试吗？数据效果怎么样？

　　天之眼之所以会走科技质感风格，主要是为了跟智能车机类目产品本身的相关特性相呼应，除了科技质感风格以外，我们也会在不同的节日或者季节做相应的风格尝试。

　　例如，2016年天猫超级运动会、2016年天之眼6周年店庆、2016年年货节等都尝试过扁平化和写实等手法的其他风格，如下图所示（截断展示）。

第56章 天之眼旗舰店

针对上面几组图，这里也有一些数据可以跟大家分享一下：

比如聚惠奥运的专题，是结合实时热门事件在天猫聚划算平台打造的一次比较不错的营销活动，从数据上来看，客户的黏性与页面的停留时长，都有将近30%～40%的增长，最终的成交结果也是比较让人满意的。

而6周年店庆的专题，则是针对浏览未购与老客户而做的一次营销活动，平均停留时长43.36s，跳失率46.61%比较中性，但加购率与转化率较平时都有10%～13%的小幅度增长。

再说下年货节专题，因为是作为每年最后的保留节目，所以天之眼选择了与高德合作，推出了高德地图车机版，更替以往智能车机的地图模式，从而更加完善了客户体验，并且趁着春运回家的实时热度，我们成功将这次年货节打造成了一次不亚于双12的热门活动。

6. 你觉得3C数码与其他品类在设计思考或策划思路方面有区别吗？如果没有区别，那是怎么思考的呢？如果有区别，那么最主要的区别是什么呢？

我个人觉得不管是对其他类目产品进行设计，思考和策划方面没有区别。

首先，它们都需要自身去掌握设计过程中的每一个流程，例如对主题进行深入分析，确定好设计方向以及风格，采用合适的配色以及字体选择，然后把布局模块提前规划好其实就可以开始找自己想要的风格素材了。

其次，它们都需要对产品有一个深入的了解，毕竟电商行业主要是卖产品而不是卖设计，所以要走适合产品的风格才能带动销售。

总结来说，设计师一旦有了属于自己的一套设计思路和思考流程，并且学会将平时看过的参考素材吸收融入到自己的设计当中，我觉得不管是3C数码产品或者其他类目产品都是可以得心应手地去实现的。

项目名称：2017天之眼嗨爆双11

创意出品：郭烈颖(Leving)

项目总监：郭烈颖(Leving)

项目营销策略沟通：张子毅

页面设计：郭烈颖(Leving)

郭作鸿(specter60)

冼嘉豪(必胜客)

屈理凯(Carey)

PART 11
电商设计师篇

第 57 章 电商设计师自学指南

57.1 如何自学成为一名有点厉害的电商设计师

作为一名原本学的是工业设计最终从事了电商设计的人,我差不多也属于半个非科班出身,我也是从零开始一路摸索到现在,我的人生经历说起来其实也并非一帆风顺,所以我还是有很多有价值的经历和思考是值得给大家分享的。

1. 先问下自己,为什么要成为一名电商设计师?

成为电商设计师的原因有很多种,有人是因为觉得有趣,有人是因为误打误撞入了这一行,比如有人想做设计但是又无门,最后发现店铺门槛要求最低,于是决定先入行当个美工试试看,再还有部分人是被一些培训机构忽悠能赚大钱就入了这一行。

不管大家是因为什么原因成了或想要成为一名电商设计师,我干脆先分享一下我自己的经历吧。

起初我跟很多人一样,迷茫焦虑,在刚毕业做UI设计的那一年里既没积累什么像样的作品,也没存到什么钱,我也时常无所事事,找不到人生的乐趣和方向,直到有一天同事让我分析一下现有设计网站的框架模式,我无意中逛到了68design,那感觉就像发现了新大陆一样(那时候是2011年,当时的68design还算是比较火的设计论坛,作品以互动广告/网页设计/活动专题页居多)。

我在那个网站里泡了一段时间后,突然萌生了想要做互动广告或专题页设计的想法,因为我感觉这些设计很酷,感觉做那些炫酷的画面比我当时做的后台界面设计有意思多了。

以我当时的眼界和水平,不管看谁的作品都觉得很厉害,所以特别容易满足,这大大激发了我对设计的兴趣,常常看到入迷,而我也养成了一种习惯,就是我不管做什么,都会先自己思考一番,完了实在没办法了我再去问问题,所以到后面我遇到了一位对我至今都影响深刻的朋友,是他让我明白了做练习的重要性,就在这种情况下,我的学习兴趣完全就被调动起来了,但又因为在电商设计这块我完全是零基础,所以我每次做练习都做得很吃力,常常被贬得一无是处,但是每次硬着头皮做完后再被点拨几下我就立马感觉一切辛苦都值得了,然后趁热再修改。

你们可以想象一下,一个以前的工作内容完全就是围绕着文字+线条+表格+图标转的

第57章 电商设计师自学指南

人,突然一下子接触的东西变成了大量图片＋创意想法＋自由创作＋营销相结合的设计,这种感觉特别美妙,仿佛是双手和灵魂都被解放了,所以,虽然当时我对电商设计和行业一窍不通,但是我感觉自己开窍了,找到了人生的意义和方向。

于是那时候我就下定了决心,我是非做电商设计不可了,到现在一干就是6年多没有想过转行,并且恰巧选对了方向,这几年电商这块是越来越火了,你看现在除了部分老人和小孩以外,还有人是不会网购或没听说过网购吗?这就是市场和机会。

所以,如果你正在从事或想从事电商设计方面的工作,那么你最好也是因为兴趣和爱,至于为什么,我后面会说。

2. 下定决心要成为电商设计师后,你该怎么做?

想要成为一名电商设计师的决心有了,接下来该怎么做才是大家最想知道的吧?

依旧是以我自己为例,我来说一说自己的经历。

原本我是一毕业就去了杭州的一家互联网公司从事UI设计工作,但因为家庭缘故,2012年初我就辞职回到武汉了,同时一心想要在武汉找一份电商设计相关的工作,一切从头开始,大概是那时候我手里有几张先前做的练习稿以及老东家也算有一定知名度的缘故,所以回武汉后找工作也没那么难(但工资不高,月薪才3000元多一点),但因为那时候的我各方面阅历都不够,只够格去小公司。

跟很多回到二三线小城市的年轻人一样,在这种小公司里做设计一般都是单打独斗,没人带,什么都要你会做,老板恨不得你能一个人顶10个人用,比如名片／宣传册／LOGO／快递盒包装／企业官网／平台首页／内页／详情页／专题页／Banner我统统都要做,只有你想不到的,没有不需要你做的,这种现象在当时的小公司或小地方很常见。

就这么干了几个月,我意识到再这么下去不是回事儿,因为进步太慢了,没人指导自己瞎摸索不说,干的活又多又杂完全无法让我专心从事我喜欢的电商设计,后来团队人员包括我的老大都相继离职了,于是我也就跟着离职了,那时候是2012年8月份。

这之后,凭借着平时的练习作品我又找到了一家腾讯外包公司,老板都是从腾讯出来的人,工作已经近十年,人生阅历也比较丰富,受过大厂的企业文化熏陶,所以无论是在待人方面还是在工作指导方面都非常开明和有帮助,而且我们当时对接的需求方也都是腾讯人,要求比较高,很严苛,但是一旦你做的让对方满意,他们也会毫不吝啬地发邮件表扬你,并把你介绍给其他需求方。

这种工作上的认可对于我这样一个本身就对电商设计感兴趣的新人来说是很珍贵的,这是比涨工资还让我有成就感的事情。

这是2012年在外包公司做的部分小Banner图

不过在被认可之前,我也跟很多人一样,经历过炼狱般的生活。

那时候一天要做至少4个大的轮播Banner图,一天或两天内就要出一张专题页,有时甚至一天要做好几十张广点通广告图外加改几十个尺寸,最恐怖的一次是一张专题页风格需求没明确,沟通不到位,最后导致连改8稿,改到怀疑人生甚至想过再也不做设计了,最后多亏了

第57章　电商设计师自学指南

我的老大中间做协调以及多次手把手指导我才得以过稿。

说句实在的，在去这家外包公司以前，我所掌握的电商设计知识其实仅限于我做的练习以及简单的购物体验和思考，而老板是游戏出身，电商这块业务也是后来才慢慢接入的，所以我去了之后大部分情况下也是要靠自学，这就导致我时常会感到吃力然后做图很慢，所以在那里工作了近半年，我几乎不知道晚上9点以前下班是什么感觉，即便是下班回到家也还要继续加班赶稿子，通宵也是常有的事，即使通宵了也是我自愿的，第二天还要接着继续上班。

但不管怎么样，在腾讯外包公司的那半年对我的设计能力和眼界以及沟通能力上的提升都是巨大的。

也正是因为我在外包公司这半年积累了大量的作品，所以我才敢出去闯一闯，想继续见识一下外面的世界，因为外包公司毕竟是外包公司，工作量比较大而且限制较多，如果你是一个非常追求质量的设计师那你就不得不长期熬夜加班，因为给的项目时间一般不会太长，比如一天做4张首焦Banner或一个模板专题页，两天出一个大的活动专题页等，广点通一天要做十几个不止。

这是我在2013年初做的部分广点通，那时候我接触电商设计才一年不到

所以这种高强度的工作量一般人的身体根本吃不消，而且都是走量的作品，很多都缺乏思考和细节，时间久了会让人感觉疲惫失去了当初的热情，所以我极其迫切去更大的平台，让我有更多思考的时间从而产出更加高品质的作品。

后来刚好因为2014年腾讯电商被京东并购，那时候京东需要大量招人，所以我再次离开了武汉去了深圳京东，跟原腾讯电商的老大和以前沟通过需求的审核设计师们成为了同事。

所以对于以上经历，我又有了一些体会可以跟大家分享。

如果你想成为一名电商设计师，那么以下几点是你需要记住的。

（1）选对公司或老板很重要

如果你要做电商设计，要么去已经比较知名的电商平台，要么去有人带的店铺或平台外包公司／电商品牌策划公司，跟对靠谱的人或平台很重要，如果是去那些既没知名度又没人力和资源，发不起工资还野心比谁都大的小创业公司，多半是把自己整成了全能打杂，而且这种公司倒闭的风险极高，这对于大部分职场人来说试错成本就太高了。

（2）Banner设计很重要

学会做Banner设计是你学会做其他任何首页／专题页／详情页的基础，必须要大量反复地做练习，一旦摸透掌握其中的精髓和规律，再做其他类型的设计就会容易得多，而且Banner设计是任何行业都会用到的，比如游戏设计／网页设计／APP设计／广告设计等等里都会有Banner设计，不止是在电商设计行业。

（3）沟通和了解需求很重要

电商最终的目的是卖货，所以你要清楚你做的这个设计是给什么人做的，他们有什么喜好，这在设计之前你就该问清楚沟通清楚，千万不要听别人的让你先做出一版来看看，这个运气不好的话会让你反复改到吐血，还得不出什么结果。

所以很多比较厉害的设计师压根就不会跟这样目标不明确的客户合作，因为他们往往是不专业却又爱指手画脚的人，或者即使合作，越专业的设计师越能引导客户往更合适的需求方向发展，也可以尽可能降低改稿的概率。

（4）对于色彩和图形的理解很重要

设计归根结底可以看作是图形和色彩的结合运用，而一切图形和色彩都有其气质和意义，它可以给人心理上和视觉上不同的感受，而在电商设计里，这些感受又会影响消费者的购买决策，所以三大构成基础知识一定要补起来。

（5）多看多做，动手实践很重要

要想获得能力提升你必须要花很多的时间去动手实践，越是难的地方你越要去攻克它，也

第57章　电商设计师自学指南

许一开始会很难受，想哭想放弃，但是一旦你坚持下来了也许就意味着一次重大的能力提升。

当然，最好是有人可以在你迷茫的时候提点点拨你一下可能会比较省时省力，要不然自己很容易陷入死胡同出不来，时间浪费了不说，你会容易自我怀疑是否适合继续从事这一行，产生消极情绪。

（6）不怕吃苦很重要

不管什么设计行业，或者其他什么行业，其实没有不辛苦的，只是因为如果你热爱它，你就不会感觉到辛苦而已，成就感和适当的打击都是必不可少的。

我之所以会开始写电商文章，也是因为在2014年到2016年京东入职期间，有很多思考总结的时间和机会，而且团队定期都会有很多内部分享，平时大家经常交流合作也会碰撞出很多思想的火花。

3. 如果你在这一行待了好几年依然迷茫，那么问题出在哪？

可能看完前面两个部分后，你觉得自己已经有信心可以做好电商设计了，但很抱歉，现实是很多工作了三五年的电商设计师却依然感到迷茫（这些人多半被人称作美工而不是设计师），他们依然做不出自己想要的效果，依然拿着不高的薪水。

而另一拨人，比如身处知名电商品牌公司里的主设计师或设计总监们，比如身处阿里巴巴／京东这些电商平台的设计专家或高管们，拿的薪水是你的几倍甚至是好几十倍。

为什么有这样的差距？

其实决定你们差距的无非就是这些因素：目标／技能和审美／知识的广度和深度／认知层次／执行力／地域环境／机遇／其他。

（1）目标

如果你没有目标，那么很可能的结果就是你的整个职业生涯里，学习是盲目的，做事情也是被动的，这么过下去绝对是越来越困难。

再比如，如果你一开始的目标仅仅只是达到月薪1万，那么你朝着这个目标奋斗终于达到了，可是你却自满了懈怠了，那么过段时间你很有可能就会被淘汰出局，前一种是无目标，后一种是目标太小不够持续，这两种情况其实都会让你感到迷茫或停滞不前。

所以一方面，一个人的目标可以很小，但不能没有目标；另一方面，一旦小目标达到后你就得制定新的小目标，要不然你就会懈怠，比如我之前的目标是能做电商设计就满足了，后来我的目标又变成了要去更大的电商平台，再后来我的目标就是成为站酷推荐设计师，之后我的目标是要出一本电商书籍，推进整个行业的进步，等我的书出来了我又会有新的目标，如此不断积累最后向着我定下的最大的目标奔去。

其实小目标就像沙石，无数沙石积累起来便会成为大山。

（2）技能和审美层面

有了目标后，你就要去实现它，那么技能和审美层面的提升是必不可少的，比如一开始刚入行的时候我连PS软件操作都不熟悉，我所能做出的效果就是粗制滥造的素材堆叠，一股浓浓的乡土气息，而且我当时还觉得挺好看的，到后面通过看教程学习和欣赏别人的作品，自己的审美和技能慢慢就提高了，最后能负责的项目也就越来越广了，而且在实践的过程当中你又会新掌握一些知识，久而久之技能操作上就不会有太大问题了。

但这也存在一个问题，那就是随着时代的演变，新技术的产生和新文化的互相影响，我们需要掌握的技能可能不能再单一了，我们以前认可的好设计可能也会被淘汰，所以才需要我们不断学习和跟上步伐。

比如你以为以前就会一个PS就够了，但是如果你PS也没有学得特别精，那么很多效果你是做不出来的或者能做但比较费事，相反借助摄影／合成／手绘／C4D却比较容易做到，再比如你以前觉得浮雕效果挺好看的，可是现在更流行扁平轻质感。

所以如果你是卡在这个层面了，要么就是你的技能不够专或广，要么就是审美不够，而审美不行又会阻碍你做出更好的设计，所以提升审美很重要，要多看美好的事物。

再比如有的设计师虽然拥有一大堆素材或搜集的参考材料，但因为审美不够的缘故，这些素材或参考大多数都不怎么耐看甚至有些粗糙，那就没有什么参考价值了，所以要明白，数量多并不代表都是精品。

因为眼高不一定手高，但是眼低手一定低。

（3）知识的广度和深度

以电商设计师为例，起初你刚入行的时候，基本都是靠抄／临摹以及别人叫你怎么做你就怎么做，所以那时候你也许最需要掌握的知识是三大构成，了解什么样的配色比较合适，什么样的比例比较舒服，是用手绘效果好还是用合成效果好等等，即便是你的设计得到了大家的认可，你也说不出所以然，你只是凭感觉在做，这时候的你既没有深度也没有广度。

而到了后面阶段，你会发现电商设计师不止是需要会做图掌握排版技巧和配色技巧，而是要做出能提高转化率和销量的图，他最好是沟通能力要强，也许他的技能比较单一，但是他对文案／摄影／用户体验／营销／用户心理／人性／哲学／对不同文化的了解等等什么都能知一二，同时他的审美又好对行业的本质认知度也高，这就是广度和深度。

这样的人更能抓住痛点，人家弄不明白的点他一下子就看到了本质，人家学不会的他自学就会了，人家还没发现的问题他早就先发现了，即便是他自己做不出来想要的效果，他也能通过自己的知识或魅力来整合资源达到目的，这时候拉开你们收入和影响力的地方也就出来了。

如果你没有以上这些觉悟就只有干看着的份，你有这个觉悟了那么就脚踏实地一步一步积累就够了。

（4）认知层次

不止是人与人之间有认知层次的差别，电商设计师之间也有认知层次的差距，比如有的设计师能一稿过就很满意了，有的设计师不止是要客户满意他也要做到让自己满意；有的设计师他只追求视觉上好看或符合自己的审美，但是不考虑受众的审美也不考虑实用性和体验；还有的设计师工作对于他来说只是养家糊口的工具，给多少钱做多少事，而有的设计师把工作当作生活的一部分，靠自我驱动力和责任感做事，他的梦想就是边赚钱还能边改变世界。

认知层次不一样，这些人的人生也注定是不一样的。

你会发现，最低级的设计师，他们没审美没技能没思想，最终沦为别人的工具；最高级的设计师，他们有审美／有技能／懂商业／懂人性，最终成为了自己的主人。

（5）执行力

前面说了那么多，也许你都明白了，但是如果你不去动手做，那就相当于什么都没看也什么都不懂，很多工作了好几年的电商设计师为什么依旧被人称作美工拿着三四千元的月薪？我想主要原因还是执行力不够。

比如当别人决定去一线城市看看的时候他就真的去了，而你因为害怕孤独害怕这害怕那退却了。

当别人说要学习画画说要做练习的时候他就真的去学去做了，而你因为今天不舒服明天头疼于是给忘了。

当别人说要一个月看完一本书的时候他真的看了三本书，而你却因为加班太忙或玩游戏去了把书扔一边了。

还有很多例子我就不举了，迷茫焦虑的人大都有这样缺乏执行力的共性。

想要改变现状，就不要做思想的巨人，行动的矮子。

（6）其他

比如地域环境／机遇／情商／身体状况等因素我也不继续做过多解释了，比如当时京东并购腾讯电商对很多腾讯人来说可能是打击和不能接受的事，但对我来说就是机遇，而当我两年后离职的时候，我的坑位腾出来了，对于刚好那段时间求职的人就是机遇，但当没人离职职位饱和的时候，即便是你有相同的能力你可能也没机会入职了，因为很多大公司的职位基本是固定的，别人不挪走，就没你的位。

再比如同样一个工作了5年的人，他在深圳和在武汉所拥有的机会和选择是不一样的，也许你就算能力一般，但是冲着这5年经验你没准也能在深圳拿到每月一两万元的待遇，但是回到武汉你就甭想了，一个月给你1万元别人估计都会嫌多。

而且如果说这两个地方的人和层次学习氛围是不一样的，那么你在这里塑造出的人格／情商／身体状况也会大不一样，因为环境和周围的人是能够影响一个人的气质和修养的。

这也是为什么如果你有留在大公司的机会就尽量抓住它，如果你有能力留在一线城市你就留下（当然了，大公司的大也是相对的，与其说选公司，不如说是选老板吧，老板靠谱有能力有眼界那就值得跟，否则就不值得跟）。

所以，如何进阶成为一名有点厉害的电商设计师？

往大了说，答案就在这节内容里了，而往小了说，你只要做到每天都比昨天更好一点，日积月累下来就很厉害了。

57.2　非科班设计师该如何提高能力和收入？

我经常会遇到很多非科班设计师来向我请教能力提升相关的问题然后让我点评他们的作品存在哪些问题，还有一些是虽然报了培训班，但是依旧感觉没学到什么东西，从而感到非常迷茫，所以我决定单独写一节内容来为大家解答一些困惑，也许对你们有用。

我发现新入行的非科班设计师做的东西都有个共性，看多了之后我已经训练出一种能力，那就是一眼就可以看出来是不是非科班做的，我举个例子，如下图所示。

你会发现这个Banner颜色用得比较艳、亮，这让我想起来我2012年刚接触电商设计那会儿的情形，那个时候的审美也是这样的，拼素材、刷几笔炫光、拉个高光渐变、再整点儿倒影等，接地气的感觉就出来了。

但这个其实是进口美妆的Banner，太接地气的话就会让人感觉廉价，气质上不太合适，这也是很多新入行或非科班设计师在做设计的时候容易犯的错误，所以问题出在哪呢？

我给大家总结了几个非科班设计师成长过程中常遇到的问题：

① 色感比较弱，不会配色或配的不好看；

② 排版也弱，不知道怎么让画面好看点平衡一点；

③ 脑袋里没有想法，拿到设计需求不知道如何下手；

④ 作图效率低，前面很磨蹭后面很赶；

⑤ 改稿麻木却依然做不出老板想要的效果；

⑥ 工作了几年依然感觉没什么进步。

都中了吗？是我说的这样吗？

但无论你是不是非科班，只要你想从事设计这份职业，设计基础知识都是必须掌握的，这些问题都是必须要解决的，所以针对这些问题，我给大家列举了一些解决办法和方向，大家可以参考看看。

1. 如何解决配色方面的问题？

经常有人问我推荐什么色彩方面的书，其实如果你确实看不懂那些专业书籍那就先不买也没关系，因为有一个东西叫网络，还有一个东西叫百度百科，其实都可以帮到你们，大家只需先去了解一下色彩构成的介绍，还有对比色、互补色、邻近色、色相、饱和度、明度、纯度、有彩色、无彩色等等这几个概念就完全够用了。

了解完这些基本概念之后，你所需要做的就是去看behance或者花瓣或其他任何网站，把你觉得好看的有意思的配色记下来，模仿它，再试着去理解人家为什么会这么配色，是因为情感需要？还是因为信息展示的需要？这两者都涉及的是色彩的温度和情感心理方面的内容，比如红色让人感觉温暖、刺激、血腥，而黑色让人感觉压抑、神秘、厚实等等。

还有在大自然中，我们的生活当中也有非常多优秀的配色案例，比如说春天开了很多漂亮的花儿、夏天有很多彩色水果、蝴蝶还有很多昆虫、鸟社之类的、秋天有落叶有银杏树、冬天有很多人会戴各种颜色的手套、帽子等等。

总之，我们身边有非常多的配色案例，你只需要去观察就好了，这个一点都不难，这个不需要你有什么专业基础，只需要你有一颗愿意发现美的心就够了。

当然还有非常重要的一点：不间断地做练习！！！

2. 如何搞定排版方面的问题？

跟前面色彩问题一样，如果你确实看不懂那些专业书籍那就先不买没关系，大家只需先去了解一下平面构成的相关介绍，还有点、线、面、特异、重复、相似、对比、排列、空间、渐变、韵律、相离、相切、相交、切割、错叠、合并等等这几个概念就完全够用了。

不过我个人感觉平面构成比色彩构成要难一些，知识点要丰富些，这个需要你做大量的基础练习才会有概念，怎么做基础练习呢？你可以拿出一张白纸，然后你只可以用点、线、面结合我前面提到的一些概念进行有针对性的练习创作。

起初，一个点就是一个点，一根线就是一根线，一个面就是一个面，这是我们在白纸上看到的，但是回归到生活中，我告诉你什么叫点线面：

比如我手里拿了一个乒乓球，当你距离我很近的时候，它是一个球体，但是当你离我很远的时候呢？其实它就是一个点了，但是当我将很多个乒乓球平铺放置在一起，它就是一个面了，但是当你离我足够足够远，这个面也会成为一个点。

其他关于线和面也是同样的道理，你所看到的任何东西都可以把它视为点线面，所以大家明白了吗？点、线、面跟数量、距离、角度等等都有关系，它不是绝对的存在，它是相对的一个概念。

我说的这些大家可能会觉得有点虚，那么你们也可以直接去网站上看别人优秀的排版案例（比如behance、站酷、花瓣等等），你去记住它、理解它为什么要那么排版，是功能需要还是装饰需要还是信息展示的需要还是其他什么原因？这都是你要去思考的点。

跟色彩学习一样的道理，生活当中、电影、建筑、大自然当中也有非常多值得我们借鉴的地方，你只是需要去观察和发现它就好了。

当然还有非常重要的一点：不间断地做练习！！！

3. 作图没灵感了怎么办？

作图没灵感这是很多人的致命伤啊，但是我这个人貌似极少有缺灵感的时候，我从读书的时候就不缺想法，我缺的是怎么把我的想法实现出来的技术。

后来慢慢思维开阔了技术也不再是阻碍灵感产生的障碍了，因为当你思维开阔了，当你是以结果为导向去思考问题的时候，你会发现实现结果的方法并不是唯一的，而是有很多方式去实现的，你只需要结合你自身的条件以及你所能达到的方式去权衡最优方案就行了。

比如老板说想要一个让人过目不忘的设计，那么有人会觉得我用C4D去表现怎么样？但我觉得我用摄影的方式也可以达到效果啊，总之，我擅长什么我就用什么呗。

当然了，技多不压身，你掌握了5个方法总比只掌握了1个方法的人选择性要多一点，那么也就不存在没灵感的情况了。

总结来说，灵感这个东西可以从以下地方获取：

（1）跨界吸取灵感

比如我是做电商的，但是我可以从游戏、建筑、杂志、电影等地方借鉴一些想法和表现形式啊。

（2）做一个细心观察生活的人

因为设计实际上也是一种为人服务的职业，那既然是为人服务的，身为设计师的我们当然就得去观察生活中，不同场景下，不同人的喜好和心理行为习惯了，于是很多有意思的点子就会自然而然地冒出来了，比方说我之前设计的海报就是从身边细小事物里观察出的结果和想法嘛，对吧？

（3）涨见识开眼界

很多人喜欢旅游、采风，在旅途中获取灵感，还有通过看书看别人写的文章提升自己的思维认知，因为当你的眼界开阔了，你自然也就更加能够灵活地去看待问题了。

（4）别让技术限制了你的想象力

我有时给大家解答问题或看作品的时候就发现一个问题，有些人其实不是不知道自己的问题在哪里，他就是偷懒罢了，他有些效果或形式实现不出来所以就选择了自己最拿手最简单的方式，到最后憋半天憋不出个什么名堂，效果不尽人意，时间也浪费了。

如果你是这种情况的话，我还是建议你得把自己的手上功夫练起来再说啊，别让技术限制了你的想象力。

4. 作图效率低怎么办？

作图效率低涉及的问题其实是多方面的，比如我前面提到的色彩、排版基础知识太薄弱，还有灵感枯竭，如果是这几个方面的问题，那就按我前面说的对症下药去解决提高就好了，但是还有其他几个方面也是会影响到工作效率的。

（1）个人性格使然

有人的性格就是爱磨蹭自控力比较差，比如做图的时间还顺带着会刷下朋友圈、聊下QQ、再刷下抖音、微博、淘宝什么的，再玩一把吃鸡手游这一天也就过去了，你当然效率不高了。

如果是因为这个原因作图效率低，那我就真没办法了，毕竟我不可能隔着屏幕把你手机扔了吧，就算我把你手机扔了你也会想到其他办法做以上这些事情的啊。

所以性格使然别人还真没办法，只能靠你自己提高自控力了。

（2）不懂沟通

还有人作图效率低是因为在一开始的沟通环节就卡住了，因为他不懂需求人或老板到底需要什么，想问又不敢问，亦或是问的问题不在点上，所以获取不到真正有用的信息，这些都会影响到你后面的项目的展开。

所以如果你是因为沟通不顺畅导致效率低的话，那么也许你需要准备好几个问题问别人咯：

①我们这个设计出来后是想达到什么效果和目的呢？

②你想要什么风格的设计？

③你有参考可以发给我看看吗？

④文案确定了吗？还会再改吗？

⑤初稿什么时候给你看？

⑥你还有什么其他特殊要求或需要交代的事情吗？

⑦我可以说一下我自己对这个的看法吗？（如果你没有就不要问）

……，以上这些问题都对你捋清设计方向有帮助，你们可以酌情运用下。

（3）懒癌犯了

如果你是懒癌犯了，那么以下有几个办法可以帮到你：

首先，看看你的银行卡余额；

其次，看看你们那的房价；

再其次，照照镜子；

再再其次，看看自己的购物车；

最后，再看看自己的"狗窝"；

嗯，以上方法，亲测有效。

第 58 章　从平面设计转型电商设计该注意些什么

遇到过很多平面设计师向我提问关于转行做电商设计方面的问题，归结主要有以下几个方面：

1. 平面设计是转型到电商设计容易些还是转型到UI容易些？
2. 平面设计如果想转型到电商需要具备哪些方面的技能呢？
3. 作为一枚没有设计基础没有作品也没有经验的培训生，想找一份设计工作，是不是找电商美工的工作会比较容易些呢？

估计是因为我讲的知识很多都是围绕电商的缘故，所以来向我咨询问题的人大多是电商设计师或者是一些打算转型做电商设计的人，所以我干脆就以自己这些年的观察和经验，给大家统一解答一下关于转型电商设计方面的知识好了。

如果你对自己适不适合从事电商设计，或者已经是电商设计师却还不清楚自己有哪些短板需要补齐的话，也许本章内容对你会有所帮助。

58.1　平面设计与电商设计的差异

说到两件事物的差异对比，那就不得不提一下有关它们二者的基本概念了，关于比较官方正式的解释大家可以自己去百度，我这里说一下自己的理解：

◆ 平面设计，主要是一种运用广泛的最终会出现在实物载体上的一种视觉图形语言，这些载体涵盖的范围非常广，比如我们平时看到的宣传单／广告牌／名片／杂志／包装／LOGO／服装／车身广告／周边产品等等，它通常会涉及字体设计／排版设计／色彩运用／印刷等等方面的知识运用。

◆ 电商设计，可以理解为是网页设计＋平面设计的结合，但同时又多了一些用户体验和人机交互的概念，借助互联网来传播，以卖货为最终目的，所以除了涉及平面设计和网页设计相关的所有设计知识以外，还会涉及销售／用户心理／用户体验／运营／交互方面等等方面的知识（暂时来说对印刷方面的知识没有太高要求，但是看以后的发展趋势应该也会涉及）。

接下来我就列举一下它们之间的一些差异。

1. 关于传播载体

平面设计作品，比如我们前面提到的海报／宣传单／广告牌／包装等等，大多最终会出现在一些实物产品上，比如我们看到的地铁广告、公交车广告、宣传单等等。

而电商设计作品，比如Banner、详情页、专题页等等则无须转变为实物，而主要借助各种电子屏幕来呈现，比如电脑／PAD／手机／电视机／电子广告屏幕等。

2. 关于思考方式

举个例子，在电商没有出现以前，很多人是拿个超市宣传单去购物的，单子上会显示哪些商品打折了，你就去超市找对应的商品购买，那么平面设计师可能要做的事情就是把这些商品信息排版好，然后该突出的信息突出，弄一些相应的促销氛围就完了。

现在有了电商，我们所有的商品都直接呈现在了网页上，你会去点击那些吸引你眼球的商品，你可能挑花了眼不知道买啥，为了解决这些问题，电商设计需要在排版或颜色上做一些文章，去引导用户点击，去尽可能多地让用户拥有好的购物体验，同时不要轻易跳出页面而是要留住用户，尤其是一些按钮的设计都是非常讲究的，什么该突出什么该弱化这些都涉及了用户体验方面的知识，强调人机互动，而平面设计很少涉及这些内容。

3. 关于受众群体

平面设计师所做的成品具体是到了谁手里，这些人是什么人，有什么喜好特征其实大多都是未知的，很难统计的，而且平面设计对受众基本不挑，不一定要懂电脑，会识字会辨识图形就行。

而电商设计的受众不一样，通过大数据分析和支持，谁买了你的商品，你的东西更受哪些人欢迎，他们有什么样的喜好，职业收入水平怎么样都有数据统计，从而可以更有针对性地去做设计，去服务好他们，比如我们常说的AB测试就是基于这一原理，同时电商设计的受众一般都是会使用互联网的人。

4. 关于薪资待遇

其实将平面设计师和电商设计师的薪资待遇拿来对比，本来就是一个伪命题，因为平面设计包含的内容非常广，前面就已经提到过，电商设计的内容划分也非常广，走在金字塔尖的人都可以拿到好待遇，而走在金字塔底部的人也各有各的迷茫，所以无法一概而论，只能说目前阶段看，普遍的电商设计师要比一般的平面设计师吃香一些。

5. 关于就业前景

这个要分两个阶段来看，电商行业的兴起在早期确实对传统制造业造成了很大的冲击，所以在这个阶段，平面设计的日子不太好过，而电商设计的日子渐渐好起来，但现在电商发展趋于稳定了，获取流量也遇到瓶颈了，慢慢又重新回归到线下，促进传统制造业良性发展，所以未来平面设计和电商设计联系会更加紧密，电商设计需要懂更多，平面设计也应该重新会有更多用武之地。

另一方面，新技术的产生也时不时会带给我们惊喜和挑战，比如现在很火的VR等，未来谁的就业前景更好都说不定，但至少这几年电商设计的前景也还是会不错的，因为没有人能够抵挡购物的欲望，人类之间的各种交易活动其实已经存在几千年，并且也一直都会存在，只是说没准以后又会出现新的购物形式，所以走一步算一步，兵来将挡，水来土掩，做好积累以便日后可以随机应变最重要。

58.2　平面设计如何转型电商设计

前面我已经分析了很多电商设计和平面设计的差异点，如果你仍然打算转型做电商，那么接下来，我就从4个方面来为大家解答，平面设计该如何转型电商设计。

1. 思想层面

平面设计转型电商设计，最大的障碍其实在于思想层面，就像很多传统行业盲目转型线上一样，做了几年最后还是发现失败了，因为线上线下差异和规则不同，玩法就不同，意识到这点后，作为平面设计师的你可能最需要做的就是多去体验互联网的世界，让自己站在一个消费者的角度去学习和多体验一些电商网站，去了解人的网购的流程和习惯，挖掘需求，同时培养自己的数据分析能力和创意审美等方面的能力。

2. 执行层面

因为从事平面设计的你已经有设计基础了，所以一方面，在执行层面其实倒没什么难的，比如假想一下现在的Banner图不就是把原来的海报换了个尺寸然后搬到互联网上吗？所以其实没有那么难，依旧会用到三大构成，只是也常常需要修产品图或模特等。

另一方面，线上和线下有不一样的行为习惯，你需要去适应和学习，比如在设计的时候，按钮的大小位置颜色选择，产品或模特图片的挑选，专题页设计的氛围和气质把握等，如何才能设计得舒服到位最终达到卖货的目的，很多你从未接触的知识都是需要去学习积累的。

3. 知识广度

电商设计需要了解的知识点就太多了，比如文案／运营／策划／摄影／修图／营销／心理学／用户体验研究／交互／三大构成（平面色彩立体）等都需要有一些了解，不过学习要分阶段，一下子接触太多知识你也消化不良，当前初级阶段最主要的仍旧是三大构成／文案／修图／沟通表达等方面的知识，其他的知识后面慢慢补，或在实际项目中积累学习就好啦。

4. 软件技能

虽然很多店铺都需要电商设计师既懂PS，又要懂切图等知识，但因为之前我提到过电商设计师其实有很多去处，比如像卫龙这种店铺／京东、天猫这种电商平台／电商品牌策划公司／企业独立电商部门／外包公司／自由职业者等，所以需要掌握的技能是不一样的，如果你想要成为更加厉害的人，当然懂的越多越好，专的越精越深越好了啊。

其实拿我个人来说的话，软件也学了很多，但是实际工作这么些年基本只用PS就够了，其他的设计软件我基本都没用了，也一样混到现在，因为以前我也提到过完成一个作品其实有很多方式，比如手绘／三维建模／手工／摄影／合成等，所以你只需要发挥自己的特长和兴趣，挑选适合自己的方式把结果做出来就好了。

因为重要的是脑，而不是工具（当然了，你会5个软件肯定比只会1个软件的人选择性要多一些）。

总结

在我的认知里，无论从事哪一个行业，无论是想从平面设计转行电商或是UI，亦或是仍然坚守在平面设计行业，其实都是可以的，因为没有哪一行会更容易，想要做好都需要付出相当大的努力，能做得好的也都会有丰厚的回报，只是时间问题。

前段时间我看到了一个让我感到非常震惊的人物，她是日本羽田机场的"清洁女王"新津春子，为什么会有这种称谓呢？因为虽然是一份清洁工作，但她是因为兴趣和爱好而去做的，而且做的时候还带了脑去思考并取得了惊人的成就：为了更好地清洁机场的各个

第58章 从平面设计转型电商设计该注意些什么

角落,她会自己去研究和发明各种清洁工具,为了在清洁的同时保护机场的设备,她会自己去研究各种清洁剂,对各种清洁剂的成分用途方面的知识了如指掌,做事态度也是认真负责,连公共场所的马桶边缘内侧,都会蹲下拿着小镜子去检测有没有清洁干净,不让厕所有一点异味。

因为清洁其实是一项非常耗费体力的工作,所以她每天会早起健身,锻炼身体,她带领的团队所负责的机场,连续两年被有"航空界奥斯卡"之称的英国斯卡特瑞公司评为世界最干净机场。

这件事情对我产生了不小的启发,因为她让我明白,即使是外人看起来很卑微的职业,其实也有很多讲究,其实也可以做到顶尖。

重点不在于选择什么职业,而在于你在什么地方什么环境里从事这份职业。

同时她也让我明白,没有做不好的事,只有不想做的人。我越发觉得,当一个人开始觉得自己懂得多的时候,其实也越接近无知了,因为永远都会有更多未知的篇章等待我们去开启。

学习永无止境,我们都在路上,共勉。

第 59 章　五个角度解析电商设计师的价值

曾经有人问我："电商设计师究竟该如何认知自己的价值？比如我们花费那么多精力做的页面却只是上线几天就下线了，而别的设计师，比如做一个LOGO，却可以用好久可以几年甚至几十年都不换，感觉好不公平啊"。

我想这个问题应该也是很多人所关心的，所以我想根据我这么些年的观察和经历来说一下自己的看法，我将从以下几个方面为大家分析解答。

59.1　电商设计师是做什么的？

要想知道电商设计师的价值是什么，就先要知道电商设计师是谁是做什么的，那么电商设计师到底是做什么的呢？

两年前我就提出一个概念，不管身处何处身何位，电商设计师其实可以划分为两大类：一类是为平台服务的，一类是为店铺服务的。

所以我们可以做这样的假设：京东和天猫这样的平台就相当于一个个步行街和商场，而入驻这些平台的店铺就相当于入驻这些步行街和商场的门店，服务于平台的电商设计师相当于是为这些商场做装修／运营及设计服务的，服务于店铺的电商设计师相当于是给这些店铺做室内装修／宣传海报设计及陈列设计服务的，而电商设计师们所做的一个个活动页面就相当于线下的实体店的室内装修设计以及宣传海报等。

总之，电商设计师相当于一个需要懂销售懂用户心理的设计师，他们所做的一切其实都是为更好地展示商品／更高效地更多地把货卖出去而服务的。

59.2　为什么电商设计师做的页面只上线几天就下线了？

其实，这话不能这么说，因为为平台服务的电商设计包含首页界面设计／搜索列表页设计／各种子页面设计／登录页面设计／平台的活动专题页设计／Banner设计／H5活动页设计等（某些垂直平台也需要做详情页设计）；为店铺服务的电商设计包含店铺首页设计／店铺活动专题页设计／详情页设计／Banner设计（轮播图／店招／主图等都相当于不同尺寸不同位置的Banner）等。

实际上我们平时看到的一些活动页都属于运营类的营销活动页设计，它们上线的时间短则几个小时，长则几个月都是有的，所有的活动页面都是跟着运营的需要走的，比如很多电商活动都要依靠节日为噱头展开，要么在节日前一个月就开始预热，要么在节日后半个月左右还在持续，根据不同的活动节奏和目的需要、设计需要去配合协调，比如比较大的活动会划分为预热／正式／高潮／返场等几个阶段（这个其实是为了全方位调动用户的购买积极性以及减少用户的疲劳感，给他们多一些新鲜感持续关注活动动态）。

而像我们平时看到的电商平台首页／搜索列表页／子页面等，基本没有下线一说，只是会有改版和一些页面板块的细微调整，而改版的周期是不定的，短则几个月，长则好几年都有可能。

所以说，并不是所有的电商页面都只是上线几天就下线了。

59.3　电商设计和其他设计谁更有价值

在我看来，任何设计行业都有它独特的价值和存在的意义，不存在谁比谁更有价值一说，但假设评判一个设计的价值可以从设计费多少／项目耗时多少／耗费人力物力的多少／影响力大小4个方面来比较，我可以从这几个方面跟大家分析一下：

1. 设计费

2015年的一套手机淘宝情人节项目据说花了120万元：

2015年手机淘宝情人节引导页设计——Goodzilla出品

2016年的天猫双11预热的H5页面据说花了150万元：

2016年天猫11.11全球狂欢节H5活动页《穿越宇宙的双11邀请函》——VML上海出品

之前我说过有人一个详情页的报价可以达到三四万元一个，包年的店铺装修费用高达150多万元，所以你说电商设计有没有价值？当然有。

但不好意思的是，一个详情页几十块钱几百块也是有大把人做。

而再看LOGO设计，动则100万元的LOGO升级设计费也不在少数，比如下面这个万事达LOGO的升级设计，据说花了800万元（这个费用其实不止是设计一个LOGO这么简单，这当中其实还包括一系列的市场调研／分析研究／VI设计及应用及落地执行等），如下图所示。

旧　新

万事达LOGO升级

你说LOGO设计等这些有没有价值？

但不好意思的是，你去淘宝上搜索LOGO设计服务，只花50块钱照样可以找到一大把人给你做个LOGO出来，而且这样一个50元的LOGO照样可以用好几年，只要客户觉得不用换。

2. 项目耗时

对于电商设计师来说，像双十一／618等都算是比较大的项目了，一般提前两到三个月就要开始策划了，而对于比较大的LOGO设计项目，可能耗时也会长达半年或一年之久，因为越是大品牌大企业每一次升级LOGO都会牵涉方方面面，可能光是市场调研就会花去大半时间预算，更别说落地执行了。

而做得快的，有人一天可以套10个详情页，有人几分钟就可以设计出一个LOGO，你们说什么设计行业更有价值？

所以没法比较，各行有各行的价值。

3. 耗费人力物力

拿一个最完整的电商活动设计来说，会牵涉哪些环节的人呢？可能会牵涉用户研究人员／策划／文案／产品经理／交互设计师／视觉设计师／前端设计师／开发人员／测试／销售采购等。

而一个完整的LOGO设计，从需求确定到执行再到落地，会牵涉到哪些环节的人呢？可能会牵涉市场调研人员／文案／品牌宣传／视觉设计师／印刷人员等。

它们都可能会牵涉几十上百人（光是调研可能就会牵涉几十几百几千人了），耗时耗力都可以很长，但也有很多设计项目只需要一个人就可以完全搞定了，所以你说什么设计行业更有价值？

4. 影响力

设计其实也算是一种服务行业，无论是电商设计还是其他设计，能不能成为有影响力的作品，跟你的设计所服务的企业是不是知名企业有关，跟所处的时期有关，跟项目本身的主题有关（就好比现在的热点追的好就很容易10万＋啦），也跟你的作品好坏有关。

比如对于电商设计来说，前面提到的那些为天猫做的创意设计，或者卫龙等品牌，它们本身就已带了名品效应，那么做他们的设计项目相比于为其他不知名的店铺或品牌做项目就更容易变得知名有影响力。

如果你的设计作品很好,则也可能挽回一个将死的企业,或者使原本不知名的一个企业变得知名和有影响力。

比如这款让苹果起死回生的电脑设计:

苹果电脑iMac G3 1998年

这款1998年6月上市的iMac,它拥有半透明的、果冻般圆润的蓝色机身的电脑,重新定义了个人电脑的外貌,并迅速成为一种时尚象征。推出前,仅靠平面与电视宣传,就有15万人预订了iMac,而在之后三年内,它一共售出了500万台。

总而言之,无论什么设计行业,设计费都有高有低,耗时都有长有短,就好比一个好的详情页设计页面也许能带来超高销量,救活一家店铺;一套好的VI设计也许能够帮助企业占领用户的心智,使人过目不忘,帮助企业存活下去,你说哪种设计行业更有价值呢?

59.4 电商设计师的职业发展方向有哪些?

无论是为平台服务的电商设计师,还是为店铺服务的电商设计师,据我观察他们目前主要有以下几个职业发展方向:

- ◆ 设计专家:这个发展方向比较适合那些喜欢钻研技术而不热衷于管理的电商设计师们,成为主创设计师,专门负责比较大型或比较重要的项目。
- ◆ 总监:这个发展方向适合既有一定的执行能力,又能顾全大局,统筹项目安排,懂得跟不同部门或不同领域的人沟通协调的设计师。

第59章　五个角度解析电商设计师的价值

- 合伙人创业：这个发展方向适合敢于冒险，不计较眼前得失，往上懂得跟其他合伙人相处，往下懂得跟团队小伙伴相处，最重要的是，自身目前的状况是没有太多的金钱压力或来自另一半和家人的压力的一类人。

- 自创品牌：要自创品牌，一个是要有冒险精神，再一个就是要有资源和资金支持，能慧眼识人/或者有魅力吸引人才，再一个有敏锐的市场洞察力的一类人。

- 培训：培训现在也是很火的一个设计师发展方向，有教软件执行的，也有教实际项目操作的等等，其实说实话，现在不管什么人都可以去写文章写教程或当培训老师，但是水平确实也是参差不齐的，一般来说，讲师资质高的培训机构会更靠谱一点，而那些听都没听过的讲师很可能本身就是培训班出来的学生，那教学水平可能就不好保证了。

- 自由职业：自由职业一度成为爱好自由的设计师梦寐以求的发展方向，但其真正做过的人才知道，这条路不是一般人可以坚持下来的，因为自由职业其实并不自由，它其实比你正常上班面临了更多压力，因为你不仅往往是一个人在战斗，而且它也需要设计师有很强的自控力和自学能力。还有一点就是要有客户资源，如果你什么都没有，还是趁早打消这个念头吧，因为你可能会在浪费了大把时间玩腻了焦虑的不行又没有收入来源之后，最终还是默默返回职场好好上班的。

- 自媒体：自媒体是一个很容易进入但是却不容易做好的一个发展方向（目前据说已经有几千万个公众号了，竞争还是比较激烈的），因为自媒体反映的是一个设计师的综合能力，不是说你图做得很好看或者你在设计业内已经很知名了就一定能做好自媒体的，总之这里面涉及的内容太多了，一个自媒体人就是一个公司，而且选择了这条路就要做好前一两年都不赚钱没有收入来源的打算，这条路也需要设计师不断地积累沉淀自己，有料才有输出，才有高质的输出。

- 品牌策划公司：能够由一名电商设计师发展成为一名能够开一家品牌策划公司的人，必定是情商高眼界非常开阔，知识面比较广的人，比如你可以不擅长具体的执行，但是你肯定在文案/摄影/策划/设计/市场等等至少一个方面是要非常擅长的，然后其他方面也要懂一些相关的知识，要不然你如何去挑选合适的人才搭建出色的团队呢？其他的管理能力/市场洞察力/沟通能力/资源整合能力都不用多说啦，但凡涉及团队管理和企业管理都需要有这些能力。

- 转行：觉得自己有更好的职业选择和兴趣方向的人，或者想赚大钱的人都比较适合转行，而不是继续留在设计这行，因为设计并不会让你赚大钱（因为设计只是一种执行服务，做执行的人永远都不会比那些懂得运作资源或权利的人赚得多）。

59.5　电商设计师该如何正确认知自己的价值？

每个人选择做电商设计这一行的理由都是不一样的，有人是因为不知道做什么而又听人说电商设计门槛低于是就入行了，也有人是因为被迫稀里糊涂地被老板或家人推入了这一行，还有人跟我一样，是因为兴趣和爱入了电商设计这一行。

但不管怎样，我们都要知道，如果实在是不爱这行或撑不下去了就趁早离开不要耗着，而是赶紧去找到自己最爱的那一行，因为你不爱它的话你就很容易疲惫，也很难为你带来动力去获得更多经济收入，时间成本太高了经不起浪费；如果爱这一行，但是也时常感到心累和痛苦，那么你就要知道痛苦的来源是什么，是因为待遇低看不到希望？还是因为身体吃不消？

待遇低的话很好解决，说明你需要继提高自己的设计能力和相关的职业技能，为能够去更好的公司而努力，能力上来了待遇自然而然也就上来了，只是任何一个好的结果都需要你去付出实际行动争取，需要时间去沉淀，而不是等着别人把好结果送到你手里。

如果是因为身体确实吃不消，那我也建议不要死撑着，而是看看是不是自己的时间安排和工作效率有问题从而去改善它，减少不必要的加班和拖稿，这样也会对身体好一点，再不行的话就换一份轻松一点的工作或公司。毕竟生命只有一次，工作没了可以再找，技能不行可以再提高，但是命没了就什么都没有了。

诚然，电商设计于一部分人来说只是一个谋生的职业，于平台来说只是服务好用户帮助店铺卖货的其中一环，于店铺来说只是卖货用的推销员或推销工具，而于真爱它的设计师来说，它不仅能给自己带来经济收入，还是一种的坚持和信仰。

你既然爱它又何必去跟其他行业做比较谁更有价值呢？你若是不爱它又何必在这行继续耗着呢？找一份更轻松不用加班的职业不是更好吗？

行行都有它的规则，不存在哪一行更容易之说。

总结

电商现在已然成了我们生活中的一部分，而且人类这个物种只要一天不灭绝，交易行为就不会消失，那么就必然有电商设计的用武之地，它既然存在就有它的价值，大家不必去质疑它的价值，而是要明白，你的设计有多少价值，主要看你怎么看待它的价值，是以赚钱多少为衡量标准？还是以知名度为衡量标准？还是以为公司为社会做的贡献大小为衡量标准呢？

而以上所有这些衡量标准，其实都跟你自己能做到什么层次和水平／你所处的城市／你所服务的客户／你的认知等有关。

另外作为一名设计师，别只顾着工作而忽略了你自己啊，因为你自己这个人就是你最好的设计作品，你想好要怎么打磨这幅作品了吗？你想让它上线多久呢？好好想想这个问题吧。

第 60 章　关于电商设计师的 8 条趋势分析总结

2011年那会儿，我还是杭州某互联网公司的一名UI设计师，那年双11我亲眼目睹了我们整层办公楼近500多人都在买买买的壮观场面，不过那时候的我对电商没有任何概念，甚至对网购都不熟悉；2012年年初，我阴差阳错地接触到了电商设计，爱上电商设计并一直坚持到现在，已近7年时间。

这5年时间，我待过已经倒闭了的小电商平台，做过腾讯电商的外包，也真正近距离参与过京东大大小小的各种活动设计，亲眼目睹了天猫双11成交额从2011年的52亿元一直增长到2017年的1682亿元，直到现在我把我的部分关于电商的思考和观察总结写成这本书分享给大家。

这几年，电商的发展速度是惊人的，这篇文章也许对正在电商设计这条路上或即将迈入这条路的人有所启发，接下来我们直接进入正题。

60.1　少数人会驱动多数人的行为和想法

这个少数人是指什么人呢？指某一个行业领域里走在最前面的人，再或者是某一个圈子里最活跃的那一批人，毫不夸张地说，这些人的一举一动都会牵涉到他人的发展方向，这种现象在炒股行业也许最为明显，知名企业或知名投资人的稍微一点动作就会对相关公司或行业的股价产生不小的影响。

那么在设计圈里其实也是一样的道理，比如现在在设计圈很火的C4D、三维建模和渲染，虽然这个在工业设计领域是非常常见的一项技能，但被引入到了电商设计行业后大家都开始纷纷效仿三维的效果。

还有合成效果早几年前比较常见于创意互动广告界，一开始一些简单的合成效果也只是常见于一些比较追求炫技和非主流效果的店铺（那时候的效果都做得比较粗糙，甚至看起来会有点俗气），其实对于天猫或者京东这样的平台页面设计中是很少会用到这些效果的，因为这种效果对于动辄就是好几十个不同会场的平台活动来说，很难进行品牌视觉延伸，再一个就是合成玩的需要很强的绘画功底和想象力，处理不好容易变得非常掉档次。

虽然我一直提倡设计师不应该盲目跟风，而应该有自己的特长并深挖下去，但是直到看到2016年的天猫双十邀请函居然也开始运用这些效果，我突然意识到一个问题：做好自己也许还不够，你还得去看看你周围是什么情况，既要有自己的坚持，也要做好拥抱变化的准备。因为这些走在前面的少数人或者背靠大树的少数人（比如你玩一种新效果可能什么反响也没有，但是如果被知名企业或名人一传播，那个效果就大不一样了），是会撬动整个行业的发展方向的。

其实对于设计师来说，学习能力才是你最该培养的技能。如果你以前觉得自己会抠图，会做一种效果，会耍点PS你就可以去从事电商设计了，那就太天真了，现在电商设计行业发展得太快，我们消费者的喜好也是多种多样的，你必须要掌握更多技能才能应对不同的需要，我们每一个人都需要跟上步伐，要不然很容易被淘汰。

60.2　移动互联网的发展带来了更多脱颖而出的机会

这里我不是要谈移动端购物占比已经达到了80%以上这个事情，而是要举一个其他方面的例子，我知道你们前段时间又被卫龙的文革大字报页面设计刷屏了对不对？但是我却还算比较淡定，因为这种怀旧的风格说实话好几年前我也做过，淘宝和腾讯电商都做过，这几年也一直有其他品牌在做，这种效果实现也不难，但为什么偏偏就卫龙火起来了，还被那么多人称赞会玩呢？

我觉得这里涉及好几个方面：天时／地利／人和（这里的天时／地利／人和分别是指时机／互联网环境／人）。

首先，关于时机，马云1999年创立阿里巴巴，到现在已经有18年了，而且由于2009年双11的横空出世，以及双11成交额的一路飙升，把电商这个行业也是炒得越来越火热，这些年越来越多的人加入到电商大军当中来，越来越多的传统企业也从线下走到了线上，这就导致各行各业同质化越来越重，竞争也越来越激烈，这时候拥有自己独特基因的企业或店铺才更容易脱颖而出。

而卫龙虽然之前也是比较传统的线下企业，到了2015年它才开设了线上店，但是卫龙作为一款辣条，本身是带有很多人的童年记忆的，这么多年过去了，以前那些购买辣条的人，就像一颗颗种子一样，已经遍布在全国各地的各个角落，或是出入高档办公楼的白领高管，或是干着体力活的普通打工者，但这些人都有个共性，那就是具有娱乐精神。

所以，你会看到卫龙在线上的营销互动也一直都是抓住了娱乐精神这个特点，不仅自我炒作制造了很多类似于"容我吃包辣条压压惊"这种表情包,最后又跟气质相投的暴走漫画搞IP合作,找网红张全蛋直播工厂生产环节,将自己的娱乐精神和贱贱的气质形象进一步加深加固在用户心里。这样一来,它本身不仅带有了年轻一代的童年回忆,还进一步用娱乐特质将自己打造成了辣条界的一名网红,而网红是自带话题传播和流量的。

要知道,对于现阶段的其他商家来说,不仅是流量获取越来越困难,阿里也是一直在鼓励商家能够自我造血自带流量的,所以别人的弱势+自我的优势+平台扶持自我造血,所有这些恰恰对于卫龙来说就是时机。

其次,关于互联网环境,不得不说的就是新媒体的出现了,我前面说到在2012年我就做过类似页面,我也一直看到有人做过这种页面,他们为什么没有火起来?这个我觉得跟移动互联网的发展和微信公众号这种自媒体的出现有很大的关系(2013年微信公众号开始火起来),自媒体需要内容传播,这些内容越出乎意料越吸引眼球越好,而卫龙每次出场刚好满足了这些特点:颠覆形象/有谈资/参与门槛低/人人熟悉等。

比如所有人都说辣条是垃圾食品,卫龙非要把自己的生产线公布给大家看,证明自己是安全可靠的放心辣条。

所有人都觉得辣条是屌丝专属食品,但它偏偏要把自己的线上新包装设计得那么高大上,不仅模仿苹果官网的文案和设计风格,连线下实体体验店都弄成苹果旗舰店的样子。

当所有人都老老实实备战双十一,设计师还在纠结哪种效果比较炫酷,C4D效果怎么实现的时候,人家直接给你整出一个文革时期的怀旧风格页面,再配合着贱贱的动画和恶搞画面,以及"老乡,加入我们双11抢辣条"这种恶搞文案,再一次刷新大家的认知。

你们知道这对于媒体人来说意味着什么吗?当然是眼前一亮的感觉了啊,所以不管大号小号都争相当自来水来报道,然后制造了一篇又一篇10万+爆文,这对于卫龙本身/新媒体运营者/吃瓜群众来说都是各有所利的事情:卫龙省去了不少广告费还获得了那么大的曝光量,新媒体运营者通过这些涨粉,吃瓜群众长见识了也有了谈资,总之是各自尝到了甜头之后,只会让这样的事情进入一个正向循环,大家会更加持续关注他们,所以我说这个是互联网环境进一步助力了卫龙的网红之路。

最后,关于人,从卫龙近年的表现来看,他们是拥有一支非常专业的运营设计团队的,这个是属于人才的助力(卫龙的线上运营在2015年8月份就全部都外包给了杭州的一家名叫杭州昆汀科技股份有限公司的TP公司),再一个就是他的用户群体,普遍属于游戏/娱乐/二次元用户,这些人都是极其熟悉互联网的一群人,他们接受新鲜事情的能力强/有娱乐精神/各自有自己的社交圈子,他们会去传播会参与,也就是说,卫龙是一个有强大粉丝群体的辣条品牌，这就是人和。

总之，作为电商设计师的你，可能目前只能站在视觉的方面去分析看待一个页面设计是否成功，但是你也应该了解到是因为其他的方方面面综合一起才能最终成就一个店铺或一个品牌的。

哦，这里还要说一个题外话，继卫龙模仿苹果火了之后，什么煎饼果子什么虾也相继模仿了，这个其实就没什么意思了，一方面是群众的新鲜感已经被消耗得差不多了，其次，后来者如果仔细研究过卫龙每走一步的目的和缘由，兴许就不会这么做了，光模仿人家的面子，但没有人家的里子，其实是没用的，毕竟第一个模仿的人得到的是掌声，而后面模仿的人得到的大部分是嘘声了，这个道理对于喜欢跟风追热点或模仿的媒体人也一样适用。

60.3 用户的时间越来越宝贵，你的设计必须要易懂且吸引人

现在处于信息过剩的时代，我们不管是浏览网页／逛淘宝还是刷朋友圈，各种各样的信息和商品都扑面而来，用户是没有太多时间和精力去细看的，所以你的设计必须要易懂且吸引人才可能脱颖而出，这个对于电商设计师来说意味着什么呢？

首先，你要知道用户实际在意什么，你要通过这个设计去体现哪些东西去吸引到他们呢？

比如用户在意价格，那么你的设计画面就可以热闹有亲和力一点，价格和利益点可以放大一点，利益点或价格的色彩可以突出一点。

再比如用户对价格不是太敏感，但是喜欢新潮，那么你的设计可以夸张无厘头一点，一些不合常理的情景或配色都可以出现，比如超玄虚的元素比例，夸张的配色，价格利益点什么的在这里不是最主要体现的点，所以可以弱化（当然如果你同时要体现趣味好玩和低价折扣，那么就可以强化一些价格方面的内容点）。

其他的以此类推，总之这就好比，你衣柜里有很多套衣服，你知道你该怎么搭配出门，去参加普通约会穿什么衣服？去参加宴会穿什么衣服？去郊游穿什么衣服？等等，就是这么个道理。

其次，你要知道你的设计是带有目的性的，你要通过这个设计去引导他按你设想的方向走。为用户考虑不代表无条件满足用户需求，无论我们怎样挖空心思让用户满意和开心，其

实最终目的就是让用户掏腰包买东西。

即使这次不是让他买，也是希望他以后能买；即使他这次买得有点少，也是希望他下次能多买点；即使他已经买了，其实还希望他能推荐他的朋友来买，就是这么个现实目的。

最后，运营和设计需要统一战线，电商设计师要有运营思维，认清设计的地位和作用，比如我们有时看到运营给的一些要求都头大了，比如他们要你设计一些礼包搭配／凑单／拼团／分享红包的设计样式，其实都是有目的，这里涉及一连串的闭环和回购率的问题，电商设计师应该学会理解运营的这些用意（当然也不排除如果作为设计师的你都知道这些了，而运营却不知道这些道理的情况）。

60.4 思维决定行为，养成做练习的习惯很有必要

这里要说明的一点是，我的很多文章都是启发思维的，但是这些东西产生效果的前提是什么呢？就是你的手上的功夫要能达到，或者说你有能够和你配合去实操的人，所以我一直认为对于电商设计师来说，是技多不压身的，因为电商设计这个职业其实就是需要你是一个全能手，比如营销／摄影／手绘／交互你最好都能有所掌握，电商设计光是做得好看是没用的，除非你的这个好看能惊艳到让你的设计脱颖而出。

其次，做一个善于观察和生活的人吧，一方面是因为任何涉及商业的东西，其实都涉及对人性的理解，另一方面对于设计师来说，经常会涉及一些光影的制作，或者合成修图，这个在平时的时候多观察，然后记在脑海里，到用的时候你就会知道该怎么做了，而且，很多灵感创意其实也是来源于生活，你们慢慢也许会有体会。

总而言之，思维决定行为，你的手上功夫也得跟上自己的思维节奏，要不然会变成一具空壳设计师，所以养成做练习的习惯很有必要。

60.5 电商设计师最好能懂一些品牌设计方面的知识

如果电商的发展趋势是线上和线下打通的话，电商设计师最好能懂一些品牌设计方面的知识，比如VI设计（包含LOGO设计／包装设计／招牌设计／周边设计等）。

第60章 关于电商设计师的8条趋势分析总结

现在很多淘品牌都已经从线上发展到线下了,开设了线下体验店,比如茵曼,三只松鼠等,总之很多品牌都是线下线上店都有布局的。

因为能达到这种发展规模的店铺一般来说也都是非常有实力的,所以可能会设立好几个不同的设计部门,在这种环境下,如果你既懂电商设计,也懂品牌设计,那么当然就更有优势了,无论是跨部门沟通还是换岗,再或者是协助别部门的工作,都会更加得心应手。

60.6 电商设计师应该尽量多接触一些类目或风格的设计

很多电商设计师可能更加关注的是最近新出了什么软件,再或者新出了什么风格,但是我觉得你还应该关注的是人类生活方式的发展趋势,因为如果说关注前者是让你知道下一个需求该怎么解决,那么关注后者就关系到你的下一步该怎么走了。

对于店铺的电商设计师来说,你们面临的主要是下面几个方面的问题:

❶ 接触的品类往往比较单一,很少去接触多个品类的设计,但其实不同类目之间还是存在较大差异的,这就存在一个风险,就是万一你现在所做的这个类目生存状态不那么好了怎么办?有想过自己的退路吗?所以业余去接触其他类目的设计很有必要。

❷ 没有关注人类生活未来的趋势和发展的意识,比如人们的生活水平肯定是越来越高的,这就涉及几个方面的问题,比如有趣好玩 / 高品质的页面设计也许会越来越成为主流,那么你的审美是不是得跟上了啊?不要永远只会做一种利益点超大价格超大的低价促销页面设计。

再比如人们生活水平的提高意味着越来越多的人会更加注重自己的健康 / 外貌形象 / 生活品质 / 时间,那么以前被忽视的几个品类比如茶叶 / 咖啡 / 男士护肤 / 眼镜防护 / 车品 / 智能家居 / 食品保健 / 健身美体等相关类目会有更多机会。

而如果你一直都是做母婴相关的,那么也要考虑到小孩会长大的问题,如果你一直都是做年轻女性相关的,那么也要考虑到女孩子最终会变为妈妈的问题,总之,不同阶段你的用户的需要是不一样的,随着时间的推移,用户是会变化会成长的,我们设计师也要跟着适应变化。

❸ 好待遇都是竞争者多而坑位少的,大部分店铺电商设计师梦寐以求的就是能够去到天

猫/京东这样的平台中去做设计，因为在平台中可以享受到更好的待遇和更加专业化的团队指导，但现实是平台的坑位只有那么一点点，你拿什么去竞争？

我的总结发现，手绘/情商/学习能力强的人比较容易让自己在众多竞争者中脱颖而出，因为手绘能力强不管是在什么设计团队中都是非常加分的，而情商高意味着可以融入团队，也意味着比较容易遇到贵人相助（比如给你内推什么的），学习能力强往往意味着勇于接受变化和挑战，思维能力强。

以前，我不知道店铺里的设计师是怎样一个群体而存在，但是当我接触到越来越多的店铺电商设计师后，才了解到他们的生活情况和普遍待遇，才知道他们也许是设计师里最辛苦的一个群体了，以上这些总结希望能对你们有所帮助。

60.7　平台电商设计师切勿变成温水里煮的青蛙

目前阶段来说，平台电商的设计师相比于店铺的电商设计师，各方面条件待遇都好很多，基本是双休/五险一金/"高薪"/其他福利等，待遇好也往往对应着高要求，所以平台也相对难进一些，基本是就算你能力强，你也得等到有空缺的位置你才能上。

但平台电商设计师大部分聚集在北上广深杭州等城市，他们只是说相对于店铺设计师来说待遇好点，但是相对于其他职业来说，待遇是偏低的，而且短期内平台里的设计师大多依旧只是负责视觉部分，职能和眼界较单一，接触的人大部分也是仅限于交互/运营和前端，对于电商的核心商家和用户接触得太少，再一个就是视觉设计师职能原因导致他们所处的地位也非常尴尬（夹在前端和运营交互之间）。

对于平台电商设计师来说，你们面临的主要是下面几个方面的问题：

❶ 跳槽范围比较狭窄，要么能力非常出众可以去到BAT等大厂谋求一份职位，要么还是选择在电商平台之间跳来跳去，但生命力顽强的电商平台就那么几个，其他的新兴电商平台时不时就会倒闭几个或者被实力更雄厚的平台所收购。

所以你可能最终的去向要么是继续待在平台，去大厂要么去数量庞大的创业公司或者店铺，但是我相信你们之前待惯了平台，就很难适应创业公司或者店铺的高强度和单休以及其他不稳定的各种因素了，再一个凭借在平台培养的比较单一的职能技能估计也很难胜任新工作，除非你平时私下去补齐各方面的知识。

❷ 竞争力达不到，现在电商发展的势头你们看到了吗？店铺的设计水准其实一点也不比平台差了，也许你会说明明天猫的设计很厉害啊，但是要知道像腾讯／天猫／京东这些有很多设计是外包出去的，内部设计师负责的事情就那么些，内部设计师的数量也有限，即便是很多内部设计师其实干的也是套版或打杂的事情，除非自己有危机意识业余时间能够继续多做练习，要不然很难应对激烈的求职竞争力。

以上我分析的都是比较现实的问题，如果你说你以后有其他打算，如果作为平台电商设计师你知道在业余时间给自己充电扩展自己的知识面，那就再好不过了。

60.8　电商设计师这个群体的生活现状更像一个"工"字形

首先，电商发展起初阶段，大部分的设计师都是一些非科班出身的功底较弱的人组成的，而且大部分也一直是在一些小店铺里从事设计工作，没有专业的人指导，全都是自己瞎摸索，更别说懂用户体验和用户心理学这些知识点了，而这些却正是保证你的设计能够让用户觉得易懂和吸引人的关键所在。

其次，随着电商这几年的迅速发展，整个电商设计行业也吸引了更多高质量的人才加入，他们有设计功底／各有所长（比如绘画／摄影／懂用户体验等）／拥有更高的学历背景／接触过更多新潮的事物，这些人的加入使得电商设计更加专业化和丰富多样（手绘／三维／合成／手工／摄影／跨界等），所做的设计也更具吸引力了，而先前一批人或后来的人如果没能继续提升自己，当然是会被这批人给淘汰的（找不到工作，或者只能找到一些待遇低／不稳定的工作）。

这就好比是一个"工"字形，发展得好的在上面那一横里待着了（比如在几个大平台里或者好一些的企业里跳来跳去，就那么几个坑位），中间还有一些奋斗在路上的人，而且这个路很窄，因为电商设计不同于其他设计，它需要掌握的知识点是很多的，底部就是那些面临着被淘汰的人和新加入的人，他们的流动性很大，因为没有什么优势特长，所以可替代性强，往往蜗居在很多经营状况不佳的小店铺里。

这些店铺大多是没能赶上变化的店铺或者发展受阻的店铺，因为没有能力和资金吸引到更加优秀的人，所以也只能招到"工"字形底部徘徊的人才，于是就这么恶性循环，当然造成这种处境也不完全是人才的因素，跟他们自身的基因、渠道、产品等等也有很大关系。

总结

这几年电商设计发展得非常快,而且只会越来越快,要求越来越高,而我们能不能走好这条路,最重要的关键点除了兴趣支撑以外,其次就是技术+视野+思维方式的综合能力提升了,因为:

你需要学习的永远比你想要学习的多。

你需要走的路永远比你预想的要长。

第 61 章　电商设计师该如何克服迷茫感？

不同的设计师，因为能力／阅历／名气／资历等不一样，所以拿到的薪水或私单报价肯定也就不一样了，而同一个设计师的报价，有的客户会觉得便宜，有的会觉得贵，这跟客户对设计师的认可度以及客户自身的经济承受能力有关。

电商设计师的日子真的过得很艰难吗？

以前跟一位老板聊天，花几十万元装修一个店铺的有，月薪拿到6万元的也有，一个专题页设计通过拆分为很多细小的部分后，报价可以高达7万多元，这还是优惠后的价格，最重要的是客户买单了，所以说不要觉得电商设计不值钱或不敢报价，高也好低也好，每个价钱都有每个价钱的理由。

我也经常听到很多电商设计师会抱怨自己的薪资太低了，再或者是说自己每次接私单都畏首畏尾的不敢报价，几百块或几千块钱都愿意把整个店铺给做了，最后还有可能落得一个被拖欠款项的下场，还有很多人工资一个月才两三千块的，而且基本是单休还经常加班没有加班费的。

其实很多人会有这种觉得电商设计师的日子过得很艰难的念头，也有很多人把电商设计师喊作美工，就是因为你们只是看到了这个行业的冰山一角，你没有去接触过更高层次的东西所以你看不到自己的未来，这种不确定性让你感到迷茫，然后一直恶性循环下去，最终结果就是被那些追求低价的客户或者无良老板牵着鼻子走。

所以，不要因为自己暂时的低收入而抱怨这个行业不行，坚持提升专业能力和其他综合能力，总会有觉得值的人找到你，只是时间问题罢了。

也许看到这里，你似乎看到了一丝希望，也坚定了自己的选择，估计也有很多人想要转行做电商了，但是接下来我又不得不泼一盆冷水了，你得明白是什么可以支撑一个人走到我前面说的那种地步，如果你做不到以下几点，那也就继续迷茫吧。

1. 带着兴趣和爱去做事

我不认为一个人会对自己不爱的事情百分百付出你的时间和精力，就像你不爱一个人你便不会想要对他付出一样，要想提升自己的能力就需要不断去学习去摸索，而学习的路上实际是很苦闷的，只是因为有了爱和兴趣这份调味剂后，这份苦被淡化或忽略掉了，是爱和兴趣支撑着你即使遇挫了还要一直前行，永不言弃。

2. 思维开拓和执行技能的提升需要两手抓

这就好比，作为一个职场人，只会说但不会做或者是只会做但不会说的，其实都是没法走远的，你虽然看了一堆书籍或文章了解到了很多知识但却从来不去动手实践，多半是落得一个说起来头头是道，但是实际动手差强人意的设计师。

再或者是你总是埋头苦干执着于自己的技能上的提升但是思维却很受局限，那多半也会变成井底之蛙，无法完成更具挑战性或创意性的任务。

就拿电商设计这份职业来说，它跟其他设计相比，最迷人的一个地方就是它跟"商"的关系是最为密切的，也就是真真切切地是为赚钱服务的，同时你的设计结果的好坏可以直观地通过数据反映出来，你的设计里不仅要运用到三大构成这些基础的原理知识，同时还会涉及营销／心理学／人机交互／文案策划／摄影等很多方面的知识。

你就是一个导演，你的思维足够开阔你才能从其他地方吸收到越来越多的创意想法，所有的一切都是你手下的演员按你的意愿指导去表演。

你就是一位画家，你的执行力跟上思维了你才能毫不费力地把自己的想法表达出来。

你就是一名销售，你要用你的思维和设计帮助卖家把货卖出去。

3. 坚信自己的选择是对的

很多人是没有坚定的信念的，工作不如意了就换，虽然才干几个星期或几个月；

行业看不到前景了就换，虽然才干了几个星期或几个月；

杂活累活不愿意干，虽然才干了几个星期或几个月。

要知道才这么短时间你能积累到的东西是很有限的，你所了解的也是很片面的，你不沉下心来去磨炼和经历，你就永远无法走到你要的那个点（比如你现在才月薪2千元，但是你渴望月薪3万元）。

还有人盲目地觉得电商比UI有前景，就转了电商，却发现自己去到了只有一个设计师却还要身兼数职同时肩负几个店铺的设计任务的地方，感觉吃不消了要退缩了，要知道电商设计师有至少7个藏身之地啊，除了店铺以外，还有天猫京东这样的平台／电商品牌设计公司／企业电商部门／外包公司／自由职业者等，他们需要的能力以及待遇环境都是不一样的，不要狭隘地理解为做电商设计师就是去找个店铺里当个美工而已，其实你还有很多去处和选择。

再还有人觉得做电商不如意就转行去做了UI，最终结果如何也是要看运气和个人造化的，反正从事这两个职业的设计师都多，竞争力都很大，不管你想从事什么设计职业都是各自的选择，职业没有好坏，主要看你爱不爱以及你想不想做好。

总之选定一个行业，就坚持下去。

4. 打好基础，及时调整

经济基础决定上层建筑，作为一个职场人也一样，没有足够的知识积累和经历沉淀就会根基不稳，是无法支撑你前行的，以前我就提到过，最让人害怕的不是今天出了什么新科技，明天又出了什么新兴行业，而是你是否有足够的积累来应对这些变动。

就好比以前的传统媒体不行了，新媒体起来了，可是你会发现新媒体做得好的人大部分还是以前那些老前辈或者那些在某一个专业领域里投入了很多心血的人，因为他们有属于自己的料，于他们而言只是换了个载体去发挥自己的才能而已，换作是你没有这些积累，就算新事物出来了给你机会你也掌控不了它。

电商设计师也一样，比如现在人们的购物喜好逐渐从PC转向了移动端，移动购物占比越来越高，对我们设计师来说也是一个需要适应的方向。

5. 学会筛选客户

很多设计师都会接私单，但出于对自己负责的角度，设计师也应该学会筛选客户，而不是来者不拒，比如一些客户来找我，我都会要求先把店铺地址发我看下，因为有一些店铺不是光靠做出个好的首页或详情页设计就能解决问题的，这种情况我就会提前讲清楚，以免到时候效果不好又把责任怪罪在我的设计上。

把所有话都说明了之后，如果客户还是想试一试，那我再来谈合作，这个一方面是对客户负责，不瞎忽悠他，另一方面也是因为设计师要对自己负责，不能砸了自己的招牌，不承诺自己做不到的事，这样出来的作品也会更优质。

再还有一些店铺类目刚好是自己比较喜欢的或者比较有特色的，可以让设计师有更多发挥空间，设计师一般也比较愿意去接这种单，通常这种情况下设计师也会给一个客户比较能接受的价格，从而达成合作。

总结

我还算比较幸运，这么多年从来没有老板或上司把我当"美工"工具一样去对待，而我之所以从事电商设计行业，也真的是因为感受到设计和电商带给我的乐趣了，有同行感到不快乐或者感到困难估计是因为没有处在更适合自己的位置，或者没有看到更美好的东西在前方等着自己。

再一个有的人就是太懒，行动力不强学习方法偏了，导致投入了时间却没有得到应有的回报于是就气馁了，还有部分人会把自己的不幸都归功于这个行业不行了，其实，主要在于自己怎么去思考和行动啊。

第62章　电商设计师该如何应对人工智能的威胁

不管身处何种设计行业，身为设计总监审美和掌握很多行业知识都是很有必要的，电商方向的设计总监也不例外，因为很多大型的项目往往都是由设计总监来把关和敲定设计方向的，设计总监的审美和见识决定了手下团队成员的见识和能力。

这原本是设计从业者应该懂得的最基本的理念之一，没想到当我把这段感想发到朋友圈，有一条留言评论观点引起了我的注意，这个评论是这么说的："不赞同，电商设计的主体是以服务卖产品为主，审美次之，追求完美是艺术家的活！"

我相信有这种思想的设计师绝对不止这一个，我也知道不同的设计师之间理念上有差异也是很正常的事情，并且这种理念上的差异也会决定不同的设计师最终会成为什么样的一个人，虽然我是尊重不同的理念差异的，但我也深知这是一个非常危险的思想观念，不纠正的话很有可能是会被人工智能淘汰的，所以在本章我想要跟大家好好聊一聊以下这几个话题：

1. 审美之于（电商）设计重不重要？

其实我以前就反复提到过一个观点：电商设计师的职责无非就是两个，一个是帮助卖货，一个是对于品牌形象的传播和维护，但归根结底最终的作用和目的其实还是为了更好地卖货，所以前面那位设计师评论的观点的前半句是没什么问题的，问题在于他不明白这些货其实最终是要卖给人的，而人分很多种类和喜好的，如果他明白这个道理，估计就不会说出"卖产品为主，审美次之"这种话了。

举个简单的例子，人是分男女性别的，人也是有段位和身份差异的，有人喜欢低价的东西，有人喜欢贵的东西，有人把生活过得很邋遢也无所谓，有人喜欢把日子过成诗过成画，所以你看这些不同的人的审美喜好肯定是不一样的，当你把东西卖给这些不同的人的时候也就必须得去考虑他们审美喜好的问题了，因为你几乎不可能通过打折的方式把一个很低端的商品卖给一位有经济实力又有品位的人。

所以当一个人作为电商设计师却认为审美不重要的时候，这只能说明他的认知是非常局限的，但是他能坚持待在这种局限的思维里，说明这种认知应付他目前的工作也完全够用了，所以才会这么笃定审美不重要。

这就好比，你现在所服务的人都是些每天计算着一天只能花多少钱来吃饭多少钱来坐车拮据过日子的人，他们需要的是实惠优惠，所以你给她们打折或卖的很便宜他们当然买账啊，但是你要想通过给他们讲要如何优雅时尚怎么出席晚宴会比较高级的方式来掏空他们的腰包，那估计得一边凉快去了，因为人家温饱问题都没解决呢，谁有功夫听你在这说一些目前派不上用场也不敢奢望的东西呢？

但是随着时代的发展，人们的生活水平是会越来越高的，他们对美的追求意识肯定也就会越高了，所以好的审美对于向往更好的方向发展的设计师来说很重要。

这就好比你在读初中的时候觉得用十几块钱的可伶可俐或者小护士洗面奶就不错了，但是到了你30岁的时候你还会用这些品牌吗？不出意外的话你怎么着也该用上至少几百元一支的洗面奶了吧。

再举个例子，现在的3岁小孩都会使用手机了，从幼儿园开始也基本都开始学习英语了，你再想一想你3岁的时候在干嘛？你那会儿见过手机学过英语吗？没有吧。

所以说，身为电商设计师进化意识还是需要有的，就算你现在服务的人群是不需要审美的，不代表以后不需要。其实说句实话现在很多电商设计师做的图真的还不如鲁班做出来的图，效率还特别低，这跟审美也是有很大关系的，所以如果你不想被时代所抛弃，不想被人工智能淘汰的话，最好还是把提升审美这件事儿放进议程里吧，再说了，如果身为设计师都觉得审美不重要，那我想不到还有谁能拯救国民审美了。

2. 设计师和艺术家的区别是什么？

总有人喜欢把设计和艺术放在一起比较，在我以前的认知里，包括听过一些前辈分享，都会觉得设计师和艺术家之间最大的区别在于前者是为商业和市场服务的，是来解决问题的一个角色，而后者是以搞创作为主，商业不商业都是其次的，自己开心就好。

但是我现在又有新的理解和看法了，我反倒觉得将设计师和艺术家拿来比较其实没什么意义，因为设计师也是分很多类别和不同水平档次的，艺术家也是分很多类型和不同档次的，他们都需要出作品，他们的存在本来也是因为有市场需要，所以其实都是带有商业性质的（比如很多时尚类的品牌喜欢跟艺术家搞跨界合作，通常这种艺术家合作款也比平时的卖得贵，各种画廊也是以交易和宣传艺术家作品为生的，各种艺术馆博物馆和展览馆也是吸引游客的手段之一），要不怎么生存下去？

而且不止是艺术家可以通过抽象的概念来表达自己的内心或者去表达某种社会现象，设计师其实也时常会这么做，设计师也可以很抽象也会依据时代背景去创作作品，只要他服务的人群有这种需求就行。

但要说区别也是有的，比如设计是有一定时间限制以及需求边界的，你必须得在规定时间内拿出设计方案来解决一个问题,要不会耽搁项目进程,但是艺术却不一定有时间限制,他也可以没有任何边界,如果你愿意的话,你可以说从你出生的那一刹那一直到你离开人世的这一段路程就是你的一部艺术作品,再比如你每天去重复做一件事情,它看似是无意义的,但这本身就可以看作是一种行为艺术,至于你的这些艺术作品能不能获得买主的青睐有没有市场价值,就要看有没有愿者上钩的了。

比如杜尚的《泉》就被认为是20世纪最具影响力的艺术作品,还被放在了展览馆里,但其实它就是个小便池啊,可是在当时那个年代来说它就是一部划时代的艺术作品,并且价值不菲。

另外需要说明的是,如果你认为追求完美是艺术家的事情,那我是不敢苟同的,我反倒觉得艺术家反而压根就不会喜欢"完美",反而是残缺的有瑕疵的才更让人浮想联翩才具有思考的价值和意义,因为他们的精神世界一般人根本就get不到(普通人很少会有人去买艺术家的作品,反倒是很多企业家喜欢花高价买艺术家的作品做收藏,除去投资价值以外,这或多或少也有点共鸣的意味,毕竟精神层次太高了不是一类人是理解不了的),反倒是偏执的设计师或者匠人才是追求完美的那一类人。

总之,我不认为艺术和设计该刻意去做区分,因为时间久了你看的视野广了你就会发现,其实设计和艺术之间并没有过多差异,都是围绕着人、生活、时代背景去表达的一种产物,都有其各自的受众对象和商业价值。

3. 到底应该成为一名什么样的电商设计师?

我有时会在设计师群体里听到这样一些声音说:"平面转电商很容易,但是电商很难转平面"。

对于这种论调,我真不知道说这话的人是从哪里来的,我只知道当一个人越是思想狭隘就会越容易变得笃定和以偏概全,所以下面我将要给大家讲一讲,我们到底该成为什么样的一名电商设计师,看完后你便知道,到底电商设计是不是真如别人眼里那般不堪和容易。

那么电商设计是做什么的呢?

前面我就提出一个概念,不管身处何处身处何位,电商设计师其实可以划分为两大类,一类是为平台服务的,一类是为店铺服务的。

为平台服务的电商设计包含首页界面设计/搜索列表页设计/各种子页面设计/登录页面设计/平台的活动专题页设计/Banner设计/H5活动页设计等(某些垂直平台也需要做详情页设计);为店铺服务的电商设计包含店铺首页设计/店铺活动专题页设计/详情页设计/

Banner设计（轮播图/店招/主图等都相当于不同尺寸不同位置的Banner）等。

我们可以做这样的假设：京东和天猫这样的平台就相当于一个个步行街和商场，而入驻这些平台的店铺就相当于入驻这些步行街和商场的门店，服务于平台的电商设计师相当于是为这些商场做装修/运营及设计服务的，服务于店铺的电商设计师相当于是给这些店铺做室内装修/宣传海报设计及陈列设计服务的，而电商设计师们所做的一个个活动页面就相当于线下的实体店的室内装修设计以及宣传海报等。

总之，电商设计师相当于一个需要懂销售懂用户心理的设计师，他们所做的一切其实都是为更好地展示商品/更高效地更多地把货卖出去而服务的。

电商设计师所做的事情其实是将各种人、各种媒介、各种产品给连接起来了，所以现在你应该明白，身为一名电商设计师，一名不被人工智能打败的电商设计师，你需要懂以下这些知识：行业方面的比如市场营销/用户心理学/文案/交互/摄影/修图/字体设计/三大构成/产品品类/包装推广/品牌/线下线上消费习惯及行为等等，软件技能方面PS是肯定需要的，其他的比如Ai、C4D、Cdr、手绘等等其他技能看自己需要去培养吧，当然最最重要的沟通和表达能力肯定也是必不可少的，毕竟设计师需要对接各种各样的合作伙伴啊。

而以上所有这些知识并不是一朝一夕就可以掌握的，而是要通过日积月累，多看多想多联系才能真正转化为自己的知识和竞争力，设计方面的我就不多说了，我几乎每周都在写电商设计方面的文章，下面我给大家举一个关于培养自己的敏锐度和文案写作能力的小技巧吧：

关于写文案，其实跟做设计练习是一样的，我们平时的一些所见所闻其实都可以作为自己的素材积累，看到好的就记下来，看到有意思的就试着去分析一下人家为什么要那么写那么做，比如有一天我买了一包红枣，回到家我就被包装上面的一句slogan给吸引了，这句slogan是这样写的：好气色的女人更美。

一开始我觉得这个slogan非常绕口，如果改成"气色好的女人更美"会不会更顺口？但后来我又仔细体会了一下语境觉得，还是"好气色的女人更美"这个slogan更合适些，因为原slogan只是把一个"好"字调换了位置放在语句最前面，那种精致女人的韵味就出来了，不再普通了。

其实我们在一些电影台词里也总是会遇到这种技巧，比方说一些打招呼的台词："吴太太这几天真是好气色啊"，你会发现说这句话的肯定是个气质不凡的厉害角儿，但如果这台词换成这么打招呼："吴太太今天气色真是好啊"，这一听很可能就是丫鬟或阿姨这种角色说出来的话。

所以你看，这就是文字的魅力。

第62章 电商设计师该如何应对人工智能的威胁

关于这个突然的发现，应该是很多人没有去挖掘过的，所以当我发了朋友圈后，很多人都说自己被点拨了，并给出了类似的一些例子：

"你好大的胆子"vs"你的胆子好大"

"你今天真是好兴致啊"vs"你今天的兴致真好啊"

……

前者都给人感觉更有气势更有性格一些，而后者就比较乏味和寡淡，涵养和地位上也弱些。

有时觉得写文案也是一件非常有乐趣的事情，因为中国的汉字文学真的是博大精深，你只是改变一个字的位置，那种韵味和性格角色就完全变了样，这些都是非常细小的观察体会，需要长期去积累的。

所以无论是文案还是设计其实都是类似的，没有哪一行是很容易的，作为电商设计师，当你想通过设计页面或广告把东西卖给别人的时候，你就需要去了解这个产品以及会买这个产品的人，了解文案的含义，要不然你做出来的东西给人感觉就会缺少内涵，是吸引不了受众的。

4. 提高自身竞争力才是王道

因为铁路的发展，然后马车车夫丢了饭碗，因为计程车的出现，然后也让马车夫丢了饭碗，但没人可以阻止铁路及计程车的出现和发展，毕竟这代表的是一种社会的进步啊，使人们的生活越来越好越来越便利了，所以面对社会的发展，我们唯有提高自己的竞争力和适应力了。

优胜劣汰本就是大自然发展的规律，我们无法违背它（连恐龙都灭绝了好嘛……），唯有提升自己的适应能力，要么做到全能，样样你都懂，这行不行了大不了你换一行，要么你就做到专一，把一个行业或某一个技能研究透彻深挖下去，总有一天会成为专家的。

且不说电商这个行业很难消失（因为交易行为是几千年来人类赖以生存的基本活动需要啊），即便是消失了，因为在这个过程中你其实已经掌握了非常重要的学习能力，即便是换其他行业你再去做，你拿出恒心去学习一样难不倒你。

作为职场人最重要的品质是什么呢？就是讲诚信/自学能力强/有恒心/心态好，与其患得患失，不如让自己更强大以应对风险，你在任何行业都该有这样的心态。

所以与其哀嚎害怕被替代，不如提高自己的竞争力顺势而为。

当你决定成为一名电商设计师，一名具有竞争力的不被人工智能淘汰的电商设计师，你也就走在了成为一名终身学习者的道路上，没有退路。

第63章　关于运营和设计师的那些事儿

63.1　运营和电商设计师之间的关系

记得有个女孩私聊我说:"婷姐,我老是被催稿怎么办呀?一催稿我就紧张,一紧张我就慌了,那个运营还不停地催,然后我这人脾气不太好,搞毛了是会掀桌子的,你说我该怎么办呢?"

我问:"别人为什么老催你呢,是不是因为你经常做图很慢或者作品不太好?"

女孩回答说:"这个运营是刚来公司不久的,我作图速度还可以啊,不明白为什么老催我。"

好吧,这个话题就结束了,我不清楚整个事件的具体情况,以及这个女孩还有运营之间的真实情况,所以无法给出具体建议,但是我可以发表一下我自己的看法以及给出一些分析结果。

1. 运营为何老是催设计师?归根结底是互不信任

为什么互不信任呢?我们先说说互相信任是怎么样一种状态吧,比如做一个活动页设计,所有参与人员心都是一致的,并且互相认可彼此的能力可以做好这件事的,同时整个项目有一个计划表,各自知道哪个阶段做什么事情,一环扣一环有序地进行,运营不需要经常去催促设计师,因为按照专业判断可以预估设计师会花费多少时间做一件事情,所以他不需要那么没自信地不停地催,催是因为自己没底。

而设计师也不辜负运营的信任,并且知道对项目其他人负责任,比如按计划是5天后将设计稿给到前端,那么就严格按这个时间表来,至少要给到的框架可以让前端先开工,这样的话前端和设计师工作可以同步进行,不会影响页面上线。

那么偶遇突发情况怎么办呢?比如突然要在页面里加个模块,突然有个地方不得不改一下,而项目上线时间就在那里,这种情况下,对设计师的考验是最大的,他要么再提速以保证不影响前端的进度,要么延后,这样子对前端来说又会比较残忍。

而设计师其实一般都是比较善良的,能自己扛的当然还是自己扛,但小情绪肯定还是会有一些,虽然嘴上可能会骂骂咧咧,但是心里和胳膊肘还是诚实的——继续完善稿子,那么如果是跟互相信任的人合作,一般是可以包容这种情况的,最多也就互相调侃一下开个玩笑这事儿就这样过去了，人都是会有情绪的嘛。

而最终的结果是，在彼此的信任下，在彼此的磨合包容中整个项目正常上线，皆大欢喜。

可实际情况是什么样的呢？就跟那个女孩说的那样，运营刚来不久，这对应的一个信息就是说，运营和设计师之间并不是太了解及信任彼此的，这个跟运营是不是刚来不久关系不大，根本原因是互相之间不太了解和信任，还有一种情况是跟外包公司那种模式一样，可能每个项目对接的需求人是不一样的，都是被随意分配的，彼此不清楚对方的实力，所以也会产生不信任感。

那么说了这么多，信任建立在什么基础之上呢？那就是对彼此职业的尊重度相当、各自能力的匹配度相当。

或者某一方稍弱一点但不要差距太大，要不然会让彼此都心累，跟爱人的选择是一个道理，这也是为什么很多设计师接私单都是更愿意让别人主动找上门来，因为这意味着这个客户是认可这个设计师的，是一种自愿原则，合作起来会愉快很多，彼此的包容度也会大些。

所以，出现了矛盾，不管是运营还是设计师还是其他角色都应该尝试着先去找自身的原因，再去抱怨别人。

2. 强强联手的合作太难得

照目前的形势来看，其实大多数公司里设计师的角色其实是为运营服务的，这已经造成一种话语权的不对等，假设这个运营自身能力不强，可偏偏他又占据了话语权，而你们恰巧又不得不合作，那么就需要设计师有相当强的能力才可以去抵消更多的麻烦。

比如当运营瞎指点的时候你可以有条理地说出让人信服的理由，你能控制住自己的暴脾气始终友善地为他服务，要不然，后续工作很难展开，因为稿子能不能过决定权在他们那边，若是闹得不愉快，你前期建立起的好形象或者合作信任很可能就会在那么一瞬间崩塌了。

若是恰巧别人也不那么认可你，那你知道后面的路是很难走的，比如互相排斥挑刺儿，最后导致项目进行不下去也是有可能的。但如果是一个经验丰富或者能力好的运营一般是以大局为重，就不会那么玻璃心找刺儿了。

那如果是一个能力强的运营和一个较弱的设计师呢？这个情况其实比上述运营弱设计师强的情况好解决多了，不过也是个麻烦，因为太弱的设计师往往无法表达出运营想要的东西，这样的话运营又不会做图就只能干着急了，他能不催你嘛？

可偏偏在大多数公司，运营强设计师弱以及运营弱设计师强的这种结合才是最普遍的存在，但同时也是最不让人省心的，这种结合会导致大量的时间和精力浪费，彼此可能还闹得不愉快（当然了，要是运营弱计师弱的结合那我想老板应该才是最痛苦的吧）。

所以设计师和运营之间不仅需要提升自身的能力，还需要互相去学习一些对方的知识，才可以逐渐达到强强联手的效果，这种状态才是最棒的。工作不比谈恋爱，谈恋爱如果觉得对方不合适，当天就分手就可以，但是如果是工作，你能这样频繁地换吗？公司招个人不容易他能随意开了你吗？都不合适吧。

小结

大家都是在售卖自己的时间和劳动力而已，你不努力不学习绝对不止是你一个人的事，因为一旦涉及合作，你不提升自己不仅是对自己的不负责，也是对别人的一种折磨啊。

所以到底该如何化解运营和设计之间的关系？说白了就是彼此都要提升自己的能力，专业方面的和沟通方面的都需要，然后朝着同一个目标努力，毕竟大家都是为了更好地卖货不是？

63.2 运营应该如何高效地给设计师提意见？

设计圈里经常流行的一些调侃或自黑的段子，其实无非就是围绕着甲方爸爸／老板大人／运营哥哥们不懂设计但又经常喜欢提修改意见，或者不给钱不给时间但又要求设计要做得高大上要有高转化率等等问题而衍变的。

其实造成这些困扰的原因无非就是因为大家相互之间缺少了解以及沟通不到位造成的，针对这个问题，今天我就来给大家梳理一下"运营或老板们到底该如何给设计师提修改意见以及如何跟设计师沟通"这个问题好了。

首先我们来看看运营老板以及甲方爸爸们最爱用的，可以直接让设计师们崩溃的十大经典改稿评语：

（1）不够大气
（2）缺少氛围
（3）差点感觉
（4）画面太平
（5）太单薄了

（6）没有冲击力
（7）不够有吸引力
（8）不好看
（9）太丑了
（10）这不是我要的

第63章 关于运营和设计师的那些事儿

惊不惊喜？刺不刺激？

设计师们纷纷表示："我不听！我不听！我不干了还不行嘛！"

好吧，以上其实都是玩笑话，那么到底该怎么将这些抽象的意见转化成设计师们能听得懂的修改意见呢？这里有三个步骤。

1. 先理解设计里包含了什么

无论是Banner、海报、专题页、首页还是详情页设计，它们终究都是由文案、背景、产品、模特等元素组成的，所以提修改意见的时候，我们可以从用色、构图、排版、整体氛围、细节、视觉规范等设计的角度；也可以从阅读性、可行性、友好度、便捷性等用户体验的角度；还可以从运营、老板、消费者等不同人群定位的角度。

总之，角度很多，从你擅长的角度给出专业的意见就好了。

2. 学会换位思考

基于运营策划等等和设计师之间也算是同事关系，抬头不见低头见的，所以最好是能友好相处，这就涉及一个换位思考的问题了，要明白一点，当设计师把自己的设计稿交给你看的时候，这也便意味着他是花了很多时间和心血在这里面的，所以无论此时你对这份设计稿有什么意见，满不满意，你都可以试着先说一些让人便于接受的话语，比如：

"真是辛苦了啊，感觉还不错"

"哇，这么快就做完了"

"你这个创意好棒啊"

"厉害了，看起来有点意思噢"

此时设计师心里一般都会感觉有点美滋滋了，因为做设计的人其实都比较希望得到认同感的，也没什么坏心眼，你先肯定一番之后再提修改意见，人家也会更乐于接受一些，对于接下来的工作展开也会相应顺利些。

但如果你直接开口就说"哎呀你这做的什么鬼，真是丑死了，再去改改吧"类似的贬低话语，我估计设计师们立马就对你产生反感情绪了，下次谁还愿意听你的指挥和修改意见啊？

不过我前面给的一些参考语句可能比较女性化，对男的来说可能有点太娘了，不过你们明白我的意思就是说，在给设计师提修改意见之前，最好是先称赞或肯定一下别人的劳动成果，再去提意见，事情会进展得更顺利一些。

3. 请开始你的表演

在心理上安抚好设计师后,接下来就是提修改意见的环节了,我举几个例子:

下面是我之前给一些设计师们出的一些Banner练习和大家平时发过来给我点评的作品,通过看这些点评,也许你就知道了该如何说出设计师们听得懂的修改意见,从而达让设计师改出自己想要的画面效果(不过在点评的时候我们难免会有一些个人习惯用语,这个没有关系,保持友善就事论事就行):

◆ 点评案例一:Banner

千万不要这样给设计师修改意见:"差点感觉,有点乱"。

你可以这样给设计师修改意见:这里用橙子做点缀元素切边处理,还是挺不错的想法,橙色和绿色的搭配也非常有食欲(先夸一下),但是(可以提修改意见了),我这里有一些看法你看下是不是这么个道理:

第一点:周围这些橙子的摆放视角貌似和中间橙子的视角不一样,有的是俯视,有的是正视,所以感觉看起来有点累,你看是不是可以统一一下?

第二点:你看能不能把画面做得再活泼一点,看起来像是有橙汁飞溅的感觉呢?这样看起来可能会感觉更新鲜更有食欲。

第三点:我个人感觉白色背景可能有点太清淡了,可以给它换个颜色吗?

第四点:标题部分缺了一个口子感觉不太舒服,你看可不可以再处理下?辛苦啦。

◆ 点评案例二：专题页（设计师个人练习作品）

千万不要这样给设计师修改意见："这不是我想要的"。

你可以这样给设计师修改意见：整体感觉挺不错的（先夸一下），但感觉还是有很多可优化的地方，我们一起来商讨下（可以提修改意见了）。

第一点：看头图Banner部分以为是卖护肤品的，但看下面部分又是卖服饰鞋包的，所以有点容易混淆，所以产品图这块是不是可以替换一下呢？

第二点：头部的花瓣有点零散，背景的花和羽毛点缀物比较抢眼，而且这些都是实物素材跟整个活动也并无太大关联，所以看起来有点乱，是不是去掉或用绘画图案的形式来表现更合适呢？

第三点：感觉页面太红了点，尤其那个模特的裙摆占面积很大但是又突然切掉了，造成了视觉干扰，而又没有跟下面板块的内容结合起来，也许可以换个模特或姿势试下，再或者自己绘画处理下也行的。

第四点：还有，页面整体看起来不够时尚，风格有点老旧，不太像是一个大卖场页面，也许跟你的配色和素材使用有关，也许你可以去花瓣参考下其他平台的活动是怎么设计的。

点评案例提供者：年轻没有失败

◆ 点评案例三：艾茜沐浴慕斯产品详情页

点评案例提供者：nina

第63章 关于运营和设计师的那些事儿

千万不要这样给设计师修改意见:"不好看,不够大气"。

你可以这样给设计师修改意见:辛苦了,页面整体看起来挺干净整洁的(先夸一下),但我对自己的产品有另一些想法想给你说一下(可以提修改意见了):

第一点:我们的产品是沐浴露,沐浴露给人的感觉应该是洗完后整个身体是干干净净很清爽的感觉,但这个金色用得就感觉有点脏了,而且我们产品本身的颜色是玫红+白色,跟金色也不太搭,所以你看能不能颜色调整一下呢?比如粉色,比如薄荷绿或者蓝色?

第二点:氛围上可能欠缺了一点,原因可能在于你的构图表现太过于中规中矩了,比如首图乳液滴溅的效果太弱了,应该再热烈一点,瓶身也不用那么呆板地站着。

第三点:选的一些模特也感觉都不够有吸引力,缺少笑容和动感,让人看了有要洗澡的欲望和冲动,而且各个模特的肤色感觉也不统一,整体看起来就不太像是品牌的产品了,要别人信任就统一一点。

第四点:字体部分的颜色和渐变色形式,给人感觉比较拉低了档次,而且产品本身的特色没有表现出来,你看我们的产品不管是从颜色选择上还是从瓶身的曲线造型上都是可以看出来是要走女性化柔美路线的,这些点你都可以借鉴用在你的页面设计上,再还有很多韩国护肤品的详情页都设计得不错,你也可以去借鉴下。

◆ 点评案例四:艺铭天下旗舰店铺首页

千万不要这样给设计师修改意见:"这不是我要的效果,我眼睛不知道往哪看"。

你可以这样给设计师修改意见:不错不错,你这颜色用得好啊(先夸一下),但是,我怎么觉得还可以更好,你看我是这么认为的哈(可以提修改意见了):

第一点：你觉不觉得这个头图有点压不住整个页面呢？有点脚重头轻，原因可能在于你的头图产品比下面楼层部分的产品还要小得多，另外背景也比下面楼层部分背景浅得多。你试着调整下也许会好些吧，你说呢？

第二点：头图部分的莲花和荷叶有一种突然蹦出来的感觉，我的感觉是这样的。因为你找不到能与它相呼应的元素，我们的产品身上也没有这些图案物件，再一个如果要用的话，你看背景上的那些素材图案和这个荷花形式上是不是也可以统一一下更好呢？

第三点：下面那几个大的Banner图实在是有点喧宾夺主了，太大太实了，能不能不要偷懒，抠个图换个背景也许能拯救，哈哈！

第四点：仔细看细节方面也有一些可以继续优化的地方，比如你的各个标题部分形式，又是圆心线框，又是四方形又是八角形，看起来有点杂了，最好是能统一下。

第五点：再比如那些购买按钮空间都太挤了，太小了，看起来特别不透气，尤其是跟你那些背景复杂的产品图一对比，整个都被压下去了，用户看着是不太舒服的呀，还有产品图的分割比例间距都有点随意，好几种尺寸和间距，你看着再优化一下咯，辛苦了。

好了，以上我的点评示范就结束了。

点评案例提供者：温暖

总结

总而言之，为了提高沟通效率，在给设计师修改意见的时候，态度语气放好一点，说话要有条理，而且最好是指出具体的问题，而不要用一些感觉抽象化的词语，比如高端大气上档次之类的。

并且不要试图直接给设计师们答案，或把你自己的思想强加于设计师们，而是交给设计师自己去思考去解决（除非他主动征求你的意见，那样沟通效果就会好很多），因为设计师往往都认为自己才是最专业的，并且认为其他设计以外的人直接强加他们自己的可能不那么专业的修改意见显得不是很礼貌，设计师可能会感觉自己的领土被冒犯了。

不过身为一名设计师，太玻璃心了也不好哈，比如我曾经给人做点评和改稿分析，随口提到了"新人可能看不出来这个问题"这句话，然后就有人受不了了觉得我是在搞歧视，其实我就是说明一个事实并着重强调出来要注意一下而已啊，因为作为新人只有认识到自身的这点不足才可以虚心去学习，毕竟任何一个熟手设计师也是从新人过来的，这个并没有任何歧视的意思。

另外，作为设计师的我们可能在设计方面有自己的想法和坚持，但是我们不一定有客户们懂商业懂产品懂运营，所以，站在他们的角度去思考也是很重要的，因为身为设计师的我们其实是和运营、老板、甲方爸爸们站在统一战线的啊，我们拥有同一个目标——就是要做出尽可能好看的合适的能吸引人点击或购买的设计稿出来。

总之，设计师跟运营、甲方、老板之间不应该是仇人，而应该是一同奋斗的同事和战友才对。

第64章 电商设计师求职指南

64.1 不同阶段设计师写求职简历的注意事项

在本章中,我们来聊一聊设计师求职简历的那些事儿吧。

不过在聊这个话题之前,我们可以回想一下自己是否遇到过或正在经历这些遭遇:

"我的作品明明还可以,但是为什么跳槽了加薪不明显?"

"我找了大半个月的工作了,为什么简历却石沉大海?"

"我很想去一家公司,但是感觉心有余而力不足怎么办?"

"找了好几家公司都要求上机做测试题,但我一上机就紧张怎么办?"

……

其实,找工作谈薪水都是有方法和套路的啊。

在我看来,不止是做设计搞营销需要有定位意识,做简历找工作也是一样的道理,所以以下几个方面的问题是你需要去考虑和掌握了解的:

1. 作品固然重要,简历中的语言得体同样重要

我曾在一篇文章里无意中提到了广州的设计师工资水平在一线城市来说不太高这一现象,然后果不其然,炸出了不少工资不算低的。

巧的是有一位广州的设计师来给我报喜说自己拿到offer了,工作经验2年,新offer试用期7k。

她之前是因为找工作碰壁了,所以来找我看看自己的简历和作品存在哪些问题。

我当时随手就帮她看了一下,然后给她提了一些建议,她应该也照做了,最后顺利拿到offer,而且不仅拿到了比自己预期还高的工资,那个之前压她工资的HR反过来又想用同样高的工资去挽留她。

其实她的问题不在于作品不好,她的作品还是不错的,人也长相很甜美小萝莉类型,但有一个问题就是,她在简历里的语言描述给人感觉有点过分谦虚和不自信,简历里居然出现了诸如"如果你看得上我""我是一个可爱的美眉"等语句。

我承认我看了她的照片确实可能是一个非常可爱的妹子,但是,我们这是要找工作啊,不是去相亲找男朋友哇,所以你是不是可爱美眉不重要,更不需要你说出来。

第64章 电商设计师求职指南

另一方面你是求职不是求领养哇,所以最好也不要出现"如果你看得上我"这种自降身价的话。

毕竟,你已经是工作2年的职场人了,你也有还不错的作品,不是那个除了一张好看的脸蛋其他啥都没有的新人了。

如果你的作品明明还可以,但你却在说话上表现得自己很弱,那么:

第一种结果就是,HR会很灵敏地嗅到你是一个不太自信的人,虽然你的作品还不错,也许你本来值9k,但是有些HR会利用你不自信的弱点来砍价到你怀疑人生你还不敢吱声。

嗯,给你6k最多了。

比如这位妹子原来就4000元月薪,工作2年后应聘公司的HR都不问她的意愿直接给她开5000元月薪,妹子觉得不合理之后才不情愿地又加了500元,呐,这个加薪幅度还不如不要跳槽呢。

第二种结果就是,你的作品明明还可以,但是却表现得这么谦卑和不成熟,该不会是有诈吧?可能是一个没什么主见唯唯诺诺的人?可能作品不是你本人的?

这就导致HR会对你持观望态度,自然你就没那么顺利拿到offer了。

一般工作2年以上的人都不会这么在简历里介绍自己了,如果你应聘的是执行岗位,那么你可能直接说自己负责过哪些项目、取得了什么成果等等,有哪些特长和兴趣爱好,能胜任什么工作,对自己有什么样的职业规划,对公司有什么期待等等就可以了,不墨迹。

如果你应聘的是管理岗位,那么你直接说自己负责过哪些项目、带领的团队取得了什么成绩或可以带领团队取得什么样的成绩、对完成公司未来的业绩和目标有什么规划决心等等侧重点会多一点。

而刚毕业的新人,她可能没什么作品,但是她身上有活力、想法、吃苦好学等特质,你目前来说对公司并没有任何价值,所以你才需要让公司看到你的潜力,争取培养你成才以后可以为公司带来价值,这个时候你说:"如果你看得上我,我就会怎么样怎么样为公司效力",那是可以的。

当然了,不止是学生新人之于公司,一些厉害的资深职场人遇到了自己梦寐以求的公司和机会,也会放低自己的身板这么去做,以达到抱大腿的目的。

因为,你的价值决定了你的话语权,你的话语权反映了你的价值。

说到这我又想起来,有的设计师明明作品一般,但是却特别善于伪装自己,能说会道,那么:

第一种结果就是,直接被pass了,因为你这人做事可能比较浮躁,对自己缺乏清晰的认知，安排的事情做不好，但是意见却提了一大堆，招来何用？心累啊。

第二种结果就是，先招进来看看情况，没准是能力没有发挥出来呢？如果过了一段时间发现不过如此，HR还是会让你卷铺盖走人的。

第三种情况就是，先以设计的名义把你招进来，但是实际却会让你去做一些你可能更擅长的事，比如跑跑销售和市场，做做客服啥的，最终结果如何就看你的造化了。

所以，关于设计师求职，要想获得心仪的工作和待遇，作品要好是肯定的啦，但你在简历里的语言表述也该符合你所在的阶段该有的气质才对。

2. 懂得扬长避短的设计师运气不会太差

说到扬长避短这个话题，我想起来有一位设计师找我看简历，他的简历给我的第一感觉是简历很大，我当时网速不好下载半天没反应，差点就想要放弃不看了，但最终还是加载出来了。

他的简历真的算是我至今看过的做得最用心的一份简历了，可以感受到满满的诚意和表达的欲望，但是我给了他一个评价："嗯，你的简历做得很前卫"，就忙其他的事情去了。

然后到了第二天，我又看到了他说的话，我能感觉到他也对自己的这份简历特别满意，他也对HR充满了期待，并且觉得自己还有好多内容没有放进简历里。

终于，我没忍住了。

虽然我不想打击人的自信心，所以一开始我评价他的简历很前卫，但最终我还是没忍住，指出了他目前所存在的问题，并让他直接放弃这版简历，而是去做一份简洁简单的可以把自己的情况介绍清楚的简历，先找到工作要紧。

因为，虽然我能感受到他有很强烈的对设计的激情和欲望想法，但他没有任何美术基础，以他目前的审美和能力真的无法支撑他做出一份让HR满意的设计师简历。

说到这里大家可能非常好奇：这到底是什么样一份神奇的简历？

但出于隐私保护我还是不放出来了，大家可以自行想象一下自己十几年前的QQ空间风格就好了……

所以，设计师为了给人留下深刻的印象给自己做一份独特的个人简历无可厚非，但是当你的能力支撑不起你的想法的时候，你的这份简历反而不仅不会给你加分，反而会暴露你所有的劣势。

如果你是这种情况的话，不如还是老老实实地做一份可以把自己的情况介绍清楚的简单简历吧，先找到工作要紧，后面再继续学习深造。

第64章 电商设计师求职指南

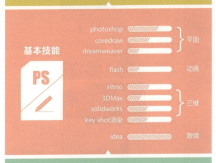

3. 不同阶段的设计师需要展现的技能是不一样的

关于这一点，我对这个话题的感触还是挺深的，因为我前段时间无意中翻出一份2013年我为自己做的一份简历，如右图所示。

看起来很幼稚对不对？

我也不知道我那时候的脑子是怎么长的，居然把自己会用的软件全都罗列出来还做了一个完成进度条一样的东西，显得自己很厉害的样子，实际上这玩意儿没有任何意义啊。

我相信不止我一个人是这么做的，但是作为一个工作2年的人，当时确实没有什么远大目标，而且我也不知道我还有啥拿得出手的可以写了，所以就把自己会的软件全都罗列出来了。

再一个，人的角色是会变的。

比如2013年的时候我还是一名初级设计师，所以我当时更需要的是学习技能，而且我有非常强烈的学习欲望，我希望可以加入一个能学习成长的团队，所以我发自内心地写下了这一段话：

对设计感兴趣是我最大的资本，努力+兴趣+坚持+沟通，期待能够加入一个充满活力和竞争力的团队，共同进步！

说句题外话，时隔近6年，当我看到上面这句话，居然依然有一种被自己的激情和执着感染到的冲动。

但是到了2016年的时候，我的简历就完全不是这么写啦，因为我根本不需要去向别人介绍我会什么软件，因为我有实际的项目和其他更拿得出手的事情可说了，而且我的目标也变了，不仅仅只是满足于做一名视觉设计师了。

所以，我2016年做的简历就是下面这样子的（如图切开展示）：

以上，大概就是一枚初级设计师向资深设计师转变的历程了。

不过随着时间的推移，我又有了新的目标和计划，这个我自己知道就好了，我没必要通过一份简历去向别人展现我自己，所以我也没有继续再做一份简历作品的想法了。

其实，不管是设计师也好，其他职业也好，人生就是一个不断尝试和寻找自己的过程啊。

当然，如果你还是不明白为什么不同阶段需要展示不同的技能，那么还有一个很简单的方式，你可以去别人的企业官网或者招聘网站看下别人写的职位要求，设计助理和设计师的要求是不一样的，初级设计师和资深设计师的要求是不一样的，资深设计师和设计专家的要求又是不一样的。

这个我就不赘述了，因为每个公司的要求不一样，你们直接去网站看更直观。

不过，不管你想获得什么职位或想去哪家公司，你还得合对方胃口才行啊。

简而言之，你需要明白自己是谁，需要什么，同时也要知道别人是谁，别人需要什么样的人，你才有可能达到目的。

64.2　辞职的一百种理由

每年年末，都是很多人想跳槽但又不舍得跳槽的时期，因为走了年终奖就泡汤了，所以大多数人是不会在这个时候轻易离职的，也正因为如此，所以坑位也就比较少了，求职的人机会自然会少些，就是这么个道理。

关于要不要跳槽或离职，大家的情况其实是多种多样的，那我干脆就拿一个案例跟大家分享一下吧。

之前我跟一位提问者沟通了解到一些情况，他面临的问题主要在于以下几点：

- 跟了一个自己不太认可能力的主管；
- 不甘心一直打下手套模板；
- 想离职但是又怕工作时间太短离职会显得自己是个不踏实的人。

这位提问者同时也犯了两大职场大忌：

- 不甘心和不认可一个人的同时，又把情绪表现出来了——容易被穿小鞋；
- 不能正视自己以及主管所在的位置——容易让自己陷入尴尬境地；
- 带着不满情绪工作和生活容易蒙蔽自己的双眼——自己和周围的人都会不快乐；

我知道很多人都面临了这样那样的职场问题，但其实归根结底都是心态的问题，所以接下来我将和大家分析一下如何看待上述这些问题。

1. 遇到了一个"能力平平"的老大该怎么办？

我始终相信，一个人能成为老大，必定是有其长处的，只是相对而言罢了。

能遇到一个能力优秀的老大无疑是幸运的，但却并不是每个人都这么幸运，可能你所在的公司很小，鲜少遇到优秀的人；可能你并不是被直属老大招进公司的，而是公司HR以他自己的经验和直觉选择了你，并把你分配给了老大；也可能是你的进步太快，而你觉得现在的老大能力毫无长进已经无法带给你成长了。

不管是何种原因，遇到这种情况久而久之你肯定会萌生一种不愿意再给他打下手甚至想要干掉他的念头，因为在这种形势下工作真的太憋屈了，你不认可他的工作方式，你觉得他说的话不可信，你觉得这么下去是在浪费时间，而且当遇到反复修改或迟迟不过稿的情况时，你的第一反应是觉得因为你的老大没有审美或无能，才害你反反复复，更糟糕的是，他是老大，你得听他的。

那么怎么办呢？

首先，你需要好好想想你所认为的有能力是什么表现。

是做图很厉害吗？是能够很好地指出你的问题并且帮助你变更好吗？是遇到困难的时候可以帮你分担吗？是沟通协调不同部门之间矛盾的能力很厉害吗？是在遇到突发情况的时候可以很好地应对吗？是有责任有担当不让自己手下的人吃亏吗？是可以带领你们业务增长，拿到更多的奖金和工资吗？还是让你感觉与之相处非常愉悦有魅力呢？

能够满足以上所有条件的老大无疑是非常完美的，可是这么完美的老大怎么就偏偏被你遇上了？真有这么完美的老大怎么就偏偏成了你的老大呢？

其实，当你不认可一个人的时候，往往是因为你所需要的他没有满足你或者你最在意的一项能力他不具备或不被你所认同罢了。

比如很多设计师都希望自己的老大是做图很厉害的创意很厉害的，这才算真老大，但是如果你真的当了老大之后你会发现你每天所要处理的事情是非常杂的，你考虑的问题也不再是单线思维了，而是全局思考的，你也根本就没有太多机会去专心搞创作了，时间久了手便自然会生疏，但其他方面的能力绝对是你所不具备的，最明显的就是看待问题的角度和解决问题的能力。

很多人往往习惯站在自己的角度去思考和看待问题，说白了就是经历太少看得太浅。

我想到我刚毕业的时候，心里也嘀咕过："为什么一个人熬了6年才走到主管这个位置？如果是我的话最多3年"，所以我当时是不太认可主管的能力的，直到6年后我也还没当上主管我才知道："哦，原来现实跟意淫真的是两码事"。

再举个例子，很多人看到你做的图会想："不就是几个点几根线吗？我也会！"，但是他不明白就是这几个点几根线背后却是设计师多少个日日夜夜的思考琢磨和优化才得以以最舒服简洁的形式呈现出来的，这才是最难的地方，而你只是处在一个会一点点PS的阶段和层次当然读不懂这背后的深意，因为以你现在的眼界看到的仅仅只是几个点几根线而已，所以你的评判标准也只是在这个层面罢了。

就像李宗盛老师的歌词之所以动人，比如"人生没有白走的路，每一步都算数"，因为那简简单单的几句话凝结的是他几十年的人生经历和智慧啊，这几个汉字谁都会写，但并不是谁都有那个能力感悟和创造出来。

说了这么多，只是想表达一点：能力这东西是有很多衡量标准的，当你不认可的时候，其实往往是你所期望的方向和别人所能给予你的不在一个维度和标准罢了，遇到这种情况要么是你能够学会摆正心态吸取别人的长处，自己补足余下的短处各自安好，要么是另谋高就，谁都不必委屈了自己。

2. 如何避免遇到一个能力平平的老大？

避免遇到一个能力平平的老大和避免遇到一个渣男或骗子是一样的道理，还是要长时间观察和了解的，其实当你在看公司简介和面试的过程中就是一个双方选择和判断的过程。

另一方面，越是大公司选人也越是谨慎，而且他们往往是由老大自己亲自来挑选筛选简历的，大公司里管理岗位竞争也更加激烈，所以遇到能力平平老大的概率也会低一些。

还有一点就是，其实对于设计师来说，合理利用一些设计论坛或者设计群也是不错的选择，比如站酷上有很多不同领域的设计师或工作室，他们有的擅长创意，有的擅长做字，还有的擅长理论总结，还有些擅长绘画或合成等等，并且他们长期在那里分享自己的经验和作品，这是很好的一个判断对方能力和人品的渠道，你都可以去留意，但是这些人往往也比较忙或比较有原则，并不是谁都能有幸在他们手下工作的，还是一个双方选择的过程吧。

其实我越来越发现，人的一生有很多个阶段，最底层的阶段，最为杂乱也最容易遇到各种心塞的事情，但是当你克服了一些困难之后，你会感觉仿佛打开了一扇窗，于是你又会通往另一个阶段，又遇到另外一些困难，如此反复，不断地遇到困难解决苦难，再遇到新的困难再解决它，这个过程可以筛选掉一大批各色各样的人，所以你会感到越往上走其实会越容易，因为到了最后大家都是明事理的人，都是各自有其所长的人，思想境界都会不一样了。

3. 如何看待套模板和打杂这件事？

我自己其实是一个特别不爱干套模板和打杂这些事情的人，一直都是这么个人，但是套模板和打杂的事情我却真的没少干，一方面是因为不得不做，另一方面是因为有些事情并不是说你不喜欢干它就没有意义，任何事情你坚持不懈地去做一定是会带来一些收获的。

如果你在大公司呆过就会知道，每个人员的分配和职责都是比较明确的，也就是做的事情被分得很细，每个人就是一颗螺丝钉，就好比当时在京东经常会做很多大型会场的活动，需要出各种模板和规范给商家去做图，有时还需要给外包设计师做审核对接，你所面对的需求人也多是对设计不那么专业的，所以需要你能够以比较通俗易懂的方式去表达，文档也要尽量写得很详细，还有经常需要写项目总结和汇报，所有的这些事都很杂，都很基础，但也是在这个过程中我学会了沉淀自己，磨炼了我的性情，使得我更加细心和注重细节。

因为大公司和小公司我都待过，所以我也知道各种工作模式都有其利弊，就看你如何去看待和面对你所做的事情了。

但是有一些打杂的事情是千万不能做的，因为那真的是在浪费时间，比如有的小公司里只请了一个设计师，那这个设计师可能什么都要做，比如画册、名片、海报、网页、包装设计、专题页、Banner等等，这也没什么，但是后来却被要求伪造发票、公章、甚至去p一座根本不存在的大楼拿去忽悠投资人，那这样的事情不仅仅是杂事了，它还是违法的，对自己的工作和前途都是无意义的，遇到这种情况还是尽早离职为妙。

所以杂事要做，但也要看是不是对自己有意义，是不是合法的，同时也要看自己是处在什么阶段了，不同的阶段你需要学习的东西是不一样的，比如我觉得伪造公章这些事情是杂事同时也是违法的，那我就不干，再比如让我出模板出规范这些事情虽然很杂很无趣，但是却特别考验你的全局思考能力，磨炼耐性，那么对于当时阶段的我来说正好是欠缺这方面的能力的，所以虽然不喜欢但是我还是会干，就是这么个道理。

4. 也许你该正视自己的位置了

通过和那位提问者沟通，我发现一点就是，她并没有正视自己以及主管的位置，比如主管给她分配的任务他感觉完成不了，所以就找主管看能不能为自己分担一些，但是主管并没有帮她分担，而是忙完自己的事情就该干嘛就干嘛去了。

也许有的主管确实比较好人，他会给你分担，但是不为你分担其实也没有任何错，这你不能怪人家，就好比帮你是情分，不帮你是本分，而你自己完成不了他分配的任务往往很大程度上是你的效率和能力问题了。

其实，就不该开这个口啊。

成熟一点去考虑，假如你是在某位首富手下工作，你会去叫他帮你分担他给你安排的事情吗？你铁定没这个胆吧？因为首富不会有功夫帮你分担，而且他花钱请你做事你怎么还反过来要求他给你做事呢？这不是反了吗？

当然这位主管也并不是首富，仅仅只是一名主管而已，能力和魄力虽然没法比拟但道理是一样的，之所以敢开这个口，要么是平时关系比较好或主管比较好说话所以不见外，要么是并没有把主管放在眼里。

我前几天还发了一条朋友圈，就是我之前招的一名小助手居然让我帮她抠图，我在之前确实好几次都是把图抠好了给她，因为这样可以节省时间，因为我相信让适合的人做适合的事情可以达到更好的效果，所以让她专于创作，我从大局来看空了偶尔帮抠几张图没所谓的，因为我抠一张图可能就一两分钟搞定，你抠要半个小时或更多，节省时间。

但是如果你才工作不到一年，就养成了习惯遇到抠图的事情就让别人来做的习惯，这对你一点益处都没有，并且我身为老大，花钱找你做事，你在我这里学到了东西积累了作品，你本该是来替我分担杂事，让我的时间可以去做更有意义的事情才对，怎么还反过来让我给你抠图给你打杂呢？

回想我工作的这七年多，我还真从来没有这么去对待过我的老大，一是我没这个胆，另一方面我不会越界，即使他们再怎么友善，那也不是我可以为所欲为的理由，我应该感激才对。

5. 离职的原因是多种多样的

这几年通过站酷和公众号遇到了成千上万各色各样的人，每天都会给大家解答一些工作、生活或情感上的困惑，我也发现大家离职的原因是各色各样的，比如：

因为害怕长期待在一个地方会堕落会没有长进，所以选择离职；

因为同事搞不正当关系影响了自己的工作，同时被人穿小鞋而被迫离职；

因为不自信或能力不够，处理不好人际关系而离职；

因为受不了给一个能力平平的领导打下手而离职；

因为能力不被认可或公司业绩不好要裁员而被迫离职。

其实不管因为什么原因离职，归根结底还是要问一下自己这几个问题：

❶ 我当初是因为什么原因选择了这家公司？

❷ 进到公司后跟我预想的情况一样吗？

❸ 如果跟我预想的不一样那么是什么原因造成的？

❹ 这些原因是我自身的还是公司的？

❺ 除了离职以外我还有什么办法可以改变现状吗？

❻ 以我目前的能力和状况我能找到更好的下家公司吗？

❼ 我已经知道自己需要的是什么明确自己的发展方向了吗？

❽ 如果下次再遇到同样的困境我是否能够应对？

如果你能够回答好以上几个问题，我想你也便知道了答案了，毕竟离职不是唯一出路，而是要看你如何去看待问题和解决问题。

这就好比很多夫妻动不动就提离婚，情侣动不动就提分手，但是如果是自身的原因，即便是离婚分手了，你也很难保证在进入下一段关系的时候不会出现同样的问题，所以最好还是能够调整自己的状态和心态，理性地梳理好问题和解决方案后再判断这关系该不该结束，这职该不该辞。

总结

不管是身在职场还是面对情感关系，我们要做的就是成长为一个具有选择权的人，因为成长了，能力是自己的谁也抢不走，即便是离职也可以更洒脱，而不用管会不会简历不好看，也不必在乎什么年终奖，因为有能力的人根本不怕没有活路也不在乎眼前的小利；因为成长了，所接触到的人也会是更优秀的，经济能力也是自主决定的，即便是被分手了也可以从容淡定，该买什么还是照买不误，这个人不欣赏你那就换下一个欣赏你的，实在不行啊，你又不是养不活自己，自己过也没什么大不了不是？

不过成长说起来容易，做起来难啊，这个过程中少不了冷眼和痛苦，坚持是痛苦的，独处是痛苦的，选择和纠结也是痛苦的，但是熬过去了才能真的成长。

12

PART 12
杂谈篇

第65章 揭秘主流电商模式的奥秘

有很长一段时间我都在不务正业地体验各种电商相关的APP，目的就是想看看这里面到底有些什么奥秘。可是当我真的一个个去研究专业相关东西的时候，我体会到一个事实，这种事情对于自控力不好的人来说还真是一种考验，因为当你沉浸在这些APP里面的时候，你会不断地看到很多有意思的或者漂亮的东西，然后忍不住想要买买买或自然而然地就被带偏了。

不过也算是有些收获，那么我到底发现了什么呢？接着往下看：

我曾经一口气在手机里下载了上百个电商APP，这里只是展示其中一部分，并且在这里我不是要说B2B/C2C/B2C/O2O/P2P等电商模式，而是谈一下需求，因为不管什么商业模式，都是因为有这个市场需求才产生的，所以我们可以看到：

任何一个领域，就拿人才来说，当市场上都是专才的时候，那必然就会出现有其他才华的复合型人才，而如果市场上都是复合型人才的话，那么必定会出现在某一个领域特别专一的人才。

第65章 揭秘主流电商模式的奥秘

所以继那些大的综合类电商平台（天猫、京东）出现以后，又出现了一些垂直领域的电商平台，比如2010年03月聚美优品的前身美团网上线，以卖美妆护肤品为主，首创了"化妆品团购"模式，不过这里额外要提一下，前期聚美优品的用户大多是20岁左右年轻的爱美女性，到了2015年04月份聚美优品开始推出母婴频道，为什么会有这个动作，其实想一想这5年间很多它的忠实用户也会由年轻女孩向时尚辣妈这个角色去转变，那么聚美会开始向母婴领域发力并成功转型也不足为奇了吧~企业跟用户一起转变和成长，听起来很温馨也很合理。

而人们在复杂的综合品类电商平台购物犹如大海捞针，就像沃尔玛这种大超市、时装品牌零售店I.T，闲暇时逛起来是挺爽，可是也时常感到迷茫和浪费时间，这时候要是能有人专门推荐特定的产品信息该多好啊~高效省时，所以就产生了蘑菇街、美丽说这些时尚导购电商平台，不过由于自身发展需要它们也都开始由导购平台转型为商家可以直接入驻的电商平台了。

蘑菇街于2011年成立，是针对18~23岁的年轻女性打造的直播+电商平台；而美丽说成立于2009年，2016年1月份，蘑菇街与美丽说合并，2016年6月，在美丽说、蘑菇街、淘世界合并数月之后，正式宣布新集团为美丽联合集团。

还有一点，由于我们各种文化、地域限制、经济状况等的差异，我们每个人所获取的信息是不一样的，随着网络的逐渐普及和发展，自然而然掌握信息多的人想要分享，没有信息的人想要获取，一来二去，所以就有了社区电商平台这个概念，将社交跟电商相结合，人们可以在这里分享自己的购物体验还有使用心得，还可以推荐去哪可以买到你想要的东西，比如"什么值得买"，它相当于综合类目的导购平台。

人们的眼界开阔了，生活品质上去了，越来越喜欢买高品质的、性价比高的海外产品怎么办？所以就有了各种海淘、代购、全球购的兴起啊。

还有很多，比如很多人爱买品牌又想省钱，于是就产生了像专门做特卖的唯品会（2008年12月唯品会名牌限时折扣网，正式运营，2013年1月 唯品会正式定位为一家专门做精品特卖的网站，更明确诠释唯品会的经营模式和内容，2017年12月18日，腾讯、京东与唯品会达成战略合作及股权认购协议，腾讯和京东在交易交割时以现金形式向唯品会投资总计约8.63亿美元，同时唯品会作为购物一级入口成功出现在了微信钱包界面以及京东APP主界面），以及各种返利、专门做9.9元商品特卖的电商APP等等。

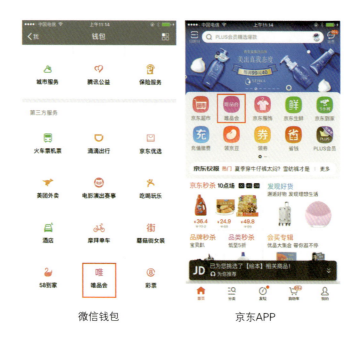

微信钱包　　　　　　京东APP

所以我们会发现，不管什么商业模式，它能够有市场或能成功，都是因为有这个市场需求在那里，要么是你能做到足够大，要么是你能做到足够专，要么是你能足够便宜等等，总之你要能有自己特定的价值。

所以我们讲电商可以从以下几个方面来看：

◆ 按交易构成的四大要素来看就有商品、物流、货币和人；
◆ 按地域划分有国内、国外；
◆ 按场景可以分为线上和线下；
◆ 按载体可以分为PC端和移动端；
◆ 按物品类别可以分为实物商品和虚拟商品（包括时间、知识、话费、流量等等）；
◆ 按人的需求来分有生理需求、安全需求、社交需求、尊重需求、自我实现需求。

纵观所有电商的类型，都离不开这些需求因素，而这些所有的要素其实都还可以继续细分，如果按照数学中的排列组合来算的话，其实可以产生上百种商业机会还不止，这还不包括依附于这些商业模式而产生的附属型服务类业务，比如现在还有专门给你量尺码大小的APP，专门扫码的APP等，所以市场和机会一直都有，关键在于你有没有用心去观察人的需要并抓住这些机会罢了。

以上就是我对电商模式和人性需求之间关联的简单概括总结了，希望对你有所启发。

第 66 章　网红店铺 vs 普通店铺的差异

其实早就想讲一下网红店铺+Bannner设计相关的内容了，可惜不巧的是，我搜罗了一堆资料后发现了一个让我比较沮丧的现象：网红哪里还需要做什么Banner呀？他们本身就是最好的宣传代言了好吗？他们也基本不需要花钱在淘宝平台投放什么广告，因为他们本身就坐拥几十万几百万的粉丝，自带流量的人每每上新即被秒光。

为了进一步显示网红群体的超强战斗力，我这里再引用一段由第一财经发布的《2016中国电商红人大数据报告》里的部分数据内容：2016年红人产业产值（包括红人相关的商品销售额，营销收入以及生态其他环节收入），预估接近580亿元人民币，将超过2015年中国电影总票房，也相当于国内最大连锁百货百联集团2015年全年的销售额。

总之就一句话：网红店铺很厉害，仅仅只是分析他们的Banner设计对普通店铺商家来说并没有太大借鉴意义，而应该学学他们怎么玩内容经济和粉丝经济。

所以，我临时决定放弃原来的网红店铺+Banner设计的选题方向，而将选题改为：网红店铺vs普通店铺，带大家重新认识一下网红店铺。

网红店铺和普通店铺的含义分别是什么？

◆ 网红店铺：通俗点讲就是网络红人在网上做生意卖货咯，他们一般都是先通过在网上分享一些文章/段子/美照/视频等等吸引了一批粉丝，久而久之会跟粉丝之间产生一些互动关联，而粉丝因为信任他们认可他们就会主动询问这些网红们使用后觉得不错的产品，或者会去购买他们所推荐的产品，于是交易就这么产生了。

◆ 普通店铺：通俗点讲就是依赖互联网而产生的连接线上和线下，连接人与人之间的交易的一种商业活动，也就是人们可以在网上买卖东西。

我这样讲，不知道你们明不明白，为了更好地理解它们之间的区别，那么接下来我就给大家详细解说一下网红店铺与普通店铺之间的一些差异异：

1. 模特从哪来？

网红店铺的模特基本就是老板本人，而普通店铺需要花钱去请模特拍照。

2. 网红店铺里一年四季主要都有啥活动？

网红店铺主要是每月1到2次的上新活动，还有一些不得不参加的电商节日，比如双11、618等，而普通店铺的活动就多了，比如清仓大甩卖、上新、各种小促、各种大促、节假日促销、追热点搞营销等等。

3. 网红店铺的顾客回购率是多少呢？

网红店的回购率取决于网红与粉丝之间的信任度和情感黏度，一方面有良心的网红不会坑粉丝卖劣质产品给粉丝，另一方面超级死忠粉不论网红卖的是什么产品他都会愿意支持只要他力所能及，再一个，网红所卖的商品大多是使用频次比较高的，比如服饰箱包美妆理财产品学习课程等等，所以情况好的话回购率达到100%也不是没有可能。

而普通店铺因为与客户之间只是单纯的买方与卖方的关系，基本没有什么感情基础，你的产品好还是不好不得而知，抱着试一试的心态买一次，好的话顾客下次会继续买，不好的话基本就意味着拜拜了，而且普通店铺之间的差异化太小，竞争激烈，客户选择性很大，所以普通店铺回购率可能只在10%左右甚至都不到。

4. 同一件衣服，在网红店铺里的买家秀大多是什么样的？

你会发现网红店铺里的买家秀真的普遍都特别养眼，跟网红一样美美的，而普通店铺的买家秀可就千奇百怪了，审美水平参差不齐，出现很多辣眼睛的买家秀也不是没有可能。

5. 网红店铺里评论得最多的话是什么？

网红店铺里评论画风一般都是这些："终于抢到了！开心！开心！""XXX，你是最美最棒的！""天哪，质量好，款式美，简直赚到了！""就问，啥时候可以翻我的牌？""啊啊啊！！好可惜！这次没有抢到，就问下次什么时候可以买到？"

而普通店铺的评论画风往往是这样的："实物有色差～""感觉不值这个价""哎，我穿的没有模特好看啊，转了，要的私聊我""还行"。

6. 如果你去网红店铺选新款衣服是什么心情？

在网红店铺买东西心情基本是这样的："天啊，我要定好闹钟，好害怕抢不到！！"

而去普通店铺选新款衣服，基本是商品们在吆喝着等你去买，你不必担心买不到，而是老板怕卖不出去。

7. 网红店铺卖的是什么？

网红们卖的不是商品而是款式、情怀、正能量和信任，而普通店铺卖的就是普通的商品而已。

8. 网红店铺的模特拍摄手法有什么区别？

网红店的照片基本是对角线倾斜身体自拍，收下巴睁大眼睛微笑，而普通店铺商品拍摄手法基本是规规矩矩的淘女郎职业拍摄手法。

9. 网红店铺卖货方式有什么不同？

网红店最常玩的手法是货不多，只有预售，上新即被秒光，而普通店铺卖货方式基本是货太多怕卖不完，所以要买广告位、要参加活动，需要平台提供流量支持。

10. 网红店铺传达给粉丝的理念是什么？

网红们给粉丝传达的理念就是，只要你穿了我的衣服买了我的东西就会变得跟我一样美一样优秀，而普通店铺几乎没有粉丝也不懂什么理念。

11. 网红老板微博每天都发了些什么？

网红经常会发美食照片、美照，还有抽奖红包，营造的是一种令人向往的生活，而普通店铺老板兴许并不怎么玩微博。

12. 网红店铺的主要流量来源是什么？

网红自己就是行走的流量包，而普通店铺花钱烧直通车都不一定有转化效果。

所以老板们，是不是不对比不知道，一对比全是泪啊……

网红们真的只是靠脸吃饭吗？

其实我在写这个话题收集资料的过程中，也对网红产生了非常多的看法转变，以前我以为他们就只是靠颜值混世的，最后我才发现他们其实很勤奋有头脑懂人性也懂自己的粉丝，基本发展得好的那些都是有自己的一技之长的，所以他们才能发展得这么好走这么远，尤其是我在翻看一些网红的微博的时候其实还是能感受到挺多感动的。

曾经看到一位网红转发了粉丝的一条微博，配图是一张用衣服吊牌摆成那位网红名字的图片，估计有百来张吊牌不止了，而且那位粉丝居然从高中一直到大学毕业都是在买她家的衣服，而且连吊牌都收集起来了这么一大堆，试问有多少人做过这种事情呢？我想如果你是当事人你也会很感动的吧，这都是信任和陪伴啊。

其实我发现很多粉丝都是陪伴了这些网红好几年的，有的是从几千粉丝的时候就开始关注他们，一直见证他们的粉丝涨到几十万几百万，他们一直都在追随着自己的网红偶像，而网红们也愿意跟粉丝分享自己的喜怒哀乐，粉丝看到他们越变越好自己也是越备受鼓舞的，也希望自己能像他们一样美一样优秀，所以其实他们之间是有感情积累的，这也难怪网红电铺可以发展得这么好了。

总结

其实,与其说网红是在经营自己的粉丝,不如说是在经营这份信任感,网红为了这份信任感所以不会卖很差的东西给粉丝,而粉丝也因为这份信任愿意掏腰包,这也是为什么网红卖的东西可以卖到比其他普通店铺的价格稍微贵一点的原因了,因为在这里价格并不是最主要考虑的因素(网红服装店主要卖的是款式,从选款到选布料,甚至有些设计,据说基本都是亲力亲为,再一个他们考虑到自己的粉丝群体大多是18岁到28岁,所以也不会卖的特别贵,有些网红的粉丝群体可能经济实力强一点的,那就可能会卖的贵点)。

我这里也根据第一财经公布的2016年最具商业价值的10位电商红人,给大家整理了10个他们的店铺链接,大家感兴趣的话可以去看下,你们可以去研究他们,这对于想往网红电铺方向发展的店铺兴许有所帮助:

https://onlyanna.taobao.com/
https://bigeve8.taobao.com/
https://lin828.taobao.com/
https://tkstyle.taobao.com/
https://yeswomen2010.taobao.com/
https://room-209.taobao.com/
https://alu13.taobao.com/
https://langlangyes.taobao.com/
https://iwes.taobao.com/
https://h-xiaxia.taobao.com/

第 67 章　主图设计注意事项

很多人经常会问主图该怎么设计，排版该怎么排，本章就是专门为你们而准备的咯，我推荐大家向另一个设计方面比较突出的电商网站学习下设计，这家电商网站名叫"yoho有货"！

我觉得大家可以向有货yoho的设计师学习一下，跟网易云音乐的那些Banner所不同的是，网易云音乐的Banner排版再好看但对于很多非科班或大多数基础比较差的店铺设计师来说，借鉴还是有些难度的，毕竟艺术家气息太重了，可能对于大多数普通消费者来说是欣赏不来的也不会买账的。

但是yoho的不一样，这些Banner原本就是电商类的，它们的特点是促销的同时又不失设计感和时尚感，信息传达的一目了然又不失一些小俏皮创意，正符合大多数运营对主图的需求：商品要大／字要多／信息要突出／要有创意／要吸引眼球。

比如下面这些小Banner：

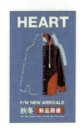    

图片搜集自有货yoho

虽然这些都是他们2012年/2013年的一些图，但是放在现在看依旧是甩很多设计师的作品一条街的，因为越是扁平化的设计越不容易过时，再一个就算形式容易过时，但是排版知识却是永不过时的，纵观上面这些小Banner你可能会发现一些共同点：

- 文字多而不乱
- 色彩有冷有暖
- 明度有高有低
- 文字有大有小
- 排版有疏有密
- 文案即是创意
- 重点信息突出

关于Banner及电商设计，你们记住这几点就行了。

还有他们的专题页设计也是值得学习的，因为他们的定位是年轻人潮流购物中心，中国潮流购物风向标，所以页面设计一直以来也比较有个性有格调，很多专题页设计看起来都像专辑封面，并且特别喜欢黑线框、黑线条等元素，不管是文字多的时候还是文字少的时候，都会利用留白和简笔画打造年轻时尚感，还有很多不错的设计，你们自己可以去他们官网有货yoho或者去花瓣搜索"有货yoho"查看咯！

第67章 主图设计注意事项

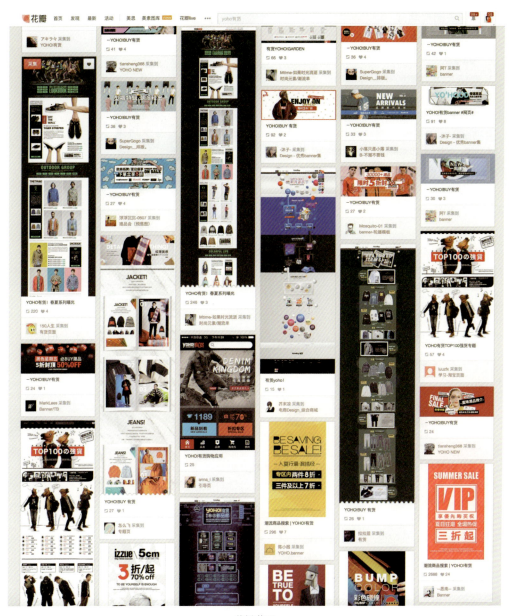

花瓣截图

这里我顺便将天猫／淘宝／京东的主图尺寸和规范截图给大家看下，感谢群友文强、小仙女、夏末初秋提供的截图（注释：以下内容规范均来自相应的电商平台）：

983

京东主图规范:

一、基本要求

1. 图片尺寸：800像素*800像素，分辨率达到72dpi，图片格式：jpg。
2. 展示区域：产品需满画布居中展示，图片四边留白区域控制在10px~40px，具体依据图片整体的视觉饱满度而定。
3. 数量：主图数量至少提供5张，赠品可提供3张。
4. 注意事项：禁止素材合成、拼接、文字、LOGO（包含京东LOGO及品牌LOGO）、水印效果，并且不允许描边。

二、首图要求

1. 背景：首图必须为纯白色背景（RGB：255，255，255），辅图允许场景展示。
2. 角度：向左45°平视。
3. 模特：首图不允许出现人物图。

三、辅图要求

1. 第二张：正面图片；第三张：侧面图片（如需要展示背面可添加一张）；
2. 其他：细节舒适度图片；细节安全性图片；细节安全认证标识图片；模特展示/大小对比图片（非必填项）

截图自京东后台

第67章 主图设计注意事项

淘宝主图规范：

截图自淘宝后台

手淘首页白底图规范如下：

① 图片尺寸：正方形，图片大小必须800px×800px，分辨率为72dpi。

② 图片格式及大小：JPG格式，300kb以内。

③ 图片中商品主体完整，撑满整个画面不要预留边距，比如商品是正方形的，四面顶边；商品是长方形的，上下顶边，左右居中，商品是横版的，左右顶边，上下居中，如下图所示。

④ 背景必须是纯白底，最好将素材抠图、边缘处理干净，无阴影，不能有多余的背景、线条等未处理干净的元素。

⑤ 无LOGO、无水印、无文字、无拼接，无牛皮癣。

⑥ 不可模特拍摄，不能出现人体任何部位：如手、脚、腿、头等。

⑦ 必须是平铺或者挂拍，不可出现衣架（衣架的挂钩也不可以）、假模、商品吊牌等。

⑧ 商品需要正面展现，尽量不要侧面或背面展现，主体不要左右倾斜。

⑨ 图片美观度高，品质感强，商品展现尽量平整，不要褶皱。

⑩ 构图明快简洁，商品主体清晰、明确、突出，要居中放置。

⑪ 图片中商品主体必须展示完整，展现比例不要过小，商品主体要大于300x300。

⑫ 每张图片中只能出现一个主体，不可出现多个相同主体。

截图自淘宝后台

第67章 主图设计注意事项

套装出售的商品展示建议:

无论是几件套,套装的几件商品中还是要有一个商品主体,其他为辅,商品构图要紧凑,几件商品的间距不要过大,会影响商品的展示效果。构图不要过于细长,尽量方正,这样最利于商品在首页最大化展现。

天猫主图规范:

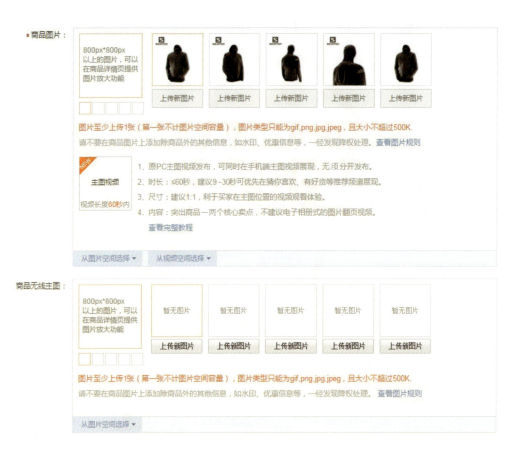

截图自天猫后台

PART 13
设计师成长解惑篇

第 68 章　迷茫的我们都存在什么问题？

其实自从开始公开发表文章以来，就不停地有人向我请教问题，有职场新人也有很多职场老人，这也让我颇有感触，一方面是庆幸我有表达观点分享知识的兴趣和权利，另一方面也为设计师们有这种好学的精神感到高兴，因为只有整个设计师圈子的能力和氛围都起来了，我们每一个小分子才可以好起来。

大家学习的积极性也比我大学时期（2007～2011年）好太多，回想那时的我完全都没有逛设计论坛学习的意识，所以我曾经也时常感慨：为什么别人年纪轻轻就已经那么厉害了，而我在与他们相同的年纪却只会追剧和发呆？要不然我早就走向人生巅峰了；当年的自己怎么那么井底之蛙呢？资源有限，信息闭塞，也没有人叮嘱我要怎么去做，也没人给我指出问题所在，所以非常迷茫。

而现在我们有这么多好的学习平台和机会，而我也确实看到了很多设计师存在的问题，所以我总结了以下内容，希望对大家有所帮助，不要像我当年那样活在自己的世界里，落后别人一大截。

68.1　专业技能方面

1. 过于依赖素材或者过于反感素材

这两种情况都是设计师不太成熟的表现，设计师过于依赖素材，动手能力和创新能力都会退化，长远来看对自己的职业发展很不利；而过于反感素材的使用也是不可取的，若你是能天马行空，想到什么需要什么，就以掩耳不及盗铃之势给画了下来，那就再好不过，若是做不到这点，而项目时间又有限，为什么不采用更加省时高效的做法呢？

毕竟项目不是你可以磨磨蹭蹭说我要练手我要锻炼自己画工的练习，而是有时间限制的实际项目啊，其实要练习画画完全可以在业余时间私下去钻研的。当然，如果是找不到想要的素材，必须自己画自己去创造那就另当别论了。

所以说，设计师要正确看待素材，其实它只是一个可以帮助我们达到某种目的的工具而已，结合自身情况，该用就用，不想用就不用，把它用好或者用合适才是我们应该做的（很多人画画其实也是要找参考的，这个参考也可以称之为素材，百分百不用素材的设计师，其实很少）。

但也需要明白一点，用素材的意思不是让你把别人的版权作品直接拿来用或抄袭，版权意识还是要有的哦。

2. 过于依赖模仿，缺少自己的理解

即使是所谓的大神做设计也还是会找参考，也还是会有模仿，这个无可厚非，但是大神和新手的模仿区别在于，前者会加入自己的思考和理解，创造出新的东西，已经算是一种知识的内化和创新，而新手或初级设计师，还仅仅只是停留在模仿阶段。

我有时会听到一些设计师说自己工作两三年了还是只会模仿，没有模仿参考自己就不会做设计了，那么这样下去是不行的哦，其实在模仿别人的作品前，应该想一想别人的色彩、构图、创意为什么会那么处理，想一想是否结合了活动主题定位，是站在什么用户的角度去思考的等等问题，你若是经常会去思考这些，你的大脑是不会任由你只是当一个设计搬运工的，日积月累的思考加上长期不间断的训练才会形成属于自己的创造力。

所以要想摆脱只会模仿的困境，应该学会去思考，慢慢将模仿转化为创新，然后变成自己特有的风格。

3. 无法鉴别作品好坏，作品好与坏也说不出所以然

在前面有一章较基础的内容"如何辨别一个Banner的好坏"，之所以会写那一章，就是因为我意识到一个问题：我们经常听前辈们说，要多看多练多思考，但如果你连一个设计是好是坏、基本原理是否有误都无法区分，你看再多有何用？

多看是为了提升眼界，积累资源，那么要看就要看好的，看优秀的，并且随着你带着思考静下心来看得多了，久而久之，你自然会总结出规律，并且有个标准去判断设计的好坏，反过来，你也可以根据这些标准去要求自己做出更好的设计，这是一个良性循环的过程，有句话是这么说的"眼高不一定手高，但是眼低手一定手低"。

那有哪些不错的设计网站可以学习呢？我整理了几个我常看的网站供大家参考，网站不在于你收集了多少，而在于你能内化掉多少知识。

- ◆ 创意广告：http://adsoftheworld.com/
- ◆ 时尚杂志：http://issuu.com/
- ◆ 优秀网页设计：http://www.thefwa.com/
- ◆ 全球酷站中心HTML5 页面http://www.iiiimg.com/

- 素材网站：http://huaban.com/
             https://www.pinterest.com/
- CI门户网站：http://www.asiaci.com/
- 其他大家常逛的国外网站：https://www.behance.net/
                          https://dribbble.com/
                          http://cargocollective.com/
- 当然还有站酷、优设导航也不错，大家可以去看看。

4. 你真的是遇到瓶颈期了吗？

　　很多人错把没有尽力或者短暂的没有灵感当作是遇到了瓶颈期，盲目以为走反的方向就是突破，为什么瓶颈期这个词这么容易说出口呢？也许是因为太渴望进步，这种渴望让你都无法静下心来做好你该做的事情了。

　　其实是否瓶颈期不用时常挂嘴边，我们需要做的仍然还是专心做好自己该做的事情，没有灵感了，就出去透透气，跟朋友唠唠嗑，多看，没准儿灵感就来了。

　　另一点就是盲目以为走反的方向就是突破，比如一个周年庆主题的低价促销活动专题设计，你整个冰天雪地的风格，这叫定位错误，这不叫突破。突破自己是可以的，但不要偏离主题活动的定位，真正的突破应该是风格、手法、理念、体验、生活方式等等这些方面的，而不是去走错误的定位方向或者故意去做一些违背国家形象、人权、宗教、道德的设计。

5. 没有理解设计的真正意义

　　设计的意义在于解决不同层次的人的需求，引导人产生某种行为，重在"以人为本"，并使之产生商业价值。那么做合适的设计、准确的设计就尤为必要，我们应该拒绝为设计而设计，拒绝过度修饰。

　　这个就需要从了解一个活动项目的定位开始着手，可以看前面几篇文章"促销的定位"和"促销的层次"。接下来就是页面细节的把握、结构、色彩、排版是否给人舒服的体验，美的视觉感受，这些内容我在前面也写过了大家可以去翻阅，而且需要多练多看多思考，长时间的积累才能做好。

　　想一口吃成大胖子，顶多是虚胖。

6. 说的多，做的少

　　这点包括两个方面，一方面是经常会有人说，从今天开始要坚持练习要看书，要走上人生巅峰，可说完就没有然后了，还是继续玩游戏、泡微博、刷朋友圈、每天QQ瞎聊，自控力极差。

你光只是说一说想一想而已，但是却不付出实际行动不去坚持，怎么可能成为大神呢？要知道那些大神们看起来的不经意或悠闲自得只是表象而已，前期付出的努力、熬过的通宵、耐住的寂寞只有他们自己知道。

另一方面就是请教问题，有时我会遇到一些找我点评作品的人，但是好几次我发现虽然我给了修改意见，但是提问者并没有去思考为什么我会给出这些意见，自己是不是真的存在这些问题也不去反省，只是嘴上说："嗯，很有道理，我去改改"，然后呢？其实稿子还是那样，并没有修改。

也许是你懒，也许是你觉得别人的意见没有参考价值，好吧，其实你先要思考别人为什么会提这种意见，然后自己动手试着改改，对比了之后才会知道别人的意见有没有道理。

其实，能力越高的人判断力越强，因为他们见多识广，他们的意见还是应该听一听的。

68.2　专业技能以外的

1. 忽略了设计以外的技巧，包括沟通，换位思考

为什么别人的稿子通过率那么高，而你一次一次修改？这其实不仅仅是设计执行能力方面的问题了，这还与前期是否与别人沟通清楚以及是否足够了解清楚了项目定位有关，比如你在与人沟通的时候有没有表现出自己的专业素养？有没有站在用户的角度或站在产品的角度去思考问题？

因为这些因素都决定了是否能够顺利过稿，获得一个让彼此都满意的结果。

2. 没有自己的主见

身为一名设计师，我们在项目前期应该要多虚心聆听需求方的心声，多了解请教别人问题这无可厚非，但是一旦到了要展现自己专业能力的时候就必须要有主见了，要善于运用你的专业性去把控全局，告诉别人你的设计就是站在他的角度去思考而得到的这个设计结果，别人也会更加认可信任你的能力，避免后期被牵着鼻子走，沦为一个作图工具（当然，前提是你真的需要做到非常专业，而不是假装很专业）。

因为在项目执行中，设计师若是没有话语权真的是一件很痛苦的事情，而话语权又是靠什么获得的呢？是靠自己努力获取知识经验，懂得换位思考（包括站在老板的角度、用户的角度、市场的角度）、培养自己的人格魅力换来的，而不是靠强迫。

3. 关注的知识面太狭窄

就拿电商设计来说，难道设计师只是懂得怎么抠图，怎么把设计做好看就完了吗？每天只是看看淘宝电商网站，看看Banner和专题设计就够了吗？

其实我们还有很多可以看应该看的东西，比如看海报设计学习别人的排版构成，看网页设计学习别人的布局和交互结构，看时尚杂志学习排版和流行趋势，看展览、画展、书来开阔视野，看大自然的万物和摄影来学习构图和色彩，观察生活中的细节学会与人相处，多与人沟通学会换位思考才可以写出洞察人性的文案，想出打动人心的创意，多关注社会热点并了解运营知识，多了解行业相关的新闻比如物流、电商发展趋势，保证自己在这个行业不落后，这样的情况下，你做出来的设计才是有内涵的，有商业价值的。

我一直都觉得不懂市场营销和心理学的设计师成为不了好的商业设计师，况且，知识面狭窄其实也做不出多好的设计，因为你没有足够的知识储备支撑，所以在保证自己专于某一件事情的时候，扩大自己的知识面也是很有必要的，你会发现见多识广的人灵感也会越多些。

4. 自我驱动力差、缺少自我反省自我革新的精神

一个不懂得自我反省自我革新的人，也是一个不懂得上进的人，对自己的作品挑不出半点儿毛病，只能说你还不够优秀，无法意识到自己的弱项就没法提高，如果连你自己都没有要上进的意识更谈不上让自己变得优秀了。

当别人都在为自己大大小小的目标奋斗的时候，你觉得得过且过一天天这么着也挺好。可是这个社会就是这么现实，如果你不是富二代，也没有家庭背景，后半辈子你就只能住的比别人差，吃的比别人差，羡慕别人过得比你好的份儿，你也没有多少选择权。

而努力抛弃昨天的自己，让自己变得更好，是为了让自己拥有更多的选择权，为了能够拥有自由，有拒绝不做什么事情的权利，从而真正去做你想做的事情。

若你有这种意识了，也许不需要别人去推动你，你自己也会主动地去学习提高，这就是自驱力。

5. 生怕付出比别人多一分，太注重眼前的利益

当别人利用业余时间做练习的时候，当别人加班到凌晨只为了让项目正常上线，而你是不是只知道抱怨怎么又加班？我在这里不是说鼓励企业加班，而是说这是责任问题，尽责是

第68章 迷茫的我们都存在什么问题？

我们的基本职业素养，新手阶段不多多把握练手的机会，干活儿挑三拣四，等过了三年五年后，要么就是混不下去转行了，要么就是经常被企业挑来挑去，而不是你挑企业了，你付出了多少努力，积累了多少运气，都是你自己前期造就的。

还有一个大家经常面临的问题，有新人问一个开价1000元的广告公司和一个开价3000元的淘宝店铺，选哪一个？现在都物价飞涨到什么地步了，1000元确保你交了房租水电费，你还有生活费嘛？能够开得出这么低工资的要么是小公司专门压榨劳动力的，要么是觉得自己很有实力别人求着要去他那学习的，所以你可以了解下它属于哪种公司，如果对方企业确实是有实力的而你也刚好不是那么缺钱至少可以养活自己，那就可以去，反之就不要去。

我一直以来的观点都是，选工作基本生活能得到保障是前提，学习不一定非要在项目中锻炼，你真有心的话其实总可以通过参加比赛或业余练习去学习提高的，但是如果温饱都得不到解决，身心疲惫其实是很影响工作激情的，先调整好了再说（当然，自己私下做练习对个人的自控力是有非常高要求的）。

那么如果是到一个开价20000元的淘宝店铺做主设计师和到一个开价15000元的一线平台做一个普通设计师，你选择哪一个？如果你目前能达到这个薪水了，我感觉你应该是已经上道了的设计师，有自主学习能力，我的建议是去能提供给你更多优质人脉的一线平台工作，因为这个阶段的设计师已经具备了自学能力，已经有自己推动自己前进的意识，设计师已经不仅仅只是需要提升专业技能了，还需要提升自己在这个圈子的影响力。

而在一个都是牛人的地方会更有助于将来的发展，因为优秀的人总是喜欢和优秀的人在一起相处，当你变得优秀，你也会吸引到更多跟你同一个层次志同道合的人，以后的路也会越走越顺。

6. 其他（耐不住寂寞、羞于请教他人、没有分享精神）

为什么那么多设计师都觉得在深夜更有灵感，因为在深夜里没有外界的干扰，同时也是因为设计师往往自控力都比较差，我以前也是这样，自控力极差，心态也不太好，但是后来慢慢改变了，但人的一生都是仍然需要修炼自己，我们都需要耐住寂寞，因为设计师创作的过程，需要静心。

说到羞于请教他人这点，又让我想起了两种极端的情况，一种是太喜欢请教别人问题，自己不爱思考，就老问问题，或者问问题别人有事不能回答，他就开始搞道德绑架说你傲气不好相处之类的，这些都是情商低不可取的表现，其实会问问题会请教也是一门学问，当你向别人请教的时候，你需要明白一点，别人其实不欠你什么哦，别人也有自己的事情要处理，所以换位思考一下，心态放好一点。

另一种情况就是截然相反的，自尊心太强羞于请教别人，或害怕别人不搭理，若是真的想成为一名优秀的设计师，脸皮薄可不好，玻璃心可不好，因为设计其实是一种沟通的过程，你不与同行切磋便不知自己跟别人的差距，你不与客户沟通便无法获取准确的项目定位，无法好好地为他服务，这项目怎么展开呢？而沟通就会有争吵和分歧，这就需要你有足够的心理承受能力面对这一切去解决问题。

还有一点，没有分享精神长远来看非常可怕，因为人与人之间是相互的，你不懂得与人分享，别人渐渐地也不会跟你分享好东西，那么自己也会变得越来越封闭沦为井底之蛙，并且每一次分享，其实是发生了一次情感交流和人脉积累，这些都是潜在的能量。

我坚信乐于分享的人也是快乐的，这几年来我都是这么做的，我分享了很多知识，这种分享行为不仅没有让我拥有的东西变少，反而让我拥有了更多，这几年我收获了很多朋友，我还收获了一个更加快乐和思维开阔的自己。（当然，乐于分享不代表我们可以纵容伸手党）

总结

设计的确是一个需要投入足够多爱的行业，我们熬夜加班，缺少运动，健康受到威胁，但是每每项目上线并得到很好的数据反馈，或者出去逛街看到自己的作品显示在耀眼的广告牌上被很多人看到，都会让我们感到很有成就感，我想这种感觉也是支撑我们继续坚持的最好的理由。

我曾经也抱怨过，抱怨这世界不公平，为什么我用的设备比别人差啊？为什么拿的薪水比别人低啊？那么想过背后的原因没？因为别人觉得你目前不足够有价值，不配得到更多更好的待遇，那么我们怎么去改变这种现状？抱怨是没有用的，发现自身存在的问题，并把自己雕琢好，时间会给我们一个公平的答案。

最后我想说的是，有问题不可怕，可怕的是，我们都没意识到自己存在以上这些问题。

设计是一场修行，需要付出爱和坚持，我们都在路上，共勉。

第 69 章　设计师该如何正确认知自己的价值

设计师该如何正确认知自己的价值？如果你有这方面的疑惑，不妨看看本章内容。

首先，我看到了什么样一个现象呢？

作为设计师，我们总是会去崇拜别人有而自己没有的技能或高度，比如设计师A他画画特别厉害，我们就觉得：哇这个设计师好厉害啊！设计师B作品做得很漂亮，我们就觉得：哇这个设计师好强哦！~设计师C建模渲染好厉害，我们就觉得：哇这个设计师帅呆了！等等

而如果换成这样子的情况，比如设计师A很会写文案，但是设计作品很一般，我们就觉得：哎，平庸（嫌弃脸）；比如设计师B特别善于观察人，但是设计作品很渣，我们就觉得：哎，太弱了；比如设计师C拍照特别厉害，但是设计作品很普通，我们就觉得：哎，你怎么不转行当摄影师呀？再比如设计师D厨艺很好，但是设计作品不出彩，我们也不会觉得他很厉害。

所以，我们会发现什么样一个问题呢？

我们经常评论一个设计师厉不厉害就是从所谓的设计专业能力来判断的，比如绘画能力、比如排版能力、比如色彩驾驭能力、比如软件使用能力，我们觉得这些方面做得好才算是厉害的设计师，而那些会说的，会写的，会唱的，会推销自己的亦或是会拍照会做饭的等等，但是作品不那么讨喜的设计师都被视作是渣渣或者平庸这一列（当然如果以上全部都很厉害，那这个人就真的是当之无愧的厉害了，但是这样的人凤毛麟角）。

那么我们认真思考一下，这种评价对吗？这种对于设计师价值的认知对吗？

其实不知道大家意识到没有，在这样一个信息大爆炸的时代，设计师早就已经不止是一个单纯的做图员了，如果我们还只是以色彩运用、技法技巧、绘画能力、排版能力来衡量一个设计师的水平高低或价值大小，我觉得是很悲哀的一件事情，我们都忽略了一点，那就是设计师它只是一种职业称谓，而本质上他是一个人，每个人都有自己的个性、特长或者喜好。当意识到这点，你才能意识到自己的价值所在，要不你永远都只能活在膜拜别人而贬低自己的漩涡里，这种情况下你的心态都没摆正，你怎么提高？

对于设计师这个职业，我曾经的认知是什么样的呢？

曾经有一段时间，我很鄙视那些设计作品一般但是很会营销自己的设计师，觉得他们不务正业，曾经的我特别羡慕绘画超棒或是排版特别牛逼的设计师，觉得他们超神，也就是说

那时的我只注重设计师的所谓专业能力，自己每天是活在别人的阴影里的，什么都要去跟别人比较，于是因为自卑而去勤奋画画，因为自卑而去练习排版，我承认这的确为我带来了进步，但是这也让我认清了一个事实，我可能对于画画真没有那么感兴趣，别人如果试图通过这些来打击我的自信心或者贬低我的价值也不会再得逞了，我对于设计师这个职业开始重新思考。

后来，我的思想转变是什么样的呢？

后来我意识到，不管是何种设计职业，设计师的根本职责都是帮助企业或者用户解决问题，比如室内设计师，有的是需要解决用户合理使用空间的需要，有的是保证居家舒适的需要，还有的是帮助提供最具性价比的装修方案，亦或是满足用户一些特殊癖好的需要等。

再比如，目前来说电商设计师的职责就是将卖货页面设计出来呈现在用户面前，而因为货品的种类繁多，也因为面对的用户各种各样，还因为电商经常涉及节日促销，所以设计师需要考虑的因素是非常多的，整体视觉效果的把握就不必说了，文化习俗、用户体验、文案、用户心理、市场营销、修图、拍照等等都是需要去理解和掌握的，在这种情况下，你在画图或设计能力以外的一些技能其实都有其用武之地。

并且你要去推动实行某个想法已经不只是你会画很牛的画，你很会做看起来牛的稿子就行的，任何能够帮助解决问题的品质都可以发挥作用，比如情商很高？沟通能力强？有人格魅力？很美很帅？超幽默风趣？头脑灵活？善于利用资源？等等，都可以。

在我看来，电商设计师的发展趋势就是由设计师来参与策划整个活动，设计师直接对自己的稿子负责，而不是现在这样，运营往往以管理统筹者自居，把设计师当作仅仅只是动作执行自己想法的工具而已，其实运营要干的事情应该是协助设计师做数据分析、整理正确的需求文档给设计师，做商品维护等等工作，他们之间应该是搭档关系或者是给设计师做辅助的一种关系，而不是现在这样由运营来指导你的设计稿，由运营来决定你这个设计稿要不要改要怎么改。

当然了，能达到这种水平程度的设计师，除了要提高视觉方面的表现能力以外，还要去足够了解用户，帮助客户分析解决问题，并且懂得合理运用不同层次的视觉营销，不要等到别人去对你指鼻子骂脸说你不专业。

另外，我也有看到现在运营转设计，或者设计转运营的现象也挺普遍，其实运营应该懂点设计，设计也应该懂交互、运营、营销、文案等等很多相关知识，这才是合理的专业发展方向，纯粹的视觉设计师其实并没有什么竞争力的。

关于设计师普遍存在的一些特点是什么呢？

第69章 设计师该如何正确认知自己的价值

1. 天生骄傲

设计师比较普遍的一个特点就是，天生骄傲，虽然普遍钱赚的没别人多，但是骨子里有一种天然的优越感。

2. 服务意识扎根太深

设计师往往又是作为乙方服务于他人的，在整个团队里也是处于夹在中间的位置，所以出于职业习惯总是会去猜这个喜欢什么那个喜欢什么，有时候对于需求人提出的修改或要求，想着能尽量满足就满足，但这个只是作为设计师职业素养的其中一项基本要求而已，更重要的一点应该是要相信如果你觉得自己就是专业的就该去坚持自己的观点，要不然会纵容一些实际上并不专业的运营或需求方无止境地对设计师指指点点了。

设计师是干嘛的？是来帮助解决问题的，如何能够帮他解决问题你得发挥你的专业特长告诉他。

3. 坚持己见却倍感孤独

当然，出于自认为的专业意识，设计师往往又会去坚持自己的某些想法（适用于有经验的设计师，不适用于新人），但搞不好就会被甲方虐待一顿，这也导致他们骨子里有一种不安全感，既想坚持自己又时常怀疑自己。

设计师一般也比较敏感，外表上追求酷或者时尚个性，但实际上又怕这怕那。

基于这些特点，所以我们会发现设计师其实是很需要被鼓励和提高自己的自信心的一个群体，而提高自信心的前提就是不要局限于自己是一个设计师，要意识到自己是一个人，你是有自己的生活喜好的。

所以，从现在开始，不管是让自己变美亦或是去找一些自己感兴趣的事情做都可以，因为你现在所做的每一件事情都是在给你自己的将来添砖加瓦啊。

你很喜欢做饭对吗？那就每天进步一点点继续做。

你很喜欢跑步是吗？那就每天坚持一点点继续跑。

因为说设计源于生活，这句话不是没有道理的，对生活充满希望你才能做好设计，这些积极的东西都会促进你的设计专业能力的提高。

也许，你曾经羡慕某某画画比你厉害好多？可是你讲故事的能力超棒啊；

也许，你曾经被某某嘲讽设计很平庸？可是你特别受欢迎善于交际啊；

亦或是，你曾经被某个需求人贬得一文不值？可是你长得美（帅）啊。

你明白自己的价值在哪里了吗？其实身为一个人，在不同的阶段你都是有自己的优点的，不要因为别人的狭隘看法或评价而妄自菲薄，自己首先要对自己有信心，别人才会感受到你的价值所在。

那么，设计师的职业发展方向有哪些呢？

我们知道，设计师的发展方向不外乎几种：走管理路线带团队、继续对自己的设计精益求精走设计专家路线、转型或转行、搞设计培训、创业或者做一个属于自己的品牌。

而以上都没有适合你的发展方向？那就将多年来积累的处理设计元素和比例关系的能力延伸到现实中来，取长补短，将你之前所积累的各种兴趣、技能、特长和优势合理地运用，将自己打造成一个品牌，这就是你作为一个设计师一个人的价值所在。

第 70 章　设计师应该学会问问题

　　从我开始养成总结思考的习惯并公开发表文章到现在，有接近三年的时间了，这期间我接触到了越来越多向我提问求助的人，回答了上万个问题不止，有的问题很小，比如一些关于软件操作方面的问题；而有的问题很大，大到没法回答，比如如何快速赚钱等方面的问题。

　　大部分时候，如果有空的话，我都会回答几句，如果是一些比较普遍但是很重要的问题我还会专门写文章来回答，比如之前我还在公众号出了二十几期的互动问答，每一期我都会筛选3~5个问题进行统一解答，而我总结发现，大部分的问题其实大致就是以下几个方面的。

70.1　求职方面的问题

　　有一次我给大家整理简历的时候发现，很多人的简历都不是很专业，比如：

1. 尺寸太大

　　很多人做的是JPG或PDF格式的简历，发到我这里来整理，一张简历达到了70MB以上，好几万像素的高度，说实话，这种就会比较浪费时间，让人没有耐心去看完了，所以简历千万不要做得太大，如果可能的话，控制在10MB以内吧。

2. 文件杂乱

　　有的人提交的是压缩包，然后解压后发现，所有的文件夹命名都是乱的，或者文件夹分的太细了，我有时候要点击打开十几个文件夹，一个个去看作品，顿时感觉乱套了，非常不方便。

　　其实作品不在于多，而在于精，把你最满意的作品放几个就好了，分类也不需要太多，像是生怕别人不知道你是全能人才一样，其实根本没必要的，着重展示自己最好最擅长的一面就好了，其他的附带着提下，没必要都展示出来，留一些以后让老板或同事自己去发现去挖掘，兴许会有更多惊喜呢。

3. 文件命名不规范

当你发给HR一封求职简历，但是你的简历是这样命名的那必死无疑了，比如就写了"求职"两个字，那别人从那么多简历里该怎么去找你的简历呢？所以你的简历命名最好包含姓名／求职意向或者简历年份等信息，比如"姓名－视觉设计师－2017求职简历"，以便别人能更容易找到你和记住你，同时也会让你显得比较有职业素养。

70.2 技能提升方面的问题

提问：如果看了很多好的教程文章，很多东西都忘记，是为什么呢？是学习方法不对吗？求解。

回答：首先教程有好有坏，我不能确定你看的教程是不是都是好教程，因为现在不管什么水平的人只要他愿意，都可以写教程，如果你辨别能力差，那就可能会被毒害了，所以尽量看一些实力强一些的前辈出的教程会比较有保障。

其次，教程分好几种，有侧重于教你软件操作能力和实现某一种效果的，还有偏理论侧重于开拓思维能力给你带来启发的，还有两种的结合，不管是哪种教程，你看完后都应该趁热打铁，赶紧动手去实践，或者找案例去论证，这样可以加深你的印象，然后还可以把你学到的这些知识点再次总结出来说给别人听，这样就算变成你自己的知识了。

当然，没有哪一个知识点是一次看完就扔的，尤其是偏理论类的教程，更应该反复去琢磨，比如我的文章是比较偏向开拓思维的，适用于店铺老板／运营或者高阶一点的设计师，零基础的刚开始看可能会觉得有些吃力，但是因为思维习惯养成了后面等手上功夫上来了，会比其他人进步更快，并且需要反复看你可能才会真正地理解。

70.3 如何改变现状方面的问题

提问：面条，我是一个电商公司的小职员，我对自己现在的状态很不满，我刚毕业就进了这家公司，刚开始感觉自己前景一片美好，公司也在往好的方向发展，可我自己却一直没有进步，每天就是不停地套版换图，感觉自己可颓废了，我是不是应该换一个环境让自己冲一下电？

回答：其实有你这种情况的人挺多的，都是觉得自己在做着打杂的事情，觉得非常枯燥，觉得自己没有提升是周围的环境造就的，那么你可以看看自己属于下面哪种情况：

① 有些人每天可以抽出时间去学习去给自己充电的人，成长得会比较快，那么到了一定阶段，这种人就会觉得周围环境已经无法满足自己的能力和需要了，所以他会选择跳槽换个与自己能力匹配的环境工作，然后继续去学习提升自己，寻找下一个目标。

② 还有一种人即使周围有比自己优秀的人，但自己每天却也是无所事事，仅仅满足每天在公司里的一些事情，私下也无心去充电，自然而然就会被PK掉，因为个人能力跟不上企业的发展需要，最后沦为打杂的。

③ 还有一种情况是，所处的行业和角色导致的，假如你在小店铺，小店铺里是不可能每天给你很多需要创意发挥的事情做的，大部分时候你就是在做套图做钻展图这样的事情，再假如你去的公司是一个人要负责好几个店铺的设计工作，那么为了省事省时你也只能选择套版了，要么是你从现在开始就私下准备一些好的作品，留意机会，待到时机成熟有能力的时候跳槽到大点的店铺里或者去大的平台，情况才会有所好转。

所以看完上面的几种情况，你看你属于哪一种，然后再想想自己的境况是只要换个环境就能解决的还是即使换了环境也一样呢？毕竟能力多大选择权就有多大。

70.4　为人处事方面的困扰

提问：面条你好，感谢能有这个机会，和你聊聊我的近况。我是一名互联网+物流公司的UI。最近公司新来一名交互，对于之前的产品进行了大刀阔斧的改革，效果不错，也得到了领导的肯定。最近，公司成立UED，他被非正式地任命为UED主管，在这之后，我明显感到活被安排得少了，因为在这之前工作都是由UI组的主管分配的。甚至，他直接越过UI组主管安排工作，现状就是现在基本没啥工作可做的。我挺苦恼的，可能因为我不善沟通吧，也因为这样，会让别人觉得你很不好靠近。真心感谢你耐心倾听，啰嗦了这么多，如果你有空的时候，能不能谈谈你的经验，怎么样更受同事喜欢？

回答：对于这个问题我觉得我还是有一定的发言权的，倒不是因为我有多受同事欢迎，而是我也经历过不被同事和领导欢迎的处境，我总结了下面这几条，看下对你有没有帮助吧：

❶ 多站在别人的角度思考问题，而不要自以为是或自作聪明，因为这种行为往往会导致说的话或做的事不讨人喜欢，即便是你有能力，别人也不太愿意听你的。

❷ 能改变的就去改变，不能改变的就选择接受，不要过多表露自己的不满。

❸ 大方幽默或爱笑的人总是会特别招人喜欢。

❹ 不要刻意讨好别人或放低自己，让自己变得有价值，让别人看到你的价值，自然而然会有人喜欢与你接触或合作。

70.5 职业方向选择方面的问题

提问：我是学美术纯艺术的，不知道您以前是学什么的，现在毕业季了，就会反复问自己是否喜欢，之前很早我是很向往学设计，当设计师的感觉！觉得那是一个很有格调的感觉，但后来很多人告诉我设计很苦的！站在这个十字路，不知道怎么选择，不知道自己喜欢什么，有时候又不够勇敢！很迷茫，你可以和我分享一下你的设计感受吗？

回答：这个就跟谈恋爱或交朋友一样吧，面对同样一个人，喜欢他的人就觉得喜欢得不得了，即使他有这样那样的缺点，你就是觉得很爱他，想要一直跟他在一起，因为他使你快乐和满足，如果两个人能随着时间彼此成长，同时在这段关系里彼此都有所收获那就最好不过了，毕竟付出和回报相差不要太多彼此才会幸福长久。

那对于不喜欢他的人或者选择了他最后过得不好的人呢？就会觉得当初真是瞎了狗眼，居然选择了他，甚至还会到处说他的不好。

我们和设计这份职业之间的关系亦如此啊，有人混得好有人混得不好，混得好的大多数还是因为喜欢设计而愿意投入精力的，其实这个是见仁见智的吧，再一个你自己没有去经历过光只是听人说的话，结果也是不准确的啊，看你自己的内心怎么想的吧。

以上就是我的感受。

其实观察上面所有的问题不难发现，这些问题都是比较具体的，是可以被回答的，所以在被提问者有空并且知道答案的时候一般都是会帮助解答的。

不管我们是什么阶段的设计师，在我们的一生中始终都会遇到不懂的问题需要向别人求助请教的时候，其实提问也是有技巧的，要怎么提问才会让别人比较愿意回答你呢？怎样提问才可以让别人给到自己想要的答案呢？

我分析总结了以下几个方面。

1. 全程对人友善

先端正自己的态度，要知道的是，问别人问题是有求于别人，别人其实没有义务非要回答你的，更何况素不相识的人，尤其是我们向行业前辈或事业非常繁忙的人提问时，更要注意友善一点，因为他们的时间也许比你的宝贵。

所以我们可以以"你好""请问""麻烦XX能告知一下嘛？"等类似的话语作提问开头，或者以"真是麻烦你啦""真是太谢谢你啦""你真是帮了我大忙了"等等类似的感觉结尾，虽然别人不一定需要这些客套话，但是说总比不说保险。

还有比较不出错的做法就是发一些可以缓解尴尬气氛的表情，比如下面这些程序自带的比较中立和保险的表情就可以：

还有一些搞怪或暧昧的表情要视你跟被提问者之间的关系或者被提问者的性格而定啦，性格比较好玩活泼的可以用用，但是在不太熟悉的情况下还是要慎用，尤其是尽量不要用"微笑"这个表情去向你的前辈或比你厉害的人提问，不然你都不知道自己是怎么被冷死的，年轻人应该都懂的吧，因为它的杀伤力好比"呵呵"两个字，哈哈哈哈……

2. 尽可能与被提问者建立某种关联

一般情况下，大神或前辈其实都是非常友善的人，如果你的态度诚恳一点，或者表明了自己的来意（百度就能解决的问题或者特别大的问题除外），他也刚好有空的话，是不会拒绝回答你的。

那最忌讳的一点是什么呢？有的人是第一次提问，提问之前既不做自我介绍，也不管被提问者有没有时间回答，一上来就噼里啪啦说一大堆，比如自己需要什么帮助，自己的困惑是什么等等，给人感觉表达欲望特别强烈也比较自我，殊不知这其实是有点不礼貌的行为。

换位思考的话，毕竟这不是在马路上问路那么简单的事情，是需要思考的，而且大部分提问者和被提问者之间是素未谋面的比较陌生的，所以在第一次提问之前最好是能先拉近一下与被提问者之间的关系，比如说"你好，我是XX，我是在XXXX找到你的（或者我是你的粉丝之类），看了你的作品（文章）特别喜欢，对我触动也蛮大的，现在我这里有一些疑惑，不知道您方不方便为我解答一下呢？不胜感激"。

如果别人没有立马回复你，那可能是没空或没看到，这个时候你可以直接抛出自己的问题，别人看到了有空了估计就会回答你了，即使没有回答你也不要记恨在心上，可能他真的漏掉了。

千万不要直接问一句："你好，在吗？"或者"你好，忙吗？"然后人就不见了，这样子是没什么人会回答你的问题的。

3. 条理清晰地描述自己的问题

描述自己的问题的时候一定要学会组织自己的语言，条理清晰地说出自己的困惑，这样方便别人一眼能看懂你问的是什么，我知道这很难，但是这点非常重要，因为这个可以节省别人的时间，从而大大提高别人回答你问题的意愿。

同时注意提问的时候不要掺杂太多不好的情绪在里面，比如：

"我真的快要被烦死了"

"我再也不想待在那个鬼公司了"

"周围一群傻X不懂装懂喜欢乱指点瞎bb我该怎么办？"

"工资那么低却让我做各种乱七八糟的活每天过的连狗都不如。"

像这些类似的提问状态都是非常消极的，千万不要对一个比你厉害的陌生人发起这番牢骚式的提问，如果你想问题得到解决，就先让自己冷静下来，好好把问题在脑袋里过一遍，再提问，效果会好很多。

4. 不过问私事，问问题懂得点到为止

提问的时候就事论事，如果你对别人不是很了解或者关系不是太亲密的情况下，不要过问太多别人的私事，因为会招致反感，给人留下不好的印象，除非被提问者主动提到相关的话题的话，那你们交谈一下也无妨了，切记哟。

还有的人一开始可能只是问一个很小的问题，然后由于太擅长聊天的缘故，最后没控制住自己一直问人家也跟着他的节奏一直回答，殊不知被提问者可能正忙其他事情不能再继续回答了哦，即将要不耐烦了，所以问问题要记得点到为止，不要想着终于逮着机会了要一次问个够，而是要细水长流呀，不要问一次问题就把别人问怕了，然后留下了一个不好的印象，以后你再有问题要问该怎么办呀？

5. 不要问太泛的问题，要尽量具体

就拿设计师这个职业来说，大家问的最多的就是求职面试／升职加薪／设计技能提升／如何处理同事及上下级之间的关系／软件操作及安装／职业方向选择等等方面的问题，比如：

"马上要去面试一家电商平台的UI设计师岗位，有哪些注意事项呢？"
"我做图的时候老是不知道该如何下手该怎么办呢？"
"怎样可以提升自己的排版或配色能力呢？"
"前几天我和同事闹矛盾了，能帮我分析下问题出在哪了吗？"
"有一个效果我始终做不出来麻烦你能稍微点拨一下吗？"
"我不知道是该继续做电商设计还是转行做UI，能帮我分析下该怎么选择吗？"

像很多这些类似的问题都是可以被回答的，只是回答起来需要花费的时间精力不一样，但是，有些问题太泛太大就没法回答了，比如：

"如何快速提升成长？"
"如何快速致富？"
"如何短时间内提升自己的阅历和见识？"
"好羡慕你的人生，我该怎样才可以做到像你一样呢？"
"如何做到一稿过？"
"我的作品不好，但是我想去大公司，有什么捷径吗？"

因为所有这些类似的问题都是需要自己去经过漫长的磨炼才能达到的，三言两语是讲不清的，快速达到也不是没可能但是这种好运气为什么偏偏会落到你头上呢？所以是没法回答的，大部分人还是要靠脚踏实地，戒骄戒躁。

6. 最重要的一点是找对的人问问题

这涉及到两个方面：视问题所属的领域去找相关领域的人问／视问题的性质去找合适的人问。

◆ 视问题所属的领域去找相关领域的人问问题

我们做商业设计最重要的一点就是找准定位，问问题也一样，要找对人问问题，比如说我是擅长电商设计相关的，比如文案／设计／营销策划／用户体验等等各方面都会懂一些，同时在职场也混了六七年，职场个人成长相关的一些问题也都是可以解答的，但是你如果问我代码或程序员方面的知识那估计就会难倒我了，因为我不太感兴趣也不是很懂，其他领域也同理。

◆ 视问题的性质去找合适的人问问题

越是厉害的人就越忙，问他问题的人就会越多，那么如果你去问他软件操作或者明显百度就可以解决的问题，除非是跟你比较熟悉或者其他特别的原因，要不然人家基本不会有时间搭理你的，换位思考的话就是，人家的时间比较值钱，所以更愿意花在更有意义的事情上。

也不排除一些大神刚好心情好想要拉近一下跟粉丝之间的距离，会偶尔回答一下比较简单的问题，但大部分时候是不太愿意回答的。

所以，如果是比较简单的关于软件操作方面的问题最好还是去百度吧，或者去一些设计群里问，那么多人里总有一个是愿意回答你问题的，无论你问的是什么性质的问题。

还有一些关于心理和感情方面的问题，在你和大神不是很熟悉的情况下，估计他们不愿意听也不想讲给你听的，除非他性格超好或者也对这些感兴趣，就当交流聊天也好，那可以试着沟通一下。

7. 给予某种回报，懂得感恩

这里的回报不是非要是金钱或物质上的回报，一句感谢的话也算是一种回报，有的人可能在问完问题后觉得特别有帮助，就会发个红包什么的以示感谢，有的人可能会觉得自己经常问问题过意不去了，会想要给被提问者寄些礼物什么的，但如果你经济实力有限就不要勉强自己，说一声谢谢也是可以的。

但有极少数的一些人，大概是被惯坏了或者情商比较低的缘故，问别人问题还语气不好或觉得理所当然，末了连声谢谢都没有，那这样的话估计是没什么人愿意回答你的问题的，即使这次回答了，下次估计也不想再回答你的问题了，你们想想是不是这样呀？

以上我就总结完了，其实概括起来就是一句话：

无论你想从别人那里得到什么（精神上的或物质上的），学会换位思考地说话或做事，为别人省时省力，才会让别人感觉比较舒畅，从而更容易达到自己想要的目的和结果。

第 71 章　新手到高手的蜕变之路

很多电商行业的设计师会觉得自己目前的现状是比较不尽人意的，比如加班多 / 休息少 / 待遇低是电商行业的常态（其实也有很多月入两三万及以上的电商设计师），并且待遇低却依旧爱着这一行，怎么办？

能怎么办？当然是去改变现状去提升自己啊，那么怎么提升自己呢？我这里给大家列举了几个可以去提升的方向，接下来我们一起看下该怎么做。

1. 技能方面

高手都是从新手过来的，毕竟做设计不是纸上谈兵或侃侃而谈，所以手上功夫一定要是过硬的，因为能拿高薪的设计师他所需要负责的也往往是比较大的重要的项目，而这些重要的项目往往要求会比较高，比如说你的设计要吸引人 / 要有创意 / 要新颖 / 要比以往有突破 / 要有细节要好看等。

那么这就需要你要么在某一方面的技能比较强，比如你能够玩转手绘或合成或C4D等其中任意一项，要么你不止是手上功夫过硬，你的脑洞很大而且还能实现出来，亦或是你会的东西比较广泛，不管什么效果你都可以露一手，如果你能达到这种层次，那么不仅是不愁找不到工作，也是不愁高薪的。

2. 思维方式

很多新手设计师可能技能操作这一块没什么大的问题了，但是有个很阻碍自己成长的问题就是思维方式比较落后，想的事情比较单一，想的层面比较低，比如一个情人节页面，高手可以想出10个不同的创意方案，但是新手只能想到一个最常规的方案；再比如同样一个专题页设计，高手会去考虑信息的传递性 / 可读性 / 用户体验 / 销售目的等综合因素的考量，而新手只是想着把页面做得好看或者只是为了炫技而已，完全不考虑用户体验或销量。

事实上，大多数时候新手因为知识体系不牢固的缘故，会犯很多这样那样的错误，导致实际做出来的东西往往也不会太好看，因为眼界高不一定手高，但是眼界低手不可能高。

3. 审美水平

很多人说现在的电商设计很低端，但其实并不是这样，我看到现在的店铺设计很多都是非常优秀的了，各种形式的都有，比平台的页面设计要丰富得多，但不得不说也确实还有很多低端得不行的页面存在，那么根本原因在于什么呢？

在于以下两个方面：

一个是部分老板或运营的审美不行，那么就导致你作为他们的设计师即使想要来点创新突破什么的也比较艰难，因为你跟这些审美不行的老板和运营审美不在一个层面啊，这就导致好审美的设计师会流失，被更平庸的设计师所替代，那么长此以往下去就越来越低端了。

再一个是你面向的用户本来就是审美不那么好的一类人群，而你的老板或运营虽然不认可这种审美，但是他们知道这些用户喜欢什么样的，所以就投其所好，于是就有了那些很低端的页面。

即便是这样，你也该有更高的追求，去提升自己的审美，为将来去服务更高质量的客户做准备，因为人的生活水平是会越来越好的，他们的审美也会跟着提高。

那么怎么提升审美呢？有个方法就是多去看国外的一些设计网站，比如behance等，而少看一些素材网站，因为长期依赖素材，看多了素材，你的创新能力是会退化的，你的眼界也会被拉低。

4. 执行力

我这里说的执行力跟前面的技能方面可能有点不一样，它指的是高手较新手而言处理事情更果断更高效更有序，而不是无头苍蝇乱撞；遇到紧急情况懂得沉着面对，而不是慌慌张张；遇到棘手的问题，会想尽一切办法去解决它，不达目的不罢休。

同时他们在做事方面也更加主动，也更加懂得用户喜欢什么，懂得老板喜欢什么，总之，高手之所以贵一定是有他贵的道理的。

5. 沟通能力

设计师普遍沟通能力不太好，沟通能力好的设计师要么升职当领导带团队了，要么当老板去了，因为他们会谈生意会谈判啊，而沟通能力不太好的设计师往往比较善于沉浸在自己的世界里搞创作。

但是我们大多数设计师不是艺术家而是做的商业设计啊，所以不得不去跟上游同事对接需求，不得不跟下游同事跟进度，还要跟客户解说自己的设计方案等，有时你做的设计稿能不能通过很大一部分取决于你如何去把你的想法表达出来，有理有据地让人信服，跟别人沟通的同时把自己的想法成功植入到他的脑袋里，这是高手必备的一种素质，所以厉害的商业设计师沟通能力往往也是非常强的。

6. 团队协作能力

现在我们经常会听到一些人说要当全栈设计师,那什么是全栈设计师呢?简单点来说就是这个设计师对一件设计作品从概念阶段一直到落地执行等各个环节都要有所涉猎甚至精通,而不是简单地只是一个做视觉执行的这么一个角色。

但我们知道这样子其实是很耗费精力的,如果你本来就对什么都感兴趣的话倒是可以去试试把自己培养成这样一个人才,但并不是每一个人都适合这么做,我现在最大的感受就是,设计师最好是能先在某一个领域沉下去使自己有个专长,其他方面能够都去了解尝试一下也好,但是不要想着这个领域你也要做精那个领域你也要做精,因为一个人的精力是有限的,最好是能像树根一样生长,精于一项,同时也懂很多其他方面的知识。

越是大体量的事情或复杂的事情越是需要一群各有所长的人一起去配合完成才好,就好比设计师就去做设计师擅长的事儿,程序员就去做程序员擅长的事儿,销售就去做销售擅长的事儿,然后大家一起配合完成一件事。

毕竟人的精力是有限的,一个人也许能成小事,但一群人才能成大事,所以团队协作能力很重要。

7. 情商

所谓情商低就是说话做事不顾及他人感受,其实大部分设计师都比较有个性,就是喜欢由着自己的性子说话做事,但现实就是这个世界并不存在绝对的自由,每个人其实都是受他人控制和支配的,你看到某个人在你面前也许很潇洒 / 无所不能 / 天不怕地不怕的样子,但在另一个关系到他命运的人面前说不定又表现出超高的情商了。

所以情商这东西很可能是相对的,并且它很重要,最好不要轻易得罪人,因为你能力再好再有才华人家不给你这个机会去展示你又奈他何?

哦对了,前面我说了那么多,一共7条,但是在时间面前,这些全都是浮云,没有时间的话你要这些能力做什么用呢(但前面那些能力可以帮我们节省时间倒是真的),所以设计师们要在自己的可承受经济范围内去用好一些的工具,比如设计师专用显示器,再或者配置更高级的电脑,当然一把舒适的椅子也是很有必要的,因为这些东西都可以让你更舒适更节省时间地做设计。

以上都是我的真实体会,就写这么多吧,愿有所收获。

第 72 章　应届毕业设计师如何度过艰难的第一年

经常会有很多人问我关于找工作方面的问题，他们当中有已经工作了五六年但还没找到方向的，有才工作了一两年就感到无比焦虑的，也有工作一年不到就开始怀疑人生的，而最后一种才是让我感觉最急需帮助的，所以我干脆针对没有经验没有作品也非名校毕业的新人们，统一解答一些他们比较关心的几个问题。

这个阶段的你们正在经历着什么呢？

没钱

没资源

没能力

没公司要

没方向

没人带

事已至此，那么该如何应对呢？

1. 保持好的心态

这个阶段的你最需要的是一个好的心态，很多人刚脱离大学校园生活可能还不是很适应，比如接受不了目前自己只能做一些打杂的事情，接受不了很低的待遇，也接受不了一些工作时间比较久的同事对自己的不耐烦和冷漠对待等，所以会表现出一些比较幼稚的行为，比如对上司或同事不太友好，再或者嫌弃工资太低总是不安分想走，再或者是郁郁寡欢觉得自己不受重视等等从而没有心思专心工作。

其实，你只需要保持一个好的心态，认真把那些所谓的打杂的小事情做好，积极融入到团队里去，你的能力和为人如何，你的同事和上司其实都会看在眼里的，当他们开始信任你也认可你的时候，事情就会进展得比较顺畅了。

退一万步讲，即使你觉得你已经做得很好了，但还是不被重视，那么下次再找一家重视你的老板或公司就好了啊，你又不是卖身给现在的公司了，所以一定要保持一个好的心态。

因为你的所有付出和努力是为自己的将来做的，不是为别人做的。

2. 用好业余时间

就拿我自己来说，我是在工作一年后才猛然开窍的，有段时间我感到非常懊恼，觉得当初自己浪费了太多时间,要是我早点去逛设计论坛,要是我早点去认识一些设计前辈就好了,但后来发现事已至此,只能珍惜现在,珍惜今后的时光了,以前的过去就过去了。

所以当我意识到自己已经晚了别人好几年,当我看到很多比我小好几岁却已经获得一些成就的人的时候,这危机感恰恰也转化为了一种让我前进的动力,因为这种危机感让我不敢停滞不前,我知道自己不能再重蹈覆辙,继续拿着很低的薪水,继续被人看轻,所以一定要努力一些才行。

所以,有业余时间的时候,一定不要光顾着看剧或打游戏什么的,而是要培养一些兴趣爱好,比如看书／锻炼身体／做手工／画画等,有私单如果能对自己起到锻炼作用也可以去尝试着接一下,但如果是质量非常低的私单我的建议是不要接(比如500元负责整店装修、LOGO设计／首页／详情页／海报等全包之类的),而是应把时间拿去学习。

同时在生活中培养自己对于美和设计的理解,比如即使你在看剧或玩游戏的时候,也可以去思考:别人为什么是那种服装搭配?为什么那么穿很好看?为什么剧情是这么设计?就连台词如果觉得好的话都可以去记下来,没准以后可以用作文案呢。

甚至走在街上,逛街的时候,都可以多留意下广告牌以及那些设计得不错的橱窗,总之利用好自己的时间,无论是碎片时间,还是比较完整的时间,保持思考的习惯,时间久了总会有用的。

因为时间就像一张网,你把它撒在哪里,收获就在哪里。

3. 抹开面子虚心请教

在这个阶段的你,必定是有很多不成熟的想法的,也必定是见识不那么广阔的,所以很容易陷入自满当中而听不进建议,或者也理解不了很多高层次一些的人的想法,这个时候如果你可以利用好现有的一些资源,去虚心请教问题,如果不是问题太没营养,亦或别人不是那么忙也刚好是自己感兴趣的问题的话,别人还是会比较乐意解答的,如果别人没有解答也不要怪别人,毕竟人家也没有义务非要帮助你的嘛,抱着这种心态,你自己可能也会开心许多。

因为不对别人抱过高的期望,比较容易感到快乐。

4. 制定小目标

如果对大目标没有概念,那就给自己制定一个小目标,比如要在一个星期内做出一份练习海报,要在一个月内完成几张绘画练习,要在半年内拿到站酷的几火推荐等,这些小目标可以督促你每天都比昨天能进步一点点,使自己感到充实和有成就感。

因为这个阶段的你精力往往比较充沛，如果不利用好这些精力的话很容易多想，并且变得焦虑或空虚，这些负面情绪对自己的身心健康和人际交往都是不利的。

慢慢地日积月累，小沙子也就堆成小沙丘了，在这个过程中你之前不清晰的大目标会慢慢变得清晰，你也就会感觉更踏实了，包括你之前所在意的那些金钱／资源／被认可／方向等，都是在这个过程中慢慢积累起来，不会说突然一下子就都有了的，所以要认识到这点，毕竟运气这东西就算是真有，掉在自己身上的可能性却是很低的。

因为不积跬步，无以行千里。

以上就是这些建议可以给到大家了，希望对你有所帮助。

第73章　哪些性格有助于设计师的成长和提升

我们时常听前辈说，性格决定命运，那么作为设计师，性格如何决定我们的成长命运呢？想知道这个问题首先就得明白一点，那就是设计师的成长其实是分好几个阶段的，所以其实不同阶段所需要的性格特质也是不一样的。

假如我把设计师分为以下五个阶段：
◆ 第一阶段：小白。
◆ 第二阶段：入门。
◆ 第三阶段：上道。
◆ 第四阶段：蜕变。
◆ 第五阶段：个人品牌。

那么他们分别意味着什么呢？

1. 小白阶段的设计师有哪些共性

小白设计师就像一张白纸一样，没有工作经验，对什么都不懂，可能只是刚会一点PS软件，即使很多设计专业的毕业的大学生刚参加工作的时候也是小白一样，因为大学期间学的知识在融合到商业设计中还是需要些时间去磨合适应的，很多规则需要在实践中去掌握。

就好比我在大学期间基本没怎么逛过论坛更别说出去设计实践学习了，所以刚毕业的我也是个小白，我也是工作了一年多后才慢慢开窍领悟了一些技巧和思想的，这些都是设计师成长的必经之路，那些在大学期间就兼职了设计项目的学生则不算是小白。

当然还有一些完全不是设计专业却阴差阳错地步入了设计这行的小白设计师，这也意味着他们要比设计专业出身的人投入更多的精力付出更多的时间和努力，不管你是属于哪种情况的小白，其实在这个阶段需要掌握的一些性格特性都是差不多的，比如：

① 不怕丢人，乐于虚心求教。

② 会说话，会问问题。

③ 不挑活，不怕累。

④ 诚实守信，懂得感恩。

❺ 执着有耐心。

❻ 好学。

2. 入门阶段的设计师有哪些共性

　　入门阶段的设计师已经掌握了一些基本的软件技能，对所处的设计行业规则也稍微懂了一点点，这个阶段的设计师往往眼界不是很高，所看和所想都比较狭隘，而且因为刚过了小白阶段，可能还会有一点点过分高估自己的能力，以为自己很厉害了，但其实不管是跟行业内的前辈比还是跟国内外的大咖比都差很远，比如创意思维方面或者执行力方面。

　　所以这也意味着这个阶段的设计师除了要关注自己所在设计行业的设计作品以外，还需要开始多接触其他设计行业的一些知识点，比如你是做电商的就不要老是盯着几个电商网站看那些粗糙的Banner设计了，还应该去看一些创意广告设计／LOGO设计／国外的一些网站设计等作品，比如我之前给过几个网站链接：

- 创意广告：　　　　　　http://adsoftheworld.com/
- 时尚杂志：　　　　　　http://issuu.com/
- 全球优秀网页设计：　　http://www.thefwa.com/
- 全球酷站中心Html5页面：http://www.iiiimg.com/
- 素材网站：　　　　　　http://huaban.com/
　　　　　　　　　　　　https://www.pinterest.com/
- CI门户网站：　　　　　http://www.asiaci.com/
- 其他大家常逛的国外网站：https://www.behance.net/
　　　　　　　　　　　　https://dribbble.com/
　　　　　　　　　　　　http://cargocollective.com/

这个阶段更需要哪些性格特性呢？比如：

❶ 不怕丢人，谦虚好学。

❷ 有自己的兴趣爱好。

❸ 不挑活，不怕累。

❹ 诚实守信，懂得感恩。

❺ 执着有耐心。

❻ 好学。

3. 上道阶段的设计师有哪些共性

当你有了以上意识也就意味你差不多要进入上道阶段了，这个阶段的你不仅入门了开窍了，而且至少已经能认识到自己的不足了，这时候的你应该是自主地想要去吸收那些你需要的知识，你也不再是盲目地想要将所有知识点吸收，而是带有目的性地有选择地去学习知识。

并且这时候的你应该不只是停留在视觉层面的提升了，还应该接触你所从事的职业以外的相关职业，比如你是一名电商视觉设计师，那么你还应该去了解摄影／修图／交互／前端／文案策划等方面的知识，这些都是与你的职业息息相关的，你只有对整个与你职业相关的其他工作内容有一些了解了，你才可以更加深入地去钻研你本身所从事的设计职业，这就是互相促进的作用。

那么这个阶段需要哪些性格特性呢？比如：

❶ 与不同行业的人的沟通能力。

❷ 不怕丢人，谦虚好学。

❸ 要学会挑活和拒绝。

❹ 学习合理安排自己的时间。

❺ 诚实守信，懂得感恩。

❻ 执着有耐心。

❼ 好学的同时善于学习。

4. 蜕变阶段的设计师有哪些共性

当你有了以上意识也就意味你差不多要进入蜕变阶段了，这个阶段的你，有自己的思想，软件能力执行力也已经不在话下，你能想到的创意只要多花些时间基本你都可以执行实现出来了，这个时候你已经有一些见识和特长，可能还在小圈子里有一点点名气，但却无法继续突破，那么你除了关注自身技能能力执行力等的提升外，可能也该花多一些心思去包装自己增加自己的影响力了。

比如据我观察，很多这个阶段的设计师其实都有自己的粉丝或忠实客户了，发展得好的要么当了管理带团队，要么自己创业，亦或是搞培训去了，这个时候拼的已经不仅仅是设计技能，而是你的情商／名气／服务意识／人格魅力。很多这个阶段的设计师基本都有自己的公众号，因为公众号的红利期已经过去，最后公众号做得好与坏跟设计师自身的能力是息息相关的。

很多人可能以为公众号很好搞，无非就是转载别人的内容或者原创自己码字，但其实公众号运营得好坏在某种程度上就代表了设计师自身能力的高低，你的能力和见识以及对专业对人性的洞察决定了你会去转载什么质量的内容给别人看，你自身的能力和见识积累决定了你能输出原创内容质量的高低和受欢迎的程度，这反过来也决定了你的公众号听众的数量和质量。

因为我以前就说过设计师的能力高低不止是看能不能出好看的设计稿，还应该看他是否善于营销自己和合理安排自己的时间以及合理运用自己的资源，而擅于营销自己的设计师本身的设计能力也是不会太差的，更重要的是他有运营及做产品的头脑，类似创业者的一些特质，这点我觉得是很重要的一个特质，设计师本身便是一款产品。

在这个阶段除了需要前面一些性格特性，可能还需要以下这些性格特性，比如：

❶ 高情商。

❷ 有人格魅力。

❸ 懂得安排自己的时间。

❹ 擅于协调沟通能力。

❺ 做人有原则有底线。

❻ 诚实守信，懂得感恩。

❼ 执着有耐心。

❽ 好学的同时善于学习。

5. 个人品牌阶段的设计师有哪些共性

到第五个阶段的设计师他自身其实已经是一个品牌了，这个阶段的你，要么已经自己开公司了，要么已经是行业里的佼佼者了，要么有名气或者要么有钱，资源人脉更是不用说。

那么这个阶段的你风光背后的压力肯定也是很大的，如果是开公司了，肯定要考虑公司的发展问题比如要在行业里取得怎样一个成绩，以及养员工和管理员工的问题；如果是总监及以上级别的你，肯定要考虑管理团队人员如何保持高效和创造力的问题，应对公司内部团队之间竞争的问题，如何一次次赢得上司或老板的肯定和信任，如何一次次带领团队给客户满意方案的问题，如何让手下心甘情愿为你打拼愿意追随你的问题；如果是手握几十万甚至

第73章 哪些性格有助于设计师的成长和提升

几百万粉丝的设计师大号肯定要考虑变现及今后的发展问题，如何继续涨粉，提升用户或粉丝的留存问题，如何保持高质量内容输出的问题，如何应对同行竞争对手以及如何持续变现方面的问题等等。

所以我们会发现，这个阶段的你压力和责任比其他任何一个阶段都大，你已经基本不是做视觉执行的人了，各种各样琐碎的事情都在围绕着你，所看的书估计也是上至天文，下至地理，所以也许这个阶段的你更需要下面这些性格特征，比如：

① 高情商，有人格魅力。

② 有格局及对行业政策有敏锐的洞察。

③ 擅于协调调用资源，沟通能力强。

④ 做人有原则有底线。

⑤ 遇事沉着冷静，懂得随机应变。

⑥ 擅于用合适的人，也善于看人。

⑦ 懂得分配时间，健康饮食，擅于解压。

⑧ 懂得坚持也懂得放弃。

⑨ 稳／准／狠。

⑩ 好学的同时善于学习。

看完以上这些，其实所有这些特性在不同阶段都是需要的，只是每个阶段侧重点不一样，可能大家也会注意到不管什么阶段，有几个性格特性都是类似的。

同时我也反复强调了好学、懂得感恩和执着这3个性格特点，因为我觉得一个人不管处于什么阶段，想要走得更远始终不能忘了那些曾经帮助过你的人，因为你的今天或多或少也得益于他们的帮助。

人的一辈子很长，遇到的事情会很多，多一个朋友好过多一个敌人，按照同理心你以后也可能会帮到别人，你希望别人怎么对你呢？即使无以回报记在心里也好，虽然并不是每一个帮过你的人都祈求回报，执着和好学的重要性就不必多说了咯，毕竟困难和变化一直都存在，你的进化速度得高于外面世界的变化速度。

以上，就是我结合自身发展以及观察周遭总结出的一些观点，大家可以想想自己处于哪个阶段并调整好自己的性格向更高的层次发展吧。

第 74 章 什么样的设计师比较吃香

最可怕的莫过于，你一直在错误地学习却不自知。

我发现几乎每天都有人在向我倾诉自己的迷茫或焦虑，于是我会听到很多类似这样的问题"面条我该如何做练习提高呢？虽然报了班但感觉收获不大""婷姐我该不该去一线城市发展呢？感觉不知道何去何从""拿到一个需求我不知道该怎么下手，怎么办婷姐？"等等。

这些类似的问题应该很多人也都想知道答案吧，那么今天我就从以下4个方面，统一为大家做一个解答和分析。

1. 做练习的正确思路到底是怎么样的？

我发现一个现象，很多新人做练习是怎么做的呢？大致有两种情况，一种情况是他特别喜欢自己在那里磨，不懂也不会问也不去找参考也不知道问谁，就想着能自己自由发挥，到最后时间都没了，但是图依旧没磨出来，反而把自己卡死了；另一种情况是他根本就不会去思考也不懂如何思考，所以每次一拿到需求就直接去抄去找参考，然后抄出来个几不像，甚至到最后图都做完了自己还是不知道自己是怎么做出来的。

但其实正确的做练习方法是什么样的呢？就是拿到一个文案后你得学会分析，如果没人给你文案你得学会自己去分析活动目的然后给出文案再做设计，接下来我将用以前给大家写文章专门做的一个圣诞节Banner举例说明，请参考51.1节。

这里需要说明的是，大多数时候，我们是不可能有那么好的运气，能找到与自己想要的效果完全匹配的模特或产品素材的，所以需要自己能结合手绘或合成等方法来达到自己想要的目的，比如上面那个模特的鹿角发卡和口红都是我后来添加上去的。

这里有一个建议，如果你是新人的话，因为你对整个流程行业规则其实是一点都不懂的，那么这个时候千万不要一开始就想着自由发挥了（除非你认为自己是天才，无师自通那种），比较可行的方式是先拿一些比较好的简单的作品开始临摹，记得每次临摹完之后总结输出一些内容用文档或笔记本记录下来，下次临摹的时候再回想一遍上次总结的知识，比如哪里做得不够好哪里比较满意，你都可以在下一次进行运用或改进，如此反复先坚持一段时间试试（比如一个月或更久更短你自己把握）。

等到你觉得自己有一定自我认知了再去试着自由发挥，然后再去找更有难度的作品临摹+分析，循序渐进地增加难度，如此反复把它们转化为自己的知识，这样下来一个是学习效率会大大提高，更重要的一点是你会养成思考的习惯，不会像无头苍蝇一样乱撞。

一般我在公众号里分享的电商干货文章里都会带有大量优秀案例，有些个别的可能出于资源有限的原因算不上太优秀，但至少不会是不合格的，相当于我已经为你们筛选了一遍临摹作品了，这就避免了一种情况，比如原本你花了很多时间临摹，但是你临摹的作品本身就不太合格，那不就被误导了。

另外也许你们又会问什么样的作品是好作品，别担心，我前面就写过一篇如何分析一个Banner好坏的文章，你们可以查找学习。

要相信和明白，Banner做好了，专题／首页／详情页就都不是难事了。

2. 如何跳出思维的坑？

当你学会分析和做练习后，你也该意识到有些关于思维的坑你得跳出去，我举个例子：

常年在外租房子住的人可能会有一个体会，很多人会买一些收纳箱，而且买的是塑料的收纳箱，因为它轻便／不担心发霉／强度好／价格便宜。我以前也是这样，会买好几个塑料的收纳箱，而且我发现周围的人也是这样，平时去逛超市我看到的也大多是塑料的收纳箱，于是在很长的一段时间里我一直以为收纳箱就是塑料的。

几年后我住进了自己的房子里，空间很宽广，采光也好，为了收拾屋子方便，我又新买了几个塑料收纳箱，一开始我没在意他们好不好看跟我的房间装饰搭不搭，我只是习惯性地买了它们。

后来我逛无印良品，逛宜家，逛商场，去别人家做客，看了越来越多的装修风格我才发现，原来收纳箱不止是有塑料的，还有金属的／木质的／布料的／竹编的／草编的／麻绳编的等等，各种形状材质大小的，好看的不得了，而且价格其实并不比那些塑料的收纳箱贵多少，但气质上却好很多，而那些塑料收纳箱不管怎么设计看起来总归是有一种幼稚和廉价的感觉。

终于有一天我重新收拾书房把所有的塑料收纳箱都换成了竹编的／草编的／麻绳编的，整个屋子看起来果然协调舒服了不少（我想大概也只有设计师会在这方面这么强迫症了吧）。

这说明一个什么问题呢？说明我们不定期地得跳出一些固有思维的坑。

比如我以前会去买那些塑料收纳箱，其实不是因为它好而是因为我看到周围的人都在用，而我不知道的是，我周围的人之所以用是因为在外租房的人往往住的地方空间不是很大，采光也不会特别好，所以屋子会比较潮湿，并且他们经常面临搬家，而塑料不容易发霉且也更便宜更轻便所以他们才选择了它们，但如果我换了一个环境生活思维方式却没有变，那么过的生活也许还是跟以前一样没有质量的。

这就好比我之前遇到过一位向我请教问题的新人，他是报了一个线下电商培训班（学费2

个月6980元），但是通过跟他聊天以及从他的描述来看，那位老师的教课水平应该是不怎么高的，然后我还发现了几个问题，他找了一些资料我看了一下时间全都是2012年左右的（当时已经是2017年了），而且他也发了很多他同学的作品给我看。

他自己应该也能感觉到他同学的作品质量很差，那么如果他听他老师的建议，去请问这些同学，能问到什么有营养的内容呢？他还发了一个金属立体质感的字体效果给我看，我说做得有点脏了，建议他去看下TGideo团队做的，我的言下之意是让他去分析和模拟他们的作品就会知道差距在哪了，因为这个团队的游戏页面和金属字体这些做得还是挺赞的。

但是他后来截了某培训机构的课程封面图给我看，还说TGideo里面怎么没有教程，这说明他的思维可能是固化在了手把手教程里面了，而且不管说到什么他的第一反应是去某课堂或其他地方找课而不是去分析作品或去其他质量更高的地方，比如TGideo在站酷其实也有账号，也出了很多高质量教程，并且我也提到过很多次，因为很多培训机构的课程质量是参差不齐的，而且要明白的一点是，很多厉害的老师或机构是不会轻易答应去一些比较没水准的地方授课的，为了不影响声誉他们要么会自立门户要么会去跟自身水平差不多的平台。

这说明什么呢？说明一个人的思维是很容易受周围的人的影响的，尤其是很容易受教授你知识的人的思维影响，如果你周围的人、教授你知识的人思维层次高那你也不会差到哪里去，但如果你周围的人、你的老师整天只知道教你去挖素材，有事没事去听一些东拼西凑的三四手知识，那么你的审美、你的思维估计也会跟上面提到的新人一样，你是很难做出好的东西的。

物以类聚，人以群分，去接触更高层次的人，去更高层次的地方，才能让自己跳出思维的坑。

3. 什么样的设计师比较吃香？

这个问题可能并没有唯一的答案，有人说有思想的设计师最吃香，也有人说懂营销的设计师最吃香，还有人说长得好看的设计师最吃香，总之你得有特点并且这个特点还能为你带来实际的经济效益，那就意味着你是吃香的设计师，那么我的看法是怎么样的呢？

下面我干脆以我的亲身经历说说我对这个问题的看法吧：

事情是这样的，我一直以来都挺喜欢飞利浦的产品的，家里的电动牙刷、挂烫机等等都是飞利浦的，然后有一天心血来潮我就登录微信注册了这个飞利浦健康生活馆，作为长期混迹于互联网圈的一枚设计师来说，我当然知道企业收集这些数据信息资料无非就是想获得用户数据，从而为研发新产品或改进新产品或者推广新品做准备用的，所以我也就按要求填写了。

可是后来我发现在填写出生年月日的这一栏，我有点懵了，因为按正常的使用习惯和逻

第74章 什么样的设计师比较吃香

辑,年份和月份日期应该独立开来才对,而这里貌似是谷歌自带的一个控件,我当时并没有注意到左上角那么不起眼的一个"2017"是可以点击选取年份的,所以导致我傻乎乎地只能在那个左右切换箭头那选日期切换,也就是说我如果要填写我的实际出生年月日我得点击至少28X12次,因为我今年已经28岁了(身为混迹互联网多年的设计师尚且不容易发现,何况其他消费者呢?我想应该更会忽视了)。

我相信除非你是程序员出身,要不然一个普通用户应该是很难注意到左上角那个2017是可以点击的吧,而且来注册这个的人估计年龄大都20岁以上了,所以可能很多人也会像我一样傻乎乎地以为要点击那个箭头至少一百多次才能显示正确的年龄,所以这里的用户体验其实是很不友好的,并且我认为这个小小的细节会导致很多人选择放弃继续填写资料或者直接像我一样填写一个错的数据完事。

对于这个情况,虽然我自己就是设计师,但我依然觉得造成这件不良体验的"小事",设计师也是有责任的,因为在我看来,一个合格的设计师应该是具备以下几个特点的。

◆ 首先:身为一名设计师,逻辑思考能力和同理心其实更加重要,并不是说只会些软件或能做看起来好看的设计就行了,比如在这里,正确的逻辑应该是将年和月独立开来设计，而不是捆绑在一起。

◆ 其次：不管一个项目合作当中发生了失误是产品经理还是交互设计师或者是程序员的过错，设计师才是最终执行的人，那么作为设计师就该有发现问题的觉悟，而不是人家给到什么就做什么，自己不去事先思考问题本身也是有责任的，如果你反映了问题，但处于上游的那些人依然固执不改那就应该去找更有话语权的人沟通，如果连最有话语权的人都依然无能为力，那这样的团队还继续待着干嘛？差不多可以撤了。

◆ 最后：对于这个问题，有人给我说这么做是出于商业上的成本的考虑，但是仔细想一想，做这个页面的意义是不是为了获得用户数据以及增加对用户的了解和黏性从而改进或研发新产品呢？那么是不是这些数据越精准，你提供的体验越好，长远看商业利益才是最大的呢？

你为了省下这些开发成本而做了伤害体验的事情和获得了一堆垃圾数据，短期内是不会有什么问题的，长期看却很不明智，这也是大部分人的心态，还有我一直不太完全相信数据，因为这东西作假太容易了，你看微信朋友圈有时推广的广告有多不靠谱就知道了。

我不清楚在其他国家做设计到底难不难，但是在中国做设计其实涉及的因素还挺多的，因为懂设计尊重设计的运营或老板目前太少了，而懂运营懂商业运作的设计师应该也不太多，最终导致的就是很多设计师会觉得最终出来的设计稿既不是看自己是否喜欢，也不是看消费者是否喜欢，而是要看最有话语权的人是谁，他是什么喜好（他懂那就好说，要是他不懂那设计师就遭殃了）。

但不管怎么说，一个主动解决问题善于思考的设计师不一定是最吃香的，但是吃香的设计师必定是善于主动解决问题也善于思考的一类人（而不是别人怎么说你想也不想就照做）。

4. 到底要不要去一线城市发展？

很多设计师一边向往着去一线城市发展，因为那意味着可以遇到更多优秀的同行，更多的发展机会，更多懂你懂设计的开明老板们，但另一方面他们又害怕去一线城市发展，因为这意味着更多的不确定性，更高的消费，更长久地与家人分离，以及更激烈的竞争关系。

以我自己的体会就是，不管身处何处，机会一直在那里，但是有人能抓住它有人却抓不住，所以关键点就在于这个人是否善于学习，是否有行动力，不断地完善自己使自己值得拥有这些机会。

如果你去之前就是浑浑噩噩的，那么会有两种结果，一种是你去之后先是会痛苦很长一段时间，最后你终于找到了兴趣点找到了人生方向，于是就挺过来了，醒悟了，开始奋发图强了，另一种情况就是你被现实打败了变得更加迷茫，对改变命运已经不抱有什么希望了，然后打道回府或继续浑浑噩噩。

所以如果你打算出去的话，最好是带多一点激情／梦想或超强的学习欲望再去，用你的好奇心以及对新鲜事物的追求欲望战胜那些漫长的孤独感，无聊了去看看展，看看书，参加一些大牛分享会，在这个过程中找到自己想交往的朋友，找到自己想成为的样子。

总结

写到这里我突然想到一个问题，无论我们想成为什么样子，达到何种层次，我们最终追求的不就是让自己或让别人成为一个内心快乐的人嘛？但我想，大概只有最无知和最不惧怕未知的人活得才是最快乐的，而介于他们之间的我们这些大多数人，必定是阶段性地活在犹豫和焦虑当中，只是有人的焦虑多有人的焦虑少，有人会隐藏而有的人会四处乱撞。

从大环境看，我们始终面临着抉择，一个人不是进步那就是在倒退，绝对没有保持现状一说。如果向左走是未知，那么向右走就是无知；如果向前走是进步，那么向后走就是倒退，无论是向左走还是向右走，向前走还是向后退，你终究是要选一个的，因为我们都是凡人，这条路终究会走完的。

这是我这些年的感悟，当我明白了这个道理后，我也就没有那么多犹犹豫豫了。

第 75 章　不做美工，做有思想的设计师

我们不止是视觉设计师！

虽然我从事了多年的视觉设计职业，但其实我一直都不太喜欢视觉设计师这个称谓，因为会让我所从事的职业变得太局限，太单一，同时我也觉得这个称谓并不能真实反映设计师这个职业的本质。

记得以前上大学的时候，虽然学的是工业设计专业，但包括我在内的大部分人其实根本就不知道自己要做什么，只是觉得，怎么我们专业跟别的专业差别那么大？开的课程，从英语到高数，从三大构成到机械原理，从工业设计史到市场营销等等，课程非常繁杂，偏偏有关设计方面的课程却不是太多，虽然自觉是一个挺努力从不逃课的人，但却不知自己是个井底之蛙，稀里糊涂地过着一天又一天。

直到步入社会参加工作这些年的磕磕碰碰，我越来越发现，以前所学的知识，所经历过的事情，那些记忆不经意间就跳了出来，都变成了我的养料，我这才意识到，大学里的课程并不是胡乱编排的，设计师接触的面真的需要很广才行，永远都不要拒绝学习，虽然大都是些蜻蜓点水般，但是大学其实本来就只是我们步入社会的一个过渡阶段，路永远都要靠自己走。

再看我现在所在的电商行业，经常要做的工作就是专题页面设计、Banner 创意广告设计、偶尔可能还会接触一些平台页面、H5 页面的设计，但是我一直并未把自己只是当作一个美化页面的工作者，因为这种情况其实也不太现实。

举个例子，当我们拿到一个需求，从交互设计师那里拿到交互稿，我们首先需要去理解这个活动的目的，然后跟交互设计师、需求人讨论，进一步明确活动目的，比如是要搞低价促销还是要搞品牌调性？有时候其实需求人都不太了解自己的活动定位和目的，这就需要设计师有能力去引导他，把设计方向给确定了，接下来需要把这些概念想法转化为视觉页面稿，交给前端设计师转化为可点击的页面，供消费者方便地浏览和购买物品。

那么提到视觉页面稿，设计师的职责就不只是把交互稿由灰稿上个色就可以拿出来见人了，小到字号大小的选择、大到整个视觉表现形式的把控，颜色的选择，其实都涉及了用户体验、营销心理学等方面的知识，同时需要设计师能将自己的设计理念表达出来，得到上下游的认可。

我渐渐意识到，视觉设计师其实是一个会误导设计师的称谓，也许很多人并未意识到这点。

视觉设计师，顾名思义就是专门管视觉呈现的设计师，当我们挂着这么个称谓，不自觉

第75章 不做美工，做有思想的设计师

地就会给自己画了一个圈，把自己定义为只是一个视觉美化的工作者的角色，设计师只想要自己做出来的页面看起来好看、看起来高端大气上档次，其他的一概不管不问。而其他人听到这个称谓，也不自觉地就会觉得说："你只是一个负责视觉表现的工作者而已，不要越级去干涉其他的事情好吗？因为你不懂的"。

那么想想，如此一来设计师的境地会有多尴尬？

而这些并不是我们的归宿，因为设计本来就不是一个独立存在的东西，本来就是与很多其他事物关联存在的，就好比我之前分析出的5个促销层次和定位，其实都是以满足用户需求为出发点的，还有一种是引导用户习惯和需求，激发用户潜能为出发点的，很显然后者比较高级，就像乔布斯那样高级。

那么这就促使设计师应该思考更多，应该在深钻设计表现和执行能力的同时懂得其他更多的相关知识，比如心理学、营销、交互、运营等等，而不止是把自己定位为一个视觉呈现的设计师浮于表象而缺少内涵。

让自己成为一个可以引导和激发用户需求的引领者，而不止是一个绘图员或者工具而已。

我想，这样的人生才会更有意义。

我们更不是美工！

有一天我在整理电脑硬盘，翻出来了自己曾经多次在公众号里提起过的一件事，就是我在2012年刚入行电商设计的时候，技术不够，各个方面的能力也都不够，我也跟很多人一样找不到方向，所以有一个圣诞节的页面我硬生生是重做+改稿了七八遍，持续了近20天才结束。

那段时间真的是我的职业灰暗期，因为我突然感觉自己不会做设计了，我非常怀疑自己是否真的适合待在这个行业里，而且那时候的我年轻气盛又不服气，所以不顾后果的在工作群里发了飙，但在回家的公交车上还是不争气地眼泪往外掉，然后倔强的我回到家依然是通宵改稿，第二天去到公司又继续改稿。

我想起来经常会有人跟我说觉得自己不会做设计了，不知道如何选择自己的职业和人生道路，我当然能感觉到和理解他们的焦虑，这其实就跟我当年刚入行的时候一模一样，我太能体会了，所以我将我曾经的改稿经历截图发到了朋友圈，想着也许可以给正在经历这个过程以及即将面对这些过程的人一个鼓励，相信风雨过后还是会有彩虹的。

只是没想到有人把我的截图转到了自己的朋友圈并配文：可怜的美工。

看到这个配文，不管是调侃也好还是其他原因，我都觉得这跟我分享出来的初衷是相违背的。

首先，我并不觉得自己可怜，我反而很感谢那些受挫的时光，其实任何一个积极面对生活的人只会把这些困难当作是生活的馈赠而已而不会当作是什么不好的事情。

其次，我也不觉得我们电商设计师应该被称作美工，事实也是，我从业至今近7年，还从未被人当面称作美工过。

但我为什么特别反感这个称呼呢？因为我爱着这一行。

我最初写文的初衷本来就是为了表达自己，以及为了在一定程度上改变电商设计师在老板、甲方、运营眼里的形象和地位，因为我在两年前就说过，只有每一个小分子变好了，我们整个大团体才会变好，我这么做也是为了我自己。

因为我深刻地体会到很多改稿其实都是因为沟通不畅或不了解彼此想要什么而产生的误会，这原本是可以避免的，所以我要普及知识链接桥梁，我明白很多电商设计师的现状，他们没有话语权，他们只是被人当作工具一样去照抄，干着各种杂七杂八的事情导致没有时间创作，他们干着别人几个人的活儿却拿着比别人低得多的工资，而这种状况在一定程度上跟你在别人眼中的价值是挂钩的：美工，一个作图员而已。

其实喜欢设计的人都有一个梦想，那就是梦想自己能成为大师，成为大神，这很有成就感，这会为自己带来金钱、地位，但我从未见过哪一个大师是给自己定位为美工然后成为大师的（自我调侃是另一码事）。

要知道，被称作美工的人在公司里的地位和拿到手的工资、享有的福利是远不如被称作设计师的人高的，这是事实也是我所了解到的情况。所以不要小看一个称谓，你叫什么很重要，因为这决定了别人怎么看你怎么称呼你。

第75章 不做美工，做有思想的设计师

你给自己什么定位，你就会成为什么样的人，你自己不尊重自己的职业也就是在默许别人不尊重你的职业，这也是很多电商设计师现状糟糕的原因之一，因为你没有话语权，你无法正常地去表达自己的想法，你无法参与决策，自然也就沦落为别人的工具而已，你还指望做出什么好的设计出来呢？关键是你付出了时间和劳苦，压根就得不到别人的尊重和该有报酬，冤不冤？

所以不要再傻傻地以为你只要做好图了就可以走上人生巅峰了，做好图只是其中一项能力而已，你在他人心目中的形象和定位也很重要。

写在最后

每一份职业也都有其该有尊重，有时在你看来艰辛而又无价值的事情也许恰好就是别人所爱和引以为豪的，即便是人家自己偶尔调侃自己是美工那也是人家自己的事，就好比有些当妈的可能会自己骂自己的儿子矮挫丑，但你作为一个外人这么评价试试？结果无异于找削了。

总之，好的职业氛围不止是要通过做好本职工作就够的，还需要大家一起来维护和呵护，这绝不仅仅是某一个人的事。

不做美工，做有思想有价值的设计师！

14

PART 14
附录

附录 A 国内外电商网站及素材网站推荐

我们先回想一下一个Banner里面涉及了哪些内容元素？

是不是有LOGO／商品或模特／文案／背景／元素等？那么这也就涉及了品牌设计相关的LOGO设计／包装设计／产品及人像的摄影和修图／找素材等等相关的内容了，同时也会涉及文案写作和字体设计，除此之外，我们也要看整体的排版构成／色彩搭配／信息层级／转化效果等等，那么这无疑又会涉及平面构成／色彩构成／品牌／运营／市场营销／用研／用户体验／用户心理等各个方面的知识。

所以，最终你会发现，其实电商设计涉及的知识面是非常广的，它不是单纯的视觉设计，而是涉及产品从无到有的环节中的各个方面，所以身为电商设计师的我们绝不止是关注天猫、京东这些大的电商平台就够了，也应该多关注一些电商以外的资讯和理念。

为了便于大家工作需要，我这里汇总了一些国外的购物网址，大家可以去了解看看（不过需要说明的是，有一些网站在国内可能是访问不了的，大家自己想办法有怎么解决）。

1. 全球购物网站大全

欧美购物网站

www.luisaviaroma.com（意大利购物网站）

www.yoox.cn（意大利购物网站）

www.forzieri.com（意大利包包）

www.mytheresa.com（德国奢侈品购物网站）

www.stylebop.com（德国奢侈品购物网站）

www.matchesfashion.com（英国奢侈品购物网站）

www.selfridges.com（英国牛津街塞尔福里奇百货公司）

www.harrods.com（英国电商——哈洛德百货）

www.brownsfashion.com（英国电商）

www.neimanmarcus.com（美国高端百货商店）

www.barneys.com（巴尼斯纽约高档百货）

www.6pm.com（美国折扣购物网站）

www.bloomingdales.com（美国知名百货商店）

nordstrom.polyvore.com（诺德斯特龙美国百货店）

cn.shopbop.com（亚马逊旗下电商网站，主营女性服饰）

www.eastdane.com（亚马逊旗下电商网站，主营男士服饰）

www.ssense.com（加拿大奢侈品零售网）

www.farfetch.cn（葡萄牙国际时尚网站）

www.bergdorfgoodman.com（美国购物网站——波道夫.古德曼百货公司）

韩国购物网站

www.chuu.co.kr（韩国美妆服饰购物网站）

emart.ssg.com (韩国综合性购物网站)

www.clipartkorea.co.kr（韩国剪贴画素材网站）

smartinterdeal.com（韩国B2B电子商务网站）

cn.stylenanda.com（韩国时尚购物网站）

www.wconcept.cn（韩国排名第一的设计师品牌电商）

www.gmarket.co.kr（韩国综合购物网站）

global.11st.co.kr（韩国购物网站——11街）

www.ssg.com（风格比较独特）

reeoo.com（页面设计很赞）

nstore.naver.com（ naver周边售卖店）

store.kakaofriends.com（韩国本土风格）

www.10x10.co.kr（偏文艺范）

www.29cm.co.kr（偏大牌范）

www.wconcept.co.kr（偏潮流时尚）

www.lfmall.co.kr（韩国高级品牌购物网站）

www.auction.co.kr（手机购物拍卖网站）

www.stylenanda.com（韩国NANDA品牌美妆服饰购物网站）

suzelarousse.com（专售包袋的韩国购物网站）

www.gumzzi.co.kr（韩国GUMZZI时装品牌购物网站，偏简洁范）

www.nseshop.com（韩国家庭购物网站）

global.lotte.com（韩国乐天）

www.hyundaihmall.com（韩国现代百货的家庭购物网站）

shoes.interpark.com（怡百购-韩国第一家网上购物商城）

日本购物网站

www.felissimo.co.jp（邮购时尚服饰、小童服装、杂货等商品的日本邮购杂志FELISSIMO网站）

muuuuu.org（日本网页设计图库——网站链接集合）

global.rakuten.com（日本乐天市场）

cn.takeya.co.jp（日本多庆屋综合免税店在线购物网站）

www.yahoo.co.jp（日本雅虎）

nestle.jp（日本雀巢网站）

www.fifth.com（日本酒类广告引擎网站）

fashionwalker.com（日本时尚邮购网站）

www.cosme.com（日本最大的美容化妆品综合资讯购物网站）

www.kireie.com（日本最大的化妆品门户网站，可以从当前地区寻找化妆品店及品牌）

web.hankyu-dept.co.jp（日本阪急在线购物网站）

www.fint-shop.com（服装类）（日本FINT官方邮购网站）

www.daimaru-matsuzakaya.jp（食品百货类）（日本大丸松坂屋百货店邮购网站）

www.aeonshop.com（百货类）（日本永旺商店邮购网站）

www.blancdeblancs.com（代购）（日本关西机场的免税店Blanc de Blancs经营的免税店网站）

国内设计师品牌购物网站

www.nuandao.com（创意设计商品电商网站，简约风格）

www.xiangqu.com（以设计师商品为主的C2C平台，简约风格）

www.yesstyle.com（亚洲流行时装和美容产品购物网站）

www.quwan.com（创意生活零售平台）

www.wowsai.com（全球优质设计师纯手工制作产品购物网站）

国内主流的电商平台

www.taobao.com/（淘宝网，中国深受欢迎的网购零售平台）

www.tmall.com/（天猫，阿里巴巴旗下综合性购物网站）

www.jd.com/（京东商城，自营式电商，专业的综合网上购物商城）

www.vip.com/（唯品会，"精选品牌+深度折扣+限时抢购"的正品特卖电商）

you.163.com/（网易严选，网易旗下原创生活类自营电商品牌，国内首家原始设计制造商模式的电商）

www.yhd.com/（1号店，电子商务型网站，开创了中国电子商务行业"网上超市"的先河）

www.suning.com/（苏宁易购，苏宁云商集团股份有限公司旗下新一代B2C网上购物平台）

www.gome.com.cn/（国美，国美控股集团旗下大型综合网购商城）

www.juanpi.com/（卷皮，专注为消费者提供平价商品和独家折扣特卖的电商平台）

www.mogujie.com/（蘑菇街，专注于时尚女性消费者的社会化电子商务网站）

www.womai.com/（中粮我买网，由中粮集团有限公司投资创办的食品类B2C电子商务网站）

www.dangdang.com/（当当网，知名的综合性网上购物商城，从早期的卖书拓展到卖各品类百货）

www.jumei.com/（聚美优品，首创"化妆品团购"模式的化妆品限时特卖商城）

www.meilishuo.com/（美丽说，国内白领女性时尚垂直品类电商，业务重心倾向移动客户端）

www.xiaohongshu.com/（小红书，全球最大的消费类口碑库和社区电商平台，业务重心倾向移动客户端）

国内主流奢侈品电商平台

www.toplife.com/（TOPLIFE，京东商城旗下奢侈品服务平台）

www.secoo.com/（SECOO寺库网，提供全球领先的奢侈品一站式服务平台）

www.meici.com/（美西，国内最早及领先的高端时尚奢侈品电子商务网站）

www.5lux.com/（第五大道奢侈品网，国内第一家全球知名品牌网上折扣销售中心）

www.shangpin.com/（尚品网，会员制全球时尚轻奢购物网站）

www.mei.com/（魅力惠，会员制时尚奢侈品限时限量折扣网站）

www.ofashion.com.cn/（迷橙，时尚小众精品全球购C2C购物平台，业务重心倾向移动客户端）

www.zhen.com/（珍品网，国内第一家上市的奢侈品电商，专注奢侈品正品特卖。业务重心倾向移动客户端）

www.lehe.com/（HIGO，全球时尚购物APP，美丽说平台内部孵化的时尚海淘项目。业务重心倾向移动客户端）

跨境电商平台

www.kaola.com/（网易考拉海购，网易旗下以跨境业务为主的综合型电商）

www.tmall.hk/（天猫国际，阿里巴巴集团旗下平台，为国内消费者直供海外原装进口商品）

www.amazon.cn/（亚马逊海外购，美国最大网络电子商务公司亚马逊电子商务平台提供的海外购物频道）

www.fengqu.com/（丰趣海淘，顺丰速运推出的跨境独立进口商品购物网站）

g.suning.com/（苏宁海外购，苏宁易购海外直邮全球购频道）

www.jd.hk/（京东全球购，京东商城海外全球购频道）

www.jumeiglobal.com/global（聚美极速免税店，聚美优品海外直采购物频道）

www.mia.com/（蜜芽，进口母婴品牌限时特卖商城）

www.ymatou.com/（洋码头，中国海外购物平台，业务重心倾向移动客户端）

其他值得借鉴的网站

www.dominos.co.kr（韩国披萨品牌Domino's官网）

happybean.naver.com（韩国捐款、赞助、公益运动网站）

specialforce.pmang.com（韩国游戏门户网站pmang）

promotion.band.us（私密社交群组空间BAND网站）

www.matchnews.com（大家食品碳酸维生素饮料MATCH特别网站）

www.10x10shop.com（韩国创意设计用品网站）

www.ys7.com（萤石商城官网）

www.nike.com（耐克官网）

www.wcloset.co.jp（日本W CLOSET资讯及在线购物网站）

www.o2bra.com.cn（氧气专注女性内衣推荐及在线购买网站）

2. 全球10大素材网站

另外，身为设计师，难免会经常需要找高清的免费的图片素材，所以以下10个免费素材网站也许能帮到你（不过有一些也许在国内是打不开的）：

① Pexels，pexels.com

② Designers Pics，www.designerspics.com

③ Splashbase——高清图片及视频，www.splashbase.co

④ Unsplash，unsplash.com

⑤ Foodie's Feed，foodiesfeed.com

⑥ je，jeshoots.com/

⑦ Pixabay，pixabay.com/

⑧ Splitshire，www.splitshire.com/

⑨ Picjumbo，picjumbo.com

⑩ Gratisography，www.gratisography.com/

3. 被忽视的设计平台

其他的设计网址比如站酷/优秀网页设计/花瓣/pinterest我就不用多说了，大家应该都比较熟悉，下面这些也许你们有些人还不知道：

创意广告：adsoftheworld.com/

全球酷站中心Html5 页面 www.iiiimg.com/

CI门户网站：www.asiaci.com/

其他大家常逛的国外网站：

www.behance.net/

dribbble.com/

cargocollective.com/

尤其是下面这个时尚杂志网站，我强烈推荐大家看看：issuu.com/

因为这里汇总了世界上几乎所有的时尚杂志的封面设计和内页设计，还有很多国内外的设计师喜欢把自己的简历或书籍封面设计也放上去给大家分享查看，所以如果你对杂志排版或时尚感兴趣，这个网站将会是不错的选择。

附录 B　全面解读新广告法

B.1　新广告法

2015年9月1号新广告法刚实行的时候，网络上各种调侃、各种看热闹的可谓是层出不穷，有人批评有人叫好，尤其是像我们当时正在做一个活动，需求人8月28号突然告知我们说原文案"全场五折起"是不能使用的，要改成XX元起。

这可不害苦了一大帮像我们一样的电商从业者吗？因为我们不得不花费大量时间改文案和详情页文字，但作为一位业内人士（设计师）兼消费者，除了抱怨和调侃以外，也是有必要理性地来看待这件事情的。

有句话怎么说来着，没有利益就没有纷争，那么我们来看下新广告法会牵涉哪些角色的利益呢？

1. 对于商家（广告主）

按新广告法来说，牵涉比较多的行业是医疗、药品、医疗器械、农药、兽药和保健食品、美容护肤、农业养殖相关、母婴等等，因为新广告法对这些行业的限制和要求较多，比如商品的性能、功能、产地、用途、质量、规格、成分、价格、生产者、有效期限、销售状况、曾获荣誉等信息，以及与商品或者服务有关的允诺等信息必须与实际情况相符，并给出清晰详细的说明。禁止使用"国家级""最高级""最佳"等用语，也不能用代言人作推荐或证明等等。

2. 对于广告经营者、广告发布者

广告经营者、广告发布者明知或者应知广告虚假仍设计、制作、代理、发布的，会作罚款处理，情节严重的还会吊销营业执照。构成犯罪的，还会依法追究刑事责任。还有为避免违法或扰乱社会秩序，能发布广告的地方也会减少，这样的话某些人的收入肯定会减少了。

3. 对于代言人

广告代言人在广告中对商品、服务作推荐、证明，应当依据事实，符合本法和有关法律、行政法规规定，并不得为其未使用过的商品或者未接受过的服务作推荐、证明，也不允许利用不满十周岁的未成年人作为广告代言人，这样一来某些人的代言活动费用要减少啦。

4. 对于设计师、文案人

设计师和文案是一条绳子上的蚂蚱，对文案来说，可能需要文案从业者具有更开阔的思维和情感表达能力了，而不只是会说极致体验、全球领先品牌、独一无二之类的高大上文案。

同样的，对于设计师来说，活动定位是啥、文案是啥，我们就按照来设计呗，其实对我们是没有什么大的影响啦，少了这些让人不知所云的高大上文案，多了更多实用让人好理解的文案，设计起来反而更有方向。

5. 对于歪门左道的人

也许又多了一个发财的门路，比如利用新广告法专门找商家麻烦，谋取私利，你别说，还真有这种团伙机构。

6. 对于消费者

其实如果是作为消费者的话，我没什么好说的，因为新广告法完全是为消费者利益着想的，你看啊，当我们平时看到什么"全球顶尖品牌""全网销量第一""100%高档真牛皮"的时候，我们是不是被忽悠了都不知？

当我们被各种"全场低至X折""史无前例最低价""最后一波疯抢热卖"的折扣信息冲昏了头脑，抢的头破血流差点心脏病发作然后钱包不知不觉空了想要剁手的时候，以为自己占尽了便宜却不知有些打折买的东西比不打折还贵啊，而且最后一波疯抢结束了竟然还有一波。

当看着各种明星代言的诱人的美白牙齿和肌肤水嫩广告笑得那叫一个甜，皮肤那叫一个好，可实际使用效果犹如买家秀一般惨不忍睹的时候，我们是不是仍然觉得肯定是自己的打开方式不对需要再来几只试试啊？

还有买了各种明星推荐奶粉给自己的宝宝喝，可宝宝还是没有成为天才，妈妈仍然担心宝贝的英语学习，并不是"so easy"啊。

分析完新广告法对各个角色可能会产生的影响之后，我们会发现，其实以上角色很多时候是重合的，一个人可能同时是消费者、广告主、商家、广告经营者或广告发布者。一个人也可能同时是消费者、代言人、商家等等。

而当年对新广告法议论热情最高的是什么角色的人呢？一部分是看热闹的消费者，而反应最大的是商家和文案或设计师，那为什么？

因为涉及切身利益了啊，你想想，对大部分商家来说：不管你卖啥，你活动定位是啥，你如何宣传，最终目的都是要把自己的商品或服务卖出去是不是？那势必就要勾起消费者的购买欲望啊，怎么办呢？这时候就要讲到人性了。

那么人的欲望都有啥？

因为人都爱贪小便宜，所以商家才会想出各种"0元抢""最低价狂欢""跳楼价清仓大甩卖""秒杀"之类的低价促销型文案。

因为有些人很在意产品的安全、功能舒适体验，所以商家才会想出各种"100%纯棉""绝对真牛皮""正品假一罚十"之类的功能促销型文案。

因为人都有虚荣心所以才会有"全球顶尖专属定制""极致荣耀""绝无仅有特级高品质"之类的地位引导型文案。

因为人都有从众心理，商家才会想出"全网销量第一""全球第一""用过的都说好""权威认证"之类的文案。

而且这些文案当然是说得越便宜、越稀缺、越高贵、越特别、越牛逼，就越容易吸引消费者了，这新广告法一出来，商家们当然不高兴了呀，你这是把我用来忽悠用户的法宝都给夺了去，我可怎么吸引用户啊？

没关系，有伟大的文案在呢，按我前面提到过的各种设计需求层次定位分析：价格引导型、功能引导型、情感引导型、地位引导型、品牌共鸣引导型这几个定位来说，最高层次的是品牌共鸣型。

所以，新广告法一方面将促使文案不得不用更加客观、明白、清晰准确的词汇来面对广大消费者，另一方面会迫使文案更多地使用有场景代入感的文案，比如小米有一句形容他的耳麦很轻的文案是这么说的：相当于一顶帽子的重量，这种文案就特别让人好理解，比那些什么"极致轻薄的体验"文案有说服力多啦，因为极致体验是什么体验我不知道啊~~可是帽子我知道，很轻不会让我长时间戴着难受。

还有很重要的一点，新广告法会促使文案去写更多引起消费者共鸣的文案，而不是那么站着不腰疼不知所云的自嗨文案，比如有一个台湾的一家连锁超市描述自己的东西便宜的文案有一句是这么说的：来全联不会让你变时尚，但省下的钱却可以让你变时尚。

这种文案会让人觉得省钱是一种生活态度，是一种很积极的很酷的事情，而不是一件很没面子的事情代表自己很穷困。

所以，新广告法还有一个作用就是，促使消费者更加理性地购物，不要被各种折扣信息冲昏了头脑了，很多时候你因为疯狂抢购的东西其实并不是你需要的不是吗？

所以文案人和设计师也没必要抱怨新广告法啦，也许因为这么一个新规，的确是导致很多店铺暂时关店重新装修，设计师们改图改文案快要疯掉，但往电商行业大环境来说，其实对我们整个圈子来说是好事啊，反正我是已经对全场X折、顶尖全球之类的文案感到麻木了，因为价格也不是说低到可以免费送，创意惊叹到让我觉得非你家东西不买的地步，总是面对这种类型的文案，其实都快逼得设计师们灵感枯竭了有没有？

求行行好，多给我们讲讲故事，多写些有意思打动人心的文案，商家多诚实描述自家的产品，不要再欺骗我们这些不知道全球顶尖是啥玩意儿，也体会不了极致体验是啥体验的人了吧。

最后，新广告法完整内容可以去以下网址查看：http://www.lawtime.cn/faguizt/89.html（来源：法律快车）。

B.2 新广告法限制词语汇总

新广告法禁止广告中使用极限词语，包括但不仅限于商品列表页、商品的标题，副标题，主图以及详情页，商品包装等。

新广告法极限词如下。

B.2.1 不可以包含以下词语

1. 包含"最"

最、最佳、最具、最爱、最赚、最优、最优秀、最好、最大、最大程度、最高、最高级、最高端、最奢侈、最低、最低级、最低价、最底、最便宜、史上最低价、最流行、最受欢迎、最时尚、最聚拢、最符合、最舒适、最先、最先进、最先进科学、最后、最新、最新技术、最新科学。

2. 包含"一"

第一、中国第一、全网第一、销量第一、排名第一、唯一、第一品牌、NO.1、TOP1、独一无二、全国第一、遗留、一天、仅此一次(一款)、最后一波、全国X大品牌之一、销冠(需住建委证明方可使用)。

3. 包含"级"

国家级、国际级、世界级、千万级、百万级、星级、5A、甲级、超甲级（补充：全球级、宇宙级）。

4. 包含"首/家/国"

首个、首选、独家、首发、首席、首府、首屈一指、全国首家、国家领导人、国门、国宅、首次、填补国内空白、国际品质。

5. 包含"领"

世界领先、(遥遥)领先、领导者、领袖、引领、创领、领航、耀领。

B.2.2 不可以出现以下内容

1. 表达极限的词语

顶级(顶尖/尖端)、顶级享受、高级、极品、极佳(绝佳/绝对)、终极、极致、致极、极具、完美、绝佳(极佳)、至、至尊、至臻、臻品、臻致、臻席、压轴、问鼎、空前、绝后、绝版、无双、非此莫属、巅峰、前所未有、无人能及、顶级、鼎级、鼎冠、定鼎、完美、翘楚之作、不可再生、不可复制、绝无仅有、寸土寸金、淋漓尽致、无与伦比、唯一、卓越、卓著「稀缺」前无古人后无来者、绝版、珍稀、臻稀、稀少、绝无仅有、绝不再有、稀世珍宝、千金难求、世所罕见、不可多得、空前绝后、寥寥无几、屈指可数。

2. 表达独家的词语

独家、独创、独据、开发者、缔造者、创始者、发明者。

3. 表达限时活动的词语

限时必须具体时间(今日、今天)几天几夜、倒计时、趁现在、就、仅限、周末、周年庆、特惠趴、购物大趴、闪购、品牌团(必须有活动日期)、随时结束、随时涨价、马上降价。

4. 表达权威的词语

特供、专供、专家推荐、国家xx领导人推荐、使用人民币图样(央行批准除外)。

5. 表达价值/投资的词语

升值价值、价值洼地、价值天成、千亿价值、投资回报、众筹、抄涨、炒股不如买房、升值潜力无线、买到即赚到。

6. 与黄金/金钱有关的词语

黄金旺铺、黄金价值、黄金地段、金钱、金融汇币图片、外国货币。

7. 与品牌有关的词语

大牌、金牌、名牌、王牌、领先上市、巨星、著名、掌门人、至尊、冠军、王、之王、王者楼王、墅王、皇家。

8. 与虚假有关的词语

史无前例、前无古人、永久、万能、百分之百。

9. 与教育有关的词语

学校名称、升学、教育护航、九年制教育、一站式教育、入住学区房、优先入学、12年教育无忧、全程无忧、让孩子赢在起跑线上。

10. 与户口有关的词语

承诺户口、蓝印户口、承诺移民、买个房啥都解决了、上风上水、聚财纳气、宝地、圣地、府邸、龙脉(贵脉)、东西方神话人物、龙脉之地、风水宝地、天人合一、天干地支品上山上水、享上等上城、堪舆。

11. 与封建有关的词语

帝都、皇城、皇室领地、皇家、皇室、皇族、殿堂、白宫、王府(府邸)、皇室住所、政府机关、行政大楼、XX使馆、XX境线。

12. 与交通/设施有关的词语

直达家门口、地铁上盖、咫尺地铁站、万亩公园、几大商场环绕、万达在旁、机场辐射区、超市、商场、学校、医院等名称、X条地铁、X条公交(经查证属实)、地铁旁(需1公里范围内)。

13. 涉嫌欺诈消费者的词语

点击领奖、恭喜获奖、全民免单、点击有惊喜、点击获取、点击转身、领取奖品、抽奖。注：礼品(需标明名称、价格、数量截止日期)。

14. 涉嫌诱导消费者的词语

售罄、售空、再不抢就没了、史上最低价、不会再便宜、没有他就xx、错过不再/错过即无(错过就没机会了)、未曾有过的、万人疯抢、全民疯抢/抢购、免费领、免费住、0首付、(免首付)、零距离、价格你来定。

15. 文字

不得单独出现外国文字(出现外国文字需要注明汉语)、认不出毛笔字、繁体字、没有版权的字体。

16. 肖像权

公民肖像权、儿童肖像权、明星肖像权、名人肖像权、名人卡通形象、动画片卡通形象。

17. 歧视性词语

贵族、高贵、隐贵、上流、层峰、富人区、名门、XX阶层、XX阶级。

18. 活动

国家大型赛事(冬奥会、奥林匹克运动会、世界杯)、双十一(已被阿里巴巴注册不可使用)。

19. 数据无证据证明

得房率%、XX亩、XX公里、XX平方米、热销X亿、%绿化率、%容积率、热销X亿、热销/成交XXX套、XXX位业主。

20. 无法证明具体地理位置

CBD坐标、CBD核心、城市核心地段、你在城心、我在你心、中央、中心、重心、中枢、重点、腹地、地标、城市中央、凌驾于世界之上。

21. 无预售许可证

无预售许可证：禁止提及开盘；仅是预售：禁止提及精装；如果没有建成：禁止体现装修风格(精工德式装修、源于百年传承、室内采用XX石材)。

22. 其他内容

国旗、国徽、国歌；

表示时间距离、所有的无来源数据；

规划中及建设中的交通、商业、教育设施(涉嫌做误导宣传)；

文中所包含的所有图片均注明属性(样板间实景图/实景图/效果图)；

贷款服务：应该提供贷款银行，名称，贷款额度、年期(包括分期、日供)；

月供按揭需要注明银行名称和贷款额度、年限只允许用人民币结算、不可使用国外货币；

关于排序名次：第一、第二、首家、三甲、十强等，广告语内容夸张、不属实；

折页里出现某某报纸、杂志、网站等内容。

B.2.3 新广告法电商类违禁词

1. 包含"最"

销量最高、服务最好、质量最优、全网最优、质量最好、价格最低、口碑最好、最便宜、效果最好、淘宝价格最低、最便宜、淘宝最强、淘宝最新、淘宝最大、淘宝品质最好、淘宝最便宜、淘宝最正宗、淘宝最新鲜、淘宝最极致、淘宝质量最好、国际最热销、国际最强、国际规模最大、最佳雇主、韩国最热卖、行业最低价、品质最好、品质最牛、品质最优、品质最强、全网价格最低、全网最强、全网最新、全网最大、全网品质最好、全网最便宜、全网最实惠、全网最专业、全网最优、全网最时尚、全网最受欢迎、全网最正宗、全网最新鲜、全网最极致、全网质量最好、全球最热销、全球最强、全球规模最大、淘宝最高、欧美最热卖、世界最低价、行业最热卖、口碑最好、全网最高、全网最火、全网最安全、国内最热销、国内最强、国内规模最大、世界最热销、世界最强、世界规模最大、全网最低价、全网最热卖、全网销量最高、同行最好、最先。

2. 包含"第一"

淘宝第一、国际服务第一、销量第一、全网第一、服务第一、第一品牌、韩国销量第一、质量第一、欧美销量第一、行业销量第一、同行人气第一、同行销量第一、口碑第一、全球服务第一、国内服务第一、世界第一、世界服务第一、第一品牌、同行人气第一、全网人气第一、同行第一、全网销量第一、全球第一、亚洲第一、欧美第一。

3. 包含"顶级 / 冠军 / 王"等

顶级、驰名商标、冠军、顶级品牌、顶级广告支持、全网冠军、全网之冠、全网之王、顶尖品牌、亚洲销量冠军、全网销量冠军、领导品牌、顶尖技术、口碑顶级。

4. 包含"全网/同行/类目"等

秒杀全网、全网底价、类目底价、同行底价、淘宝冠军、淘宝抄底、淘宝第X、全网首家、全网抄底、全网第X。

可以写但是需要凭证证明真实的词语：

首个、首家、金牌、独家、全球首发、全网首发、领先、著名商标，优秀、掌门人、超赚、巨星、奢侈、高档。

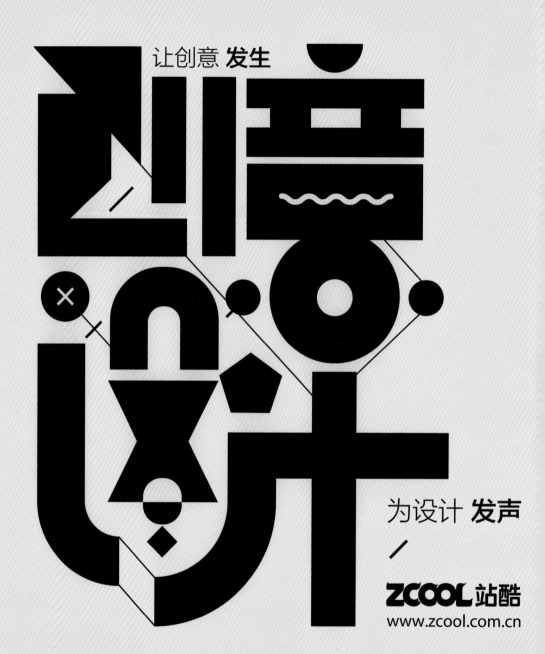

扫一扫,下载站酷APP
把站酷和酷友装进手机